Das

Absonderungsrecht im Konkurse

mit besonderer Berücksichtigung

des Preußischen und gemeinen Rechts

systematisch dargestellt

von

Dr. Th. Wolff,

Landgerichtsrath in Dortmund.

Berlin.

J. Guttentag, Verlagsbuchhandlung.

1892.

Inhaltsverzeichniß.

Litteratur.

1) **Kommentare der Konkursordnung:**

v. Wilmowski, Deutsche Reichskonkursordnung, erläutert (2. Aufl.)

v. Sarwey, Die Konkursordnung für das Deutsche Reich (2. Aufl.).

Petersen, Die Konkursordnung für das Deutsche Reich nebst dem Einführungsgesetz.

v. Völderndorff, Die Konkursordnung für das Deutsche Reich nebst dem Einführungsgesetz ꝛc. (2. Aufl.).

Hullmann, Konkursordnung für das Deutsche Reich nebst dem Einführungsgesetz.

Wengler, Die Konkursordnung für das Deutsche Reich.

Meisner, Die Deutsche Konkursordnung nebst Einführungsgesetz ꝛc.

Stieglitz, Die Konkursordnung für das Deutsche Reich nebst dem Einführungsgesetz und dem Württembergischen Ausführungsgesetze.

Mewes, Die Konkursordnung für das Deutsche Reich.

Willenbücher, Die Reichskonkursordnung und ihre Ergänzungsgesetze.

Hohl, Konkursordnung für das Deutsche Reich.

2) **Systematische Darstellungen:**

Fuchs, Der Deutsche Konkursprozeß.

Fitting, Das Reichs-Konkursrecht und Konkursverfahren (2. Aufl.).

Schultze, Das Deutsche Konkursrecht in seinen juristischen Grundlagen.

Rinteln, Das Konkursrecht.

Endemann, Das Deutsche Konkursverfahren.

Kohler, Lehrbuch des Konkursrechts

Oetker, Konkursrechtliche Grundbegriffe.

Mandry, Der civilrechtliche Inhalt der Reichsgesetze (2. Aufl.)

v. Canstein, Konstruktion der Konkursverhältnisse.

Seuffert, Zur Geschichte und Dogmatik des Deutschen Konkursrechts.

Förster, Theorie und Praxis des heutigen gemeinen Preußischen Privatrechts, bearbeitet von Eccius (5. Aufl.).

Abkürzungen.

A.G. = Ausführungsgesetz.
A.G.O. = Allgemeine Gerichtsordnung für die Preußischen Staaten.
A.L.R. = Das Allgemeine Landrecht für die Preußischen Staaten.
A. M. = Anderer Meinung.
C.P.O. = Die Civilprozeßordnung für das Deutsche Reich.
E.E.G. = Das Preußische Gesetz über den Eigenthumserwerb und die dingliche Belastung der Grundstücke, Bergwerke und selbständigen Gerechtigkeiten vom 5. Mai 1872 (Eigenthumserwerbsgesetz).
E.G. = Einführungsgesetz zur Konkursordnung.
Entsch. = Entscheidungen.
Gem. R. = Gemeines Recht.
G.B.O. = Die Preußische Grundbuchordnung vom 5. Mai 1872.
H.G.B. = Das allgemeine Deutsche Handelsgesetzbuch.
J.M.Bl. = Justiz-Ministerialblatt für die Preußische Gesetzgebung und Rechtspflege.
K.O. = Die Konkursordnung für das Deutsche Reich.
R.Ges. = Reichsgesetz.
Z.V.G. = Das Preußische Gesetz, betreffend die Zwangsvollstreckung in das unbewegliche Vermögen vom 13. Juli 1883.

Die unter der „Litteratur" angegebenen Werke sind in der Regel nur mit dem Namen der Verfasser citirt, ebenso die Kommentare des Preußischen Gesetzes vom 13. Juli 1883, betreffend die Zwangsvollstreckung in unbewegliche Sachen von Jäckel, Krech und Fischer, Rudorff und Knorr, die Kommentare zur Grundbuchordnung von Turnau und Achilles, sowie die Lehrbücher der Pandekten von v. Vangerow, Sintenis, Windscheid, Dernburg und v. Holzschuher (Theorie und Kasuistik des gemeinen Civilrechts.)

Gesetzestext.

(Die unter den Paragraphen stehenden Zahlen bedeuten die Seiten, auf denen die Paragraphen erörtert oder erwähnt sind.)

Die Konkursordnung für das Deutsche Reich vom 10. Februar 1872.

§ 3.

Ein Anspruch auf abgesonderte Befriedigung aus Gegenständen, welche zur Konkursmasse gehören, kann nur in den von diesem Gesetze zugelassenen Fällen geltend gemacht werden.

Die abgesonderte Befriedigung erfolgt unabhängig vom Konkursverfahren.

S. 5, 17, 22, 24, 35, 152.

§ 11.

Während der Dauer des Konkursverfahrens finden Arreste und Zwangsvollstreckungen zu Gunsten einzelner Konkursgläubiger weder in das zur Konkursmasse gehörige, noch in das sonstige Vermögen des Gemeinschuldners statt.

S. 97, 137 ff, 139, 140, 146, 165, 471 ff.

§ 12.

Pfand- und Hypothekenrechte, Vorzugsrechte sowie Zurückbehaltungsrechte an Gegenständen der Konkursmasse können nach der Eröffnung des Konkursverfahrens nicht mit verbindlicher Kraft gegen die Konkursgläubiger erworben oder eingetragen werden, wenngleich der Anspruch auf den Erwerb oder die Eintragung schon vor der Eröffnung des Verfahrens begründet gewesen ist.

S. 32, 34, 67, 75 ff, 93 ff, 107, 108, 113, 122 ff., 137 ff., 151, 227, 231, 290, 362, 375, 409, 417, 436, 458, 461, 466, 471 ff., 492.

§ 14.

Befindet sich der Gemeinschuldner mit Dritten in einem Miteigenthume, in einer Gesellschaft oder in einer anderen Gemeinschaft, so erfolgt die Theilung oder sonstige Auseinandersetzung außerhalb des Konkursverfahrens.

S. 506 ff.

§ 39.

Zur abgesonderten Befriedigung dienen die Gegenstände, welche in Ansehung der Zwangsvollstreckung zum unbeweglichen Vermögen gehören, insoweit ein dingliches oder sonstiges Recht auf vorzugsweise Befriedigung aus denselben besteht.

Den Umfang der Immobiliarmasse, sowie den Umfang und die Rangordnung der aus derselben zu berichtigenden Ansprüche bestimmen die Reichsgesetze und Landesgesetze.

S. 16, 32, 305 ff., 315 ff., 325 ff., 335 ff., 396, 401, 476.

§ 40.

Gläubiger, welche an einer beweglichen körperlichen Sache, an einer Forderung oder an einem anderen Vermögensrechte des Gemeinschuldners ein Faustpfandrecht haben, können aus den ihnen verpfändeten Gegenständen abgesonderte Befriedigung wegen ihrer Pfandforderung verlangen, zunächst wegen der Kosten, dann wegen der Zinsen, zuletzt wegen des Kapitals.

S. 16, 32, 227, 349 ff., 358 ff., 396.

§ 41.

Den Faustpfandgläubigern stehen gleich:

S. 16, 21, 22, 32, 168, 227, 338 ff.

1) die Reichskasse, die Staatskassen und die Gemeinden, sowie die Amts-, Kreis- und Provinzialverbände wegen öffentlicher Abgaben, in Ansehung der zurückgehaltenen oder in Beschlag genommenen zoll- und steuerpflichtigen Sachen;

S. 310, 395, 400 ff., 478, 503.

2) Verpächter wegen des laufenden und des rückständigen Zinses, sowie wegen anderer Forderungen aus dem Pachtverhältnisse, in Ansehung der Früchte des Grundstücks und der eingebrachten Sachen, sofern die Früchte oder Sachen sich noch auf dem Grundstücke befinden;

S. 8, 18 ff., 38, 216, 327, 337, 389, 390, 403 ff.

3) Pächter in Ansehung des in ihrem Gewahrsam befindlichen Inventars wegen der Forderungen für dieses;

S. 426 ff.

4) Vermiether wegen des laufenden und des für das letzte Jahr vor der Eröffnung des Verfahrens rückständigen Zinses, sowie wegen anderer Forderungen aus dem Miethsverhältnisse, in Ansehung der eingebrachten Sachen, sofern die Sachen sich noch auf dem Grundstücke befinden;

S. 8, 16, 18 ff., 38, 216, 389, 390, 391, 403 ff., 431, 433 ff, 442.

5) Gastwirthe wegen ihrer Forderungen für Wohnung und Bewirthung des Gastes, in Ansehung der von demselben eingebrachten, von ihnen zurückbehaltenen Sachen;

S. 3, 216, 390, 411 ff., 431 ff., 461.

6) Künstler, Werkmeister, Handwerker und Arbeiter wegen ihrer Forderungen für Arbeit und Auslagen, in Ansehung der von ihnen gefertigten oder ausgebesserten, noch in ihrem Gewahrsam befindlichen Sachen;

S. 438 ff.

7) diejenigen, welche etwas zum Nutzen einer Sache verwendet haben, wegen des, den noch vorhandenen Vortheil nicht übersteigenden Betrages ihrer Forderung aus der Verwendung, in Ansehung der zurückbehaltenden Sache;

S. 224, 395, 429, 439 ff., 441 ff., 478.

8) diejenigen, denen nach dem Handelsgesetzbuche an gewissen Gegenständen ein Pfandrecht oder Zurückbehaltungsrecht zusteht, in Ansehung dieser Gegenstände;

S. 32, 396, 451 ff., 478.

9) diejenigen, welche durch Pfändung ein Pfandrecht erlangt haben, in Ansehung der gepfändeten Gegenstände.

S. 14, 15, 16, 32, 59 ff., 97 ff., 121, 125, 130, 131, 137, 148, 150, 220, 396, 402, 422 ff., 432, 463 ff.

§ 42.

Wer nach der Eröffnung des Konkursverfahrens oder mit Kenntniß des Eröffnungsantrages oder der Zahlungseinstellung eine Konkursforderung dem im Auslande wohnenden Inhaber eines zur Konkursmasse gehörigen Gegenstandes oder in der Absicht, daß dieser die Forderung erwerbe, einer Mittelsperson abtritt, ist verpflichtet, zur Konkursmasse den Betrag zu ersetzen, welcher derselben dadurch entgeht, daß der Inhaber für die Forderung nach dem Rechte des Auslandes entgegen den Bestimmungen dieses Gesetzes ein Absonderungsrecht an dem Gegenstande ausübt. Die Vorschrift des § 26 findet entsprechende Anwendung.

S. 24, 231 ff.

§ 43.

Hat der Gemeinschuldner vor der Eröffnung des Konkursverfahrens eine Erbschaft erworben, so können die Nachlaßgläubiger und Vermächtnißnehmer abgesonderte Befriedigung aus den bei der Eröffnung vorhandenen Nachlaßgegenständen verlangen, soweit ihnen ein Absonderungsanspruch nach den Bestimmungen der Landesgesetze zusteht.

S. 3, 7, 16, 22, 162, 184, 201 ff., 207, 219, 488 ff.

§ 44.

Wer sich mit dem Gemeinschuldner in einem Miteigenthum, in einer Gesellschaft oder in einer anderen Gemeinschaft befindet, kann wegen der auf ein solches Verhältniß sich gründenden Forderungen abgesonderte Befriedigung aus dem bei der Theilung oder sonstigen Auseinandersetzung ermittelten Antheile des Gemeinschuldners verlangen.

S. 16, 17, 22, 32, 219, 506 ff.

§ 45.

Die Befriedigung der Lehen-, Stammguts- oder Familienfideikommiß-Gläubiger erfolgt abgesondert aus dem Lehen, Stammgute oder Familienfideikommisse nach den Vorschriften der Landesgesetze.

S. 16, 22, 23, 32, 36, 111, 123, 517 ff.

§ 57.

Ein Gläubiger, welcher abgesonderte Befriedigung beansprucht, kann die Forderung, wenn der Gemeinschuldner auch persönlich für sie haftet, zur Konkursmasse geltend machen, aus derselben aber nur für den Betrag verhältnißmäßige Befriedigung verlangen, zu welchem er auf abgesonderte Befriedigung verzichtet, oder mit welchem er bei der letzteren ausgefallen ist.

S. 22, 34 ff., 111 ff., 160, 200 ff., 205 ff., 241, 242, 244, 303, 452.

§ 88.

Ob und zu welchem Betrage Forderungen, für welche abgesonderte Befriedigung beansprucht wird, in Ansehung ihres muthmaßlichen Ausfalls, sowie Konkursforderungen unter aufschiebender Bedingung zum Stimmen in einer Gläubigerversammlung berechtigen, entscheidet auf den Widerspruch eines Konkursgläubigers oder des Verwalters das Gericht.

Eine Anfechtung der Entscheidung findet nicht statt.

S. 22, 205 ff.

§ 98.

Das Gericht kann die zwangsweise Vorführung und die Haft des Schuldners anordnen. Dasselbe kann alle zur Sicherung der Masse dienenden einstweiligen Anordnungen treffen. Es kann insbesondere ein allgemeines Veräußerungsverbot an den Schuldner erlassen. Wird das Verbot öffentlich bekannt gemacht, so findet auf Pfand- und Hypothekenrechte, welche im Wege der Zwangsvollstreckung oder des Arrestes nach der Bekanntmachung des Verbots erworben oder eingetragen worden sind, die Bestimmung des § 12 entsprechende Anwendung.

Bei der Abweisung des Eröffnungsantrags sind die angeordneten Sicherheitsmaßregeln aufzuheben.

S. 147 ff., 472 ff.

§ 108.

Durch den offenen Arrest wird allen Personen, welche eine zur Konkursmasse gehörige Sache im Besitz haben oder zur Konkursmasse etwas schuldig sind, aufgegeben, nichts an den Gemeinschuldner zu verabfolgen oder zu leisten, auch die Verpflichtung auferlegt, von dem Besitze der Sache und von den Forderungen, für welche sie aus der Sache abgesonderte Befriedigung in Anspruch nehmen, dem Konkursverwalter innerhalb einer bestimmten Frist Anzeige zu machen.

S. 26, 34, 42, 153, 214 ff.

§ 109.

Wer die Anzeige über den Besitz von Sachen des Gemeinschuldners innerhalb der bestimmten Frist zu machen unterläßt, haftet für allen aus der Unterlassung oder Verzögerung der Anzeige entstehenden Schaden.

S. 26, 34, 42, 153, 214 ff., 452.

§ 110.

Gläubiger, welche abgesonderte Befriedigung aus einer in ihrem Besitze befindlichen Sache beanspruchen, haben dem Verwalter auf dessen Verlangen die Sache zur Ansicht vorzuzeigen und die Abschätzung derselben zu gestatten.

S. 34, 35, 42, 153, 217 ff., 452.

§ 116.

Die Zwangsverwaltung und die Zwangsversteigerung der zur Masse gehörigen unbeweglichen Gegenstände kann bei der zuständigen Behörde durch den Konkursverwalter betrieben werden.

S. 153, 158, 164, 186 ff., 313, 501, 502.

§ 117.

Der Verwalter ist berechtigt, die Verwerthung eines zur Masse gehörigen beweglichen Gegenstandes, an welchem ein Gläubiger ein Faustpfandrecht oder ein diesem gleichstehendes Recht beansprucht, nach Maßgabe der Vorschriften über die Zwangsvollstreckung zu betreiben. Der Gläubiger kann einer solchen Verwerthung nicht widersprechen, vielmehr seine Rechte nur auf den Erlös geltend machen.

Ist der Gläubiger befugt, sich aus dem Gegenstande ohne gerichtliches Verfahren zu befriedigen, so kann auf Antrag des Verwalters das Konkursgericht dem Gläubiger nach dessen Anhörung eine Frist bestimmen, innerhalb welcher er den Gegenstand zu verwerthen hat. Nach dem Ablaufe der Frist findet die Vorschrift des ersten Absatzes Anwendung.

S. 35, 42, 46, 67, 153, 158, 164 ff., 186 ff., 225, 452, 501, 502.

§ 121.

Der Verwalter hat, falls ein Gläubigerausschuß bestellt ist, dessen Genehmigung einzuholen:

1) wenn Gegenstände, deren Verkauf ohne offenbaren Nachtheil für die Masse ausgesetzt werden kann und nicht durch die Fortführung des Geschäfts veranlaßt wird, verkauft werden sollen, bevor der allgemeine Prüfungstermin abgehalten oder ein vor dem Schlusse desselben eingereichter Zwangsvergleichsvorschlag erledigt ist;

2) wenn die Erfüllung von Rechtsgeschäften des Gemeinschuldners verlangt, Prozesse anhängig gemacht, deren Aufnahme abgelehnt, Vergleiche oder Schiedsverträge geschlossen, Aussonderungs-, Absonderungs- oder Masseansprüche anerkannt, Pfandstücke eingelöst oder Forderungen veräußert werden sollen, und es sich in diesen Fällen um einen Werthgegenstand von mehr als dreihundert Mark handelt.

S. 153, 181, 191, 274.

§ 124.

Durch die Vorschriften der §§ 121—123 wird die Gültigkeit einer Rechtshandlung des Verwalters dritten Personen gegenüber nicht berührt.

S. 153, 181, 191, 274.

§ 141.

Gläubiger, von welchen abgesonderte Befriedigung beansprucht wird, haben bis zum Ablaufe der Ausschlußfrist dem Verwalter den Nachweis ihres Verzichts oder ihres Ausfalls nach Maßgabe des § 57 zu führen. Wird der Nachweis nicht rechtzeitig geführt, so werden die Forderungen bei der vorzunehmenden Vertheilung nicht berücksichtigt.

Zur Berücksichtigung bei einer Abschlagsvertheilung genügt es, wenn bis zum Ablaufe der Ausschlußfrist dem Verwalter der Nachweis, daß die Veräußerung des zur abgesonderten Befriedigung dienenden Gegenstandes betrieben ist, geführt und der Betrag des muthmaßlichen Ausfalls glaubhaft gemacht wird.

S. 203, 207 ff., 242.

§ 143.

Gläubiger, welche bei einer Abschlagsvertheilung nicht berücksichtigt worden sind, können nachträglich, sobald sie die Vorschriften der §§ 140, 141 erfüllt haben, die bisher festgesetzten Prozentsätze aus der Restmasse verlangen, soweit diese reicht und nicht in Folge des Ablaufs einer Ausschlußfrist für eine neue Vertheilung zu verwenden ist.

S. 209 ff.

§ 144.

Die Antheile, mit welchen Gläubiger nach Maßgabe des § 141 Abs. 2 oder des § 142 Abs. 1 bei Abschlagsvertheilungen berücksichtigt worden sind, werden für die Schlußvertheilung frei, wenn bei dieser die Voraussetzungen des § 141 Abs. 1 oder des § 142 Abs. 2 nicht erfüllt sind.

S. 210 ff.

§ 155.

Die Antheile

1) auf Forderungen, welche in Folge eines bei der Prüfung erhobenen Widerspruchs im Prozesse befangen sind,

2) auf Forderungen, welche von einer aufschiebenden Bedingung abhängen,

3) auf Forderungen, für welche eine abgesonderte Befriedigung beansprucht und der Vorschrift des § 141 Abs. 2 genügt ist,

4) auf Forderungen unter auflösender Bedingung, sofern der Gläubiger zu einer Sicherheitsleistung verpflichtet ist und die Sicherheit nicht leistet,

werden zurückbehalten.

S. 35, 42, 207 ff., 303, 304.

§ 156.

Die Beträge, welche bei dem Vollzuge der Schlußvertheilung zurückzubehalten sind, oder welche bis zu diesem Zeitpunkte nicht erhoben werden, hat der Verwalter nach Anordnung des Gerichts für Rechnung der Betheiligten zu hinterlegen.

S. 207 ff., 304.

§ 178.

Der rechtskräftig bestätigte Zwangsvergleich ist wirksam für und gegen alle nicht bevorrechtigten Konkursgläubiger, auch wenn dieselben an dem Konkursverfahren oder an der Beschlußfassung über den Vergleich nicht Theil genommen oder gegen den Vergleich gestimmt haben. Die Rechte der Gläubiger gegen Mitschuldner und Bürgen des Gemeinschuldners werden nicht berührt.

S. 303, 304.

§ 207.

Besitzt ein Schuldner, über dessen Vermögen im Auslande ein Konkursverfahren eröffnet worden ist, Vermögensgegenstände im Inlande, so ist die Zwangsvollstreckung in das inländische Vermögen zulässig.

Ausnahmen von dieser Bestimmung können unter Zustimmung

des Bundesraths durch Anordnung des Reichskanzlers getroffen werden.

S. 142 ff.

Einführungsgesetz.

§ 11.

In einem am Tage des Inkrafttretens der Konkursordnung oder nach diesem Tage eröffneten Konkursverfahren finden die Bestimmungen der Konkursordnung und dieses Gesetzes über abgesonderte Befriedigung auf Pfand- und Vorzugsrechte Anwendung, wenngleich dieselben oder die Forderungen vor dem bezeichneten Tage erworben sind.

S. 7 ff.

§ 12.

Insoweit Pfand- und Vorzugsrechte, welche vor dem Tage des Inkrafttretens der Konkursordnung auf Grund eines Vertrages, einer letztwilligen Anordnung oder einer richterlichen Verfügung erworben oder in Bankstatuten den Banknoteninhabern rechtsgültig zugesichert sind, zufolge der Bestimmungen der Konkursordnung und dieses Gesetzes ihre Wirksamkeit verlieren, kann die Landesgesetzgebung für die Forderung des Berechtigten ein Vorrecht vor allen oder einzelnen der im § 54 der Konkursordnung bezeichneten Forderungen gewähren.

Ist das Pfand- oder Vorzugsrecht auf einzelne bewegliche Gegenstände des Schuldners beschränkt, so kann das Vorrecht nur in Höhe des Erlöses derselben gewährt werden.

Das durch die vorstehenden Bestimmungen vorbehaltene Vorrecht kann nicht gewährt werden für ein zwei Jahre nach dem Inkrafttreten der Konkursordnung eröffnetes Konkursverfahren, wenn nicht das Vorrecht dadurch erhalten wird, daß dasselbe bis zum Ablaufe der zwei Jahre zur Eintragung in ein öffentliches Register vorschriftsmäßig angemeldet ist. Der Erlaß von Vorschriften über die Einrichtung solcher Register, sowie über die Anmeldung und Eintragung der Forderungen bleibt der Landesgesetzgebung vorbehalten.

S. 9 ff.

§ 13.

Die Landesgesetzgebung kann der Ehefrau, den Kindern und den Pflegebefohlenen des Gemeinschuldners für Forderungen, welche vor dem Tage des Inkrafttretens der Konkursordnung entstanden sind, ein Vorrecht nach Maßgabe des § 12 Abs. 1, 2 insoweit gewähren, als ein gesetzliches Pfand- oder Vorzugsrecht der Ehefrau, der Kinder oder der Pflegebefohlenen nach den bisherigen Gesetzen bestanden hat.

Auf das Vorrecht der Ehefrau findet die Bestimmung des § 12 Abs. 3 entsprechende Anwendung.

Den Kindern und den Pflegebefohlenen kann das Vorrecht für ein fünf Jahre nach dem Inkrafttreten der Konkursordnung eröffnetes Konkursverfahren nicht gewährt werden.

S. 9 ff.

§ 14.

Faustpfandrechte im Sinne des § 40 der Konkursordnung bestehen an beweglichen körperlichen Sachen nur, wenn der Pfandgläubiger oder ein Dritter für ihn den Gewahrsam der Sache erlangt und behalten hat.

Das Absonderungsrecht besteht ohne Uebergabe der Sache, sofern:

1) nach den Reichsgesetzen oder den Landesgesetzen die Uebergabe von Konnossementen und ähnlichen Papieren über Waaren oder andere bewegliche Sachen der Uebergabe derselben, oder die Eintragung der Verpfändung in das Schiffsregister oder die Uebergabe der mit einem beglaubigten Vermerke der Verpfändung versehenen Schiffsurkunden oder einer beglaubigten Abschrift derselben der Uebergabe des verpfändeten Schiffes gleichsteht;

2) über eine Verbodmung nach Vorschrift des Handelsgesetzbuchs ein Bodmereibrief ausgestellt ist.

S. 63, 350, 358 ff., 364 ff., 375.

§ 15.

Faustpfandrechte im Sinne des § 40 der Konkursordnung bestehen an Forderungen und anderen Vermögensrechten nur:

1) wenn der Drittschuldner von der Verpfändung benachrichtigt ist;

2) wenn der Pfandgläubiger oder ein Dritter für ihn den Gewahrsam der körperlichen Sache, welche den Gegenstand des Rechts bildet, oder der über die Forderung oder das Vermögensrecht ausgestellten Urkunde erlangt und behalten hat;

3) wenn die Verpfändung in dem Grund- oder Hypothekenbuche eingetragen ist.

S. 63, 350, 367 ff., 371 ff., 378 ff.

§ 16.

Die Vorschriften der Landesgesetze, welche für den Erwerb von Faustpfandrechten mehrere der in den §§ 14, 15 bezeichneten Erfordernisse oder weitere Erfordernisse festsetzen, bleiben unberührt.

S. 350, 368.

Einleitung.

§ 1. Geschichtliche Uebersicht.

Das Römische Recht gewährte das beneficium separationis: [1])

1) den Erbschaftsgläubigern und Legataren am Nachlasse;
2) den Gläubigern eines Haussohns oder Sklaven, der mit Pekuliengeldern ein Handelsgeschäft geführt, an diesen Pekuliengeldern, und wenn der Schuldner mehrere Geschäfte betrieben hatte, an demjenigen Geschäftsvermögen, an welchem sie forderungsberechtigt waren; [2])
3) den Gläubigern eines Haussohnes an dessen kastrensischem Vermögen wegen der in Ansehung desselben ihnen zustehenden Forderungen. [3])

Ein benef. sep. wurde auch demjenigen gegeben, welcher eine fideikommissarische Erbschaft antreten mußte und sie nicht restituiren konnte, bezüglich dieser Erbschaft, [4]) ferner dem testamentarisch freigelassenen Sklaven, welcher als heres necessarius die Absonderung des ihm testamentarisch hinterlassenen Vermögens von seinem später erworbenen Vermögen und denjenigen Gegenständen verlangen konnte, die ihm der Testator verschuldete, [5]) sowie dem an dem Nachlasse seines Freigelassenen erbberechtigten Patrons, der die Absonderung dieses Nachlasses von einer überschuldeten Erbschaft beanspruchen konnte, welche der Freigelassene durch bonorum possessio secundum tabulas von einem Dritten erworben hatte. [6]) Aber die Ausübung

---

[1]) Dig 42, 6. C. 7, 72.

[2]) l. 5. § 15. 16. D. 14, 1.

[3]) l. 1 § 9. D. 42, 6. l. 7. D. 49, 7. vgl. Hefter, System des Römischen und Deutschen Civilprozesses § 531.

[4]) l. 1 § 6. D. 42, 6.

[5]) l. 18. D. 42, 6.

[6]) l. 6 § 1 cit. Vgl. Biedermann, de separationibus edicto praetoris haud concessis (Lips. 1788) § 7.

dieses Absonderungsrechts wirkte nicht, wie das eigentliche Separationsrecht, zu Gunsten der Nachlaßgläubiger, sondern nur zu Gunsten der Gläubiger des Erben und beschränkte die Haftung des letzteren, wie das benef. inventarii.

Eine dem Separationsrechte gleiche Wirkung hatte das spezielle Pfandrecht, von jenem aber durch den Gegenstand des Rechts verschieden, welcher nicht in einem Vermögen oder einer Vermögensquote, sondern in einer oder in mehreren speziellen Sachen bestand.

Die Separatisten und die Spezialpfandgläubiger waren nicht verpflichtet, an dem Konkurse theilzunehmen, sondern berechtigt, die Trennung der Gegenstände ihres Rechts zu erwirken und aus ihnen gesonderte Befriedigung zu verlangen; nur der Ueberschuß fiel zur Masse zurück.[7])

Dem generellen Pfandgläubiger mangelte dieses Absonderungsrecht, sein Recht stellte sich nur als ein allgemeines Vorzugsrecht dar, unterschied sich aber von diesem dadurch, daß es nicht, wie jenes, den Spezialpfandrechten nachzustehen brauchte.

Das gemeine Recht[8]) übernahm das Absonderungsrecht der Erbschaftsgläubiger, Vermächtnißnehmer und derjenigen, welche Ansprüche an das kastrensische Vermögen eines Haussohnes hatten, gab das Separationsrecht, welches nach Römischem Rechte den Handelsgläubigern eines Haussohnes oder Sklaven zustand, jedem Handelsgläubiger und deduzirte auch für den socius ein, freilich nicht allgemein anerkanntes, Absonderungsrecht am Gesellschaftsvermögen.[9]) Aber es entzog den wichtigsten Separatisten — den Spezialpfandgläubigern —, die bedeutendste Funktion des Absonderungsrechts, die Befugniß zur Trennung des Pfandgegenstandes von der Masse und verwies sie in den Konkurs zu den Chirographariern, denen gegenüber sie nur ein Vorzugsrecht behielten. Diese Hineinziehung der Spezial-

[7]) l 5. D. 14, 1; l 10. C 10, 72.

[8]) C. H. Horn, de juribus circa separationem singularibus, Vit. 1666. Schmidt, Von Separatisten in geistlichen und weltlichen Sachen. H. C Hake, de separationibus patrimoniorum in concursu, Lips. 1733. Gmelin, Die Ordnung der Gläubiger beim Gantprozesse nach dem Römischen, Deutschen und besonders Württembergischen Rechte. Dabelow, Ausführliche Entwickelung der Lehre vom Konkurse der Gläubiger (Halle 1801) S. 325 ff. Schweppe, Das System des Konkurses der Gläubiger. v. Vangerow, Leitfaden für Pandektenvorlesungen Bd. III, § 593.

[9]) Carpzow, in decis, C. 1. Dec. 54. Richter, de jure et privileg. creditor C. 2 membr 1 No. 71. Schmidt, l. c.

pfandgläubiger in die Rangordnung der Konkursgläubiger, auf der Idee der Universalität des Konkurses beruhend, ging allmählich in die meisten Partikulargesetzgebungen des vorigen Jahrhunderts und theilweise auch des jetzigen Jahrhunderts über.

Die Preußische Allgemeine Gerichtsordnung [10]) zählte die Erbschafts-, Gemeinschafts-, Bergwerks-, Schiffs- und Pfandgläubiger zu den Separatisten, zog aber die Pfandgläubiger in den Konkurs hinein, wenn ihnen auch die Priorität aus dem Pfandgegenstande gesichert blieb; [11]) nur die Hypothekengläubiger waren nicht verpflichtet, sich in den Konkurs einzulassen. [12]) Durch spätere Gesetze — § 5 der Verordnung vom 28. Dezember 1840, Verordnung vom 2. Dezember 1837 und vom 21. Oktober 1838 — wurde die Stellung der Pfandgläubiger gebessert: sie brauchten sich als dinglich Berechtigte an dem Konkurse nicht zu betheiligen, die Hypothekengläubiger wurden in dem abgesonderten Subhastationsverfahren befriedigt, die Mobiliarpfandgläubiger hatten zwar ihre Pfänder an das Konkursgericht abzuliefern, welches unter Zuziehung des Kurators die Veräußerung zu bewirken hatte, konnten aber ohne Rücksicht auf den Gang des Konkurses aus dem Erlöse ihre Befriedigung erlangen. [13]) Die Bank und die Seehandlung wurden durch die Berechtigung noch besser gestellt, ihre Pfänder mit der Verpflichtung, den Ueberschuß zur Masse abzuliefern, selbst zu veräußern. [14])

Die Preußische Konkursordnung vom 8. Mai 1855 rechnete [15]) zu den Separatisten die Immobiliar-, Bergwerks-, Schiffsgläubiger, die Gläubiger einer Handelsgesellschaft, einer Erbschaft, die Legatare, die Gemeinschaftsinteressenten und die Mobiliarpfandgläubiger, stellte den letztern [16]) den Fiskus und die Gemeinden wegen der Zölle und Steuern, den Fiskus auch wegen der Vorschüsse zur Ausrüstung einer Militairperson, die Gläubiger, welchen eine Kaution bestellt war, den Vermiether und Verpächter wegen der Forderungen aus dem Mieth- und Pachtvertrage, den Gastwirth, Schiffer, Frachtfuhrmann, die Post- und Eisenbahnanstalten, den Havareigläubiger, den kauf-

---

[10]) §§ 272 ff., 289 ff., 672 ff., 681 ff., 377 ff. I, 50.

[11]) § 381 I, 50.

[12]) § 146 I, 50.

[13]) Koch, Lehrbuch des Preuß. Priv.R. Bd. II, § 493.

[14]) Kabinetsordre vom 31. Januar 1827.

[15]) §§ 31, 35, 36, 37[1], 64 ff.

[16]) § 33.

männischen Kommissionär und Spediteur, den Werkmeister, Handwerker und Arbeiter wegen bestimmt bezeichneter Ansprüche und denjenigen Gläubiger gleich, der einen Anspruch aus der nützlichen Verwendung an der von ihm retinirten Sache hatte, führte aber auch ein Absonderungsrecht für die Gläubiger des Kridars gegen eine ihm angefallene Erbschaft, und wenn der Kridar Benefizialerbe war, auch für den Verwalter ein.[17]) Die abgesonderte Befriedigung fand in der Regel[18]) nicht außerhalb des Konkurses, sondern durch das „für die Konkursmasse bestellte Verwaltungspersonal" statt;[19]) die Realgläubiger hatten nicht die Verpflichtung, ihre Realforderung im Konkurse anzumelden.[20])

Die Deutsche Konkursordnung vom 10. Februar 1877 beseitigt die Absonderungsrechte des Benefizialerben und der Gläubiger des Erben, des gemeinrechtlichen generellen Pfandgläubigers und beschränkt die Zahl der Absonderungsgläubiger auf die Erbschaftsgläubiger, die Gemeinschaftsinteressenten und -Gläubiger, die Lehns-, Stammgut- und Fideikommißgläubiger, die Immobiliar- und die Hauptpfandgläugiger und stellt letzteren nur eine, im Verhältniß namentlich zum gemeinen Rechte, geringe Anzahl Gläubiger gleich, denen sie ein gesetzliches Pfandrecht zuerkennt. Dem Verwalter sind zwar bestimmte Rechte für die Verwerthung des Absonderungsgegenstandes eingeräumt, aber die abgesonderte Befriedigung erfolgt außerhalb des Konkursverfahrens. Diese Trennung der abgesonderten Befriedigung vom Konkursverfahren wird in den Motiven[21]) durch den Hinweis auf die Nachtheile begründet, welche mit der bisherigen Hineinziehung der Spezialpfandgläubiger in den Konkurs verbunden waren: da die Verwaltung und Verfügung über die Absonderungsgegenstände den Separatisten entzogen und dem Verwalter übertragen sei, habe man bei der Verwaltung und Verwerthung der Pfandstücke eine überwiegende Mitwirkung der persönlichen Gläubiger zulassen müssen, auch wenn es wahrscheinlich oder gewiß gewesen sei, daß nicht das Geringste zur Befriedigung derselben übrig blieb; die Pfandgläubiger, obgleich sie von dem Konkursverfahren nicht den geringsten Vortheil hätten,

---

[17]) § 37².

[18]) §§ 256 ff.

[19]) Die Privilegien der Bank und der Seehandlungssozietät blieben unberührt § 265.

[20]) § 263 Abs. 2.

[21]) S. 26—28.

hätten auf ihre Befriedigung mit den einfachen Konkursgläubigern warten müssen, und durch die Verkettung mit den Absonderungsgläubigern hätten bei allen diesen Nachtheilen auch die persönlichen Gläubiger leiden, auch sie hätten mit ihrer Befriedigung warten müssen, bis die Streitigkeiten der Realgläubiger über ihre Forderungen und ihre Rangordnung in dem allgemeinen Verfahren oder durch besondere Prozesse zum Austrag gebracht worden seien.

§ 2. Das Verhältniß der Konkursordnung zur Reichs- und Landesgesetzgebung.

Nach § 3 K.O. kann ein Anspruch auf abgesonderte Befriedigung aus Gegenständen, welche zur Konkursmasse gehören, nur in den in der K.O. zugelassenen Fällen geltend gemacht werden; durch § 4 Abs. 1 E.G. z. K.O. sind die Vorschriften der Landesgesetze über das Konkursverfahren, sowie über das Konkursrecht aufgehoben, soweit nicht in der K.O. auf dieselben verwiesen oder bestimmt ist, daß sie nicht berührt werden. Aus diesen gesetzlichen Vorschriften ergiebt sich, daß alle landesgesetzlich anerkannten, von der K.O. nicht mehr zugelassenen, Absonderungsrechte für das Konkursverfahren beseitigt sind, und daß, da die Reichsgesetze nach Art. 2 der Reichsverfassung auch künftigen Landesgesetzen derogiren, neue Absonderungsrechte für den Konkurs durch die Landesgesetze nicht mehr eingeführt werden dürfen.

Dagegen sind die Absonderungsrechte, welche auf Grund von Reichsgesetzen bestehen oder durch Reichsgesetze später eingeführt werden, nicht aufgehoben, denn nach § 3 Abs. 1 E.G. „werden die den Konkurs betreffenden Vorschriften der Reichsgesetze durch die K.O. nicht berührt" und die K.O. kann nicht verhindern, daß sie durch spätere Reichsgesetze abgeändert wird. Von den bisherigen reichsgesetzlichen, das Absonderungsrecht betreffenden, Vorschriften sind durch § 3 Abs. 2 E.G. nur die Bestimmungen beseitigt, welche in den §§ 13—18 des Gesetzes vom 21. Juni 1869, betreffend die Gewährung der Rechtshülfe, gegeben waren.

Fraglich ist es, ob diesen Bestimmungen der K.O. gegenüber ein Landesgesetz ungültig ist, dessen Erlaß der Partikulargesetzgebung reichsgesetzlich reservirt ist. Der von der offenen Handelsgesellschaft handelnde und nach Art. 169 sich auch auf die Kommanditgesellschaft beziehende Artikel 122 des Handelsgesetzbuchs „behält den Landesgesetzen vor, zu bestimmen, ob und wie weit den Privatgläubigern der Gesellschafter ein Absonderungsrecht in Bezug auf das Privatvermögen derselben zusteht." Es läßt sich nicht bestreiten, daß ein auf Grund dieses Vorbehalts landesgesetzlich eingeführtes Separationsrecht durch den § 4 E.G. beseitigt ist, wenn es vor dem Inkrafttreten der K.O. statuirt war;[1]) aber man darf den Einzelstaaten die Berechtigung nicht aberkennen, für die Zukunft ein Absonderungsrecht im Sinne des Art. 122 H.G.B. einzuführen. Diese Ansicht ist freilich in der Literatur[2]) nicht vertreten, welche mit den Motiven[3]) übereinstimmt, in denen behauptet ist: „den Privatgläubigern des in Konkurs verfallenen Gesellschafters ein Absonderungsrecht zu gewähren, werde, insoweit die Landesgesetze bisher von dem Vorbehalte Gebrauch gemacht, durch § 4 E.G. und für die Zukunft durch § 3 Abs. 1 K.O. beseitigt." Diese von der Regierung beabsichtigte Beseitigung des Abs. 2 des Art. 122 ist aber im Gesetz nicht zum Ausdruck gelangt. Ein Partikularstaat, welcher jetzt dem Privatgläubiger eines Handelsgesellschafters ein Absonderungsrecht gewährt, handelt lediglich auf Grund des reichsgesetzlich den Landesgesetzen zugelassenen Vorbehalts. Und da die das Absonderungsrecht betreffende reichsgesetzlichen Vorschriften durch § 3 K.O. nicht beseitigt und durch § 3 E.G. aufrecht erhalten sind, so ist auch der Vorbehalt des Art. 122 nicht außer Kraft gesetzt, sondern in derselben Weise aufrecht erhalten, in welcher er in Kraft geblieben sein würde, wenn die K.O. sein Fortbestehen ausdrücklich erwähnt hätte. Freilich hält der § 3 E.G. nur die den Konkurs betreffenden Vorschriften der Reichsgesetze aufrecht, aber man kann mit Fug nicht leugnen, daß zu den den Konkurs betreffenden Vorschriften auch solche Vorschriften staatsrechtlicher Natur gehören.

§ 3. Das Verhältniß der Konkursordnung zum früheren Rechte.

Vor dem Inkrafttreten der K.O. können Forderungen entstanden sein:

1) für welche sowohl das zur Zeit ihrer Entstehung geltende Recht, wie auch die K.O.,

---

[1]) Von diesem Vorbehalt hatten — Motive S. 451 — Würtemberg, Sachsen, Baden, Hannover, Frankfurt, Braunschweig, Hamburg, Lübeck, Kurhessen, Mecklenburg, Oldenburg, Anhalt, nicht aber Preußen, Gebrauch gemacht.

[2]) Willenbücher, Anm. 2a zu § 201. v. Wilmowski, Anm. 1 zu § 201. v. Völderndorff, III, S. 65. v. Sarwey, S. 855 Anm. 1 zu § 201. Fitting, S. 401.

[3]) S. 451.

2) für welche die K.O., nicht aber das zur Zeit der Entstehung der Forderung geltende Recht,

3) oder für welche das zur Zeit ihrer Entstehung geltende Recht, nicht aber die K.O. ein Absonderungsrecht anerkennt.

Zu 1. Für die Forderungen der ersten Art beantwortet sich die Frage, ob der Pfandgläubiger absonderungsberechtigt ist, durch den § 11 E.G.:

„In einem am Tage des Inkrafttretens der K.O. oder nach diesem Tage eröffneten Konkursverfahren finden die Bestimmungen der K.O. und dieses Gesetzes über abgesonderte Befriedigung auf Pfand- und Vorzugsrechte Anwendung, wenngleich dieselben oder die Forderungen vor dem bezeichneten Tage erworben sind."

Daraus ergiebt sich der Grundsatz, daß ein von der K.O. anerkanntes Absonderungsrecht den älteren mit einem Absonderungsrechte zur Zeit ihrer Entstehung bereits behafteten Forderungen zu Statten kommt.[1]) Das Gesetz spricht freilich nur von Pfand- und Vorzugsrechten, nicht auch von den allgemeinen Absonderungsrechten, das gesetzlich aufgestellte Prinzip muß aber auch für die letzteren gelten.[2]) Denn die K.O. stützt sich im Wesentlichen in ihren materiell rechtlichen Bestimmungen auf das bisherige Civilrecht, und die Erbschaftsgläubiger und sonstigen allgemeinen Absonderungsberechtigten der K.O. sind dieselben, welche bereits vor dem Inkrafttreten der letzteren anerkannt waren.

Zu 2. Ein von der K.O. anerkanntes Absonderungsrecht kommt denjenigen Ansprüchen nicht zu, welchen ein solches vor der K.O. gesetzlich nicht zustand, sofern es nicht nach dem Inkrafttreten der K.O. noch rechtsgültig konstituirt ist.[3]) Denn wenn auch das neue Gesetz dieselben Rechtsverhältnisse meint, aus welchen das alte Gesetz ein Absonderungsrecht nicht entstehen ließ, so kann doch ein Privilegium, welches mit einem Anspruch zur Zeit seiner Entstehung nicht ver-

---

[1]) Motive S. 473. Vgl. § 32 des Preuß. A.G. vom 31. März 1879: „In den Landestheilen, in welchen vor dem Inkrafttreten der Deutschen Civilprozeßordnung nach dem bisherigen Rechte durch die Pfändung ein Pfandrecht begründet ist, gewährt dieses Pfandrecht dem Gläubiger die im § 709 C.P.O. bezeichneten Rechte."

[2]) v. Wilmowski Anm. zu § 11 E.G.

[3]) A. M. v. Wilmowski Anm. zu § 11 E.G., welcher behauptet, daß die Absonderungsrechte der K.O. allen in den §§ 39—45 K.O. bezeichneten Ansprüchen zukommen, auch wenn ihnen in den bisherigen Konkursvorschriften ein Absonderungsrecht nicht eingeräumt war.

bunden war, nicht dadurch erworben werden, daß ein späteres Gesetz einer gleichartigen Forderung ein solches Privileg gewährt; sonst würde das wohlerworbene Recht der übrigen Gläubiger beeinträchtigt werden, welches von diesen vielleicht in anderer Weise oder unter größerer Sicherheit begründet sein würde, wenn sie gewußt hätten, daß das Gesetz anderen ein Privileg vor ihnen verleihen würde. Auch aus dem § 11 E.G. läßt sich das Gegentheil nicht ableiten: der § 11 spricht von „Pfand- und Vorzugsrechten, wenngleich dieselben vor dem Inkrafttreten der K.O. erworben sind", und wenn er auch gleichzeitig von Forderungen spricht, die bereits vor dem 1. Oktober 1879 erworben waren, so sind damit doch nur Forderungen gemeint, für welche bereits vor dem 1. Oktober 1879 ein Pfandrecht bestand oder für welche ein solches nach dieser Zeit durch einen gültigen Rechtsakt begründet wird. Bestand z. B. in der Provinz Hannover[4]) vor dem 1. Oktober 1879 ein gesetzliches Absonderungsrecht des Vermiethers nicht, so darf dem letzteren für seine Miethsforderung, soweit sie bis zum 1. Oktober 1879 begründet war, das jetzt anerkannte Absonderungsrecht nicht eingeräumt werden. In Preußen gewährte die im Wege der Zwangsvollstreckung erfolgte Pfändung ein solches Separationsrecht nicht, wie es seit dem 1. Oktober 1879 als Pfändungspfandrecht besteht; dem Gläubiger, welcher vor dem 1. Oktober 1879 hat pfänden lassen, gebührt daher kein Absonderungsrecht. Fiel der Eintritt des neuen Gesetzes in ein bereits begründetes Rechtsverhältniß, welches fortgesetzt neue Rechte erzeugt, z. B. in ein Miethsverhältniß, so kann nur den aus diesem Rechtsverhältnisse erst nach dem Inkrafttreten der K.O. entspringenden Forderungen das Absonderungsrecht der K.O. zuerkannt werden; aus einem vom 1. Januar 1876 laufenden Miethsverhältnisse kann daher ein Pfandrecht für den Vermiether, der dasselbe nach dem damaligen Civilrechte zur Zeit der Begründung des Miethsverhältnisses nicht hatte, nur für diejenige Zeit bestehen, in welcher der Miethsvertrag nach dem 1. Oktober 1879 fortgesetzt ist, mag er auf bestimmte oder unbestimmte Zeit geschlossen sein.

Zu 3. Ein vom bisherigen Rechte anerkanntes Absonderungsrecht, welches die K.O. nicht mehr zuläßt, gilt für das Konkursverfahren als aufgehoben. Denn die K.O. regelt das Verfahren zur Befriedigung der Absonderungsansprüche nur für die von ihr an-

[4]) Vgl. unten § 4 unter 1c.

erkannten Separationsansprüche, für andere außerhalb der K.O. bestehende Absonderungsrechte fehlt es daher an Wegen, auf welchen im Konkurs Befriedigung erlangt werden kann. Das E.G. hat aber mit Rücksicht auf die wohlerworbenen Rechte der früheren Absonderungsberechtigten wenigstens die bereits begründeten Pfandrechte, soweit sie von der K.O nicht mehr anerkannt werden,[5]) nicht völlig außer Wirksamkeit setzen wollen. Aber es hat diese schonende Rücksicht nicht auf alle, nicht mehr anerkannten, Absonderungsrechte ausgedehnt, hat auch für die Pfandrechte nicht ein Recht mit der Wirkung der Absonderung aufrecht erhalten, sondern nur der Landesgesetzgebung gestattet, den Pfandgläubigern ein Vorrecht einzuräumen. Daher bestimmt der § 12 dieses Gesetzes:

„Insoweit Pfand- und Vorzugsrechte, welche vor dem Inkrafttreten der K.O. auf Grund eines Vertrages, einer letztwilligen Anordnung oder einer richterlichen Verfügung erworben oder in Bankstatuten den Banknoteninhabern rechtsgültig zugesichert sind, zufolge der Bestimmungen der K.O. und dieses Gesetzes ihre Wirksamkeit verlieren, kann die Landesgesetzgebung für die Forderung des Berechtigten ein Vorrecht vor allen oder einzelnen der im § 54 K.O. bezeichneten Forderungen gewähren.

Ist das Pfand- oder Vorzugsrecht auf einzelne bewegliche Gegenstände des Schuldners beschränkt, so kann das Vorrecht nur in Höhe des Erlöses derselben gewährt werden.

Das durch die vorstehenden Bestimmungen vorbehaltene Vorrecht kann nicht gewährt werden für ein zwei Jahre nach dem Inkrafttreten der K.O. eröffnetes Konkursverfahren, wenn nicht das Vorrecht dadurch erhalten wird, daß dasselbe bis zum Ablauf der zwei Jahre zur Eintragung in ein öffentliches Register vorschriftsmäßig angemeldet ist. Der Erlaß von Vorschriften über die Einrichtung solcher Register, sowie über die Anmeldung und Eintragung der Forderungen bleibt der Landesgesetzgebung vorbehalten;"

und der § 13:

---

[5]) Dies sind namentlich die generellen Pfandrechte des gemeinen Rechtes, die nicht mehr anerkannten gesetzlichen Spezialpfandrechte, wie auch diejenigen Spezialpfandrechte, zu deren Begründung nach früherem Rechte geringere Erfordernisse als jetzt genügten, die z. B. den Gewahrsam des Gläubigers nicht voraussetzten.

„die Landesgesetzgebung kann der Ehefrau, den Kindern und den Pflegebefohlenen des Gemeinschuldners für Forderungen, welche vor dem Tage des Inkrafttretens der K.O. entstanden sind, ein Vorrecht nach Maßgabe des § 12 Abs. 1, 2 insoweit gewähren, als ein gesetzliches Pfand- oder Vorzugsrecht der Ehefrau, der Kinder oder der Pflegebefohlenen nach den bisherigen Gesetzen bestanden hat.

Auf das Vorrecht der Ehefrau findet die Bestimmung des § 12 Abs. 3 entsprechende Anwendung.

Den Kindern und den Pflegebefohlenen kann das Vorrecht für ein 5 Jahre nach dem Inkrafttreten der K.O. eröffnetes Konkursverfahren nicht gewährt werden."

Das Preußische Ausführungsgesetz vom 6. März 1879 hat, von dieser Erlaubniß in den §§ 18 ff. Gebrauch machend, den früher, aber nicht mehr von der K.O. anerkannten Pfandrechten, die auf Grund eines Vertrages, einer letztwilligen Anordnung oder einer richterlichen Verfügung vor dem 1. Oktober 1879 erworben sind, sowie unter derselben Voraussetzung dem gesetzlichen Pfandrechte der Ehefrau ein Vorrecht gewährt, welches aber für ein 2 Jahre nach dem 1. Oktober 1879 eröffnetes Konkursverfahren oder für eine nach dieser Zeit bewirkte Pfändung nur dann Gültigkeit haben soll, wenn es bis zum Ablauf dieser 2 Jahre zur Eintragung in das Vorrechtsregister vorschriftsmäßig angemeldet ist, und welches für einen 20 Jahre nach dem 1. Oktober 1879 eröffneten Konkurs oder für eine nach dieser Zeit bewirkte Pfändung unwirksam sein soll.

Das Gesetz unterscheidet hiernach zwischen vertragsmäßigen, testamentarischen und richterlichen Pfandrechten einerseits und gesetzlichen Pfandrechten andererseits, läßt die Verwandlung aller Pfandrechte ersterer Art in Vorzugsrechte, von der zweiten Art aber nur das Pfandrecht der Ehefrau zu. Das Vorzugsrecht, welches diesen Pfandrechten von den Landesgesetzgebungen substituirt werden darf und in Preußen substituirt ist, ist von folgenden Voraussetzungen abhängig:

a. Es muß, wenn es in einem bis zum Ablauf von 2 Jahren nach dem Inkrafttreten der K.O. eröffneten Konkurse — also jetzt unbedingt — geltend gemacht werden soll, bis zum Ablauf dieser 2 Jahre zum Vorrechtsregister angemeldet sein. Nur das Vorrecht, welches an Stelle des früher den Kindern und Pflegebefohlenen zustehenden Pfandrechts treten kann, ist ohne Rücksicht auf eine solche

Anmeldung auf die Dauer von 5 Jahren — nach § 22 des Preuß. A.G. auf die Dauer von 2 Jahren —, gerechnet vom 1. Oktober 1879 an, beschränkt, kann also in einem jetzt eröffneten Konkurse nicht mehr geltend gemacht werden und ist jetzt durch das Vorrecht des § 54[5] K.O. ersetzt.

Die Konservirung des anzumeldenden Vorrechts hängt nicht von der Eintragung in das Vorrechtsregister ab, es genügt zu seiner Erhaltung die bloße Anmeldung, welche nach § 32 Abs. 1 des Preuß. A.G. zu Protokoll des Gerichtsschreibers oder in schriftlicher, notariell oder gerichtlich beglaubigter Form angebracht sein muß. Deshalb kann das Vorrecht, auch wenn die Eintragung endgültig zurückgewiesen ist, gleichwohl, sofern die gesetzlichen Voraussetzungen gegeben sind, im Konkurse geltend gemacht werden, wie auch andererseits die Gültigkeit der erfolgten Eintragung im Konkurse bestritten werden kann.[6]) Denn, da sowohl nach dem E.G., wie auch nach dem Preuß. A.G. die vorschriftsmäßige Anmeldung, nicht die Eintragung erforderlich und genügend ist, um das Vorrecht zu konserviren, so kann eine irrige Auffassung der Registerbehörde und der Beschwerdeinstanzen weder dem Rechte des Gläubigers noch des Schuldners präjudiziren, und kann vielmehr die Frage, ob die Anmeldung vorschriftsmäßig war, der Entscheidung des Prozeßrichters unterbreitet werden. Auch in den Motiven zum A.G. vom 6. März 1879 S. 31 ist gesagt, daß „zur Abwehr ungerechtfertigter Beeinträchtigungen des Kredits dem Schuldner die Feststellungsklage des § 231 C.P.O. zusteht.“

b. Das Vorrecht muß vor dem 1. Oktober 1879 bereits erworben, nicht blos in Aussicht gestellt sein. Wird z. B. das Pfandrecht aus einer letztwilligen Verfügung abgeleitet, so muß diese nach gemeinem Rechte[7]) vor dem 1. Oktober 1879 schon eröffnet[8]) und die Erbschaft aus derselben schon angetreten sein.[9])

Der Erwerb des Pfandrechts ist vor Allem dadurch bedingt, daß das Objekt dem Pfandrechte unterworfen ist. Deshalb kann an denjenigen Gegenständen, welche dem bisher wirksamen, jetzt nicht

---

[6]) v. Wilmowski, Ausführungsgesetze zur K.O. S. 36 und Willenbücher, Anm. 2 zu § 33 des Ges. vom 6. März 1879 meinen dagegen, daß, wenn das Eintragungsgesuch endgültig zurückgewiesen sei, die Anmeldung zur Sicherung des Anspruchs nicht genüge.

[7]) Nach Preußischem Rechte — § 367 A.L.R. I, 9 — wird die Erbschaft mit dem Tode des Erblassers erworben.

[8]) l. 21 § 2, l. 27, l 13 pr. D. 29, 2.

[9]) v. Wilmowski, Anm. 1 z. § 12 des E.G.

mehr anerkannten Pfandrechte bis zum 1. Oktober 1879 nicht unterworfen waren, das Vorrecht nicht beansprucht werden. An die Stelle eines das gegenwärtige und zukünftige Vermögen des Schuldners ergreifenden generellen Pfandrechts des gemeinen Rechts tritt das Vorrecht daher nur bezüglich derjenigen Gegenstände, an welchen es bereits vor dem 1. Oktober 1879 bestand, nicht auch bezüglich solcher, welche erst nach diesem Zeitpunkte dem Vermögen des Gemeinschuldners hinzukommen. v. Wilmowski a. a. O. und das Reichsgericht [10]) lassen das Vorrecht auch an den erst nach dem 1. Oktober 1879 dem Vermögen des Schuldners hinzugetretenen Sachen zu; ersterer meint, es sei nicht zu bezweifeln, daß das Vorrecht am gesammten Vermögen einschließlich der erst nach dem 1. Oktober 1879 zu machenden Erwerbungen und nicht blos an den früher erworbenen Vermögensgegenständen gewahrt werden könne, und das Reichsgericht macht geltend, daß nach der richtigen, herrschenden Meinung das Generalpfandrecht des gemeinen Rechts in Bezug auf die später erworbenen Sachen nicht nach dem Datum des Erwerbs dieser Sachen, sondern nach dem Datum rangire, mit welchem es überhaupt entstanden sei. So richtig dieser Grund an sich ist, so wenig beweisend ist er. Aus dem Vorrang eines später entstandenen vor einem früher entstandenen Rechte folgt nur, daß jenes diesem vorgeht, nicht aber, daß es früher als jenes entstanden ist, und da der § 12 des E.G.. wie der § 18 des Preuß. A.G. den Erwerb des Pfandrechts vor dem 1. Oktober 1879 ausdrücklich voraussetzen, so kann ein Gegenstand nicht dem Vorrechte unterworfen sein, an welchem das Pfandrecht vor dem 1. Oktober 1879 noch nicht erworben war, mag im Verhältniß zu Dritten eine Rückbeziehung zulässig sein oder nicht.

Da das Vorrecht des § 12 E.G. kein Absonderungsrecht ist, so hat der bevorrechtigte Gläubiger am Konkurse theilzunehmen und steht jedenfalls den Masseforderungen nach. Die Bestimmung über seine Stellung gegenüber den anerkannten Absonderungs- und Vorzugsgläubigern ist den Landesgesetzen überlassen, und im § 20 des Preuß. A.G. ist in dieser Beziehung auf die bisherigen Vorschriften verwiesen; aber der frühere Spezialpfandgläubiger, dessen Pfandrecht auf ein Vorzugsrecht reduzirt ist, ist doch andern, in der K.O. anerkannten Vorzugsgläubigern gegenüber beschränkt, indem er nicht, wie diese, sein Vorrecht unbeschränkt an der gesammten Konkursmasse, sondern,

[10]) Urtheil vom 9. Okt. 1882 in den Entscheidungen Bd. 10 S. 41, 42.

zwar an der ganzen Masse, aber nur in Höhe des Erlöses der früheren Pfandsache beanspruchen kann, und den anerkannten Absonderungsgläubigern gegenüber ist er nicht nur dadurch im Nachtheile, daß er an dem Konkurse als Konkursgläubiger theilnehmen muß, sondern auch dadurch, daß er kein Recht an dem Gegenstand seines früheren Pfandrechts hat, auch nicht an dem Erlöse dieses Gegenstandes, sondern nur in Höhe desselben. Da er nur Konkursgläubiger sein kann, so fällt sein Vorrecht ganz fort, wenn er nicht persönlicher Gläubiger des Kridars ist, wenn er z. B. nur ein, jetzt nicht mehr anerkanntes, Pfandrecht an einer Sache des Gemeinschuldners für eine Forderung gegen einen Dritten hatte.

Die Kollision dieses Vorzugsrechts mit den in der K.O. anerkannten Absonderungs- und Vorzugsrechten muß sich aus den Sätzen entscheiden:

1) daß sein Recht durch die K.O. nicht vergrößert ist, und
2) daß das an Stelle seines früheren Pfandrechts erlangte Vorzugsrecht — nach Preußischem Rechte, welches durch § 20 des A.G. die Rangordnung nach den bisherigen Vorschriften bestimmen läßt — denselben Rang hat, welcher dem früheren Pfandrechte zustand.

Ist dies richtig, so gehen diesem Vorzugsgläubiger die früher begründeten Absonderungsrechte und auch diejenigen früher begründeten Vorzugsrechte vor, welche, wie das seinige, an Stelle bisheriger Pfandrechte getreten sind. Es gehen ihm aber auch die erst später entstandenen Forderungen vor, wenn für dieselben nach bisherigem oder auch nach jetzigem Rechte ein Vorrang ohne Rücksicht auf die Zeit ihrer Entstehung begründet ist, wie die Forderung des Versionsgläubigers nach § 41^7 K.O.

Gläubiger, welche erst nach dem 1. Oktober 1879 ein Vorrecht des § 54 K.O. erlangt haben, können das Recht des früheren Pfandgläubigers nur schmälern, wenn sie ihm auch nach früherem Rechte vorgehen würden und wenn der Massebestand, an welchem ihr Vorrecht ohne Beschränkung besteht, zur beiderseitigen Befriedigung nicht ausreicht. Soweit durch diese ihm vorgehenden Gläubiger der Erlös absorbirt wird, soweit fällt der frühere Pfandgläubiger mit seinem Vorrechte aus.

Der frühere Generalpfandgläubiger kann sein Vorrecht zwar unbeschränkt an der gesammten Konkursmasse mit Ausschluß des Erlöses der erst nach dem 1. Oktober 1879 der Masse hinzugetretenen Gegenstände geltend machen, aber er muß den Absonderungs- und Vorzugsgläubigern nachstehen, hinter welchen er nach früherem Rechte rangirte.

Der frühere, jetzt nicht mehr anerkannte, Pfandgläubiger wird auch außerhalb des Konkurses durch die neue Gesetzgebung getroffen. Nach § 708 Abs. 2 C.P.O. steht er dem Pfändungspfandgläubiger nach, dessen Pfandrecht nach dem 1. Oktober 1879 erworben ist. Ueber das Verhältniß des Pfändungspfandgläubigers zu dem nicht mehr anerkannten Pfandgläubiger bestimmt der § 23 des Einführungsgesetzes vom 30. Januar 1877 zur C.P.O.:

> „Insoweit Pfand- oder Vorzugsrechte, welche vor dem Inkrafttreten der C.P.O. auf Grund eines Vertrages, einer letztwilligen Anordnung oder einer richterlichen Verfügung erworben oder in Bankstatuten den Banknoteninhabern rechtsgültig zugesichert sind, gegenüber einem Pfandrechte, welches durch eine nach dem Inkrafttreten der C.P.O. bewirkte Pfändung begründet werden, zufolge des § 709 Abs. 2 C.P.O. ihre Wirksamkeit verlieren würden, kann die Landesgesetzgebung für die Forderung des Berechtigten das bisherige Vorrecht gewähren.
>
> Das Vorrecht kann nicht gewährt werden gegen eine zwei Jahre nach dem Inkrafttreten der C.P.O. bewirkte Pfändung, wenn nicht das Vorrecht dadurch erhalten wird, daß dasselbe bis zum Ablauf der zwei Jahre zur Eintragung in ein öffentliches Register vorschriftsmäßig angemeldet ist. Der Erlaß von Vorschriften über die Einrichtung solcher Register, sowie über die Anmeldung und Eintragung der Forderungen bleibt der Landesgesetzgebung vorbehalten.
>
> Die vorstehenden Bestimmungen finden auch auf ein gesetzliches Pfand- oder Vorzugsrecht der Ehefrau des Schuldners für Forderungen, welche vor dem Inkrafttreten der C.P.O. entstanden sind, entsprechende Anwendung."

Das Preuß. A.G. hat in den §§ 18, 19 den Pfandrechten, welche vor dem 1. Oktober 1879 auf Grund eines Vertrages, einer letztwilligen Anordnung oder einer richterlichen Verfügung erworben sind, sowie dem gesetzlich anerkannten Pfandrechte der Ehefrau ein Vorrecht gewährt, soweit diese Pfandrechte gegenüber einem nach dem 1. Oktober 1879 entstandenen Pfändungspfandrechte ihre Wirksamkeit verlieren.

Indem der Landesgesetzgebung gestattet ist, dem früheren Pfandgläubiger das bisherige Vorrecht einem Pfändungspfandgläubiger gegenüber zu belassen, wird ihr nicht die Befugniß eingeräumt, dem bisherigen Pfandgläubiger ein anderes Vorrecht zu gewähren, als er hatte, sondern nur, ihm sein bisheriges Recht zu konserviren, daher geht das Preuß. A.G., sofern es dem Pfandgläubiger ein Vorrecht überhaupt giebt, statt ihm sein bisheriges Vorrecht zu belassen, über die reichsgesetzlich gezogene Grenze hinaus. Der frühere Pfandgläubiger steht somit dem späteren Pfändungsgläubiger außerhalb des Konkurses anders gegenüber, als im Konkurse: außerhalb des Konkurses kann ihm das Landesgesetz nur das bisherige Vorrecht an der Pfandsache bezw. an dem Erlöse derselben belassen, wogegen er im Konkurse ein Vorrecht weder an der Pfandsache, noch an dem Erlöse, sondern nur an der gesammten Masse in Höhe des Erlöses haben kann. Hieraus folgt, daß das Recht des Pfändungsgläubigers am Erlöse vor dem Konkurse durch die Konkurrenz des ihm vorgehenden Pfandgläubigers beschränkt wird, daß diese Beschränkung aber aufhört, sobald der Konkurs eröffnet ist; denn nunmehr ist der frühere Pfandgläubiger nur noch Vorrechtsgläubiger und hat ein Vorrecht nicht mehr an der, auch dem Pfändungspfandgläubiger haftenden, Sache, sondern in Höhe des Erlöses an der gesammten Konkursmasse. Zu diesem Resultat ist auch das Reichsgericht[11]) gelangt, während v. Wilmowski a. a. O., dem auch Willenbücher[12]) folgt, behauptet, der Pfändungspfandgläubiger, welcher dem früheren Pfandgläubiger vor der Eröffnung des Verfahrens nachstehen würde, könne durch die Konkurseröffnung keine günstigere Stellung erlangen; deshalb müsse von demjenigen Betrage, den der Pfändungspfandgläubiger auf Grund seines Absonderungsrechtes erhalte, zunächst der frühere Pfandgläubiger befriedigt werden, während der Pfändungspfandgläubiger nur den Rest behalte und für denjenigen Theil, den er an den früheren Pfandgläubiger auszahlen müsse, einfacher Konkursgläubiger sei; die Konkursmasse werde dadurch nicht benachtheiligt und nicht berührt. Diese Ansicht führt aber zu der Konsequenz, daß dem früheren, jetzt nicht mehr anerkannten Pfandgläubiger im Konkurse ein Recht an dem Erlöse der früheren Pfandsache zustehen würde, ein solches Recht hat er aber gesetzlich nicht mehr.

---

[11]) Entsch. Bd. II S. 93ff.

[12]) Anm. 4 zu § 12.

§ 4. Das Verhältniß des Konkursrechts zu dem Recht außerhalb des Konkurses.

Die K.O. kennt Fälle des Absonderungsrechts, welche in manchen Civilrechten außerhalb des Konkurses nicht anerkannt sind, und umgekehrt werden von manchen Civilrechten außerhalb des Konkurses Absonderungsrechte nicht gewährt, welche die K.O. anerkennt:

1) die Frage, ob diejenigen Absonderungsrechte, welche die K.O., aber nicht das Civilrecht anerkennt, im Konkurse geltend gemacht werden können, beantwortet sich nach der Art der Absonderungsrechte verschieden:

   a. Von den allgemeinen Absonderungsrechten kann dasjenige der Erbschaftsgläubiger und Legatare, sowie dasjenige der Lehn-, Stammgut- und Familienfideikommißgläubiger nach den ausdrücklichen Vorschriften der §§ 43, 45 K.O. im Konkurse nur geltend gemacht werden, wenn und soweit es im Civilrecht anerkannt ist. Der Kommunionsgläubiger und Kommunionsinteressent hat dagegen das Absonderungsrecht im Konkurse auch dann, wenn das Civilrecht ein solches versagt oder verbietet.

   b. Von den Spezialseparationsrechten sind die Immobiliarabsonderungsrechte nach § 39 im Konkurse nur dann wirksam, soweit das Landesgesetz sie anerkennt. Das Absonderungsrecht der Faustpfandgläubiger muß nach § 40 nicht nur den Vorschriften der Landesgesetze, sondern auch denjenigen der §§ 14, 15 E.G. entsprechen.

   c. Den Quasifaustgläubigern des § 41 steht das Absonderungsrecht auch dann zu, wenn ihnen das Civilrecht ein Pfandrecht nicht gewährt.[1]) Denn der § 41 bestimmt, daß die dort aufgeführten Gläubiger „den Faustpfandgläubigern gleichstehen," und setzt ohne Rücksicht auf die Vorschriften des Civilrechts die Voraussetzungen des Absonderungsrechts selbst fest, wie denn z. B. dem kaufmännischen Retentionsgläubiger ein Absonderungsrecht ausdrücklich gegeben ist, obgleich er im Civilrecht ein Pfandrecht nicht beanspruchen

[1]) v. Wilmowski Anm. 1 zu § 41. v. Völdernborff I § 41 III Anm. 8. A. M. Meisner S. 183 ff., welcher nur denjenigen Gläubigern des § 41 K.O. im Konkurse ein Absonderungsrecht zuerkennt, die nach Civilrecht ein Pfandrecht haben.

kann. Diese Verschiedenheit der Rechte im Konkurse und außerhalb desselben hat zur Folge, daß mancher Gläubiger, z. B. der Vermiether, welcher in der Provinz Hannover weder ein Retentions- noch ein Pfandrecht hat, durch die Eröffnung des Konkurses, durch die ihm ein Absonderungsrecht erwächst, seine Rechtslage verbessert.

2) Daß umgekehrt die im Civilrecht, aber nicht in der K.O. anerkannten Absonderungsrechte vom Konkurse ausgeschlossen sind, ergiebt sich aus § 3 K.O., welcher Ansprüche auf abgesonderte Befriedigung nur in den von der K.O. anerkannten Fällen zuläßt.

Die weitere Frage, ob Absonderungsrechte, welche die K.O. nicht kennt, außerhalb des Konkursrechtes bestehen bleiben, beantwortet die K.O. nicht, weil sie in das Recht außerhalb des Konkurses nicht eingreift. Derselbe wird, sowie das Civilrecht nichts anderes bestimmt, für das Recht außerhalb des Konkursverfahrens die Rechtsbeständigkeit von Absonderungsrechten durch die Bestimmungen der K.O. nicht berührt. Das Preußische Recht hat dieses Verhältniß des Konkursrechtes zum Civilrecht in Betreff der allgemeinen Absonderungsrechte nicht geändert,[1]) nur in Betreff der Quasifaustpfandrechte hat es durch besondere Vorschriften das Absonderungsrecht außerhalb des Konkurses mit dem Konkurs-Absonderungsrecht in Einklang gebracht. Der § 7 des A.G. vom 6. März 1879 bestimmt:

„Die Vorschriften des § 41 K.O. und des § 6 dieses Ges. finden außerhalb des Konkursverfahrens auf das Verhältniß der durch diese Vorschriften den Faustpfandgläubigern gleichgestellten Gläubiger zu anderen Gläubigern des Schuldners entsprechende Anwendung.

Für Forderungen, für welche durch die Vorschriften der K.O. ein Anspruch auf abgesonderte Befriedigung aus einzelnen Gegenständen des beweglichen Vermögens nicht zugelassen ist, besteht auch außerhalb des Konkursverfahrens kein Absonderungsrecht oder Vorzugsrecht an solchen Gegenständen.“

Hiernach besteht ein gesetzliches und richterliches Pfandrecht im Civilrechte nur noch in denjenigen Fällen, in welchen der § 41 K.O. ein Absonderungsrecht anerkennt, es besteht Dritten gegenüber aber

[1]) Deshalb hat der Kommunionsinteressent außerhalb des Konkurses kein Absonderungsrecht.

auch dann, wenn es bisher außerhalb des Konkurses nicht anerkannt war. Aber diese Identität des Absonderungsrechtes in und außerhalb des Verfahrens gilt nicht für Rechte, welchen der Charakter des Absonderungsrechts fehlt, vor allem nicht für das Retentionsrecht,[3]) und die durch den § 7 A.G. für das Civilrecht neu eingeführten Absonderungsrechte sollen nur Dritten gegenüber bestehen. In dieser Beziehung ist in den Motiven[4]) behauptet:

„Sowohl seiner Absicht wie seiner Fassung nach bezieht sich der § 7 nur auf das Verhältniß der Gläubiger unter einander. Die Bestimmmungen desselben lassen sonach die durch das bürgerliche Recht gewährten Pfand- und Retentionsrechte, soweit dieselben dem Schuldner oder Dritten gegenüber von Wirksamkeit sind, unberührt. Beispielsweise bleiben demgemäß unberührt: die Bestimmungen, nach welchen dem Vermiether oder Verpächter die Befugniß zusteht, sich wegen seiner Forderungen wider den Miether oder Pächter an die eingebrachten Sachen des Aftermiethers oder Afterpächters oder an die dem Afterpächter gehörigen Früchte des Pachtgrundstückes zu halten (vgl. Motive zur Konkursordnung S. 210); die Bestimmungen des Preuß. Rechtes, wonach das dem Vermiether und Verpächter an den eingebrachten Sachten beigelegte Pfandrecht nicht nur die eigenen Sachen des Miethers oder Pächters, sondern auch die Sachen umfaßt, welche derselbe ohne Einwilligung des Eigenthümers zu pfänden befugt ist (Deklaration vom 21. Juli 1846 G.S. S. 326; § 33[4] Preuß. Konkursordnung); die Bestimmungen des Rheinischen Rechtes über das dem Vermiether und Verpächter hinsichtlich der ohne seine Einwilligung anders wohin gebrachten Sachen zustehende Verfolgungsrecht (Art. 2102 Nr. 1 B.G.B.) u. a. m."

Das Reichsgericht[5]) hat hiernach für die Provinz Hannover, in welcher das gesetzliche Pfandrecht des Vermiethers durch das Hannoversche Gesetz vom 14. Dezember 1864 beseitigt war, sowie für Mecklenburg-Schwerin erkannt, daß außerhalb des Konkurses der Vermiether dem Miether gegenüber ein gesetzliches Pfandrecht nicht habe, und daß ihm ein solches Pfandrecht durch den § 7 A.G. zwar andern Gläubigern gegenüber, nicht aber im Verhältniß zu seinem

---

[3]) Vgl. darüber unten § 6.

[4]) S. 20, 21.

[5]) Rechtsprechung in Strafsachen Bd. 4 S. 358 u. Bd. 5 S. 256 ff.

Schuldner, dem Miether, gegeben sei, wogegen dasselbe Gericht in einer andern Entscheidung[6]) davon ausgeht, daß der § 7 dem Verpächter auch dem Pächter selbst gegenüber ein diesem bisher nicht eingeräumtes Pfandrecht gewähre. v. Wilmowski[7]) und Willenbücher[8]) lassen das bisher nicht anerkannte Pfandrecht in Uebereinstimmung mit der zuerst angeführten Entscheidung des Reichsgerichts nur dritten Gläubigern gegenüber zur Entstehung gelangen. Dieser Ansicht muß beigetreten werden, weil der Abs. 1 des § 7 A.G. die Pfandrechte des § 41 K.O. für das Zivilrecht, soweit sie dort nicht begründet sind, ausdrücklich nur „im Verhältniß zu andern Gläubigern des Schuldners" einführt. Dies Resultat ergiebt allerdings ein juristisch anomales Rechtsverhältniß: denn das Pfandrecht ist ein dingliches Recht und seine essentiellen Voraussetzungen bestehen daher darin:

1) daß die Sache eines andern dem Pfandgläubiger zu seiner Befriedigung haftet, d. i. das Befriedigungsrecht,
2) daß das Recht des Pfandgläubigers der Sache folgt und deshalb Dritten gegenüber geltend gemacht werden kann, d. i. die Dinglichkeit des Rechts.

Erkennt man ein Pfandrecht an, welches nur die zweite, nicht aber die erste Funktion hat, also ein Recht, welches zwar Dritten gegenüber geltend gemacht werden kann, welches aber dem Berechtigten die Möglichkeit seiner Befriedigung aus der Sache nicht gewährt, so statuirt man die Eigenthümlichkeit einer abstrakten Dinglichkeit, so erkennt man ein Recht an, welches der Gläubiger an einer Sache des Schuldners Dritten gegenüber hat, welches ihm aber gegen den Schuldner selbst nicht zusteht. Dem dinglichen Rechte läßt sich eher die zweite, als die erste Funktion entziehen: ein solches dingliches Recht, welches nur gegenüber dem Schuldner, nicht aber gegen Dritte geltend gemacht werden kann, besteht z. B. nach § 12 des E.E.G. für diejenigen dinglichen Rechte an einem Grundstücke, welche „zu ihrer Wirksamkeit gegen Dritte der Eintragung bedürfen", welche aber nicht eingetragen sind. Die juristische Konstruktion eines dinglichen Rechts, welches ohne Wirkung gegen den Schuldner ist, führt auch zu eigenthümlichen Konsequenzen: Erwirbt ein dritter Gläubiger ein Pfändungspfandrecht an den Illaten des Miethers, so kann der Vermiether des Hannoverschen Rechts diesem Gläubiger gegenüber sein

[6]) Rechtsprechung in Strafsachen Bd. 4 S. 56, 57.
[7]) Anm. 1 zu § 41.
[8]) Anm. 1 u. 3 zu § 7 des Ges. vom 6. März 1879.

Pfandrecht geltend machen, ihm gegenüber kann er auch den Auktionserlös für sich in Anspruch nehmen, aber sein Sieg gegen den Pfändungsgläubiger hat für ihn wenig Werth: Da der Vermiether dem Schuldner gegenüber kein Recht an den Illaten hat, so hat er auch kein Recht an dem Erlöse derselben; den, dem Pfändungspfandgläubiger abgerungenen, Verkaufserlös erhält er daher nur, um ihn an den Schuldner abzugeben. Gleichwohl ist das nur gegen Dritte begründete Pfandrecht nicht ganz ohne Bedeutung und seine Konstruktion nicht ganz ohne Analogie: Indem das Recht des Vermiethers andere Gläubiger des Schuldners abhält, die Illaten des Miethers zu ihrer Befriedigung anzugreifen, behält der Vermiether Objekte, aus denen er, wenn sie der Miether nicht freiwillig veräußert, auf Grund eines Vollstreckungstitels für seine Miethforderungen Befriedigung suchen kann. Eine Analogie dieses Rechtsverhältnisses ist gewissermaßen in dem unvollkommenen Pfandrechte[9]) des eingetragenen Gläubigers, welches nur dem Schuldner gegenüber unvollkommen ist, dessen Gläubigern gegenüber aber alle Rechte der Pfandgläubiger gewährt, sie ist auch in der Befugniß des Immobiliargläubigers[10]) zu finden, der die beweglichen, zur Immobiliarmasse gehörigen, Gegenstände auf Grund des § 206 Z.V.G. dem Zugriffe anderer Gläubiger entziehen kann, ohne selbst unmittelbar seine Befriedigung aus diesen Sachen erreichen zu können. Mag die juristische Konstruktion noch so anomal sein, das Gesetz darf derartige, den juristischen Begriffen nicht entsprechende Absonderlichkeiten schaffen, wie auch das E.E.G. in der Grundschuld des Eigenthümers und in der Eigenthümerhypothek derartige Neuerungen geschaffen hat.

Während aber der Abs. 1 des § 7 A.G. den für das Zivilrecht eingeführten Absonderungsrechten des § 41 K.O. nur Dritten gegenüber Wirksamkeit beilegt, hebt der Abs. 2 des § 7 ohne Beschränkung auf das Verhältniß zu Dritten alle Absonderungsrechte, für die im Konkurs ein Anspruch auf abgesonderte Befriedigung aus einzelnen Gegenständen des beweglichen Vermögens nicht zugelassen ist, auch für das Civilrecht auf. v. Wilmowski a. a. O. und Willenbücher a. a. O. meinen zwar, daß auch der Abs. 2 des § 7 sich nur auf das Verhältniß zu den Gläubigern des Schuldners, nicht aber auf das Verhältniß zum Schuldner selbst beziehe, und diese Ansicht findet auch in den oben

---

9) Vgl. unten § 9.

10) Vgl. unten § 37.

ausgeschriebenen Motiven einen Anhalt. Aber der im ersten Absatz des § 7 enthaltene Zusatz „im Verhältniß zu andern Gläubigern des Schuldners" fehlt im zweiten Absatz, deshalb ist hier die Beschränkung auf das Verhältniß zu Dritten nicht begründet, und es liegt kein Grund vor, eine juristische Anomalie in ein Gesetz hineinzutragen, welches eine solche Anomalie nicht enthält. Die in den Motiven angeführten Beispiele müssen freilich sämmtlich als richtig anerkannt werden, aber sie beweisen die behauptete Beschränkung des Abs. 2 auf das Verhältniß zu den Gläubigern des Schuldners nicht: denn daß das Retentionsrecht nicht beseitigt ist, folgt aus der Erwägung, daß dasselbe kein Absonderungsrecht ist, deshalb ist auch das Verfolgungsrecht des Art. 2102[1] code civ. aufrecht erhalten, und Rechtssätze, nach welchen dem Vermiether oder Verpächter ein Pfandrecht an Sachen zusteht, die dem Miether oder Pächter nicht gehören, sowie die Bestimmungen des Preuß. Rechtes, wonach das dem Vermiether oder Verpächter an den Illaten beigelegte Pfandrecht nicht nur die eigenen Sachen des Miethers oder Pächters, sondern auch diejenigen eingebrachten Sachen umfaßt,[11]) die er zu verpfänden befugt ist, gelten auch im Konkurse und können schon deshalb durch den § 7 nicht für das Civilrecht beseitigt sein. Die Motive ergeben freilich, daß die Regierung auch die Beseitigung der in der K.O. nicht anerkannten Pfandrechte nur im Verhältniß zu Dritten beabsichtigt hatte, aber diese Absicht hat im Gesetz keinen Ausdruck gefunden, und es läßt sich mit Fug nicht behaupten, daß ein Rechtssatz besteht, welcher hat aufgestellt werden sollen, der aber nicht aufgestellt ist.

Das Verhältniß des Konkursrechtes zu dem Civilrecht gestaltet sich daher in Bezug auf die Quasipfandgläubiger in folgender Weise: die in dem bisherigen Civilrechte anerkannten und nicht anerkannten, aber im § 41 K.O. aufgeführten Absonderungsrechte sind in dem im § 41 angegebenen Umfange auch außerhalb des Konkurses gegenüber den Gläubigern des Schuldners wirksam; sofern sie in dem bisherigen Civilrecht aber nicht anerkannt sind, sind sie dem Schuldner selbst gegenüber ohne Wirksamkeit; die in dem bisherigen Civilrechte anerkannten, aber im § 41 K.O. nicht berücksichtigten Quasi-

[11]) Die Ansicht Willenbüchers Anm. 3 zu § 7 A.G., daß das Absonderungsrecht des Vermiethers und Verpächters, soweit dasselbe die Sachen umfaßt, die der Miether bezw. Pächter ohne Einwilligung des Eigenthümers nicht verpfänden darf, durch den § 7 den Gläubigern des Schuldners gegenüber beseitigt sei, ist unrichtig und scheint auf ein Mißverständniß der Motive zurückzuführen zu sein.

pfandrechte sind sowohl im Verhältniß zum Schuldner, wie zu den Gläubigern desselben außer Kraft getreten.[12])

I. Allgemeiner Theil.

§ 5. 1. Die Arten der Absonderungsberechtigten.

Die Absonderungsrechte scheiden sich in zwei Arten: Die erste Klasse bilden die Pfand- und sonstigen dinglichen und die ihnen gleichgestellten Rechte, die zweite Klasse die Absonderungsrechte der Erbschaftsgläubiger, Legatare, Kommunionsgläubiger, der Lehn-, Stammgut- und Familienfideikommißgläubiger.

Das Realrecht hat eine zwiefache Funktion: das Recht der Befriedigung aus der verhafteten Sache und das Recht, die Sache gegen Dritte zu verfolgen. Die Absonderungsrechte der ersten Art haben beide Funktionen, die der zweiten Art nur die erste Funktion, das Recht der Befriedigung der Sache gegen den Schuldner. Aber für die Immobiliarzwangsvollstreckung sind den Realberechtigten durch das Preuß. Z.V.G. solche Gläubiger gleichgestellt, welche ihrer Natur nach nur ein persönliches Recht haben — z. B. im § 26 Z.V.G. die Dienstboten wegen ihres Lohnes —, Gläubiger, welchen die Dinglichkeit und somit die Verfolgbarkeit ihres Rechtes gegen Dritte fehlt, und die deshalb den Separatisten der zweiten Klasse näher stehen, als den Realberechtigten.

Die K.O .behandelt beide Arten des Absonderungsrechtes gleichmäßig: Die Vorschriften der §§ 3, 57, 88 K.O., überhaupt alle die Theilnahme der Separatisten am Konkurse betreffenden Vorschriften beziehen sich auf alle Separatisten, und die Absonderungsgläubiger beider Klassen gehören als solche nicht zu den Konkursgläubigern im Sinne des § 2 K.O. Ist hiernach auch die Behandlung beider Arten der Absonderungsgläubiger im Konkurse eine gleichmäßige, so gestaltet sich ihr Recht doch verschieden, soweit es sich um das Verhältniß zu

[12]) Außer Kraft getreten ist daher u. a. das Absonderungsrecht einer Gewerkschaft wegen rückständiger gewerkschaftlicher Beiträge, dessen Bestehen bisher streitig war. Vgl. Entsch. des Obertribunals Bd. 66 S. 221, Bd. 63 S. 219, Bd. 82 S. 45.

Dritten handelt: Können die Realgläubiger, nicht aber die übrigen Absonderungsgläubiger, ihr Recht gegen Dritte verfolgen, so verlieren die letztern [1]), nicht aber die erstern ihr Recht an dem Absonderungsgegenstande durch den Uebergang desselben in das Eigenthum eines Dritten. Eine Verschiedenheit beider Arten des Separationsrechts zeigt sich weiter auch rücksichtlich ihrer Entstehung: Das Absonderungsrecht der zweiten Art — mit Ausnahme desjenigen der Lehn-, Stammgut- und Familienfideikommißgläubigern, die in dieser Beziehung den Spezialseparatisten gleichstehen — wird nicht schon durch das Vorhandensein der zu ihrer Geltendmachung erforderlichen gesetzlichen Voraussetzungen begründet, sondern zu seiner Existenz wird außerdem die Geltendmachung des Absonderungsrechtes verlangt. Der Erbschaftsgläubiger, der Legatar, der Kommunionsgläubiger kann die Absonderung verlangen, aber erst durch die Stellung dieses Verlangens wird diese Absonderung erforderlich, und der Verwalter darf nicht eher absondern, als dies Verlangen gestellt ist. Das Absonderungsrecht der Realrechte — mit Ausnahme der persönlichen Absonderungsgläubiger des §§ 26 Z.V.G., die in dieser Beziehung den Separatisten der zweiten Klasse gleichstehen — besteht dagegen ohne besondere Geltendmachung und ist zu berücksichtigen, auch wenn der Absonderungsgläubiger ein darauf gerichtetes Verlangen noch nicht gestellt hat.

Die Gläubiger der ersten Klasse werden die speziellen, die der zweiten die generellen oder allgemeinen Absonderungsgläubiger genannt. Diese Bezeichnung wird auch hier gebraucht, weil sie üblich ist, nicht [2]) weil die Ausführung der Motive [3]) anerkannt wird, daß nicht der Gegensatz zwischen persönlichen und dinglichen, sondern der Gegensatz zwischen generellen und speziellen Vorzugsrechten entscheidend sei.

Der allgemeine Separatist kann gleichzeitig ein spezielles Absonderungsrecht haben, es kann dem Erbschaftsgläubiger z. B. ein Pfandrecht an einer Nachlaßsache zustehen. Ein solcher Gläubiger hat ein Absonderungsrecht doppelter Art, sowohl ein Recht zur Absonderung gegenüber der gesammten Konkursmasse, gegenüber den Konkursgläubigern, wie auch zur Absonderung des ihm besonders verhafteten Gegenstandes gegen die übrigen Separatisten; sein Recht

---

[1]) Wie auch die persönlichen Absonderungsgläubiger des § 26 Z V.G.

[2]) Auch der Gegenstand des Separationsrechtes der Erbschaftsgläubiger, Legatare, Kommunionsgläubiger ist nur eine einzelne Sache oder sind nur einzelne Sachen.

[3]) S. 189.

ist gleichzeitig ein dingliches, gegen dritte verfolgbares. Aber der Konkursmasse gegenüber hat er ein weiteres Vorrecht nicht: Sein Recht, aus der Masse selbst Befriedigung zu verlangen, sein Recht, in den Gläubigerversammlungen mitzustimmen, wird durch die doppelte Sicherung seines Anspruchs nicht gesteigert.

§ 6. 2. Die rechtliche Natur des Absonderungsrechtes; das Retentionsrecht im Konkurse.

Das Absonderungsrecht wird im § 3 K.O. als ein Anspruch auf abgesonderte Befriedigung aus Gegenständen bezeichnet, welche zur Konkursmasse gehören, es ist daher das Recht, aus gewissen Bestandtheilen der Masse unter Ausschluß der Konkurs- und Massegläubiger Befriedigung zu erlangen.

Während der Aussonderungsberechtigte einen nicht zur Masse gehörigen Gegenstand als ihm gehörend, nimmt der Absonderungsberechtigte einen zur Masse gehörigen Gegenstand nicht als ihm gehörend, sondern als ihm besonders verpflichtet in Anspruch; der Aussonderungsberechtigte erstrebt die Erlangung seines Eigenthums, der Absonderungsberechtigte nur die Befriedigung aus einer ihm nicht gehörenden Sache.

Dem Absonderungsrechte steht das Rechtsverhältniß nicht gleich, welches durch das beneficium inventarii hervorgerufen wird: der Separatist trennt zum Zweck seiner Befriedigung einen Vermögensbestandtheil von der Masse, der Benefizialerbe beschränkt das Recht der Erbschaftsgläubiger und Legatare auf die Höhe der Erbschaftsmasse, ohne daß den letztern ein Recht zur Befriedigung gerade aus den Nachlaßsachen zusteht.

Aehnlichkeit mit dem Absonderungsrecht hat das Kompensationsrecht, eine Aehnlichkeit, auf welche schon äußerlich die Thatsache hinweist, daß die das Absonderungsrecht beschränkende Vorschrift des § 42 K.O. durch den § 49 entsprechende Anwendung auf die Kompensation zu finden hat. Der Kompensationsgläubiger befriedigt sich für eine Forderung, welche er an die Konkursmasse hat, aus einer Forderung, die dieser gegen ihn zusteht. Aber das Gesetz verfolgt die Aehnlichkeit beider Rechtsinstitute nicht weiter und behandelt das Aufrechnungsrecht in einem besonderen Titel.

Vom Absonderungsrecht verschieden ist das Retentionsrecht. Gleich ist beiden Rechtsverhältnissen der auf Sicherung des Anspruchs gerichtete Zweck, aber dieser gleiche Zweck, den auch andere Institute,

z. B. die Bürgschaft, verfolgen, macht beide Rechtsverhältnisse nicht gleich. Die rechtliche Natur des Absonderungsrechtes setzt die Befugniß zur abgesonderten Befriedigung aus Gegenständen der Konkursmasse voraus. Dies dem Absonderungsrechte wesentliche Moment fehlt dem Retentionsrechte, welches dem Gläubiger nicht die Befugniß giebt, sich aus der zurückbehaltenen Sache zu befriedigen, sondern ihn nur berechtigt, die Sache bis zur Befriedigung zurück zu behalten;[1]) der Retentionsgläubiger hat daher nur ein negatives, in dem Vorenthalten der Sache bestehendes, Recht, nicht das positive Recht auf Befriedigung aus der Sache.[2]) Diese Verschiedenheit beider Institute steht der Annahme entgegen, daß aus der Beseitigung aller in der K.O. nicht anerkannter Absonderungsrechte auch die Beseitigung des Retentionsrechtes folge. Da das Retentionsrecht ein Nebenrecht ist, welches mit Hauptrechten der verschiedensten Art verbunden sein kann, so kann die Beseitigung eines mit diesem Nebenrechte versehenen Hauptrechtes nicht die Beseitigung des Nebenrechtes für alle Hauptrechte, mit welchen dasselbe verknüpft sein kann, zur Folge haben. Das Reichsgericht[3]) ist freilich anderer Meinung, indem es ausführt:

> „Können selbst die Faustpfandgläubiger und die ihnen gleichgestellten Absonderungsberechtigten gemäß § 117 K.O. einer Verwerthung der zu ihrer abgesonderten Befriedigung dienenden Gegenstände durch den Verwalter nicht widersprechen, vielmehr ihre Rechte nur auf den Erlös geltend machen, so erscheint ohne Weiteres die Annahme ausgeschlossen, daß ein Gläubiger, dem vom Gemeinschuldner nur ein Zurückbehaltungsrecht eingeräumt ist, auf Grund dieses Rechtes befugt sein sollte, bis zu seiner Befriedigung dem Verwalter den in seinen Händen befindlichen Bestandtheil der Konkursmasse vorzuenthalten und dadurch die Verwerthung der Konkursmasse unmöglich zu machen."

---

[1]) Zutreffend findet Eccius-Förster Bd I § 110 den Unterschied beider Institute darin, daß der Pfandgläubiger berechtigt ist, sich durch das Pfand zu befriedigen, der Retinent seine Befriedigung aber anderweitig erwarten muß.

[2]) Deshalb kann der Schuldner durch Deponirung des Werthes der zurück behaltenen Sache die Herausgabe derselben erzwingen. Entscheid. des Obertrib. in Striethorst, Archiv Bd. 21 S. 230; vgl. auch § 234 des Entwurfs des bürgerlichen Gesetzbuchs: „Der Gläubiger kann das Zurückbehaltungsrecht durch Sicherheitsleistung abwenden." Ein gleiches Recht hat der Pfandschuldner nicht, welcher nur durch vollständige Befriedigung des Gläubigers dessen Absonderungsrecht beseitigen kann.

[3]) Entsch. Bd. 16 S. 135–137.

Diese Deduktion kann als schlüssig nicht angesehen werden: Das Recht, vertragsmäßige Zinsen zu fordern, gehört zum Darlehn; vertragsmäßige Zinsen können aber auch aus einem Kaufvertrage gefordert werden; würde es verboten werden, aus einem Darlehn Zinsen zu fordern, so würde deshalb der Anspruch auf Zinsen aus dem Kaufvertrage nicht aufgehoben sein. So ist auch das Retentionsrecht, welches dem Mobiliarabsonderungsgläubiger in der Regel zusteht, ein Nebenrecht, das auch andern Gläubigern zustehen kann, und dieses, andern Gläubigern zustehende, Nebenrecht wird nicht dadurch beseitigt, daß das Absonderungsrecht auf bestimmte Fälle beschränkt ist.

Die Beseitigung des Retentionsrechts läßt sich auch nicht aus § 107 K.O. ableiten, welcher dem Verwalter zur Pflicht macht, sofort nach der Eröffnung des Verfahrens das gesammte, zur Konkursmasse gehörige, Vermögen in Besitz und Verwaltung zu nehmen, denn durch diese Vorschrift ist nur die Ausführung des § 5, nach welchem das Verwaltungs- und Verfügungsrecht über die Konkursmasse vom Kridar auf den Verwalter übergeht. Die Besitznahme, welche der § 107 anordnet, beschränkt sich daher auf den Besitz, welchen auch der Kridar gehabt hat, und der § 107 betrifft lediglich das Verhältniß des Verwalters zum Kridar, während das Verhältniß des Verwalters zu dritten Personen durch den offenen Arrest des § 108 und durch die den dritten Besitzern durch den § 109 auferlegte Pflicht zur Besitzanzeige bestimmt ist.

Die Beseitigung des Retentionsrechtes läßt sich schließlich auch nicht durch landesgesetzliche Bestimmungen erklären, welche diesem Rechte seine Wirkung für den Konkurs versagen. Ob die Retention nach gemeinem Rechte im Konkurse zulässig ist, ist streitig.[4]) Das

[4]) Schenk, Zur Lehre vom Retentionsrecht S. 353 und in der Gießener Zeitschrift Bd. 8, 4, Dabelow, S. 682 ff., Gönner, Handbuch des Civilprozesses IV Nr. 82 § 10, Gensler im civilistischen Archiv II S. 347 ff., Göß, Entscheidungen der juristischen Fakultät zu Altdorf Nr. 1, Oetker, Beiträge zur Lehre vom Konkurse S. 53 ff. u. S. 62 ff., Lenz im Rechtslexikon Bd. 9 S. 400, Bayer, Theorie des Konkursprozesses § 28 lassen das Retentionsrecht nach gemeinem Rechte im Konkurse aufhören, wogegen Schweppe S. 60, Gans in der Zeitschrift für Civil- und Kriminalrechtspflege im Könjgreich Hannover I S. 394 ff., Großkopf, Zur Lehre vom Retentionsrechte S. 94 ff., Frank in Siebenhaar's Archiv für Wechselrecht XIII S 323, Fuchs, Das Konkursverfahren 1863 S. 43, Happel, Die Rechte der Gläubiger bei ausgebrochenem Konkurse Abschn 3 S. 74 ff., Trütschler, Die Lehre von der Präklusion S. 30, Hagemann, Praktische Erörterungen XII Nr. 108 und v. Vangerow I § 382 es im Konkurse fortbestehen lassen.

Landrecht hebt es durch die ausdrückliche Bestimmung des § 566 I. 20: „Ist aber Konkurs über das Vermögen des Schuldners entstanden, so hört das Zurückbehaltungsrecht auf, und der andere, welchem selbiges beigewohnt hat, erlangt dadurch vor andern Gläubigern keinen Vorzug," für den Konkurs auf. Diese Bestimmung des Landrechtes, sowie eine etwa im gemeinen Rechte bestehende Vorschrift gleichen Inhalts sind aber durch den § 4 E.G. beseitigt, weil durch denselben alle in der K.O. nicht aufrecht erhaltenen Vorschriften der Landesgesetze über das Konkursrecht aufgehoben sind, und sind durch den § 20 K.O.[5]) nicht aufrecht erhalten, weil hierdurch, wie unstreitig,[6]) nur die für den Konkurs bei bestimmten Rechtsverhältnissen gegebenen Sondervorschriften, d. h. nur diejenigen landesgesetzlichen Normen konservirt sind, welche die Wirkung der Konkurseröffnung auf bestimmte einzelne Rechtsverhältnisse nicht in Anwendung einer allgemeinen Regel, sondern in Anbetracht der besonderen Natur des speziellen Rechtsverhältnisses regeln. Eine allgemeine Vorschrift, welche das Retentionsrecht vom Konkurse ausschließt, ist demnach beseitigt, da das Retentionsrecht nicht ein bestimmtes *spezielles* Rechtsverhältniß, sondern ein Rechtsverhältniß allgemeiner Natur ist, ein Recht, welches ein Accessorium von Hauptrechten der verschiedensten Art sein kann.[7])

Das Retentionsrecht ist durch die Konkursordnung überhaupt nicht allgemein beseitigt, es ist nur den Konkursgläubigern genommen: Indem der § 2 bestimmt, daß die Konkursmasse zur gemeinschaftlichen Befriedigung aller Konkursgläubiger dient, hat jeder Konkursgläubiger die Pflicht, sich wegen seiner Befriedigung auf die

[5]) „Soweit rücksichtlich einzelner, durch die §§ 16—19 nicht betroffener Rechtsverhältnisse die Reichsgesetze oder die Landesgesetze besondere Bestimmungen über die Wirkung der Eröffnung des Konkursverfahrens enthalten, kommen diese zur Anwendung."

[6]) v. *Wilmowski*, Anm. 1 zu § 20. *Willenbücher*, Anm zu § 20. Prot. der Reichstagskommission S. 19, 153—161, 203, in welcher konstatirt wurde, „daß nur solche Vorschriften gewahrt werden sollen, welche nicht die Wirkung der Konkurseröffnung auf Rechtsverhältnisse im *Allgemeinen* festsetzen oder als Ausfluß solcher allgemeinen Bestimmungen diese auf einzelne Rechtsgeschäfte lediglich anwenden, sondern welche mit Rücksicht auf die besondere Natur *einzelner Rechtsverhältnisse lediglich für diese* unabhängig von jenen allgemeinen Bestimmungen getroffen sind."

[7]) In *Koch's* Kommentar zum A.L.R. wird der § 566 A.L.R. I, 20 (Anm. 24) noch als zu Recht bestehend aufgeführt, ebenso von *Eccius-Förster* I S. 757 § 110.

gemeinschaftliche Vertheilung, auf seine Konkursdividende zu beschränken, soweit nicht durch besondere Bestimmungen ein Absonderungs- oder Vorzugsrecht anerkannt ist;[8]) er darf daher den übrigen Gläubigern nicht einen zur Masse gehörigen Gegenstand zu dem Zweck vorenthalten, sich eine größere, als die gemeinschaftliche, Befriedigung zu sichern.

Die Frage, welche gesetzliche Vorschrift der Geltendmachung des Retentionsrechts im Konkurse entgegensteht, ist nicht blos theoretischer Natur, die Konsequenzen der Beantwortung dieser Frage sind, wenn die Beseitigung auf der Beschränkung der Absonderungsrechte, auf der Vorschrift des § 107 K.O. oder auf bestehenden landesgesetzlichen Vorschriften beruht, sind andere, als wenn man die Beseitigung auf den § 2 K.O. zurückführt: im ersten Falle ist das Retentionsrecht, soweit es in der K.O. nicht zugelassen ist, für den Konkurs überhaupt beseitigt und kann auch von dritten Personen, die nicht Konkursgläubiger sind, nicht geltend gemacht werden, im zweiten, hier angenommenen, Falle ist es nur den Konkursgläubigern genommen[9]) und bleibt daher für diejenigen bestehen, welche nicht als Konkursgläubiger anzusehen sind. Zu diesen gehören insbesondere diejenigen, welche einen Anspruch aus einer Naturalobligation haben, denen z. B. — wenigstens nach gemeinem Rechte — eine verjährte Forderung zusteht, ferner diejenigen, welche bei einer durch die Sache eines andern erfolgten Beschädigung nach gemeinem Rechte nur einen durch Retention gesicherten Anspruch,[10]) welche eine nach § 56 K.O. vom Konkurse ausgeschlossene Forderung, insbesondere einen Anspruch aus einer Freigebigkeit des Gemeinschuldners haben, sowie diejenigen, welchen nach § 149 A.L.R. I, 9 und §§ 12, 13 des Gesetzes vom 11. Juni 1891[11]) ein Retentionsrecht zusteht. Aus demselben Grunde ist auch das Retentionsrecht des gutgläubigen Besitzers nicht beseitigt, welcher dem Eigenthümer die Herausgabe der diesem gehörenden Sache bis zur Erstattung des Kaufgeldes nach Preußischem[12]) und bis zur Er-

[8]) So sagen auch die Motive S. 213: „Die Konkursgläubiger . . haben den Anspruch, daß alle, nicht dinglich verhafteten, Sachen des Gemeinschuldners zur gleichmäßigen Vertheilung für alle Konkursforderungen dienen."

[9]) Auch die Motive sagen: „Das Retentionsrecht setzt voraus, daß der Anspruch des Inhabers sich als eine Konkursforderung darstellt."

[10]) l. 9, § 1, 2. D. 39, 2. Arndts, Pandekten § 328.

[11]) Vgl. unten § 78.

[12]) §§ 25, 26 A.L.R. I, 15: „Wer die dem rechtmäßigen Eigenthümer oder Besitzer abhanden gekommene Sache von einer unverdächtigen Person durch einen lästigen Vertrag an sich gebracht hat, muß dieselbe zwar ebenfalls zurückgeben;

stattung der nothwendigen und nützlichen Aufwendungen nach Preußischem und gemeinem Rechte verweigern darf.[13]) Obgleich dieses Recht des bonae fidei possessor ein wahres Retentionsrecht ist, so sichert es doch nicht eine klagbare Forderung. Denn der gutgläubige Besitzer hat gegen den Eigenthümer keinen Anspruch auf Zahlung des Kaufpreises, auf Erstattung der Verwendungen, da dieser nicht verpflichtet ist, sein Eigenthum zu verfolgen und es ihm freisteht, die ihm gehörende Sache dem Besitzer zu belassen, um dessen vielleicht unverhältnißmäßig hohen Gegenforderungen auszuweichen. Einen Anspruch[14]) gegen den Eigenthümer kann er erst erheben, nachdem er diesem auf dessen Verlangen die Sache herausgegeben hat; bis dahin hat er nur die Befugniß, die Herausgabe der Sache bis zur Erstattung des Kaufpreises bezw. der Verwendungen zu verweigern, und der Eigenthümer kann diesem Retentionsrechte gegenüber seine Vindikation fallen lassen. Hat der Besitzer aber die Sache herausgegeben, so kann von einem Retentionsrechte nicht mehr die Rede sein, weil er sich des Besitzes entschlagen hat. Bis zur Herausgabe hat er die Retention und, weil durch dieselbe ein klagbarer Anspruch nicht geschützt wird, hat er das Retentionsrecht auch im Konkurse des Eigenthümers.

Dasselbe gilt auch von dem Retentionsrechte des schlechtgläubigen Besitzers wegen der nothwendigen Verwendungen, es gilt nach Preußischem[15]) Rechte auch von dem Retentionsrechte des gutgläubigen Pfandgläubigers, welcher die Pfandsache von einem zur Verpfändung nicht berechtigten Dritten erlangt hat, und es gilt schließlich auch von dem jus tollendi, welches jedem Besitzer für gewisse Verwendungen zusteht.

Man darf das Retentionsrecht des Besitzers gegenüber dem Eigenthümer nicht etwa dem einfachen Absonderungsrechte gleichstellen, für

er kann jedoch dagegen die Erstattung alles dessen, was er dafür gegeben oder geleistet hat, fordern."

[13]) Auch die Regierungsmotive, v. Wilmowski Anm. 8 zu § 41, Eccius-Förster III § 180 Anm. 76 halten dieses Retentionsrecht für den Konkurs aufrecht In den Motiven wird in dieser Beziehung deduzirt, es sei diese Forderung keine Konkursforderung, überhaupt keine Forderung an den Kridar, sondern eine Beschränkung des Vindikationsrechtes des letztern, das Vindikationsrecht sei hier ein Einlösungsrecht. v. Wilmowski sagt, es sei nicht blos ein Retentionsrecht, sondern eine Beschränkung des Vindikationsrechtes, welches auf ein Einlösungsrecht reduzirt werde, sei also nicht blos eine Konkursforderung.

[14]) Vgl die Entscheidungen des Reichsgerichts vom 8. Mai 1883 in Gruchot's Beiträgen Bd. 27 S. 935 und des Obertribunals vom 3. März 1864 in Striethorst's Archiv Bd. 53 S. 197.

[15]) § 80 A.L.R. I, 20.

dessen persönliche Forderung der Kridar nicht haftet. Der einfache Absonderungsgläubiger hat einen Anspruch auf Befriedigung aus der Sache gegen den Kridar, einen Anspruch, welcher durch die dingliche Klage zur Geltung gebracht werden kann. Der retinirende Besitzer hat dagegen wegen der Ansprüche aus der Verwendung 2c. keinen Anspruch auf Befriedigung aus der Sache, er ist lediglich der Verpflichtung überhoben, die Sache bis zur Erstattung seiner Verwendungen 2c. herauszugeben; sein Recht hängt davon ab, ob der Eigenthümer die Sache zurückfordert; das Recht des einfachen Absonderungsgläubigers ist in dieser Beziehung von einer Bedingung nicht abhängig.

Die Beseitigung des Zurückbehaltungsrechtes trifft somit nur den Konkursgläubiger; diesen trifft es aber auch dann, wenn er seine Befriedigung aus der Masse nicht verlangt, selbst dann, wenn er auf Befriedigung aus der Masse verzichtet; denn trotz dieses Verzichtes bleibt der Kreditor nach § 2 K.O. immer noch Konkursgläubiger. Diese Eigenschaft verliert er zwar dann, wenn er wirksam auf das Recht selbst verzichtet, aber mit dem Rechte selbst geht auch selbstverständlich die Retention verloren.

Sollen einzelne Beispiele des Verlustes des Retentionsrechts angeführt werden, so gilt das Zurückbehaltungsrecht des Mandatars [16]) an der Sache des Mandanten als aufgehoben, welche er für diesen gekauft hat, und zu deren Retention [17]) er außerhalb des Konkurses wegen seines Anspruchs auf Erstattung des Kaufpreises berechtigt ist; als aufgehoben gilt auch das Zurückbehaltungsrecht des Rechtsanwaltes an den Handakten, welches er außerhalb des Konkurses wegen seiner Gebühren und Auslagen [18]) geltend machen darf; [19]) aufgehoben ist

---

[16]) Nicht auch des handelsrechtlichen Kommissionärs.

[17]) § 83 A.L.R I, 13. Eccius-Förster II § 141 Anm. 121.

[18]) § 32 der Rechtsanwaltordnung vom 1. Juli 1878.

[19]) Eccius a. a. O. meint, der Rechtsanwalt habe nur eine bedingte Vertragspflicht zur Uebereignung der Akten an den Auftraggeber, weil er „bei 5jähriger Nichtabforderung" die Akten vernichten könne, er sei daher Eigenthümer der Akten und könne das Retentionsrecht auch im Konkurse geltend machen. Wäre der Rechtsanwalt Eigenthümer der Handakten, so würde von einem eigentlichen Retentionsrechte keine Rede sein können, weil dasselbe nur fremde Sachen zum Gegenstand haben kann. Aber nicht er, sondern sein Auftraggeber ist Eigenthümer der Manualakten, er ist lediglich Mandatar desselben, hat nur als solcher die zum Theil aus der eigenen Urkunde des Mandanten oder aus den diesem vom Gegner zugestellten Schriftstücken bestehenden Akten angelegt und besitzt sie nur für den

— abgesehen von dem im § 41[8] K.O. aufrechterhaltenen Zurückbehaltungsrechte der Handelsgläubiger — auch die Retention aus dem Gordianischen Privileg,[20]) das Recht des Pfandgläubigers, den Pfandgegenstand nach der Befriedigung der Pfandforderung wegen einer anderen chirographarischen Forderung gegen denselben Schuldner zurück zu behalten.[21])

Von dem Grundsatze, daß der Konkursgläubiger sein in der K.O. nicht anerkanntes Retentionsrecht im Konkurse nicht ausüben darf, ist aber dann eine Ausnahme zuzulassen, wenn die Reichs- oder Landesgesetze dies rücksichtlich eines bestimmten Rechtsverhältnisses als Wirkung der Konkurseröffnung ausdrücklich vorschreiben. Denn der § 20 K.O. hat die Vorschriften der Reichs- und Landesgesetze aufrecht erhalten, durch welche rücksichtslich einzelner, durch die §§ 16—19 K.O. nicht betroffener Rechtsverhältnisse besondere Bestimmungen über die Wirkung der Konkurseröffnung getroffen sind. Hierdurch ist das Retentionsrecht des Werk- oder Baumeisters an einer unbeweglichen Sache konservirt: „Entsteht vor der Uebergabe Konkurs über das Vermögen des Bestellers, so kann der Werkmeister“ nach § 974 A.L.R. I 11 „wegen seiner Arbeit und Auslagen des Zurückbehaltungsrechtes auf das noch in seinem Gewahrsam befindliche Werk sich bedienen“. Ein Pfand- oder Absonderungsrecht an der dem Besteller gehörenden unbeweglichen Sache ist dem Werkmeister in der K.O. nicht eingeräumt; denn der § 41[6] spricht zwar von dem Absonderungsrechte der Werkmeister u. s. w. für Arbeit und Auslagen in Ansehung der von ihnen gefertigten

---

Mandatar. Entscheidung des Obertribunals vom 12. April 1844 Bd. 10, S. 136 ff. Das Recht, die Akten nach 5 Jahren zu vernichten, wenn sie ihm bis dahin nicht abgefordert sind, ist ihm aus Zweckmäßigkeitsgründen gegeben; indem aber gesagt ist, „die Pflicht zur Aufbewahrung der Handakten erlösche nach 5 Jahren“ ist gesetzlich anerkannt, daß er nur Vertreter, also nicht Eigenthümer der Akten ist.

[20]) Auch die Motive S 206, v. Völdernndorff Anm. 1 zu § 40, v. Wilmowski Anm. 6 zu § 40, Willenbücher Anm. 4 zu § 40 halten die retentio Gordiana für aufgehoben.

[21]) Nach § 171 A.L.R. I, 20 kann sich der Gläubiger wegen Forderungen, die ihm aus einem anderen Geschäft von dem Schuldner oder Verpfänder zustehen, an das Pfand nicht halten; nur in Fällen, wo der Gläubiger wegen solcher anderweitiger Forderungen an den Verpfänder Arrest anzulegen berechtigt sein würde, gestattet ihm der § 172, die Ausantwortung des Pfandes zu verweigern. Im gemeinen Rechte hängt das Recht der Gordianischen Retention nicht von der Existenz eines Arrestgrundes ab. Die Frage, ob dieses Recht im Konkurse zugelassen, wurde im Preußischen Rechte verneint, im gemeinen Rechte war sie streitig, muß aber mit v. Vangerow Leitfaden I § 382[4] bejahet werden.

und ausgebesserten, noch in ihrem Gewahrsam befindlichen Sachen, er bezieht sich aber nur auf Mobilien,[22]) weil das Immobiliarrecht nur im § 39, nicht auch im § 41, geregelt ist;[23]) und der § 39 verweist rücksichtlich der Immobiliarabsonderungsrechte auf die von den Landesgesetzen geregelte Immobiliarzwangsvollstreckung; das Preuß. Z.V.G. giebt aber dem Werkmeister kein Pfandrecht. Es bleibt ihm somit nur das Retentionsrecht des § 974 A.L.R. I, 11.

Eine eigentliche Ausnahme von dem Grundsatze des Verlustes des Retentionsrechtes der Konkursgläubiger ist es nicht, wenn man,[24]) wie auch hier geschieht, den Massegläubigern für eine Masseforderung ein Zurückbehaltungsrecht an einer Konkurssache zugesteht. Denn diese Gläubiger gehören nicht zu den Konkursgläubigern des § 2 K.O., und der § 12 K.O. verbietet zwar die Erwerbung von Zurückbehaltungsrechten an Gegenständen der Konkursmasse nach der Eröffnung des Verfahrens zum Nachtheil der Konkursgläubiger, aber der Verwalter kann sich über eine Belastung der Masse nicht beschweren, welche die Folge seiner eigenen Handlung ist.

§ 7. 3. Der Gegenstand des Absonderungsrechtes.

Objekt des Absonderungsrechtes kann ein einzelner Gegenstand oder können mehrere einzelne Gegenstände sein. Ein Inbegriff von Sachen und Rechten — universitas juris —, ein Vermögen kann nicht Objekt eines Absonderungsrechtes sein, weil ein Gläubiger sich nur aus den Aktivis, nicht aus den Schulden des Kridars befriedigen kann.

Die K.O. spricht im § 3 allgemein von „Gegenständen" der Konkursmasse, aus welchen abgesonderte Befriedigung gefordert werden kann, gebraucht den Ausdruck „Gegenstand" auch im § 39 K.O. von dem Immobiliarabsonderungsrechte, im § 43 von dem Absonderungsrechte der Erbschaftsgläubiger und Legatare, und im § 41[8] und [9] von dem Separationsrechte der Handelsgläubiger und dem Pfändungspfandrechte, wogegen in allen übrigen Fällen des Quasifaustpfandrechtes von Sachen und im § 40 von „beweglichen körperlichen Sachen,

[22]) v. Wilmowski Anm. 9 zu § 41.

[23]) Vgl. unten § 70.

[24]) v. Willmowski Anm. 8 zu § 41 beläßt den Massegläubigern das Retentionsrecht, weil die Geltendmachung solcher Ansprüche durch die K.O. hinsichtlich der civilrechtlichen Befugnisse nicht auf das Vorhandensein eines Absonderungsrechtes beschränkt sei.

Forderungen und anderen Vermögensrechten" als Objekten des Absonderungsrechtes gesprochen wird. Vgl. auch die §§ 14 und 15 E.G. Unter „Sachen" versteht das Gesetz nur die körperlichen Objekte, während das Wort „Gegenstand", wie die Motive [1]) ausdrücklich hervorheben, sowohl die körperlichen, als auch die unkörperlichen Sachen, also auch die Forderungen und sonstigen Vermögensrechte umfassen soll. Diese in den Motiven ausgesprochene Interpretation eines Ausdrucks muß als maßgebend angesehen werden; denn wenn auch sonst die Erwägungen der Motive ebenso wie die Verhandlungen der gesetzgebenden Körperschaften und deren Kommissionen für die Interpretation nur autoritative Bedeutung haben, da das Gesetz und nicht die Motive u. s. w. maßgebend sind, so ist doch da, wo die Bedeutung eines Ausdrucks ohne Widerspruch der übrigen gesetzgebenden Faktoren erklärt ist, eine solche Erklärung ebenso maßgebend, wie bei der Interpretation der Willenserklärungen von Privatpersonen der Sprachgebrauch der Erklärenden für die Auslegung seiner Willenserklärung entscheidend ist.[2])

Aus der Legaldefinition des Absonderungsrechtes [3]) als eines Anspruchs auf abgesonderte Befriedigung aus Gegenständen, welche zur Konkursmasse gehören, ergiebt sich, daß ein Absonderungsrecht nur an einem Konkursgegenstand bestehen kann, daß daher ein Separationsrecht nicht vorhanden ist, wenn ein Gläubiger für seine Forderung zwar ein Pfandrecht, aber ein solches nicht an einem Gegenstande der Masse hat. So besteht kein Absonderungsrecht, wenn dem Gläubiger an einem Gegenstande ein Pfandrecht bestellt ist, welcher zwar dem Kridar gehört, aber als Kompetenzgegenstand oder weil er nach der Eröffnung des Verfahrens erworben ist, von der Masse ausgeschlossen ist; es besteht kein Absonderungsrecht, wenn ein Dritter eine Hypothek oder ein Faustpfand für eine Schuld des Kridars an einem diesem nicht gehörenden Gegenstande hat; es besteht kein Absonderungsrecht, wenn ein Gesellschafter für eine Forderung der offenen Handelsgesellschaft, der er angehört, einem Gläubiger dieser Gesellschaft ein Pfand an einer nicht der Gesellschaft, sondern ihm persönlich gehörenden Sache bestellt hat,[4]) auch nicht, wenn einem Gläubiger die Hypothekenforderung verpfändet ist,

---

[1]) S. 190

[2]) §§ 65–69 A.L.R. I, 4.

[3]) § 3 K.O.

[4]) Reichsgericht Bd. 7 S. 88 ff.

welche für einen Dritten auf dem Grundstücke des Gemeinschuldners haftet;[5]) wohl aber dann, wenn der Kridar durch Erbgang oder auf andere Weise Eigenthümer dieser Hypothekenforderung wird, ebenso auch dann, wenn dem Gläubiger eine auf dem Grundstücke des Gemeinschuldners eingetragene, diesem gehörende Grundschuld oder Eigenthümerhypothek verpfändet ist.

Auf ein Pfandrecht, welches nicht auch ein Absonderungsrecht ist, findet keine über das Absonderungsrecht in der K.O. gegebene Vorschrift Anwendung; ein solcher Pfandgläubiger ist lediglich als Konkursgläubiger zu behandeln, er kann zu seinem vollen Betrage in den Gläubigerversammlungen mitstimmen, er ist in der Geltendmachung seiner Forderung in keiner Weise, auch nicht durch den § 57 K.O.[6]) beschränkt, er braucht dem Verwalter den Besitz der Pfandsache nicht anzuzeigen, braucht ihm die Pfandsache nicht vorzuzeigen; der Verwalter kann weder verlangen, daß der Gläubiger sich aus der Pfandsache befriedigt, noch kann er den Verkauf selbst vornehmen.

Aus der Zugehörigkeit des Absonderungsgegenstandes zur Konkursmasse folgt ferner, daß neue Gläubiger des Kridars, deren Forderungen erst nach der Konkurseröffnung entstehen, während der Dauer des Konkurses kein Absonderungsrecht an diesen Gegenständen der Masse erwerben — § 12 K.O. — und daher auch auf den Ueberschuß des Verkaufserlöses keinen Anspruch erheben können,[7]) wogegen ihnen der Erwerb von Pfandrechten an Sachen, die einem Gläubiger des Kridars verhaftet sind, die aber nicht zur Konkursmasse gehören, abgesehen von den Fällen des § 11 K.O., nicht verwehrt ist.

§ 8. 4. Der einfache und der qualifizirte Absonderungsanspruch.

Weil das Absonderungsrecht nur ein Accessorium, ein Nebenrecht ist, gehört zu seiner Existenz das Bestehen eines Hauptanspruchs. Dieser Anspruch kann in der Weise bestehen, daß der Gemeinschuldner für ihn persönlich haftet, daß also außer der Befriedigung aus dem Absonderungsgegenstande auch die Befriedigung aus der Masse verlangt werden kann. Aber zum Wesen des Absonderungsrechts gehört dessen Verbindung mit einer persönlichen Forderung gegen den Kridar

---

[5]) Entsch. des R.O.H.G. Bd. 9 S. 98 ff.

[6]) Anscheinend anderer Meinung v. Völderndorff Anm. c zu § 57.

[7]) Motive S. 30. Willenbucher Anm. 3 zu § 3.

nicht: Der § 3 setzt für den „Anspruch auf abgesonderte Befriedigung aus Gegenständen der Konkursmasse" eine solche persönliche Forderung nicht voraus, und der § 57 K.O.,[1]) welcher für den Fall, daß der Kridar für die Absonderungsforderung auch persönlich haftet, die Art ihrer Geltendmachung im Konkurse besonders regelt, giebt hierdurch deutlich zu erkennen, daß ein Absonderungsrecht auch ohne diese Qualifikation bestehen kann.

Daher kann, während der Gegenstand des Separationsrechtes stets zur Konkursmasse gehören muß, der durch dieses Recht gesicherte Anspruch selbst entweder gegen den Kridar oder gegen einen Dritten bestehen.

Ein Absonderungsgläubiger, welchem der persönliche Anspruch gegen den Kridar fehlt, dem der Kridar also nur dinglich, nicht auch persönlich haftet, hat kein Recht, sich an dem eigentlichen Konkurse zu betheiligen, er hat daher auch kein Stimmrecht in den Gläubigerversammlungen, er ist nicht verpflichtet, dem Verwalter den Nachweis seines Verzichts oder Ausfalls zu erbringen (§ 140 K.O.), die Retention einer Konkursdividende (§ 155) kann für ihn nicht stattfinden; denn alle diese Rechte und Pflichten setzen das Vorhandensein einer persönlichen Forderung gegen die Masse voraus. Dagegen ist er berechtigt, die Absonderung zu verlangen und verpflichtet, von dem Besitz des Absonderungsgegenstandes dem Verwalter Anzeige zu machen, diesem die Sache zur Ansicht vorzuzeigen und sie nach § 117 K.O. dem Verwalter zur Verwerthung auszuantworten.

Zur Unterscheidung beider Arten von Absonderungsrechten kann das mit einem gegen den Kridar begründeten Anspruch verbundene Recht als ein qualifizirtes, das mit einem solchen Anspruch nicht versehene als ein einfaches Absonderungsrecht bezeichnet werden.

Muß das qualifizirte Absonderungsrecht mit einem gegen den Kridar gerichteten Anspruch verbunden sein, so braucht diese Verbindung doch nicht vom Gemeinschuldner selbst bewirkt oder beabsichtigt zu sein, und setzt das qualifizirte Absonderungsrecht nur die Zugehörigkeit des Absonderungsgegenstandes zur Masse und die persönliche Verpflichtung des Kridars für die durch diesen Gegenstand ge-

[1]) „Ein Gläubiger, welcher abgesonderte Befriedigung beansprucht, kann die Forderung, wenn der Gemeinschuldner auch persönlich für sie haftet, zur Konkursmasse geltend machen, aus derselben aber nur für den Betrag verhältnißmäßige Befriedigung verlangen, zu welchem er auf abgesonderte Befriedigung verzichtet oder mit welchem er bei der letztern ausgefallen ist."

sicherte Forderung voraus, so kommt es auf die Frage nicht an, ob die Verpfändung von dem Kridar selbst ausgegangen ist: Wenn ein Dritter für eine Forderung gegen den Gemeinschuldner ohne oder auch gegen den Willen desselben dem Gläubiger ein Pfandrecht an der eigenen Sache bestellt und der Kridar z. B. durch Erbgang in das Eigenthum dieses Pfandgegenstandes succedirte, so ist das Absonderungsrecht des Gläubigers ein qualifizirtes; nicht anders ist es, wenn der Kridar, welcher nur Bürge für die Schuld eines Dritten ist, in das Eigenthum des Gegenstandes succedirt, an welchem dieser dem Gläubiger ein Pfandrecht konstituirt hatte.

Das einfache Absonderungsrecht wird hauptsächlich in folgenden Fällen begründet: 1) durch die Pfandbestellung des Kridars für die Schuld eines Dritten; 2) durch Succession des Kridars in das Eigenthum des für die Schuld eines Dritten bestellten Pfandes;[2]) 3) durch den Erwerb einer Grundschuld an dem Grundstücke des Gemeinschuldners seitens des Gläubigers, welche zur Sicherung eines persönlichen Anspruchs nicht dient, auch wenn dieser Erwerb vom Kridar selbst abgeleitet wird; 4) auch für die Forderungen, für welche nur das Lehn-, das Familienfideikommiß- oder das Stammgut, nicht auch das Allodialvermögen des Kridars haftet, besteht nur ein einfaches Absonderungsrecht; 5) der Gläubiger einer persönlichen Forderung, welche im Konkurs nicht geltend gemacht werden kann, hat an dem dafür bestellten Pfande nur ein einfaches Absonderungsrecht. Hierher gehören die gesetzlichen Alimentationsforderungen,[3]) wie auch nach § 56 K.-O. die von der Theilnahme am Verfahren ausgeschlossenen Ansprüche und Geldstrafen, für welche sowohl auf Grund des § 325 der Strafprozeßordnung, als auch durch Pfändung auf Grund einer zu einer Geldstrafe verurtheilenden Entscheidung ein Absonderungsrecht begründet werden kann, und die Forderungen aus einer Freigebigkeit des Gemeinschuldners unter Lebenden oder von Todes wegen, wenn für dieselben ein Pfandrecht an einem Konkursgegenstand bestellt ist; 6) Für das gemeine Recht sind hier ferner die Fälle der Sicherung des Anspruchs aus einer Naturalobligation durch ein Pfandrecht anzuführen; 7) Fraglich ist es, ob das Pfandrecht, durch welches eine verjährte Forderung gesichert wird, ein einfaches oder qualifizirtes Absonderungsrecht ist. Das gemeine Recht läßt, wenn die Schuldklage verjährt ist, das Pfandrecht fortdauern, ohne anzu-

[2]) Wegen der Zinsen und Kosten vgl. unten § 16.

[3]) Vgl. unten § 16.

erkennen, daß durch das Fortbestehen des Pfandrechts der dadurch geschützte Anspruch klagbar ist.[4]) Nach gemeinem Rechte besteht daher für die verjährte Forderung das Absonderungsrecht nur als ein einfaches und fällt unter die oben unter Nr. 6 zusammengefaßten Fälle. Das Preußische Recht bestimmt im § 246 A.L.R. I, 20: „Solange das Pfand als ein solches sich noch im Besitz des Gläubigers befindet, kann das Pfandrecht desselben durch keine Verjährung erlöschen," im § 247: „Solange das Pfandrecht dauert, kann auch keine Verjährung der Schuld zum Besten des Schuldners anfangen" und im § 534: „Solange eine in das Hypothekenbuch eingetragene Forderung nicht wieder gelöscht worden, solange kann die Verjährung derselben nicht anfangen." [5]) Diese Sätze werden aber im § 248, der sich nach § 535 auch auf die Hypotheken bezieht, eingeschränkt: „Dagegen finden in Ansehung der verflossenen Zinstermine und desjenigen Theils der Schuld, welcher aus dem Pfande nicht bezahlt werden kann, die gewöhnlichen Regeln der Verjährung statt." Hieraus ergiebt sich das Prinzip, daß die durch Pfand gesicherte Forderung nicht verjährt,[6]) und wenn auch diese Unverjährbarkeit nur in Höhe der Pfanddeckung [7]) besteht, so ist die Forderung doch insoweit der Verjährung nicht unterworfen und bleibt insoweit nicht als bloße Naturalforderung, sondern als klagbarer Anspruch bestehen. Insoweit ist der persönliche Anspruch aber nicht auf die Befriedigung aus dem Pfandgegenstande beschränkt, sondern, weil er nicht verjährt ist, kann er auch gegen den Schuldner geltend gemacht werden. Geht das Pfandobjekt daher nach der Anmeldung der Forderung im Kon=

---

[4]) l. 2 C. 8, 31. l. 14, § 7, D. 20, 1. v. Holzschuher II, 1, S. 471. v. Vangerow I, § 151 i. f., welcher deduzirt, daß durch das Fortbestehen des Pfandrechts für das durch Verjährung gänzlich erloschene Hauptrecht eine Naturalobligation bestehen bleibt: remanet propter pignus obligatis naturalis, l. 59, D. 36, 1.

[5]) Diese Vorschriften beziehen sich nicht auf den Fall, wenn der persönliche Schuldner und der Pfandschuldner nicht identisch sind: Ist der Pfandschuldner ein anderer als der persönliche Schuldner, so wird die Verjährung des Hauptanspruchs durch das Fortbestehen der Pfandsicherung nicht aufgehalten. So auch Eccius=Förster III, § 192, S. 144.

[6]) Eccius=Förster a. a. O.

[7]) Die Höhe der Pfanddeckung wird nicht durch den allgemeinen Werth des Pfandgegenstandes, sondern durch den Verkaufswerth (im Konkurs zur Zeit der Eröffnung des Verfahrens) unter Abzug der Verkaufskosten dargestellt, denn nur soweit kann die Forderung „aus dem Pfande bezahlt werden".

kurse verloren, oder verzichtet der Gläubiger ganz oder theilweise nach § 57 K.O. auf das Pfandrecht, so bleibt ihm insoweit ein persönlicher Anspruch gegen den Schuldner. Nach Preuß. Recht hat somit der durch ein Pfand gesicherte Gläubiger eines Anspruchs, welcher ohne die Pfandsicherung verjährt sein würde, ein qualifizirtes Absonderungsrecht.

§ 9. 5. Das unvollkommene Pfandrecht.

Das Absonderungsrecht, dem Schuldner gegenüber in der Befugniß bestehend, den Absonderungsgegenstand in Haft zu behalten und dessen Verwerthung zum Zweck der Befriedigung zu betreiben, gewährt dem Gläubiger in einigen Fällen nur geringere Befugnisse. Diese geringere Befugniß hat

1) der Vermiether und der Verpächter an den Illaten des Miethers bezw. des Pächters, der Verpächter auch an den Früchten des Grundstücks,
2) der Immobiliargläubiger des Preuß. Rechts an dem beweglichen Zubehör und den Früchten der verpfändeten unbeweglichen Sachen.

Für das eingetragene Kapital haften nach § 30 E.E.G. außer dem Immobile, seinen unbeweglichen Zubehörstücken und den Feuerversicherungsgeldern auch die stehenden und hängenden Früchte, die noch vorhandenen abgesonderten, dem Eigenthümer gehörenden, Früchte, die Mieth- und Pachtzinsen und sonstigen Hebungen und das bewegliche, dem Eigenthümer gehörende Zubehör, solange bis dasselbe veräußert und von dem Grundstücke räumlich getrennt ist. Aber durch das Pfandrecht ist weder dem Miether die Disposition über seine Illaten, noch dem Pächter die Verfügung über die Illaten und Früchte, noch dem Immobiliareigenthümer die Disposition über die beweglichen Pertinenzien des Grundstücks entzogen oder geschmälert. Trotz des Pfandrechts ist der Miether und Pächter berechtigt, seine Illaten zu veräußern, ist der Pächter befugt, die Früchte abzusondern und über sie zu verfügen, ist dem Grundstückseigenthümer gestattet, die stehenden und hängenden Früchte abzusondern [1]), die abgesonderten

[1]) Nur an der Veräußerung — demnach auch an der Mobiliarverpfändung — der stehenden und hängenden Früchte ist der Eigenthümer beschränkt, denn nach § 31 E.E.G. kann der Hypothekengläubiger eine solche Disposition über Früchte, die als stehende oder hängende veräußert sind, dann, wenn diese Verfügung zu seinem Nachtheile gereicht, als ihm gegenüber unwirksam anfechten,

Früchte zu verbrauchen, zu verwerthen, die Pacht- und Miethzinsen einzuziehen [1]), die beweglichen Zubehörstücke zu veräußern und vom Grundstücke zu trennen.[2])

Ein Pfandrecht, welches dem Schuldner derartige Rechte läßt, die ihm gestatten, einseitig einzelne Gegenstände der Pfandhaftung völlig zu entziehen, ist ein Pfandrecht geringerer Ordnung und wird daher hier ein unvollkommenes Pfandrecht genannt.

Unvollkommen ist es aber nur gegenüber dem Eigenthümer bezw. dem Schuldner, nicht auch im Verhältniß zu nachstehenden Absonderungsgläubigern. Nur das Dispositionsrecht des Eigenthümers bezw. des Schuldners beschränkt es in geringerem Maße, als das vollkommene Pfandrecht, die Rangordnung der Gläubiger wird durch seine Unvollkommenheit nicht berührt. Andererseits darf aber auch nicht behauptet werden, daß ein Gläubiger, welcher an Gegenständen, an denen ein unvollkommenes Pfandrecht besteht, ein Pfändungs- oder sonstiges vollkommenes Pfandecht erworben hat, sein Absonderungsrecht zum Zweck seiner Befriedigung nicht realisiren dürfe;[2]) aber sobald der unvollkommene Pfandgläubiger von seinem Absonderungsrechte Gebrauch macht, steht ihm derjenige nach, welcher ein Pfandrecht an der Sache nach ihm erworben hat, vgl. auch § 206 Z.V.G. und darüber unten § 37.

Aber auch dem Schuldner bezw. Eigenthümer gegenüber muß das unvollkommene Pfandrecht, wenn es auch gegen ihn von Bedeutung sein soll, schließlich zur Geltung gebracht werden können. Der Vermiether und Verpächter vervollkommenet dem Miether und Pächter gegenüber sein Pfandrecht sowohl durch die Geltendmachung desselben d. h. entweder durch die Zwangsvollstreckung auf Grund eines Vollstreckungstitels oder durch den Antrag auf Verkauf des Pfandobjekts,

---

selbst wenn die Veräußerung vor der Beschlagnahme erfolgte und die Früchte auf Grund des Veräußerungsvertrages vom Käufer separirt und vom Grundstücke weggeschafft sind. Reichsgericht Bd. 5 S. 294—296, vgl. die Entsch. des Obertrib. Bd. 91 S 234. Dagegen kann der eingetragene Gläubiger kein Recht an den Früchten nicht mehr geltend machen und ihre Veräußerung nicht anfechten, wenn der Eigenthümer sie nach der Separation veräußert hat. Nach § 31 E.E.G. braucht der eingetragene Gläubiger die ihm nachtheilige Abtretung und Verpfändung der Ansprüche auf Versicherungsgelder, die Vorauserhebung, Abtretung und Verpfändung von Pacht- und Miethzinsen auf mehr als 1/4 Jahr sich nicht gefallen zu lassen.

[2]) Urtheil des Reichsgerichtes vom 30. März 1881 in der „Zeitschrift für Pr. Recht" Bd. II S. 3 Nr. 3, und in den Entsch. Bd. 25 S. 21.

als auch durch die Retention und Perlusion der Illaten und Früchte.[3]) Das Pfandrecht des eingetragenen Gläubigers vervollkommnet sich nicht durch die Konkurseröffnung. Denn durch sie wird das dem Schuldner entzogene Verfügungsrecht nicht dem Realgläubiger, sondern dem Verwalter übertragen, und werden die Rechte des Absonderungsgläubigers nicht vergrößert. Auch der Eintritt der Fälligkeit der Pfandsonderung perfizirt sein unvollkommenes Recht nicht, sonst würde der im Zwangswege eingetragene Gläubiger, dessen Forderung der Regel nach sofort fällig ist, größere Rechte haben, als der ihm vorgehende Gläubiger, dessen Forderung noch nicht gekündigt ist: die Fälligkeit giebt dem Gläubiger das Recht, seinen Anspruch einzufordern und sich „an die Pfandsache zu halten",[4]) sie ist daher die Voraussetzung der Geltendmachung, aber erst durch die thatsächliche Geltendmachung greift der Gläubiger in das Verfügungsrecht des Eigenthümers ein. Deshalb sagt der § 475 A.L.R. I, 20, daß die Früchte und Nutzungen dem Hypothekengläubiger „insofern" haften, als sie sich zur Zeit der Exekutionsvollstreckung noch unabgesondert von der Substanz befanden, und bestimmt der § 476, daß der Eigenthümer, so lange der Hypothekengläubiger die von der Substanz abgesonderten Früchte und Nutzungen und die an deren Stelle tretenden Pacht und Miethgelder noch nicht in gerichtlichen Beschlag genommen hat, gültig darüber verfügen kann. Die im Wege der Exekution erfolgte Beschlagnahme ist daher der Zeitpunkt, durch welchen das unvollkommene Pfandrecht des eingetragenen Gläubigers vervollkommnet wird.[5]) Die zwangsweise Beschlagnahme der beweglichen Zubehörungen kann auf Grund eines Vollstreckungstitels sowohl im Wege der Mobiliar-, wie der Immobiliarzwangsvollstreckung erfolgen. In beiden Fällen geschieht die Beschlagnahme zwar nur zu Gunsten des betreibenden Gläubigers, da aber, wie oben hervorgehoben, die Unvollkommenheit des Pfandrechts nur gegenüber dem Verfügungsrecht des Schuldners in Betracht kommt, so kann der vorgehende Pfandgläubiger, sobald es sich um die Befriedigung aus dem Erlöse handelt, sein Vorrecht auch dem betreibenden Gläubiger

[3]) Siehe unten § 72.

[4]) § 436 A.L.R. I, 20.

[5]) Vgl. die Entsch. des Reichsgerichts vom 10 Februar 1882 in Gruchot, Beiträge Bd. 26 S. 1122, 1123, des Obertrib. Bd. II S. 318 und in Striethorsts Archiv Bd. 14 S. 117, Bd. 86 S. 269.

gegenüber geltend machen,[6]) wogegen er die der Beschlagnahme entgegenstehenden Handlungen des Schuldners aus eigenem Rechte nicht verhindern kann. Die Mobiliarzwangsvollstreckung kann auch nach erfolgter Beschlagnahme im Subhastationsverfahren erfolgen. Erstreckt sich aber die Immobiliarbeschlagnahme auch auf das im Wege der Mobiliarexecution gepfändete Zubehör, so muß der Erlös zur Subhastationsmasse abgeliefert werden; erstreckt sich dagegen die Beschlagnahme im Subhastationsverfahren auf die beweglichen Gegenstände nicht, wie dies bezüglich der Mieth- und Pachtzinsen der Fall ist, so gehört der Erlös nicht zur Subhastationsmasse. Die Immobiliarzwangsvollstreckung perfizirt nur das Pfandrecht des betreibenden und desjenigen Gläubigers, welcher dieser Exekution beigetreten ist, aber die Pfandrechte auch dieser Gläubiger werden durch diese Art der Zwangsvollstreckung nicht an allem beweglichen Zubehör des Grundstücks vervollkommnet: in der Subhastation wird sein Recht auf die Mieth- und Pachtzinsen und sonstigen Hebungen, auf die landwirthschaftlichen Erzeugnisse, welche zur Fortführung der Wirthschaft bis zur nächsten Ernte erforderlich sind, in der Zwangsverwaltung wird sein Recht auf die unzulässiger Weise verkauften Früchte und die unzulässiger Weise im Voraus vom Schuldner eingezogenen Pacht- und Miethzinsen nicht erstreckt.[7]) Insoweit ist der eingetragene Gläubiger auf die Mobiliarexekution angewiesen.

6. Die Modifikationen der speziellen Absonderungsforderungen.

§ 10. Im Allgemeinen.

Die Absonderungsforderung kann bedingt, betagt sein, sie braucht nicht auf eine Geldleistung, sie kann gegen mehrere Personen gerichtet sein. Die für die Konkursforderungen dieser Art in den §§ 58 – 62 K.O. gegebenen Vorschriften gelten für die Absonderungsforderungen als solche nicht,[1]) aber soweit für die letztern Befriedigung aus der Konkursmasse gesucht wird, kommen für sie auch die Bestimmungen der §§ 58—62 zur Anwendung, und insoweit gelten für sie auch die für die Konkursforderungen in den §§ 46--49 K.O. über die Aufrechnung gegebenen Vorschriften.

---

[6]) § 710 C.P.O.

[7]) §§ 16, 140 Z.V.G. Reichsgericht Bd. 23 S. 56.

[1]) v. Wilmowski Anm. 1 zu § 3.

§ 11. a. Die bedingten Absonderungsforderungen; das Hinterlegungspfandrecht.

Ein Absonderungsrecht kann vor der Existenz einer Forderung, mag diese bedingt oder betagt sein, begründet werden. Ein solches Absonderungsrecht rangirt nach der Zeit seiner Begründung, nicht nach der Zeit der Entstehung der Forderung. Aber das als Sicherung eines Anspruchs dienende Absonderungsrecht ist ein Nebenrecht, und aus dem Gegenstand desselben kann für einen Anspruch solange Befriedigung nicht gesucht werden, als derselbe noch nicht entstanden ist. Dieser Anspruch ist, wenn er resolutiv bedingt ist, sofort entstanden, ein resolutivbedingter Anspruch gewährt daher das volle Absonderungsrecht, nicht anders wie ein unbedingter, und verpflichtet den Gläubiger zu einer Sicherstellung nur soweit dies nach dem Civilrecht im einzelnen Falle erforderlich ist. Das für eine suspensivbedingte Forderung begründete Pfandrecht[1]) giebt dagegen nur den Vorrang vor den spätern, auch den unbedingt entstandenen Pfandforderungen, sowie das Recht, die Pfandsicherheit zu behalten und gegen den Schuldner, wie gegen Dritte zu vertheidigen und zu verfolgen,[2]) enthält aber nicht auch das Recht der Befriedigung. Die Pflicht, dem Verwalter Anzeige von dem Besitze des Pfandes zu machen, die Pfandsache dem Verwalter zur Abschätzung vorzuzeigen, ihm die Verwerthung derselben zu überlassen, liegt auch dem suspensivbedingt Berechtigten ob; das Recht zur eignen Verwerthung — § 117 Abs. 2 K.O. — fehlt ihm.

Die volle Wirkung des Absonderungsrechtes tritt für den suspensivbedingten Absonderungsanspruch erst durch den Eintritt der Bedingung ein. Dem Eintreten der Bedingung bietet die Eröffnung des Konkurses kein Hinderniß. Denn durch die Vorschriften der §§ 142 und 155² K.O., nach welchen die auf die suspensivbedingte Forderung bei der Abschlagsvertheilung fallende Dividende reservirt und die Forderung, wenn dem Verwalter der Eintritt der Bedingung

[1]) Das für eine suspensivbedingte Forderung unbedingt bestellte Pfandrecht ist als ein resolutivbedingtes Absonderungsrecht anzusehen, als ein Pfandrecht, welches mit seiner Bestellung zur Existenz gelangt, aber aufhört, wenn die Bedingung des Hauptanspruchs nicht eintritt.

[2]) Nach gemeinem Rechte ist es zweifelhaft, ob der bedingtberechtigte Pfandgläubiger ein Verfolgungsrecht gegen Dritte hat; in der l. 15 § 5 D. 20, 1 wird es ihm versagt. Vgl. Windscheid I § 89.

nachgewiesen wird, bei der Schlußvertheilung wie eine unbedingte berücksichtigt wird, ist es außer Zweifel gestellt, daß die Bedingung, obgleich der Anspruch durch ihre Erfüllung aus einem bedingten zu einem unbedingten sich verstärkt, während des Konkurses mit Rechtswirkung eintreten kann. Das Eintreten der Bedingung findet aber in dem § 6 K.O. seine Schranke, nach welchem Rechtshandlungen des Gemeinschuldners den Konkursgläubigern gegenüber nichtig sind. Deshalb können solche Bedingungen während des Konkurses der Konkursmasse gegenüber nicht mit Rechtswirkung erfüllt werden, deren Eintritt nicht ohne eine Thätigkeit des Kridars möglich ist, also die conditiones potestativae und mixtae. Zwar braucht diese Thätigkeit des Kridars nicht immer eine Rechtshandlung zu sein, die Voraussetzung z. B., daß der Kridar innerhalb einer bestimmten Zeit in einer gewissen Straße nicht spazieren geht, ist an sich keine Rechtshandlung, aber dieses Ereigniß wird durch seine Beziehung auf das bedingte Rechtsgeschäft zu einer Rechtshandlung, weil durch dasselbe eine Aenderung des Rechtsgeschäftes hervorgerufen wird.[3]) Mit Wirksamkeit gegen die Konkursmasse können daher ohne Zustimmung des Verwalters nur diejenigen Bedingungen während des Konkurses

[3]) So auch die Motive S. 279, Stieglitz Anm. VI 2 zu § 2. Die Motive sagen, daß „Bedingungen, deren Erfüllung auf eine Thätigkeit des Gemeinschuldners gestellt sei, die Forderung von der Theilnahme am Konkursverfahren gänzlich ausschließen.“ Fitting § 8 Text und Anm. 24 und ihm zustimmend Endemann § 74 S. 493 wollen dagegen den Eintritt solcher Bedingungen nur dann durch die Konkurseröffnung verhindern lassen, wenn „die Erfüllung als die Erklärung des Willens, den Anspruch zu begründen, betrachtet werden müßte“, weil „sonst auch eine Verbindlichkeit, die der Gemeinschuldner für den Fall seiner Verheirathung übernommen habe, oder die ihm für diesen Fall durch ein Vermächtniß auferlegt sei, insbesondere aber jede Verpflichtung zu einer Vertragsstrafe für den Fall der Vornahme einer gewissen Handlung von der Theilnahme am Konkurse ausgeschlossen werde“, was mit dem § 55 ² K.O. im Widerspruche stehen soll. Letzteres ist jedenfalls unrichtig. Indem der § 55 ² K.O. die Vertragsstrafen als Nebenforderungen der Konkursansprüche zuläßt, bestimmt er nicht, daß diese Strafen durch das Verhalten des Kridars während des Konkurses zum Entstehen kommen können. Ihre Entstehung wird vielmehr nur durch das Verhalten des Kridars vor dem Konkurse oder des Verwalters während des Konkurses begründet. Soll aber die Erfüllung einer nicht ohne die Thätigkeit des Kridars eintretenden Bedingung unter den § 6 K.O. nur dann fallen, wenn diese Thätigkeit zum Zweck der Erfüllung der Bedingung vorgenommen ist oder nur zu diesem Zweck vorgenommen werden kann, so würde der Begriff der Rechtshandlungen alle kulposen Handlungen des Gemeinschuldners ausschließen, und würde der letztere z. B. durch kulpose Delikte die Konkursmasse verschlechtern können.

erfüllt werden, deren Eintritt von der Thätigkeit des Kridars unabhängig ist. Kann die Thätigkeit des Kridars durch die Thätigkeit des Verwalters ersetzt werden, so hängt von letzterer Eintritt oder Nichteintritt der Bedingung ab.

Ob ein Rechtsgeschäft bedingt ist oder nicht, entscheidet sich nach Civilrecht[4]) und kann daher im Gebiete des einen Rechtes anders,

---

[4]) Zu den suspensivbedingten Forderungen gehören die Ansprüche der subsidiär verpflichteten Regreßgläubiger: der Bürgen, der Indossanten eines Wechsels, die Ansprüche derjenigen, welche sich für eine Wechselforderung aus Gefälligkeit mitverpflichtet haben, welche gemäß § 184 A.L.R. I, 22 nach Bezahlung des Pfandgeldes den Regreß gegen den Thäter haben, der die Pfändung verschuldete, die Ansprüche des Dienstherrn und Vermiethers, welcher nach § 67 A.L.R. I, 6 für die Beschädigungen des Dienstboten bezw. des Miethers haftet, aus deren Vermögen der Schade nicht geleistet werden kann. Vgl. auch §§ 338, 341, 357 A.L.R. I, 14, §§ 251, 241 A L.R. I, 13 (Reichsgericht, Entsch. Bd. I S. 345, Bd. 7 S. 80; Reichsoberhandelsgericht Bd 24, S. 1. Windscheid II § 481).

Der Bürge ist nicht nur dann bedingt berechtigt, wenn er die Bürgschaft im Auftrage des Hauptschuldners oder als dessen negotiorum gestor übernommen hat, sondern auch dann, wenn ein Rechtsverhältniß zwischen ihm und dem Hauptschuldner durch die Uebernahme der Bürgschaft nicht entsteht. Denn nach Preuß. Rechte — § 43 I, 16 — tritt der Zahlende in die Rechte des Gläubigers, und wenn auch dieser Grundsatz im gemeinen Rechte nicht allgemein aufgestellt ist, so steht dem Bürgen doch auch nach gem. R, selbst ohne Cession des Gläubigers, eine utilis actio gegen den Hauptschuldner zu (Arndts § 356), woraus gefolgert werden kann, daß ihm das Regreßrecht auch ohne Thätigkeit des Gläubigers, ohne dessen Cession, und selbst dann erwächst, wenn er die Bürgschaft wider den Willen des Hauptschuldners übernommen hat. v. Wilmowski Anm. 1 zu § 60, Stieglitz Anm II zu § 60, v. Sarwey Anm 3a zu § 60 (abweichend Hullmann Anm. 3 zu § 60 und Mandry § 42 Anm. 10 S. 439) halten ebenfalls nach gemeinem Rechte die Regreßforderung des Bürgen für eine suspensivbedingte Forderung, und schon das gemeine Recht — Seuffert Archiv Bd. 21 Nr. 181 — gestattete dem Bürgen, auch bevor er den Gläubiger befriedigt hat oder von diesem in Anspruch genommen ist, seine eventuelle Regreßforderung im Konkurse zu liquidiren. Vgl. die Motive S. 183, Koch, Kommentar Anm. 66a zu § 357 I, 14 und Anm. 68 zu § 86 der Preuß. K.O. und die Erkenntnisse des Obertrib. in Striethorsts Archiv Bd. 35 S. 302, Bd. 41 S. 274 und Entsch. Bd. 45 S. 133.

Suspensiv bedingt berechtigt ist auch der solidarisch verpflichtete Bürge. Unter einer Suspensivbedingung steht auch die Forderung des Mitschuldners gegen den Mitschuldner; diese Bedingung ist eine doppelte: sie setzt voraus, daß der Regreßnehmer mehr, und daß der Kridar — Mitschuldner — weniger als seinen Antheil bezahlt. Beträgt die Schuld 200 Mark, für welche der Kridar und sein Mitschuldner haften, und hat der Mitschuldner 120 Mark bezahlt, wogegen nur 80 Mark aus der Masse bezahlt werden, so beträgt die Regreßforderung 20 Mark.

als in demjenigen eines andern beantwortet werden.[5]) Das Civilrecht entscheidet auch über die Frage, ob die Bedingung gültig oder ungültig ist, ob die Beifügung einer ungültigen Bedingung als nicht hinzugefügt gilt oder ob sie das Rechtsgeschäft ungültig macht; es entscheidet auch über die Wirkung von unnützen, unerlaubten, unmöglichen, perplexen Bedingungen, sowie darüber, ob eine Bedingung als suspensive oder resolutive aufzufassen ist,[6]) ob sie durch ein aequipollens erfüllt werden kann, und in welchen Fällen eine nicht erfüllte Bedingung als erfüllt gilt.

Wie der suspensivberechtigte Absonderungsgläubiger im Konkurse zu behandeln ist, entscheidet die K.O. nicht ausdrücklich, denn die Vorschriften des § 60, wonach Forderungen unter aufschiebender Bedingung nur zu einer Sicherung berechtigen, bezieht sich nur auf die Konkurs-, nicht auf die Absonderungsforderungen. Diese sind daher zwar im Konkurse nicht anders, als außerhalb desselben zu behandeln, doch wird das Verfahren durch die konkursrechtlichen Grundsätze in

---

Suspensiv bedingt ist ferner auch der Anspruch des Hauptgläubigers, wenn der Kridar der subsidiär Verpflichtete z. B. der Bürge ist, denn die Geltendmachung des Rechtes des Gläubigers hängt von der Voraussetzung ab, daß der Hauptschuldner nicht zahlt.

[5]) Es wird dabei aber das Wesen der Bedingung entscheidend sein: im gem. R wird z B ein Rechtsgeschäft, welches von dem Sein oder Nichtsein einer gegenwärtigen oder vergangenen Begebenheit abhängt, als unbedingt angesehen — l. 100, 120. D. 45, 1, § 6. J. 3, 15 —, während das Preuß. R. — § 140 I. 4 — ein solches Rechtsgeschäft als ein bedingtes bezeichnet; es muß dasselbe aber auch nach Preuß. R. als unbedingtes angesehen werden, weil die Begebenheit schon eingetreten ist bezw. weil feststeht, daß sie nicht eingetreten ist, und diese Thatsache den Parteien nur noch nicht bekannt ist.

[6]) Vgl. darüber Art. 339 H.G B.: „Ein Kauf auf Besicht oder auf Probe ist unter der in dem Willen des Käufers stehenden Bedingung geschlossen, daß der Käufer die Waare besehen oder prüfen und genehmigen werde. Diese Bedingung ist im Zweifel eine aufschiebende. Ist die auf Besicht oder Probe verkaufte Waare zum Zweck der Besichtigung oder Probe bereits übergeben, so gilt das Stillschweigen des Käufers bis nach Ablauf der Frist oder auf die Aufforderung als Genehmigung."

Nach § 263 A.L.R. I, 11 wird eine dem Kaufvertrage beigefügte Bedingung im zweifelhaften Falle für auflösend erachtet, wenn der Käufer, ehe sie noch erfüllt ist, die Sache dem Käufer übergeben hat. Eccius-Förster I § 36 sagt mit Recht ohne Rücksicht auf ein bestimmtes Rechtsverhältniß: „Ist es nach der Bedeutung der Worte zweifelhaft, ob die Bedingung aufschieben oder auflösen soll, so ist bei noch nicht geschehener äußerlicher Erfüllung erstere, bei schon geschehener Erfüllung letztere zu vermuthen."

wesentlichen Beziehungen beeinflußt: Wird das Pfand nach § 117 K.O. von dem Verwalter veräußert, so tritt der Erlös in Höhe der bedingten Absonderungsforderung an die Stelle des Pfandes. An diesem an Stelle des Pfandes tretenden Erlöse ist dem Bedingungsberechtigten das ihm zustehende Faustpfandrecht zu gewähren, was durch Hinterlegung geschehen kann. Der Faustpfandgläubiger ist zwar nicht gezwungen, den Erlös, wenn er ihm ausgeantwortet ist, zur Hinterlegung oder anderweiten Belegung herauszugeben, doch wird er, wenn der Erlös ihm nicht ausgeantwortet, sondern für ihn hinterlegt oder sonst sicher belegt und ihm die darüber ausgestellte Urkunde ausgehändigt ist, sich hiermit begnügen müssen, zumal die durch die Hinterlegung für ihn der Hinterlegungsstelle gegenüber entstehende Forderung der Aushändigung des Erlöses gleichsteht. Auf die Zinsen, welche aus dem Erlöse, mag derselbe hinterlegt oder dem Gläubiger ausgehändigt sein, bis zum Eintritt der Bedingung erzielt werden, hat der Gläubiger, abgesehen von entgegenstehenden Vertragsbestimmungen, keinen Anspruch, sie fallen zur Masse. Der Erlös wird durch den Umstand nicht beeinflußt, daß während des Konkurses die Bedingung nicht eintritt, er bleibt hinterlegt resp. im Besitze des Pfandgläubigers, bis die Bedingung eintritt. Wird nach dem Vollzuge der Schlußvertheilung festgestellt, daß die Bedingung nicht eintritt, und daß demnach der Erlös an die Masse zurückfällt, so ist nach § 153 Abs. 1 K.O. eine Nachtragsvertheilung vorzunehmen. Kann die Erfüllung der Bedingung nicht ohne die Thätigkeit des Kridars mit Rechtswirkung gegen die Konkursmasse eintreten, kann die Bedingung also, wie oben angenommen ist, ohne Zustimmung des Verwalters im Konkurse nicht eintreten, so verbleibt doch dem Bedingtberechtigten sein Realrecht, welches er schon vor der Konkurseröffnung gehabt hat, dasselbe kann sich aber während des Konkurses nicht zum Befriedigungsrecht steigern. Die Bedingung wird daher während des Konkurses als schwebend angesehen. Erfüllt der Kridar die Bedingung während des Verfahrens, so gilt diese Rechtshandlung den Konkursgläubigern gegenüber nicht und die Bedingung ist daher ihnen gegenüber, obgleich sie erfüllt ist, doch als ausgefallen anzusehen, wenn die Wiederholung der Erfüllung nach Schluß des Verfahrens nicht angängig ist. Ist die Wiederholung aber zulässig, so gilt die Bedingung als schwebend, und nach Schluß des Verfahrens, ohne daß sie wiederholt zu werden braucht, als erfüllt. Als ausgefallen mit der Wirkung, daß der Gläubiger den

Absonderungsgegenstand zur Masse abzuliefern und auf den Erlös keinen Anspruch hat, gilt sie daher, wenn entweder der Kridar die Bedingung zu der bestimmten Zeit nicht erfüllt oder, wenn er sie zwar erfüllt, eine nochmalige Erfüllung aber nach Schluß des Verfahrens nicht zulässig ist.

Ist die Bedingung resolutiv, so gilt der von ihr abhängige Anspruch als unbedingter, bis der Eintritt der Bedingung erfolgt. Ob bis dahin der Bedingtberechtigte Sicherheit zu leisten hat, hängt in jedem einzelnen Falle von den Vorschriften des Civilrechtes ab. Der Eintritt oder Nichteintritt auch der auflösenden Bedingung kann, wie im Fall der aufschiebenden, zum Nachtheil der Masse nicht ohne Einwilligung des Verwalters durch die Thätigkeit des Kridars erfolgen.

Die für die bedingten Konkursforderungen gegebenen Vorschriften der §§ 59, 60 K.O. sind durch das Preuß. Z.V.G. für die Immobiliarabsonderungsforderungen nachgebildet. Der § 33 Z.V.G. lautet wie der § 58 K.O.: „Forderungen unter auflösender Bedingung sind wie unbedingte zu behandeln.“ Eine Verpflichtung des Resolutivberechtigten zur Sicherheitsleistung besteht daher in der Immobiliarzwangsvollstreckung nur dann, wenn er hierzu auch außerhalb dieser Exekution verpflichtet ist.[7]) Ist er dazu nach Civilrecht verpflichtet, so ist der zur Hebung gelangende Betrag, sofern die Betheiligten sich nicht in anderer Weise einigen, zu hinterlegen;[8]) ist er zu einer Sicherheitsleistung nicht verpflichtet, so wird ihm die zur Hebung gekommene Summe ausgezahlt. Wird der resolutivbedingte Realanspruch nicht durch Baarzahlung befriedigt, sondern vom Ersteher übernommen, so ist der Ersteher nach § 59 Z.V.G. verpflichtet, gleichzeitig einen anderen Anspruch, welcher an letzter Stelle zur Hebung gelangen würde, wenn die Bedingung eintritt, in gleicher Höhe unter der gleichen, aber entgegengesetzt wirkenden, also unter einer Suspensiv-

---

[7]) Die Vorschrift des § 76 der Preuß. Subhastationsordnung vom 15. März 1869, nach welcher der zur Hebung gelangende, resolutivberechtigte Gläubiger stets zur Kautionsleistung verpflichtet war, gilt demnach nicht mehr.

[8]) § 119 Z V.G.: „Beträge, welche für wiederkehrende Hebungen nach § 109 oder für Forderungen unter aufschiebender Bedingung oder für Forderungen unter auflösender Bedingung, deren Gläubiger zu einer Sicherheitsleistung verpflichtet ist, angesetzt werden, sind in Ermangelung einer Einigung der Betheiligten zu hinterlegen. Ist für dieselben ein Theil des rückständigen Kaufgeldes zu überweisen, so erfolgt die Ueberweisung an die Betheiligten mit der aus den Rechten derselben sich ergebenden Beschränkung eines jeden von ihnen.“

bedingung zu übernehmen.[9]) Wird der auflösend bedingte Realanspruch auf das Kaufgeld überwiesen, so erfolgt nach § 117 Abs. 4 Z.V.G. auch diese Ueberweisung auf denjenigen Anspruch, welcher bei Unterstellung des Eintritts der Bedingung an letzter Stelle zur Hebung gekommen wäre, unter der gleichen, aber entgegengesetzt wirkenden Bedingung.[10])

Forderungen unter aufschiebender Bedingung berechtigen nach § 34 Z.V.G., sofern sie nicht vom Ersteher zu übernehmen sind, nur zu einer Sicherung. Gelangt die Forderung zur Hebung, so ist der auf sie fallende Betrag in Ermangelung einer Einigung der Betheiligten zu hinterlegen[8]) und bleibt hinterlegt, bis entschieden ist, ob die Bedingung eingetreten ist oder nicht.[11]) Im Kaufgelder-Belegungstermine ist aber gleichzeitig zu bestimmen, wem der zur Hebung gelangte und hinterlegte Betrag für den Fall des Ausfalls der Bedingung zusteht, und der hiernach resolutiv zur Hebung Berechtigte erhält die Zinsen des hinterlegten Betrages und eine Sicherung dieses seines Anspruchs,[12]) welche aber schon durch die Hinterlegung bewirkt ist[13]) und in der Aushändigung des Hinterlegungsdokumentes besteht. Wird der suspensivbedingte Realanspruch vom Ersteher übernommen, so ist letzterer, wie bei der Uebernahme eines resolutivbedingten Anspruchs, verpflichtet, in gleicher Höhe einen anderen Anspruch, welcher bei Unterstellung des Ausfalls der Bedingung an letzter Stelle zur

---

[9]) „Ist ein zu übernehmender Realanspruch ein bedingter, so ist der Ersteher verpflichtet, gleichzeitig einen anderen Anspruch unter der gleichen, aber entgegengesetzt wirkenden Bedingung nach Maßgabe der Vorschriften des § 58 Abs. 1 zu übernehmen. Die Vorschriften des § 58 Abs. 2, 3 finden entsprechende Anwendung."

[10]) § 117 Abs. 4 Z.V.G: „Im Falle des § 110 erfolgt die Ueberweisung auch für die bedingt berechtigten nachstehenden Gläubiger unter einer nach den Vorschriften des § 59 zu bestimmenden Bedingung"

[11]) Eine dem § 142 Abs. 2 K.O. ähnliche Bestimmung: „Bei der Schlußvertheilung findet ihre Berücksichtigung nur statt, wenn dem Verwalter bis zum Ablauf der Ausschlußfrist der Eintritt der Bedingung nachgewiesen wird, oder soweit der Gemeinschuldner zu einer Sicherheitsleistung verpflichtet war," gilt für die suspensivbedingten Ansprüche in der Immobilienzwangsvollstreckung nicht.

[12]) § 111 Z.V.G.: „Der auf eine Forderung unter aufschiebender Bedingung zur Sicherung derselben anzuweisende Betrag ist für den Fall, daß die Bedingung ausfällt, auf andere Forderungen nach der festgesetzten Reihenfolge zu vertheilen. Die Gläubiger der letzteren Forderungen erhalten die Zinsen des anzuweisenden Betrages und eine Sicherung ihrer Rechte."

[13]) Jäckel Anm. 1 zu § 111. Krech-Fischer Anm. 5 zu §§ 107—111.

Hebung aus dem Kaufgelde gelangen würde, unter der gleichen, aber entgegengesetzt wirkenden, also unter einer resolutiven Bedingung zu übernehmen.[14]) Dasselbe gilt, wenn die suspensivbedingte Realforderung zur Hebung kommt, aber auf das Kaufgeld überwiesen wird.[15])

Diese, die Immobiliarzwangsvollstreckung betreffenden, Grundsätze kommen für diese Zwangsvollstreckung auch im Konkurse des Eigenthümers zur Anwendung. Aber, wenngleich die K.O. die Behandlung der bedingten Forderungen selbstständig geordnet hat, müssen die konkursrechtlichen Prinzipien doch insoweit zur Anwendung kommen, als durch dieselben eine Veränderung der Realansprüche zum Nachtheil der Konkursmasse verboten ist. Eine suspensivbedingte Forderung, die ohne die Thätigkeit des Kridars nicht unbedingt werden kann und im Konkurs nicht weiter zu berücksichtigen ist, ist auch in der Immobiliarzwangsvollstreckung, welche vom Verwalter oder einem Absonderungsgläubiger während des Konkurses betrieben wird, der Konkursmasse gegenüber nicht zu berücksichtigen. Freilich können sich die nachstehenden Absonderungsgläubiger auf die Nichtigkeit der Rechtshandlungen des Gemeinschuldners nicht berufen. Aber der Verwalter hat ein Interesse daran, daß der Bedingtberechtigte ausfällt, wenn durch das auf diesen fallende Perzipiendum ein nachstehender Absonderungsgläubiger befriedigt und dessen Anspruch gegen die Konkursmasse verringert wird. In einem solchen Falle muß der Widerspruch des Verwalters die völlige Nichtberücksichtigung der suspensivbedingten Realforderung zur Folge haben. Anders ist es dagegen, wenn die nachstehenden Gläubiger nur einfache Absonderungsgläubiger und deshalb nicht berechtigt sind, ihre Ansprüche auch gegen die Masse geltend zu machen und wenn durch die Nichtberücksichtigung der bedingten Forderung die Masse gar keinen Vortheil haben würde;[16])

[14]) Siehe Anm. 9.

[15]) Der § 117 Abs. 4 Z.V.G., welcher nur von den resolutivbedingten Forderungen des § 110 handelt, findet in diesem Falle zwar nicht Anwendung, sondern der § 119: „Ist für dieselben ein Theil des rückständigen Kaufpreises zu überweisen, so erfolgt die Ueberweisung an die Betheiligten mit der aus den Rechten derselben sich ergebenden Beschränkung eines jeden von ihnen," es ist aber, da die Ueberweisung nur bedingt erfolgt, im Kaufgelderbelegungstermine festzustellen, an wen der überwiesene Betrag bei Eintritt der Bedingung fällt, und diesem ist die Forderung unter der gleichen, aber entgegengesetzt wirkenden Bedingung zu überweisen.

[16]) Ist der nächste Gläubiger nur einfacher Absonderungsberechtigter, aber seine Forderung ist geringer, als diejenige des bedingt berechtigten Kreditors, so

dann kommen die Grundsätze der Immobiliarzwangsvollstreckung ohne Rücksicht auf den Konkurs zur Geltung.

Nach diesen allgemeinen Erörterungen über die bedingten Absonderungsforderungen ist der spezielle Fall des durch Hinterlegung entstehenden Pfandrechts wegen seiner hervorragend praktischen Wichtigkeit besonders hervorzuheben. Die Hinterlegung oder Deposition ist die Niederlegung einer Sache (Summe) bei einem andern, welchem die Verpflichtung zur Aufbewahrung und demnächstigen Herausgabe an den Deponenten oder eine andre Person obliegt. Der Hinterlegungsvertrag erzeugt zwischen dem Deponenten und dem Depositar lediglich obligatorische Wirkungen. Verschieden von ihnen sind aber die Wirkungen, welche durch die Hinterlegung Dritten gegenüber, für welche dieser Vertrag geschlossen ist, hervorgerufen werden. Diese Wirkungen richten sich nach dem Inhalt des Rechtsgeschäfts, in Veranlassung dessen die Hinterlegung erfolgt ist. Die Hinterlegung kann zum Zweck der Zahlung, sie kann zum Zweck der Sicherheit, sie kann zu andren Zwecken vorgenommen sein. Zum Zweck der Zahlung erfolgt sie, wenn der Schuldner „die schuldige Summe oder Sache" hinterlegt; für diesen Fall bestimmt der § 213 A.L.R. I, 16: „durch eine rechtmäßige gerichtliche Deposition der schuldigen Summe oder Sache wird der Schuldner und dessen Bürge, wie durch wirkliche Zahlung oder Uebergabe von der Verbindlichkeit frei." Hierher gehören die Fälle der §§ 738,[17]) 750,[18]) 72[19]) C.P.O., der § 213ff A.L.R. I, 16,

tritt die Nichtberücksichtigung des bedingten Anspruchs nur in Höhe desjenigen Theils desselben ein, welcher für die Masse ohne Interesse ist: Beträgt die bedingte Forderung 1000 Mark, die einzige nachstehende Forderung mit einfachem Absonderungsrecht nur 600 Mark, so kommen die Grundsätze des 3 V.G. in Höhe von 600 Mark zur Anwendung, wogegen der Rest von 400 Mark zur Konkursmasse fällt. Folgt der bedingtberechtigten Forderung von 1000 Mark die qualifizirte Absonderungsforderung des B mit 400 Mark und nach dieser die einfache Absonderungsforderung des C mit 500 Mark, so erhält B unbedingt 400 Mark und fallen 100 Mark zur Masse, während C, da bezüglich seines Percigiendiums die Grundsätze des Z.V.G. zur Anwendung kommen, einen Anspruch von 500 Mark gegen den Bedingtberechtigten nur beim Ausfall der Bedingung erhält.

[17]) „Ist in Gemäßheit des § 652 Abs. 2 dem Schuldner nachgelassen, durch Sicherheitsleistung oder durch Hinterlegung die Vollstreckung abzuwenden, so findet die Ueberweisung gepfändeter Geldforderungen nur zur Einziehung und nur mit der Wirkung statt, daß der Drittschuldner den Schuldbetrag hinterlegt."

[18]) „Ist eine Geldforderung für mehrere Gläubiger gepfändet, so ist der Drittschuldner berechtigt und auf Verlangen eines Gläubigers, welchem die

des § 37 des Preuß. Enteignungsgesetzes vom 11. Juni 1874. In diesen Fällen steht die Deposition der Zahlung gleich,[20]) und ist die Zahlungsverbindlichkeit bestritten, so gilt die Hinterlegung als suspensivbedingte. Im Konkurse erzeugt diese zum Zweck der Tilgung einer Zahlungsverbindlichkeit erfolgte Deposition der schuldigen Summe oder Sache nicht ein Absonderungs-, sondern ein Aussonderungsrecht desjenigen, für welchen die Hinterlegung geschehen ist, ein bedingtes oder unbedingtes, je nachdem die Verbindlichkeit zweifelhaft ist oder nicht.

Verschieden von dieser Hinterlegung ist die Deposition, welche zur Gültigkeit eines Vertrages erforderlich ist, wie sie z. B. im § 579 A.L.R. I, 11[21]) zur Wirksamkeit eines Wettvertrages verlangt wird. Die Niederlegung, durch welche die Ernstlichkeit des Vertragswillens dokumentirt wird, erzeugt in diesen Fällen für den Verwahrer, wenn nichts Anderes verabredet ist, keine andre Verpflichtung, als die Sache dem Niederleger zurückzugeben, und der Sieger erlangt trotz der Hinterlegung kein dingliches Recht an der Sache, sondern nur einen obligatorischen Anspruch gegen den andern Kontrahenten, im Konkurse daher lediglich eine Konkursforderung. Ebenso wird durch die „gerichtliche Verwahrung“ der §§ 92 ff. A.L.R. I, 14 zwischen den Parteien keine Rechtsänderung hervorgerufen: „Wenn das Eigenthum oder gewisse Rechte auf eine Sache streitig sind, so kann dieselbe bis zum Austrage des Streites zur Sicherung des obsiegenden Theils in

---

Forderung überwiesen wurde, verpflichtet, unter Anzeige der Sachlage und unter Aushändigung der ihm zugestellten Beschlüsse an das Amtsgericht, dessen Beschluß ihm zuerst zugestellt ist, den Schuldbetrag zu hinterlegen.“

[19]) „Wird von dem verklagten Schuldner einem Dritten, welcher die geltend gemachte Forderung für sich in Anspruch nimmt, der Streit verkündet, und tritt der Dritte in den Streit ein, so ist der Beklagte, wenn er den Betrag der Forderung zu Gunsten der streitenden Gläubiger gerichtlich hinterlegt, auf seinen Antrag aus dem Rechtsstreite unter Verurtheilung in die durch seinen unbegründeten Widerspruch veranlaßten Kosten zu entlassen und der Rechtsstreit über die Berechtigung an der Forderung zwischen den streitenden Gläubigern allein fortzusetzen. Dem Obsiegenden ist der hinterlegte Betrag zuzusprechen, und der Unterliegende auch zur Erstattung der dem Beklagten entstandenen, nicht durch dessen unbegründeten Widerspruch veranlaßten Kosten, einschließlich der Kosten der Hinterlegung zu verurtheilen.“

[20]) Vgl. Reichsgericht Entsch. Bd. 26 S. 243 ff.

[21]) „Auch wegen Wetten ist eine gerichtliche Klage nur alsdann zulässig, wenn die Wette sogleich baar gesetzt und entweder gerichtlich hinterlegt oder in die Verwahrung eines Dritten niedergelegt worden.“

gerichtliche Verwahrung genommen werden." Diese Verwahrung ist keine Deposition, denn sie erfolgt nicht auf Grund eines von dem Inhaber mit dem Verwahrer geschlossenen Vertrages, sie ist lediglich eine Sequestration, die auch jetzt auf Grund einer einstweiligen Verfügung zulässig ist.[22]) Diese Sequestration giebt der Partei kein dingliches Recht, keine Absonderungs- und kein Aussonderungsrecht; die siegreiche Partei kann eine Verfügung des Gerichts extrahiren, nach welcher ihr die Sache herauszugeben ist, aber sie kann dies nicht auf Grund der Sequestration und eines durch diese etwa erlangten dinglichen Rechtes verlangen, sondern nur auf Grund des dinglichen Rechtes, welches sie an der Sache bereits hatte und welches durch Urtheil klargestellt ist.

Anders ist die Wirkung der Hinterlegung, welche zum Zweck der Sicherung einer Forderung erfolgt. Die Hinterlegung dieser Art bewirkt ein suspensivbedingtes Pfandrecht und im Konkurse ein supensivbedingtes Absonderungsrecht. Das Pfandrecht ist im § 1 A.L.R. I, 21 in Uebereinstimmung mit dem gemeinen Rechte als das dingliche Recht bezeichnet, welches Jemandem auf eine fremde Sache zur Sicherheit seiner Forderung eingeräumt worden, und vermöge dessen er seine Befriedigung selbst aus der Substanz dieser Sache verlangen kann. Der Gläubiger erlangt an einer Sache oder Summe, welche zur Sicherung einer Forderung und zu dem Zweck hinterlegt ist, um ihm nöthigenfalls zur Befriedigung zu dienen, ein Sicherungsrecht, und zwar ein dingliches Recht, weil die Befugniß des Gläubigers zur Ausübung seines Rechtes mit der deponirten Sache „ohne Rücksicht auf eine gewisse Person" verbunden ist (§ 125 A.L.R. I, 2). Dieses dingliche Sicherungsrecht charakterisirt sich als Pfandrecht, weil die Voraussetzungen des § 1 A.L.R. I, 21: das Vorhandensein einer Forderung, die Einräumung des dinglichen Rechtes zur Sicherung derselben und die Befugniß, sich aus derselben zu befriedigen, durch die Hinterlegung gegeben sind; die zu sichernde Forderung steht nur noch nicht fest oder sie ist noch nicht festgestellt, sie ist nur von dem Gläubiger in Anspruch genommen, die Sicherung ist daher für die Forderung nur unter der Voraussetzung geleistet, daß die Forderung festgestellt werden wird: ein Absonderungsrecht ist daher vorhanden, aber nur ein suspensivbedingtes, und wenn für die Begründung der Forderung auf eine den Eintritt des Ereignisses

[22]) „Die einstweilige Verfügung kann auch in einer Sequestration bestehen." § 817 Abs. 2 C.P.O.

bewirkende Rechtshandlung der einen oder beider Parteien gewartet wird, so besteht ein Pfandrecht für eine zukünftige Forderung (vgl. § 13). Hierher gehören die Fälle des Civilrechtes, in welchen für einen Anspruch auf eine Leistung, auf Rückgewähr, auf Ersatz eines künftigen Schadens, eine Kaution durch Hinterlegung auf Grund eines Vertrages, einer letztwilligen, richterlichen oder gesetzlichen Verpflichtung erfolgt, namentlich die Fälle der § 121 A.L.R. I, 4; §§ 272, 423, 449 I, 5; §§ 152.[23]) 153[23]) I, 7; § 491[23]) I, 9; §§ 223, 501, 759, 760 I, 11; 422,[23]) 472[23]) I, 12; § 312 I, 16; §§ 149, 303 I, 17; §§ 300,[23]) 577[23]) I, 18; §§ 126,[23]) 556, 621 I, 20; §§ 20,[23]) 103,[23]) 109 I, 21; §§ 802, 803 II, 1; §§ 174, 179[23]) II, 2; §§ 2286, 2287 II, 8; Art. 25—29, 73, 98 Nr. 4 der Wechselordnung, § 58[23]) der Preuß. Vormundschaftsordnung vom 5. Juli 1875, §§ 6, 137 des Preuß. Berggesetzes vom 24. Juni 1865; § 78 Abs. 2 des Preuß. Feld- und Forstpolizeiges. vom 1. April 1880; §§ 5, 12, 53 des Preuß. Enteignungsgesetzes vom 11. Juni 1874; und § 70 Abs. 1[23]) K.O. Hierher gehören auch die Fälle der C.P.O., in welchen eine Partei zur Sicherung des Anspruchs der andern Partei eine Kaution stellt,[24]) welche nach § 101 C.P.O. „sofern nicht die Parteien ein anderes vereinbart haben oder die C.P.O. eine nach freiem Ermessen des Gerichts zu bestimmende Sicherheit zuläßt, durch Hinterlegung in baarem Gelde oder in solchen Papieren zu leisten ist, die nach richterlichem Ermessen eine genügende Deckung gewähren." Dies trifft insbesondere bei der Sicherheitsleistung zu, welche der ohne Vollmacht für eine Partei Auftretende „für Kosten und Schäden" der Gegenpartei nach § 85, bei der Sicherheitsleistung, welche der Ausländer dem Gegner auf dessen

[23]) In den mit [23]) bezeichneten Fällen ist das Pfandrecht nicht für eine suspensivbedingte, sondern für eine zukünftige Forderung bestellt.

[24]) Für den Fall, daß der Schuldner die Exekution durch Sicherheitsleistung abwendet, hatte die Reichstagskommission in der ersten Lesung dem § 709 C.P.O., welcher vom Pfändungspfandrechte handelt, einen 4. Abs. hinzugefügt, der dem Gläubiger an den hinterlegten Werthobjekten das gleiche Pfandrecht gewähren sollte, wie es durch eine Pfändung erzeugt wird (Prot. S. 370, 374). In der zweiten Lesung wurde dieser Absatz wieder gestrichen, nachdem hervorgehoben war, daß die K.O. auch ohne die Bestimmung desselben dem Gläubiger das Absonderungsrecht an den Gegenständen der Sicherstellung gewähre, daß durch denselben dagegen der Schein einer privilegirten Behandlung dieser Art der Sicherheitsleistung gegenüber andern Fällen prozessualer Sicherheitsleistung erweckt werde, daß ferner die Hinterlegung einen andern rechtlichen Charakter, als die Sicherheitsleistung habe.

Verlangen nach §§ 102—105 zu stellen hat, bei der Sicherheitsleistung, welche zum Zweck der Einstellung der Zwangsvollstreckung, sofern der Verkauf der gepfändeten Gegenstände noch nicht erfolgt ist, nach §§ 647, 652, 657 der Schuldner und nach § 690 der Exekutionsintervenient zu stellen hat, bei der Sicherheit für den Anspruch auf Ersatz des durch fernere Zuwiderhandlung im Sinne des § 775 Abs. 3[23]) entstehenden Schadens, für den Anspruch auf Ersatz des durch Anlegung, Bestätigung oder Abänderung des Arrestes dem Arrestimpetranten bezw. Impetraten erwachsenden Schadens — §§ 801,[23]) 805,[23]) 807[23]) — auf Ersatz des durch Aufhebung, Abänderung oder Bestätigung einer einstweiligen Verfügung dem Antragsteller bezw. dem Gegner desselben entstehenden Schadens — §§ 815,[23]) 818.[23]).

Es ist streitig, ob die zur Abwendung einer Zwangsvollstreckung nach den §§ 647, 657, 690 C.P.O. erfolgte Hinterlegung der prozessualischen Kaution ein Absonderungs- oder aber ein Aussonderungsrecht erzeugt. v. Wilmowski u. Levy nehmen Anm. 5 zu § 101 C.P.O. an: die hinterlegte Kautionsmasse sei ein dem Kautionsleger gehörendes, wenngleich mit dem Pfandrechte für dessen Gegner belastetes Eigenthum, welches sich jedoch nicht im Besitz des Kautionslegers befinde, sondern auf dessen Herausgabe derselbe nur ein bedingtes Recht habe. Dieselbe Ansicht vertritt v. Wilmowski auch in der Anm. 14 zu § 41 K.O., unterscheidet hiervon jedoch „die neben der Sicherheitsleistung in der C.P.O. § 652 dem Schuldner rücksichtlich einer Zwangsvollstreckung nachgelassene Hinterlegung des Schuldbetrags"; über diese Hinterlegung meint er: der Schuldner habe sich seines Eigenthums und Besitzes zu Gunsten des Gläubigers, für welchen die Hinterlegungsbehörde das Objekt im Gewahrsam habe, lediglich mit dem Vorbehalte des einstweiligen dritten Gewahrsams und der Rückforderung für den Fall seines Obsiegens entschlagen müssen, es sei eine, nur durch diesen Vorbehalt bedingte, Erfüllung; der Gläubiger erlange das Eigenthum, ohne daß es einer besonderen Uebergabe der Hinterlegungsbehörde an ihn bedürfe, und dieses Eigenthum bleibe ihm, sobald in Folge seines Obsiegens der resolutive Vorbehalt fortfalle. Willenbücher behauptet Anm. 12 zu § 41 K.O.: die Praxis nehme an, daß ein Aussonderungsrecht des Gläubigers begründet sei, sowohl an dem in baarem Gelde oder in Werthpapieren hinterlegten Schuldbetrage, als an dem hinterlegten Erlöse der vom Gerichtsvollzieher versteigerten Sache (§ 659 C.P.O.), als in den

Fällen der §§ 72, 750, in welchen vom Drittschuldner die für mehrere Gläubiger gepfändete Geldforderung oder vom Schuldner das von mehreren in Anspruch genommene Streitobjekt hinterlegt sei. v. Völderndorff Anm. d II zu § 41 entscheidet sich nicht bestimmt, meint aber: „soviel stehe jedenfalls fest, daß eine solche zur Sicherheit gegebene oder hinterlegte Sache nicht, ohne vorher den Gläubiger befriedigt zu haben, zur Masse gezogen werden könne", eine Ansicht, welcher auch Endemann § 65 S. 412 beigetreten ist. Mandry S. 380 Anm. 21 und Eccius-Förster I Anm. 28 zu § 93 stehen dagegen mit der hier vertretenen Ansicht im Einklang; letzterer hebt hervor: die Zahlungsabsicht des Schuldners fehle, und es lasse sich nicht begreifen, warum der Gläubiger, der das Recht auf Leistung habe, bei dem Wegfall der sog. Resolutivbedingung den Nachtheil, z. B. den Zinsverlust tragen solle, der daraus entspringe, daß der Gläubiger schon mit der Deposition als befriedigt angesehen werde; in dem ganz gleichen Falle des § 716 Abs. 2 C.P.O. sei die Annahme der Zahlung direkt ausgeschlossen. Das frühere Obertribunal hat sich in dem Präjudize vom 26. November 1842 Nr. 1225, dessen Begründung nicht bekannt geworden ist, und in der Entscheidung vom 14. Dezember 1833,[25]) welche aber auch eine eigentliche Begründung vermissen läßt, dahin ausgesprochen, daß — wenn der Schuldner gegen das ihn verurtheilende Erkenntniß die Nichtigkeitsbeschwerde erhoben und die erkannte Summe zur Abwendung der Exekution ad depositum gezahlt habe, demnächst aber mit der Nichtigkeitsbeschwerde unterliege — das Eigenthum des Depositums ohne besondere Uebergabe sofort auf den Gläubiger übergehe. Das Reichsgericht hat Bd. 12 S. 242 ff. für das gemeine Recht ausgeführt, daß der zur Vermeidung der Zwangsvollstreckung hinterlegte Betrag nur Gegenstand eines Pfandrechts für den Gläubiger sei, während es in demselben Band S. 396, 397 beide Ansichten nebeneinanderstellt, ohne sich zu entscheiden, aber hervorhebt, daß bei der Hinterlegung des Streitgegenstandes die Annahme des bedingten Aussonderungsrechtes die Regel bilden werde.[26])

Ob das Recht des Gläubigers an dem hinterlegten Gegenstande ein Aus- oder Absonderungsrecht ist, ist nicht blos eine theoretische Frage, wie v. Völderndorff und Endemann anzunehmen scheinen, sondern eine Frage von erheblicher praktischer Wichtigkeit: Nicht nur

---

[25]) Striethorst, Archiv Bd. 15 S. 209.

[26]) Vgl. auch Reichsgericht Bd. 20 S. 396 ff.

die Stellung des Gläubigers im Konkurse, die Rechte und Pflichten, die er dem Verwalter gegenüber hat, die Art, wie er sich aus dem Kautionsgegenstande befriedigen kann, sondern auch, um die Worte Wilmowskys a. a. O. zu gebrauchen, auch „die Folgen hinsichtlich des Zinslaufes,[27]) der Zulässigkeit und Natur der Rechte Dritter, und die Fragen, wer die Gefahr des hinterlegten Betrages trägt, sind je nach der civilrechtlichen Konstruktion verschieden." Willenbücher, dem nicht zugegeben werden kann, daß die Praxis seiner Ansicht folgt, wirft die Fälle der Zahlung durch Hinterlegung und der Sicherstellung durch Hinterlegung zusammen; der von ihm angeführte § 72 C.P.O. handelt von der Zahlung einer von zwei Personen in Anspruch genommenen Forderung Seitens des Schuldners, die Hinterlegung dieser Forderungssumme hat daher, wie oben ausgeführt, die Wirkung der Zahlung; die §§ 750 und 659 dagegen handeln von der Hinterlegung des Auktionserlöses durch den Gerichtsvollzieher, nicht von einer Hinterlegung, welche durch den Schuldner zur Abwendung der Zwangsvollstreckung vorgenommen wird; diese Fälle, in denen allerdings an dem hinterlegten Gegenstande ein Aussonderungsrecht des Gläubigers anzuerkennen ist, werden unten erörtert. v. Wilmowsky scheint sich für seine Ansicht, soweit sie der hier angenommenen entgegensteht, hauptsächlich auf den Unterschied stützen zu wollen, den der § 652 C.P.O. zwischen der Sicherheitsleistung und der Hinterlegung macht. Aber die Sicherheitsleistung des § 101 C.P.O., welche auch nach v. Wilmowsky's Ansicht nur ein Pfandrecht begründet, muß in Ermangelung einer anderen Verabredung oder Anordnung ebenfalls durch Hinterlegung erfolgen, und da der § 652[28]), welcher die Sicherstellung alternativ neben die Hinterlegung stellt, keine andere Sicherstellung als die prozessualische des § 101 meinen kann, so ist auch im Sinne des § 652 die Hinterlegung als die einzige regelmäßige Art der Sicherstellung

---

[27]) Nach der hier vertretenen Ansicht tritt die vollständige Befriedigung des Gläubigers, welchem auch Zinsen zustehen, nicht schon durch Auszahlung des deponirten Betrages, wenn dieser dem Hauptanspruch gleichkommt, sondern erst durch Zuzahlung der ihm gesetzlich oder vertragsmäßig gebührenden Zinsen ein, auf welche die Depositalzinsen zu verrechnen sind.

[28]) „Das Gericht kann auf Antrag die vorläufige Vollstreckbarkeit von einer vorgängigen Sicherheitsleistung abhängig machen.

Das Gericht hat auf Antrag dem Schuldner nachzulassen, durch Sicherheitsleistung oder durch Hinterlegung die Vollstreckbarkeit abzuwenden, wenn nicht der Gläubiger sich erbietet, vor der Vollstreckung Sicherheit zu leisten."

anzusehen. Der § 652, welcher im 1. Abs. nur von einer Sicherheitsstellung, die der Gläubiger, im 2. Abs. dagegen von einer Sicherheitsleistung spricht, die der Schuldner leistet, kann daher in der Nebeneinanderstellung beider Rechtsakte einen Unterschied nicht in der Art des Rechtsaktes, sondern nur in dem Gegenstande desselben meinen. Die Hinterlegung zur Kaution erfolgt nach § 101 „in baarem Gelde oder in Werthpapieren“, es wird also nicht der Streitgegenstand, sondern eine Summe hinterlegt, welche nicht im Streit befangen ist, es wird eine Sache deponirt, die zur Sicherheit des Streitobjektes dienen soll; die Hinterlegung des Streitobjektes ist daher nicht eine solche Sicherheitsleistung, welche der § 101 meint. Die Hinterlegung, von welcher der § 652 Abs. 2 spricht und die er alternativ neben die Sicherheitsleistung stellt, muß daher eine solche, die nicht schon in der Sicherheitsleistung inbegriffen, nicht eine solche sein, die von dem Streitobjekt verschieden ist, sondern muß das Streitobjekt selbst zum Gegenstande haben. Nur so erklärt sich auch der Unterschied des ersten Absatzes, welcher rücksichtlich des Gläubigers nur von der Sicherheitsleistung, und des zweiten Absatzes, welcher rücksichtlich des Schuldners von einer Sicherheitsleistung oder Hinterlegung spricht: Der Schuldner kann die Vollstreckbarkeit des Urtheils auch durch Hinterlegung des Streitgegenstandes abwarten, der Gläubiger erlangt die Vollstreckbarkeit nicht durch Hinterlegung des Streitgegenstandes. Denn wenn er den Gegenstand hinterlegen kann, muß er ihn besitzen, und wenn er ihn besitzt, braucht er keine Vollstreckbarkeit des Urtheils mehr, soweit dasselbe auf Herausgabe der Streitsache lautet. Soweit es sich um Sicherheitsleistung Seitens des Schuldners oder des Gläubigers handelt, erwirbt die Gegenpartei an dem hinterlegten Gegenstande, wie oben erörtert, nur ein Pfandrecht, und um eine solche Sicherheitsleistung handelt es sich stets dann, wenn zum Zweck der Abwendung der Zwangsvollstreckung eine Geldsumme deponirt wird. Das Gesetz sagt nicht, daß der Schuldner zu diesem Zweck die streitige Forderung oder vielmehr die den Gegenstand derselben bildende Geldsumme zu hinterlegen habe, und selbst wenn in einem einzelnen Falle der Richter verfügen sollte, daß die Zwangsvollstreckung gegen Hinterlegung der streitigen Summe einzustellen sei, so würde damit doch nichts anderes gemeint sein, als die in baarem Gelde oder in Werthpapieren zu leistende Sicherheit in Höhe der streitigen Forderung. Wird dagegen die Abwendung der Exekution von der Hinterlegung des Streitgegenstandes selbst abhängig gemacht, so entsteht doch durch diese Hinterlegung für den Gläubiger kein Aussonderungsrecht. Denn das Recht des Gläubigers auf Herausgabe oder Lieferung der Sache ist nur entweder ein dingliches oder ein obligatorisches. Ist es ein Eigenthumsrecht, so kann durch die Deposition nicht ein Aussonderungsrecht entstehen, weil der Gläubiger ein solches Recht entweder schon hat, oder aber trotz der Hinterlegung nicht haben kann, wenn das Urtheil dasselbe nicht anerkennt; in diesem Falle kann er auch kein Absonderungsrecht erwerben, denn wenn er Eigenthümer ist, kann ihm an der eigenen Sache ein Pfandrecht nicht zustehen, und wenn das letzte Urtheil sein Eigenthumsrecht verneint, so hat er überhaupt kein Recht an der Sache, auch kein Pfandrecht. Ist das vom Gläubiger geltend gemachte Recht ein anderes dingliches Recht, z. B. ein Faustpfandrecht, so kann für ihn durch die Hinterlegung weder ein Aussonderungs-, noch ein Absonderungsrecht entstehen, ersteres will er nicht haben, letzteres hat er schon ohne die Hinterlegung oder er hat es überhaupt nicht. Die Hinterlegung des Streitgegenstandes, an welchem ein dingliches Recht in Anspruch genommen wird, bewirkt daher überhaupt keine Aenderung des Gläubigerrechtes und hat nur die Bedeutung der gerichtlichen Verwahrung, von welcher oben gehandelt ist. War aber das Gläubigerrecht nur ein obligatorisches, hatte der Kläger die Verurtheilung des Beklagten zur Herausgabe einer gekauften Sache oder zur Lieferung einer versprochenen Quantität bestimmter vertretbarer Sachen beantragt und der durch vorläufig vollstreckbares Erkenntniß verurtheilte Beklagte hatte in Gemäßheit des § 652 die gekaufte Sache oder die verlangte Quantität von Fungibilien zur Abwendung der Exekution hinterlegt, so entsteht für den Kläger nur ein Ab-, nicht ein Aussonderungsrecht. Denn der Schuldner will das Eigenthum an dem Streitgegenstande dem Kläger nicht übertragen; gerade um dieser Eigenthumsübertragung zu entgehen, betritt er den Ausweg der Deposition, und der § 652 Abs. 2, welcher dem Schuldner gestattet, die Vollstreckung abzuwenden, läßt die vorläufige Vollstreckbarkeit nicht beschränken, sondern läßt sie aufheben. Das Gericht, welches dem Schuldner gestattet, die Vollstreckung des Urtheils durch Hinterlegung des Streitobjektes abzuwenden, ordnet an, daß das für vorläufig vollstreckbar erklärte Urtheil nicht auszuführen, daß der Beklagte also nicht verpflichtet ist, den Streitgegenstand dem Kläger zu übertragen, und verpflichtet ihn nur, den Streitgegenstand für den Kläger sicher zu stellen. Durch diese Depositiou wird dem Gläubiger daher nur ein Sicherungsrecht an der ihm noch nicht gehörenden Sache, also ein Pfandrecht gewährt.

Anders gestaltet sich das Rechtsverhältniß in den Fällen, in welchen die Zwangsvollstreckung bereits beendet, der Erlös aber dem Gläubiger noch nicht ausgezahlt ist:

a. im Falle des § 659 C.P.O.: „Wenn in Gemäßheit des § 652 (C.P.O.) dem Schuldner nachgelassen ist, durch Sicherheitsleistung oder durch Hinterlegung die Vollstreckung abzuwenden, so ist gepfändetes Geld oder der Erlös gepfändeter Gegenstände zu hinterlegen;"

b. wenn im Falle der Exekutionsintervention — § 690 — die Einstellung der Zwangsvollstreckung, die bereits zum Verkauf der gepfändeten Gegenstände geführt hat, angeordnet wird;

c. wenn ein Dritter, der sich nicht im Besitze der gepfändeten Sache befindet, ein dem Pfändungspfandrechte vorgehendes Pfand- oder Vorzugsrecht geltend macht — § 710;

d. wenn der Versteigerungserlös zur Deckung mehrerer Forderungen, für welche Pfändungspfandrechte an derselben Sache oder denselben Sachen begründet sind, nicht ausreicht, und der Gläubiger, für welchen die spätere Pfändung erfolgt ist, eine andere Vertheilung als nach der Reihenfolge der Pfändungen verlangt — §§ 728 Abs. 2, 751 Abs. 2;

e. wenn die Pfändung für mehrere Gläubiger gleichzeitig bewirkt ist, und der Erlös für sämmtliche Gläubiger nicht ausreicht — § 728 Abs. 3, 751 Abs. 3.

In allen diesen Fällen besteht für den die Zwangsvollstreckung betreibenden Gläubiger ein bedingtes Aussonderungsrecht an dem hinterlegten Erlöse bezw. an der an dessen Stelle tretenden Forderung gegen den Fiskus. Die Hinterlegung in diesen Fällen unterscheidet sich von der Hinterlegung des Schuldners zur Abwendung der Exekution schon äußerlich durch die Thatsache, daß sie nicht vom Schuldner, sondern von dem nicht diesen, sondern den bezw. die Gläubiger vertretenden Gerichtsvollzieher geschieht. Die Konstruktion des Absonderungsrechtes unterscheidet sich im Falle a von den übrigen Fällen. Was den Fall a betrifft, so gilt die Empfangnahme des Verkaufserlöses durch den Gerichtsvollzieher als Zahlung von Seiten des Schuldners, aber diese Fiktion tritt nach §§ 720, 716 Abs. 2[29])

[29]) § 720: „Die Empfangnahme des Erlöses durch den Gerichtsvollzieher gilt als Zahlung von Seiten des Schuldners, sofern nicht dem Schuldner nach-

dann nicht ein, wenn dem Schuldner nachgelassen ist, durch Sicherheitsleistung oder durch Hinterlegung die Zwangsvollstreckung abzuwenden. Unter dieser Voraussetzung gilt demnach auch die Hinterlegung des gepfändeten Geldes und die Hinterlegung des Erlöses gepfändeter Gegenstände durch den Gerichtsvollzieher noch nicht als Zahlung an den Gläubiger; die Fiktion der Zahlung wird vielmehr durch das Recht des Schuldners aufgehalten, die Zwangsvollstreckung abzuwenden. Dem Gläubiger steht daher ein Hinderniß im Wege, ohne welches das Eigenthum des Erlöses resp. des gepfändeten Geldes auf ihn übergehen würde. Sobald dieses Hinderniß weggeräumt ist, tritt die Fiktion der Zahlung wieder in Geltung. Deshalb muß mit dem Reichsgericht[30]) und v. Wilmowski a. a. O. angenommen werden, daß dem Gläubiger an dem Verkaufserlöse bezw. an dem gepfändeten Gelde, solange der Schuldner das Recht hat, die Zwangsvollstreckung durch Sicherheitsleistung oder Hinterlegung abzuwenden, ein bedingtes Aussonderungsrecht zusteht, welches unbedingt wird, sobald jenes Recht des Schuldners — z. B. durch Zurückweisung seiner Rechtsmittel gegen den Vollstreckungstitel — in Wegfall kommt.

In den Fällen b—e fehlt die Thatsache, „daß dem Schuldner nachgelassen ist, die Zwangsvollstreckung abzuwenden"; ein Dritter, nicht der Schuldner, ist es, dessen Widerspruch die Hinterlegung zur Folge hat. Da aber dem Eigenthumsübergang des Verkaufserlöses auf den betreibenden Gläubiger nicht ein Recht des Schuldners, die Zwangsvollstreckung abzuwenden, entgegensteht, so bleibt in diesen Fällen die Fiktion der §§ 720, 716 Abs. 2 in Geltung: Die Empfangnahme des Erlöses bezw. des gepfändeten Geldes durch den Gerichtsvollzieher gilt im Verhältniß zum Schuldner als Zahlung Seitens des letztern. Das Pfändungspfandrecht ist daher erloschen, die Zahlung ist erfolgt, es ist nicht mehr zweifelhaft, daß der Erlös dem Schuldner nicht mehr gehört, es ist nur noch zweifelhaft, ob er dem betreibenden Gläubiger oder dem Dritten gehört, der ihn für sich in Anspruch nimmt. Der betreibende Gläubiger ist daher Eigenthümer des Er-

---

gelassen ist, durch Sicherheitsleistung oder durch Hinterlegung die Vollstreckung abzuwenden."

§ 716 Abs. 2: „Gepfändetes Geld ist dem Gläubiger abzuliefern. Die Wegnahme des Geldes durch den Gerichtsvollzieher gilt als Zahlung von Seiten des Schuldners, sofern nicht dem Schuldner nachgelassen ist, durch Sicherheitsleistung oder durch Hinterlegung die Vollstreckung abzuwenden"

[30]) Entsch. vom 10. März 1883 in Wallm. D. Jur. Z. Bd. 8 S. 541.

löses, aber er kann das Aussonderungsrecht daran nicht mit Erfolg geltend machen, wenn der Dritte ein ihm vorgehendes Recht hat. Solange bis festgestellt ist, daß der Widerspruch des Dritten unbegründet ist, solange ist das Aussonderungsrecht des Gläubigers ein suspensivbedingtes.[31]) (Hat der Dritte, welcher auf dem Erlös Ansprüche erhebt, selbst Sicherheit durch Hinterlegung leisten müssen, um die Hinterlegung des Erlöses zu erwirken, so erwirbt der betreibende Gläubiger an dem vom Dritten hinterlegten Gegenstande bezw. an der an Stelle desselben tretenden Forderung gegen den Fiskus ein bedingtes Pfandrecht, wie oben dargelegt ist. Dieses Pfandrecht dient ihm zur Sicherheit für den Schaden, zu dessen Erstattung der Dritte verpflichtet ist, wenn sein Widerspruch für unbegründet erklärt wird, insbesondere auch für den Anspruch auf den Zinsverlust, welcher ihm durch die Hinterlegung erwächst.)

Die Hinterlegung kommt auch im Strafprozeß vor:

a. Nach § 174 der Strafprozeßordnung kann dem durch eine Strafthat Verletzten, welcher nach der Ablehnung der Strafverfolgung Seitens der Staatsanwaltschaft die Entscheidung des Oberlandesgerichts über die Frage beantragt, ob die Staatsanwaltschaft die Verfolgung aufzunehmen habe, vor der Entscheidung über den Antrag die Leistung einer Sicherheit für die durch das Verfahren über den Antrag und durch die Untersuchung der Staatskasse und dem Beschuldigten voraussichtlich erwachsenden Kosten durch Beschluß des Gerichts auferlegt werden; die Sicherheitsleistung ist durch Hinterlegung in baarem Gelde oder in Werthpapieren zu bewirken.

---

[31]) In diesen Fällen will dagegen v. Wilmowski „ein mit dem Pfandrecht der Gläubiger belastetes Eigenthum des Schuldners" annehmen und macht — Anm. 3 zu § 709 C.P.O. — darauf aufmerksam, daß an dem Erlöse noch andere Faustpfandrechte, z. B. das des Vermiethers bestehen können. Es ist zwar richtig, daß an dem Erlöse Faustpfandrechte Dritter bestehen können, für den Fall c ist die Geltendmachung eines solchen Rechtes oder eines Vorzugsrechtes sogar die Voraussetzung. Aber aus der Geltendmachung eines solchen Rechtes Seitens eines Dritten kann doch nicht folgen, daß das Recht des betreibenden Gläubigers kein Aussonderungs-, sondern ein Pfandrecht ist, ebensowenig wie die Geltendmachung eines Vorzugsrechtes Seitens des Dritten zu der Annahme führen könnte, daß deshalb das Recht des betreibenden Gläubigers ein Vorzugsrecht sein müßte. Der Umstand, daß der Dritte ein Pfandrecht geltend macht, hat vielmehr nur zur Folge, daß infolge dessen das Aussonderungsrecht des Gläubigers noch nicht durchführbar, daß es bedingt ist, abhängig von der Voraussetzung, daß der Widerspruch des Dritten für unbegründet erklärt werde.

b. Nach § 419 Abs. 1 und 2 der Strafprozeßordnung hat der Privatkläger für die der Staatskasse und dem Beschuldigten voraussichtlich erwachsenden Kosten unter denselben Voraussetzungen Sicherheit zu leisten, unter welchen in bürgerlichen Rechtsstreitigkeiten der Kläger auf Verlangen des Beklagten Sicherheit wegen der Prozeßkosten zu leisten hat; die Sicherheitsleistung ist durch Hinterlegung in baarem Gelde oder in Werthpapieren zu bewirken.

In beiden Fällen (a und b) wird die Kaution für die entstehenden Kosten des Fiskus und des Beschuldigten so geleistet, wie im § 101 C.P.O. vorgeschrieben ist. Und da, wie oben erörtert, an dem im Sinne des § 101 C.P.O. hinterlegten Gegenstande ein bedingtes Absonderungsrecht für den Berechtigten besteht, so trifft dies auch in den Fällen a und b zu.

c. Anders ist die Hinterlegung im Falle des § 117 St.P.O. zu beurtheilen. Ein Angeschuldigter, dessen Verhaftung lediglich wegen des Verdachtes der Flucht angeordnet ist, kann gegen Sicherheitsleistung mit der Untersuchungshaft verschont werden. Die Sicherheitsleistung ist nach § 118 durch Hinterlegung in barem Gelde oder in Werthpapieren oder durch Pfandbestellung oder mittels Bürgschaft geeigneter Personen zu bewirken. Eine noch nicht frei gewordene Sicherheit verfällt nach § 122 Abs. 1 der Staatskasse, wenn der Angeschuldigte sich der Untersuchung oder dem Antritt der erkannten Freiheitsstrafe entzieht. In diesem Falle kann von einem Pfandrechte nicht die Rede sein, weil ein solches Recht nur zur Sicherung eines Vermögensanspruches begründet werden kann, der Fiskus aber einen solchen Anspruch gegen den Angeschuldigten nicht hat. Dagegen hat der Fiskus das Eigenthumsrecht an der Kaution, wenn der Angeschuldigte sich der Untersuchung oder dem Strafantritt entzieht, und solange nicht feststeht, ob dieses Ereigniß eintritt, hat der Fiskus ein bedingtes Eigenthums- bezw. Aussonderungsrecht.

Der Charakter des durch Hinterlegung entstandenen Pfandrechts ist nicht der eines Pfändungspfandrechtes, sondern eines Faustpfandes. Ein Pfändungspfandrecht ist es nicht, weil dieses nur durch Pfändung entstehen kann, das Hinterlegungspfandrecht aber nicht durch Pfändung entsteht, diese auch nicht voraussetzt. Das Pfändungspfandrecht erwächst ohne Willen des Schuldners, das Hinterlegungspfandrecht nur durch die eigene Handlung des Schuldners, gerichtet auf die Hingabe eines Gegenstandes zur Sicherung des Gläubigers, auf die Hingabe zwar nicht an den Gläubiger, sondern eines Dritten für denselben. Deshalb müssen zur Begründung dieses Pfandrechts die Voraussetzungen erfüllt sein, welche das Civilrecht zur Entstehung des Faustpfandes fordert.[32]) Das Preußische und das gemeine Recht verlangen außer der Uebergabe zur Entstehung des Pfandrechtes an beweglichen körperlichen Sachen keine besondere Form. Sofern die Hinterlegung in baarem Gelde erfolgt, ist daher zur Begründung des Pfandrechts eine weitere Form nicht erforderlich. Soweit sie aber in Werthpapieren erfolgt, kann je nach der Art derselben eine besondere Form erforderlich werden — siehe darüber unten § 67 —, welcher genügt werden muß, wenn ein Pfandrecht entstehen soll. Dem Erforderniß der schriftlichen Verpfändungserklärung übrigens, wie sie das Preuß. Recht für die Verpfändung von Forderungen verlangt, über welche ein auf einen bestimmten Inhaber lautendes Dokument ausgestellt ist, wird durch das schriftliche Annahmegesuch genügt, wie es die §§ 40, 77, 83 der Preuß. Hinterlegungsordnung vom 14. März 1879 erfordern.

Um im Konkurse als Absonderungsrecht anerkannt zu werden, muß das Hinterlegungspfandrecht an beweglichen körperlichen Sachen und an Forderungen den Erfordernissen der §§ 14, 15 E.G. genügen. Darnach setzt das Absonderungsrecht an körperlichen Sachen den Gewahrsam der Sache seitens des Pfandgläubigers oder eines Dritten für ihn voraus, das Absonderungsrecht an Forderungen entweder die Benachrichtigung des Drittschuldners oder den Gewahrsam der Urkunde oder die Eintragung im Grundbuche. Der körperliche Gewahrsam für den Gläubiger ist im Falle der Hinterlegung stets vorhanden, weil die Hinterlegungsstelle die Sache für den Gläubiger unter der Voraussetzung der späteren Feststellung seines Rechtes als „Dritter" im Gewahrsam hat.[33]) Durch die Hinterlegung von Werthpapieren

[32]) So auch das Reichsgericht Bd. 12 S. 226, während in demselben Bande S. 396 von dem Hinterlegungspfandrecht als von einem Pfändungspfandrechte gesprochen wird.

[33]) Im Falle der Einsendung durch die Post gilt nach § 12 Abs. 2 der Hinterlegungsordnung die Einzahlung erst mit dem Eingang bei der Kasse als bewirkt. Die Post ist nicht als „Dritte", die für den Gläubiger den Gewahrsam ausübt, sondern als Mandatarin des Absenders anzusehen.

ist dem Erfordernisse des § 14² E.G. genügt, sobald die Hinterlegungsstelle das Werthpapier im Gewahrsam hat.

Nach § 7 der Preuß. Hinterlegungsordnung „geht das hinterlegte Geld in das Eigenthum des Staats über", es ensteht an Stelle des Geldes eine Forderung gegen den Fiskus, welche Gegenstand des Pfandrechtes ist. Die formellen Voraussetzungen des Absonderungsrechtes an dieser Forderung gegen den Fiskus sind aber trotzdem nicht diejenigen der verpfändeten Forderungen, sondern von baarem Gelde, von körperlichen Sachen, denn die Umwandlung des körperlichen Gegenstandes in eine Forderung gegen den Fiskus erfolgt erst, nachdem die Hinterlegung bereits geschehen ist (verb.: „hinterlegtes Geld").[34])

Die Verwerthung des Hinterlegungspfandes erfolgt gemäß seiner Natur als eines Faustpfandes nicht anders, wie die Verwerthung jedes anderen Mobiliarpfandes. Die Forderung gegen den Fiskus, welche an Stelle der hinterlegten Geldsumme tritt, kann der Gläubiger nach gemeinem Rechte einziehen, nach Preuß. Rechte läßt er sie sich überweisen[35]) (s. unten § 31), das hinterlegte Werthpapier oder die sonstige hinterlegte Sache ist auf seinen Antrag zu verkaufen und der Erlös ihm auszuzahlen; ist das Werthpapier ein Dokument über eine Inhaberforderung des Pfandschuldners, so erfolgt die Befriedigung des Gläubigers durch Ueberweisung. Selbstverständlich ist auch jede andere im Pfandrecht zulässige Verwerthungsart, insbesondere auch durch Zwangsvollstreckung auf Grund eines Vollstreckungstitels, zulässig.

§ 12. b. Die betagten Absonderungsforderungen.

Ein Rechtsgeschäft, dessen Wirksamkeit von Anfang an feststeht, aber auf eine bestimmte oder unbestimmte Zeit aufgeschoben ist, ist betagt. Unterscheidet man zwischen dem

dies certus an et quando,
dies incertus an et quando,
dies certus an incertus quando und
dies incertus an certus quando,

so muß die Zeitbestimmung, die mit einem seinem Eintreffen nach ungewissen Ereigniß zusammenfällt, also der dies incertus an et quando und der dies incertus an certus quando als ein mit der

---

[34]) Reichsgericht Bd. 12 S. 396.
[35]) Reichsgericht Bd. 13 S. 225, 397.

Bedingung identischer Begriff angesehen werden. Begrifflich ist daher eine Betagung nur in dem dies certus an et quando und dem dies certus an incertus quando [1]) enthalten. Für das gemeine Recht ist dies im Prinzip anzuerkennen,[2]) nur geht das Römische Recht in Betreff des dies certus an incertus quando weiter, indem es denselben, wenn er einer testamentarischen Bestimmung hinzugefügt ist, der Bedingung gleichstellt, jedoch nur dann, wenn es ungewiß ist, ob die bedachte Person das gewiß eintretende Ereigniß erleben und dadurch die ihr gemachte Zuwendung erwerben werde.[3]) Das Preuß. Landrecht stellt durch die Bestimmung des § 163. I, 4: „Eine der Willenserklärung beigefügte ungewisse Zeit, wo das Recht aus derselben entweder entstehen oder aufhören soll, wird einer aufschiebenden oder auflösenden Bedingung gleichgeachtet," nicht nur den dies incertus an et quando und den dies incertus an certus quando[4]), sondern auch den dies certus an incertus quando der Bedingung gleich, sodaß im Geltungsbereich des Landrechtes nur der dies certus an et quando als Betagung anzusehen ist. Hiervon wird jedoch für die Immobiliarabsonderungsforderungen durch den § 31 Z.V.G. zwar nicht für den Fall der Zwangsverwaltung[5]) und Zwangseintragung, wohl aber für den Fall der Subhastation eine Ausnahme gemacht:

> „Die noch nicht fälligen Forderungen, welche vom Ersteher nicht zu übernehmen sind, werden wie fällige behandelt. Der Gläubiger kann die Annahme nicht verweigern.
>
> Ist jedoch eine solche Forderung unverzinslich, so vermindert sich dieselbe auf den Betrag, welcher mit Hinzurechnung der gesetzlichen Zinsen desselben für die Zeit von dem Vertheilungs-

---

[1]) Eine Forderung sub die certo an incerto quando ist betagt, wenn sie z. B. am Todestage des Gläubigers, des Schuldners, eines Dritten fällig ist.

[2]) So Windscheid I § 86[a], welcher aber der Erörterung dieser streitigen Frage hinzufügt: „Jedoch ist dieser Satz kein absoluter, es kommt auf die Auslegung des Willens an."

[3]) So Windscheid. l. 4. D. 36, 2. l 13 i. f. eod. l. 79 § 1 D. 35, 1. l. 75 D. eod. l. 1 § 2 D. 35, 1. l. 12 § 1 D. de leg. II, 31. l. 104 § 6 D. de leg. I 30.

[4]) Denn auch der dies incertus an certus quando ist eine ungewisse Zeit, in welcher „das Recht entstehen oder aufhören soll", denn wenn auch diese Zeit im Voraus festbestimmt ist, so tritt sie doch nicht ein, wenn das Ereigniß, z. B. die Volljährigkeit des Berechtigten, nicht vollendet wird, mit Rücksicht auf welches sie bestimmt ist. Die Zeit ist daher bestimmt, aber ungewiß.

[5]) Der § 147 bezieht den § 31 nicht.

termin bis zum Fälligkeitstage dem vollen Betrage der Forderung gleichkommt.

Solange die Zeit der Fälligkeit einer unverzinslichen Forderung ungewiß ist, finden auf letztere die Vorschriften dieses Gesetzes über Forderungen unter aufschiebender Bedingung Anwendung."

Da nach § 163 A.L.R. I, 4 die auf eine ungewisse Zeit betagten Forderungen als bedingte gelten ohne Unterschied, ob sie verzinslich oder unverzinslich sind, so müßten auch die so betagten Immobiliarforderungen nicht nur, wenn sie unverzinslich, sondern auch wenn sie verzinslich sind, als suspensivbedingte Ansprüche angesehen werden. Aus der Zugehörigkeit des Abs. 3 zu dem die betagten Forderungen behandelnden § 31 Z.V.G. und dem Umstande, daß nur die unverzinslichen Ansprüche mit ungewisser Fälligkeitszeit als bedingte Forderungen behandelt werden sollen, muß aber geschlossen werden, daß die verzinslichen Immobiliaransprüche dieser Art trotz der Bestimmung des § 163 I, 4 auch im Geltungsbereiche des Landrechtes als betagte Forderungen anzusehen sind. Die Vorschrift des § 31 betrifft übrigens auch in der Subhastation diejenigen Ansprüche nicht, welche vom Ersteher zu übernehmen sind.

Ein Fall der Betagung eines Anspruchs, welcher besonders hervorzuheben ist, ist die von der Kündigung abhängige Fälligkeit. Forderungen dieser Art sind Ansprüche, deren Erfüllung jeder Zeit gefordert bezw. geleistet werden kann, sobald der zur Kündigung Berechtigte seinen diesbezüglichen Willen dem andern Theile ausgedrückt hat, jedoch mit der Beschränkung, daß nach der Abgabe der Erklärung, durch welche die Erfüllung gefordert wird, noch eine bestimmte Zeit verstreichen muß. Ein Anspruch, dessen Erfüllung jeder Zeit gefordert bezw. geleistet werden kann, ist unbedingt und unbeschränkt; durch die Verpflichtung zum Warten auf den Ablauf einer bestimmten Zeit wird er ein befristeter.[6])

Der betagte Anspruch ist, wie im gemeinen[7]) und im Preuß.[8])

---

[6]) Entsch. des Obertr. in Striethorst, Archiv Bd. 85 S. 112 Reichsgericht Bd. 9 S. 229.

[7]) § 2 J. 3, 14: „quod in diem stipulamur, statim quidem debetur, sed peti pruisquam dies veniat non potest." l. 46 D. 45, 1. l. 7. pr. D. 16, 2. l. 5. pr. § 1, 7. l 14 § 3 D. 36, 2. l. 18 D. 50, 17. l. 10 D. 12, 6. l. 14 pr. D. 20, 1.

[8]) § 165 A.L.R. I, 4: „Doch ist das (befristete) Recht selbst (vor Ablauf der Frist) für vollständig erworben zu erachten, und geht daher, wenn es nicht an die Person des Berechtigten gebunden ist, auf die Erben desselben über."

Rechte anerkannt ist, sofort existent, nur seine Geltendmachung ist aufgeschoben. Deshalb kann er auch im Konkurse durch Ablauf der Frist unbetagt werden, ohne daß der § 12 K.O. hiergegen ein Hinderniß bietet. Der Gläubiger einer schon während der Betagung durch ein Pfandrecht gesicherten Forderung kann auch vor Eintritt der Frist sein Pfandrecht an der Pfandsache sowohl gegen den Schuldner, wie gegen Dritte verfolgen, aber die Befriedigung aus dem Pfandgegenstande kann vor Ablauf der Frist nicht gefordert werden.

Die Behandlung der betagten Absonderungsansprüche im Konkurse unterscheidet sich von der Behandlung der suspensivbedingten Ansprüche im Allgemeinen nicht. Wird das Pfand nach § 117 K.O. von dem Verwalter veräußert, so tritt der Erlös in Höhe der betagten Forderung an die Stelle des Pfandes. An diesem Erlöse ist dem Gläubiger das ihm zustehende Faustpfandrecht zu gewähren, was durch Hinterlegung geschehen kann. Der Gläubiger ist nicht gezwungen, den Erlös, wenn er ihm ausgeantwortet ist, zur Hinterlegung oder anderweiten Belegung herauszugeben; doch wird er, wenn der Erlös ihm nicht ausgehändigt, sondern für ihn hinterlegt oder sonst sicher belegt und das darüber ausgestellte Dokument ihm ausgehändigt ist, sich hiermit begnügen müssen, zumal die durch die Hinterlegung für ihn entstehende Forderung der Aushändigung des Erlöses gleich steht. Auf die Zinsen, welche aus dem Erlöse bis zum Ablauf der Frist erzielt werden, hat der Gläubiger nur soweit Anspruch, als die betagte Forderung verzinslich ist. Die Bestimmung des § 58 K.O., wonach betagte Forderungen als fällige gelten, bezieht sich nur auf die Konkursforderungen und trifft die Absonderungsforderungen als solche nicht.

Nur für die betagten, vom Ersteher nicht zu übernehmenden Immobiliarforderungen gilt in der Subhastation die Ausnahme des oben ausgeschriebenen § 31 Z.V.G., nach welchem die verzinslichen Forderungen sub die certo an et quando und sub die certo an incerto quando als fällig, die unverzinslichen Forderungen sub die certo an incerto quando dem allgemeinen Prinzipe des Landrechts entsprechend als bedingte und die unverzinslichen Forderungen sub die certo an et quando zwar als fällige gelten, aber um das Interusurium[9]) verkürzt werden, welches mit Berücksichtigung der gesetz-

[9]) Unter Ablehnung der Karpzow'schen, wie der Leipnitz'schen Methode ist der Berechnung die Hoffmann'sche Methode zu Grunde gelegt mit der Pro-

lichen[10]) Zinsen nicht, wie für die Konkursforderungen durch § 58 K.O. vorgeschrieben, von der Eröffnung des Verfahrens, sondern vom Vertheilungstermine bis zum Fälligkeitstage zu berechnen ist.

Die bisherigen Erörterungen bezogen sich auf die a die, also auf die suspensivbetagten Ansprüche, die ad diem, also die resolutivbetagten Ansprüche sind ihrem Inhalte nach zweiseitiger Natur: Der Kridar hat dem Gläubiger zu leisten, der Gläubiger hat dagegen nach Ablauf einer bestimmten Frist zurückzuleisten. Die Vorleistung ist unbetagt, der Anspruch, der dem Gläubiger zusteht, ist sofort fällig, ist daher auch im Subhastationsverfahren dem nur von den nicht fälligen Forderungen handelnden § 31 Z.V.G. nicht unterworfen. Der Absonderungsgläubiger ist demnach berechtigt, seinen Anspruch so, wie einen fälligen, unbeschränkten geltend zu machen. Wenn er aber seine Befriedigung aus dem Absonderungsgegenstande erhalten hat, so erwächst der Konkursmasse ein suspensivbetagter Rückforderungsanspruch gegen ihn, ein Anspruch, der durch Kautionsleistung zu schützen ist, wenn das Civilrecht dies in dem einzelnen Falle zuläßt. Durch die Befriedigung seines Anspruchs erhält der Gläubiger zwar nur das, was er gegenwärtig zu verlangen hat, aber doch mehr, als er auf die Dauer zu beanspruchen berechtigt ist. Dieser Differenzwerth gehört zur Konkursmasse. Es fragt sich aber, ob dieser Differenzwerth, d. h. der Anspruch auf Rückforderung gegen den bisherigen Absonderungsgläubiger an Stelle des Pfandgegenstandes tritt, oder ohne Weiteres zur gemeinschaftlichen Befriedigung der

---

portion $100 + p \cdot z : 100 = k : x$ (p bezeichnet den Prozentsatz, z die Zeit vom Vertheilungs- bis zum Fälligkeitstermin nach Jahren, k den Nominalbetrag der Forderung, x die zu suchende Summe), die durch die Gleichung $100\,k = x\,(100 + pz)$ oder $x = \frac{100\,k}{100 + pz}$ aufgelöst wird.

Die Zeit wird a die ad diem berechnet (Jäckel Anm. 1 zu § 31 Z.V.G.), wobei der Tag der Fälligkeit nicht mit berücksichtigt wird (§ 46 A.L.R. I 3). Jahre und Monate werden nach dem Kalender berechnet, auch wenn die Berechnung eine Handelsforderung betrifft (a. M v. Wilmowski Anm. 3 zu § 58 K.O., der für das Handelsrecht einen allgemeinen Gebrauch behauptet, nach welchem das Jahr zu 360 und der Monat zu 30 Tagen zu berechnen sei).

[10]) Die gesetzlichen Zinsen sind nach Handels- und Wechselrecht 6 % (Art. 287 H.G B., Art. 50, 51 W.O.), sonst sowohl nach Landrecht — § 841 A.L.R. I, 11 —, wie nach gemeinem Rechte 5 % (Reichspolizeiordnung von 1577 Tit. 17 § 5, Tit 20 § 6; Reichsdeputationsabschied von 1600 § 136; Jüngster Reichsabschied von 1654 § 174. Vgl. Arndts § 210 (a. M. Windscheid II § 260, welcher im Zweifel auf den Ortsgebrauch sehen will).

persönlichen Konkursgläubiger dient. Tritt er an Stelle des Pfandobjekts, so wird er wiederum Gegenstand des Absonderungsrechtes. Der bisher nur theilweise befriedigte Gläubiger kann aus diesem Gegenstande für den ausgefallenen Theil seines Anspruchs Befriedigung fordern; war der Gläubiger aber durch die Absonderung schon befriedigt, so würden die nachstehenden Absonderungsberechtigten den Differenzwerth zu ihrer Befriedigung in Anspruch nehmen können, in der Subhastation würde dem zunächst berechtigten, ausgefallenen Gläubiger der Anspruch zu seiner Befriedigung nach §§ 59, 110, 117 Z.V.G. ebenso zu überweisen sein, wie dies für den Fall der Resolutivbedingung vorgeschrieben ist. Tritt der Differenzwerth dagegen nicht an die Stelle des Pfandobjekts, so würde er mit Ausschluß jedes Absonderungsgläubigers der Masse unbeschränkt zufallen. Da der aus dem Pfandgegenstande erzielte Erlös zur Befriedigung der Absonderungsgläubiger zu dienen hat und daher in Bezug auf sie an die Stelle des Pfandobjekts tritt, der ad diem berechtigte Gläubiger aber aus diesem Kaufgelde mehr erhalten hat, als ihm auf die Dauer zusteht, so hat er den aus dem Kaufgelde erhaltenen Mehrbetrag nach Ablauf der Frist zum Kaufgelde zurück zu erstatten. Dieser Mehrbetrag fällt daher, soweit der Gläubiger als theilweise Ausgefallener nicht selbst Ansprüche darauf erhebt, dem nachstehenden Absonderungsberechtigten und nur in deren Ermangelung der Konkursmasse zu, und die §§ 59, 110, 117 Z.V.G. müssen daher auch auf die ad diem betagten Realansprüche in analoger Weise, wie bei den resolutivbedingten Realansprüchen zur Anwendung kommen, ebenso wie für die resolutivbedingten Faustpfandforderungen dasselbe, wie für die ad diem betagten Pfandforderungen gilt.

Der Vorleistungs- und Rückleistungsanspruch können zwar nicht vom Verwalter, wohl aber, wenn der Absonderungsanspruch ein qualifizirter ist, vom Gläubiger nach § 47 Abs. 1 K.O. gegeneinander aufgerechnet werden, in welchem Falle nur die durch Berechnung der Zwischenzinsen sich ergebende Differenz als Absonderungsforderung übrig bleibt.

§ 13. c. Die zukünftigen Absonderungsforderungen.

Der Eintritt des Ereignisses oder des Tages, von welchem die suspensivbedingten bezw. die betagten Forderungen abhängig gemacht sind, setzt eine Rechtshandlung des einen oder beider Betheiligten nicht voraus. Die zukünftigen Forderungen im juristischem Sinne entstehen dagegen erst durch die auf den Eintritt eines Ereignisses gerichtete Rechtshandlung der oder eines der Betheiligten.[1]) Die bedingten und betagten Ansprüche gründen sich auf ein Rechtsgeschäft, welches vor dem Eintritt des Ereignisses oder Tages abgeschlossen oder vorgenommen ist, die zukünftige Forderung setzt nicht den Abschluß oder die Vornahme eines Rechtsgeschäftes, sondern ein erst später abzuschließendes Rechtsgeschäft oder eine erst später vorzunehmende Rechtshandlung voraus. Diese Rechtshandlung, durch welche die zukünftige Forderung entsteht, kann nur eine solche sein, welche von einem der Betheiligten oder von beiden Theilen vorgenommen wird, andernfalls handelt es sich nicht um eine zukünftige, sondern um eine bedingte Forderung. Eine solche Rechtshandlung kann nur ein von den Parteien zu schließendes Rechtsgeschäft oder eine solche einseitige Rechtshandlung sein, welche ein quasikontraktliches Verhältniß oder eine Delikts- oder Quasidelikts-Obligation begründet. So ist die Forderung auf eine schon im Voraus festgesetzte Summe für einen Schaden, den der eine Kontrahent dem andern in der Zukunft etwa zufügen werde, eine zukünftige, die Forderung auf Ersatz eines Schadens dagegen, welcher einem Kontrahenten, nicht durch den andern, sondern durch einen Dritten zugefügt werden wird, eine bedingte; denn diese Schadenszufügung Seitens eines Dritten ist im Verhältniß der Kontrahenten zu einander nicht eine Rechtshandlung, sondern ein Ereigniß. Ebenso sichert die Kaution, welche A dem Fiskus für B aus Verwaltungshandlungen oder Defekten des letztern bestellt, bedingte Ansprüche, die Kaution dagegen, die A für sich selbst bestellt, sichert zukünftige Ansprüche. Von diesen Gesichtspunkten aus kann der künftige Eviktionsanspruch auf Grund eines bereits abgeschlossenen Vertrages, der Anspruch auf Ersatz eines künftigen Schadens, wenn die Handlung, aus welcher er entstehen kann, bereits vorgenommen ist, als künftige Forderung nicht angesehen werden.[2]) Denn ob ein Dritter

[1]) Vgl. Windscheid § 225 Note 6: „Unter einer zukünftigen Forderung wird hier eine blos zukünftige Forderung verstanden, d. h. eine Forderung, zu welcher noch nicht einmal der Grund gelegt ist, was bei der bedingten und befristeten Forderung allerdings der Fall ist." Sintenis, Pfandrecht § 11, versteht dagegen unter den zukünftigen Forderungen die befristeten; Dernburg, Pfandrecht I §§ 68, 69, gebraucht den Ausdruck der zukünftigen Forderungen in ganz allgemeinem Sinne; Brinz, Pandekten S. 294, 295 definirt die zukünftigen Forderungen unrichtig: „Innerhalb eines Kontraktes können sich Obligationen entwickeln, die möglicher Weise auch ausbleiben."

[2]) Förster III, § 192 rechnet diese Ansprüche zu den zukünftigen.

evinziren werde, ob eine Schade aus einer schon vorgenommenen Handlung entstehen wird, hängt von Ereignissen ab, die ohne den Willen, ohne einen Rechtsakt der Betheiligten oder eines von ihnen eintreten; diese Forderungen sind daher suspensivbedingte, nicht zukünftige. Dasselbe gilt, wenn es sich um einen Schaden handelt, der aus einer Thatsache entstehen kann, die zwar nicht eine schon vorgenommene Handlung voraussetzt, die aber ohne Willen der Betheiligten begründet ist, z. B. die Forderung auf Ersatz eines Schadens, der durch den Umsturz eines Gebäudes oder durch ein Thier eines der Kontrahenten entstehen werde. Für zukünftige Ansprüche besteht dagegen ein Absonderungsrecht, welches für Ansprüche aus einem Rechtsverhältnisse bestellt ist, das zwar die Veranlassung und Grundlage solcher Ansprüche ist, das sie aber nicht ohne die Rechtshandlung einer oder beider Parteien zur Entstehung bringen kann: für Forderungen aus einem Mandat, aus einer vormundschaftlichen Verwaltung, einer Vermögens- oder Amtsverwaltung, aus einem Kreditverhältnisse. Solche Rechtsverhältnisse bilden den Rahmen, in welchem die einzelnen Rechtshandlungen vorgenommen werden und die Ansprüche, für welche das Absonderungsrecht bestellt ist, entstehen aus Rechtshandlungen, welche im Rahmen der allgemeinen Rechtsverhältnisse vorgenommen werden, sie entstehen aber nicht aus dem Rechtsverhältnisse selbst.

Bezüglich dieser zukünftigen Absonderungsforderungen entstehen für den Konkurs die Fragen, wann das Absonderungsrecht begründet ist, ob es einem anderen Absonderungsrechte vorgeht, welches später, aber vor der Entstehung der zukünftigen Forderung bestellt ist, und ob die zukünftigen Forderungen während des Konkurses bezw. während der Zwangsversteigerung zur Entstehung gelangen können.

Die Frage nach der Entstehung des für eine zukünftige Forderung bestellten Pfandrechts ist im Römischen Rechte durch die l. 1. D. 20, 4. l. 11 pr. D. eod. und die l. 4. D. 20, 3 beantwortet, Gesetzesstellen, die sich anscheinend widersprechen und deshalb auch nicht gleichmäßig interpretirt sind[3]), die aber nach der richtigen Aus-

[3]) Vgl. Donellus, de pignorib. c. 12, Glück, Ausführliche Erläuterung der Pandekten XIX S. 327 ff., Tigerström, Römisches Dotalrecht 2 S. 423 Anm. 1, Hepp, diss. qua inquiratur, ex quo temp. hypotheca bona debitoris efficiat, Heise u. Kropp, Juristische Abhandlungen II 15, Sintenis, Handbuch S. 358 ff., Huschke in der Gießener Zeitschr. XX S. 153 ff., Pfeiffer, Praktische Ausf. 8 S. 30 ff., Gesterding, Pfandrecht 2. Aufl. S. 44, Arndts,

legung Gesterding's und v. Vangerow's, welcher auch das Reichsgericht[4]) beigetreten ist, sich gegenseitig ergänzen. Darnach hängt die Beantwortung der Frage davon ab, ob bei der Bestellung des Pfandrechts die Betheiligten oder einer derselben definitiv gebunden und verpflichtet waren, Gläubiger bezw. Schuldner zu werden, oder aber, ob das Rechtsverhältniß eine solche Gebundenheit nicht zur Folge hat und es im Belieben jedes der Betheiligten steht, Gläubiger resp. Schuldner zu werden. Besteht das Pfandrecht für künftige Defekte aus einem Amte, einer Vormundschaft, einer sonstigen Vermögensverwaltung oder aus einem Mandatsverhältnisse, so liegt die Gebundenheit vor, nicht aber wenn es sich um ein Pfandrecht handelt, welches für künftige Forderungen aus einem gegenseitigen Kredit- oder Geschäftsverhältnisse bestellt ist; die Forderung aus dem pactum de contr. erzeugt ein Gebundensein, wenn der Vertrag bindend und der definitive Abschluß des eigentlichen Vertrages sich aus dem Inhalte jenes Paktums ergiebt, wie dies bei dem pactum de mutuo dando der Fall ist, nicht aber wenn der Inhalt des Paktums in wesentlichen Beziehungen dem Belieben der Kontrahenten freien Spielraum läßt, wie bei der Vereinbarung, ein Haus zu verkaufen, über dessen Kaufpreis eine Einigung noch nicht getroffen ist. Liegt ein Gebundensein der Betheiligten oder eines derselben schon bei der Bestellung des Pfandrechts vor, so ist nach gemeinem Rechte das Pfandrecht von der Zeit seiner Bestellung an wirksam, liegt aber eine solche Gebundenheit nicht vor, so wirkt das Pfandrecht erst von der Entstehung der Forderung an. Nach Preuß. Immobiliarrecht gestaltet sich die Rechtslage aber auch für diejenigen gemeinrechtlichen Theile des Preuß. Staates anders, in welchen die Gesetze vom 5. Mai 1872 gelten: Nach § 34 E.E.G. bestimmt sich nämlich die Rangordnung der auf demselben Grundstücke haftenden Hypotheken und Grundschulden nach der Reihenfolge der Eintragungen und die letztere nach der Zeit, zu welcher der Antrag auf Eintragung dem Amtsgerichte vorgelegt ist. Von diesen Hypotheken sind diejenigen nicht ausgenommen, welche für zukünftige Forderungen eingetragen

---

Pand. § 384 Anm. 5, Windscheid I § 242, Ihering in den Jahrbüchern f. Dogm. 10 S. 482, Regelsberger, Zur Lehre vom Altersvorzug der Pfandrechte S. 40, Dernburg, Pfandrecht I, § 69, v. Vangerow I, § 372, Anm. 3, Endemann, Zeitschr. f. Handelsr. 4 S. 212 ff., Goldschmidt, Handelsrecht I § 87, Anm. 6, Seuffert, Archiv XIII 113.

[4]) Bd. 14 S. 249 ff.

sind, auch wenn diese Eintragung in der Form der Kautionshypothek geschieht. Denn die Kautionshypothek für einen Anspruch, dessen Größe zur Zeit der Eintragung noch unbestimmt ist, ist durch den § 24 E.E.G.[5]) geregelt und den übrigen Hypotheken gleichgestellt,[6]) ohne Rücksicht darauf, ob zur Uebernahme des durch sie gesicherten Anspruchs eine Gebundenheit des Schuldners von Anfang an, d. h. von der Eintragung an, vorlag oder nicht.[7])

Das Preußische Recht beantwortet die Frage nach der Entstehung des für eine zukünftige Forderung bestellten Pfandrechtes nur durch den § 14 A.L.R. I 20, welcher sich über die Zulässigkeit der Pfandbestellung für eine künftige Forderung ausspricht. Indem dieser Paragraph bestimmt:

> „Soweit wegen künftiger Ansprüche Kaution gefordert und geleistet werden kann, soweit können dergleichen Ansprüche auch durch Pfand oder Hypothek sichergestellt werden. (Tit. 14 §§ 5—8, Abschn. 3),"

läßt er die Pfandbestellung für jede künftige Forderung zu und schließt sie nur für solche Forderungen aus, welche wegen Ungesetzlichkeit, Unsittlichkeit u. s. w. vom Rechte nicht anerkannt werden, wie denn auch die Bezugnahme auf den 3. Abschn. des 14. Tit. unzweideutig auf die §§ 249 ff. I 14 hinweist, welche (mit dem Marginale „bei welchen Geschäften Bürgschaften stattfinden") die an sich un-

---

[5]) „Wenn die Größe eines Anspruchs zur Zeit der Eintragung noch unbestimmt ist (Kautionshypotheken), so muß der höchste Betrag eingetragen werden, bis zu welchem das Grundstück haften soll."

[6]) Es ist sogar die Erklärung für ausreichend gehalten, daß die Eintragung „für Wechsel, welche jemand ausgestellt hat oder noch ausstellen werde," bewilligt wurde (Johow, Jahrb. der Entsch. der Preuß. App.-Ger. 6 S. 162), wie auch die Erklärung, daß die Kautionshypothek dem Gläubiger „für alles" haften solle, „was ihm der Grundstückseigenthümer schuldig werden würde oder bereits schuldig geworden sei." Vgl Turnau I S. 390

[7]) Turnau I S. 392 hält die in der Anm. 4 zitirte Entsch. des Reichsgerichts auch für Kautionshypotheken für maßgebend und meint, daß die in diesem Erkenntnisse ausgesprochenen Grundsätze sogar für das allgem. Landrecht gelten. Das Urtheil des Reichsgerichts spricht sich aber nicht über eine Kautionshypothek, sondern über ein „durch die Pfandakte vom 26. Sept. 1873 für alle künftigen Forderungen bestelltes Generalpfand" aus, auch scheint mit dieser Ansicht Turnau's seine eigene Erörterung auf S. 390, 391 nicht im Einklang zu stehen, wo z B. gesagt wird: „Die Eintragung der Kaution begründet ein wirkliches Pfandrecht, dessen Geltendmachung nicht von der Umschreibung der Kaution in eine bestimmte Hypothek abhängig ist."

gültigen Forderungen nicht durch das Accessorium der Bürgschaft sichern lassen. Ein Pfandrecht kann daher für jeden gesetzlich zulässigen Anspruch bestellt werden, mag derselbe zu den künftigen Forderungen gehören oder nicht,[8]) und es ist deshalb nicht richtig, die Zulässigkeit der Pfandbestellung auf diejenigen künftige Ansprüche zu beschränken, deren Rechtsgrund für die spätere Forderung schon vorhanden ist, wie dies, im Wesentlichen in Uebereinstimmung mit der allgemeinen Ansicht, Förster[9]) that; es ist auch nicht richtig, eine Pfandbestellung zum Schutz von Ansprüchen „aus künftigen Geschäften" oder „aus künftigen Geschäftsverbindungen" für wirkungslos zu erklären,[10]) wie dies in Koch's Komment. Anm. 42 zu § 14 I 20 geschehen ist. Die Pfandbestellung ist vielmehr für jeden, gesetzlich anerkannten künftigen Anspruch und zwar sowohl durch Hypothek wie durch Faustpfand zulässig. Kann aber ein Pfandrecht für eine künftige Forderung schon vor der Existenz der Forderung mit Rechtswirkung begründet werden, so ist es auch zur Zeit seiner Bestellung bereits gültig und rangirt daher im Verhältniß zu andern Absonderungsrechten nach der Zeit seiner Bestellung, nicht nach der Zeit der Entstehung der Forderung selbst. Das ist auch vom Obertribunal[11]) in Betreff der Kautionshypothek und vom Reichsgericht[12])

[8]) Dernburg, Preuß. Pr.R I § 332 Anm. 4 bezeichnet die Bestimmung des § 14 I 20 als eine „nichtssagende", daß sie aber nicht selbstverständlich ist, ergiebt sich aus den obigen Erörterungen über die gemeinrechtliche Behandlung dieser Frage.

[9]) III § 192.

[10]) Vgl. oben Anm 6.

[11]) Striethorst, Archiv 67 S. 151: „Wenn ein Schuldner für diejenigen Forderungen, welche seinem Gläubiger aus einem zwischen ihnen stattgehabten oder noch fortgehenden Verkehr zustehen oder noch erwachsen werden, in einer Kautionsurkunde bis zu einem bestimmten Betrage eine hypothekarische Kaution bestellt und diese in das Hypothekenbuch eingetragen wird, so wird dem Gläubiger das Hypothekenrecht für den später nachzuweisenden Betrag seiner betreffenden Forderung bis zur Höhe der bestellten Kaution schon durch die Eintragung der Kaution erworben. Es bedarf daher, wenn später die Forderung durch ein rechtskräftiges Erkenntniß festgestellt, und der Schuldner zu deren Zahlung verurtheilt wird, nicht erst der Umschreibung der Kaution in eine Hypothek für den innerhalb der Kautionssumme ausgewonnenen Betrag oder einer neuen Eintragung des in dem Judikate liegenden neuen Titels zur Hypothek." Vgl. Achilles, Die Grundbuchges. S. 197, Turnau I S. 391 Anm. 6, Koch's Kommentar zum A.L.R. II S. 736 Anm. 7.

[12]) Bd. 27 S. 171 ff. Das Reichsgericht nimmt sogar und mit Recht an, daß dieses Darlehn nicht nur vom Gläubiger, sondern auch von dessen Cessionar

hinsichtlich der Pfandbestellung für ein Darlehn, welches erst nach der Pfandbestellung gegeben ist, anerkannt.[13])

Das Resultat dieser Erörterungen ist somit folgendes: Nach Preuß. Rechte entsteht das für eine rechtsgültige, zukünftige Forderung bestellte Pfandrecht mit seiner Bestellung, nicht erst mit der Existenz der zu sichernden Forderung; nach gemeinem Rechte entsteht es mit seiner Bestellung nur, 1) wenn eine Gebundenheit wenigstens eines der beiden Betheiligten schon zur Zeit der Pfandbestellung vorhanden ist, und in den gemeinrechtlichen Preuß. Landestheilen, 2) wenn es sich um eine für eine künftige Forderung bestellte Hypothek oder Grundschuld handelt, in allen andern Fällen erst mit der Existenz der Forderung.

Die zweite Frage, ob während des Konkurses die zukünftige Forderung existent werden kann, beantwortet sich durch die §§ 12 und 6 K.O. Nach § 12 kann während des Konkurses ein Pfandrecht an Gegenständen der Masse nicht entstehen. Deshalb kann in denjenigen Fällen des gemeinen Rechtes, in welchen das für eine zukünftige Forderung bestellte Pfandrecht nicht schon durch seine Bestellung, sondern erst durch die Begründung der Forderung existent wird, das Absonderungsrecht nicht begründet werden, wenn die Forderung erst nach der Konkurseröffnung entsteht. In allen andern Fällen steht zwar der § 12 dem Absonderungsrecht nicht entgegen, weil das Pfandrecht schon vor der Konkurseröffnung begründet war. Aber in diesen Fällen wird doch die Geltendmachung des Absonderungsrechtes durch den § 6 K.O. gehindert, wenn die Forderung erst nach der Konkurseröffnung entsteht. Denn das Pfandrecht, welches eine künftige Forderung sichert, giebt dem künftigen Gläubiger zwar die Befugniß, sein Realrecht an der Pfandsache gegen den Schuldner und jeden Dritten zu verfolgen, aber nicht das Recht, sich aus dem Pfandgegenstande zu befriedigen, weil man sich nicht für einen Anspruch befriedigen kann, den man noch nicht hat. Dieser Anspruch kann aber während des Konkurses des Verpflichteten im Verhältniß zu den Konkursgläubigern nicht entstehen, weil die künftige Forderung eine Rechtshandlung beider oder wenigstens des verpflichteten Betheiligten voraussetzt, Rechtshandlungen aber, welche der Gemeinschuldner nach

---

mit der Rechtswirkung gegeben werde, daß das vorher bestellte Pfandrecht von der Zeit der Bestellung an wirksam werde.

[13]) Vgl. auch Fischer, Lehrbuch des Preuß. Pr.R. § 40 i. f., Krech-Fischer Anm. 9 zu §§ 16, 17 Z.V.G., Eccius-Förster III § 192.

der Eröffnung des Verfahrens vornimmt, den Konkursgläubigern gegenüber nichtig sind. Deshalb können weder die nach der Eröffnung entstehenden Forderungen aus zweiseitigen Rechtsgeschäften, für welche eine Kaution bestellt ist, noch auch Defekte, die der Kridar in amtlicher Eigenschaft oder als Vormund oder als Mandatar sich nach[14]) der Eröffnung des Verfahrens zu Schulden kommen läßt, zum Nachtheil der Masse aus einem zur Masse gehörigen Gegenstand gedeckt werden. Wenn aber das Realrecht schon vor der Eröffnung des Verfahrens entstanden ist, so folgt aus dem Umstande, daß das Recht des Gläubigers sich nicht zum Befriedigungsrecht steigern kann, noch nicht, daß das Pfandrecht, insoweit es sich nicht um Forderungen handelt, die vor dem Verfahren entstanden sind, für den Gläubiger ohne Bedeutung ist. In den Fällen des gemeinen Rechtes, in welchen das für eine zukünftige Forderung bestellte Pfandrecht nicht schon mit seiner Bestellung, sondern erst mit der Existenz der Forderung begründet wird, besteht überhaupt kein Absonderungsrecht für Forderungen, die nicht schon vor der Eröffnung des Verfahrens entstanden sind. Anders aber nach Preuß. Rechte und in den Fällen des gem. Rechtes, in welchen die Wirkung des Pfandrechtes in die Zeit seiner Bestellung fällt. In dieser Beziehung kommt es zunächst darauf an, ob das Rechtsverhältniß, in Veranlassung dessen das Pfandrecht bestellt ist, durch die Konkurseröffnung beseitigt wird, und wenn dies nicht der Fall, ob der Verwalter die Verfügung über das Rechtsverhältniß an Stelle des Schuldners erhält. Das Mandat des bevollmächtigten Kaufmanns erlischt nach § 197 A.L.R. I 13 durch die Eröffnung des Konkurses, nach gemeinem Rechte aber erst durch Widerruf. Nach Preuß. Rechte können daher nach Eröffnung des Verfahrens Forderungen aus dem Mandate gegen den Bevollmächtigten nicht mehr begründet werden: soweit für die Forderungen aus dem Vollmachtsauftrage noch keine Verpflichtungen entstanden sind, insoweit erlischt daher das für die zukünftigen Forderungen bestellte Pfandrecht. Dagegen können aus dem Mandate des gemeinen Rechtes und dem nichtkaufmännischen Mandate des Preuß. Rechtes, Rechtsverhältnissen, die nicht durch die Konkurseröffnung beseitigt werden, Ansprüche entstehen, die zwar nicht Konkursforderungen sein können, für die aber das Pfand haften muß. Dasselbe gilt in Betreff der für eine Amtsverwaltung oder die Führung einer Vormundschaft bestellten

[14]) Die erst nach der Eröffnung entdeckten, aber vorher gemachten Defekte begründen auch den Konkursgläubigern gegenüber den Defektenanspruch.

Kaution,[15]) doch kann im letzteren Falle die Entlassung des Kridars nach § 63 Abs. 2 und § 21⁴ der Preuß. Vormundschaftsordnung vom Verwalter herbeigeführt werden. Dagegen erlangt der Verwalter das Verfügungsrecht, soweit es der Gemeinschuldner hatte, über eine Kaution, welche für einen Geschäfts- oder Wechselverkehr bestellt ist. Denn soweit aus diesem Verhältnisse ein Recht des Kridars entstanden ist, gehört dieses Recht zur Masse: daher kann der Verwalter, wenn er den Geschäftsverkehr nicht fortsetzt, denselben, ebenso wie es der Kridar konnte, für beendet erklären und die durch thatsächlich entstandene Verpflichtungen noch nicht belastete Kaution gegen weitere Belastung freihalten. Setzt er dagegen den Verkehr fort, so wird das Pfandobjekt weiter durch Schulden belastet, welche gleichzeitig Masseschulden sind. (Gegen die Fortsetzung dieses Verkehrs können sich aber die eingetragenen Vollstreckungsgläubiger durch den Antrag auf Löschung der Konkurshypothek, soweit sie noch nicht belastet ist, gemäß § 5 Z.V.G.[16]) schützen.) In Betreff der Kautionen für diejenigen Forderungen aber, welche nicht durch den Verwalter beseitigt werden können, kann die weitere Belastung des Pfandobjektes nicht gehindert werden. Der Erlös des vom Verwalter verkauften Pfandgegenstandes muß daher ebenso wie bei den suspensivbedingten Absonderungsansprüchen hinterlegt werden, bis feststeht, daß weitere Forderungen aus dem Rechtsverhältnisse nicht mehr entstehen können. Wird aber während des Konkurses festgestellt, daß weitere Forderungen aus dem Rechtsverhältnisse nicht entstehen, wird der Kridar z. B. während des Verfahrens als Vormund entlassen oder seines Amtes entbunden, so tritt der Satz des § 6 K.O. in Geltung: Die während des Konkurses vom Kridar vorgenommenen Rechtshandlungen, für welche das Pfand an sich haftet, gelten dem Konkursgläubigern gegenüber nicht, der Erlös fällt daher, soweit er nicht für Defekte oder sonstige Handlungen, die vor der Eröffnung des Verfahrens dem Kridar zur Last fallen bezw. von ihm vorgenommen sind, zu haften hat, ohne Rücksicht auf die nach der Eröffnung vorgenommenen Handlungen oder verschuldeten Defekte des Kridars zur Konkursmasse.

---

[15]) Es kann hier nur der Fall in Betracht kommen, daß das Pfand vom Vormunde oder dem Beamten selbst bestellt und der Konkurs über das Vermögen dieses Vormundes bezw. Beamten eröffnet ist. Handelt es sich dagegen um den Konkurs desjenigen, welcher für einen Vormund bezw. Beamten die Kaution bestellt hat, so sind die Forderungen aus der Verwaltung nicht zukünftige, sondern bedingte.

Die Beschlagnahme des Grundstücks im Wege der Immobiliarzwangsvollstreckung hindert die Entstehung der zukünftigen Forderung nicht. Denn wenn auch infolge der Beschlagnahme der Eigenthümer dem betreibenden Gläubiger gegenüber die Befugniß verliert, einem Dritten ein Recht an dem Gegenstande der Zwangsvollstreckung einzuräumen,[16]) so wird dem Inhaber einer eingetragenen zukünftigen Forderung doch durch Entstehung seiner Forderung ein Recht an dem Grundstücke nach der Beschlagnahme nicht mehr eingeräumt, weil er dieses Recht schon vor der Beschlagnahme durch die Eintragung der Hypothek oder Grundschuld hatte.[17]) Ob der eingetragene Gläubiger auf Grund eines vollstreckbaren Titels

[16]) Die Motive zum Z.V.G. S. 71 sagen: „Die Bedeutung der Beschlagnahme ist die, daß zum Nachtheil des Gläubigers Niemand mehr ein Recht an dem Gegenstande der Zwangsvollstreckung erwerben kann."

[17]) A. M. Knorr Anm. 7c zu § 16 Z.V.G., welcher meint, daß dem betreibenden Gläubiger gegenüber „der Gläubiger einer Kautionshypothek sich auf diese bezüglich der nach der Rechtshängigkeit begründeten Ansprüche berufen könne", wenn seine „Post dem betreibenden Gläubiger vorgehe". Eccius-Förster III § 192 Anm. 17 sagt: „Nach Einleitung der Zwangsversteigerung kann in Folge der dadurch bewirkten Beschlagnahme der Eigenthümer zum Nachtheil des betreibenden Gläubigers keine neue Pfandhaftung begründen; er kann also auch die von seinem freien Willen abhängige Begründung einer Forderung in dem durch eine Kautionshypothek gesicherten Kreise von Obligationen dieser Kautionshypothek keine Kraft geben, und bei der Kaufgelderbelegung ist eine solche Kautionshypothek nur zu dem vor Einleitung des Verfahrens erwachsenen Betrage zu berücksichtigen; dagegen wird eine Kautionshypothek für Rückzahlung der Darlehne, welche der Gläubiger einem Dritten (nicht dem zeitigen Grundstückseigenthümer) geben werde, zum vollen eingetragenen Maximum sicherzustellen sein." Vgl. Krech-Fischer Anm. 9 C. b γ S. 272. Bei der Berathung des Z.V.G. wurde in der Kommission des Abg H. beantragt zu bestimmen, daß von Kautionshypotheken bei Feststellung des geringsten Gebotes nur derjenige Betrag berücksichtigt werde, „welcher vor der Abgabe von Geboten angemeldet, und falls der betreibende Gläubiger widerspreche, glaubhaft gemacht werde". Die Kommission lehnte diesen Antrag ab, nachdem der Regierungskommissar erwidert hatte: aus dem Grundbuche lasse sich nicht ersehen, welche durch Hypotheken gesicherten künftigen Verpflichtungen lediglich in das Belieben des Gläubigers gestellt seien oder nicht; durch Annahme des Antrages würden daher berechtigte Interessen geschädigt: Soweit der Schuldner die Hypothek fortschaffen könne — und dies sei der Fall, wenn es noch von seinem freien Willen abhänge, ob die durch Eintragung gesicherte Forderung entstehen solle — könnte sie auch der betreibende Gläubiger auf Grund des § 5 zur Löschung bringen; abgesehen davon könne der Gläubiger einer Kautionshypothek zwar nur mit dem Nachweise einer bestimmten Forderung Befriedigung, in allen Fällen aber Beibehaltung der bestellten Sicherheit verlangen. (Bericht S. 25.)

nach § 5 Z.V.G.[18]) die Löschung einer voreingetragenen Kautionshypothek erwirken kann, ist aus der Natur des Rechtsverhältnisses zu entscheiden, auf Grund dessen sie bestellt ist. Kann der Eigenthümer die Löschung einseitig, ohne Abgabe einer auf Aufhebung des Rechtsverhältnisses gerichteten Willenserklärung bewirken, so kann dies auch der eingetragene Gläubiger auf Grund eines gegen den Schuldner erlangten Vollstreckungstitels; der Gläubiger kann dagegen die Löschung einer Kautionshypothek nicht erwirken, wenn die Abgabe einer Willenserklärung seitens des Schuldners zur Aufhebung des Rechtsverhältnisses nöthig ist. Denn der Gläubiger kann den Schuldner nicht zur Aufgabe eines öffentlichen oder privaten Amtes, bei dessen Uebernahme derselbe eine Kaution gestellt hat, er kann ihn nicht zwingen, die Vormundschaft niederzulegen, zumal in diesem Falle auch der Schuldner nicht einseitig zum Rücktritt berechtigt ist, er kann daher auch die Kaution nicht zur Löschung bringen, welche in Veranlassung dieser Rechtsverhältnisse gestellt ist. Er kann auch die in Veranlassung eines Mandats eingetragene Kautionshypothek nicht löschen lassen, weil er den Schuldner zur Kündigung des Mandats nicht zwingen kann. Aber einen Wechsel-, einen Geschäftsverkehr des Eigenthümers [19]) kann der Schuldner ohne Abgabe einer Willenserklärung aufgeben, und deshalb kann auch der Vollstreckungsgläubiger die Löschung einer für die aus diesem Verkehr entstehenden Verpflichtungen des Schuldners bestellte Kautionshypothek erwirken, soweit sie nicht bereits thatsächlich entstandene Verpflichtungen zu decken hat.[20])

[18]) „Der Gläubiger, welcher für eine auf dem Grundstück eingetragene Forderung einen Titel zur Zwangsvollstreckung in das Grundstück hat, kann im Rechtswege und durch Anträge bei dem Grundbuchrichter das dem Eigenthümer zustehende Recht auf Löschung voreingetragener Posten insoweit geltend machen, als es sich nicht um rechtsbeständige Hypotheken oder Grundschulden handelt, welche auf den Eigenthümer übergegangen sind . . ."

[19]) Ist die Kaution für den Wechsel- ꝛc. Verkehr eines Dritten eingetragen, so sichert sie nicht zukünftige, sondern bedingte Forderungen, kann daher weder vom Vollstreckungsgläubiger zur Löschung gebracht, noch in der Kaufgelderbelegung unberücksichtigt bleiben, auch wenn wirkliche Forderungen gegen Dritte noch nicht erwachsen sind.

[20]) Vgl. meine Schrift: Die Eintragung in das Grundbuch zur Vollstreckung einer Forderung S. 174; die dort aufgestellte Behauptung, daß die Aufhebung eines Wechselverkehrs die Kündigung seitens des Schuldners voraussetze, kann jedoch nicht aufrecht erhalten werden. Eccius-Förster III § 192 Anm. 172 und Krech-Fischer Anm. 8a zu § 5 Z.V.G. lassen den eingetragenen Vollstreckungsgläubiger allgemein zur Löschung der Kautionshypothek zu, wenn die Entstehung der künftigen Forderungen nicht ohne Einwilligung des Eigenthümers

Soweit der eingetragene Vollstreckungsgläubiger hiernach die Löschung der eingetragenen Hypotheken zu beantragen berechtigt ist, insoweit handelt es sich um leere Hypotheken, welche auch in der Subhastation nach § 55 Abs. 2 Z.V.G. unberücksichtigt bleiben. Kautionshypotheken für Schulden des Eigenthümers [19]) aus einem Wechsel- oder Geschäftsverkehr, denen bis zur Feststellung des geringsten Gebots nicht eine thatsächliche Verpflichtung zu Grunde liegt, fallen im Kaufgelderbelegungstermin fort, wogegen solche Hypotheken, deren Beseitigung nur durch einen, das Rechtsverhältniß zum eingetragenen Gläubiger aufhebenden Rechtsakt erfolgen kann, namentlich die Kautionshypotheken für Defekte aus einer Amtsverwaltung, einer Vormundschaftsführung, aus einem Mandate durch die Subhastation nicht als beseitigt angesehen werden können. Für solche Ansprüche muß der zur Hebung gelangende Theil des Kaufgeldes, sofern er nicht bereits entstandene Verpflichtungen zu decken hat und sofern die Hypothek nicht vom Ersteher übernommen wird, hinterlegt, zugleich muß festgestellt werden, wem das Percipiendum für den Fall zukommt, daß künftige Forderungen nicht mehr entstehen. Die Zinsen des hinterlegten Betrages sind bis zur Feststellung, daß zukünftige Forderungen nicht mehr entstehen, dem nächsten ausgefallenen Gläubiger zu überweisen, in Ermangelung einer solchen Feststellung fallen sie dem Schuldner bezw. der Konkursmasse zu. Zweifelhaft ist die Behandlung einer Darlehnshypothek, wenn das zu sichernde Darlehn noch nicht gezahlt ist. Ist das pactum de mutuo dando gültig geschlossen, so muß der in der Kaufgelderbelegung auf diese Post fallende Erlös in gleicher Weise, wie bei anderen zukünftigen Ansprüchen, die nicht ohne Willensakt des Schuldners aufgehoben werden können, hinterlegt werden, doch steht es dem Vollstreckungsgläubiger frei, sich die Rechte des Schuldners aus dem Darlehnsvertrage überweisen zu lassen und dann den Erlös nach Befriedigung der Darlehnsgläubiger für sich in Anspruch zu nehmen.[21])

---

erfolgen kann. Noch weiter geht Turnau I S. 508, welcher dem Gläubiger das Recht auf Löschung von Kautionshypotheken „vor Entstehung zu vertretender Defekte oder von Darlehnshypotheken vor gezahlter Valuta“ giebt. (Aber, ist das pactum de mutuo dando gültig geschlossen, so hängt es nicht einmal vom Willen des Eigenthümers ab, die Ausführung des Vertrages zu verhindern.) Dagegen versagt Jäckel Anm. 6c zu § 5 Z.V.G. dem Gläubiger überhaupt das Recht, die Löschung von Konkurshypotheken zu fordern.

[21]) Die, übrigens im Einklang mit der bisherigen Judikatur stehende Entscheidung des Reichsgerichts Bd. 27, S. 173 ff. (vergl. die dort angeführte Judi-

An sich braucht die Pfandhaftung für eine zukünftige Forderung nicht auf einen bestimmten Betrag beschränkt zu sein. Ist der Betrag bestimmt, so haftet der Verkaufserlös nur in Höhe dieser Summe; ist er nicht bestimmt, so haftet der ganze Erlös. Nur in Betreff der Kautionshypotheken des ältern Rechtes [22]) ist für die Subhastation durch den § 56 Z.V.G. eine Ausnahmebestimmung getroffen: „... Eingetragene Forderungen von unbestimmter Höhe, für welche ein höchster Betrag nicht eingetragen ist, ... sind (bei der Feststellung des geringsten Gebots) nur insoweit zu berücksichtigen, als sie zu einem bestimmten Betrage vor der Aufforderung zur Abgabe von Geboten angemeldet und, falls der betreibende Gläubiger widerspricht, glaubhaft gemacht werden." [23]) Soweit diese Anmeldung nicht erfolgt ist, gehen die

katur) läßt für die spätere Nachzahlung eines bereits vorher durch eine Hypothek gesicherten Darlehns diese Hypothek dann nicht haften, wenn das Eigenthum des Grundstücks auf einen Dritten übergegangen ist. Wäre dies richtig, so würde nach der Ertheilung des Zuschlags an einen Dritten die Nachzahlung nicht mehr durch die Hypothek gedeckt werden, denn nach § 97 Z.V.G. erwirbt der Ersteher das Eigenthum des versteigerten Grundstücks durch den Zuschlag, ein Resultat, zu welchem nach früherem Rechte das Obertribunal — Entsch. 61 S. 354 — auch gelangt ist. Das Reichsgericht meint, ohne auf eine gesetzliche Bestimmung Bezug zu nehmen, „daß das Landrecht eine Ausdehnung der Grundsätze von der Konvalescenz des Pfandrechts auf den Fall nicht sanktionirt habe, daß der Verpfänder zur Zeit der Begründung der Forderung nicht mehr berechtigt ist, über die Pfandsache zu verfügen (§ 15 I 20)." Von seinem Standpunkte aus müßte das Reichsgericht auch eine Kautionshypothek für Defekte eines Beamten oder eines Vormundes, welche überhaupt noch nicht oder noch nicht in Höhe der Eintragung entstanden sind, für unwirksam halten, wenn das Kautionsobjekt in das Eigenthum eines Dritten übergeht, und müßte zu demselben Resultat auch für die zur Sicherung solcher Defekte eingetragene Grundschuld kommen. Gegen die Ausdehnung seines Grundsatzes auf die Grundschuld verwahrt sich das Reichsgericht aber ausdrücklich (S. 175). Indem es anerkennt, daß es sich um eine zukünftige Forderung handelt, geht es von der Ansicht aus, daß die Frage der Konvalescenz in Betracht komme. Konvalesciren aber kann nur ein ungültiges Recht, das für eine zukünftige Forderung bestellte Pfandrecht ist aber nicht ungültig, es braucht daher nicht zu konvalesciren, es erhält durch die Entstehung der Forderung nur seinen materiellen Inhalt. Es wird daher nicht richtig sein, dem Wechsel des Eigenthums der verpfändeten Sache auf das für die zukünftige Forderung bestellte Pfandrecht einen Einfluß zuzugestehen.

[22]) d. h. der in Preußen vor dem Inkrafttreten der Gesetze vom 5. Mai 1872 eingetragene Kautionshypotheken. Die später eingetragenen Hypotheken müssen nach § 24 E.E.G. den höchsten Betrag enthalten, bis zu welchem das Grundstück haften soll.

[23]) Kurlbaum, Neue Grundsätze der Zwangsversteigerung von Immobilien nach dem Preuß. Ges. vom 13. Juli 1883 (2 Aufl.) S. 14 meint: „Anzumelden

übrigen, bei der Feststellung des geringsten Gebotes berücksichtigten Ansprüche ihnen vor.[24]) Die nachträgliche Anmeldung zur Kaufgelderbelegung ist zwar noch zulässig, sie bewirkt aber nur die Locirung hinter den bei der Feststellung des geringsten Gebotes berücksichtigten Ansprüchen. Ohne die Anmeldung zur Feststellung des geringsten Gebotes oder die wenigstens nachträgliche Anmeldung zur Kaufgelderbelegung findet eine Berücksichtigung dieser Kautionshypothek von unbestimmter Höhe, somit sie nicht schon in eine wirkliche Hypothek umgeschrieben ist, überhaupt nicht statt.[25]) Der Vertheilungstermin ist die Zeitgrenze, nach welcher die durch eine solche Kautionshypothek gesicherte zukünftige Forderung nicht mehr entstehen kann.[26])

Die bisher erörterten konkursrechtlichen Grundsätze beeinflussen die Prinzipien der Immobiliarzwangsvollstreckung, wenn die Subhastation im Konkurse stattfindet. Hört ein Rechtsverhältniß, in dessen Veranlassung eine Kautionshypothek eingetragen ist, infolge der Konkurseröffnung auf, wie der kaufmännische Vollmachtsauftrag des Landrechtes, so können auch den nachstehenden Absonderungsgläubigern gegenüber die nach der Eröffnung des Konkurses entstandenen Schulden des Mandatars als durch die Kautionshypothek gesichert nicht erscheinen. Schwieriger beantwortet sich die Frage nach der Berücksichtigung der zukünftigen Forderung, wenn das Rechtsverhältniß, in Veranlassung dessen die Kautionshypothek eingetragen ist, und welches

---

und glaubhaft zu machen ist aber nur ein Höchstbetrag, d h. ein Betrag, welcher als Sicherheit für die immer noch unbestimmte Forderung voraussichtlich ausreicht, nicht eine bereits vorhandene Forderung von bestimmter Höhe." Dieser Satz ist aber nur mit der Beschränkung als richtig anzuerkennen, daß soweit nach der Beschlagnahme bezw. seit der Eröffnung des Konkurses die Kautionsforderung nicht mehr entstehen, oder ihre Löschung auf Grund des § 5 Z.V.G. erwirkt werden kann, der anzumeldende Betrag die Höhe der bereits entstandenen Forderung nicht übersteigen darf.

[24]) § 108 Z.V.G.: „Die bei der Feststellung des geringsten Gebots berücksichtigten Ansprüche gehen, soweit sie mit dem beanspruchten Realrechte festgestellt werden, den ihrem Betrage nach aus dem Grundbuche nicht ersichtlichen, nicht berücksichtigten Ansprüchen vor."

[25]) § 106 Z.V.G.; vgl. auch § 64 Abs. 3 der Subh.-Ord. v. 15. März 1869.

[26]) Dies ergiebt sich aus § 114 Z.V.G.: „Ist eine Forderung, deren Vorhandensein oder Betrag aus dem Grundbuche nicht hervorgeht, in den Vertheilungsplan aufgenommen, so hat im Falle des Widerspruchs der Gläubiger die im § 764 C.P.O. bestimmten Pflichten und Rechte des widersprechenden Gläubigers, sofern nicht spätestens im Termine die Vollstreckbarkeit der Forderung nachgewiesen wird."

durch die Konkurseröffnung nicht beseitigt ist, während des Konkurses sein Ende erreicht und es sich um eine Schuld (z. B. einen Defekt) handelt, welche erst nach der Konkurseröffnung entstanden ist. Dem Verwalter gegenüber kann diese Schuld, weil aus einer Rechtshandlung des Kridars hervorgegangen, nicht geltend gemacht werden, wohl aber den nachstehenden eingetragenen Gläubigern gegenüber. Wird durch das auf den Kautionsgläubiger fallende Percipiendum ein nachstehender Absonderungsgläubiger ganz oder theilweise befriedigt, so hat der Verwalter ein Interesse daran, daß durch den Ausfall des Kautionsgläubigers der Anspruch des nachstehenden Absonderungsgläubigers verringert wird, und es muß das Interesse des Verwalters, welchem gegenüber die Kautionsforderung ungültig ist, in einem solchen Falle die Nichtberücksichtigung der Kautionsforderung in der Subhastation ebenso zur Folge haben, wie in dem Falle, daß dem Kautionsgläubiger ein Pfandgläubiger nicht nachsteht, und das Percipiendum, welches ohne Konkurs auf den erstern fallen würde, zur Konkursmasse fließt. Anders ist es dagegen, wenn die nachstehenden Realgläubiger nur einfache Absonderungsberechtigte und deshalb nicht befugt sind, ihre Ansprüche auch gegen die Masse geltend machen, und wenn durch die Nichtberücksichtigung der Kautionsforderung die Masse gar keinen Vortheil haben würde[27]) — dann kommen die Grundsätze der Immobiliarexekution ohne Rücksicht auf den Konkurs zur Anwendung. Im Uebrigen gilt das im vorigen Paragraph Anm. 16 Gesagte auch hier.

§ 14. d. Die Korrealabsonderungsforderungen.

Die Solidarhaft der Absonderungsgläubiger, welchen ein Gegenstand der Konkursmasse und gleichzeitig ein Gegenstand verhaftet ist, der einer dritten Person gehört, wird durch die Konkurseröffnung nicht geändert, und die Mithaftung der Sache eines Dritten hat im Konkurs auf die Rechte und Pflichten des Absonderungsgläubigers ebensowenig Einfluß, wie die Mithaftung einer dritten Person, z. B. eines Bürgen.

Man kann die Korrealforderungen als resolutivbedingte Ansprüche ansehen, weil die Verhaftung der einen Sache aufhört, wenn der Anspruch aus der andern Sache befriedigt wird. Aber diese Er-

---

[27]) Dies ist z. B. der Fall, wenn dem Kautionsgläubiger nur ein einziger einfacher Absonderungsberechtigter folgt, auf welchen das ganze Percipiendum des ersteren fallen würde.

wägung bildet nichts Charakterisches der Korrealforderung, da jeder Anspruch für den Gläubiger erlischt, wenn er von dritter Seite befriedigt wird. Jedenfalls kann im Konkurse aus jener Erwägung eine Modifikation des Absonderungsrechts ebensowenig gefolgert werden, als dies bei einer durch die Bürgschaft eines Dritten gesicherten Forderung geschehen darf.

Nur in der Subhastation hat die Korrealabsonderungsforderung in mehrfacher Beziehung eine besondere Behandlung durch Bestimmungen erfahren, welche auf der Voraussetzung der resolutivbedingten Natur des Korrealanspruchs beruhen. Zwar wurde der im Reg.-Entwurf der allgemeinen Bestimmung des § 33 Z.V.G. „Forderungen unter auflösender Bedingung sind wie unbedingte zu behandeln" beigefügte Zusatz: „Zu den Forderungen dieser Art gehören auch solche, welche im Fall der Befriedigung aus einem andern mitverhafteten Grundstücke erlöschen," von der Komm. des Abg.-Hauses gestrichen, damit der irrigen Annahme entgegengetreten werde, „daß Korrealforderungen überhaupt als Forderungen unter auflösender Bedingung angesehen werden sollen," [1]) indessen folgen die Bestimmungen des Gesetzes doch thatsächlich dem Prinzipe der resolutiven Bedingtheit des Korrealanspruchs, wenn das Gesetz dies Prinzip auch nicht ausdrücklich anerkennt. Das Z.V.G. [2]) unterscheidet bei der Behandlung der Korrealforderungen die Fälle der Tilgung, der Ueberweisung, der gesetzlichen und der freiwilligen Uebernahme. Durch die Bezahlung [3]) der Korrealhypothekenforderung aus dem Kaufgelde des einen Grundstücks erlischt die Hypothek auf den mitverhafteten Immobilien und

[1]) Bericht S. 21.

[2]) Die gegenseitige Regreßpflicht der mehreren verhafteten Grundstücke, wie sie im § 56 der Preuß. K.O. vom 8. Mai 1855 in kasuistischer Weise durchgeführt war, wurde durch das Gesetz vom 12. März 1869 beseitigt, welchem sich der § 42 E.E.G. im Wesentlichen gleichlautend anschließt: „Wenn eine Hypothek oder Grundschuld ungetheilt auf mehreren Grundstücken haftet, so ist der Gläubiger berechtigt, sich an jedes einzelne Grundstück wegen seiner ganzen Forderung zu halten. Soweit der Gläubiger aus dem einen Grundstücke seine Befriedigung erhalten hat, erlischt die Hypothek oder Grundschuld auf dem mitverhafteten Grundstücke. Der Eigenthümer desselben erlangt nicht das Recht, über diese Post zu verfügen oder sie für sich zu liquidiren. Bei den Vorschriften der Art. V, VI, VII des Ges. vom 12 März 1869 verbleibt es für dessen Geltungsbereich."

[3]) Der auch die Konsolidation und Kompensation gleichsteht; Jäckel Anm. 2 zu § 125 Z.V.G.

ist von amtswegen zu löschen.[4]) Durch die Ueberweisung der zur Hebung gekommenen Korrealforderung wird der Realanspruch nur an dem Grundstücke, nicht aus demselben getilgt, die Ueberweisung berührt daher an sich die Mithaftung der übrigen Grundstücke nicht; aber die fortdauernde Mithaftung ist von zwei Alternativen abhängig gemacht: der Korrealgläubiger muß binnen 6 Monaten nach der Ueberweisung die Wiederversteigerung des Grundstücks beantragen und demnächst ohne Verzug durchführen, oder er muß die Rechte aus der Unterweisung innerhalb derselben Frist aufgeben. Erfüllt er keine dieser Bedingungen, so gewinnt die Ueberweisung die Kraft der Zahlung und hebt dadurch die Mithaftung der übrigen Grundstücke auf.[5]) Die Uebernahme einer Forderung durch den Ersteher geschieht entweder auf Grund gesetzlicher Pflicht, weil nach § 22 Z.V.G. ohne Uebernahme oder Befriedigung diejenigen Rechte, welche dem Rechte des betreibenden Gläubigers vorgehen, der Verkauf des Grundstücks nicht stattfinden darf, oder sie geschieht freiwillig auf Grund einer Vereinbarung des Erstehers mit dem Gläubiger.[6]) Die vereinbarte Uebernahme wirkt wie eine aus dem Grundstücke gewährte Befriedigung,[7]) die Mithaftung der übrigen Grundstücke erlischt und ist von amtswegen zu löschen;[8]) die gesetzliche Uebernahme berührt dagegen die Mithaftung der übrigen Grundstücke nicht und hat nur die Verpflichtung des Erstehers zur Folge, einen andern Anspruch unter der auflösenden Bedingung zu übernehmen, daß der Gläubiger aus dem mitverhafteten Grundstücke befriedigt wird oder die Rechte aus dem versteigerten Grundstücke und aus der Uebernahme der Forderung aufgiebt.

Das Recht des Korrealgläubigers hat weiter im § 205 Z.V.G. durch das dem betreibenden Gläubiger und den ihm nachstehenden Gläubigern gewährte jus offerendi eine Modifikation erfahren: Wenn eine Hypothek oder Grundschuld, die auf mehreren dem betreibenden Gläubiger dinglich verhafteten Grundstücken eingetragen ist, bei der Feststellung des geringsten Gebots berücksichtigt und ein zur Befriedigung des betreibenden Gläubigers ausreichendes Gebot nicht abgegeben ist, so ist dem betreibenden Gläubiger das Recht gegeben, die Ab-

[4]) § 125 Z.V.G.
[5]) § 117 Z.V.G.
[6]) § 116 Abs. 1, 2 Z.V.G.
[7]) § 125 Abs. 1 Z.V G.
[8]) § 59 das.

tretung der Korrealhypothek bezw. -Grundschuld gegen vollständige Befriedigung des Korrealgläubigers zu fordern.

Die gleichen Rechte wie der betreibende Gläubiger hat jeder demselben nachstehende Gläubiger, wenn seine Forderung nach Berücksichtigung der auf mehreren Grundstücken ungetheilt haftenden Hypothek oder Grundschuld auf Grund der Vorschriften der §§ 59, 117 bedingt zur Hebung gekommen ist. Diesem Eintrittsrechte kann der Korrealgläubiger durch den Verzicht auf die Mithaftung der übrigen Grundstücke und demnächstige Löschung seiner Forderung auf denselben entgehen.

Diese Besonderheiten der Korrealhypothek beziehen sich übrigens nur auf die in oder außerhalb des Konkurses betriebene Subhastation, sie kommen dagegen nicht auf den freihändigen Verkauf eines Grundstücks seitens des Verwalters zur Anwendung und bleiben auch in der Subhastation außer Betracht, wenn für eine Forderung neben einer unbeweglichen eine bewegliche Sache oder neben einem Immobile des Kridars ein Dritter als Bürge oder Mitschuldner haftet.

§ 15. e. Die Absonderungsforderungen, welche nicht auf einen bestimmten Geldbetrag lauten.

Die Vorschrift des § 62 K.O., nach welcher Konkursforderungen, die nicht auf einen Geldbetrag gerichtet sind oder deren Geldbetrag unbestimmt oder ungewiß oder nicht in Reichswährung festgesetzt ist, nach ihrem Schätzungswerthe in Reichswährung geltend gemacht werden müssen, bezieht sich auf Absonderungsforderungen dieser Art nicht, nur erfordert deren Geltendmachung, daß sie, soweit sie auf eine nicht in Reichswährung ausgedrückte Geldsumme lauten, nach Art. 14 § 3 des Münzgesetzes vom 9. Juli 1873 in Reichswährung umzurechnen sind.

Die Forderungen unbestimmten Betrages können bedingte, betagte oder zukünftige sein — dann werden sie als solche behandelt, sie brauchen diesen Charakter aber nicht an sich zu tragen. Unbestimmt sind sie, wenn sie nicht auf einen bestimmten Geldbetrag oder eine sonstige bestimmte Leistung für die Pfandhaftung *lauten*. Daß sie ihrer Höhe nach noch nicht feststehen, daß sie ihrer Summe nach bestritten sind, giebt der Forderung nicht die Natur einer unbestimmten, sondern nur die einer bestrittenen, welche eventuell im Prozeßwege festzustellen ist. Unbestimmt ist dagegen ein Anspruch auf Ersatz eines Schadens, auf Leistung einer nicht näher bestimmten Alimentation. Ein solcher unbestimmter Anspruch verlangt zu seiner Befriedigung aus dem Pfandobjekte die Liquidirung und Feststellung einer Summe, welche an Stelle der unbestimmten Forderung tritt. Aber nicht, weil diese Summe noch bestritten ist, ist die Forderung unbestimmt, denn die Forderung selbst, der Anspruch auf Schadensersatz, der Anspruch auf Alimentation ist an sich unbestritten oder braucht nicht bestritten zu sein, der Streit dreht sich vielmehr um die Frage, eine wie große Summe an die Stelle des unbestrittenen, aber unbestimmten Anspruchs tritt.

Für solche unbestimmte Ansprüche bleibt das Pfandobjekt auch nach Eröffnung des Konkurses verhaftet; und der Erlös, welcher durch die Veräußerung der Pfandsache seitens des Verwalters an die Stelle der letztern tritt, ist — nach Abzug der etwa vorgehenden Absonderungsansprüche — der Gegenstand des Pfandrechtes, welcher nicht anders zu behandeln ist, als oben § 11 bei den bedingten Ansprüchen erörtert ist.

Lautet der Absonderungsanspruch nicht auf eine Geldsumme, ist er z. B. auf eine in bestimmten Naturallieferungen zu gewährende Alimentation, ist er auf Lieferung einer bestimmten Quantität Getreide gerichtet, so kann seine Befriedigung aus dem Erlöse der vom Verwalter verkauften Pfandsache nur nach Umrechnung des Werthes in eine Geldsumme gefordert werden, denn gegen die Masse selbst kann der Gläubiger, wenn er qualifizirter Absonderungsgläubiger ist, seine Ansprüche nach § 62 K.O. nur in Geld liquidiren, von der Absonderungssache kann er aber nur den Erlös in Anspruch nehmen. Er kann daher in jedem Falle seine Befriedigung nur in Geld verlangen. Dagegen bleibt es dem Verwalter unbenommen, die bestimmten Naturalleistungen zu liefern.

Für die Immobiliarforderungen von unbestimmter Höhe, bei welchen jedoch nicht außer Acht zu lassen ist, daß Hypotheken und Grundschulden nach § 23 E.E.G. zu einer bestimmten Geldsumme eingetragen werden müssen, ist, sofern ihre Befriedigung in der Subhastation oder Sequestration gesucht wird, durch die §§ 34,[1]) 147

---

[1]) „Forderungen unter aufschiebender Bedingung berechtigen, sofern sie nicht von dem Ersteher zu übernehmen sind, nur zu einer Sicherung.

Als solche Forderungen sind auch die Forderungen von unbestimmter Höhe zu behandeln."

Z.V.G. die besondern Bestimmungen getroffen, daß sie so, wie die suspensivbedingten Forderungen zu behandeln sind.

Forderungen von unbestimmter Höhe sind, wie schon oben erörtert, diejenigen Forderungen, deren Betrag nicht auf Geld oder sonstige bestimmte Leistungen lautet. Kautionshypotheken, welche nach dem E.E.G. eingetragen sind, sichern daher eine unbestimmte Forderung, denn nach § 24 E.E.G. setzt ihre Eintragung voraus, daß „die Größe des Anspruchs zur Zeit der Eintragung noch unbestimmt ist".[2]) — Solche Forderungen von unbestimmter Höhe, für welche ein Höchstbetrag eingetragen ist, werden sowohl bei der Feststellung des geringsten Gebotes, wie auch in der Kaufgelderbelegung von amtswegen berücksichtigt; ist dagegen ein Höchstbetrag für sie aus dem Grundbuche nicht ersichtlich, so weicht ihre Behandlung von der der bedingten Ansprüche insoweit ab, als sie in der Kaufgelderbelegung nur nach erfolgter Anmeldung[3]) und als sie bei der Feststellung des geringsten Gebotes nur nach erfolgter Anmeldung und beim Widerspruch des betreibenden Gläubigers nach geschehener Glaubhaftmachung[4]) zu berücksichtigen sind.

Immobiliarforderungen, welche zwar bestimmt sind, aber nicht auf eine Geldleistung lauten, unterliegen im Fall der Subhastation nur der besonderen Bestimmung des § 56 Z.V.G., wonach sie bei der Feststellung des geringsten Gebotes nur nach erfolgter Anmeldung und beim Widerspruch des betreibenden Gläubigers nach geschehener Glaubhaftmachung berücksichtigt werden; in der Kaufgelderbelegung sind sie auch ohne Anmeldung zu berücksichtigen.[5])

Welcher Zeitpunkt für die Werthschätzung oder die Umrechnung in Geld entscheidend ist, soweit dieselbe während des Konkurses in oder außerhalb der Subhastation erforderlich wird, wird nicht zweifellos sein. Da die abgesonderte Befriedigung außerhalb des Konkursverfahrens erfolgen soll, so wird man den Zeitpunkt der Konkurseröffnung

[2]) Jäckel Anm. 2 zu § 34 Z.V.G., Dorendorf, Gesetz betr. die Zwangsvollstreckung in das unbewegliche Vermögen S. 57, Krech-Fischer Anm. 7 zu §§ 75—78 Z.V.G. A. M. Schneider, Zur Einführung der Subh.O. vom 13. Juli 1883 in die Hannoversche Praxis, welcher Anm. 270 nur diejenigen Kautionshypotheken einen Anspruch von unbestimmter Höhe sichern läßt, für welche ein höchster Betrag nicht eingetragen ist, also nicht die Kautionshypotheken des § 24 E.E.G.

[3]) § 106 Z.V.G.

[4]) § 56 Z.V.G.

[5]) A. M. Krech-Fischer S. 513, Jäckel Anm. 1 A δ zu § 106.

nicht für maßgebend ansehen können, und da die Höhe der auf eine Geldleistung gerichteten Absonderungsforderung sich nach dem Zeitpunkt der Geltendmachung derselben bestimmt, so wird der Zeitpunkt als der entscheidende anzusehen sein, in welchem der Anspruch von dem Gläubiger oder für ihn geltend gemacht werden konnte und geltend gemacht ist. Sofern die Befriedigung zur Zeit der Geltendmachung nicht erfolgt, vergrößert sich der Anspruch durch die Verzugszinsen; aber eine Erhöhung oder Verminderung des Werthes nach dem Tage, an welchem die Befriedigung verlangt ist, kann nicht in Betracht kommen.

§ 16. f. Die Absonderungsforderungen auf wiederkehrende Hebungen.

Die Absonderungsansprüche auf wiederkehrende Hebungen, für welche eine dem § 63 K.O.[1]) ähnliche Vorschrift nicht besteht, erleiden durch die Konkurseröffnung keine Aenderung ihrer rechtlichen Gestaltung. Nach Maßgabe ihres Inhalts sind sie entweder bedingte, betagte oder zukünftige Ansprüche. Bei Anwendung der oben im § 13 aufgestellten Grundsätze sind sie zukünftige Forderungen, wenn sie von einer Gegenleistung des Berechtigten abhängen, welche in einer Rechtshandlung desselben besteht. Diese Gegenleistung kann positiver oder negativer Natur sein, sie kann in der Leistung von Diensten, in der Gewährung der Benutzung eines Gegenstandes, sie kann in der Belassung eines Kapitals oder in der Säumniß der Zahlung bestehen: Mieth- und Pachtzinsen sind Gegenstände der Gegenleistung für die Benutzung einer Sache, die Zinsen eines Darlehns werden für die Belassung eines Darlehnskapitals, die Zögerungszinsen für die Unterlassung der Zahlung einer Geldsumme gezahlt.[2]) Die für derartige Ansprüche bestellten Pfandrechte sind daher Absonderungsrechte für zukünftige Ansprüche. Ebenso sind die Kosten der Einklagung und Beitreibung, für welche ein Pfandgegenstand haftet, Gegenstände zukünftiger Forderungen, weil sie durch die Zahlungssäumniß des Schuldners entstehen. Die nach der Eröffnung des Konkurses aus

[1]) „Wiederkehrende Hebungen zu einem bestimmten Betrage und von einer bestimmten Zeitdauer werden unter Abrechnung der Zwischenzinsen (§ 58) durch Zusammenzählung der einzelnen Hebungen kapitalisirt. Der Gesammtbetrag darf den zum gesetzlichen Zinssatze kapitalisirten Betrag derselben nicht übersteigen."

[2]) Reichsgericht Bd. 1 S. 348; v. Wilmowski Anm. 1 III zu § 2 K.O. Vgl. auch die Motive S. 269—271.

einem Dienstverhältniß entstehenden Hebungen sind die Gegenleistungen der nach der Eröffnung des Verfahrens bewiesenen Dienstthätigkeit des Forderungsberechtigten, sie stellen daher eine zukünftige Forderung dar. Dagegen ist die dem Beamten oder Privatbediensteten nach Aufhören seines Dienstes bewilligte Pension eine Gegenleistung für seine bereits geleistete Thätigkeit. Der Anspruch auf die erst nach der Konkurseröffnung fällig werdenden Pensionsraten hängt von einer Thätigkeit des Pensionsberechtigten nicht ab und ist daher keine zukünftige, sondern eine bedingte Forderung.[3]) Ingleichen sind die nach der Konkurseröffnung fällig werdenden Raten einer Alimentation Gegenstände einer bedingten, nicht einer zukünftigen Forderung, mag das Alimentationsrecht auf Gesetz, Vertrag oder Delikt beruhen, mag es durch Urtheil festgestellt sein oder nicht.[4]) Auch die Forderung auf die durch Vermächtniß hinterlassenen Renten ist eine bedingte.[5])

Für den Fall der Subhastation — nicht auch der Sequestration — ist durch § 32 Z.V.G. eine dem § 63 K.O. analoge Bestimmung

---

[3]) Eine Forderung sub die certo quando incerto an. Vgl. oben § 12.

[4]) Hängt die Alimentationspflicht, wie dies insbesondere im Verhältniß der ehlichen Verwandten zu einander der Fall ist, von dem Umstande ab, daß der Schuldner Vermögen oder Einkommen hat, welches zur Alimentation ausreicht, so ist dieser Anspruch zwar kein Konkursanspruch, sofern durch die Eröffnung des Konkurses die Insuffizienz der Masse, also die Thatsache konstatirt ist, daß der Schuldner zur Alimentation nicht vermögend ist; als Absonderungsforderung setzt der Alimentationsanspruch aber die Vermögensfähigkeit des Schuldners nicht voraus. Durch die Pfandbestellung ist vielmehr die Sicherheit gegen den Mangel des sonstigen Vermögens gewährt; soweit die Alimentationsforderung durch ein Pfand gesichert ist, ist daher die Einrede der Vermögensunfähigkeit nicht zulässig. Soweit aber umgekehrt das Recht zur Alimentation die Bedürftigkeit des Berechtigten zur Voraussetzung hat, soweit ist die Einrede, daß diese Bedürftigkeit nicht oder nicht mehr vorhanden sei, auch trotz des Absonderungsrechtes zulässig.

[5]) Das gem. R. faßt die einzelnen Renten nicht als Gegenstand eines einheitlichen Legats, sondern als soviel Vermächtnisse auf, als Zahlungstermine vorhanden sind; jede einzelne Leistung ist Gegenstand eines besonders anfallenden Vermächtnisses (im Gegensatz zum Ratenvermächtnisse, dessen einzelne Leistungen feststehen, aber hinausgeschoben sind) l. 12 § 1, 4 D 36, 2. l. 4 D. 33, 1. l. 20 D. 36, 2. Förster-Eccius IV § 252. Das Preuß. R. giebt über das Rentenvermächtniß im § 302 A.L.R. I 12 nur die Vorschrift, daß die Zeit der zu leistenden Renten von dem Todestage des Erblassers an gerechnet wird, und hat die Trennung des Vermächtnisses in mehrere Legate nicht aufgenommen. Nach gem. wie Preuß. R. ist das Rentenvermächtniß bedingt, das Ratenvermächtniß betagt.

für die Immobiliarabsonderungsforderungen dahin getroffen, daß für den Anspruch auf wiederkehrende Hebungen ein durch Zusammenzählen der künftigen Hebungen ohne Rücksicht auf die Fälligkeit zu berechnendes Kapital sicher zu stellen ist, sofern nicht der Anspruch selbst nach den Vorschriften des Zwangsvollstreckungsgesetzes von dem Ersteher in Anrechnung auf das Kaufgeld zu übernehmen ist; dies Kapital darf den 25fachen Betrag der Jahreshebungen nicht übersteigen und ist bei Hebungen von unbestimmter Dauer zu diesem Betrage zu berechnen; aus dem Kapital und den Zinsen sind die einzelnen Hebungen zur Zeit der Fälligkeit zu entnehmen. Die weiteren Vorschriften über die Behandlung der Forderung auf wiederkehrende Hebungen sind in den §§ 55, 58, 109, 114, 119 Z.V.G. gegeben.

§ 17. g. Die ungültigen Absonderungsforderungen und deren Konvalescenz.

Nach den §§ 12, 13 A.L.R. I 20:

> Ist der Anspruch in sich ungültig, so ist auch die dafür bestellte Sicherheit ohne Wirkung;
>
> Wird jedoch eine von Anfang an ungültige Forderung in der Folge zu Recht beständig, so erlangt auch die dafür bestellte Sicherheit von Zeit der Bestellung an ihre volle Kraft,

ist das Pfandrecht, auch das an sich gültig bestellte Pfandrecht unwirksam, wenn die Forderung nicht gültig ist, konvalescirt aber mit rückwirkender Kraft, sobald die Forderung selbst nachträglich gültig wird. Dasselbe ist im gemeinen Rechte anzunehmen, für welches die rückwirkende Kraft der Konvalescenz nur dann bestritten ist, wenn der Anspruch wegen Formenmangels oder aus einem Grunde öffentlichen Rechtes nichtig war.[1])

Im Konkurse ist es der Verwalter, welcher das Recht hat, eine Absonderungsforderung als ungültig zu bestreiten oder anzufechten. Da auf ihn das Verfügungs- und Verwaltungsrecht des Schuldners übergegangen ist,[2]) so greift er nicht blos diejenigen Absonderungsansprüche an, die jedem Dritten gegenüber nichtig sind,[3]) sondern

---

[1]) Vgl. Windscheid I § 83.

[2]) § 5 Abs. 2 K.O.

[3]) z. B. solche Realansprüche, bei denen der erforderliche Konsens eines Dritten, die Dispositions- oder Handlungsfähigkeit des Konstituirenden, die erforderliche Form fehlt. Hierher gehören auch die Scheinforderungen (die Entsch. des Reichsgerichts Bd. 25 S. 207, welche Dritten die Einrede des Scheinvertrages abspricht,

auch diejenigen, deren Anfechtung sonst nur der Disposition des Schuldners überlassen ist, z. B. die durch Zwang, Betrug, Irrthum entstandenen Ansprüche. Als Verwalter hat er aber auch das über die Befugnisse des Gemeinschuldners hinausgehende Recht der Anfechtung wegen Fraudulosität.

Dies Recht steht auch dem nachstehenden Absonderungsgläubiger zu; aber da er nicht, wie der Verwalter, die auf die Disposition des Schuldners gegründeten Befugnisse hat, so kann er einen Anspruch nicht als ungültig angreifen, dessen Anfechtung sonst nur dem Schuldner zusteht. Nur der eingetragene Gläubiger, der für seinen Anspruch einen Vollstreckungstitel erlangt hat, hat die besondere Befugniß, „das dem Eigenthümer zustehende Recht auf Löschung voreingetragener Posten insoweit geltend zu machen, als es sich nicht um rechtsbeständige Hypotheken oder Grundschulden handelt, welche auf den Eigenthümer übergegangen sind;" [4]) er ist daher, weil er in dieser Beziehung das dem Eigenthümer zustehende Löschungsrecht hat, auch in- und außerhalb des Konkurses und der Immobiliarzwangsvollstreckung zu der nur der Disposition des Schuldners überlassenen Anfechtung einer relativ ungültigen Post berechtigt, [5]) sofern der zur Anfechtung berechtigte Schuldner und der Grundstückseigenthümer identisch sind.

Aber auch sonst findet die Disparität der Rechte des Verwalters und des nachstehenden Absonderungsgläubigers in Betreff der relativ ungültigen Ansprüche eine Ausgleichung:

1. wenn die erfolgreiche Anfechtung des Verwalters den angefochtenen Anspruch so verändert hat, daß letzterer des Absonderungsrechtes vollständig entkleidet ist, wie dies der Fall ist, wenn der Verwalter die Löschung einer angegriffenen Post erwirkt hat;
2. wenn der Ersatz der Anfechtung seitens des Verwalters nur darin bestehen kann, daß der nachstehende Gläubiger das Percipiendum erhält, welches für die ungültige Forderung ausgezahlt werden würde, wenn sie gültig wäre. Siehe hierüber die auch hier Anwendung findenden Ausführungen in § 13 a. E.

---

bezieht sich nur auf die Cession, durch welche zwar das Eigenthum einer Forderung nur zum Schein, das Recht zur Geltendmachung derselben aber ernstlich übertragen war).

[4]) § 5 Z.V.G.

[5]) Vgl. §§ 43, 44 meiner Schrift, die Eintragung in das Grundbuch zur Vollstreckung einer Forderung.

Konvalesciren kann die ungültige Absonderungsforderung nicht mehr nach der Eröffnung des Konkursverfahrens im Verhältniß zu den Konkursgläubigern. Denn wenn auch die Konvalescenz rückwirkende Kraft äußert, so war doch der Anspruch und demgemäß nach § 12 A.L.R. I 20 auch das Pfandrecht selbst zur Zeit der Konkurseröffnung unwirksam. Die rückwirkende Kraft der Konvalescenz setzt stets voraus, daß die Gültigkeit, welche auf eine frühere Zeit zurückdatirt werden soll, überhaupt eintritt; ein Pfandrecht aber, welches zur Zeit der Konkurseröffnung noch ungültig, welches also noch nicht erworben war, kann nach der Konkurseröffnung nicht mehr erworben, also auch nicht gültig werden. Denn nach § 12 K.O. „können Pfand- und Hypothekenrechte an Gegenständen der Konkursmasse nach der Eröffnung des Konkursverfahrens nicht mit verbindlicher Kraft gegen die Konkursgläubiger erworben oder eingetragen werden, wenngleich der Anspruch auf den Erwerb oder die Eintragung schon vor der Eröffnung des Verfahrens begründet gewesen ist." Der Umstand, daß die Konvalescenz des Pfandrechtes mit der Fiktion der Zurückdatirung verbunden ist, kann daher, weil die Konvalescenz überhaupt nicht mehr zulässig ist, nicht weiter in Betracht kommen. Die Konkurseröffnung hindert auch die Konvalescenz, welche außerhalb des Konkurses nach § 38 E.E.G. durch die Cession der eingetragenen Forderung entstehen kann: Der § 38 E.E.G. schließt gegen den dritten Erwerber einer Hypothek oder Grundschuld „die Einreden gegen das Verfügungsrecht des Klägers — des Forderungsberechtigten — aus der Person seines eingetragenen Rechtsurhebers," außerdem gegen die Klage aus der Grundschuld alle Einreden aus, die dem Schuldner nicht gegen den jedesmaligen Kläger unmittelbar zustehen oder sich aus dem Grundschuldbriefe ergeben, oder deren thatsächliche Unterlagen dem Kläger beim Erwerbe der Grundschuld bekannt waren, und erklärt gegen die Klage aus einer Hypothek alle aus dem Grundbuche erhellenden Einreden aus den persönlichen Schuldverhältnissen einem Dritten gegenüber, welcher ein Recht auf die Hypothek gegen Entgelt erworben und der sie beim Erwerb nicht gekannt hatte, für unzulässig. Die Cession der Hypothek und Grundschuld ist auch nach der Konkurseröffnung erlaubt. Aber das ungültig konstituirte Pfandrecht bestand vor der Cession nicht, durch die Cession, welche unter den angegebenen Voraussetzungen die die Anfechtung des Pfandanspruches und damit des Pfandrechtes betreffenden Einreden abschneidet, wird es gültig; die Gültigkeit und damit der Erwerb des

Pfandrechtes entsteht daher infolge und im Augenblicke der Cession. Tritt dieser Augenblick erst nach der Konkurseröffnung ein, welche dem Erwerbe von Pfandrechten entgegensteht, so kann dieser Erwerb auch infolge der Cession nicht stattfinden.[6])

Eine ungültige Absonderungsforderung kann daher im Verhältniß zu den Konkursgläubigern nur vor der Konkurseröffnung konvalesciren, und selbst dann unterliegt die Konvalescirung noch der Anfechtung seitens des Verwalters, wenn die Voraussetzungen der Anfechtung nach §§ 22 ff. K.O. gegeben sind. Aber der Konkurs behindert die Konvalescenz nur den Konkursgläubigern gegenüber; der nachstehende Absonderungsgläubiger kann aus dem § 12 K.O. keine Rechte gegen die Konvalescenz herleiten und wird durch den § 12 nur in denselben Fällen geschützt, in welchen die Anfechtung eines ungültigen Anspruchs seitens des Verwalters, wie oben angegeben, auch dem Absonderungsgläubiger nützt. Aber durch die Beschlagnahme in der Immobiliarzwangsvollstreckung wird wenigstens dem betreibenden und dem beigetretenen Gläubiger ein Schutz gewährt; denn da die Bedeutung der Beschlagnahme darin besteht, „daß zum Nachtheil des Gläubigers niemand mehr ein Recht an dem Gegenstande der Zwangsvollstreckung erwerben kann,“ [7]) so kann der betreibende und beigetretene Gläubiger nach der Beschlagnahme auch dem Erwerbe eines Pfandrechts durch Konvalescenz entgegentreten. Die übrigen Immobiliargläubiger müssen sich dagegen die Konvalescenz bis zum Zuschlage und wenn durch denselben das Eigenthum des Grundstücks auf einen Dritten nicht übergeht, bis zur Kaufgelderbelegung gefallen lassen.

7. Die Modifikationen der speziellen Absonderungsrechte.

§ 18. a. Das bedingte Absonderungsrecht; das Pfändungspfandrecht auf Grund eines vorläufigen Vollstreckungstitels und Arrestbefehls; das Vormerkungspfandrecht.

In der Natur des Pfandrechts liegt nichts, was die Hinzufügung einer Bedingung nicht verträgt. Die Gültigkeit des unter einer Bedingung oder einer Befristung bestellten Pfandrechts ist weder im ge-

---

[6]) A. M. v. Wilmowski Anm. 7 zu § 12, welcher meint, daß der § 12 dem redlichen Erwerber nicht entgegenstehe, und Willenbücher Anm. 4 zu § 12, sowie die Motive S. 57, welche das Landesgesetz durch § 12 nicht für beseitigt halten. Der § 38 E.E.G. enthält aber keine besondere Bestimmung über die Wirkung der Konkurseröffnung; der § 20 K.O. kommt daher nicht zur Anwendung.

[7]) Motive zum Z.V.G. S. 71.

meinen [1]), noch im Pr. Recht bezweifelt. Das befristete Pfandrecht ist in l. 12 § 2 D. 20, 4 als rechtsbeständig, das unter einer Resolutivbedingung oder einer „derselben gleich geltenden" Zeitbestimmung begründete Pfandrecht im § 61 A.L.R. I 20 als zulässig erwähnt.

Die einem Pfandrechte hinzugefügte Resolutivbedingung steht der Geltendmachung des Absonderungsrechtes und der Befriedigung aus dem Absonderungsgegenstande nicht entgegen. Der Eintritt dieser Bedingung wird durch die Eröffnung des Konkurses nicht gehindert, denn nur der Erwerb, nicht auch der Verlust des Pfandrechtes ist im Konkurse unzulässig. Tritt die Bedingung im Konkurse ein, so geht das Absonderungsrecht verloren, auch wenn es zur Zeit der Geltendmachung des Pfandrechtes noch bestanden hatte. Maßgebend ist in dieser Beziehung der Zeitpunkt der Befriedigung des Anspruchs: Ist der Anspruch befriedigt, ohne daß die Bedingung eingetreten ist, so ist es ohne Bedeutung, wenn später — auch noch während des Konkursverfahrens — das Ereigniß eintritt, von welchem der Verlust des Absonderungsrechtes abhing. Die Befriedigung des resolutivbedingten Absonderungs*anspruches* würde zu redressiren sein, wenn die Bedingung existent wird; die Befriedigung des in gleicher Weise bedingten Absonderungs*rechtes* bleibt durch nachträgliche Ereignisse unberührt, wenn der Anspruch selbst nicht gleichfalls bedingt war.

Das suspensivbedingte Absonderungsrecht gelangt erst mit dem Eintritt der Bedingung zur Existenz, denn so lange es noch fraglich ist, ob ein Recht entstehen wird, so lange ist es noch nicht entstanden.

Da der § 12 K.O. nach Eröffnung des Konkurses den Erwerb des Pfand- und Hypothekenrechtes zum Nachtheil der Konkursgläubiger auch dann verhindert, wenn der Anspruch auf den Erwerb oder auf die Eintragung schon vor der Eröffnung des Verfahrens begründet war, so kann das suspensivbedingte Pfandrecht, weil es noch kein erworbenes Pfandrecht ist, während des Konkurses nicht unbedingt werden — anders wie das unbedingt für einen suspensivbedingten *Anspruch* begründete Pfandrecht, welches schon vor der Eröffnung des Verfahrens erworben ist. Hieran ändert auch die wenigstens im gemeinen Rechte angenommene Fiktion der rückwirkenden Kraft der Bedingung nichts, weil diese Fiktion den Eintritt der Bedingung, also

---

[1]) *Windscheid* I § 242[1], *Huschke* in der Zeitschr. für Civ. R. u. Proz. XX S. 173, *Regelsberger*, Zur Lehre vom Altersvorzuge der Pfandrechte S. 119.

die Erwerbung des Pfandrechtes voraussetzt, diese Erwerbung aber im Konkurse nicht mehr stattfinden kann. Den Konkursgläubigern gegenüber hat das suspensivbedingte Pfandrecht, weil es noch kein Pfandrecht ist, überhaupt keine Bedeutung, es erzeugt kein Absonderungsrecht, auch kein bedingtes, und berechtigt auch nicht zu einer Sicherheitsleistung. Erst nach Beendigung des Konkurses, auch wenn sie durch Zwangsvergleich erfolgt, kann es wieder zur Geltung kommen; dann kann die Bedingung mit Rechtswirkung eintreten, aber nur unter der Voraussetzung, daß der Pfandgegenstand noch nicht veräußert ist.

Unter welchen Voraussetzungen das suspensivbedingte Pfandrecht den nachstehenden Absonderungsgläubigern gegenüber in der Subhastation unbedingt werden kann, beantwortet sich in derselben Weise, wie die Frage nach der Zulässigkeit der Konvalescenz im vorigen Paragraphen entschieden ist.

Ist der Anspruch selbst suspensiv- oder resolutivbedingt und das Realrecht von derselben oder der entgegengesetzten Bedingung abhängig, so ist die Frage, ob der Anspruch als Absonderungsanspruch zuzulassen ist, zunächst nach den obigen Grundsätzen zu beantworten und nur im Fall der Bejahung können die Regeln berücksichtigt werden, welche im § 11 für die dem Anspruch hinzugefügten Bedingungen besprochen sind.

Ein suspensivbedingtes Absonderungsrecht kann nur durch einen auf die Bedingtheit des Pfandrechtes gerichteten Vertrag[2]) oder eine solche letztwillige Anordnung entstehen. Ob ein Pfandrecht auch auf andere Weise suspensivbedingt sein kann, könnte nur für das Pfändungspfandrecht und im Preuß. Rechte für die Vormerkung fraglich sein. Was

1) zunächst das Pfändungspfandrecht betrifft, so unterscheidet die C.P.O. nicht zwischen dem auf Grund eines definitiven und auf Grund eines vorläufigen Vollstreckungstitels erworbenen Pfandrecht, sie giebt beiden dieselbe Wirkung: beide, in Ausübung der Zwangsvollstreckung erworben und durchgeführt, führen zur Befriedigung des betreibenden Gläubigers. Das auf Grund eines vorläufigen Vollstreckungstitels erworbene Pfandrecht ist daher ein wirkliches, schon existentgewordenes Pfandrecht, es ist nur resolutivbedingt. Denn

---

[2]) Der Schuldner hat für einen Anspruch ein Pfandrecht bestellt, mit dem Gläubiger jedoch vereinbart, daß dasselbe erst mit dem Eintritt eines bestimmten Ereignisses in Kraft treten solle.

soweit es infolge der Durchführung der Exekution nicht von selbst sein Ende erreicht, muß es aufhören und verliert seine Wirkungen, wenn seine Voraussetzung, der Vollstreckungstitel, in Wegfall kommt, wenn „das zu vollstreckende Urtheil oder dessen vorläufige Vollstreckbarkeit aufgehoben wird“.[3])

Die gleiche Natur hat auch das durch die Ausführung des Arrestes entstandene Pfändungspfandrecht. Durch die Vollziehung des Arrestes wird nach § 810 C.P.O. ein Pfandrecht so, wie auf Grund eines Vollstreckungstitels erworben, nicht ein suspensiv-, sondern ein resolutivbedingtes Pfandrecht. Freilich kann der Arrestgläubiger sich aus der Sache noch nicht befriedigen, und wenn die Arrestsache aus andern Gründen, z. B. auf Betreiben eines Vollstreckungsgläubigers versteigert wird, so wird der auf den Arrestgläubiger fallende Betrag des Erlöses hinterlegt. Da aber das Gesetz das Arrestpfandrecht durch den § 810 C.P.O. seiner Natur nach dem auf Grund eines Vollstreckungstitels begründeten Pfandrechte ausdrücklich gleichgestellt hat,[4]) so darf der Grund für die in Betreff des Befriedigungsrechtes bestehende Beschränkung des Arrestpfandrechtes nicht im Wesen dieses Pfandrechtes, sondern nur in der Unterlage desselben, in dem zur Erlangung des Pfandrechtes berechtigenden Titel gesucht werden. Der Arrestgläubiger kann daher im Konkurse als Absonderungsberechtigter auftreten, er kann sein Pfandrecht gegen Dritte verfolgen, er kann zwar nicht die Verwerthung der Sache, wohl aber die Trennung derselben von der Masse und die Hinterlegung des Erlöses — wenn der Verwalter die Sache verwerthet hat — beanspruchen. Es fragt sich, ob das Arrestpfandrecht sich im Konkurse zu einem vollständigen Pfändungspfandrechte ausgestalten, ob der Gläubiger also einen Vollstreckungstitel erlangen kann. Als einfacher Konkursgläubiger kann er den Rechtsstreit nach Eröffnung des Verfahrens weder beginnen, noch fortsetzen; als Absonderungsgläubiger ist er hierzu befugt, und da die Erlangung eines Vollstreckungstitels durch den § 11 K.O. nicht verhindert wird, weil sie der Zwangsvollstreckung in einen Gegenstand der Masse nicht gleichsteht, so ist der Arrestgläubiger in der Lage, trotz des Konkurses

---

[3]) §§ 691[1], 692 C.P.O.

[4]) § 810 C.P.O.: „Die Vollziehung des Arrestes in bewegliches Vermögen wird durch Pfändung bewirkt. Die Pfändung erfolgt nach denselben Grundsätzen, wie jede andere Pfändung und begründet ein Pfandrecht mit den im § 709 bestimmten Wirkungen . . .“

einen Vollstreckungstitel zu erwerben. Durch die Erlangung des Vollstreckungstitels wird das Arrestpfandrecht zu einem solchen Pfändungspfandrechte, wie es auf Grund eines Vollstreckungstitels erworben wird, aber nicht erst umgestaltet, denn es steht diesem Pfändungspfandrechte schon an sich gleich, und da die Beschränkung des Arrestpfandrechtes in Betreff der Befriedigung nicht in seinem Wesen, sondern in dem zur Erlangung desselben berechtigenden Titel ihren Grund hat, durch den Erwerb des Vollstreckungstitels daher keine Aenderung des Pfandrechtes selbst bewirkt wird, so besteht kein Grund zu der Annahme, daß die Konkurseröffnung die Erlangung des Vollstreckungstitels und dadurch den Erwerb des vollen Befriedigungsrechtes hindern könnte.

2) Ob die zur Sicherung eines Rechtes eingetragene Vormerkung nach Preuß. Rechte als ein bedingtes dingliches Recht anzusehen ist, ist streitig. Turnau,[5]) Achilles[6]) und Bahlmann[7]) nehmen an, daß der in Form einer Vormerkung eingetragenen Forderung ein bedingtes, aber wirkliches Pfandrecht beiwohne. So spricht sich auch das Reichsgericht in einer Entscheidung aus;[8]) in andern Urtheilen[9]) läßt es durch die Vormerkung das bestehende Recht zur Sache dahin gesichert werden, daß dieses Recht später verwirklicht werde, und erkennt, „sobald die Existenz des Rechtes zur Sache festgestellt ist, dies bereits vorhandene Recht als ein bestehendes dingliches Recht an“, bemerkt aber an anderer Stelle,[10]) daß durch die Vormerkung die Sicherung der Stelle in der Reihenfolge der Eintragungen für die endgültige Eintragung der Forderung, nicht aber ein Hypothekenrecht erlangt sei. Borchard[11]) behauptet: die Vormerkung schaffe und repräsentire ein bedingtes Pfandrecht, bedingt durch die Beseitigung des der definitiven Pfandrechtseintragung entgegenstehenden Hindernisses, d. h. durch die gerichtliche oder außergerichtliche Liquidestellung des einstweilen nur glaubhaft gemachten Pfandtitels. Krech-Fischer[12]) geben ihr den Charakter einer bedingten dinglichen Belastung des

---

[5]) I S. 375. Aber S. 374 sagt Turnau: Die Vormerkung bewirke nur unter der Voraussetzung, daß der Titel rechtsgültig bestehe, ein dingliches Recht.

[6]) Die Preußischen Gesetze über Grundeigenthum und Hypothekenrecht S. 188 Anm. 2c.

[7]) Komment. zu den Grundbuchgesetzen S. 104 Anm 3.

[8]) In der Zeitschr. für Pr. R. I S. 644.

[9]) Entsch. Bd. 3 S. 268, Bd. 4 S. 316.

[10]) Bd. 1 S. 385.

[11]) Das Institut der Vormerkung S. 20.

[12]) Anm. 7 zu §§ 33, 34.

Grundstücks, bedingt für den Fall, daß die Voraussetzungen der endgültigen Eintragung eintreten. Förster[13]) meinte: die Vormerkung sei eine bedingte Hypothek, die Bedingung bestehe darin, daß der Gläubiger den Widerspruch des Schuldners beseitige oder den Mangel der Form behebe. Eccius[13]) dagegen ist der Ansicht: die Vormerkung sei eine vorläufige Eintragung, welche die definitive Eintragung des Realrechtes vorbereite und unter der Voraussetzung (conditio juris), daß der Rechtsgrund des Realrechtes bereits vorhanden sei, demnächst zur endgültigen Eintragung gelange, aber auch jetzt schon unter denselben Voraussetzungen mit den Wirkungen des dinglichen Rechtes ausgestattet sei.

Wäre die Vormerkung ein suspensivbedingtes Pfandrecht, so wäre ein Pfandrecht noch nicht entstanden, so lange die Bedingung nicht eingetreten ist, und es würde deshalb nach § 12 K.O. die Eröffnung des Konkurses sowohl die Geltendmachung der Vormerkung, wie auch die Umschreibung derselben in eine Hypothek verhindern, die Vormerkung würde auch außerhalb des Konkurses in der Subhastation dem betreibenden Gläubiger gegenüber, der durch die Beschlagnahme vor der weitern Belastung des Grundstücks, welche ihm nachtheilig sein könnte, geschützt ist, nicht zur Geltung kommen können und dadurch ihren eigentlichen Zweck verfehlen.

Der Hypothekenvormerkung, welche nach den Motiven zu den Grundbuchgesetzen[14]) an die Stelle der früheren protest. pro conserv. jure et loco getreten ist, ist in § 22 E.E.G. die Wirkung beigelegt, daß durch sie für die endgültige Eintragung die Stelle in der Reihenfolge der Eintragungen gesichert werde. Sie[15]) kann in folgenden Fällen eingetragen werden:

a. wenn der eingetragene Eigenthümer ihre Eintragung bewilligt;

b. wenn diejenige Behörde, welche die Eintragung einer Hypothek gegen den Eigenthümer nachzusuchen berechtigt ist, ihre Eintragung verlangt;[16])

c. wenn nach § 22 Abs. 1 E.E.G. der Gläubiger eine Vormerkung auf das Grundstück seines Schuldners unter Ver-

---

[13]) III § 198.

[14]) Werner II S. 30.

[15]) Hier kommen nur die positiv wirkenden, nicht die zur Sicherheit eines Eigenthums oder Widerspruchsrechts eingetragenen Vormerkungen in Betracht.

[16]) § 22 Abs. 2 E.E.G.

mittelung des Prozeßrichters, welche nach § 18 des Ausf. Ges. vom 24. März 1879 als Ausführung einer einstweiligen Verfügung stattfindet, zu ingrossiren beantragt;

d. wenn der Gläubiger die Eintragung einer Vormerkung auf Grund eines für vorläufig vollstreckbar erklärten Urtheils ꝛc., auf Grund einer vollstreckbaren Urkunde oder eines für vollstreckbar erklärten Vergleichs außerhalb der im § 702 Nr. 1 und 2 C.P.O. vorgesehenen Fälle oder auf Grund eines rechtskräftigen Urtheils, welchem die demselben zur Unterlage dienenden Inhaberpapiere, Wechsel, Ordre- oder indossabelen Papieren nicht beigefügt sind, in Antrag stellt;[17])

e. wenn durch ihre Eintragung die Vollziehung eines Arrestes verlangt wird.[18])

In diesen Fällen kann der durch die Vormerkung zu sichernde Anspruch ein unbedingter oder ein suspensivbedingter sein. Der Eigenthümer kann z. B. für eine unstreitige, unbedingte Forderung mit Zustimmung des Gläubigers statt einer Hypothek, um Kosten zu sparen, nur eine Vormerkung eintragen lassen; er kann die Vormerkung aber auch deshalb eintragen lassen, weil der zu sichernde Anspruch von dem Eintritt eines Ereignisses oder der richterlichen Feststellung abhängig ist. Das Pfandrecht dagegen, welches für die unstreitige oder die streitige, für die bedingte oder die unbedingte Forderung durch Ingrossirung der Vormerkung konstituirt ist, ist in jedem Falle unbedingt. Denn die Eintragung verträgt die Hinzufügung einer Suspensivbedingung überhaupt nicht: sie ist entweder erfolgt, oder sie ist nicht erfolgt. In der Vormerkung ist zwar selbst eine Bedingung enthalten, welche eintreten muß, wenn sie in eine Hypothek umgeschrieben werden soll, die Einwilligung des Eigenthümers, der Erwerb und die Vorlegung des rechtskräftigen Vollstreckungstitels u. s. w.; aber diese Bedingungen bestehen nur im Verhältniß zur Hypothek, ohne daß durch sie die Eintragung bedingt wird oder ist. Denn weil der § 22 E.E.G. der Vormerkung die Kraft verleiht, die Stelle in der Reihenfolge der Eintragungen für die endgültige Eintragung zu sichern, steht die Hypothek zur Vormerkung in dem Verhältnisse eines definitiven Rechts zu einem provisorischen,

[17]) §§ 6, 8 Z.V.G.
[18]) § 10 Z.V.G.

und erhält die Vormerkung die Funktion, die Stelle für die Hypothek zu sichern: durch die Hypothek wird der Anspruch, durch die Vormerkung wird die Hypothek gesichert. Hat somit die Vormerkung die Funktion, die den Anspruch sichernde Hypothek zu sichern, so hat sie auch die Kraft, den Anspruch selbst zu sichern. Sie ist daher ein vorläufiges, den Anspruch sicherndes Recht, welches durch die Eintragung dinglich ist. Ist sie aber ein Recht, welches einen Anspruch sichert, so kann sie nicht suspensivbedingt sein. Denn ein suspensivbedingtes Recht existirt noch nicht, sondern wird erst zur Existenz gelangen, wenn ein bestimmtes Ereigniß eintritt; ein Recht aber, welches noch nicht existirt, kann auch nicht zur Sicherung dienen. Ein bedingtes dingliches Recht kann man die Vormerkung zwar nennen, aber nur ein resolutivbedingtes, welches mit dem Eintritt der Bedingung[17]) seine Wirkung verliert.

Die Vormerkung steht der Hypothek bezw. der Grundschuld nicht gleich, sie ist ein geringeres Recht als diese. Denn sie ist wegen ihrer resolutiven Bedingtheit der Redressirung ausgesetzt, die Beschränkung, welche der § 38 E.E.G. dem Eigenthümer in seinen Einreden gegen die cedirte Hypothek und Grundschuld auferlegt, kommt gegenüber der Vormerkung nicht in Betracht, die Vorschriften der §§ 43, 44 E.E.G. finden auf sie keine Anwendung. Deshalb muß die Frage, ob der § 12 K.O. die Umschreibung der Hypothekenvormerkung in eine Hypothek verhindert, bejaht werden. Denn da diese Vorschrift neben den Pfandrechten die Hypothekenrechte, obgleich diese zu jenen gehören, noch besonders nennt und ihren Erwerb nach der Konkurseröffnung verbietet, so kann die Vormerkung, die noch keine Hypothek ist und erst durch ihre Umschreibung zur Hypothek wird, in eine solche nach Eröffnung des Verfahrens nicht mehr verwandelt werden.[18])

Da übrigens der Erwerb des Pfand- und Hypothekenrechtes nach Eröffnung des Konkurses nur im Verhältniß zu den Konkursgläubigern ungültig ist, so kann nur der Verwalter die Umschreibung der Vormerkung in eine Hypothek oder Grundschuld als ungültig anfechten. Der nachstehende Absonderungsgläubiger hat ein Widerspruchsrecht nur gegen die nach der Beschlagnahme erfolgte Um-

[17]) Z. B. durch die Beseitigung des Vollstreckungstitels, durch Aufhebung des Arrestbeschlusses, durch Erlaß eines rechtskräftigen Urtheils, welches den Kläger mit dem erhobenen Anspruch auf Eintragung einer Hypothek oder Grundschuld abweist, durch den Löschungsantrag der zuständigen Behörde.

[18]) A. M. scheint Turnau I S. 375 zu sein.

schreibung und nur dann, wenn er betreibender oder Anschlußgläubiger ist.[19])

In der Immobiliarzwangsvollstreckung richten sich die Rechte des Vormerkungsgläubigers nach dem Inhalte des vorgemerkten Anspruches. Wie schon erwähnt, darf aus der resolutiven Bedingtheit des Realrechtes nicht geschlossen werden, daß die durch die Vormerkung gesicherte Forderung eine bedingte sei: für eine bedingte Forderung kann sowohl eine Vormerkung, wie eine Hypothek eingetragen, für eine unbedingte Forderung kann das Grundstück in unbedingter oder resolutivbedingter Weise belastet werden. Die Frage, ob die eingetragene Forderung eine bedingte oder unbedingte ist, ist daher nicht aus der Natur der Vormerkung, sondern nach dem Inhalte der Forderung ohne Rücksicht auf das Accessorium der Eintragung zu beantworten. In den Motiven zum Z.V.G. [20]) ist zwar gesagt: es verdiene bemerkt zu werden, daß das Realrecht solcher Ansprüche, für welche nur eine Vormerkung eingetragen ist, unter der Bedingung der Rechtfertigung dieser Eintragung stehe, und deshalb der nur als Realanspruch in Betracht kommende Anspruch selbst für das Verfahren nur als bedingter gelten könne; aber diese Erwägung ist nur eine legislatorische, welche dahin hätte führen können, für die Vormerkungen eine ähnliche Bestimmung, wie im § 59 Abs. 2 Z.V.G. für die Korrealhypotheken zu erlassen; da dies nicht geschehen ist, so kann eine unbedingte Forderung nicht als bedingte behandelt werden, auch wenn sie nur durch ein resolutivbedingtes Realrecht gesichert ist, zumal diese resolutive Bedingtheit in der Subhastation nur dann von Bedeutung ist, wenn die Bedingung vor der Befriedigung des Anspruchs eintritt. Aus der dinglichen Natur der Vormerkung folgt nun zunächst, daß der durch sie Gesicherte als Realinterressent im Sinne des § 21³ Z.V.G. anzusehen ist. Erwägt man weiter, daß nach § 23 Z.V.G. die in den §§ 24—28 das. bezeichneten Forderungen in der Reihenfolge und dem Umfange, welche dort festgesetzt sind, aus dem Kaufgelde zu berichtigen oder in Anrechnung auf dasselbe von dem Ersteher zu übernehmen sind, daß zu diesen in der Subhastation zu berichtigenden bezw. zu übernehmenden Forderungen nach § 29 Z.V.G. auch „die im Grundbuche eingetragenen Forderungen“ gehören, und

[19]) Wegen des § 38 E.E.G., der sich auf die Hypothek und Grundschuld, nicht aber auf die Vormerkung bezieht, hat er ein Interesse daran, daß der eingetragene Gläubiger durch die Umschreibung das Grundstück nicht wirksamer belastet.

[20]) S. 114.

daß zu diesen im Grundbuche eingetragenen Forderungen nach § 7 Z.V.G. auch diejenigen zu rechnen sind, welche durch eine Hypothekenvormerkung gesichert sind, so muß zunächst anerkannt werden, daß der Vormerkungsgläubiger bei der Festsetzung des geringsten Gebotes und in der Kaufgelderbelegung zu berücksichtigen ist. Ob aber das zur Hebung gekommene Liquidat dem Gläubiger auszuzahlen, ob es zu hinterlegen ist, oder ob der Gläubiger die Auszahlung nur gegen Sicherheitsleistung erwirken kann, hängt davon ab, ob die durch die Vormerkung gesicherte Forderung eine bedingte oder eine unbedingte ist. Die Vormerkung, welche auf Grund eines vorläufig vollstreckbaren Schuldtitels eingetragen ist, lautet in der Regel über eine unbedingte und unbetagte Forderung und giebt deshalb dem Kreditor das Recht, die zur Hebung gelangte Summe ohne Verpflichtung zur Sicherstellung sich auszahlen zu lassen. Zu diesem Resultat führt auch die Erwägung, daß die durch die Zwangseintragung vollzogene Exekution sich dem Schuldner gegenüber durch Beitreibung der eingetragenen Forderung fortsetzt, und daß in der Zwangsvollstreckung, welche auf Grund der nur vorläufigen Vollstreckbarkeit erfolgt, der Gläubiger trotz der nur vorläufigen Vollstreckbarkeit die unbedingte Auszahlung der Schuldsumme verlangen kann. Es ist nicht abzusehen, warum dem Gläubiger das Recht, die unbedingte Auszahlung der Schuldsumme zu verlangen, ein Recht, welches ihm aus dem vorläufigen Vollstreckungstitel zusteht, beschränkt werden soll, nachdem er zu diesem Titel noch ein seine Stellung unter den Gläubigern bestimmendes und ihn zur Theilnahme an dem Subhastationsverfahren legitimirendes Recht erworben hat.[21])

Eine gleiche Wirkung kann man derjenigen Vormerkung nicht konzediren, welche auf Grund eines gegen Sicherheitsleistung vollstreckbaren Schuldtitels eingetragen ist, ohne daß diese Sicherheit geleistet ist. Wenn auch in diesem Falle die Forderung eine unbedingte ist, so ist ihre Beitreibung doch nur von der Bedingung der Kautionsleistung abhängig gemacht, und von der Ausführung dieser Bedingung konnte kraft der gesetzlichen Vorschrift des § 7 Abs. 2 Z.V.G.[22])

[21]) Von diesem Gesichtspunkte scheint auch Volkmar in seinem Kommentar zum Z V G. Anm. 1 zu § 111 auszugehen, wenn er sagt: „Anders verhält es sich mit den Vormerkungen, welche auf Grund des § 6 Abs. 3 eingetragen sind, weil bei ihnen immer ein Vollstreckungstitel konkurrirt; sie kommen also als unbedingte Forderungen zum Zuge."

[22]) „Die Vormerkung ist einzutragen, ohne daß die Sicherheit, von deren Leistung die Zwangsvollstreckung abhängig gemacht ist, geleistet zu werden braucht."

wohl in Betreff der Zwangseintragung, aber es darf davon Mangels einer analogen Bestimmung nicht bei derjenigen Zwangsvollstreckung abgesehen werden, welche die Grenzen der Zwangseintragung überschreiten und zur Einziehung der Forderung im Subhastationsverfahren führen würde. Aber auch für diese Forderung kommen nicht die über die Sicherheitsleistung und Hinterlegung für die suspensivbedingten Ansprüche gegebenen Bestimmungen der §§ 34, 111, 119 Z.V.G., sondern die Anordnungen des Prozeßgerichts in Betracht, welches die Zwangsvollstreckung von der Sicherheitsleistung abhängig gemacht hatte.

Die Vormerkung, durch deren Eintragung ein Arrest oder eine einstweilige Verfügung vollzogen ist, gewährt ebenfalls dem Gläubiger ein dingliches Recht.[23]) Aus dem Arrestbefehl aber, welcher nur zur Sicherung der Zwangsvollstreckung erlassen ist, kann dem Gläubiger nicht die Berechtigung erwachsen, die Auszahlung der Arrestsumme zu verlangen. Verwandelt sich durch die Subhastation die Vormerkung in eine Geldsumme, so ist diese für den Gläubiger durch Hinterlegung sicher zu stellen, wie auch im § 810 Abs. 2 C.P.O. bestimmt ist: „Gepfändetes Geld und ein im Vertheilungsverfahren auf den Gläubiger fallender Erlös ist zu hinterlegen." Gleichzeitig ist nach Analogie des § 111 Z.V.G. für den Fall, daß der Arrest beseitigt wird, der zur Hebung gekommene Betrag auf andere Forderungen nach der festgesetzten Reihenfolge zu vertheilen, wie auch nach Analogie des § 59 bei der Uebernahme der Arrestforderung für den Fall der Beseitigung des Arrestes eine andere Forderung in gleicher Höhe zu übernehmen ist. Dasselbe gilt nach § 815 C.P.O. auch in Betreff der zur Ausführung einer einstweiligen Verfügung eingetragenen Vormerkung.

Die zur Erhaltung des Rechtes einer Grundschuld eingetragene Vormerkung unterscheidet sich von der Hypothekenvormerkung wesentlich darin, daß der Gläubiger der erstern das Verfügungsrecht über die-

[23]) Bis zum Inkrafttreten des Z.V.G. war es streitig, ob der eingetragene Arrest ein dingliches Recht oder nur eine Beschränkung des Verfügungsrechtes des Schuldners begründete. Vgl. darüber Jäckel Anm. 2 zu § 34 Z.V.G. Nach den Entscheidungen des Reichsgerichts vom 3. Juni und 7. Juli 1884 (Entsch. Bd. 3 S. 315 ff. und Bd. 5 S. 296) wurde durch den eingetragenen Arrest dem Gläubiger kein dingliches Recht und nicht die Befugniß zur Theilnahme am Subhastationsverfahren gewährt. Die Frage ist jetzt durch den § 10 Z.V.G. entschieden: „Soll ein Arrestbefehl vollzogen werden, so wird auf Antrag des Gläubigers eine Vormerkung zur Höhe des zu sichernden Geldbetrages eingetragen."

selbe nicht hat. Denn der eingetragene Gläubiger erlangt das Verfügungsrecht über die Grundschuld erst durch Aushändigung des Grundschuldbriefes,[24]) und da nur über Grundschulden, nicht auch über Vormerkungen Grundschuldbriefe ausgefertigt werden,[25]) so erlangt der Gläubiger über die Grundschuldvormerkung kein Dispositionsrecht. Ob dieser Mangel des Verfügungsrechtes die Geltendmachung der Vormerkung in der Subhastation zur Befriedigung oder doch wenigstens zur Sicherstellung des durch die Vormerkung gesicherten Anspruchs verhindert, hängt von der Beantwortung der Frage ab, ob die Grundschuld selbst dem Gläubiger, welcher zur Zeit der Konkurseröffnung bezw. der Beschlagnahme den Grundschuldbrief noch nicht erhalten hat, dieses Recht gewährt. Diese Frage ist — wie unten § 25 ausgeführt werden wird — zu bejahen, und deshalb steht in dieser Beziehung die Grundschuldvormerkung in der Subhastation nicht hinter der Hypothekenvormerkung zurück.

§ 19. b. Das betagte Absonderungsrecht.

Ein betagtes Pfandrecht ist nach gemeinem Rechte[1]) zulässig, und auch das preußischrechtliche Mobiliarpfand verträgt die Beifügung einer Zeitbestimmung, nur die Eintragung in das Grundbuch läßt wohl eine resolutive, nicht aber eine suspensive Zeitbestimmung zu.

Ein suspensivbetagtes Pfandrecht wird erst durch Ablauf der Frist erworben und existirt deshalb vorher noch nicht. Freilich wird sowohl im gemeinen, wie im Preuß. Rechte der betagte Anspruch als bereits erworben angesehen. „Quod in diem stipulamur, statim quidem debetur, sed peti, priusquam dies veniat, non potest", wird § 2 I. 3, 15 gesagt,[2]) und ebenso bestimmen die §§ 164, 165 A.L.R. I 4: „Ist eine gewisse Zeit dergestalt beigefügt, daß mit dem Ablauf derselben die Ausübung des Rechtes ihren Anfang nehmen soll, so muß zwar der Berechtigte den Eintritt dieses Zeitpunktes abwarten, doch ist das Recht selbst für vollständig erworben zu erachten und geht daher, wenn es nicht an die Person des Berechtigten gebunden ist, auf die Erben desselben über". Aber diese Gesetze verhalten sich nur über den obligatorischen Anspruch (deshalb

---

[24]) § 20 E E.G.

[25]) § 122 E.E.G.

[1]) l. 12 § 2. D. 20, 4.

[2]) So auch l. 46 pr. D. 45, 1: „Centesimis kalendis dari utiliter stipulamur: quia praesens obligatio est, in diem autem dilata solutio."

die Worte: „debetur", „praesens obligatio est", „solutio"), dessen Realisirung aufgeschoben ist, nicht über ein Recht, dessen Realisirung in seiner Erlangung besteht.[3]) Das Landrecht spricht in den §§ 164, 165 cit. auch nur von Rechten, deren Ausübung betagt ist, ein befristetes dingliches Recht ist aber nicht ein Recht, dessen Ausübung, sondern dessen Erwerb betagt ist. Wenn dem Gläubiger am 1. Januar ein Gegenstand mit der Bestimmung zum Pfand gegeben ist, daß das Pfandrecht erst am 1. Februar beginnen soll, so ist der Berechtigte am 1. Januar noch nicht Pfandgläubiger, denn dies soll er der Verabredung gemäß erst am 1. Februar sein. Wäre anzunehmen, daß er schon am 1. Januar Pfandgläubiger sein würde, so würde die Hinzufügung der Befristung wirkungs- und zwecklos sein.[4]) Folgt hieraus, daß das unter einer suspensiven Zeitbestimmung bestellte Pfandrecht nicht schon, wie das für einen suspensivbetagten Anspruch unbeschränkt konstituirte Pfandrecht, im Augenblick seiner Bestellung, sondern erst mit dem Ablauf der beigefügten Frist erworben wird, so führt der § 12 K.O. zu dem Ergebniß, daß, wenn der Konkurs über das Vermögen des Pfandschuldners vor Ablauf der Frist eröffnet wird, der Gläubiger ein den Konkursgläubigern nachtheiliges Absonderungsrecht nicht mehr erwerben kann. Hieran ändert auch der Umstand nichts, daß, wie in l. 12 § 2 D. 20, 4 vorgeschrieben ist, das betagte Pfandrecht nach Ablauf der Frist im Verhältniß zu anderen Pfandrechten mit rückwirkender Kraft so rangirt, als ob es zur Zeit der Bestellung erworben wäre; denn die Frage nach der Rangordnung läßt sich erst beantworten, wenn der Erwerb des rangirenden Rechtes erfolgt ist, und ein Recht, welches überhaupt nicht mehr erworben werden kann, kann auch nicht mit rückwirkender Kraft erlangt werden. Ebenso wenig kann der Umstand berücksichtigt werden, daß der Anspruch auf das Pfandrecht zur Zeit seiner Bestellung begründet war, daß er sogar auf die Erben des Gläubigers übergeht, denn der § 12 K.O. schließt den Erwerb des Pfandrechtes nach der Konkurseröffnung aus, „wenngleich der Anspruch auf den Erwerb oder die Eintragung schon vor der Eröffnung des Verfahrens begründet gewesen ist".

Auf das suspensivbetagte Pfandrecht, welches somit nicht anders zu behandeln ist, wie das suspensivbedingte, müssen daher auch die für das letztere im vorigen Paragraphen besprochenen Grundsätze zur

[3]) Vgl. Windscheid I § 96 Anm. 5.

[4]) Windscheid a. a. O.: „Wer sagt: Du sollst Eigenthümer sein vom 1. k. M., sagt nun einmal nicht: Du sollst sogleich Eigenthümer sein."

Anwendung kommen. Ebenso ist das resolutivbetagte nicht anders, wie das resolutivbedingte Pfandrecht zu behandeln, weshalb auch in dieser Beziehung auf den vorigen Paragraphen Bezug genommen wird.

Anders gestaltet sich zwar das Rechtsverhältniß, wenn das Pfandrecht nicht betagt, seine Ausübung aber von dem Ablauf einer bestimmten Zeit abhängig gemacht ist, wenn z. B. dem Pfandvertrage die Modifikation hinzugefügt ist, daß der Verkauf der Pfandsache nicht vor Ablauf von 3 Monaten erfolgen dürfe. Aber in diesen Fällen ist das Pfandrecht selbst nicht betagt und deshalb steht der § 12 K.O. dem schon erworbenen Pfandrechte nicht entgegen, hindert auch nicht den Erwerb des nur zeitlich beschränkten Befriedigungsrechtes.

§ 20. c. Das Absonderungsrecht an zukünftigen Gegenständen.

Auch an zukünftigen Gegenständen kann ein Pfandrecht mit Wirksamkeit bestellt werden. Nach gemeinem Rechte können sowohl solche Sachen, deren spätere Existenz und Quantität noch ganz ungewiß ist, und an welche der Schuldner selbst noch kein Anrecht hat,[1]) wie auch solche, für die bereits eine Grundlage vorhanden ist,[2]) verpfändet werden.[3]) Das Preuß. Recht bestimmt über die Verpfändung künftiger Sachen in den §§ 113—115 A.L.R. I, 20:

> „Künftige Sachen, die nicht übergeben werden können, können nicht verpfändet werden.
>
> Auch die Verpfändung künftiger Früchte kann ohne die Uebergabe der fruchttragenden Sache selbst nicht vor sich gehen.
>
> Soweit jedoch eine symbolische Uebergabe künftiger Sachen oder Früchte statt hat, finden die Vorschriften §§ 107, 108 Anwendung"

und die §§ 107, 108 A.L.R. I, 20 schreiben vor:

> „Auch wenn durch symbolische Uebergabe noch kein Pfandrecht entsteht, erwirbt dennoch der Gläubiger dadurch die Be-

---

[1]) Z. B. eine künftige Jagdbeute.

[2]) Z. B. die künftigen Früchte eines Grundstücks.

[3]) Die emtio spei und rei speratae sind gültige Kaufverträge, und „quod emtionem venditionem recipit etiam pignerationem recipere potest". l. 9 § 1 D. 20, 1. Vgl. Huschke in der Zeitschr. f. Civ.R. u. Pr. XX S. 181. Die Verpfändung organischer Erzeugnisse ist in l. 11 § 2, 3, D. 20, 4. l. 15 pr. D. 20, 1 behandelt. Vgl. Göppert, organische Erzeugnisse S. 235 ff.; Windscheid I § 230 i. f. und Anm. 11; Exner, Pfandrechtsbegriff S. 105 ff.

fugniß, bei dem Richter darauf anzutragen, daß ihm die solchergestalt übergebene bestimmte Sache, soweit sie hinter dem Schuldner noch befindlich ist, in seinen Naturgewahrsam überliefert werde.

Sobald dies geschehen ist, gelangt das Pfandrecht selbst zur Wirklichkeit."

Das Pfandrecht, ein Recht an einer fremden Sache, setzt die Existenz dieser Sache voraus, wie sich dies auch aus den angeführten Bestimmungen des Preuß. Rechtes mit Deutlichkeit ergiebt. So lange die Sache nicht existirt, kann an ihr ein Recht nicht bestehen. Wohl kann der Anspruch auf den Erwerb eines Rechtes an der künftig entstehenden Sache schon vor deren Existenz begründet werden, es kann dem Erwerbe auch die Fiktion der Rückwirkung beigelegt sein, aber entstehen kann ein dingliches Recht nicht vor der Existenz der Sache selbst.[4])

Die Eröffnung des Konkurses, wenn sie in die Zwischenzeit zwischen der Bestellung des Pfandrechtes und der Entstehung des Pfandgegenstandes fällt, tritt der Erwerbung des Pfandrechtes durch die Bestimmung des § 12 K.O., nach welcher Pfandrechte an Gegenständen der Konkursmasse nach der Eröffnung des Verfahrens mit verbindlicher Kraft gegen die Konkursgläubiger nicht mehr erworben werden können, hindernd entgegen. Man wird es leicht nehmen, die Konsequenz dieses Satzes auf die verpfändete spes und res sperata dahin zu ziehen, daß diese künftigen Sachen, an welchen der Schuldner selbst noch kein Recht hatte, nach der Konkurseröffnung nicht mehr Gegenstände eines Pfandrechtes des Gläubigers werden können; aber man wird auf den ersten Blick Bedenken tragen, diesen Satz auch auf das Pfandrecht an Erzeugnissen, an An- und Zuwüchsen der verpfändeten Sache zu beziehen. Nach § 157 A.L.R. I 20 „sind An- und Zuwüchse verpfändeter beweglicher Sachen, sie mögen durch Natur oder Kunst entstehen, im Mangel besonderer Verabredungen für mitgepfändet zu achten," und der § 30 E.E.G. läßt für die auf einem Immobile eingetragene Post auch die „natürlichen An- und Zuwüchse, die stehenden und hängenden Früchte," sowie „die Mieth- und Pachtzinsen und sonstigen Hebungen" haften. Und doch scheint dem Erwerb des Absonderungsrechtes auch der weitere Satz entgegenzustehen, daß ein Absonderungsrecht nur an Gegenständen der Masse bestehen kann, daß

---

[4]) v. Vangerow I § 169 Anm. 1, § 372 Anm. 2b.

diejenigen Sachen, welche aus Konkursobjekten erst nach der Eröffnung des Verfahrens zur Existenz gelangen, zur Zeit der Eröffnung dem Schuldner noch nicht gehörten und daß deshalb nach § 1 Abs. 1 K.O., welcher die Masse nur aus demjenigen Vermögen bestehen läßt, das dem Schuldner zur Zeit der Eröffnung gehörte, wohl ein Pfandrecht, nicht aber ein Konkursabsonderungsrecht an solchen Gegenständen möglich ist. Aber der Begriff der Konkursmasse ist im § 1 K.O. doch zu eng gefaßt. Gehörten die aus der Masse entstandenen Sachen nicht zur Konkursmasse, so würden die natürlichen und civilen Früchte, es würde die Alluvion, die insula in fl. nata, der alv. derelictus, die durch Spezifikation entstandene Sache, welche erst nach der Eröffnung erworben sind, es würde das nach diesem Zeitpunkt im Separations-, im Expropiationsverfahren erlangte Vermögensobjekt, das durch den Fortfall der Festungsqualität, das durch Ersitzung, Aedifikation, durch Auffinden eines Schatzes erworbene Eigenthum nicht zur Masse gehören, es würde sogar das, was der Verwalter in Ausübung der Verwaltung erwirbt und an welchem das Eigenthum auf den Kridar übergeht, der Masse entzogen sein; es würden diese Gegenstände vielmehr dem Gemeinschuldner ohne die durch die Konkurseröffnung eingetretene Dispositionsbeschränkung zukommen. Das Gesetz läßt aber diese Konsequenz nicht zu. Der § 48¹ K.O., welcher bestimmt, daß eine Aufrechnung im Konkurse unzulässig ist, wenn jemand vor oder nach der Eröffnung des Verfahrens eine Forderung an den Schuldner erworben hat und nach der Eröffnung etwas zur Masse schuldig geworden ist, statuirt, daß jemand nach der Eröffnung etwas zur Masse schuldig werden kann, daß also für die Masse nach der Eröffnung noch etwas erworben werden kann, was dem Schuldner vor der Eröffnung noch nicht gehörte; nach § 118 Abs. 2 K.O. hat der Verwalter bis zur Beschlußfassung durch eine Gläubigerversammlung nach seinem Ermessen das Geschäft des Gemeinschuldners zu schließen oder fortzuführen, und nach § 120 K.O. beschließt die Gläubigerversammlung über Schließung oder Fortführung des Geschäftes. Da der Verwalter lediglich die Konkursmasse verwaltet und über sie disponirt und da diese Masse nur zur Befriedigung der Konkursgläubiger zu dienen hat, so führt der Verwalter das Geschäft zu dem Zwecke fort, um aus den Einnahmen desselben die Gläubiger zu befriedigen. Jeder Erwerb aus diesem Geschäft und die aus neuen Geschäften des Verwalters erworbenen Rechte und Sachen gehören, obgleich sie bei der Eröffnung des Verfahrens nicht Gegenstände der

Masse waren, trotzdem zur Konkursmasse. Der § 122 K.O. gestattet dem Verwalter unter Genehmigung des Gläubigerausschusses, eventuell der Gläubigerversammlung, sogar Darlehne aufzunehmen und Grundstücke zu erwerben. Das zum Darlehn erhaltene Geld fließt also zur Masse und das Eigenthum an diesem Gelde sowie das Eigenthum an den angekauften Grundstücken gehört zur Masse, obgleich es zur Zeit der Konkurseröffnung zum Vermögen des Gemeinschuldners nicht gehörte. Diese Bestimmungen der K.O. lassen erkennen, daß zur Konkursmasse auch dasjenige gehört, was aus Vermögensrechten und Vermögensobjekten der Masse nach der Konkurseröffnung entsteht oder erworben wird.

Rechnet man aber die nach der Eröffnung des Verfahrens aus der Masse entstehenden Gegenstände zur Konkursmasse, also zu demjenigen Vermögen, welches dem Gemeinschuldner zur Zeit der Eröffnung gehörte, so muß man auch fingiren, daß dies Gegenstände der Masse sind, welche zur Zeit der Eröffnung bereits existirten. Ist aber zu fingiren, daß sie zu einer Zeit existirten, zu welcher sie thatsächlich noch nicht vorhanden waren, so ist auch anzunehmen, daß sie zur Zeit ihrer fiktiven Existenz, also zur Zeit der Eröffnung des Verfahrens mit dem Absonderungsrechte belastet sind, dessen Erwerb von der Existenz des Gegenstandes abhängt. Aber wie die Vermögensmasse nur durch die aus ihr selbst entstehenden Zuwüchse vermehrt wird, so muß auch die Vergrößerung des Pfandrechtes sich auf die aus der Masse selbst entstehende Vermehrung beschränken. Es kann daher an einem Gegenstande, welcher selbstständig ohne Rücksicht auf ein bereits vor der Eröffnung entstandenes Pfandrecht, z. B. auf ein Pfandrecht an den künftigen Früchten des nicht verpfändeten Grundstücks, zur Existenz gelangt, ein Absonderungsrecht nach der Eröffnung mit Rechtswirkung gegen die Konkursgläubiger nicht mehr erworben werden.

Das Ergebniß dieser Erörterungen ist folgendes: Durch die Eröffnung des Konkurses

1) wird die Entstehung des Pfandrechtes an künftigen Sachen, zu deren Erwerb der Schuldner kein Anrecht hatte, nicht gehindert, aber es entsteht an diesen Sachen kein den Konkursgläubigern gegenüber wirksames Absonderungsrecht;

2) an andern künftigen Sachen

a. kann ein Absonderungsrecht begründet werden, wenn die

Sache aus den bereits verpfändeten Gegenständen als Frucht oder Zuwachs entsteht,

b. kann ein Absonderungsrecht aber nicht entstehen, wenn die Sache selbstständig verpfändet ist.

§ 21. d. Das subsidiäre Absonderungsrecht.

Der Absonderungsgläubiger, welcher zugleich Konkursgläubiger ist, muß das Absonderungsrecht im Konkurse prinzipaliter geltend machen und kann den persönlichen Anspruch nach § 57 K.O. aus der Masse nur eventuell oder subsidiär und zwar nur zu demjenigen Betrage fordern, zu welchem er auf abgesonderte Befriedigung verzichtet, oder mit welchem er bei der abgesonderten Befriedigung ausgefallen ist. Es fragt sich, ob umgekehrt ein Absonderungsrecht bestehen kann, welches als solches nur eventuell zu demjenigen Betrage geltend gemacht werden kann, zu welchem der Absonderungsgläubiger aus der Konkursmasse Befriedigung nicht erlangen kann. Ein solches, gleichsam umgekehrtes Absonderungsrecht ist gesetzlich in gewissen Fällen zugelassen: Nach § 232 A.L.R. I 18 „gilt im Mangel näherer Bestimmungen die Regel, daß Lehnschulden, welche blos die Person und Familie des Vasallen betreffen oder zur Tilgung gewisser ihm persönlich obliegender Verbindlichkeiten gemacht sind, vorzüglich aus seinem Allodialvermögen oder -Nachlasse und nur bei dessen Unzulänglichkeit aus dem Lehn zu tragen sind." Ebenso ist für die ebenfalls nach § 45 K.O. zur Absonderung berechtigten Familienfideikommißgläubiger im § 104 A.L.R. II 4 bestimmt: „Schulden des Fideikommißstifters, mit welchen er selbst das Fideikommiß bei dessen Errichtung belastet hat, oder die aus seinem übrigen Vermögen nicht bezahlt werden können, sind als ursprüngliche, die Substanz angehende Fideikommißschulden anzusehen.[1])

Dieses gesetzlich für das Lehn- und Familienfideikommißrecht statuirte subsidiäre Absonderungsrecht muß auch im Konkurse anerkannt werden, weil nach § 5 [1] E.G. die landesgesetzlichen Vorschriften, welche das Lehn- und Familienfideikommißrecht betreffen, durch die K.O. nicht berührt sind.

---

[1]) Zu § 104 cit. bemerkt Eccius-Förster IV § 242 S 259 mit Recht, daß für diese Schulden die Substanz des Fideikommisses nur subsidiär hafte, d. h. sie seien Substanzschulden des Fideikommisses, soweit sie aus dem übrigen Vermögen nicht bezahlt werden könnten.

Ein subsidiäres Absonderungsrecht kann auch durch Vertrag begründet werden, aber es fragt sich, ob ein solches Absonderungsrecht im Konkurse anerkannt werden kann. Der § 57 verbietet die Geltendmachung der Forderung gegen die Masse ohne Ausfall des Absonderungsrechts und ohne Verzicht auf dasselbe. Der subsidiäre Absonderungsgläubiger kann daher, so lange er nicht auf sein Pfandrecht verzichtet oder mit demselben ausgefallen ist, aus der Masse Befriedigung nicht suchen. Aus dem Pfandgegenstande kann er vertragsmäßig zwar nur soweit Befriedigung erlangen, als er aus der Konkursmasse Zahlung nicht erlangt hat; die Thatsache der Nichtbefriedigung aus der Masse läßt sich durch kalkulatorische Berechnung desjenigen Betrages feststellen, mit welchem er ausfallen würde, wenn er bei der Vertheilung berücksichtigt würde bezw. wäre. Für diesen Betrag kann er nach dieser Feststellung Befriedigung aus dem Absonderungsgegenstande suchen, da nach dieser Feststellung sein bisheriges subsidiäres Absonderungsrecht zu einem prinzipalen geworden ist. Da sich dann aber sein Absonderungsrecht von einem andern gültigen qualifizirten Absonderungsrechte nicht mehr unterscheidet, kann er mit dem ganzen ausgefallenen Reste seiner Forderung am Konkurse Theil nehmen.

Der § 57 K.O. veranlaßt daher zwar eine besondere Behandlung des subsidiären Absonderungsrechtes, steht aber im Uebrigen der Geltendmachung desselben im Konkurse nicht entgegen.[2]) Man darf auch nicht behaupten, daß dieses Absonderungsrecht wegen suspensiver Bedingtheit im Konkurse keine Berücksichtigung verdiene (vgl. oben § 18), denn wenn auch eine suspensive Bedingtheit in der Thatsache der Feststellung der Unzulänglichkeit des übrigen Vermögens des Schuldners nicht zu verkennen ist, so ist von dieser Feststellung doch nicht der Erwerb des Absonderungsrechtes, sondern nur das Befriedigungsrecht des Gläubigers abhängig.[3])

---

[2]) Vgl. aber die Entsch. des Reichsgerichts Bd. 6 S. 66 ff., der jedoch nicht ein Fall des subsidiären Absonderungsrechtes, sondern ein Vertrag zu Grnnde lag, durch den der Gläubiger — nicht verpflichtet, sondern nur — berechtigt war, sich wegen einer durch Kaution gesicherten Forderung an das übrige Vermögen des Schuldners zu halten, im Falle des Konkurses aber die ganze Forderung gegen die Masse geltend zu machen und sich wegen des Ausfalls aus der Kaution zu decken.

[3]) Steht schon vor der Eröffnung des Konkurses — z. B. infolge von Zwangsvollstreckungen — fest, daß oder wie weit der Anspruch aus dem übrigen Vermögen des Schuldners nicht befriedigt werden kann, so ist die Bedingung der

§ 22. e. Das an fremden Sachen bestellte Absonderungsrecht.

An fremden Sachen kann vor Eröffnung des Verfahrens ein Pfandrecht bestellt sein:

a. der Kridar kann die Verpfändung als gutgläubiger Besitzer vorgenommen;

b. er kann ein Pfandrecht mit oder ohne Einwilligung des Eigenthümers bestellt haben, und später Eigenthümer der Pfandsache geworden sein;

c. es kann ein Dritter mit oder ohne Einwilligung des Kridars an dessen Sache ein Pfandrecht bestellt haben;

d. der Kridar oder der Verwalter kann das Eigenthum einer Sache erwerben, auf welcher ein Pfandrecht lastet.

Diese Fälle lassen sich zweckmäßig unter dem Gesichtspunkte der Pfandbestellung durch den Eigenthümer und durch den Nichteigenthümer behandeln:

1) Das vom Eigenthümer oder mit dessen Einwilligung[1]) von einem Dritten bestellte Pfandrecht ist gültig. Es macht dabei keinen Unterschied, ob der Kridar oder ob ein Dritter als Eigenthümer die später in das Eigenthum des Kridars übergegangene Sache mit dem Pfandrechte belastet hat. Der Uebergang der gültig belasteten Sache nach der Konkurseröffnung in die Konkursmasse und damit in das Eigenthum des Kridars berührt die Gültigkeit des Pfandrechtes nicht: denn obgleich Pfand- und Hypothekenrechte nach § 12 K.O. an Gegenständen der Masse nach der Konkurseröffnung nicht mit verbindlicher Kraft gegen die Konkursgläubiger erworben oder

---

Vermögensunzulänglichkeit schon vor Eröffnung des Verfahrens eingetreten und derGläubiger nicht mehr subsidiärer, sondern prinzipaler Absonderungsberechtigter.

[1]) Das gemeine Recht hält die mündliche Einwilligung für ausreichend, das Preuß. Recht verlangt Schriftlichkeit nur dann, wenn die Pfandforderung 150 M. übersteigt. § 65 A.L.R. I 20. In der Verbürgung des Eigenthümers für die Pfandforderung liegt — § 79 A.L.R. I 20 — die Genehmigung der ihm bei der Verbürgung bekannten Pfandbestellung des Schuldners. Nach Handelsrecht — Art. 309 H.G.B. — ist die mündlich ertheilte Genehmigung genügend, wenn es sich um ein zwischen Kaufleuten für eine Forderung aus beiderseitigen Handelsgeschäften bestelltes Faustpfand an beweglichen Sachen oder an Inhaber- oder indossabeln Papieren handelt, während in allen andern Fällen die von dem geltenden Civilrecht verlangte Form erforderlich ist. Das Grundbuchrecht verlangt — § 33 G.O. — zur Eintragung die öffentliche Beurkundung oder Beglaubigung des Konsenses.

eingetragen werden können, so ist das Pfandrecht an der erst nach der Eröffnung des Verfahrens zur Masse gekommenen Sache weder gegen den Kridar, noch gegen die Konkursgläubiger, sondern war vom Pfandgläubiger gegen den früheren Eigenthümer erworben.[2])

2) Das vom Nichteigenthümer ohne Einwilligung des Eigenthümers bestellte Pfandrecht ist, solange nicht eine Konvalescenz desselben eintritt, ungültig. Diese Regel erleidet folgende Ausnahmen:

a. Nach gemeinem Rechte ist das von dem gutgläubigen Besitzer konstituirte Pfandrecht rechtsgültig,[3]) wenn der Pfandgläubiger sich selbst in gutem Glauben befand. Das Preuß. Recht giebt dem gutgläubigen Pfandgläubiger nur ein Pfandrecht an der bonae fidei possessio.[4]) Gegenstand des Pfandrechtes ist daher nach Preuß. R. nicht das Eigenthum, sondern nur der vollständige redliche Besitz der Pfandsache. Wie der vollständige Besitzer nur dem wahren Eigenthümer zu weichen braucht, aber gegen jeden andern alle Rechte des Eigenthümers hat,[5]) so hat der gutgläubige Pfandgläubiger die Pfandklage gegen jeden Dritten, nicht aber gegen den wirklichen Eigenthümer. Er hat somit ein Pfandrecht, welches sich von dem ordentlichen, vom Eigenthümer bestellten, Pfandrechte nur dadurch unterscheidet, daß er es dem wahren Eigenthümer gegenüber nicht geltend machen kann. Vorausgesetzt wird aber, daß das Pfandrecht nicht nur von dem b. f. poss. bestellt ist, sondern daß der Pfandgläubiger selbst in gutem Glauben war, daß er also nicht wußte, daß die Sache eine fremde war.[6]) Dieser gutgläubige

---

[2]) Vgl. v. Wilmowski Anm. 7 zu § 12 K.O. und Entsch. des Obertrib. 73 S. 182.

[3]) l. 18. D. 20, 1. Wenn von mehreren gutgläubigen Besitzern verschiedenen Personen Pfandrechte bestellt sind, so gelten diese Pfandrechte, aber derjenige Pfandgläubiger hat die Priorität, welcher sich im Besitze der Sache befindet. l. 4. D. 20, 4.

[4]) § 74 A.L.R. I 20.

[5]) §§ 175, 176 A.L.R. I 7.

[6]) §§ 80, 81 A.L.R. I 20: „Ist der Gläubiger zum Besitze des Pfandes nach der Bestimmung Tit. 15 § 25 redlicher Weise gelangt; so ist er zur Ausantwortung des Pfandes an den Eigenthümer, nur gegen Erstattung dessen, was er dem Schuldner darauf wirklich gegeben hat, verpflichtet."

„Wegen der auf das Pfand selbst verwendeten Kosten, und sonst überall, hat er gegen den Eigenthümer die Rechte eines jeden redlichen Besitzers."

Pfandgläubiger ist aber auch dem wahren Eigenthümer gegenüber nicht schutzlos, gegen ihn hat er zwar nicht ein Pfandrecht, und deshalb auch nicht das Recht, sich aus der Sache zu befriedigen, wohl aber hat er ihm gegenüber ein beschränktes Retentionsrecht, welches ihn berechtigt, die Sache bis zur Bezahlung des „wirklich Gegebenen" und bis zum Ersatz der auf die Sache gemachten Verwendungen nach Vorschrift der §§ 204—211 A.L.R. I 7 vorzuenthalten,[6]) wogegen er kein Recht hat, sich auch wegen der rückständigen Zinsen[7]) durch das Retentionsrecht gegen den Eigenthümer zu schützen.[8]) Dieses Retentionsrecht cessirt aber nicht nur dann, wenn der Pfandgläubiger wußte, daß die Sache eine fremde war, sondern auch dann, wenn er „bei der Annehmung der fremden Sache zum Pfand ohne Einwilligung des Eigenthümers sich ein grobes oder mäßiges Versehen zu Schulden kommen" ließ,[9]) denn dann soll er einem unredl. Besitzer gleich geachtet werden.

Die Rechtsstellung des gutgläubigen Pfandgläubigers ist hiernach folgende:

Ist das Pfandrecht vom gutgläubigen Besitzer ohne Einwilligung des wahren Eigenthümers[10]) bestellt, so hat er Dritten und dem Verpfänder selbst gegenüber ein Pfand- und Absonderungsrecht, dem Eigenthümer gegenüber nur ein Retentionsrecht.

Von diesem Retentionsrecht kann er auch im Konkurse des Eigenthümers Gebrauch machen, weil ihm gegen diesen eine klagbare Forderung nicht zusteht. Siehe oben § 6.

Als Retentionsgläubiger hat er die Verpflichtungen der

---

[7]) § 82 cit.

[8]) § 85: „Soweit der Pfandgläubiger wegen Zinsen und Kosten von dem einlösenden Eigenthümer nicht befriedigt wird, kann er sich an den Verpfänder halten;" welcher insoweit sogar dann persönlich verhaftet ist, wenn sonst eine persönliche Verhaftung desselben nicht begründet wäre, doch haftet der Eigenthümer für solche Kosten nicht, die dem Gläubiger wegen eines ohne Zuziehung des Verpfänders mit dem Eigenthümer unnütz geführten Prozesses zur Last fallen.

[9]) § 92 A.L.R. I 20. „Insonderheit findet dies gegen denjenigen statt, welcher Pfänder, die einem Anderen gehören, von verdächtigen Personen angenommen hat." § 91.

[10]) Ueber das mit Einwilligung des Eigenthümers bestellte Pfand siehe oben 1.

§§ 108, 109 K.O. zur Anzeige des Besitzes an den Verwalter und die Verbindlichkeit, dem Kridar den Besitz der Sache vorzuenthalten. Da er aber nicht absonderungsberechtigt ist, so kann er nicht genöthigt werden, in Gemäßheit des § 117 K.O. die Sache dem Verwalter zur Verwerthung herauszugeben; für ihn besteht der § 57 K.O. nicht, ihn treffen die Folgen des Akkordes nicht.

b. Das vom schlechtgläubigen Besitzer bestellte Pfandrecht gewährt kein Absondersrecht; aber der gutgläubige Pfandgläubiger hat nach Preuß. R. auch in diesem Falle dem Eigenthümer gegenüber das oben unter 2a besprochene Retentionsrecht und dem Verpfänder selbst gegenüber, der sich weder nach gem., noch nach Preuß. Recht auf die Ungültigkeit des von ihm selbst bestellten Pfandrechtes berufen kann, ein Absonderungsrecht, wenn derselbe Eigenthümer der Sache wird. War der Pfandschuldner nicht gutgläubiger Besitzer, aber er hatte ein dingliches Recht an der Sache, so ist er, wenn er das Pfand an der Sache selbst bestellte, als malae fidei poss. anzusehen; doch dem gutgläubigen Pfandnehmer dient nach Preuß. R. in diesem Falle das dingliche Recht des Bestellers zum Pfande;[11]) war der Verpfänder Nießbraucher der Pfandsache, so ist dieser Nießbrauch der Gegenstand des Pfandrechtes.

c. Ist das Pfandrecht vom Nichteigenthümer unter der Bedingung des künftigen Erwerbes oder der Einwilligung des Eigenthümers bestellt, so ist es ein suspensivbedingtes, welches dem Gläubiger bis zum Eintritt der Bedingung kein Absonderungsrecht gewährt (siehe oben § 18). Ging der Nichteigenthümer von jener Voraussetzung aus, ohne daß der Pfandschuldner sie kannte, und befand sich dieser ohne mäßiges Versehen in gutem Glauben, so hat er nach Preuß. R. gegen den Eigenthümer das Retentionsrecht.

d) Nach Handelsrecht kann unter den Voraussetzungen der Art. 306, 307 H.G.B. auch von einem Nichteigenthümer, selbst von einem m. f. poss. ein Pfandrecht gültig bestellt werden. Nach Art. 306 Abs. 2—4 kann, wenn Waaren oder andere bewegliche Sachen von einem Kaufmann in dessen

[11]) § 74 A.L.R. I 20.

Handelsbetrieb verpfändet und übergeben sind, ein früher begründetes Eigenthum, Pfandrecht oder sonstiges dingliches Recht zum Nachtheil des redlichen Pfandnehmers oder dessen Rechtsnachfolger nicht geltend gemacht werden; das gesetzliche Pfandrecht des Kommissionärs, Spediteurs und Frachtführers steht in dieser Beziehung einem durch Vertrag erworbenem Pfandrechte gleich. Diese Bestimmung findet aber keine Anwendung, wenn der Gegenstand gestohlen oder verloren war. Sind die dem gutgläubigen Pfandnehmer verpfändeten Sachen Inhaberpapiere, so gewährt der Art. 307 ein gültiges Pfandrecht auch dann, wenn die Verpfändung auch von einem Nichtkaufmann geschehen ist und selbst dann, wenn die Papiere gestohlen oder verloren waren. War das Inhaberpapier aber außer Konkurs gesetzt, so kommt für das Preuß. Recht weder der Art. 306, nach der Art. 307 zur Anwendung.[12])

e. Das von dem eingetragenen Nichteigenthümer bestellte Pfandrecht ist gültig, sofern es gegen Entgelt oder im redlichen Glauben an die Richtigkeit des Grundbuchs erworben, und eine Vormerkung zum Schutz des wahren Eigenthümers nicht voreingetragen ist.[13])

f. Mit Rechtswirksamkeit kann auch der Nichteigenthümer die Eintragung einer Hypothek, einer Grundschuld, einer Vormerkung beantragen, wenn er gleichzeitig seine Eintragung als Eigenthümer erlangt.[14]) Das Pfandrecht kann aber in diesem Falle erst dann zur Existenz gelangen, wenn der Verpfänder als Eigenthümer ingrossirt und das Pfandrecht selbst eingetragen ist. Denn so lange der Verpfänder nicht als Eigenthümer intabulirt ist, ist die Pfandbestellung, weil von einem nicht eingetragenen Nichteigenthümer vorgenommen,

---

[12]) Art. 15 des Preuß. Ges. vom 24. Juni 1861.

[13]) § 9 E.E.G.: „Die Eintragung des Eigenthumübergangs und deren Folgen können nach den Vorschriften des bürgerlichen Rechtes angefochten werden. Es bleiben jedoch die in der Zwischenzeit von dritten Personen gegen Entgelt und im redlichen Glauben an die Richtigkeit des Grundbuches erworbenen Rechte in Kraft. Gegen diesen Nachtheil kann sich der Anfechtungsgläubiger durch die von dem Prozeßrichter nachzusuchende Eintragung einer Vormerkung sichern." Vgl. auch § 38 E.E.G.

[14]) § 19 E.E.G.: „Die Eintragung erfolgt 1) wenn der eingetragene oder seine Eintragung gleichzeitig erlangende Eigenthümer sie bewilligt...."

ungültig, sie muß durch die Eintragung des Eigenthümers konvalesciren; und so lange die Pfandbestellung noch nicht selbst zur Eintragung geführt hat, ist das Pfandrecht noch nicht erworben.

§ 23. f. Die Konvalescenz ungültiger Absonderungsrechte.

Das vom Nichteigenthümer ungültig bestellte Pfandrecht wird gültig, wenn der Besteller Eigenthümer der Pfandsache wird, oder wenn der Eigenthümer in die Verpflichtung des Bestellers eintritt, oder seine Einwilligung nachträglich ertheilt. In diesen Fällen wird das Pfandrecht zwar mit rückwirkender Kraft von der Zeit der Bestellung an gültig, steht aber den vom Eigenthümer inzwischen gültig bestellten Pfandrechten nach.[1])

Diese Regel erleidet im gemeinen Rechte eine Ausnahme für den schlechtgläubigen Pfandnehmer, welcher, nachdem der Verpfänder Eigenthümer der verpfändeten Sache geworden, kein Pfandrecht erlangt, sondern dem Pfandschuldner gegenüber nur ein Retentionsrecht hat.[2]) Da dieses Retentionsrecht gegenüber dem Pfandschuldner, nicht gegenüber einem Dritten besteht, so kann es, wenn der Gläubiger gegen den Schuldner eine klagbare Forderung hat, im Konkurse des Pfandschuldners nach den oben § 6 erörterten Grundsätzen nicht geltend gemacht werden. Das Landrecht erkennt, ohne zwischen dem gut- und dem schlechtgläubigen Pfandnehmer und ohne zwischen dem vertragsmäßig bestellten und dem gesetzlich begründeten Pfandrechte zu unterscheiden,[3]) die Konvalescenz des Pfandrechtes[4]) in den angegebenen Fällen mit der vorbezeichneten Wirkung an. Ob aber ein Immobiliarpfandrecht, welches von dem nicht eingetragenen und seine Eintragung nicht gleichzeitig erlangenden Eigenthümer konstituirt

---

[1]) §§ 16, 17 A.L.R. I, 28. l. 16 § 1 u. 7. D. 20, 1. l. 1 pr. cit. l. 5. C. 8, 16. Vgl. v. Vangerow III § 372 und die dort citirten Schriftsteller. v. Vangerow will dann, wenn der Nichteigenthümer eine fremde Sache ohne die Bedingung des späteren Erwerbes oder der späteren Einwilligung des Eigenthümers verpfändet und nachher das Eigenthum erwirbt, ein Pfandrecht nicht mehr entstehen lassen. Aber die l. 5. C. 8, 16 giebt die utilis actio pign. allgemein für jeden Fall der Pfandbestellung durch einen Nichteigenthümer, welcher nach der Bestellung das Eigenthum des Pfandgegenstandes erwirbt.

[2]) l. 1. D. 20, 1. Dernburg, Pfandrecht I S. 238 ff.; v. Vangerow l. c.

[3]) Entsch. des Obertrib. 24 S. 93; Striethorst, Archiv 8, 64.

[4]) §§ 60 ff., 76, 78, 406 A.L.R. I, 20.

ist, Gültigkeit erlangt, sobald der Verpfänder als Eigenthümer eingetragen wird, ob die Konvalescenz ferner eintritt, wenn derjenige als Eigenthümer ingrossirt wird, welcher nicht durch Auflassung, sondern durch das Gesetz — z. B. durch Erbgang — Grundstückseigenthümer geworden ist, und vor seiner Eintragung die Pfandingrossation bewilligt hat, ist streitig; die Fragen sind zu bejahen,[5]) wie

[5]) Das Obertrib. — Entsch. 76 S. 125; 79 S. 14, Gruchot 23 S. 455; 24 S. 1019 — das Kammergericht — Johow-Küntzel Jahrbuch 6 S. 95, vgl. auch Johow 3 S. 141; 5 S. 116 — lassen die Eintragungsbewilligung des Pfandschuldners, die er vor der Auflassung vorgenommen hat, nicht nach der späteren Eigenthumseintragung konvalesciren, sondern verlangen zur Gültigkeit der Verpfändung eine nochmalige Erklärung der Eintragungsbewilligung. Ebenso Turnau I S. 306—308 u. S. 289, 290; Förster, Preußisches Grundbuchrecht S. 159; Förster-Eccius III § 193 Anm. 3; Bahlmann S. 40 ff., S. 75 Anm. 4, S. 92 Anm. 2[a], Willenbücher, das Preußische Grundbuchrecht S. 22 Anm. 2[a]; Mathis, die Preußischen Grundbuchgesetze S. 23, Anm. 2; Tophoff in Gruchot's Beiträgen 19 S. 427, Küntzel in Johow's Jahrbuch 5 S. 268. Vgl auch die Verf. des Justizministers im Justizministerialblatt 1877 S. 22. Dagegen wollen Dernburg, Privatrecht I § 318 Anm. 7, Dernburg-Hinrichs, das Preußische Hypothekenrecht I S. 266 ff., Weber, das Hypothekenrecht S. 145 ff. und Hinrichs, Studien I S. 4 eine Konvalescenz durch die nachträglich erfolgte Eigenthumseintragung des Verpfänders eintreten lassen. Das Reichsgericht hat sich zunächst der herrschenden, die Konvalescenz bestreitenden Ansicht angeschlossen — Gruchot, Beiträge 25 S. 453, Zeitschr. f. Pr. R. II S. 342. In der Entscheidung Bd. 11 S. 325 spricht es sich aber dahin aus: „Wenn der Eigenthümer eines Grundstückes, ohne als solcher eingetragen zu sein, dasselbe zur Hypothek stellt und der Grundbuchrichter demnächst bei der Eintragung des Eigenthums ohne nochmalige Eintragungsbewilligung die Hypothek eingetragen hat, so ist diese Eintragung nicht nichtig, begründet vielmehr ein Realrecht, welches weder von dem als Eigenthümer eingetragenen Verpfänder, noch von einem nacheingetragenen Gläubiger angefochten werden kann". Die Frage, ob der Grundbuchrichter verpflichtet ist, auf Grund der früheren Eintragsbewilligung die Hypothek oder Grundschuld zu intabuliren, läßt das Reichsgericht in dieser Entscheidung zwar dahingestellt, wenn aber eine Eintragung auf Grund einer früheren Eintragsbewilligung gültig ist, so läßt sich die Konvalescenz der Anfangs ungültigen Bewilligung nicht bestreiten, und wenn die Anfangs ungültige Hypothekbestellung konvalescirt, so ist der Grundbuchrichter auch verpflichtet, den gültig gewordenen Eintragungsantrag auszuführen. Die jetzige Ansicht des Reichsgerichts wird hier für die richtige gehalten: Die §§ 404—406 A.L.R. I, 20 bestimmen: „In allen Fällen muß das Hauptrecht, welches durch die Hypothek versichert werden soll, dem Berechtigten gegen denjenigen zustehen, welcher als vollständiger Besitzer der Sache in das Hypothenbuch eingetragen ist. Ist also zu der Zeit, wo die Eintragung gesucht wird, der Schuldner als Eigenthümer der Sache im Hypothekenbuche nicht vermerkt, so findet auch die Einräumung einer gültigen Hypothek für den Gläubiger nicht statt. Doch hat, wenn

dies im § 124 Abs. 5 Z.V.G. für Verpfändungen des Erstehers vor dessen Eintragung geschehen ist: „Eintragungen, welche der Ersteher in der Vertheilungsverhandlung bewilligt hat, erfolgen bei der Eintragung des Erstehers als Eigenthümers auf Grund dieser Bewilligung."[6])

Eine wegen Mangels der persönlichen Fähigkeit des Schuldners ungültig erfolgte Pfandbestellung konvalescirt nicht schon durch die

nach erfolgter Hypothekbestellung der Schuldner als Eigenthümer der Sache in das Hypothenbuch wirklich eingetragen wird, die allgemeine Vorschrift §§ 16, 17 Anwendung". Diese §§ 16, 17 lauten: „Ueberkommt der Verpfänder das Recht, über die Sache solchergestalt zu verfügen, erst nach geschehener Verpfändung, so erlangt letztere dadurch von selbst ihre Wirksamkeit. Ist aber in der Zwischenzeit einem Dritten ein an sich gültiges Recht auf oder zu der Sache von dem, welcher darüber zu schalten befugt war, eingeräumt worden, so kann der Pfandgläubiger gegen diesen Dritten seines dinglichen Rechts sich nicht bedienen." Hiernach erkennt das Landrecht die Konvalescenz der Hypotheken an, und diese Konvalescenz ist durch die Grundbuchgesetze nicht beseitigt. Die entgegenstehende Ansicht wird auf die Vorschrift des § 19[1] E.E.G. gestützt: „Die Eintragung erfolgt 1) wenn der eingetragene oder seine Eintragung gleichzeitig erlangende Eigenthümer sie bewilligt", eine Vorschrift, aus welcher eine Aenderung des früheren Rechtes hervorgehen soll. Das Obertrib. — Striethorst, Archiv 93 S. 147 — sagt in dieser Hinsicht: „Eine Verschiedenheit beider Rechte liegt darin, daß, während nach dem Landrecht die von dem Käufer in dem Kaufvertrage bestellte Hypothek konvalescirte, wenn der Käufer als Eigenthümer in das Grundbuch eingetragen wurde (A.L.R. I, 20 §§ 16, 406), nach dem neuen Rechte die Eintragung der Hypothek nur mit Bewilligung des eingetragenen oder die Eintragung gleichzeitig erlangenden Eigenthümers erfolgen kann". Wie wenig ein Unterschied zwischen den Bestimmungen des Landrechts und des E.E.G. besteht, geht aus den Vorschriften des § 411 A.L.R. I, 20, wonach das Hypothekenrecht selbst nur durch die wirkliche Eintragung in die öffentlichen Hypothekenbücher erworben werden kann", und des § 405 cit. hervor, wonach „die Einräumung einer gültigen Hypothek für den Gläubiger nicht stattfindet, wenn zu der Zeit, wo die Eintragung gesucht wird, der Schuldner als Eigenthümer der Sache im Hypothekenbuche nicht vermerkt ist". Nach beiden Rechten entsteht daher die Hypothek nur durch die Eintragung und nach beiden Rechten muß die Eintragung von dem eingetragenen Eigenthümer bewilligt sein. Eine Abweichung besteht auch darin nicht, daß nach dem E.E.G. auch der „seine Eintragung gleichzeitig erlangende" Eigenthümer die Ingrossation der Verpfändung bewilligen kann. Dieser Zusatz, der auf die Frage der Konvalescenz keinen Einfluß hat, ist in der Kommission des Herrenhauses nur zu dem Zwecke hinzugefügt, um das frühere Recht des § 406 A.L.R. I 20 aufrecht zu erhalten. (Werner, Materialien zu den Grundbuchgesetzen S. 54)

[6]) Diese Bestimmung sollte nach den Motiven Z.V.G. S. 55 freilich nur den Zweifel beseitigen, ob der Ersteher, welcher bei Belegung des Kaufgeldes eine Eintragung bewilligt, als ein gleichzeitig die Eintragung erlangender Eigenthümer anzusehen sei.

Erlangung der Handlungsfähigkeit, die Gültigkeit des Pfandrechts hängt vielmehr nach Hebung der Unfähigkeit von der Errichtung eines neuen Pfandvertrages oder der verbindlichen Anerkennung des früheren Vertrages ab, durch welche eine Rückwirkung gegen Dritte, die ein Recht an der Sache erlangt haben, nicht eintreten kann, wogegen im Verhältniß des Schuldners zum Gläubiger die Rückwirkung vereinbart werden kann.[7])

Das wegen mangelnder Form ungültig konstituirte Pfandrecht wird erst durch Ergänzung der Form ohne rückwirkende Kraft gültig; ist dasselbe aber an sich formell gültig konstituirt, jedoch ohne Beobachtung anderer formeller Voraussetzungen, ohne welche die Konstituirung nicht beginnen durfte, so wird es mit rückwirkender Kraft gültig, wenn jene Voraussetzungen nachgeholt sind.[8]) Das an einer dem Verkehr entzogenen Sache bestellte Pfandrecht wird durch die Rückkehr der Sache zur Verkehrsfähigkeit ohne Rückwirkung gültig. Kompulsiver Zwang, Betrug, wesentlicher Irrthum machen die Pfandbestellung nicht nichtig, sondern nur anfechtbar;[9]) ein nachträgliches Anerkenntniß bewirkt die Gültigkeit mit rückwirkender Kraft. Ein durch absoluten Zwang, zum Schein oder aus Scherz bestelltes Pfandrecht ist kein Pfandrecht; ein nachträgliches Anerkenntniß ist daher nichts, als ein neuer Vertrag ohne rückwirkende Kraft.

Die Frage der Konvalescenz ist für das Konkursabsonderungsrecht in derselben Weise zu beantworten, wie für das Pfandrecht außerhalb des Konkurses; aber die Konvalescenz ist unter den Voraussetzungen der §§ 23 ff. K.O., wenn sie durch eine Rechtshandlung des Kridars begründet wird, anfechtbar und sie kann nach der Eröff-

[7]) §§ 17—20 A.L.R. I 20; vgl. aber als Ausnahme § 38 E.E.G.

[8]) So wird ein Pfändungspfandrecht, welches wegen Mangels einer der in den §§ 671, 672 C.P.O. für den Beginn der Zwangsvollstreckung vorgeschriebenen Zustellungen ungültig ist, durch Nachholung der Zustellung gültig, jedoch unbeschadet des Vorranges der inzwischen an der Sache erworbenen Pfandrechte. Reichsgericht Bd. 16 S. 317, Bd. 20 S. 433, Bd. 25 S. 371 ff, in Gruchot's Beiträgen 28 S. 845 und in der juristischen Wochenschrift 1882 S. 116. Siehe darüber unten § 78.

[9]) Bezüglich des Zwanges ist dies im gem. R. streitig, aber nach v. Savignys Vorgang die herrschende Ansicht. Bezüglich des Irrthums giebt die herrschende Ansicht des gem. R. dem wesentlichen Irrthum die Wirkung der Nichtigkeit, so daß die nachträgliche Anerkennung keine rückwirkende Kraft haben könnte. Im Preuß. R. ist im Falle des Irrthums dem nachträglichen Anerkenntnisse durch § 188 A.L.R. I 5 rückwirkende Kraft beigelegt. Für den Betrug, durch welchen der Irrthum erzeugt wird, gilt dasselbe.

nung des Konkurses zum Nachtheil der Konkursgläubiger nicht mehr eintreten, weil ein zur Zeit der Eröffnung des Konkurses ungültiges und daher noch nicht existirendes Pfandrecht nach § 12 K.O. nicht, auch nicht durch Konvalescenz erworben werden kann. Da die Ungültigkeit der Pfandforderung, wie oben § 17 dargethan, auch die Ungültigkeit des Pfandrechtes nach sich zieht, und daher die Ungültigkeit und die Konvalescenz der Pfandforderung mit der Ungültigkeit und Konvalescenz des Pfandrechtes in untrennbarem Zusammenhange stehen, so müssen die im § 17 besprochenen Grundsätze auch für die Konvalescenz der ungültigen Pfandrechte zur Anwendung kommen.

§ 24. 8. Die Modifikationen des allgemeinen Absonderungsrechtes.

Das allgemeine Absonderungsrecht kann ebenso wie das spezielle auch für einen bedingten oder betagten Anspruch bestehen;[1]) es kann auch selbst bedingt oder betagt sein, wenn z. B. der Erwerb einer Erbschaft von einer Bedingung abhängt, sei es, daß der Testator diese Bedingung seiner letztwilligen Disposition hinzugefügt hat, sei es, daß die Bedingtheit durch andere Umstände, durch die Ungewißheit, ob ein Kind des Erblassers noch geboren werde u. dergl. begründet wird.[2])

Der Eintritt der Bedingung und der Ablauf der Befristung des Anspruchs wird durch die Eröffnung des Konkurses nicht gehindert, ebensowenig steht der Konkurs dem Eintritt der Bedingung oder der Betagung des allgemeinen Absonderungsrechtes selbst entgegen. Denn der § 12 K.O., nach welchem ein suspensivbedingtes oder betagtes Pfandrecht im Laufe des Verfahrens zum Nachtheil der Konkursgläubiger nicht mehr unbedingt und unbetagt werden kann, handelt nicht auch von dem allgemeinen Absonderungsrecht. Nur dann, wenn die Erfüllung der Bedingung von einer Rechtshandlung des Kridars abhängt, verhindert der § 6 K.O. jede Wirkung einer solchen Handlung, welche der Verwalter nicht genehmigt, wie auch die Entstehung eines zukünftigen Anspruchs, dessen Begründung eine Rechtshandlung des Kridars erfordert (vgl. oben § 11).

Soweit ein modifizirter allgemeiner Absonderungsanspruch im Konkurse zuzulassen ist, richtet sich seine Behandlung nach dem für

[1]) l. 4. pr. D. 42, 6.
[2]) § 371 A.L.R. I 9.

die speziellen Absonderungsforderungen angegebenen Grundsätze. Wegen des subsidiären Lehns- und Familienfideicommißrechtes wird jedoch auf die dasselbe betreffenden Erörterungen im § 21 verwiesen.

9. Der Einfluß der Konkurseröffnung auf die Entstehung des Absonderungsrechts.

§ 25. a. Die Konkurseröffnung als Hinderungsgrund für die Entstehung des Absonderungsrechts.

Durch die Konkurseröffnung wird das Verhältniß eines jeden Konkursgläubigers zur Konkursmasse und zu den andern Konkursgläubigern fixirt; in der Lage, in welcher sich zu dieser Zeit ein Gläubiger zur Konkursmasse befindet, wird er in dem Verfahren berücksichtigt, eine Veränderung seiner Lage zum Nachtheil der andern Gläubiger ist unstatthaft.[1]) Deshalb ist im § 12 K.O. vorgeschrieben, daß Pfand- und Hypothekenrechte, Vorzugsrechte, sowie Zurückbehaltungsrechte an Gegenständen der Konkursmasse nach der Konkurseröffnung mit verbindlicher Kraft gegen die Konkursgläubiger nicht erworben oder eingetragen werden können, wenngleich der Anspruch auf den Erwerb oder auf die Eintragung schon vor der Eröffnung des Verfahrens begründet war.

Zu diesen Pfandrechten gehören auch die Ansprüche, welche in der zweiten Abtheilung des Grundbuches eingetragen sind, wie die Altentheile,[2]) die Ansprüche auf Renten und sonstige wiederkehrende Leistungen; denn durch die Eintragung wird für solche Ansprüche ein „dingliches Recht erworben, welches von Berechtigten auf eine fremde Sache zur Sicherheit seiner Forderung eingeräumt, und vermöge dessen er seine Befriedigung selbst aus der Substanz dieser Sache verlangen kann,“ diese Ansprüche haben daher alle Requisite des Pfandrechtes.[3]) Zu den Pfandrechten gehören dagegen solche Rechte nicht, welche schon ohne Eintragung dinglich sind, und für welche die Eintragung nur erforderlich ist, um ihnen auch Dritten gegenüber Wirksamkeit zu verschaffen,[4]) insbesondere die Servituten. Ihrer Eintragung steht daher nach der Konkurseröffnung der § 12 nicht entgegen. Eine andere Frage aber ist es, ob ein solcher dinglich Be-

---

[1]) Motive S. 53.

[2]) § 76 G.O.

[3]) § 1 A.L.R. I 20.

[4]) § 12. E.E.G.

rechtigter, welcher einen Anspruch auf Eintragung seines Rechtes, z. B. seines Nießbrauches schon vor der Konkurseröffnung gegen den Gemeinschuldner hatte, diese Eintragung gegen den Verwalter durchsetzen kann. Das Reichsgericht hat diese Frage in dem Urtheile Band I S. 389, 390 der Entscheidungen bejaht, weil zur Masse nur das mit dem, auch noch nicht eingetragenen, Nutzungsrechte bereits beschwerte Grundstück gehöre. Dies ist zwar richtig und motivirt die Zulässigkeit der Eintragung auf Grund einer schon vor der Eröffnung abgegebenen oder durch Urtheil erzwungenen Einwilligung des Kridars bezw. der späteren Bewilligung des Verwalters; aber wenn eine solche Einwilligung nicht vorliegt, so hat der Gläubiger einen Anspruch auf Eintragung nur auf Grund des unterliegenden Rechtsverhältnisses, aus welchem er, soweit er noch nicht dinglich berechtigt ist, nur als Konkursgläubiger Rechte geltend machen kann; einen Anspruch auf Eintragung, d. h. auf Sicherstellung, kann ein Konkursgläubiger nach § 10 K.O. nur nach Maßgabe der Vorschriften für das Konkursverfahren verfolgen, und nach §§ 21, 62 K.O. kann nur eine Geldforderung wegen der Nichterfüllung der dem Kridar obliegenden Verpflichtung als Konkursforderung, nicht aber ein Anspruch auf Eintragung geltend gemacht werden.

Durch den § 12 K.O. wird ferner der Erwerb allgemeiner Absonderungsrechte nicht gehindert. Nur wenn der Erwerb eines solchen Rechtes nicht ohne eine Rechtshandlung des Kridars geschehen kann. steht die Korkurseröffnung dem Erwerbe entgegen.[5]) Siehe oben § 24.

Soweit die Konkurseröffnung den Erwerb des Absonderungsrechtes hindert, tritt sie auch zwischen den Anspruch auf den Erwerb und den Erwerb selbst. Ist bis zum Zeitpunkt der Eröffnung des Verfahrens[6]) ein Absonderungsrecht nicht erworben, so kann es, mag

[5]) § 6 K.O.

[6]) Der Zeitpunkt der Eröffnung des Konkurses wird durch den Tag und die Stunde des Eröffnungsbeschlusses bestimmt, § 100 Abs. 1 K.O. Ist die Stunde im Eröffnungsbeschluß nicht angegeben, so gilt nach § 100 Abs. 2 K.O. die Mittagsstunde des Eröffnungstages als die Stunde der Eröffnung — und zwar selbst dann, wenn eine frühere oder spätere Stunde nachgewiesen wird. Ist der Erwerb des Pfandrechtes durch eine Rechtshandlung des Kridars erfolgt, so besteht nach § 6 Abs. 3 K.O. die Vermuthung, daß, wenn diese Handlung am Eröffnungstage vorgenommen worden, sie nach der Eröffnung geschehen ist; der Gegenbeweis ist jedoch zulässig. Geschah der Erwerb ohne eine Rechtshandlung des Kridars, so muß gegen den Erwerber der Beweis geführt werden, daß sie nach der im Eröffnungsbeschlusse angegebenen Zeit, eventuell nach der Mittagsstunde vorgenommen ist.

der Gläubiger von der Konkurseröffnung Kenntnis gehabt haben oder nicht, der Masse gegenüber nicht mehr zur Entstehung gelangen, selbst wenn der Erwerbsakt bereits soweit vorgeschritten war, daß der Erwerb ohne Zuthun der Interessenten perfekt werden konnte, wie dann auch — siehe oben § 19 — der Ablauf einer Frist, von welchem die Entstehung des Pfandrechtes abhängt, dasselbe im Konkurse nicht mehr zur Entstehung bringen kann.

Setzt die Entstehung des Absonderungsrechts eine Mehrheit von Erwerbsakten voraus, so hindert der Konkurs die Existenz desselben, wenn auch nur einer dieser Akte zur Zeit der Eröffnung noch fehlt. Eine solche Mehrheit von Akten kann der Erwerb des Pfändungspfandrechtes an Forderungen und den ihnen prozessualisch gleichgestellten Rechten erfordern: die Pfändung einer Geldforderung ist nach § 730 Abs. 3 C.P.O. mit der Zustellung des Pfändungsbeschlusses an den Drittschuldner als bewirkt anzusehen; dasselbe gilt nach § 745 C.P.O. von der Pfändung solcher Ansprüche, die die Herausgabe oder Leistung körperlicher Sachen zum Gegenstand haben, und nach § 754 Abs. 1 C.P.O. von der Pfändung anderer Vermögensrechte, welche nicht Gegenstand der Immobiliarzwangsvollstreckung sind; und ist bei der Pfändung der zuletzt bezeichneten Rechte ein Drittschuldner nicht vorhanden, so ist nach § 754 Abs. 2 die Pfändung mit dem Zeitpunkt als bewirkt anzusehen, in welchem dem Schuldner das Gebot, sich jeder Verfügung über das Recht zu enthalten, zugestellt ist. Muß die Zustellung an den Drittschuldner bezw. im letzten Falle an den Schuldner selbst öffentlich erfolgen, so gilt nach § 189 C.P.O. die Zustellung als erfolgt, wenn seit der Anheftung des Schriftstückes an die Gerichtstafel zwei Wochen verstrichen sind. Die Zustellung dauert daher zwei Wochen, sie beginnt mit dem Aushang und endet mit dem Ablauf der Aushangsfrist. Fällt die Konkurseröffnung in die Aushangsfrist, so kann das Pfändungspfandrecht nicht erworben werden.[1]) Dasselbe gilt für die Zustellung mittels Ersuchens einer Behörde.

[1]) Hieran ändert auch der § 190 C.P.O. nichts: wenn auf ein Gesuch, das die Zustellung eines demselben beigefügten Schriftstückes mittels Ersuchens anderer Behörden oder mittels öffentlicher Bekanntmachung betrifft, die Zustellung demnächst bewirkt wird, so treten die Wirkungen der Zustellung bereits mit der Ueberreichung des Gesuchs ein, insoweit durch die Zustellung eine Frist gewahrt oder der Ablauf der Verjährung oder einer Frist unterbrochen wird." Hier handelt es sich nicht um die Wahrung einer Frist, und die Rückbeziehung der

Eine Mehrheit von Akten ist auch zum Erwerb einer Hypothek oder Grundschuld nothwendig, weil dieser die Eintragungsbewilligung des Schuldners und die durch die Unterschrift der Grundbuchbeamten vollzogene Eintragung zur Voraussetzung hat. Aus den obigen Ausführungen, nach welchen zur Gültigkeit des Pfandrechtes sämmtliche der mehreren Erwerbsakte vor der Konkurseröffnung vollzogen sein müssen, ergiebt sich, daß auch die Hypothek und Grundschuld, wenn sie vor der Eröffnung des Verfahrens noch nicht eingetragen ist, nach der Eröffnung nicht mehr mit Rechtswirkung gegen die Konkursgläubiger eingetragen werden kann. Gleichwohl ist diese Frage nicht nur bestritten, sondern wird von der herrschenden Meinung im entgegengesetzten Sinne beantwortet.[8]) Für diese Frage ist das

Wirkungen der Zustellung auf einen früheren Zeitpunkt setzt den Eintritt der Wirkungen selbst voraus. Diese werden aber durch die Konkurseröffnung gehindert.

[8]) Das Obertribunal hat sowohl vor dem Inkrafttreten des E.E.G. — Entsch. Bd. 47 S. 178, Bd. 58 S. 196, Bd. 76 S. 103, Striethorst Archiv Bd. 52 S. 129, Bd. 66 S. 164, Bd. 79 S. 358, Bd. 86 S. 335, Gruchot, Beiträge Bd. 14 S. 127, vgl. auch Bd. 6 S 230, Bd. 11 S. 348 u. 621 — wie auch nachher — Reichsanzeiger 1878 Nr. 9 — die nachträgliche Eintragung der vor der Eröffnung des Konkurses bewilligten und beantragten Hypothekeneintragung zugelassen. Dieser Ansicht ist auch das Reichsgericht — Entsch. Bd. 4 S. 324 — beigetreten. In der Litteratur wird dieselbe Ansicht von Bahlmann S. 70 Anm. 94, Philler, Komment. zur G.O. S. 12 Anm. 38, Achilles S. 173 Anm. 27, Dernburg, Preuß. Pr.R. (3. Aufl.) II § 114[3] Anm. 24, Dernburg-Hinrichs I S. 130, 411 Anm. 49, Turnau I S. 149, Förster-Eccius I § 116 Anm. 24, v. Wilmowski Anm. 3 zu § 12 K.O. und v. Völdernborff I § 12 S. 198 i. f. vertreten. Nur Schultzenstein, Drei Fragen aus dem Preuß. Grundbuchrecht S. 39 ff., v. Sarwey Anm. 5 zu § 12 K.O., Wengler S. 129 und Oetker § 4 S. 220, sowie die Motive zum § 10 der Preuß. Konkursordnung vertheidigen die hier für richtig gehaltene Ansicht. Die Motive zum § 12 K.O. S. 54, 55 sagen: „Eine Hauptanwendung wird die Vorschrift des § 12 in den Rechtsgebieten finden, in welchen das Pfandrecht an einem Grundstücke nicht schon kraft der Einräumung durch den Schuldner oder kraft des Gesetzes oder richterlicheu Urtheils entsteht, sondern diese Akte nur den Titel zur Eintragung der Hypothek begründen und erst durch die geschehene Eintragung das dingliche Recht erworben wird. Hier wird die Vorschrift in dem Falle eintreten, wenn derjenige Akt oder einer von den Akten, durch welche die Eintragung und demgemäß der Erwerb der Hypothek als bewirkt gilt, erst nach der Eröffnung des Verfahrens vorgenommen ist. Welcher Akt der entscheidende ist, wird durch das Landesrecht bestimmt. Nach diesem richtet sich insbesondere die Beantwortung der Frage, ob die Präsentation des Titels und des Antrags bei der Hypothekenbehörde oder die Eintragungsverfügung, wenn diese schon vor dem Konkurse erfolgt ist, das Verbot des § 12 ausschließt oder ob, um das Absonderungsrecht zu

frühere Recht weder durch das E.E.G., noch durch die K.O. geändert. Der § 411 A.L.R. I 20 bestimmte: „Nur durch die wirkliche Eintragung wird das Hypothekenrecht selbst erworben," nichts anderes sagt der § 18 E.E.G.: „Das Recht der Hypothek und der Grundschuld entsteht durch die Eintragung im Grundbuche." Ebensowenig unterscheidet sich der § 10 der Preuß. Konkursordnung[9]) von dem § 12 K.O. Will man nun behaupten, daß eine noch nicht eingetragene Hypothek noch nach der Eröffnung des Verfahrens mit Rechtswirkung eingetragen werden könne, so läßt sich dem § 10 der Pr. K.O. und dem § 12 der jetzigen K.O. gegenüber, die jeden Erwerb eines Pfandrechtes nach der Eröffnung des Konkurses verbieten, nur deduziren, daß die Hypothek schon vor der Eintragung ihre Existenz erlangt habe, und fast wird auch so zur Vertheidigung der herrschenden Ansicht deduzirt. In dem Urtheile des Obertrib. vom 16. November 1866[10]) wird ausgeführt:

> „Bei Bestimmung des Zeitpunktes des Erwerbes eines Hypothekarischen Rechtes ist nicht lediglich der Akt der Eintragung entscheidend, vielmehr ist auf den Zeitpunkt zurückzugehen, wo der Eintragungsberechtigte alles gethan hat, was ihm gesetzlich oblag; war demnach das Eintragungsgesuch begründet, so hatte auch die Erwerbung des dinglichen Rechtes begonnen, und der auf Grund des Gesetzes erlassene Befehl zur Eintragung und die Eintragung selbst sind auf den Zeitpunkt der Präsentation des Gesuchs zurückzubeziehen .... Von da an liegt nicht nur die Befugniß vor, die Einräumung des Hypothekenrechtes zu verlangen, sondern es hat die Erwerbung des dinglichen Rechtes begonnen und die Entstehung desselben muß, insofern die Eintragung erfolgt, auf den Zeitpunkt der Präsentation retrotrahirt werden. Allerdings wird in den vom Apellationsrichter in Bezug genommenen Motiven zum § 10 der Konkursordnung

erwerben, die Eintragung oder gar die Aushändigung des Hypotheken- oder Grundschuldbriefs an den eingetragenen Gläubiger der Konkurseröffnung vorhergegangen sein müssen."

[9]) Pfandrechte und Hypothekenrechte an dem zur Konkursmasse gehörigen Vermögen, welche von den einzelnen Gläubigern erst nach der Konkurseröffnung erlangt werden, können von denselben zum Nachtheile anderer Gläubiger nicht geltend gemacht werden, wenn ihnen auch die Befugniß, die Einräumung eines Pfandrechtes oder Hypothekenrechtes zu fordern, schon vor der Konkurseröffnung zustand."

[10]) Striethorst, Archiv Bd. 66 S. 164 ff.

eine abweichende Ansicht ausgesprochen — vgl. Preuß. Konkursordnung von Wentzel u. Klose —, allein diese Ansicht hat in dem Gesetze selbst keinen Ausdruck gefunden."

Das Obertrib. nimmt in dieser Entscheidung auf den Plenarbeschluß vom 21. Juni 1850 [11]) Bezug, welcher ausführt, daß der § 30 Tit. 2 der Hypothekenordnung auf einem allgemeinen der Natur der Sache und dem Geiste der Hypothekenordnung entsprechenden Satze beruhe, wonach der Moment, in welchem der Berechtigte alles zur Eintragung Erforderliche seinerseits beigebracht habe, über die Frage der Zulässigkeit und die Stelle der Eintragung entscheide, und daß das Recht des Hypothekengläubigers mit der Präsentation seines Gesuchs bei dem Hypothekenrichter beginne, und die Zufälligkeiten der Verspätung der Ausführung der Eintragung und möglicher Zwischenereignisse seinen Erwerb nicht aufheben könnten. Aehnlich wird auch in einer andern Entscheidung des Obertr. [12]) ausgeführt, daß, wenn man annehme, daß erst mit dem letzten Momente der Einschreibung in das Hypothekenbuch das Hypothekenrecht erlangt werde, die Erlangung dieses Rechtes von ganz zufälligen Ereignissen und von dem Gläubiger nicht abzuwendenden Zufälligkeiten abhängig gemacht sei, daß das Gesetz auch nicht mit bestimmten Worten sage, der Moment der Ingrossation sei allein entscheidend, daß vielmehr unter Eintragung die Gesammthandlung des Gerichts und seiner Organe zu verstehen sei, sodaß jedenfalls der Moment der erlassenen Verfügung den Anfangstermin der Gesammthandlung der Eintragung bilde, weshalb die Hypothekenordnung auch angeordnet habe, daß der Tag des Befehls, nicht der Tag der Ingressation, eingetragen werden solle; man müsse aber weitergehend die Einreichung des Eintragungsgesuchs für den entscheidenden Zeitpunkt ansehen; das ergebe sich daraus, daß der Ingrossator, welcher mehrere Eintragungsbefehle „von einerlei Art" erhalte, nicht den Moment als entscheidend ansehen dürfe, in welchem die Befehle ihm zugegangen oder datirt seien, sondern der Moment der Präsentation des Eintragungsgesuchs bei dem Hypothekenrichter entscheide, und wenn die Eintragung auf mehrere Güter zu verschiedenen Zeiten geschehen sei, so fange nach § 168 der Kreditor in Ansehung eines jeden besonders von dem Zeitpunkt an sein Recht zu erlangen, da das Eintragungsgesuch eingegangen sei; hier spreche sich klar das Prinzip aus, daß nicht der Moment der Ingrossation

[11]) Entsch. Bd. 19 S. 28.

[12]) Entsch. Bd. 47 S. 178 ff.

allein das Hypothekenrecht begründen solle, sondern der Moment, da der Eintragungsberechtigte alles gethan habe, was ihm gesetzlich obliege. Das Reichsgericht hat zwar Bd. 4 S. 304 sich dahin ausgesprochen: „Wenn die Schuld- und Pfandverschreibung vor der Konkurseröffnung bei dem Grundbuchamte zur Eintragung präsentirt, aber erst nach derselben eingetragen ist, so muß das durch die wirkliche Eintragung entstandene Hypothekenrecht so angesehen werden, als sei es bereits zur Zeit der Präsentation entstanden. An diesem für das frühere Hypothekenrecht geltenden Grundsatze ist durch das Gesetz vom 5. Mai 1872 nichts geändert," hat sich später aber in mehrfachen Entscheidungen[13]) der entgegengesetzten hier vertretenen Ansicht zugewandt.

Die Gründe der herrschenden Meinung sind hier deshalb so weitläufig angegeben, um an ihnen selbst zu zeigen, wie wenig für diese Ansicht angeführt werden kann. Weil der Zeitpunkt des Eingangs des Eintragungsantrages entscheidend ist, soll sich das Prinzip klar ergeben, daß nicht der Moment der Ingrossation allein das Hypothekenrecht begründen solle. Der Zeitpunkt des Einganges des Antrages ist allerdings entscheidend, aber nicht für die Begründung des Pfandrechtes, sondern für die Reihenfolge der Eintragungen, für die Reihenfolge, in welcher der Richter eintragen soll;[14]) er giebt die Entscheidung im Verhältniß der mehreren Gläubiger, aber nicht im Verhältniß des Gläubigers zum Schuldner, gegen welchen das Pfandrecht erworben werden soll. Bestimmt aber das Gesetz — wie dies der § 411 A.L.R. I 20 und der § 18 E.E.G. thun —, daß nur die wirkliche Eintragung das Hypothekenrecht begründet, und wird im § 412 A.L.R. I 20 sogar noch hinzugefügt: „Solange daher ein gesetzliches oder auch ein durch rechtsgültige Willenserklärungen bestelltes Pfandrecht noch nicht eingetragen ist, solange hat dasselbe noch nicht die Eigenschaft eines dinglichen Rechtes," bestimmt das Gesetz also, daß vor der Eintragung ein Pfandrecht noch nicht begründet sein könne, so kann das dingliche Recht nicht vor der Eintragung entstehen, also auch nicht durch das Eintragungsgesuch, und

[13]) Entsch. Bd. 14 S. 291, Bd. 26 S. 395, Bd. 28 S. 286 ff.

[14]) § 45 G.O.: „Aus mehreren Eintragungen für dasselbe Grundstück erfolgt die Eintragung in der durch den Zeitpunkt der Vorlegung der Gesuche bei dem Grundbuchamte bestimmten Reihenfolge und aus gleichzeitig vorgelegten Gesuchen zu gleichem Rechte, wenn nicht in denselben eine andere Reihenfolge bestimmt ist."

ein „aus der Natur der Sache und dem Geiste der Hypothekenordnung" abgeleiteter Satz, nach welchem ein Pfandrecht schon vor der Eintragung existent geworden sein soll, darf der klaren gesetzlichen Vorschrift gegenüber doch auf Berücksichtigung keinen Anspruch erheben. Das dingliche Recht kann daher nach dem Gesetze nicht schon entstanden sein, wenn die Interessenten alles, was an ihnen lag, gethan haben; der Erwerb des dinglichen Rechtes setzt vielmehr noch ein weiteres, außerhalb des Willens der Interessenten liegendes Moment, die Eintragung in das Grundbuch, voraus. Hat der Gläubiger alles, was an ihm lag, zum Erwerb des dinglichen Rechtes gethan, so hat er den Erwerb des Pfandrechtes versucht, aber noch nicht vollendet. Die Beweisführung des Obertribunals gipfelt in der Behauptung, daß die Ingrossation nicht allein entscheidend, daß das Eintragungsgesuch, die Eintragungsverfügung und die Eintragung eine Gesammthandlung seien und daß der Erwerb des Pfandrechtes mit der Einreichung des Eintragungsgesuches seinen Anfang genommen habe. Man wird nicht anstehen, die Richtigkeit dieser Sätze an sich anzuerkennen. Aber weil die Einreichung des Eintragungsgesuches nur den Anfang des Erwerbes des Pfandrechtes bildet, so ist der Erwerb noch nicht vollendet. Definirt man den Versuch als den Anfang der Ausführung einer Handlung,[15]) so ist die Einreichung des Eintragungsgesuchs, wenn durch sie der Anfang der Eintragung gemacht sein soll, als der Versuch des Pfandrechtserwerbes anzusehen. Solange es aber bei dem Versuch der Erwerbung bewendet, solange ist die Erwerbung noch nicht vollendet, und da der § 12 K.O. ein Pfandrecht, welches zur Zeit der Eröffnung des Verfahrens noch nicht erworben ist, nach diesem Zeitpunkte nicht mehr zur Vollendung kommen läßt, so kann eine noch nicht ingrossirte Hypothek, Grundschuld u. s. w. nach jenem Momente mit Wirksamkeit gegen die Gläubiger nicht mehr eingetragen werden. Freilich ist der Gläubiger, der alles, was an ihm lag, gethan hat, der Möglichkeit ausgesetzt, durch Zufälligkeiten, Zwischenfälle, durch Nachlässigkeit des Grundbuchrichters oder Grundbuchführers u. s. w. seines wohlerworbenen Anspruchs auf die Eintragung und den Pfandrechtserwerb verlustig zu gehen. Aber, weil eine gesetzliche Vorschrift unter Umständen unverdiente Nachtheile für einen Interessenten zur Folge haben kann, deshalb ist sie doch nicht ungültig. Auch die Pfändung durch den Gerichtsvollzieher ist nicht allein entscheidend, es muß ihr der Erlaß

[15]) Vgl. § 43 des Strafgesetzbuches.

eines Vollstreckungstitels und der Antrag des Gläubigers vorausgehen; alle diese Momente bilden, jedenfalls ebenso wie die für die Eintragungen angeführten Requisite, eine Gesammthandlung, und der Auftrag des Gläubigers zur Zwangsvollstreckung kann wenigstens mit demselben Rechte, mit welchem dies für den Eintragungsantrag behauptet wird, als der Anfang des Erwerbes des Pfandrechtes (Pfändungspfandrechtes) bezeichnet werden. Aber man wird doch nicht behaupten, daß das Pfändungspfandrecht schon im Augenblicke der Ertheilung des Auftrages an den Gerichtsvollzieher erworben sei; man würde mit einer solchen Behauptung jedenfalls in Widerspruch mit der Vorschrift des § 709 Abs. 3 C.P.O. gerathen, und man wird auch nicht behaupten, daß noch nach der Konkurseröffnung gepfändet werden dürfe, wenn der Auftrag dazu schon vorher ertheilt ist. Und doch kann in diesem Falle die Pfändung und dadurch der Erwerb des Pfandrechtes vor der Konkurseröffnung ohne Verschulden des Gläubigers lediglich durch Zwischenfälle oder durch die Nachlässigkeit des Gerichtsvollziehers unterblieben sein. Die vom Obertribunal angeführten Gründe: Das Eintragungsgesuch sei der Anfang des Pfandrechtserwerbes und die Eintragung könne ohne Verschulden des Gläubigers versäumt sein, führen daher nicht zu der Schlußfolgerung, daß deshalb die Eintragung nach der Konkurseröffnung noch zuläßig wäre. Am sichersten geht die Unrichtigkeit der herrschenden Ansicht aus der behaupteten „Retrotrahition“ hervor. Die Zurückbeziehung besteht darin, daß die Wirkung eines erst später erworbenen Rechtes auf einen früheren Zeitpunkt zurückbezogen wird; sie setzt also voraus, daß das Recht erst in dem spätern, nicht in dem früheren Zeitpunkte erworben ist. Soll nun die Eintragung rückwirkende Kraft haben, so kann dies nur bei der Annahme geschehen, daß die Eintragung ein Recht gewährt, von welchem fingirt werden soll, daß es schon vor der Eintragung erworben ist. Von der rückwirkenden Kraft eines Ereignisses kann man nur sprechen, wenn das Ereigniß selbst eingetreten ist, und von der rückwirkenden Kraft eines Rechtes nur dann, wenn dieses erworben ist; spricht man aber von der Rückwirkung der Eintragung, so giebt man zu, daß das Recht erst durch die Eintragung erworben wird; dies Recht kann aber nach § 12 K.O. nicht mehr erworben werden, wenn vor der Eintragung der Konkurs eröffnet ist.

Durch die Ueberreichung der Eintragungsbewilligung hat der Gläubiger somit nur einen Anspruch auf die Eintragung; dieser Anspruch giebt ihm kein Recht, die Eintragung noch nach der Konkurseröffnung zu verlangen, weil nach dieser Zeit der Erwerb des Pfandrechtes unzulässig ist, „wenngleich der Anspruch auf den Erwerb oder die Eintragung schon vor der Eröffnung des Verfahrens begründet gewesen ist.“ Dieser Anspruch auf die Eintragung mag ein jus ad rem sein, ein jus in re ist er nicht.[16])

In manchen Fällen mag es immerhin billig sein, dem Gläubiger, der einen Anspruch auf ein Absonderungsrecht hat, und der zur Erwerbung desselben alles gethan hat, was er thun konnte, eine etwaige, außerhalb seines Willens liegende Verzögerung des Grundbuchrichters nicht entgelten zu lassen; aber andererseits ist es auch unbillig, durch eine zu weitgehende Rücksicht auf einen Gläubiger den Konkursgläubigern zu schaden, denn jede Zubilligung eines Absonderungsrechtes geschieht auf Kosten der Konkursgläubiger. Uebrigens kann ein wachsamer Verwalter jene wohlmeinende Absicht dadurch vereiteln, daß er den noch nicht ausgeführten Ingrossationsantrag bei dem Grundbuchamt zurücknimmt, wenigstens in denjenigen Fällen, in welchen der Gläubiger noch kein vertragsmäßiges Recht auf die Eintragung erlangt hat.[17])

---

[16]) Vgl. Motive S. 53.

[17]) „Derjenige, welcher den Antrag auf Eintragung gestellt hat, kann denselben bis zur Eintragung einseitig wieder zurücknehmen, wenn der andere Theil kein vertragsmäßiges Recht auf die Eintragung erlangt hat. Wenn der instrumentirende Notar die von dem Schuldner einseitig ausgestellte Schuld- und Verpfändungsurkunde lediglich in dessen Auftrag mit dem Antrage auf Eintragung zu den Grundakten überreicht, und der Schuldner oder dessen Rechtsnachfolger den Antrag zurückgenommen hat, bevor das Schuldbekenntniß von dem Gläubiger ausdrücklich oder stillschweigend durch Empfangnahme der Urkunde acceptirt war, so darf die Eintragung der Hypothek nicht erfolgen; würde die Eintragung dennoch vorgenommen, so wäre sie ungültig und müßte auf den bloßen Antrag des Schuldners wieder gelöscht werden.“ So Turnau I Anm. 4[d] zu § 77 G.O. S. 313 und das Obertribunal bei Striethorst Bd. 94 S. 287. Nach Johow, Jahrbuch Bd. 4 S. 164 ist von einem Appellationsgerichte sogar angenommen, daß der Eigenthümer zur Zurücknahme des Antrages befugt sei, wenn der Gläubiger die geschehene Verpfändung in der Urkunde acceptirt hat und in dieser ein Antrag auf Eintragung enthalten ist, weil der Eigenthümer, wie er allein zur Anbringung des Antrages befugt, so auch berechtigt sei, denselben einseitig zu widerrufen oder aufzuschieben. (Hiergegen vgl. die Entscheidung des Kammergerichts in Johow-Küntzel, Jahrbuch II S. 118 uud IV S. 177 ff, welches die Zurücknahme von Anträgen, die zusammen vom Gläubiger und Schuldner gestellt sind, für unzulässig hält, auch wenn der Gläubiger nur stillschweigend durch Ueberreichung der Urkunde seine Zustimmung erklärt hat.)

Zu einer weitern Frage giebt der § 12 K.O. Veranlassung in Betreff der Grundschuld, welche vor der Eröffnung des Konkurses eingetragen, über die aber der Grundschuldbrief dem Gläubiger noch nicht ausgehändigt ist. „Das Recht der Grundschuld entsteht" nach § 18 E.E.G. „durch Eintragung im Grundbuche," aber das Verfügungsrecht über die Grundschuld erlangt der eingetragene Gläubiger nach § 20 E.E.G. erst, nachdem ihm der Grundschuldbrief ausgehändigt ist. Es ist zunächst streitig, ob durch die Eintragung der Grundschuld ohne Aushändigung des Grundschuldbriefes ein dingliches Recht für den Gläubiger erworben wird. v. Wilmowski,[18]) Hullmann,[19]) Bahlmann,[20]) Willenbücher[21]) verneinen diese Frage; v. Sarwey[22]) spricht dem Grundschuldgläubiger das Absonderungsrecht zu, auch wenn ihm der Grundschuldbrief nicht ausgehändigt ist. Achilles[23]) meint, daß der Grundschuldgläubiger schon durch die Eintragung ein dingliches Recht erwerbe, und daß dasselbe zugleich das Recht auf den Besitz des Briefes umfasse, welches mit der dinglichen Klage geltend gemacht werden könne. Dernburg[24]) behauptet auch, daß der Grundschuldgläubiger ein dingliches Recht auf Herausgabe des Briefes gegen den Verwalter habe, glaubt aber, der Gläubiger könne sich auf die Eintragung allein nicht stützen, um die Herausgabe des Briefes durchzusetzen, sondern müsse den materiellen Anspruch auf denselben darlegen; sei der Verpfänder in Konkurs verfallen, ehe der Brief dem Gläubiger ausgehändigt sei, so habe der eingetragene Gläubiger gegenüber der Konkursmasse ein Recht auf den Brief und die Post nur, wenn er dem Kridar die Valuta in unanfechtbarer Weise vor der Eröffnung des Konkurses geleistet habe. Das Reichsgericht schien zuerst[25]) die Frage, ob der Gläubiger ohne den Brief ein dingliches Recht erworben habe, verneinen zu wollen, später[26]) hat es sich aber dahin ausgesprochen: das Verfügungsrecht falle nicht mit dem Rechte aus der Grundschuld, dem Gläubigerrechte zusammen, erschöpfe dasselbe nicht, sondern setze

[18]) Anm. 3 zu § 12 K.O.
[19]) Konkursordnung S. 93 ff. Anm. 3a.
[20]) S. 100 Anm. 5.
[21]) S. 58.
[22]) Anm. 5 zu § 12.
[23]) S. 182 ff. Anm. 2.
[24]) Pr.Pr.R. I § 324 i. f.
[25]) Entsch. Bd. 3 S. 326; Gruchot, Beiträge Bd. 22 S. 417.
[26]) Gruchot, Beiträge 29 S. 958.

einen Gläubiger und ein Gläubigerrecht voraus, und der Mangel des erstern beschränke das letztere nur in seiner Wirksamkeit. Durch die Aushändigung des Briefes werde daher nicht ein die Grundschuld erst hervorbringender Vertrag vollendet, sondern ein die volle Wirksamkeit des geschaffenen Rechtes entgegenstehendes Hinderniß beseitigt." Diese Ansicht des Reichsgerichtes wird hier für die richtige gehalten. das Recht der Grundschuld entsteht nach § 18 E.E.G. nicht durch die Aushändigung des Grundschuldbriefes, sondern schon durch die Eintragung; und lediglich durch diese Eintragung wird der Gläubiger nach § 37 E.E.G. zur dinglichen Klage gegen den Eigenthümer des belasteten Grundstückes legitimirt.[27]) Erhält der Gläubiger auch nach § 20 E.E.G. das Verfügungsrecht über die Grundschuld erst durch Aushändigung des Briefes, so ist er doch schon vorher eingetragener Gläubiger, wie ihn der § 20 E.E.G. auch als solcher bezeichnet, und demnach auch Dinglichberechtigter. Er hat das dingliche Recht aus der Grundschuld abzüglich des Verfügungsrechtes. Daß ihm das Dispositionsrecht fehlt, läßt den Schluß nicht zu, daß er nicht Dinglichberechtigter sei, eben so wenig wie dem Eigenthümer, dem das Dispositionsrecht über die ihm gehörende Sache entzogen ist, deshalb das Eigenthumsrecht bestritten werden kann. Würde dem Grundschuldgläubiger wegen des Mangels der Dispositionsbefugniß das dingliche Recht selbst versagt, so müßte auch dem Hypothekengläubiger, dem der Hypothekenbrief nicht ausgehändigt ist, das Hypothekenrecht abgesprochen werden; denn auch dieser ist, wenn auch nicht in gleichem Grade wie jener, ohne Aushändigung des Hypothekenbriefes in der Disposition über die Hypothek beschränkt, da er ohne Vorlegung des Briefes weder eine Cession, noch eine Verpfändung der Hypothek eintragen lassen kann.[28]) Es wird hiernach anzunehmen sein, daß das dingliche Recht des Grundschuldgläubigers schon vor der Aushändigung des Briefes entstanden und daher auch im Konkurse anzuerkennen ist.

Die Geltendmachung der Grundschuld, über welche ein Grundschuldbrief dem Gläubiger nicht ausgehändigt ist, wird in der Subhastation durch den § 120 Z.V.O.[29]) in der Weise geregelt, daß der

---

[27]) § 37 E.E.G.: „Durch die Eintragung der Hypothek und der Grundschuld wird die dingliche Klage gegen den Eigenthümer begründet. . . ."

[28]) § 79, 84 G.O.

[29]) Der § 120 Z.V.G. handelt von dem Gläubiger, dem die Legitimation fehlt. Als solcher ist auch der eingetragene Grundschuldgläubiger anzusehen, dem

für die Forderung angesetzte Betrag zu hinterlegen ist; ist ein Theil des rückständigen Kaufgeldes zu überweisen, „so erfolgt die Ueberweisung an die noch unbekannten Berechtigten mit Vorbehalt der Feststellung derselben;" und „für den Fall, daß die Forderung in Wegfall kommt, ist durch den Vertheilungsplan festzustellen, wer den hinterlegten oder überwiesenen Betrag zu beanspruchen hat." Unter diesen Umständen handelt der Verwalter, wenn ihm an dem Erlöse kein Recht zusteht, nicht gegen das Interesse der Konkursgläubiger und des Kridars, wenn er — vorausgesetzt, daß der persönliche Anspruch des Grundschuldgläubigers begründet ist — den Grundschuldbrief, der der Masse keinen Vortheil bringt und keine Rechte gewährt,[30]) dem Gläubiger aushändigt und diesen dadurch zur Empfangnahme des Erlöses sich legitimiren läßt.

Eine andere Frage ist es, ob der Grundschuldgläubiger nach Eröffnung des Konkurses die Aushändigung des Briefes über die vorher schon eingetragene Grundschuld von dem Verwalter verlangen kann. Der Grundschuldbrief ist nach § 122 E.E.G. dem Eigenthümer — Schuldner — auszuhändigen, wenn dieser nichts anderes beantragt hat. Der Gläubiger hat ein dingliches Recht auf Aushändigung des Briefes, wie es Achilles behauptet,[31]) nicht; ein solches Recht entsteht weder durch den von den Parteien geschlossenen Vertrag, noch durch die Eintragung, zumal bei Abschluß des Vertrages der Brief noch nicht existirte und schon deshalb an ihm ein dingliches Recht nicht ohne Besitznehmung bestehen kann. Ein dingliches Recht könnte der Gläubiger an dem ihm noch nicht ausgehändigten Briefe nur haben, wenn der Brief als ein Zubehör der Grundschuld anzusehen wäre. An sich würde man ihm zwar die Pertinenzqualität zusprechen können, weil er zwar für sich allein bestehen kann, aber dazu bestimmt ist, in fortwährender Verbindung mit der Hauptsache — der Grundschuld — zu stehen.[32]) Aber eine Pertinenz ist erst dann vorhanden, wenn eine Sache in fortwährende Verbindung mit

---

der Brief fehlt. Krech-Fischer Anm. 2 zu § 120 Z.V.G.; Jäckel, Anm. 1 zu demselben Paragraphen. Vgl. Motive zum Z.V.G. S. 117.

[30]) Der Gläubiger ist in diesem Falle dem Eigenthümer vergleichbar, der sein Haus nicht benutzen kann, weil ihm der Schlüssel fehlt, wogegen der Verwalter den Schlüssel hat, aber nicht berechtigt ist, mit demselben das Haus zu öffnen.

[31]) S. 182 ff.

[32]) Vgl. auch § 62 A.L.R. I 2.

der Hauptsache gesetzt ist,[33]) und wenn sie dem Eigenthümer der Hauptsache gehört.[34]) Aber in Betreff des Grundschuldbriefes ist weder das eine, noch das andere der Fall, so lange er dem Gläubiger nicht ausgehändigt ist. Ein Recht des Gläubigers auf Aushändigung des Grundschuldbriefes kann daher kein dingliches, sondern nur ein persönliches sein. Ein solches persönliches Recht kann seinen Grund nur in dem Rechtsverhältnisse haben, durch welches die Verpflichtung des Schuldners zur Bestellung der Grundschuld entstanden ist. Ist der Schuldner verpflichtet, dem Gläubiger eine Grundschuld zu bestellen, so hat er auch die Verpflichtung, die Aushändigung des Grundschuldbriefes an ihn zu bewirken, denn in dem Rechte des Gläubigers auf die Grundschuld liegt auch sein Recht, die Verfügung darüber zu beanspruchen. Dieses obligatorische Recht auf Aushändigung des Briefes kann der Gläubiger aber im Konkurse dem Verwalter gegenüber nicht zur Geltung bringen. Denn, sofern er aus dem obligatorischen Rechtsverhältnisse Ansprüche erhebt, ist er nur Konkursgläubiger, und als solcher kann er eine Forderung auf Sicherstellung und Befriedigung aus der Konkursmasse nur nach Maßgabe der Vorschriften für das Konkursverfahren verfolgen,[35]) die Vorschriften der Konkursordnung gestatten dem Gläubiger aber eine Liquidirung seines Anspruches nur in Geld.[36]) Er kann daher nach Maßgabe der §§ 21, 62 K.O. nur den ihm durch Vorenthaltung des Briefes erwachsenden Schaden liquidiren. Dieser Schadensforderung gegenüber wird allerdings ein verständiger Verwalter, wenn die Hauptforderung des Gläubigers begründet ist, die Aushändigung des Briefes an denselben bewirken. Diese Erörterung bezieht sich übrigens nur auf das Verhältniß des Gläubigers zum Verwalter bezw. zu dem Schuldner, welchem in Ermangelung einer von ihm getroffenen entgegenstehenden Verfügung der Grundschuldbrief vom Grundbuchamte auszuhändigen ist. Anders ist das Recht des Gläubigers gestaltet, welches ihm gegen das Grundbuchamt zusteht, wenn der Eigenthümer vor der Eröffnung des Verfahrens die Aushändigung des Briefes an den Gläubiger beantragt hat. Da das dingliche Recht des Gläubigers von der Aushändigung des Briefes nicht abhängt, sondern schon vorher durch die Eintragung der Grundschuld entsteht,

---

[33]) § 42 A.L.R. I 2.

[34]) § 108 A.L.R. I 2.

[35]) § 10 K.O.

[36]) § 62 K.O.

so hindert der § 12 K.O. die Aushändigung des Briefes an den Gläubiger nicht. Denn durch diese Aushändigung wird nicht eins der im § 12 K.O. bezeichneten Rechte, sondern nur ein Dispositionsrecht begründet, und zwar ein Recht, welches weder dem Schuldner noch der Masse zusteht, noch von ihr geltend gemacht werden kann. Auch der § 108 K.O. steht der Aushändigung des Briefes an den Gläubiger nicht entgegen, denn derselbe verbietet nur die Aushändigung von Konkursgegenständen an den Gemeinschulder, nicht aber an den Gläubiger; überdies gehört der Grundschuldbrief nicht zur Konkursmasse. Demnach ist das Grundbuchamt, wenn der Eigenthümer vor Eröffnung des Konkurses die Aushändigung des Briefes an den Gläubiger beantragt hat, verpflichtet, den Brief trotz des nach der Eintragung ausgebrochenen Konkurses dem Gläubiger auszuhändigen.

Der § 12 K.O. bereitet dem Erwerb von Absonderungsrechten nicht ein absolutes Hinderniß. Nur den Konkursgläubigern gegenüber können Absonderungsrechte, auf welche sich der § 12 bezieht, nach der Konkurseröffnung nicht mehr mit Rechtswirkung erworben werden. Der Kridar selbst kann sich auf diese Vorschrift nicht berufen, ihm gegenüber kann aber von einer Geltendmachung des nach der Konkurseröffnung erworbenen Absonderungsrechtes erst nach Beendigung des Konkurses die Rede sein. Nur das nach der Konkurseröffnung von einem Konkursgläubiger[37]) erlangte Pfändungspfandrecht ist auch dem Kridar gegenüber und zwar auch nach Beendigung des Konkurses ungültig. Denn der § 11 schreibt ohne Beschränkung auf das Verhältniß zu den Konkursgläubigern oder zur Konkursmasse vor, daß Arreste und Zwangsvollstreckungen zu Gunsten einzelner Konkursgläubiger weder in das zur Konkursmasse gehörige, noch in das sonstige Vermögen des Gemeinschuldners stattfinden dürfen. Sowohl der Umstand, daß der § 11 nicht so, wie der § 12, die Ungültigkeit nur den Konkursgläubigern gegenüber betont, wie auch die Erwägung, daß die Zwangsvollstreckung in das nicht zur Masse gehörige Vermögen nur den Schuldner selbst trifft, welchem über dieses Vermögen

---

[37]) Das von einem Gläubiger, der nicht Konkursgläubiger ist, z. B. von einem Masse- oder einem Absonderungsgläubiger als solchem erlangte Pfändungspfandrecht wird von dem § 11 nicht betroffen. Absonderungsgläubiger können aber nur an den ihrem Absonderungsrechte unterliegenden Gegenständen ein Pfändungspfandrecht erwerben; denn soweit sie andere, als diese Gegenstände in Anspruch nehmen, handeln sie nicht als Absonderungsberechtigte, sondern als persönliche Gläubiger.

die Disposition nicht entzogen ist, läßt die Annahme unbedenklich erscheinen, daß die Vorschrift des § 11 eine absolute ist und auch der Kridar sich auf dieselbe berufen darf, sobald der Konkurs abgeschlossen ist und das unzulässiger Weise erworbene Pfändungspfandrecht noch besteht. Zu diesen unter den § 11 fallenden Absonderungsrechten gehört auch das durch die Eintragung in das Grundbuch im Wege der Zwangsvollstreckung erworbene Pfandrecht; denn die Zwangseintragung ist[38]) ein Akt der Zwangsvollstreckung.[39])

---

[38]) Wie gegen die herrschende Ansicht anzunehmen ist, vgl. § 4 meiner Schrift, die Eintragung in das Grundbuch zur Vollstreckung einer Forderung.

[39]) Die herrschende Meinung, welche die Zwangsvollstreckung nicht für einen Akt der Zwangsvollstreckung hält, muß folgerichtig zu dem Resultat gelangen, daß nach Abschluß des Konkursverfahrens der Kridar diese Eintragung anzuerkennen hätte. Das Kammergericht, welches bisher an dem Standpunkte festhielt, daß die Zwangseintragung kein Akt der Zwangsvollstreckung sei, — vgl. Johow, Jahrb. der Entsch. des Kammerger Bd. 7 S. 101 — hat sich schließlich in der Entscheidung vom 17. September 1890 — Johow, Jahrb. d. E. d. K. Bd. 10 S. 111 ff. — ebenso wie jetzt auch das Reichsgericht in der Entsch. Bd. 28 S. 285 zu der entgegengesetzten, hier vertretenen Ansicht bekannt; trotzdem hält es die nach der Konkurseröffnung erfolgte Zwangseintragung nach Beendigung des Konkurses dem Kridar gegenüber für wirksam. „Allerdings — sagt das Kammergericht — ist diese Eintragung, wenn schon sie nicht Befriedigung, sondern nur Sicherung bezweckt, nach den Vorschriften des Gesetzes vom 13. Juli 1883 ein Zwangsvollstreckungsakt (§ 2 a. a. O. in den Worten: „Die Zwangsvollstreckung erfolgt durch Eintragung der vollstreckbaren Forderung in das Grundbuch"). Es ist aber außer dem § 11 K.O. auch noch der § 12 das. in Betracht zu ziehen, welcher bestimmt....." „Diese Vorschrift macht nicht die Eintragung einer Belastung nach der Konkurseröffnung schlechthin unzulässig, sondern ist mit dem Landgericht, sowie mit Turnau, Grundbuchordnung 4. Aufl. Bd. II S. 455 dahin zu verstehen, daß die Eintragung nur den Konkursgläubigern nicht nachtheilig sein soll, also unbeschadet der Rechte derselben erfolgen kann.... Können nach der Landesgesetzgebung Hypothekenrechte im Wege der Zwangsvollstreckung erworben werden, wie nach dem Gesetz vom 13. Juli 1883 in Ansehung der eingetragenen Vormerkung der Fall ist, so fallen auch solche Rechte unter den § 12, und es wird insoweit der § 11 K.O. modifizirt." Man wird aber dieser Deduktion nicht beipflichten können. Durch die Zwangseintragung wird sowohl ein Pfandrecht erworben, als auch — wie jetzt das Kammergericht selbst annimmt — eine Exekution vollzogen. Der § 12 verbietet den Pfanderwerb im Verhältniß zu den Konkursgläubigern, der § 11 die Zwangsvollstreckung ohne diese Beschränkung. Darf man nun deduziren: Weil sowohl der § 12, als auch der § 11 der Zwangseintragung entgegensteht, steht nur der § 12 entgegen? Oder ist es nicht richtiger zu sagen: Weil sowohl der § 12, wie auch der § 11 der Zwangseintragung entgegenstehen, stehen beide Paragrabhen entgegen und treten die Wirkungen beider Paragraphen ein. Nach § 12 ist die Zwangseintragung nur den Konkursgläubigern,

Abgesehen von dem durch die Zwangsvollstreckung erworbenen Pfandrechte ist das von dem § 12 betroffene Absonderungrecht nur den Konkursgläubigern gegenüber ohne Wirkung, im Verhältniß zu ihnen ist es aber auch nach Beendigung des Konkurses wirkungslos.[40]) Die Gelegenheit, die verbotswidrige Erwerbung eines Absonderungsrechtes zu bemängeln, kann den Konkursgläubigern dadurch geboten werden, daß sie nach Beendigung des Verfahrens bei der zwangsweisen Beitreibung ihrer festgestellten Konkursforderungen durch das Absonderungsrecht beeinträchtigt werden. Die Rechte der Konkursgläubiger werden durch die Konkurseröffnung beschränkt, indem sie, mit einander zu einer Kommunion vereinigt, an der gesonderten Geltendmachung ihrer Ansprüche behindert sind. Als Ersatz für diese Beschränkung ist ihnen das Recht gegeben, jeder die gemeinschaftliche, Befriedigung beeinträchtigenden Thatsache die Anerkennung zu versagen. Daß jede während des Verfahrens gegen die gesetzlichen Vorschriften der §§ 6, 11, 12 K.O. vorgenommene, die gemeinschaftliche gleichmäßige Befriedigung beeinträchtigende Thatsache den Konkursgläubigern gegenüber nur zeitweise, nicht dauernd ungültig sei, ist aus dem Wortlaute dieser Vorschriften, die andernfalls übrigens auch von zweifelhaftem Werthe sein würden, nicht zu entnehmen, und weder die K.O., noch eine Bestimmung des gemeinen oder Preuß. Rechtes dürfte vorhanden sein, welche in der Beendigung des Konkursverfahrens einen Grund für die Konvalescenz der den Konkursgläubigern gegenüber ungültig erworbenen Absonderungsrechte statuirte.

§ 26. b. Ausnahmen: Der Erwerb von Absonderungsrechten nach der Konkurseröffnung.

Die Regel, welche den Zeitpunkt der Konkurseröffnung als die Grenze des Erwerbes von Pfandrechten bestimmt, erleidet einzelne Ausnahmen:

1) Den Massegläubigern, denen die Konkursmasse selbst verpflichtet ist, kann weder die Vorschrift des § 12, noch die

nach § 11 ist sie außerdem jedem gegenüber ungültig, folglich ist sie bei Anwendung beider Paragraphen sowohl den Konkursgläubigern wie jedem andern gegenüber ungültig. Warum soll die Zwangseintragung, die als Zwangsvollstreckungsakt nach der Konkurseröffnung ausgeführt, absolut ungültig ist, deshalb weniger ungültig sein, weil sie gleichzeitig ein Pfandrecht erzeugt?

[40]) Die Motive S. 57 scheinen dies nicht in allen Beziehungen anerkennen zu wollen, sie sprechen von der nach der Konkurseröffnung gegen das Verbot des

des § 11 K.O. entgegengesetzt werden. Wie sie durch Zwangsvollstreckung ein Pfändungspfandrecht an Gegenständen der Masse erwerben können,[1]) so ist auch der Verwalter nicht gehindert, ihnen Pfandrechte zur Sicherung ihrer Masseansprüche an Konkursgegenständen zu bestellen.

2) An den aus einem Absonderungsgegenstande nach der Eröffnung des Verfahrens als Frucht oder Zuwachs entstehenden Sachen kann ein Absonderungsrecht für den an der Hauptsache Berechtigten noch nach der Konkurseröffnung begründet werden. Siehe hierüber oben § 20.

3) Ist es die Konkurseröffnung, durch welche, wie die Motive[2]) sagen, das Verhältniß eines jeden Konkursgläubigers zur Masse und zu den übrigen Gläubigern fixirt wird, ist dies der Zeitpunkt, welcher für die Lage maßgebend ist, in der sich die Masse sowohl im Verhältnis zu den Konkursgläubigern, wie zu anderen Gläubigern befindet, so darf auch auf eine zum Nachtheil des Absonderungsberechtigten ohne seinen Willen nach der Eröffnung des Verfahrens eintretende, vor der Geltendmachung des Absonderungsrechtes aber wieder redressirte Veränderung des Rechtes der § 12 K.O. nicht angewendet werden. Der Faustpfandgläubiger, welchem der Gegenstand seines Absonderungsrechtes ohne oder gegen seinen Willen nach der Konkurseröffnung entzogen wird, darf gleichwohl als Absonderungsgläubiger auftreten, wenn er den Gewahrsam der Sache vor der Geltendmachung des Rechtes wiedererlangt hat, obgleich er durch Entziehung des Gewahrsams das Absonderungsrecht verloren hatte.[3]) Ebenso kann der Immobiliargläubiger, dessen Post nach der Konkurseröffnung ohne seinen Willen — z. B. auf Grund einer gefälschten Löschungsbewilligung oder durch ein Versehen des Grundbuchrichters — gelöscht oder bei Ab- oder Umschreibungen

§ 12 erfolgten Eintragung und sagen: „die Eintragung wird unter Umständen auch andern Personen und, nach Aufhebung des Konkurses, selbst den früheren Konkursgläubigern entgegengesetzt werden können; ob und unter welchen Umständen dies der Fall ist, hat nicht die Konkursordnung zu regeln, ist vielmehr nach den bürgerlichen und Hypothekengesetzen eines jeden Rechtsgebiets zu beurtheilen."

[1]) v. Wilmowski Anm. 2 und Willenbücher Anm. 1 zu § 11.

[2]) S. 53.

[3]) Vgl. die Motive S. 211 und Willenbücher Anm. 5c zu § 41 K.O.

nicht mit übertragen ist, sein Pfandrecht wieder eintragen lassen. Er hat sogar ein noch größeres Recht, indem er die Wiedereintragung nach der Konkurseröffnung auch dann verlangen kann, wenn seine Post vor der Eröffnung des Verfahrens zur Ungebühr gelöscht oder nicht mit übertragen war, und indem er selbst ohne diese Wiedereintragung ein Absonderungsrecht im Konkurse geltend machen kann — im Gegensatz zu dem Faustpfandgläubiger, der sein durch Verlust des Gewahrsams vor der Eröffnung des Verfahrens verlorenes Absonderungsrecht im Konkurse nicht mehr zur Geltung bringen kann, wenn er den Gewahrsam erst nach der Eröffnung des Verfahrens wiedererlangt. Denn nach §§ 524, 526, 527 A.L.R. I 20[4]) wird sein dingliches Recht nur durch eine gehörig erfolgte, nicht durch eine solche Löschung aufgehoben, die zur Ungebühr erfolgt ist. Das Absonderungsrecht, welches daher trotz der Löschung nicht verloren geht, wird demnach auch durch die Wiedereintragung nicht von Neuem erworben, sondern nur von Neuem beurkundet,[5]) und dieser neuen Beurkundung steht der § 12 K.O. nicht entgegen. Zum Nachtheil derjenigen aber, welche nach der Löschung Rechte an dem Grundstücke oder auf eine der gelöschten gleich- oder nachstehende Post in redlichem Glauben erworben haben, wirkt die Weitereintragung nicht,[6]) ihnen

[4]) „Durch eine gehörig erfolgte Löschung wird das dingliche Recht des Gläubigers aufgehoben, auch wenn der Anspruch selbst, für welchen es bestellt worden, noch nicht getilgt wäre.

Ist die Löschung einer eingetragenen Post zur Ungebühr erfolgt, so verliert zwar der Gläubiger noch nicht sein aus der Eintragung erhaltenes dingliches Recht. Doch kann er davon zum Nachtheil derjenigen, welche sich erst nach erfolgter Löschung haben eintragen lassen, keinen Gebrauch machen."

[5]) Reichsgericht Entsch Bd. 19 S. 296 ff. In dieser Entscheidung wird zwar nur der Fall der aus Versehen des Richters erfolgten Löschung behandelt. Dasselbe muß aber auch dann gelten, wenn die Löschung ohne Versehen des Richters durch Schuld eines Dritten oder des Schuldners zur Ungebühr, also zu Unrecht erfolgt ist. Daß die angeführten Bestimmungen des Landrechtes sich auch auf diese Fälle beziehen, läßt sich aus § 531 cit. ableiten, wonach „wegen alles aus einer ungebührlichen Löschung wirklich entstehenden Schadens dem Hypothekengläubiger der Regreß an denjenigen vorbehalten bleibt, durch dessen Schuld selbige geschehen ist," und somit zu erkennen gegeben ist, daß die die ungehörige Löschung betreffenden Vorschriften die Ungebühr jeder Person im Auge haben, welche die Löschung zu Unrecht herbeiführt oder veranlaßt haben.

[6]) § 118 G.O.; §§ 527—529 A.L.R. I 20.

muß der Absonderungsgläubiger, dessen Post gelöscht war, nachstehen.

4) Eine weitere Ausnahme von der Regel des § 12 wird durch den § 207 K.O. gemacht, welcher die Erwerbung des Pfändungspfandrechtes an Gegenständen des im Inlande befindlichen Vermögens einer Person zuläßt, über welches im Auslande der Konkurs eröffnet ist. Welche Wirkung eine im Auslande erfolgte Konkurseröffnung auf das im Inlande befindliche Vermögen des Kridars ausübt, ist in der Konkursordnung überhaupt gesetzlich nicht ausgesprochen. Die Motive, von dem Prinzipe der internationalen Universalität des Konkurses ausgehend, sagen:[7]) „Wenn im Auslande über den Ausländer das Konkursverfahren eingeleitet wird, so kann nicht mit Grund bezweifelt werden, obgleich Theorie und Praxis noch keineswegs über alle Fragen einstimmend sind,[8]) daß die Handlungsunfähigkeit des Gemeinschuldners, die Fähigkeit, sein Vermögen zu verwalten, vor Gericht aufzutreten, die Legitimation des Verwalters, der Umfang seiner Funktionen, die Frage, nach welchen materiellen Voraussetzungen und Formen das Verfahren zu eröffnen und zu beendigen, wann und wie zu liquidiren, zu präkludiren, zu klassifiziren, zu akkordiren ist, welchen Einfluß die Eröffnung des Verfahrens auf die Rechtsverhältnisse des Gemeinschuldners ausübt, — sich nach dem Recht des Konkursgerichts bestimmen: nur bei dinglichen Rechten an dem im Inlande befindlichen Vermögen richtet sich die Verfolgung nach dem Rechte des Ortes der belegenen Sache. Wegen persönlicher Forderungen haben die inländischen Gläubiger des Ausländers ihre Befriedigung bei dem Konkursgerichte des Auslandes nach dortigem Rechte zu suchen. Inländisches Vermögen

---

[7]) Zu § 207 K.O.

[8]) v. Savigny, System Bd. 8 S. 286 ff.; v. Bar, Internationales Privatrecht S. 492 ff.; Story, Commentaries of the conflicts of laws etc. §§ 335, 338 ff., 408; Fölix, Traité du droit international Bd. I Nr. 119 Bd. II Nr. 308, 468, 538; Rheinisches Archiv Bd 57 Abth. 2 A. S. 79, Bd 58 Abth 2 A. S. 198; Entsch. des Obertr. Bd. 9 S. 477, Bd 47 S. 396; Striethorst, Archiv Bd. 26 S. 132, 233, Bd. 29 S. 294; Entsch. des Reichsoberhandelsgerichts Bd. 2 S. 67. Bd. 3 S. 68, Bd. 7 S. 27, Bd. 9 S. 7 (Citate der Motive); vgl. ferner Reichsgericht Entsch. Bd. I S. 435 ff., Bd. 3 S. 327, Bd. 6 S. 401 ff., Bd. 14 S. 143 ff.

muß, falls der ausländische Konkurs das gesammte Vermögen des Schuldners umfaßt, zu der ausländischen Konkursmasse gezogen werden."

Von diesem Grundsatze der internationalen Universalität macht der § 207 K.O. theilweise eine Ausnahme:

„Besitzt ein Schuldner, über dessen Vermögen im Auslande ein Konkursverfahren eröffnet worden ist, Vermögensgegenstände im Inlande, so ist die Zwangsvollstreckung in das inländische Vermögen zulässig.

Ausnahmen von dieser Bestimmung können unter Zustimmung des Bundesrathes durch Anordnung des Reichskanzlers getroffen werden".

Da das Gesetz unterschiedslos von einem Schuldner spricht, über dessen Vermögen im Ausland der Konkurs eröffnet ist, so wird sowohl der Fall getroffen, daß der Kridar ein Ausländer, wie der Fall,[9]) daß er ein Reichsangehöriger ist.[10]) Es kommt auch nicht darauf an, daß der Kridar im Auslande wohnt: auch wenn über das Vermögen eines Reichsangehörigen, der im Inlande wohnt, der Konkurs eröffnet wird, greift der § 207 Platz. Da ferner „die Zwangsvollstreckung in das inländische Vermögen zulässig ist", ohne daß das Gesetz den betreibenden Gläubiger näher bezeichnet, so kann sowohl der inländische, wie der ausländische Gläubiger trotz des im Auslande eröffneten Konkurses, also auch ein Angehöriger desjenigen ausländischen Staates, in welchem das Verfahren eröffnet ist, an den im Inlande befindlichen Vermögensstücken des Kridars durch Zwangsvollstreckung ein Pfändungspfandrecht erwerben.[11])

Es kommt daher nicht darauf an, gegen wen, sondern es kommt darauf an, wo der Konkurs eröffnet ist. Im Inlande ist er eröffnet,

---

9) v. Wilmowski Anm. 2 zu § 207. v. Völderndorff I S. 715, 716. Vgl. das Prot. der Reichstagskommission S. 198.

10) Die Preuß. K.O. beschränkte die Zulässigkeit der Exekution auf den Konkurs von Ausländern, indem sie im § 293 bestimmte, daß „die Exekution in das inländische Vermögen zulässig" sei, wenn „ein Ausländer, über dessen Vermögen im Auslande der Konkurs eröffnet ist, im Inlande keine Handelsniederlassung, jedoch anderweitiges Vermögen besitzt."

11) Vgl. § 4 K.O.: „Ausländische Gläubiger stehen den inländischen gleich. Unter Zustimmung des Bundesrathes kann durch Anordnung des Reichskanzlers bestimmt werden, daß gegen die Angehörigen eines ausländischen Staates und die Rechtsnachfolger desselben ein Vergeltungsrecht zur Anwendung gebracht werde."

wenn die Behörde, die ihn eröffnet hat, im Reichsgebiet ihren Sitz hat. Dagegen ist der Konkurs im Auslande eröffnet, wenn die eröffnende Behörde dort ihren Sitz hat, gleichgültig, ob die Behörde eine deutsche oder ausländische ist. Zum Reichsgebiet gehören auch die Schutzgebiete,[12]) nicht aber die Konsularbezirke: auch der Konkurs, der in einem ausländischen Gebiete eröffnet ist, in welchem die Konsulargerichtsbarkeit dem Reiche oder einem Bundesstaate zusteht,[13]) ist im Auslande eröffnet.[14]) Denn wenn auch nach § 3 des Ges. vom 10. Juli 1879 in den Konsulargerichtsbezirken in Betreff des bürgerlichen Rechtes das Preußische Recht und nach § 14 für das Verfahren die C.P.O. und die K.O. nebst ihren Einführungsgesetzen gelten, so gehört doch ein Gebiet, in welchem Preußisches und Deutsches Recht gilt, in welchem die Geltung dieses Rechtes nur auf Persouen einer bestimmten Nationalität oder auf Streitigkeiten, welche zwischen diesen und Ausländern ausbrechen, beschränkt ist, deshalb doch nicht zu Preußen oder Deutschland. Man würde nur dann annehmen dürfen, daß der vom Konsul ausgesprochene Konkurs als im Inlande eröffnet anzusehen wäre, wenn dem Grundsatze der Exterritorialität, welche nur negativ die Exemtion von der Gewalt des auswärtigen Staates in sich begreift, auch die positive Fiktion zu Grunde liege, daß der Exterritoriale sich fortdauernd im Gebiete des von ihm vertretenen Staates und außerhalb der Grenzen desjenigen Staates befindet, bei welchem er akkreditirt ist.[15]) Zum Inlande gehört auch ein solches Gebiet nicht, welches unter der Verwaltung eines deutschen und eines ausländischen Staates steht. Soweit bekannt, kommt in dieser Beziehung nur der sog. neutrale Staat Moresnet in Betracht,

---

[12]) §§ 1, 2 der Ges. betreffend die Rechtsverhältnisse der deutschen Schutzgebiete vom 17. April 1886 und vom 15. März 1888, § 2 der Verordnung vom 5. Juni 1886, § 2 der V.O. vom 13. September 1886, § 2 der V.O. vom 2. Juli 1888, § 1 der V.O. vom 10. August 1890.

[13]) § 1 Abs. 1 des R.Ges. über die Konsulargerichtsbarkeit vom 10. Juli 1879: „Die Konsulargerichtsbarkeit wird in den Ländern ausgeübt, in welchen ihre Ausübung durch Herkommen oder durch Staatsverträge gestattet ist."

[14]) Willenbücher meint ohne nähere Motivirung, in Konsularsachen sei Ausland im Sinne der §§ 207, 208 nur dasjenige Gebiet, welches weder dem Deutschen Reiche, noch einem Konsulargerichtsbezirke angehöre.

[15]) So Hefter, Europäisches Völkerrecht (4. Aufl.) § 42, welcher hinzufügt, daß eine solche Fiktion die sofortige Folge ergeben müßte, daß Alles, was der Exterritoriale in fremden Staaten thue, lediglich nach dem Gesetze seiner Heimath zu beurtheilen sei.

welcher nach Art. 17 des zwischen Preußen und der Niederländischen Regierung abgeschlossenen Staatsvertrages vom 26. Juni 1816[16]) „einer gemeinschaftlichen Verwaltung unterworfen ist und von keinem der beiden Mächte militärisch besetzt werden soll". Olshausen[17]) rechnet, von der Ansicht ausgehend, daß Ausland nur die Negation des Inlandes, d. h. des Reichslandes und jedes zum Deutschen Reich gehörigen Gebietes sei, die unter gemeinschaftlicher Landeshoheit eines Bundesstaates und eines ausländischen Staates stehenden Gebiete und unter ihnen auch Moresnet zum Reichlande, während Binding[18]) und Oppenhoff[19]) Moresnet als Ausland betrachten.[20]) Die Befugniß zu der mit einem andern Staate getheilten Verwaltung gewährt aber noch keine Landeshoheit; Moresnet kann daher als Theil des Inlandes nicht angesehen werden. Ein dort eröffneter Konkurs ist demnach als im Auslande eröffnet anzusehen; ist er aber von einer Preußischen Behörde, die im Inlande ihren Sitz hat, eröffnet, so kommt der § 207 nicht in Betracht und gelten vielmehr die §§ 11, 12 K.O., wogegen die Ausnahmebestimmung des § 207 Platz greift, wenn der Konkurs von der ausländischen — jetzt Belgischen — Behörde eröffnet ist.

Die Befugniß des Gläubigers, die Zwangsvollstreckung in das inländische Vermögen des Kridars zu betreiben, ist nicht davon abhängig, daß der Gläubiger zur Zeit der Konkurseröffnung bereits einen Vollstreckungstitel gegen den Kridar besitzt; der Gläubiger hat vielmehr das Recht, auch nach der Konkurseröffnung zum Zweck der Zwangsvollstreckung in das inländische Vermögen des Schuldners Klage zu erheben[21]) und zwar, wenn letzterer im Inlande keinen Wohnsitz hat, im Gerichtsstande des § 24 C.P.O. Denn der Kridar, welcher nach den Grundsätzen der K.O.[22]) nur in Betreff des zur Konkursmasse gehörigen Vermögens die Disposition verliert, bleibt bezüglich des hierzu nicht gehörigen Vermögens verfügungs- und

[16]) Gesetzsammlung 1818 Anhang S. 84.

[17]) Kommentar zum Strafgesetzbuche Anm. 2 zu 8.

[18]) Handbuch des Strafrechts S. 407 Note 5.

[19]) Kommentar zum Strafgesetzbuche Anm. 3 zu § 1 des Einführungsges. zum Strafgesetzbuche.

[20]) Vgl. Müller, Neutrales Gebiet von Moresnet im Archiv für Landeskunde der Preuß Monarchie 5 S. 319 ff., S. 330; Justizministerialverfügung vom 31. Dezember 1852 in Lottners Sammlung der für die Preuß. Rheinprovinz ergangenen Gesetze.

[21]) v. Wilmowski Anm. 2 zu § 207.

[22]) § 5 K.O.

prozeßfähig. Gegenstände des Kridars aber, welche trotz des Konkurses entgegen der Vorschrift des § 11 K.O. dem Zugriffe jedes Konkursgläubigers blosgestellt sind, müssen als Gegenstände angesehen werden, über welche dem Kridar — solange der Verwalter sie nicht beschlagnahmt oder sonst thatsächlich in Besitz genommen hat — das Dispositionsrecht verblieben ist.[23]) Deshalb kann auch während des Verfahrens bezüglich dieser Gegenstände Klage erhoben werden; und in einem solchen Prozesse, wie auch in der Zwangsvollstreckungsinstanz, ist der Kridar persönlich der Beklagte. Das Reichsgericht[23]) und v. Wilmowski wollen ein Recht des ausländischen Verwalters anerkennen, den Kridar in dem Prozesse zu vertreten, ersteres jedoch nur unter der Voraussetzung, daß nach dem ausländischen Rechte das gesammte, im Inlande und Auslande befindliche Vermögen des Kridars zur Konkursmasse gehört; das Reichsgericht bestreitet aber eine Pflicht des Verwalters, den Gemeinschuldner bezüglich dieses Vermögens zu vertreten, wogegen ihm v. Wilmowski diese Pflicht auferlegt. Behält der Gemeinschuldner das Recht, über die Vermögensgegenstände zu verfügen, und wäre gleichwohl ein anderer — der Verwalter — befugt, den Kridar auch bezüglich dieser Gegenstände zu vertreten, so hätte er die Stellung eines Mandatars, der an Stelle einer dispositions- uud handlungsfähigen Person handelt, und als solcher würde er nach unseren Rechtsbegriffen auch die Pflicht haben, den Mandatar im Prozeß zu vertreten. Aber sowohl dieses Recht, wie diese Pflicht setzen voraus, daß der Verwalter nach den Gesetzen des Auslandes Vertreter des Kridars ist; gegen ihn richtet sich die Klage nicht, wenn er nach dem Rechte des Auslandes z. B. nur als Vertreter der Gläubigerschaft, angesehen wird.

Die Befugniß der Gläubiger zur Zwangsvollstreckung in das inländische Vermögen des Kridars kann durch Staatsverträge, sowie durch eine unter Zustimmung des Bundesrathes vom Reichskanzler getroffene Anordnung ausgeschlossen oder beschränkt werden. Mit den hauptsächlichsten Kulturstaaten, insbesondere mit England, Frankreich, Italien und Rußland bestehen in dieser Beziehung keine Verträge; nur mit Oesterreich ist nach der Ministerialerklärung vom $\frac{\text{12. Mai}}{\text{16. Juni}}$ 1844 der im Gesetzblatte 1844 S. 165, 166 mitgetheilte Staatsvertrag geschlossen.[24])

[23]) So auch das Reichsgericht Entsch. Bd. 6 S. 404, 405; Bd. 14 S. 425.

[24]) Vgl. darüber Reichsgericht Entsch. Bd. 3 S. 327, 328.

§ 27. c. Hinderung des Erwerbes von Absonderungsrechten schon vor der Konkurseröffnung als Folge derselben.

1) Die Vorschriften über die Anfechtung setzen dem Erwerb von Absonderungsrechten auch schon vor der Konkurseröffnung eine Grenze; siehe darüber unten § 47 ff.

2) Eine weitere Beschränkung des Erwerbes von Absonderungsrechten enthält der § 98 K.O.:

„Nach Stellung des Eröffnungsantrages, aber vor der Eröffnung des Konkurses, kann das Gericht die zwangsweise Vorführung und die Haft des Schuldners anordnen. Dasselbe kann alle zur Sicherung der Masse dienenden einstweiligen Anordnungen treffen. Es kann insbesondere ein allgemeines Veräußerungsverbot an den Schuldner erlassen. Wird das Verbot öffentlich bekannt gemacht, so findet auf Pfand- und Hypothekenrechte, welche im Wege der Zwangsvollstreckung oder des Arrestes nach der Bekanntmachung des Verbotes erworben oder eingetragen worden sind, die Bestimmung des § 12 entsprechende Anwendung.

Bei der Abweisung des Eröffnungsantrages sind die angeordneten Sicherheitsmaßregeln aufzuheben."

Dieser nach dem Vorbilde der Preuß. Konkursordnung [1]) erlassenen Vorschrift liegt die Absicht zu Grunde, „den Zweck des Konkursverfahrens, eine gleichmäßige Befriedigung der Gläubiger zu erzielen, durch Handlungen des Schuldners oder anderer Gläubiger nicht vereiteln zu lassen." [2]) Die Vereitelung der gleichmäßigen Befriedigung der Glaubiger seitens eines Dritten kann sowohl durch den Erwerb von Sachen des späteren Kridars zu Eigenthum, als auch durch den Erwerb von Absonderungsrechten eintreten. Gerade die Entstehung der letzteren und unter ihnen insbesondere des Pfän-

---

[1]) § 137: „Bei der Konkurseröffnung hat das Gericht von amtswegen über die Verhaftung des Gemeinschuldners zu beschließen, die sofortige Siegelung anzuordnen, den offenen Arrest zu verhängen und die Immobilien in Beschlag zu nehmen.

Das Gericht kann diese Sicherungsmaßregeln oder einzelne derselben in dringenden Fällen auch schon vor der Beschlußfassung über die Konkurseröffnung auf Antrag oder von amtswegen treffen. . . . ."

[2]) Motive S. 329, 330.

dungspfandrechtes ist es, mit welcher der Erlaß des § 98 motivirt ist.[3])

Der Charakter der einstweiligen Anordnung ist in formeller Beziehung im Einklang mit den Motiven[4]) dem Arrest oder der einstweiligen Verfügung, oder richtiger nur der letzteren gleichzustellen, worauf schon der Ausdruck „einstweilige Anordnung" hinweist; ihr Zweck und Inhalt geht aber über denjenigen der einstweiligen Verfügung hinaus und ist auf die Sicherung aller Konkursgläubiger gerichtet, während jene nur die Sicherung des Rechtes eines Klägers bezweckt.

Der Erlaß der Anordnungen des § 98 unterliegt der sofortigen Beschwerde;[5]) mit Rücksicht auf § 65 K.O. wird das Recht des Gerichts, die getroffene Anordnung zurückzunehmen, durch den § 540 Abs. 3 C.P.O.[6]) beschränkt, aber die Anordnung verliert ihre Kraft und ist zurückzunehmen, wenn der Antrag auf Eröffnung des Konkurses, sei es durch Zurücknahme seitens des Gläubigers, sei es durch rechtskräftige Abweisung des Antrags, seine Erledigung findet. Wird aber der die Abweisung des Konkursantrages verfügende Beschluß des Amtsgerichts in Folge der dagegen erhobenen Beschwerde aufgehoben, so gilt der Antrag als nicht zurückgewiesen, die Sicherheitsmaßregeln leben wieder auf und sind die inzwischen erworbenen Absonderungsrechte in derselben Weise ungültig, als ob der Eröffnungsantrag nicht abgewiesen wäre.

Auch der Beschluß des Amtsgerichtes, durch welchen der Antrag auf Erlaß der Sicherungsmaßregeln abgewiesen wird, ist nicht unanfechtbar, wie Fitting meint,[7]) denn wenn auch die Anordnung dieser Maßregeln von dem freien Ermessen des Amtsgerichtes abhängt, so unterliegt auch das Ermessen der Nachprüfung des Beschwerdegerichtes, andernfalls würde auch dem Schuldner gegen den Erlaß solcher Maß-

---

[3]) Motive S. 330: „Durch die Vorschriften der Prozeßordnung über das richterliche Pfandrecht wird die Gefahr einer Vereitelung dieses Zweckes durch die Gläubiger nicht unbedeutend erhöht; damit gewinnen die provisorischen Sicherheitsanordnungen an Wichtigkeit und werden häufiger, als bisher, zur Anwendung kommen müssen."

[4]) S. 331.

[5]) § 66 Abs. 3 K.O.: „Gegen die Entscheidungen im Konkursverfahren findet, soweit das Gesetz nicht ein anderes bestimmt, die sofortige Beschwerde statt."

[6]) „Das Gericht ist zu einer Abänderung seiner durch Beschwerde angegriffenen Verfügung nicht befugt."

[7]) § 35 S. 286 Anm. 23.

regeln, welcher doch ebenfalls vom Ermessen des Gerichtes abhängt, das Rechtsmittel der sofortigen Beschwerde fehlen, welches ihm aber auch nach Fittings Ansicht zusteht. Ueberdies ist der abweisende Beschluß eine Entscheidung, auf die sich der § 66 Abs. 3 K.O.[5]) bezieht, und schließlich sind die unanfechtbaren Entscheidungen in den §§ 87, 151 Abs. 1, 175 Abs. 1 K.O. besonders aufgeführt und unterliegen daher die als unanfechtbar nicht besonders bezeichneten Verfügungen der Anfechtung. Welche einstweilige Anordnung zu treffen ist, hängt von dem durch die höhere Instanz kontrolirbaren Ermessen des Gerichtes ab, ebenso wie im Einzelprozeß das Gericht „nach freiem Ermessen bestimmt, welche Anordnungen zur Erreichung des Zweckes einer einstweiligen Verfügung erforderlich sind." [8]) Das Gericht kann

[8]) Das Gericht ist in dieser Beziehung nicht, wie v. Völdernndorff Anm. c zu § 98, u. v. Wilmowski Anm. 1 zu § 98, vgl. auch Willenbücher Anm. 3 zu § 98 und Fitting a. a. O., meinen, auf solche Maßregeln beschränkt, die „den Charakter der Einstweiligkeit" an sich tragen. Einstweilig ist die Verfügung, weil abhängig von der Frage, ob demnächst der Konkurs eröffnet wird oder nicht; auch das, was angeordnet ist, ist deshalb nur provisorisch angeordnet; einstweilig ist die Verfügung aber nur der Zeit, nicht ihrem Inhalte nach. Mehr ergiebt sich aus dem Wortlaut und Sinn des Gesetzes nicht. Wenn die Autoren meinen, die Sistirung eines Fabrikbetriebes, die Schließung eines Geschäftes könne nicht Gegenstand der einstweiligen Anordnung sein, weil solche Anordnungen, wenn der Konkurs nicht eröffnet werde, „geradezu ein damnum irreparabile bilden," so ist dies unrichtig. (Vgl. auch Hellmann, Lehrbuch des Civilprozeßrechtes S. 984, der die Schließung des Geschäftes als Gegenstand der einstweiligen Anordnung zuläßt.) Die Fabrik und das Geschäft sollen nicht definitiv, sondern nur provisorisch geschlossen werden, und die Sperre hört auf, wenn der Konkurs nicht eröffnet wird; deshalb kann aber nicht von einem provisorischen Inhalt einer solchen Maßregel gesprochen werden. Die vorläufige Schließung kann gerade dann, wenn die Konkurseröffnung in Frage kommt, von Erheblichkeit sein, gerade durch die Verschleuderung von Waaren, durch den Ankauf von Waaren und Materialien zu unvernünftig hohen Preisen, durch die sinnwidrige Art des Geschäftsbetriebes kann die Befriedigung der Gläubiger, wenn einer solchen Geschäftsgebarung nicht Einhalt gethan wird, in erheblicher Weise beeinträchtigt werden. Daß eine derartige Maßregel ein damnum irreparabile zur Folge haben kann, steht der Zulässigkeit der Maßregel nicht entgegen. Denn jede Maßregel des § 98 K.O., z. B. die allgemein als zulässig anerkannte Siegelung des Vermögens, kann diese Folge nach sich ziehen. Nur die Erwägung der Motive S. 330: „Wo nicht der Gemeinschuldner selbst die Eröffnung des Verfahrens beantragt oder sonst die Voraussetzungen der Konkurseröffnung klar vorliegen, wird in der Regel das Gericht solche Maßregeln vermeiden, welche den Kredit des Gemeinschuldners vernichten oder unwiederbringlich beschädigen müßten," kann als richtig anerkannt werden; aber es bleibt dem pflichtmäßigen Ermessen des Gerichtes die Auswahl der Maßregel überlassen.

die Siegelung des Vermögens des Schuldners anordnen, Inhibitorien erlassen, Sperrvermerke in das Grundbuch eintragen lassen, es kann auch die Sistirung der Einzelexekutionen und die einstweilige Einstellung von Zwangsvollstreckungen und Arresten anordnen. Denn gerade die Erwägung, daß durch die Zwangsvollstreckung ein Pfändungspfandrecht erworben wird, war, wie oben bemerkt, der hauptsächlichste Grund für den Erlaß der Vorschrift des § 98.[9]) Dagegen wird allerdings ein Verbot der Fortsetzung der bereits bis zur Entstehung des Pfändungspfandrechtes gediehenen Exekution in der Regel keinen Zweck haben.

Die Wirkung der einstweiligen Anordnung beginnt gegen den Schuldner mit der Zustellung derselben, gegen Dritte bestimmt sich die Wirkung nach den landesgesetzlichen, die Wirkung eines richterlichen Verbots betreffenden, Grundsätzen. Ebenso wie das Römische Recht das richterliche Verbot nur gegen denjenigen, der es kannte, wirken läßt,[10]) so läßt auch das Preußische Recht Dispositionsbeschränkungen, auch wenn sie durch richterliche Verfügung begründet sind, gegen Dritte nur gelten, wenn diese sie gekannt haben;[11]) nach

---

[9]) Willenbücher Anm. 3 und v. Wilmowski Anm. 1 zu § 98 behaupten trotzdem, die Einstellung schwebender Zwangsvollstreckungen sei unstatthaft, weil dadurch für den Fall der Zurückweisung des Eröffnungsantrages die andringenden Gläubiger in ungerechtfertigter Weise geschädigt werden könnten, und berufen sich auf die Motive S. 330. In den Motiven wird aber bei der Erörterung des allgemeinen Veräußerungsverbots nur bemerkt, daß „die sofortige Sistirung aller Exekutionen (wie sie z. B. das Englische Bankeruttgesetz s. 13 gestattet) unthunlich erscheine, weil dadurch für den Fall der Zurückweisung des Eröffnungsantrages die andringenden Gläubiger in ungerechtfertigter Weise geschädigt werden könnten; es müsse genügen, den später erworbenen Pfandrechten den Konkursgläubigern gegenüber, wenn es zur Eröffnung des Konkurses komme, die dingliche Kraft zu versagen." Es soll damit jedoch nur gesagt sein, daß es vom legislatorischen Standpunkte aus unthunlich sei, dem Veräußerungsverbote die Wirkung der Sistirung der Einzelexekution beizulegen, nicht aber, daß die Sistirung von Einzelexekutionen nicht vor Erlaß des allgemeinen Verbotes besonders angeordnet werden könnte. Vgl. unten Anm. 13. Auch das Preußische Gesetz betreffend die Zwangsvollstreckung gegen Benefizialerben vom 28. März 1879 giebt im § 1 Abs. 2 u. 3 den Nachlaßgläubigern das Recht, wenn der Antrag zugelassen ist, für die Dauer des Verfahrens die einstweilige Einstellung der Zwangsvollstreckung wegen der durch das Aufgebot betroffenen Ansprüche, sowie die Aufhebung der nach dem Aufgebotsantrage erfolgten Vollstreckungsmaßregeln zu verlangen.

[10]) l. 12. D. 41, 3. l. 7. § 5 D. 41, 4.

[11]) § 83 A.G.O. I, 29. Förster-Eccius III § 169 S. 151.

Grundbuchrecht[12]) ist die Beschränkung des Verfügungsrechtes des Eigenthümers, sobald dieselbe im Grundbuch eingetragen ist, gegen Dritte auch dann von Wirkung, wenn diese keine Kenntniß von ihr haben.

Erläßt das Gericht ein allgemeines Veräußerungsverbot, so ist der Schuldner nicht nur verhindert, Gegenstände seines Vermögens zu verkaufen, sondern auch Spezialabsonderungsrechte an ihnen zu bestellen, denn auch die Bestellung eines solchen Rechtes ist eine Veräußerung. Deshalb darf in Gegenstände, welche der Schuldner nicht veräußern kann, auch eine Zwangsvollstreckung gegen ihn nicht vorgenommen werden, weil durch die Zwangsvollstreckung ein Pfändungspfandrecht entsteht. Somit ist in dem allgemeinen Veräußerungsverbot ein Verbot der noch nicht bis zum Pfändungspfandrechte gediehenen Zwangsvollstreckungen enthalten.[13]) Aber auch dies allgemeine Verbot steht Dritten nur entgegen, wenn sie es kennen oder bezüglich der Erwerbung von Immobiliarabsonderungsrechten auch wenn es im Grundbuche eingetragen ist.

Die Frage, ob das allgemeine Veräußerungsverbot die gerichtliche Pfändung einer Forderung hindert, wenn an derselben schon durch die Pfändungsnachricht in Gemäßheit des § 744 C.P.O. ein Pfandrecht erworben ist, wird unten § 78 besprochen werden.

Dritten gegenüber wird eine Erweiterung dieser dem Erwerbe von Absonderungsrechten entgegenstehenden Hindernisse durch die öffentliche Bekanntmachung des Veräußerungsverbots bewirkt: „Wird das Verbot öffentlich bekannt gemacht, so findet auf Pfand- und Hypothekenrechte, welche im Wege der Zwangsvollstreckung oder des Arrestes nach der Bekanntmachung des Verbots erworben oder eingetragen worden sind, die Bestimmung des § 12 entsprechende Anwendung.“ Wie der § 12 jedem Dritten den Erwerb von Spezialabsonderungsrechten mit Wirksamkeit gegen die Konkursgläubiger auch dann verbietet, wenn der Dritte von der Konkurseröffnung keine Kenntniß hatte, so tritt die Wirkung des Veräußerungsverbots durch

---

12) § 73 G.O.

13) In den Motiven S. 330 — s. oben Anm. 9 — scheint angenommen zu sein, daß das Veräußerungsverbot kein Hinderniß der Einzelexekutionen sei, und daß den durch die Zwangsvollstreckung entstandenen Pfandrechten nur die dingliche Kraft zu versagen sei. Wenn aber die Exekution vor Erlaß des Eröffnungsbeschlusses zulässig wäre, so würde es auf das dingliche Recht, welches sich durch die Versteigerung der gepfändeten Sache von selbst erledigt, nicht mehr ankommen.

die Bekanntmachung auch dann ein, wenn der Dritte weder die Bekanntmachung noch das Verbot kannte. Diese Wirkung beschränkt das Gesetz aber auf die durch Zwangsvollstreckung und Arrest erworbenen Pfandrechte; sie tritt daher dem gutgläubigen Dritten gegenüber nicht ein, wenn er ein Pfandrecht durch ein Rechtsgeschäft des Kridars oder wenn er ein Vormerkungsrecht auf Grund einer einstweiligen Verfügung erwirbt.

10. Das Absonderungsverfahren und die Befriedigung des Absonderungsrechtes.

§ 28. a. Im Allgemeinen.

Da das Absonderungsrecht nicht ein Recht an der gesammten Masse oder eines aliquoten Theiles derselben, sondern nur an einer oder mehreren einzelnen Sachen verleiht, so konnte der § 3 Abs. 2 K.O. die Bestimmung treffen: „Die Befriedigung der Absonderungsberechtigten ist unabhängig vom Konkursverfahren." Weil aber der Gegenstand des Absonderungsrechtes zur Masse gehört, so muß der Verwalter zum Zwecke der getrennt vom Konkursverfahren erfolgenden Befriedigung eine Sondermasse mit der Wirkung bilden, daß der aus dem Absonderungsgegenstande erzielte Erlös nicht zur Konkursmasse zu nehmen ist, sondern getrennt von ihr zur Befriedigung des Absonderungsgläubigers zu dienen hat.[1]) Nur das, was von dieser Sondermasse nach Befriedigung des Absonderungsberechtigten übrig bleibt, fließt zur Konkursmasse.

Bildet der Verwalter aus dem Erlöse des Absonderungsgegenstandes keine Sondermasse, d. h. vermischt er den Erlös mit der Konkursmasse, so verliert der Absonderungsgläubiger sein Recht an dem Erlöse. Aber an Stelle desselben tritt ein Masseanspruch.[2])

---

[1]) Auch die Motive sagen S. 30: „Erlös und Einkünfte dieser Gegenstände bilden eine Sondermasse; was nach der ungeschmälerten Befriedigung der Realgläubiger übrig bleibt, wird zur Befriedigung der Konkursgläubiger verwendbar, blos der Ueberschuß fließt zur Konkursmasse zurück oder, wie die Preußische (§ 38) und die Oesterreichische (§ 30) K.O. hinzufügen, „zur gemeinschaftlichen" Konkursmasse. Der Gegensatz von gemeinschaftlicher Konkursmasse und Konkursmasse schlechtweg, sowie die Bezeichnung Sondermasse erscheint indeß ungenau; es giebt nur eine Konkursmasse, abgesondert ist nur das Verfahren zur Befriedigung der Pfandgläubiger."

[2]) § 52[1] u. [3] K.O. Vgl. auch Willenbücher Anm. 5^b zu § 3. Die Preuß. Konkursordnung hatte im § 263 Abs. 3 ausdrücklich bestimmt, daß in Ansehung der für die Absonderungsforderungen verhafteten Gegenstände das Verwaltungs-

Weil der nach Befriedigung des Absonderungsberechtigten verbleibende Ueberschuß in die Konkursmasse fließt, sind die Konkursgläubiger bei der Absonderung nicht uninteressirt. Deshalb darf[3]) der Verwalter Absonderungsansprüche, welche mehr als 300 Mark betragen, nur mit Genehmigung des etwa vorhandenen Gläubigerausschusses anerkennen.[4]) Da aber andererseits das Absonderungsrecht außerhalb des Konkurses steht, so wird die Rechtsgültigkeit der stillschweigend oder ausdrücklich erfolgten Anerkennung des Verwalters durch den Mangel der erforderlichen Genehmigung nicht berührt.[5])

Das Interesse, welches die Konkursmasse oder vielmehr die Konkursgläubiger an der Absonderung haben, hat weiter zu den Bestimmungen geführt, welche dem Absonderungsgläubiger, trotzdem er als solcher dem Konkursverfahren fernsteht, besondere Pflichten auferlegen. So hat er infolge des offenen Arrestes nach § 108 K.O. dem Verwalter von dem Besitz der Sache und von den Forderungen, für welche er aus der Sache abgesonderte Befriedigung in Anspruch nimmt, innerhalb einer zu bestimmenden Frist Anzeige zu machen, und hat er nach § 109, wenn er die Anzeige über den Besitz der Sache in der gerichtlich bestimmten Frist zu machen unterläßt, den dadurch entstandenen Schaden zu ersetzen,[6]) hat er nach § 110 K.O. dem Verwalter auf dessen Verlangen die Sache zur Ansicht vorzuzeigen und die Abschätzung zu gestatten und muß er sich nach §§ 116, 117 die öffentliche Verwerthung des Absonderungsgegenstandes durch den Verwalter gefallen lassen, und selbst in denjenigen Fällen, in denen ihm das Recht der Selbstbefriedigung aus der Absonderungssache zusteht, kann ihm auf Antrag des Verwalters eine Frist zur Verwerthung gesetzt werden.

Die Stellung der Separatisten außerhalb des Konkurses hat die weitere Folge, daß dieselben ihre Forderungen nicht wie die Konkurs-

und Verfügungsrecht nur unbeschadet der Rechte der Realgläubiger ausgeübt werden könne. Dieser Satz ist als selbstverständlich in die K.O. nicht aufgenommen. Motive S. 29

[3]) § 121 Abs. 2 K.O.

[4]) Ist ein Gläubigerausschuß nicht bestellt, so ist der Verwalter in dieser Beziehung nicht beschränkt.

[5]) § 124 K.O.: „Durch die Vorschriften der §§ 121—123 wird die Gültigkeit einer Rechtshandlung des Verwalters dritten Personen gegenüber nicht berührt."

[6]) Die wissentliche Verheimlichung der Sache, wenn sie im Interesse des Schuldners geschieht, ist im § 212 [1] K.O. mit Zuchthaus bis zu 10 Jahren bedroht.

gläubiger anzumelden brauchen, daß sie an den Abstimmungen nicht Theil nehmen,[7]) daß sie durch den Zwangsvergleich nicht betroffen werden,[8]) daß Ansprüche, die ihrer Art nach im Konkurs nicht zugelassen werden, wie Geldstrafen, Forderungen aus einer Freigebigkeit des Kridars, die nach der Eröffnung laufenden Zinsen, die Kosten der Einziehung u. s. w. von ihnen ebenso geltend gemacht werden dürfen, als wenn der Konkurs nicht eröffnet wäre, daß die Bestimmungen über die Kompensation,[9]) die Bestimmungen, durch welche die betagten Forderungen als fällig gelten, durch welche auf einen Geldbetrag nicht lautende Forderungen abgeschätzt und wiederkehrende Leistungen zusammengerechnet werden,[10]) für die Absonderungsgläubiger nicht in Betracht kommen. Nur wenn der Absonderungsberechtigte sich seines Absonderungsrechtes entkleidet oder desselben beraubt und dadurch, sofern er qualifizirter Absonderungsgläubiger war, einfacher Konkursgläubiger wird, treten alle Bestimmungen, welche für die Konkursgläubiger erlassen sind, auch für ihn in Kraft.

§ 29. b. Die Rechtsstellung des Verwalters im Verhältniß zum Absonderungsberechtigten.

Der Verwalter, auf welchen das Verwaltungs- und Verfügungsrecht des Gemeinschuldners über die Konkursmasse nach § 5 Abs. 2 K.O. übergeht, ist der Vertreter des Kridars in Betreff dieses Vermögens: der letztere hat die Verpflichtung, seine Gläubiger zu befriedigen, in der Ausübung dieser Verpflichtung wird er vom Verwalter vertreten.[1]) Das Verfügungs- und Verwaltungsrecht, welches

[7]) v. Wilmowski Anm. 1 zu § 3 K.O.

[8]) Reichsgericht Entsch. 23 S. 120.

[9]) § 47 K.O.

[10]) §§ 58—63 K.O.

[1]) Die rechtliche Stellung des Konkursverwalters ist streitig. Die überwiegende Zahl der Autoren ist der im Text ausgesprochenen Ansicht. v. Wilmowski Anm. 2 zu § 1; v. Sarwey Anm. 4 zu § 5; Fuchs S. 103; Petersen Anm. 2 zu § 5; Wengler § 5 Anm. 2 S. 91 ff., S. 233—234; Fitting § 5 Anm. 8, 10 u. § 17 I; Mandry § 50 II S. 523; Willenbücher Anm. 3 zu § 5; Schollmayer, Zwischenstreit I S. 97, 98 halten ihn für den Vertreter des Kridars. Dagegen meint v. Kannstein, Konstruktion der Rechtsverhältnisse in Grünhuts Zeitschrift Bd. 9 S. 465 ff., daß er Vertreter der Gläubigerschaft sei. Stieglitz Anm. 4 zu § 5, Dernburg, Pr.Pr.R. II § 115 und Korn, Anfechtung S. 24, 167 betrachten ihn als Vertreter des Gemeinschuldners und der Gläubiger, d. h. der Masse. v. Völderndorff I S. 39—41, 127, 396 592 bestreitet, daß der Verwalter der Vertreter des Kridars oder der Gläubiger

der Kridar durch die Konkurseröffnung verliert, und welches von dem Verwalter für ihn ausgeübt wird, erstreckt sich auf alle zur Konkursmasse gehörigen Gegenstände, und da das Konkursabson-

sei und will ihn zum Pfleger der Konkursmasse machen. Schultze S. 36—39, Otto, Anfechtungsrecht S. 155, 156, Grützmann, Anfechtung S. 204, 212 und Cosack, Anfechtung S. 234 wollen den Verwalter zwar auch, wie hier angenommen wird, als Vertreter des Gemeinschuldners anerkennen, lassen ihn aber bei Ausübung des Anfechtungsrechtes als Vertreter der Gläubiger gelten. Krech-Fischer S. 127 betrachten ihn als „ein Organ, welches Kraft Amtes, ohne Vertreter oder Rechtsnachfolger des Gemeinschuldners im privatrechtlichen Sinne zu sein, Rechte desselben ausübt, um dadurch die vom Staate in der Form des Konkurses gewährte Art des Rechtsschutzes zur Durchführung zu bringen." Vgl. auch L. Seuffert, zur Geschichte und Dogmatik des deutschen Konkursrechtes, Abth. I S. 71 ff. Das Reichsgericht hat sich über diese Frage nicht ausdrücklich ausgesprochen. In der Entsch. Bd. 14 S. 408, 409 wird nur gesagt: „Weder sei der Kridar handlungsunfähig, noch der Konkursverwalter sein gesetzlicher Vertreter, vielmehr sei, nur die Disposition über die Aktivmasse des Konkurses jenem entzogen und diesem übertragen" (vgl. aber die Entsch. vom 27. Oktober 1883 in der juristischen Wochenschrift 1884 S. 48) und Bd. 18 S. 394, 395 wird von dem Verwalter, der ein Absonderungsrecht anfechtet, gesagt, er sei in dieser Beziehung nicht Vertreter des Kridars, sondern der Gesammtheit der Gläubiger. Die Preußische Konkursordnung erklärte den Verwalter ausdrücklich für den Vertreter der Gläubigerschaft und der Masse. §§ 131, 215: „Der einstweilige (bezw. der definitive) Verwalter ist der Vertreter der Gläubigerschaft und der Masse." In den Motiven zur K.O. (S. 16, 17) ist gesagt: „Da der Gemeinschuldner Eigenthümer bleibt, so muß statt seiner die Ausübung der Disposition durch eine andre Person geschehen, es muß eine gesetzliche Stellvertretung des Gemeinschuldners eintreten", die Motive überlassen aber der Wissenschaft die Beantwortung der Frage, wem diese Stellvertretung zukommt.

Auf den ersten Blick liegt es nahe, den Verwalter als Vertreter der Gläubigerschaft zu betrachten. Denn die Gläubigerschaft, d. h. die Gläubigerversammlung beschließt über die Wahl des Verwalters (§§ 102, 72 K.O.), die Mitglieder des Gläubigerausschusses haben ihn bei der Geschäftsführung zu unterstützen und zu überwachen, sie können sich von dem Gange der Geschäfte unterrichten, die Bücher und Schriften des Verwalters einsehen und den Bestand der Kasse untersuchen, sie sind berechtigt, von ihm über die Lage der Sache und die Geschäftsführung Berichterstattung zu fordern (§ 80 K.O.); über die wichtigsten Angelegenheiten hat die Gläubigerversammlung Beschlüsse zu fassen, deren Ausführung dem Verwalter obliegt, sie beschließt über eine dem Gemeinschuldner und dessen Familie zu bewilligende Unterstützung, über die Schließung oder die Fortführung des Geschäftes, über die Stelle, bei welcher, sowie über die Bedingungen, unter welchen die Gelder, Werthpapiere und Kostbarkeiten hinterlegt oder angelegt werden sollen, sie beschließt über die Art und Weise und die Zwischenzeit, in welcher der Verwalter ihr oder einem Gläubigerausschusse über die Verwaltung und Verwerthung der Masse Bericht zu erstatten und Rechnung

derungsrecht nur an solchen Gegenständen besteht, die zur Masse gehören, so geht auch das Verwaltungs- und Verfügungsrecht über den Gegenstand des Absonderungsrechtes auf den Verwalter über. Hieraus

---

zu legen hat (§ 120). Ihre Genehmigung ist für die wichtigsten Geschäfte der Verwaltung, welche im § 122 K.O. aufgeführt sind, einzuholen. Die Anfechtung von Rechtshandlungen des Gemeinschuldners durch den Verwalter hat zur Voraussetzung, daß dieselben den Konkursgläubigern gegenüber nichtig oder anfechtbar sind. Nimmt man hinzu, daß das ganze Konkursverfahren den Zweck der gemeinschaftlichen und gleichmäßigen Befriedigung aller persönlichen Gläubiger des Schuldners hat (§ 2), daß es also im Interesse der Konkursgläubiger stattfindet und daß somit die gesammte Thätigkeit des Verwalters das Interesse der Gläubiger verfolgt, so scheint der Schluß nicht abgelehnt werden zu sollen, daß der Verwalter als Vertreter der Konkursgläubiger fungirt, und es liegt der Vergleich mit der rechtlichen Stellung des Gerichtsvollziehers nahe, welcher in der Spezialexekution als Beauftragter des Gläubigers gilt (§§ 674, 675 C.P.O.).

Diese Auffassung entspricht aber dem Gesetze nicht, und die angeführten Momente stehen der Annahme nicht entgegen, daß der Gemeinschuldner es ist, welcher vom Verwalter vertreten wird. Die K.O. bestimmt im § 5 ausdrücklich, daß das Verwaltungs- und Verfügungsrecht des Schuldners über das zur Konkursmasse gehörige Vermögen durch den Konkursverwalter ausgeübt wird. Damit ist nicht, wie v. Kannstein meint, gesagt, daß der Kridar das Verwaltungs- und Verfügungsrecht derart verliert, daß es auch von einem andern für ihn nicht ausgeübt werden könne, und daß es nothwendig auf ein anderes Rechtssubjekt übergehen müsse, als welches nur die Gläubigerschaft angesehen werden könne. Die Gläubigerschaft ist überhaupt kein Rechtssubjekt und die Zusammengehörigkeit der Bestimmungen der beiden Absätze des § 5, deren erster dem Kridar das Dispositions- und Verwaltungsrecht über die Konkursmasse entzieht und deren zweiter „das Verwaltungs- und Verfügungsrecht" durch den Konkursverwalter ausüben läßt, giebt unzweideutig zu erkennen, daß dasjenige Verfügungs- und Verwaltungsrecht, welches der Kridar verliert, auf den Verwalter übergeht. So auch das Reichsgericht Entsch. Bd. 14 S. 408, 409. Die Richtung, in welcher dieses Dispositions- und Verwaltungsrecht auszuüben ist, ist im § 2 vorgezeichnet, nach welchem dasselbe zur Befriedigung aller Konkursgläubiger ausgeübt werden soll. Die Verwaltung und Verfügung geschieht nur in Bezug auf die Konkursmasse, für sie werden durch den Verwalter Rechte erworben, sie wird durch seine Rechtsgeschäfte verpflichtet. Da aber die Masse kein Rechtssubjekt ist und Rechte und Pflichten nur für und gegen Personen entstehen können, so werden die Rechte und Pflichten für und gegen den Eigenthümer erworben. Der Eigenthümer der Masse und jedes einzelnen Masseobjekts ist der Kridar. Er ist es daher, für welchen durch Handlungen des Verwalters Rechte und Pflichten begründet werden. Derjenige aber, welcher für einen andern Rechtsgeschäfte eingeht, ist dessen Vertreter. Der Verwalter vertritt daher den Gemeinschuldner in der Verfügung über die Konkursmasse und in der Verwaltung derselben. Der Schuldner hat die Pflicht, aus seinem Vermögen seine Gläubiger zu befriedigen, die selbstständige Ausübung dieser Pflicht wird ihm durch die Konkurseröffnung

und aus der Erwägung, daß durch die Konkurseröffnung die Rechte derjenigen Gläubiger an sich nicht geändert werden, welche nicht Konkursgläubiger sind, ergiebt sich, daß, soweit die K.O. nicht etwas

---

unmöglich gemacht, diese Pflicht des Schuldners geht auf den Verwalter über. Das gesetzliche Mandat des letztern hat die Richtung des § 2, der Verwalter hat die Pflicht des Schuldners zur gemeinschaftlichen Befriedigung der Konkursgläubiger für denselben zu erfüllen. Durch den Antrag des Schuldners auf Eröffnung des Konkurses giebt der Schuldner seinen Willen kund, daß die Konkursgläubiger gemeinschaftlich befriedigt werden sollen, im Fall der Eröffnung des Verfahrens wider Willen des Schuldners wird dieser Wille supplirt. Deshalb besteht keine Kollision der Interessen des Kridars und der Gläubigerschaft: der Schuldner will seine Gläubiger gleichmäßig befriedigen, die Gläubiger wollen gleichmäßig befriedigt werden, und deshalb handelt der Verwalter im Interesse des Schuldners, wenn er im Interesse der Gläubiger handelt.

Daß der Verwalter von der Gläubigerschaft zu wählen ist, ändert an seiner Stellung als Vertreter des Schuldners nichts: er ist nicht gewillkürter, sondern gesetzlich bestellter Vertreter, und auf welche Weise diese gesetzliche Bestellung zu erfolgen hat, ist für den Charakter seiner Stellung ebenso wenig maßgeblich, als es auf die Vertretungsstellung des Vormundes ankommt, ob derselbe mit oder gegen den Willen des Pflegbefohlenen verpflichtet ist. Dasselbe gilt bezüglich der Thatsache, daß zur Vornahme wichtiger Rechtshandlungen die Genehmigung der Gläubigerschaft erforderlich ist: auch der Vormund hat bei der Führung der Vormundschaft zu den wichtigern Geschäften die Genehmigung des Gegenvormundes und des Vormundschaftsgerichts einzuholen (§§ 41, 42 der Preuß. Vormundschaftsordnung vom 5. Juli 1875), ohne daß er deshalb Vertreter des Gegenvormundes und des Vormundschaftsgerichts wird, und ohne daß er aufhört, Vertreter des Mündels zu sein, und selbst der Umstand, daß dem Verwalter die Eingehung eiues Rechtsgeschäftes aufgezwungen werden kann, findet im § 30 der Vormundschaftsordnung eine Analogie, wonach im Falle der Verwaltung mehrerer Vormünder bei Meinungsverschiedenheiten die Mehrheit und, wenn eine solche nicht erzielt wird, das Vormundschaftsgericht entscheidet. Diese Vergleichung mit der rechtlichen Stellung des Vormundes, welcher unbestritten der Vertreter des Pflegebefohlenen ist, zeigt, wie die Rücksicht auf alle die Befugnisse, die den Gläubigern in deren Interesse eingeräumt sind, nicht dazu führen können, den Verwalter zum Vertreter der Gläubiger zu machen Die Gläubiger finden ihre Vertretung nicht in dem Verwalter, sie können ihre Vertretung nur in dem Gläubigerausschuß finden. Da das Verfahren im Interesse der Gläubiger eröffnet und durchgeführt wird, muß deren Organen ein Recht der Aufsicht und Genehmigung gewährt werden, ebenso wie die Aufsicht und die Genehmigung in der Führung der Vormundschaft, deren Einleitung und Führung durch das öffentliche Interesse erheischt wird, dem Organ des Staates nicht versagt werden kann. Selbst die Thatsache, daß der Verwalter das Anfechtungsrecht auszuüben hat, kann die Annahme der Vertretung des Gemeinschuldners durch den Verwalter nicht erschüttern. Denn auch der Vormund und der Vater greifen im Interesse der von ihnen vertretenen Pflegebefohlenen Rechtshandlungen an, welche diese ungültig vorgenommen haben,

anderes bestimmt, die Stellung des Verwalters den Absonderungsberechtigten gegenüber dieselbe ist, wie die Stellung des Schuldners ihnen gegenüber vor der Konkurseröffnung war.

---

und der Verwalter vertritt auch in dieser Beziehung den Gemeinschuldner, welcher, ebenso wie der Pflegebefohlene, sein eigenes Interesse schlecht verstanden hat. Der Verwalter zeigt sich auch insofern nicht als Gegner des Kridars — wie dies v. Völdernndorff meint — als er ihn zum Manifestationseid treibt, denn er veranlaßt ihn dadurch lediglich seinem eigenen Interesse, der Befriedigung der Gläubiger, zu entsprechen. Auch der weiter von den Vertretern der entgegengesetzten Ansicht vorgebrachte Grund kann nicht ins Gewicht fallen, daß der Verwalter nach §§ 116, 117 K.O. die Zwangsverwaltung und Zwangsversteigerung der zur Masse gehörigen Immobilien zu betreiben und die Verwerthung beweglicher Gegenstände, an denen ein Gläubiger ein Faust- oder Quasifaustpfandrecht hat, nach Maßgabe der Vorschriften über die Zwangsvollstreckung zu betreiben berechtigt ist. Denn diese Zwangsvollstreckung betreibt der Verwalter — wie unten § 32 dargelegt werden wird — nicht gegen den Kridar, das Gesetz giebt ihm nur die Befugniß, die Verwerthung in den Formen der Zwangsvollstreckung vornehmen zu lassen; das Recht zur Verwerthung in dieser Form ist dem Verwalter auch nicht zum Nachtheil des Kridars, sondern zur Erhöhung seiner Befugnisse gegen die Absonderungsgläubiger und zur Beschränkung der Rechte derselben gegeben. Man darf daher nicht behaupten, der Verwalter könne nicht Vertreter des Schuldners sein, weil er gegen den von ihm Vertretenen nicht die Exekution betreiben könne, denn er betreibt sie gegen den Kridar nicht. Betriebe er sie aber doch gegen ihn, so würde auch diese Thatsache für die Charakterisirung des Verhältnisses des Schuldners zum Kridar ebenso unwesentlich sein, als die gesetzliche Anomalie, nach welcher jemand unter Umständen der Käufer seiner eigenen Sache sein kann. Nach § 62 Abs. 3 Z.V.G. kann der Subhastat auf sein eigenes Grundstück mitbieten und den Zuschlag erhalten. Will man nun aus dem §§ 116, 117 K.O. den Schluß ziehen: Der Verwalter kann die Zwangsvollstreckung gegen den Kridar vornehmen, deshalb kann er sein Vertreter nicht sein, so müßte man auch aus der angeführten gesetzlichen Anomalie die Folgerung zulassen: Weil ein Eigenthümer unter Umständen der Käufer seines eigenen Grundstückes sein kann, deshalb ist er kein Grundeigenthümer. Einzig in seiner Art würde es aber auch nicht einmal sein, die Formen der Zwangsvollstreckung gegen den Vertretenen zur Anwendung zu bringen, da man den Weg der Zwangsvollstreckung sogar gegen sich selbst einschlagen kann: Denn die Zwangsversteigerung findet auch zur Auseinandersetzung der Erben und Miteigenthümer statt und derjenige, welcher sie beantragt, beantragt sie zu demjenigen Theile, zu welchem er selbst Erbe oder Miteigenthümer ist, auch gegen sich selbst. Unrichtig ist ferner die Behauptung v. Völderndorff's: „Wäre der Verwalter wirklich der Repräsentant des Schuldners, so würde im Falle des § 51³ dieser sein eigener Gläubiger und sein eigener Schuldner sein." Wenn sich aus der Bestimmung des § 51³ K.O., nach welcher die dem Gemeinschuldner und dessen Familie bewilligte Unterstützung zu den Massekosten gehört, ableiten ließe, daß der Kridar durch die Bewilligung der Unterstützung eine Forderung an die Masse erwerbe,

Aus dem Satze, daß der Verwalter in Bezug auf den Absonderungsgegenstand die Rechte und Pflichten des Kridars hat, ergiebt sich weiter, daß es auch der Verwalter ist, welcher über diesen Gegenstand unter Berücksichtigung des Separationsrechtes zu disponiren hat, daß er auch der richtige Kläger ist, wenn ein Dritter den Gegenstand im Besitz hat, und der richtige Beklagte, wenn ein Dritter den Gegenstand als ihm gehörend in Anspruch nimmt. In beiden Fällen kann der Absonderungsberechtigte dem Prozesse nach § 63 C.P.O. als Nebenintervenient beitreten, wenn sein Absonderungsrecht nur unter der Voraussetzung des Eigenthums des Kridars besteht oder wenn er qualifizirter Absonderungsgläubiger ist; denn wenn sein Recht nur unter der Voraussetzung des Eigenthums des Kridars besteht, also in den Fällen des allgemeinen Absonderungsrechtes, aber auch in den Fällen desjenigen speziellen Absonderungsrechtes, welches ohne Dinglichkeit, z. B. im Falle des Absonderungsrechtes der Dienstboten in der Immobiliarzwangsvollstreckung, so hat er ein Interesse daran, daß der Verwalter obsiegt; ist er qualifizirter Gläubiger, so hat er ein Interesse daran, daß der Gegner des Verwalters obsiegt, weil er dann diesem Gegner gegenüber sein Pfandrecht unbeschränkt zur Geltung bringen und außerdem dem Verwalter gegenüber, ohne von

---

wenn sich daraus ableiten ließe, daß er sein eigener Gläubiger und sein eigener Schuldner wäre, so hätte diese Deduktion doch mit der Stellung des Verwalters nichts zu thun. Denn, wäre sie richtig, so würde der Gemeinschuldner, welcher Eigenthümer der Masse bleibt, sein eigener Schuldner auch dann sein, wenn der Verwalter nicht ihn, sondern die Gläubiger oder irgend wen sonst zu vertreten hätte. So ist auch das Resultat unrichtig, zu welchem v. Völderndorff gelangt: „Der Verwalter ist also rechtlich der Stellvertreter des durch die Konkurseröffnung der Disposition des Gemeinschuldners entzogenen und zu einem durch den ihm gesetzlich zugewiesenen Zweck der Befriedigung der Gläubiger selbständig gewordenen Vermögens." Er meint, die Zukunft gehöre der Personifikation der Verkehrskomplexe, „das Geschäft", „die Gesellschaft", „die Konkursmasse" würden schon jetzt im Leben als Rechtssubjekte angesehen, die Jurisprudenz werde allmählich sich dem Leben anbequemen und dafür eine wissenschaftliche Konstruktion, vielleicht durch Ausbildung der Brinz'schen Lehre vom Zweckvermögen schaffen müssen. Eigenthümer der Konkursmasse ist aber, wie wohl kaum bestritten ist, der Kridar, neben ihm kann es nicht noch einen andern Eigenthümer derselben Masse geben, sonst würde Miteigenthum an ihr entstehen. Im Uebrigen wird die Zukunft wohl nicht der Personifikation der Vermögenskomplexe gehören. Die Ausdrucksweise einzelner Kaufleute, welche sogar in Prozessen ihr Geschäft, ihre Fabrik u. s. w. als Prozeßpartei auftreten lassen, beruht auf einer unrichtigen und unklaren Vorstellung und könnte zu der Annahme führen, daß der Kaufmann, sobald er ein Geschäft begründet, damit ein zweites selbständiges neues Rechtssubjekt wird.

der Beschränkung des § 57 K.O. betroffen zu werden, den persönlichen Anspruch ohne Verzicht auf das Pfandrecht im Konkurse geltend machen kann. Im erstern, nicht im zweiten Falle ist, der Absonderungsgläubiger, welcher als Nebenintervenient dem Prozesse beigetreten ist, nach § 66 C.P.O. als Streitgenosse anzusehen.

Da das Verfügungs- und Verwaltungsrecht über den Absonderungsgegenstand dem Verwalter zusteht, so ist auch nur dieser zur Anerkennung, Bestreitung oder Anfechtung des Absonderungsrechtes befugt, wogegen den Konkursgläubigern dem Absonderungsgläubiger gegenüber die Befugniß zum Widerspruch gegen die Geltendmachung des Absonderungsrechtes oder zur Anerkennung desselben versagt ist. Während sie eine angemeldete Konkursforderung nach § 132 K.O. bestreiten und über dieselbe mit dem Anmeldenden einen Rechtsstreit führen können, ist ihnen ein gleiches Recht dem Absonderungsberechtigten gegenüber nicht eingeräumt.[2]

Aus dem Grundsatze, daß der Verwalter den Kridar im Konkurs in Bezug auf den Absonderungsgegenstand vertritt, sind auch die Fragen zu beantworten, ob der Verwalter verpflichtet ist, das Absonderungsrecht zu berücksichtigen und die Verwerthung zu betreiben? Der Verwalter hat dieselbe Verpflichtung zur Berücksichtigung des Absonderungsrechtes, wie der Kridar. Wie diesem, liegt es ihm ob, das Spezialabsonderungsrecht,[3]) auch wenn es nicht geltend gemacht ist, zu beachten, wie ihm andererseits ebensowenig als dem Kridar die Berücksichtigung solcher Absonderungsrechte[3]) obliegt, die erst durch ihre Geltendmachung zur Existenz gelangen (s. § 5). Hat aber der Gläubiger, dessen Absonderungsrecht erst durch die Geltendmachung entsteht, diese Geltendmachung vor der Eröffnung des Verfahrens dem Kridar gegenüber ausgesprochen, so gilt dies Verlangen auch dem Verwalter gegenüber. Ein Absonderungsrecht, welches der Verwalter zu berücksichtigen hatte, aber nicht beachtet hat, verwandelt sich, sobald der Erlös des Gegenstandes mit der Konkursmasse ver-

[2]) Rechtshandlungen, welche der Gemeinschuldner rücksichtlich seines nicht zur Konkursmasse gehörigen Vermögens vorgenommen hat, können dagegen von jedem Konkursgläubiger auch während des Konkurses, nicht aber vom Verwalter angefochten werden, der über dieses Vermögen nicht verfügen darf; § 13 Abs. 5 des R.Ges. vom 21. Juli 1879.

[3]) Das Spezialabsonderungsrecht braucht er soweit nicht zu berücksichtigen, als auch der Kridar sich darum nicht zu kümmern braucht. Dies trifft z. B. hinsichtlich der Früchte des verpfändeten Grundstückes zu, an welchen das unvollkommene Pfandrecht noch nicht perfekt geworden ist (s. oben § 9).

mischt ist, in einen Masseanspruch. Dasselbe kann dann aber nach § 159 K.O., wenn es nicht bis zur Festsetzung des Prozentsatzes oder bis zur Beendigung des Schlußtermines oder der Bekanntmachung einer Nachtragsvertheilung zur Kenntniß des Verwalters gelangt, auf denjenigen Massebestand nicht geltend gemacht werden, welcher zur Auszahlung des festgesetzten Prozentsatzes erforderlich ist oder den Gegenstand der Schlußvertheilung bezw. der Nachtragsvertheilung bildet. Ist dem Verwalter in diesem Falle ein schuldbares Versehen nachzuweisen, so hat er persönlich für den dem Absonderungsgläubiger entstandenen Nachtheil aufzukommen.[4]) Dem Gläubiger verbleibt überdies wegen seiner Masseforderung so wie jedem anderen nicht befriedigten Massegläubiger der Anspruch gegen den Gemeinschuldner,[5]) aber ein Absonderungsrecht hat er auch gegen ihn nicht mehr, weil dieses durch die Umwandlung in die Masseforderung verloren ist. Gegen die Konkursgläubiger hat er nach der Schlußvertheilung, wenn der Masseanspruch rechtzeitig zur Kenntniß des Verwalters gelangt ist, die Kondiktion, durch die er von jedem Gläubiger dasjenige verlangt, was derselbe weniger erhalten haben würde, wenn der Masseanspruch rechtzeitig befriedigt wäre, wogegen er nach § 159 K.O. gegen die Gläubiger kein Recht geltend machen kann, wenn der Masseanspruch nicht rechtzeitig zur Kenntniß des Verwalters gelangt ist,[6]) und zwar auch dann nicht, wenn der Verwalter durch die Versäumung der Bildung einer Spezialmasse sich persönlich verantwortlich gemacht hat.

Auch die Frage nach der Verpflichtung des Verwalters zur Verwerthung des Absonderungsgegenstandes findet aus der rechtlichen Natur des Vertretungsverhältnisses des Verwalters zum Kridar ihre Beantwortung. Nach den Motiven[7]) und den ihnen folgenden Autoren

---

[4]) Vgl. Reichsgericht Entsch. 14 S. 1 ff.

[5]) Willenbücher Anm. 5b zu § 3, v. Wilmowski S. 71 II, v. Sarwey S. 26 Anm. 2.

[6]) v. Wilmowski S. 454 Anm. 1, v. Sarwey S. 762 Anm. 5, S. 763 Anm. 6 und S. 764 Anm. 9, Willenbücher Anm. 1 u. 2 zu § 159 K.O.

[7]) S. 30: „Wenn der Realgläubiger seinen Anspruch auf abgesonderte Befriedigung nicht erhebt, sei es, weil er es nicht für nöthig oder nützlich erachtet, oder sei es, weil er den Anspruch zur Zeit noch nicht geltend machen kann, so fehlt jede Veranlassung zur Absonderung. Das Pfandstück wird, natürlich unbeschadet der auf ihm haftenden Ansprüche, wie die übrigen Gegenstände der Konkursmasse verwaltet und verwerthet. Der Umstand allein, daß der Gegenstand den Pfandgläubigern verhaftet ist, giebt keine Veranlassung, denselben von amts=

soll der Verwalter den Absonderungsgegenstand nicht zu verwerthen brauchen und soll ihn der Absonderungsgläubiger dazu nicht anhalten können. So allgemein darf die Frage jedoch nicht beantwortet werden. Der Verwalter ist zur Verwerthung in denselben Fällen und unter denselben Umständen verpflichtet, in bezw. unter welchen der Kridar dazu ohne die Konkurseröffnung verpflichtet sein würde. Macht der Erbschaftsgläubiger oder Legatar sein Separationsrecht geltend, so kann sich weder der Kridar noch demzufolge der Verwalter der Verpflichtung entziehen, für die Befriedigung des Separationsgläubigers durch Verwerthung der Nachlaßobjekte zu sorgen: war durch ein pactum adjectum dem Pfandschuldner die Verbindlichkeit zur Verwerthung des Pfandgegenstandes auferlegt, so geht diese Verpflichtung vom Kridar auf den Verwalter über; besteht landesgesetzlich eine weitere Verpflichtung zur Verwerthung des Absonderungsgegenstandes für den Schuldner, so gehört sie auch zu den Pflichten des Verwalters. Versäumt er, diese Pflicht zu erfüllen, so kann er dazu nicht nur im Rechtswege angehalten werden, sondern er bringt durch seine Versäumniß auch einen Masseanspruch des Absonderungsgläubigers nach § 52 [1] K.O. zur Entstehung und macht sich überdies, wenn er pflichtwidrig handelte, dem Gläubiger auch persönlich verantwortlich. Liegt dagegen eine Verpflichtung des Schuldners zur Verwerthung des Absonderungsgegenstandes nicht vor, so braucht auch der Verwalter die Verwerthung nicht vorzunehmen.

Wie die Pflicht, so hat der Verwalter auch das Recht zur Verwerthung unter denselben Voraussetzungen, unter welchen der Schuldner es hatte. Aber in dieser Beziehung sind ihm durch die §§ 116, 117 K.O. weitergehende Befugnisse ertheilt, als der Schuldner sie hatte.

---

wegen abzusondern und von amtswegen die abgesonderte Befriedigung der Realgläubiger zu bewirken. Das Konkursverfahren hat sich auf die abgesonderte Befriedigung der Realgläubiger nicht einzulassen; dies ist auch insofern nicht ein Theil des Konkursverfahrens. Darin liegt ein wesentlicher Unterschied des Entwurfes von der Preuß. K.O. (§§ 266, 267, 57), nach welcher die Konkurseröffnung auch zu Gunsten der Realgläubiger eine Beschlagnahme der ihnen verhafteten Sache bewirkte, und nach welcher daher von amtswegen ausschließlich für sie eine Revenüenmasse gebildet und unter sie vertheilt wird . . . ." Die Motive verwechseln die beiden Fragen, ob der Verwalter das Absonderungsrecht zu berücksichtigen und ob er den Absonderungsgegenstand zu verwerthen verpflichtet ist. Verwerthet er ihn, so ist er zur Berücksichtigung des Separationsrechtes so, wie oben erörtert, verpflichtet.

In der angegebenen Weise ist das Rechtsverhältniß jedoch nur zwischen dem Verwalter und dem Absonderungsgläubiger gestaltet. Anders sind die Pflichten des Verwalters im Verhältniß zu den Konkursgläubigern. Der § 107 K.O. verpflichtet ihn, das gesammte zur Konkursmasse gehörige Vermögen, also auch sämmtliche Absonderungsgegenstände, zu verwerthen. Der Verwalter ist daher den Konkursgläubigern gegenüber zur Verwerthung der Separationssache auch dann verpflichtet, wenn für ihn eine Verbindlichkeit hierzu gegenüber dem Separatisten nicht vorliegt. Aber diese Verpflichtung ist keine ausnahmslose, denn nach § 74 K.O. muß er „die Sorgfalt eines ordentlichen Hausvaters anwenden." Liegt es daher im Interesse der Masse, die Verwerthung zu unterlassen, so hat er als sorgfältiger Verwalter von der Veräußerung Abstand zu nehmen, wenn er nicht dem Separatisten zur Verwerthung verpflichtet ist. „Wenn nach den vorhandenen Belastungen," ist in den Motiven[8]) gesagt, „mit Sicherheit zu erwarten ist, daß aus einem Verkauf ein Ueberschuß für die Konkursmasse sich nicht ergeben wird, so würde die Extrahirung desselben für den Verwalter ebensowenig geboten und pflichtgemäß sein, als etwa die Ausklagung uneinziehbarer Forderungen". Dringt in einem solchen Falle der Absonderungsgläubiger auf Verwerthung der Sache, so kann der Verwalter die Verwerthung jenem überlassen. Bleibt dagegen voraussichtlich nach Befriedigung des Separatisten ein Ueberschuß für die Masse, so ist es seine Pflicht, auch ohne Andrängen des Separatisten für die Verwerthung dadurch Sorge zu tragen, daß er, sofern der Gläubiger nicht zur Selbstbefriedigung berechtigt ist, entweder die Verwerthung selbst vornimmt oder sie dem Separatisten überläßt, wenn dieser dazu bereit und fähig ist.

Der Grundsatz der Vertretung des Kridars durch den Verwalter regelt auch das Verfahren zur Erledigung von Differenzen des Verwalters mit dem Absonderungsgläubiger. Ebenso wie Streitigkeiten des letztern mit dem Schuldner außerhalb des Konkurses, entscheidet auch die mit dem Verwalter entstandenen Differenzen der Prozeßrichter,[9]) unbeschadet der Ausnahmen des Art. 310 H.G.B., die auch

[8]) S. 348.

[9]) Die bereits vor der Eröffnung des Verfahrens anhängigen, das Absonderungsrecht betreffenden Prozesse können nach § 9 K.O. nicht, wie die Aktivprozesse des § 8 im Falle der Ablehnung seitens des Verwalters durch den Schuldner, sondern sie können nur von dem Verwalter oder dem Gegner aufgenommen werden. Erkennt der Verwalter den Anspruch sofort an, so fallen die Prozeß-

außerhalb des Konkurses dem Schuldner gegenüber zur Anwendung kommen würden. Das Konkursgericht als solches ist der Regel nach zur Entscheidung nicht zuständig, wenn es demselben auch unbenommen bleibt, dahin zu wirken, daß derartige Streitigkeiten durch Vergleich ihre Erledigung finden. Nur eine Ausnahme ist durch den § 117 Abs. 2 statuirt, welcher dem Konkursgericht die Kompetenz zuspricht, dem Gläubiger, welcher befugt ist, sich ohne gerichtliches Verfahren aus dem Absonderungsgegenstande zu befriedigen, auf Antrag des Verwalters eine Frist zu bestimmen, innerhalb deren der Gläubiger den Gegenstand zu verwerthen hat. Im Uebrigen ist das Konkursgericht auch nicht als Beschwerdegericht über die das Absonderungsrecht betreffenden Streitigkeiten zuständig. Wenn dem Absonderungsgläubiger das Beschwerderecht auch insoweit nicht versagt werden kann, als er gleichzeitig Konkursgläubiger ist, so kann er sich bei dem Konkursgericht doch nur als Konkursgläubiger im Interesse der Konkursmasse, nicht aber als Absonderungsgläubiger im Interesse seines Absonderungsrechtes beschweren.

c. Die Verwerthung des Absonderungsgegenstandes.

§ 30. α. Im Allgemeinen.

Da durch die Eröffnung des Konkurses das Recht des Absonderungsgläubigers an sich weder beeinträchtigt, noch verändert wird, so verbleibt dem Gläubiger auch die Befugniß, den Verkauf der Sache zur Befriedigung seiner Forderung selbst zu betreiben. Diese Befugniß steht aber nur dem speziellen, nicht auch dem allgemeinen Separatisten zu. Andererseits hat aber auch der Verwalter nicht nur das Verkaufsrecht des Schuldners, soweit diesem dasselbe zustand, sondern auch ein durch die §§ 116, 117 K.O. erheblich erweitertes Recht zur Verwerthung.

In dem Eigenthumsrecht liegt auch das Recht der Veräußerung. Dies Recht ist aber auch ein Ausfluß des speziellen Absonderungsrechtes. Gleichwohl darf aus der Bestellung des Absonderungsrechtes nicht der Verlust des Distraktionsrechtes des Schuldners gefolgert werden. Der Schuldner darf das Pfandobjekt veräußern, wenn durch den Verkauf eine Aenderung der Rechte des Pfandgläubigers

kosten nicht der Masse zur Last, sondern sind Konkursforderungen, für welche aber gleichzeitig auch der Absonderungsgegenstand haftet. v. Wilmowski Anm. 6 zu § 9 K.O.

nicht entsteht, also dann, wenn die Veräußerung cum onere[1]) erfolgt und der Pfandgegenstand nur den Herrn, nicht auch die Belastung wechselt. Dagegen ist dem Schuldner eine Veräußerung, die den Verlust des Absonderungsrechtes nach sich zieht, ohne Willen des Gläubigers nicht gestattet, wenn der Gläubiger das Distraktionsrecht hat. In dieser Beziehung ist dem Verwalter ein über die Befugnisse des Schuldners hinausgehendes Recht der Verwerthung des Absonderungsgegenstandes in den Formen der Zwangsvollstreckung ertheilt, welches aber das Veräußerungsrecht des Gläubigers, auch wenn diesem die Befugniß der Selbstbefriedigung nicht zusteht, erst von dem Augenblick an ausschließt, in dem der Verwalter sein Recht geltend macht, und welches der Befugniß des Gläubigers, die Immobiliarzwangsvollstreckung zu betreiben, überhaupt nicht entgegensteht.

§ 31. β. Die Verwerthung durch den Absonderungsgläubiger.

1. Der Absonderungsgläubiger darf die Zwangsvollstreckung in den Absonderungsgegenstand auch im Konkurse gegen den Verwalter betreiben.[1]) Denn der § 11 K.O. verbietet die Zwangsvollstreckung während des Konkurses nur, wenn sie von einem Konkursgläubiger, nicht aber, wenn sie von einem Absonderungsberechtigten betrieben wird. Der Prozeß, durch welchen das Separationsrecht geltend gemacht wird, wird zwar nach § 218 C.P.O. durch die Eröffnung des Konkurses unterbrochen, er kann aber ohne Weiteres nach § 9 K.O.[2]) wie vom Verwalter, so von dem Absonderungsgläubiger wieder aufgenommen und fortgesetzt werden. Ist der Prozeß aber zur Zeit der Eröffnung des Verfahrens bereits erledigt, so tritt überhaupt keine Unterbrechung ein, auch die bereits begonnene Zwangsvollstreckung

---

[1]) Vgl. § 48 A.L.R. I 20. Nur im gemeinen Rechte ist dem Schuldner die sogar als furtum bezeichnete Veräußerung einer beweglichen Pfandsache verboten. § 14. J. 4, 1. l. 19 § 6. l 66 pr. D. 47, 2.

[1]) „Eine eingeleite Zwangsverwaltung oder Zwangsversteigerung schreitet, durch die Konkurseröffnung unbeeinflußt, fort; in gleicher Weise können Realgläubiger während des Konkurses ihre Befriedigung aus den Pfandstücken herbeiführen. Der Erlös oder die Einkünfte werden dann ermittelt und unter die Realgläubiger vertheilt, gleich als ob ein Konkurs nicht schwebe.“ Motive S. 29, 30.

[2]) „Rechtsstreitigkeiten, welche gegen den Gemeinschuldner anhängig sind und auf Aussonderung eines Gegenstandes aus der Konkursmasse oder auf abgesonderte Befriedigung gerichtet sind ...., können sowohl von dem Konkursverwalter, als von dem Gegner aufgenommen werden.“

seitens des Absonderungsgläubigers[3]) erleidet durch die Eröffnung keinen Einhalt.[4]) Der Verwalter hat daher nur das Recht, der bereits eingeleiteten Zwangsvollstreckung beizutreten.[5])

In dem Rechte zur Zwangsvollstreckung liegt auch die Befugniß, einer bereits von einem andern Absonderungsgläubiger betriebenen Zwangsvollstreckung oder der vom Verwalter in den Formen der Zwangsvollstreckung betriebenen Verwerthung beizutreten.

2) Die Zuschlagung des Eigenthums der Pfandsache an den Absonderungsberechtigten kennt das Preußische Recht nicht, und „ein Vertrag, daß bei ausbleibender Zahlung die verpfändete Sache dem Gläubiger für die Schuld oder für einen im Voraus bestimmten Werth zufallen solle, ist in Ansehung beider Theile ohne Wirkung.“[6]) Eine derartige Vereinbarung hält auch das gemeine Recht[7]) als lex commissoria für ungültig. Dagegen kennt das Römische Recht das jus dominii impetrandi,[8]) durch welches dem Gläubiger auf seinen Antrag nach fruchtlos erfolgter Mahnung bezw. nach Ablauf einer dem abwesenden Schuldner gerichtlich gesetzten Frist in dem Falle, daß Niemand das Pfand kaufen will, das Eigenthum desselben zu einem durch gerichtliche Taxe festzusetzenden Preise mit dem Rechte zugeschlagen wird, die Pfandforderung nur in Höhe des Taxwerthes der Sache für gedeckt zu betrachten, und mit der Verpflichtung, den etwaigen Ueberschuß des Werthes des Pfandgegenstandes dem Schuldner

---

[3]) Ist die Zwangsvollstreckung bereits bis zur Pfändung vorgeschritten, so ist auch der bis dahin nur persönliche Gläubiger absonderungsberechtigt geworden.

[4]) v. Völdernbdorff Anm. 4 zu § 116 und ebenso Hauser in der Zeitschr. für Reichs- und Landesrecht Bd. 3 S. 471 wollen eine Unterbrechung der Zwangsvollstreckung eintreten lassen. v. Völderndorff meint, der § 218 C.P.O. ordne die Unterbrechung des Verfahrens in Folge der Konkurseröffnung an, und die Zwangsvollstreckung gehöre auch mit zum Verfahren. Aber die Vorschriften über die Reassumtion, wie sie im 5. Titel des 3. Abschn. des 1. Buchs der C.P.O. vorgeschrieben sind, betreffen nur das Prozeßverfahren. Die Zwangsvollstreckung ist im 8. Buche erörtert, die Bestimmung des § 218: „Im Falle der Eröffnung des Konkurses über das Vermögen einer Partei wird das Verfahren, wenn es die Konkursmasse betrifft, unterbrochen“, bezieht sich dagegen nur auf dasjenige „Verfahren“, welches der 3. Abschn. des 1. Buches meint und als Ueberschrift („Unterbrechung und Aussetzung des Verfahrens“) bezeichnet, und dies ist nur das mit dem Urtheil endende Prozeßverfahren.

[5]) Kreck-Fischer Anm. 8 zu § 183; Jäckel Anm. 1[a] zu § 180 Z.V.G.

[6]) § 33 A.L.R. I 20.

[7]) l. 3 C. 8, 35. Reichspolizeiordnung von 1577 Titel 20 § 5.

[8]) l. 3 C. 8, 34. Arndts, Pandekten § 376.

herauszugeben. Doch kann in einem solchen Falle der Verpfänder das Pfand binnen zwei Jahren wieder einlösen. Da der Absonderungsgläubiger außerhalb des Konkurses befriedigt wird, und eine besondere Bestimmung der K.O. das jus dom. imp. nicht beseitigt hat, so muß dasselbe für das gem. R. auch jetzt noch im Konkursverfahren als geltend angesehen werden.[9]) Aber so lange das Pfand dem Gläubiger noch nicht zugeschlagen ist, steht dem Verwalter das Recht der Verwerthung zu.

3) Das Recht, den Absonderungsgegenstand selbst zu verwerthen, hat der allgemeine Absonderungsberechtigte nicht, und von dem Spezialseparatisten hat es nur der Mobiliargläubiger mit Ausnahme des Pfändungspfandgläubigers. Diese Verwerthung kann der dazu berechtigte Gläubiger an körperlichen Sachen nur durch den Verkauf vornehmen. Forderungen, welche Gegenstand des Absonderungsrechtes sind, kann er nach gemeinem Rechte ebenso, wie körperliche Sachen verkaufen,[10]) er kann sie nach gem. R. aber auch direkt vom Schuldner mit einer utilis actio einziehen;[11]) und darf den eingezogenen Betrag mit der Pfandforderung kompensiren. Mit gleicher Wirkung kann der Gläubiger auch nach Preußischem Rechte die Pfandforderung einziehen, aber er darf dies nur auf Grund gerichtlicher Ueberweisung. Denn nach § 289 A.L.R. I 20 „kann der Pfandgläubiger auf Einziehung verpfändeter Aktivforderungen nur unter eben den Umständen antragen, unter welchen er die Veräußerung des Pfandes zu suchen berechtigt ist,“ und nach § 296 cit. „ist der Schuldner der verpfändeten Forderung weder befugt, noch verbunden, dem Pfandinhaber ohne ausdrückliche Anweisung des Verpfänders oder ohne richterlichen Befehl Zahlung zu leisten.“[12]) Im Handelsrecht kann in zwei Fällen dem Pfandgläubiger ausnahmsweise das Recht nicht versagt werden, ohne richterlichen Befehl und ohne Anweisung des Verpfänders die

---

[9]) Vgl. die Motive S. 347.

[10]) l. 15 § 10 D. 42, 1. l. 7 C. 24, 39. v. Vangerow I § 368 Anm. 1[1]; Holzschuher II 1 S. 385 und die dort Citirten; a. M. Gesterling, Pfandrecht S. 77.

[11]) v. Vangerow a. a. O.; Holzschuher a. a. O.; Windscheid I §§ 227, 239.

[12]) So auch Eccius III § 192[a]; Turnau Anm. 3 zu § 54 E.G.G.; Dernburg, Privatrecht I § 361; Obertrib. Entsch. Bd. 8 S. 279. Vgl. auch die Juristische Wochenschr. 81 S. 70 und die Zeitschrift f. P.R. I S. 172 und V S. 125, 83. A. M. war Förster III § 192[a], der aber daselbst von Eccius zutreffend widerlegt ist.

verpfändete Forderung einzuziehen und den eingezogenen Betrag mit dem Pfand zu kompensiren:

a. Der Kommissionär hat nach Art. 374 H.G.B. ein Retentionsrecht an den, als Forderungen des Kommittenten ausstehenden Kommissionsforderungen. Nach Art. 368 kann der Kommittent Forderungen aus einem Geschäfte, welches der Kommissionär abgeschlossen hat, obgleich dieselben im Verhältniß zwischen dem Kommittenten und dem Kommissionär und dessen Gläubigern als Ansprüche des Kommittenten gelten, dem Schuldner gegenüber erst nach der Abtretung geltend machen. Aus diesen Forderungen, welche nicht dem Kommissionär, sondern dem Kommittenten gehören, kann sich der Kommissionär nach Art. 374 Abs. 2 wegen seiner Ansprüche für die auf das Kommissionsgut verwendeten Kosten, für seine Provision, für die von ihm rücksichtlich des Kommissionsgutes geleisteten Vorschüsse und gegebenen Darlehne, für die rücksichtlich desselben gezeichneten Wechsel und in anderer Weise eingegangenen Verbindlichkeiten, sowie für seine Forderungen aus laufender Rechnung in Kommissionsgeschäften vorzugsweise vor dem Kommittenten und den Gläubigern befriedigen. Die Forderungen des Kommittenten hat der Kommissionär im Besitz, weil ersterer sie nicht einziehen kann, so lange der letztere sie ihm nicht cedirt hat. Der Komissionär ist an sich verpflichtet, diese Forderungen dem Kommittenten abzutreten; denn er hat sie gegen Dritte nur im Auftrage des Kommittenten erworben, und er hat diesem nach Art. 361 „dasjenige zu leisten, was er aus dem Geschäfte zu fordern hat.“ Unterläßt er diese Cession, so retinirt er die nicht cedirte Forderung. Dieses Retentionsrecht ist, wie auch die Motive[13]) und mit ihnen die Kommentatoren annehmen, durch den § 41^{8} K.O. in ein Absonderungsrecht umgewandelt.[14]) Da der Kommissionär

---

[13]) S. 215.

[14]) Endemann § 65 S. 410 und Anm. 74 behauptet dagegen, es lasse sich nicht absehen, wie der Kommissionär an solchen Forderungen im Konkurse des Kommittenten ein Absonderungsrecht solle haben können; der Art. 368 Abs. 2 H.G.B. begründe nicht ein Absonderungsrecht des Kommissionärs, sondern ein Aussonderungsrecht des Kommittenten im Konkurse des Kommissionärs. - Aber gerade weil der Kommittent eine solche Forderung im Konkurse des Kommissionärs als Aussonderungsberechtigter in Anspruch nehmen kann, weil die Forderung also dem Kommittenten gehört, muß angenommen werden, daß der Kommissionär, so lange er die Forderung an den wirklichen Eigenthümer derselben nicht abtritt, sich in ihrem Besitze befindet; gestattet aber der Art. 374 Abs. 2, daß der Kommissionär diese Forderung für seinen Anspruch im Besitz behalten darf, so

sich aus dieser retinirten Forderung des Kommittenten befriedigen darf und bei dieser Befriedigung jedes Recht eines Dritten, welches dieser vom Kommittenten erworben hat, also auch jedes Recht eines Pfandgläubigers des Kommittenten (nicht dritter Personen) außer Acht zu lassen berechtigt ist, so ist ihm damit die Befugniß ertheilt, die Forderung ohne richterliche Ueberweisung und ohne Zustimmung seines Schuldners (des Kommittenten) einzuziehen und, soweit erforderlich, mit seinem Anspruch zu kompensiren.

b. Dasselbe Recht hat der See-Versicherungsnehmer nach Art. 893 H.G.B. Er kann im Fall eines Seeschadens wegen seiner in Bezug auf den versicherten Gegenstand ihm zustehenden Ansprüche aus der Forderung, welche gegen den Versicherer begründet ist, vorzugsweise vor dem Versicherten und dessen Gläubigern sich befriedigen.

In derselben Weise, wie die Verwerthung einer Forderung, erfolgt auch die Verwerthung eines unkörperlichen Gegenstandes — z. B. eines Nießbrauchs —, wobei die gerichtliche Ueberweisung sich nach § 754 C.P.O. regelt.

Das Recht der Verwerthung kann dem Pfandgläubiger nach Römischem Rechte [15]) auch vertragsmäßig nicht genommen werden, ein dahin gehender Vertrag hat nur die Wirkung, daß der Gläubiger die Anzeige an den Schuldner, daß das Pfandobjekt von ihm verkauft werde, dreimal zu erstatten ist. Das Preußische Recht gestattet dagegen einen Nebenvertrag, durch welchen dem Gläubiger das Verkaufsrecht entzogen wird, nimmt diesem Vertrage aber seine Wirkung, wenn über das Vermögen des Schuldners der Konkurs ausbricht, und will auch außerhalb des Konkurses, wenn nicht aus der Natur des Geschäftes oder der Beschaffenheit des Pfandes zu entnehmen ist, daß an dem Pfandgegenstand ein Nutzungsrecht nicht stattfinden kann, einen solchen Nebenvertrag dahin interpretiren, daß der Gläubiger seine Befriedigung nur aus den Früchten und Nutzungen suchen

---

gewährt er ihm ein Retentionsrecht, das jetzt im Konkurse in ein Absonderungsrecht verwandelt ist. Uebrigens nimmt Endemann ein Retentions- bezw. Pfandrecht mit den Motiven und den Kommentatoren in dem unter b. behandelten Fall des Art. 893 an, obgleich dieser Art. 893 die hier wesentlichen Worte des Art. 374: „er darf sich vorzugsweise vor dem Kommittenten und dessen Gläubiger befriedigen" durch die in entsprechender Weise abgeänderten Worte: „er darf sich vorzugsweise vor dem Versicherten und vor dessen Gläubigern befriedigen," wiederholt.

[15]) l. 4 D. 13, 7.

könne.[16]) Das Grundbuchrecht erklärt einen Nebenvertrag, durch welchen hypothekarischen oder Grundbuchgläubigern das Recht der Veräußerung entzogen wird, für nichtig.[17])

Das gemeine Recht verlangt eine zweijährige Wartezeit, welche mit der Anzeige und wenn diese dreimal erfolgen muß, mit der letzten Anzeige beginnt, läßt aber den vertragsmäßigen Ausschluß der Wartezeit zu.[18]) Das Preußische Recht verlangt eine Wartezeit nicht, nur kann der gewerbmäßige Pfandleiher die Verwerthung nicht vor Ablauf von 6 Monaten seit der Hingabe des Darlehns vornehmen.[19])

Das gemeine Recht verlangt die Mitwirkung des Richters nur zum Verkauf gerichtlich gepfändeter Sachen und die Oeffentlichkeit des durch den Gläubiger zu bewirkenden Verkaufs nur für das Pfandrecht des Fiskus.[20]) Das Preußische Recht erfordert als Regel die Mitwirkung des Gerichts bei der Verwerthung, und verlangt, daß der Schuldner gehört wird, läßt den Verkauf in den Formen der Zwangsvollstreckung vor sich gehen[21]) und gewährt dem Gläubiger

[16]) § 26 A.L.R. I 20: „Ist ausdrücklich verabredet, daß der Gläubiger den Verkauf der verpfändeten Sache zu verlangen nicht berechtigt sein solle, so ist ein solcher Vertrag so zu deuten, daß der Gläubiger seine Befriedigung nur aus den Früchten und Nutzungen suchen könne." § 27: „Erhellt aus der Natur des Geschäftes oder aus der Beschaffenheit des Pfandes, daß dies nicht die Absicht der Kontrahenten gewesen sein könne, so hat ein solcher Nebenvertrag nur die Wirkung, daß der Gläubiger nicht eher, als wenn über das Vermögen des Schuldners Konkurs entsteht, auf die Veräußerung des Pfandes antragen kann."

[17]) § 45 E.E.G.

[18]) l. 3 § 1 C. 8, 34. Bei einer in verschiedenen Terminen fälligen Forderung kann nach der Fälligkeit des ersten Termins verkauft werden, wenn nicht das Gegentheil vereinbart ist. l. 8 § 2. D. 13, 7. Windscheid I § 237.

[19]) Nach § 4 des Preuß. Gesetzes betreffend das Pfandleihgewerbe vom 17. März 1881 „tritt die Fälligkeit des von einem Pfandleiher gegebenen Darlehns nicht vor Ablauf von sechs Monaten seit dessen Hingabe ein; entgegenstehende Verabredungen sind nichtig."

[20]) l. 3. C. 2, 37. l. 1, 2, 4, 6. C. 10, 3. l. 16. C. 4, 44. l. 15 § 32 D. 47, 10. l. 4. C. 8, 30. l. 3 pr. C. 8, 34. Windscheid I § 237 Anm. 11. Dernburg, Pandekten II S. 141, 142.

[21]) § 197 A.L.R. I 20: „Wenn der Schuldner das Pfand zur Fälligkeitszeit nicht einlöst, so ist der Gläubiger den gerichtlichen Verkauf desselben nachzusuchen befugt."

§ 198: „Doch muß der Schuldner zuvor rechtlich gehört und zur Wiedereinlösung des Pfandes, gleich jedem Beklagten, vorgeladen werden."

§ 199: „Wie dabei, ingleichen bei der gerichtlichen Veräußerung des Pfandes selbst, durch Auktion oder Subhastation zu verfahren sei, bestimmt die Prozeßordnung."

ein größeres Recht, als er auf Grund eines Vollstreckungstitels im Wege der Zwangsvollstreckung hat, nur insofern, als er den Pfandverkauf auch an solchen Gegenständen vornehmen darf, welche von der Zwangsvollstreckung eximirt sind. Die Mitwirkung des Gerichts bewegt sich hierbei in den Grenzen der freiwilligen Gerichtsbarkeit, nicht anders wie die Thätigkeit des Handelsgerichtes in den Fällen der Art. 310 Abs. 2, 26, 27, 133, 172, 254, 160, 253, 162, 254, 195, 145, 246, 490—494 u. s. w. des H.G.B. Sind die Voraussetzungen der Mitwirkung des Gerichts streitig, ist insbesondere bestritten, daß eine Verpfändung vorliegt, so hat nicht das Handelsgericht, sondern das Prozeßgericht zu entscheiden, wogegen die Entscheidung über die Art des Verkaufs zur Kompetenz des Handelsgerichtes gehört.

In folgenden Fällen ist der gerichtliche Verkauf ausnahmsweise nicht erforderlich bezw. wird die Mitwirkung des Gerichtes in der Regel nicht oder nur in beschränktem Maße verlangt:

a. Die Art. 310, 311 H.G.B. (vgl. auch die Art. 374, 375, 382, 387, 409, 624, 626, 629, 675, 727) gestatten den außergerichtlichen Verkauf eines unter Kaufleuten für ein aus beiderseitigen Handelsgeschäften gegebenen Faustpfandes. Der Art. 310 spricht von der schriftlichen Bestellung eines Faustpfandes unter Kaufleuten und gestattet dem Gläubiger, wenn der Schuldner im Verzuge ist, sich aus einem solchen Pfande bezahlt zu machen, ohne daß es einer Klage gegen den Schuldner bedarf, verlangt aber die Einholung der Genehmigung des Handelsgerichts unter Vorlegung der erforderlichen Bescheinigungen. In diesem Falle hat das Handelsgericht ohne Gehör des Schuldners auf Gefahr des Gläubigers den Verkauf der verpfändeten Gegenstände oder eines Theiles derselben anzuordnen. Der Art. 311 setzt die Bestellung eines Faustpfandes unter Kaufleuten für eine Forderung aus beiderseitigen Handelsgeschäften und die schriftliche Vereinbarung voraus, daß der Gläubiger ohne gerichtliches Verfahren sich aus dem Pfande befriedigen könne, und gestattet dem Gläubiger unter diesen Bedingungen, wenn der Schuldner im Verzuge ist, ohne Konkurrenz des Handelsgerichts das Pfand öffentlich zu verkaufen, und wenn die verpfändeten Gegenstände einen Börsen- oder Marktpreis haben, den Verkauf auch nicht öffentlich durch einen Handelsmakler oder in Ermangelung eines solchen durch einen zu Versteigerungen befugten Beamten zum laufenden Preise zu bewirken.

b. Der § 11 des Gesetzes vom 2. Juni 1869 berechtigt die vorgesetzte Dienstbehörde des kautionspflichtigen Reichsbeamten, wenn eine Forderung gegen denselben aus seiner Amtsführung für den von ihm zu vertretenden Schaden vollstreckbar ist, die von ihm verpfändeten Werthpapiere bis zur Höhe der Forderung an einer innerhalb des Deutschen Reiches belegenen, von ihr zu bestimmenden Börse außergerichtlich verkaufen zu lassen. Der Kautionsbesteller ist in einem solchen Falle zur Ausantwortung der ihm gelassenen, noch nicht fälligen Zinsscheine verpflichtet. Ist diese Ausantwortung von ihm nicht freiwillig zu erlangen, so kann er zur Erlangung des Geldwerthes der von ihm zurückgehaltenen Zinsscheine in dem für die Beitreibung öffentlicher Abgaben vorgeschriebenen Verfahren zwangsweise angehalten werden. Das Reich ist nicht verpflichtet, die verpfändeten Werthpapiere in die Konkursmasse einzuliefern.

c. Der § 20 des R.Bankges. vom 14. März 1875 giebt der Reichsbank, wenn der Schuldner eines im Lombardverkehr gewährten Darlehns mit der Rückzahlung im Verzuge ist, die Befugniß, ohne gerichtliche Ermächtigung oder Mitwirkung das bestellte Faustpfand durch einen ihrer Beamten oder durch einen zu Versteigerungen befugten Beamten öffentlich verkaufen oder, wenn der verpfändete Gegenstand einen Börsen- oder Marktpreis hat, den Verkauf auch nicht öffentlich durch einen ihrer Beamten oder durch einen Handelsmakler oder in Ermangelung eines solchen durch einen zu Versteigerungen befugten Beamten zum laufenden Preise bewirken zu lassen und sich aus dem Erlöse wegen des Kapitals, der Zinsen und Kosten bezahlt zu machen, und giebt dieses Recht ausdrücklich auch gegenüber anderen Gläubigern und gegenüber der Konkursmasse des Schuldners.

d. Die Seehandlung ist nach der Preuß. Kabinetsordre vom 31. Januar 1827 „berechtigt, bei nicht erfolgender Rückzahlung der auf die Pfänder gegebenen Vorschüsse nach Eintritt der Verfallzeit das ihr gegebene Unterpfand mittels einer von ihren Beamten abzuhaltenden öffentlichen Auktion zu verkaufen und sich aus dem Erlöse für Kapital, Zinsen und Kosten bezahlt zu machen;" [22]) die Kabinetsordre enthebt die Seehandlung im Fall des Konkurses des Schuldners der Verpflichtung, „ihre Pfänder herauszugeben," [22]) und läßt ihr „auch in diesem Falle das Recht des außergerichtlichen Verkaufs mit

[22]) Sofern es sich um die Pfandbestellung unter Kaufleuten aus beiderseitigen Handelsgeschäften handelt, kommen die Art. 310, 311 H.G.B. auch für die Seehandlung zur Anwendung.

der Verbindlichkeit, den nach ihrer Befriedigung noch vorhandenen Rest der Losung zur Konkursmasse abzuliefern."[23])

e. Das Recht, sich ohne gerichtliches Verfahren aus dem Pfande zu befriedigen, ist auch den meisten landschaftlichen Kreditinstituten, z. B. der ritterschaftlichen Privatbank in Pommern,[24]) gegeben.[25])

f. Der § 11 des Preuß. Ges. vom 25. März 1873 berechtigt die vorgesetzte Dienstbehörde in gleicher Weise, wie das oben unter b. aufgeführte Bundesgesetz, zum außergerichtlichen Verkauf der Kautionspapiere des Beamten. (Eccius II § 145 Anm. 52 hält mit Unrecht diese Bestimmung für aufgehoben durch die K.O.)

g. Der gewerbliche Pfandverleiher ist nach § 9 des Preuß. Ges. vom 17. März 1881 berechtigt, das Pfand zum Zweck der Befriedigung seines Anspruches an Kapital und Zinsen nach eingetretener Fälligkeit[19]) zu verkaufen; die Erlangung eines vollstreckbaren Schuldtitels oder die gerichtliche Ermächtigung zum Verkauf ist nicht erforderlich.

h. Der außergerichtliche Verkauf ist auch dann zulässig, wenn der Schuldner und, sofern dieser nicht gleichzeitig Eigenthümer der Pfandsache ist, auch der letztere zustimmt.[26]) Diese Zustimmung ist als er-

---

[23]) Ueber das Recht der Seehandlung zum Verkauf verpfändeter Wolle siehe die Kabinetsordre vom 20. Mai 1826.

[24]) Ges. vom 23. Jan 1833 § 30: „die Bank ist befugt, die bei ihr eingelegten Pfänder zur Verfallzeit, ohne daß sie dazu der gerichtlichen Ermächtigung bedarf, wenn dieselben Kours bei der Berliner Börse haben, daselbst oder in Stettin durch vereidigten Makler verkaufen zu lassen oder solche nach dem derzeitigen Börsenkours zu ihren Fonds einzuziehen. Ein Gleiches findet in Hinsicht der als Pfand deponirten Waaren und sonstigen beweglichen Gegenstände statt."

[25]) Förster III § 194 meinte, daß dieses Recht der Kreditverbände hinsichtlich des Immobiliarpfandes beseitigt sei, weil die §§ 45, 71 E.E.G. es nicht ausdrücklich aufrecht erhalten hätten. Diese Bestimmungen stehen aber den gesetzlichen Privilegien dieser Institute, wie Eccius daselbst Anm. 45 richtig bemerkt, nicht entgegen, und das E.E.G. regelt nicht das Verfahren der Befriedigung des Pfandgläubigers.

[26]) § 28 A.L.R. I 20: Der Verkauf des Pfandes muß in der Regel gerichtlich an den Meistbietenden geschehen.

§ 29: Ein Vertrag, daß es dem Gläubiger freistehen soll, bei ausbleibender Zahlung das Pfand außergerichtlich zu verkaufen, ist zwar an sich zu Recht beständig.

§ 30: Ist jedoch dergleichen Vertrag gleich bei Schließung des Pfandkontraktes oder sonst vor der Verfallzeit errichtet worden, so kann der Gläubiger nicht unter dem Betrage einer mit Zuziehung des Schuldners durch Sachverständige aufgenommenen Taxe außergerichtlich verkaufen.

theilt anzusehen, wenn der Schuldner und Eigenthümer der ihnen bekannt gegebenen Distraktionsabsicht des Gläubigers nicht widersprechen. Ist der Nebenvertrag, durch den der Gläubiger zu der außergerichtlichen Veräußerung berechtigt ist, vor der Fälligkeit der Forderung geschlossen, so darf der Gläubiger das Pfand nicht unter dem Betrage einer mit Zuziehung des Schuldners durch Sachverständige aufgenommenen Taxe verkaufen.[27])

Der außergerichtliche Verkauf durch den Pfandgläubiger ist als von diesem in Vertretung des Schuldners vorgenommen anzusehen, so daß der Schuldner als der Käufer gilt. Deshalb haftet der verkaufende Gläubiger in der Regel auch nicht für Eviktion. Für den Fall des außergerichtlichen Verkaufs mit Einwilligung des Pfandschuldners läßt aber der § 217 A.L.R. I 20 den Gläubiger gleich jedem andern Verkäufer für Gewährleistung haften; wenn aber der außergerichtliche Verkauf mit Zuziehung des Verpfänders geschehen ist, so haftet dieser für Eviktion[28]) an erster Stelle und der verkaufende Pfandgläubiger nur als Bürge.

Eine Anzeige von dem bevorstehenden Verkaufstermine ist der Gläubiger in der Regel an den Schuldner, also auch an den Verwalter, zu machen nicht verpflichtet. Geschieht die Veräußerung, nicht blos die Anordnung der Veräußerung, durch das Gericht oder durch den vom Gericht beauftragten Beamten, so wird der Schuldner von diesem benachrichtigt; geschieht die Veräußerung nicht durch das Gericht, so ist nur im Art. 310 H.G.B.[29]) dem Gläubiger die Anzeigepflicht

---

§ 31: Wenn der Schuldner nach eingetretenem Zahlungstermin sich den außergerichtlichen Verkauf durch den Gläubiger ohne weiteren Vorbehalt gefallen läßt, so hat es dabei sein Bewenden.

§ 32: Doch ist in beiden Fällen (§§ 30, 31) außer der Einwilligung des Schulduers auch die des etwaigen, von diesem verschiedenen Eigenthümers der verpfändeten Sache nothwendig.

[27]) Das Obertrib. — Entsch. Bd. 15 S. 249, Striethorst's Archiv Bd. 24 S. 347 — hat angenommen, daß, wenn die Sache einen Marktpreis habe, es keiner Taxe bedürfe. Gültig ist der Verkauf überhaupt ohne Taxe. Förster-Eccius III S. 472 Anm. 33. Hat der Gläubiger ohne Taxe oder hat er nicht ohne mäßiges Versehen unter der Taxe verkauft, so ist er dem Schuldner zum Schadensersatz verpflichtet.

[28]) § 218 A.L.R. I 20.

[29]) Art. 310 Abs. 3: „Von der Bewilligung, sowie von der Vollziehung des Verkaufes hat der Gläubiger den Schuldner, soweit es thunlich ist, sofort zu benachrichtigen; unterläßt er die Anzeige, so ist er zum Schadensersatz verpflichtet.“ Um den Verkauf zu bewirken, ist der Nachweis der Anzeige nicht erforderlich.

auferlegt und zwar unter der Androhung, daß bei Unterlassung dieser Anzeige der Gläubiger zum Schadensersatz verpflichtet werde.[30]) In den Fällen des nicht öffentlichen Verkaufes wird die Anzeige von dem Verkaufstermine in der Regel nicht möglich sein, weil der Gläubiger den Zeitpunkt des Verkaufes nicht immer vorher wissen oder bestimmen kann. Die Anzeige von dem bevorstehenden Verkauf ist deshalb auch im Art. 311 H.G.B. nicht vorgeschrieben und zwar auch nicht einmal für den Fall des öffentlichen Verkaufes, sondern es ist dem Gläubiger bei Vermeidung der Verpflichtung zum Schadensersatz nur die Benachrichtigung des Schuldners „von der Bewilligung und von der Vollziehung des Verkaufes" auferlegt. In allen Fällen wird es aber im Interesse des Gläubigers liegen, soweit es ihm möglich ist, den Schuldner von dem bevorstehenden Verkaufe zu benachrichtigen, da er als Vertreter des letzteren verkauft und deshalb nicht nur sein eigenes Interesse, sondern auch dasjenige des Schuldners wahrzunehmen verpflichtet ist und im Fall eines Versehens der Verpflichtung zum Schadensersatz nicht entgeht.[31])

Die Verwerthung des Pfandes durch den Gläubiger darf in allen Fällen nur durch den Verkauf des Pfandgegenstandes erfolgen. Nur wenn der Pfandschuldner zustimmt, kann die Befriedigung auch durch eine andere Art der Verwerthung, z. B. durch Tausch, und nach eingetretener Fälligkeit der Forderung auch durch Uebernahme der Sache zu einem vereinbarten Preise seitens des Gläubigers vorgenommen werden.[32])

Die Eröffnung des Konkurses steht dem Befriedigungsrecht des Gläubigers nicht entgegen und hindert die Fortsetzung des von ihm begonnenen Verwerthungsverfahrens nicht. Aber durch die Konkurs-

[30]) v. Völderndorff Anm. k zu § 117 K.O. nimmt nach Analogie des Art. 311 H.G.B. an, daß der Gläubiger den Verwalter vor dem zur Verwerthung angesetzten Termine überhaupt zu benachrichtigen habe, weil dies in der Natur der Sache liege. In der Natur der Sache liegt dies aber nicht. Da der Schuldner außerhalb des Konkurses von dem Verkaufstermine, sofern ein solcher überhaupt anzusetzen ist, nicht benachrichtigt zu werden braucht, so kann auch der Verwalter, dem in der K.O. in dieser Beziehung ein größeres Recht nicht beigelegt ist, als es der Schuldner hatte, die Benachrichtigung nicht verlangen.

[31]) Nach gemeinem Rechte haftet der Gläubiger für omnis culpa. l. 4, 7, 9. C. 8, 28, C. 4, C. 8, 30. l. 10, C. 18, 2. l. 3 § 5, D. 8, 34. l. 13 § 1. l. 14. l. 22, § 4, D. 13, 7. Windscheid I § 237. Nach Landrecht wird er in der Regel diligentia quam suis anzuwenden, eventuell für mäßiges Versehen zu haften haben. §§ 55, 56 A.L.R. I 13. § 278 A.L.R. I 5.

[32]) § 44 A.L.R. I 20.

eröffnung entsteht das besondere Recht des Verwalters, die Verwerthung des Pfandgegenstandes in der Form der Zwangsvollstreckung selbst zu betreiben und durch die Ausübung dieser Befugniß das Verwerthungsrecht des Gläubigers zu vereiteln. Damit der Verwalter dieses Recht durchführen kann, ist der Gläubiger zur Herausgabe der Sache verpflichtet. Aber dieses Recht des Verwalters cessirt nach der Vorschrift des Art. 117 Abs. 2 K.O. dann, „wenn der Gläubiger befugt ist, sich aus dem Gegenstande ohne gerichtliches Verfahren zu befriedigen"[33]) (vgl. die obigen Fälle a–h). Deshalb kann z. B. im Fall des Art. 310 H.G.B., nach welchem der Pfandgläubiger das für eine Forderung gegen einen andern Kaufmann aus beiderseitigen Handelsgeschäften bestellte Pfand nur nach Einholung der gerichtlichen Genehmigung veräußern darf, der Gläubiger die Veräußerung nicht vornehmen, wenn der Verwalter sie in der Form der Zwangsvollstreckung selbst betreiben zu wollen erklärt; er ist dazu aber im Fall des Art. 311 berechtigt, wenn schriftlich vereinbart ist, daß er ohne gerichtliches Verfahren sich aus dem Pfande befriedigen dürfe.[34])

Das Recht der Selbstbefriedigung nach Abs. 2 des § 117, welches zur Voraussetzung hat, daß der Gläubiger bei der Verwerthung von jeder Mitwirkung des Gerichtes entbunden ist, steht dem Pfandgläubiger auch dann zu, wenn er zwar verpflichtet war, das Gericht anzugehen, die Mitwirkung des letztern aber vor Eröffnung des Konkurses schon beendet ist.[35]) Dies kann namentlich bei

[33]) „Als gerichtliches Verfahren," sagen die Motive S. 349, „ist jede das Verfügungsrecht des Pfandgläubigers beschränkende Mitwirkung eines Gerichtes anzusehen, sodaß die zahlreichen Fälle, in denen das H.G.B. dem Pfandgläubiger den Verkauf der Sache zwar ohne vorgängige Klage, aber doch nur auf Grund einer von ihm nachzusuchenden gerichtlichen Verordnung gestattet (vgl. H.G.B. Art. 310, 374, 375, 382, 387, 409, 624, 626, 629, 675, 727), nicht unter die Ausnahmen gehört."

[34]) v. Völderndorff weicht hiervon ab, indem er Anm. m zu § 117 meint, er stimme mit dem Kommetare v. Völderndorf-Anschütz zum H.G.B. III S. 181 darin überein, daß, möge auch die Veräußerung mittels gerichtlicher Versteigerung erfolgen, doch in den Fällen der Art. 310 u. 311 H.G.B. immer nur der Gläubiger der Verkäufer, und daß daher der Fall eines Handelspfandes immer nach Abs. 2 des § 117 K.O. zu behandeln sei. Die übrigen Kommentatoren theilen diese unrichtige Ansicht nicht. Es kommt nicht darauf an, ob der Gläubiger der Verkäufer, sondern ob er befugt ist, sich aus dem Pfandgegenstande ohne gerichtliches Verfahren zu befriedigen.

[35]) Man ist hierüber einig, und in der Reichstagskommission wurde diese Auffassung einstimmig als die Ansicht der Kommission konstatirt. Prot. S. 86, 87. Vgl. auch Reichsoberhandelsgericht Entsch. Bd. 14 S. 29.

Anwendung des Art. 310 H.G.B. vorkommen, nach welchem das Gericht nicht den Verkauf zu bewirken oder zu leiten, sondern nur zu bewilligen hat: Ist die Einwilligung vor der Eröffnung des Verfahrens ertheilt, so ist nunmehr der Gläubiger befugt, sich ohne gerichtliches Verfahren aus dem Pfandobjekt zu befriedigen. Man muß aber die Befugniß zur Selbstbefriedigung zeitlich noch weiter erstrecken. Es ist oben gezeigt, daß das Recht zur Selbstbefriedigung durch den Konkurs nicht beeinflußt wird, daß durch die Konkurseröffnung nur ein besonderes Recht des Verwalters entsteht, die Verwerthung selbst zu veranlassen und dadurch das Verwerthungsrecht des Gläubigers zu vereiteln. Von diesem Rechte braucht der Verwalter keinen Gebrauch zu machen. Thut er es nicht, so ist der Gläubiger befugt, die Verwerthung weiter zu betreiben. Das Verwerthungsrecht des Gläubigers wird daher nur gehemmt, wenn und sobald der Verwalter sein Verwerthungsrecht geltend macht, d. h. sobald der Verwalter dem Absonderungsgläubiger zu erkennen giebt, daß er von seinem Verwerthungsrechte Gebrauch machen wolle. Dieser Zeitpunkt ist der entscheidende. Ist bis dahin die für den Gläubiger sonst erforderliche Mitwirkung des Gerichts beendet, so ist sie nunmehr für den Gläubiger auch nicht mehr erforderlich und ist der Verwalter deshalb nicht mehr berechtigt, der Verwerthung seitens des Gläubigers zu widersprechen. Dieser Zeitpunkt ist auch für die befristeten und bedingten Forderungen maßgebend: Ist die Fälligkeit oder die Bedingung bis dahin eingetreten, so ist der sonst ohne gerichtliche Mitwirkung zur Verwerthung berechtigte Gläubiger befugt, der Verwerthung durch den Verwalter zu widersprechen, während der Gläubiger, dessen Anspruch erst nach jenem Zeitpunkt fällig bezw. unbedingt wird, sich der Verwerthung durch den Verwalter zu fügen hat.

Das Recht des Pfandgläubigers, die Betreibung der Verwerthung durch den Verwalter zu verhindern, kann auf den Antrag des letztern zeitlich beschränkt werden:

> „Ist der Gläubiger befugt, sich aus dem Gegenstande ohne gerichtliches Verfahren zu befriedigen, so kann auf den Antrag des Verwalters das Konkursgericht vom Gläubiger nach dessen Anhörung eine Frist bestimmen, innerhalb welcher er den Gegenstand zu verwerthen hat. Nach dem Ablauf der Frist findet die Vorschrift des ersten Absatzes Anwendung."

Dieses Recht des Verwalters zur Fristbestimmung betrifft auch die Fälle, in denen durch Spezialgesetze dem Gläubiger die Befugniß ertheilt ist, den Pfandgegenstand außergerichtlich zu veräußern; es betrifft auch die Fälle, in denen dem Gläubiger das Selbstveräußerungsrecht ausdrücklich auch dann ertheilt ist, wenn über das Vermögen des Schuldners der Konkurs ausgebrochen ist, es bezieht sich daher auch auf alle oben unter a bis h aufgeführten Fälle. Denn wenn auch die den Konkurs betreffenden Reichsgesetze durch den § 3 E.G. und die speziellen Vorschriften der Landesgesetze über die Einwirkung des Konkurses auf einzelne Rechtsverhältnisse durch den § 20 K.O. aufrecht erhalten sind, so wird durch solche Bestimmungen doch nicht der Vorschrift des Abs. 2 des § 117 K.O. widersprochen, sondern nur dem verwerthungsberechtigten Gläubiger die Verpflichtung auferlegt, von seinem Selbstbefriedigungsrechte rechtzeitig Gebrauch zu machen.[36])

Für die Fristbestimmung ist das Konkursgericht zuständig, eine Ausnahme von der Regel, welche Differenzen zwischen dem Verwalter und dem Absonderungsgläubiger nur durch den Prozeßrichter entscheiden läßt. Die Fristbestimmung des Konkursgerichtes, welche nach Anhörung des Gläubigers erfolgt, und bei welcher die wahrscheinlich erforderliche Dauer der Verwerthung zu berücksichtigen ist, erfolgt durch Beschluß und ist eine Entscheidung im Sinne des § 66 K.O., gegen welche die sofortige Beschwerde seitens des Verwalters, wie auch seitens des Absonderungsgläubigers zulässig ist. Die Beschwerde kann durch die zu lange bezw. zu kurze Dauer der gerichtlich präfigirten Frist, sie kann auch durch den Mangel der Voraussetzungen des § 117 K.O. begründet sein. Gemäß § 65 K.O. ist die Frist nach den Vorschriften der §§ 198 ff. C.P.O. zu berechnen und beginnt mit der Zustellung bezw. der Verkündigung. Ist der Beschluß in Gegenwart des Verwalters und des Gläubigers oder eines von ihnen verkündet, so bedarf es keiner Zustellung an denjenigen, welcher anwesend war, demjenigen aber, in dessen Abwesenheit der Beschluß erlassen ist, ist er nach § 294 Abs. 3 C.P.O. von amtswegen zuzustellen.[37]) Da das Selbstbefriedigungsrecht des Gläubigers durch die Vorschrift des Abs. 2 § 117, nach welcher derselbe nur angehalten

---

[36]) A. M. anscheinend v. Wilmowski Anm. 4 zu § 117, der jeden Einfluß des Konkurses auf das Recht des Reiches an der Kaution des Reichsbeamten bestreitet.

[37]) A. M. v. Wilmowski Anm. 6 zu § 117 und Willenbücher Anm. 6 zu § 117, welche behaupten, daß der Beschluß entweder vom Gericht oder vom Verwalter zuzustellen sei.

werden kann, von seinem Rechte rechtzeitig Gebrauch zu machen, an sich nicht verändert wird, so entscheidet der Fristbeschluß nicht über die Frage, ob der Gläubiger ein Absonderungsrecht, auch nicht über die Frage, ob er das Recht der Selbstbefriedigung hat; diese Fragen sind vielmehr, wenn sie streitig werden, vom Prozeßrichter zu beantworten. Der Gläubiger erlangt durch den Fristbeschluß, wenngleich dieser das Vorhandensein des Selbstbefriedigungsrechtes des Gläubigers zur Voraussetzung hat, doch nicht das Recht zur Veräußerung. Diese Veräußerungsbefugniß kann er nur auf Grund seines Absonderungsrechtes haben.[38]) Trotz des Fristbeschlusses wird er auch in den Fällen, in denen die Selbstbefriedigung von der Mitwirkung eines Gerichtes, z. B. im Falle des Art. 310 H.G.B. von der Anordnung des Handelsgerichtes abhängig ist, von der Konkurrenz des Gerichtes nicht befreit, ist vielmehr verpflichtet, auch in diesen Fällen das Handelsgericht um die Bewilligung des Verkaufes anzugehen.[39]) Die gesetzte Frist kann unter Zustimmung beider Theile verlängert oder verkürzt werden, die Frage aber, ob das Konkursgericht auf einseitigen Antrag die Frist verändern darf, beantwortet sich durch den § 840 Abs. 3 C.P.O., nach welchem das Gericht zu einer Abänderung seiner durch Beschwerde angegriffenen Verfügung nicht befugt ist.

Das Präjudiz, welches den Gläubiger durch die Versäumung der gesetzten Frist trifft, welches ihm aber nicht mitgetheilt zu werden braucht,[40]) besteht nicht unbedingt in dem Verlust des Veräußerungsrechtes, sondern nur in dem Verlust des Rechtes, der Verwerthung Seitens des Verwalters in der Form der Zwangsvollstreckung widersprechen zu können.[41]) Der Absonderungsgläubiger darf daher trotz der Fristversäumung sein Selbstbefriedigungsrecht so lange noch geltend machen, bis der Verwalter von seinem Verwerthungsrechte Gebrauch macht. Sobald aber der Verwalter dem Gläubiger, auch nur mündlich, erklärt hat, daß er nunmehr selbst die Verwerthung in der Form der Zwangsvollstreckung betreiben wolle, darf der Gläubiger die noch nicht vollendete Veräußerung nach Ablauf der Frist nicht mehr fort-

[38]) In der Antragstellung des Verwalters auf Präfigirung der Frist wird man aber in der Regel die Anerkennung des Absonderungs- und Selbstbefriedigungsrechtes des Gläubigers erblicken können.

[39]) So auch v. Völderndorff Anm. k zu § 117.

[40]) § 209 C.P.O.; § 65 K.O.

[41]) So auch v. Wilmowski Anm. 7 zu § 117. A. M. v. Völderndorff Anm. 1, welcher die Versäumung der Frist den Verlust des Veräußerungsrechtes des Gläubigers zur Folge haben läßt.

setzen bezw. die noch nicht begonnene nicht anfangen. Mit dieser Erklärung des Verwalters erlischt das Selbstbefriedigungsrecht des Absonderungsgläubigers, und die trotz derselben von ihm vorgenommene Veräußerung wirkt nicht anders, wie jede andere Veräußerung eines Unbefugten.

Da der Absonderungsgläubiger nach § 117 Abs. 2 innerhalb der ihm gesetzten Frist den Pfandgegenstand zu verwerthen hat, so muß die Veräußerung innerhalb der Frist beendet sein, widrigenfalls der Verwalter durch Geltendmachung seines Verwerthungsrechtes die Fortsetzung der Veräußerung seitens des Gläubigers verhindern kann.

Dem Veräußerungsrecht des Pfandgläubigers steht eine Verpflichtung desselben, die Pfandsache zu verwerthen, nicht gegenüber. Denn durch die Fristbestimmung des § 117 wird ihm nicht eine obligatorische, im Prozeßwege erzwingbare, Verpflichtung zur Veräußerung auferlegt, sondern nur im Fall der Fristversäumung das Recht zum Widerspruch gegen die Verwerthung seitens des Verwalters entzogen. Einen obligatorischen, erzwingbaren Anspruch hat der Verwalter gegen den Absonderungsgläubiger auf Verwerthung durch den letztern auch nach Preußischem Rechte nicht. Zwar behauptet Eccius-Förster[42]), Dernburg[43]) und in beiläufiger Erwägung auch das Reichsgericht[44]), daß der persönlich haftende Schuldner, der zugleich Eigenthümer der Pfandsache ist, nach der Fälligkeit der Pfandschuld im Rechtswege den Gläubiger nöthigen könne, die gerichtliche Veräußerung des Pfandes zu betreiben oder auf das Pfandrecht zu verzichten, und berufen sich zur Begründung dieser Ansicht auf den § 221 A.L.R. I 20. Dieser Paragraph giebt aber dem Schuldner, welcher zugleich Eigenthümer des Pfandobjektes ist, nur das Recht, nach abgelaufenem Zahlungstermine „auf die gerichtliche Veräußerung des Pfandes, selbst wider Willen des Pfandinhabers, anzutragen.“[45]) Der Pfandschuldner kann daher nichts anderes verlangen, als daß der Pfandgläubiger, welcher die Veräußerung nicht selbst betreibt, das Pfand an das Gericht bezw. den

[42]) III § 194 S. 469.

[43]) Pfandrecht II S. 145.

[44]) Entsch. Bd. II S. 36.

[45]) „Unter eben den Umständen, unter welchen der Verpfänder den Gläubiger nöthigen kann, sich im Wege der Exekution zuerst an das Pfand zu halten (§ 46 seq.), hat er auch das Recht, nach abgelaufenem Zahlungstermine auf die gerichtliche Veräußerung des Pfandes, selbst wider den Willen des Pfandinhabers, anzutragen.“

Gerichtsvollzieher herausgiebt, damit von diesem Namens des Schuldners — nicht des Gläubigers — die Sache veräußert und der Gläubiger, der hierdurch sein Pfandrecht noch nicht verliert, aus dem Erlöse befriedigt wird, der Schuldner aber den Ueberschuß erhält. Dieses Recht des Schuldners auf Herausgabe der Sache an das Gericht bezw. den Gerichtsvollzieher ist im Rechtswege erzwingbar, aber eine obligatorische Verpflichtung des Gläubigers zur Veräußerung ergiebt sich weder aus den Worten des § 221, noch aus den Grundsätzen des Landrechtes, welches nur von der Veräußerungsbefugniß, nicht einer Veräußerungspflicht des Gläubigers spricht.[46])

§ 32. γ. Die Verwerthung durch den Verwalter.

1. Der Verwalter hat, wie schon oben § 31 ausgeführt, das Recht zur Verwerthung in demselben Umfange, wie es dem Schuldner selbst vor der Konkurseröffnung zustand. Er darf daher den Absonderungsgegenstand in denselben Fällen auch aus freier Hand veräußern, in denen es der Kridar durfte. Dieser durfte aus freier Hand veräußern, wenn dem Absonderungsgläubiger kein das Verwerthungsrecht des Eigenthümers beeinträchtigendes Distraktionsrecht zustand, also in den Fällen des allgemeinen Absonderungsrechtes, des unvollkommenen und des nicht dinglichen[1]) speziellen Absonderungsrechtes. Der Schuldner und demnach auch der Verwalter darf aber auch dann, wenn dem Absonderungsgläubiger das Distraktionsrecht zusteht, veräußern, sofern die Veräußerung das Pfandrecht des Gläubigers nicht beseitigt, sofern er also cum onere veräußert. Cum onere darf der Verwalter daher Immobilien,[2]) deren eingetragene Pfandrechte auf den neuen Erwerber übergehen,[3]) er darf auch bewegliche Sachen, er darf auch Forderungen freihändig verkaufen oder sich derselben auf andere Weise entäußern, er darf dies sogar dann,

---

[46]) § 197 A.L.R. I 20.

[1]) Z. B. des Dienstboten, dem an dem Immobile in der Subhastation ein, nicht dingliches, Absonderungsrecht zusteht.

[2]) Der freihändige Verkauf von unbeweglichen Sachen erfordert zu seiner Gültigkeit die Genehmigung des Gläubigerausschusses, und wenn ein solcher nicht bestellt ist, der Gläubigerversammlung — § 122 K.O. —, der Mangel dieser Genehmigung berührt aber im Verhältnisse zu Dritten, auch zum Absonderungsgläubiger, die Gültigkeit des Verkaufs nicht. § 124 K.O.

[3]) v. Völderndorff Anm. III zu § 116 beschränkt das Recht des Verwalters, Immobilien aus freier Hand zu veräußern, ohne Grund auf den Fall, daß Immobiliargläubiger ihre Ansprüche nicht geltend machen können oder wollen.

wenn der Absonderungsgläubiger sich im Besitz der Sache befindet. Auf dieses Verkaufsrecht kann der Schuldner vor der Konkurseröffnung mit der Wirkung verzichten,[4]) daß auch der Verwalter an den Verzicht gebunden und darauf beschränkt ist, sein Verwerthungsrecht in den Formen der Zwangsvollstreckung nach § 117 K.O. auszuüben, aber dieser Verzicht hat lediglich die Wirkung einer Verfügungsbeschränkung, eines Veräußerungsverbots, und gilt daher Dritten gegenüber, nur wenn diese sie gekannt haben oder wenn sie im Grundbuche ingrossirt ist.

Das Veräußerungsrecht des Schuldners ist im gemeinen Rechte an beweglichen Pfandsachen nicht gestattet, die Veräußerung wird im Römischen Rechte sogar als furtum angesehen.[5]) Gültig ist zwar die Veräußerung, wenn der Erwerber in gutem Glauben war,[6]) aber der Gläubiger kann sein Pfandrecht gegen den neuen Erwerber mit der servianischen Klage verfolgen. Mit Zustimmung des Pfandgläubigers darf dagegen der Schuldner gültig veräußern, aber diese Zustimmung hat den Verlust des Pfandrechts zur Folge.[7]) Nach Preuß. Rechte steht dem Schuldner nichts entgegen, die bewegliche Sache einem Dritten zu veräußern und verliert der Gläubiger durch seine Zustimmung zu der Veräußerung sein Pfandrecht nicht; wird demselben aber der Besitz des Pfandgegenstandes entzogen, so vindizirt er die Sache von dem neuen Besitzer, wenn er auch die Vindikation dem gutgläubigen Erwerber gegenüber nur gegen Erstattung des Kaufpreises[8]) durchsetzen kann. Nach Art. 306 H.G.B. erlischt

---

[4]) Förster III § 194 sprach einem solchen Vertrage jede Bedeutung ab, dagegen mit Recht Eccius a. a. O.

[5]) l. 19 § 6 D. 47, 2.

[6]) Holzschuher II, 1 S. 461[1]; v. Vangerow I § 384 Anm. 1.

[7]) Creditor, qui permittit rem venire, pignus dimittit. l. 158 D. 50, 17. l. 4 § 1 D. 20, 6. l. 8 § 6, 7, 11—18 eod. Die Einwilligung muß ausdrücklich oder durch konkludente Thatsachen erklärt sein, l. 8 § 15 D. 20, 6 — bloßes Schweigen ersetzt die Einwilligung nicht, l 8 § 15 D. 20, 6. Der Veräußerungserlaubniß steht die ohne Vorbehalt des Pfandrechtes ertheilte Erlaubniß gleich, daß der Schuldner das Pfand einem Dritten legire, aber der Verlust des Pfandrechtes tritt nicht vor dem Tode des Schuldners und erst mit der Wirksamkeit des Testamentes ein, l 8 § 11 D. 20, 6. Das Pfandrecht erlischt mit dem gültigen Abschluß des Veräußerungsvertrages schon vor der Tradition, l. 8 § 12 D. eod, lebt aber wieder auf, wenn der Verkauf redressirt wird, und im Falle des Vermächtnisses, wenn der Legatar das Legat nicht erwirbt. l. 10 pr. l. 8 § 11 D. cit., vgl. Holzschuher II, 1 S. 466, 467.

[8]) §§ 118, 119 A.L.R. I 20.

das Pfandrecht an Waaren oder andern beweglichen Sachen, welche von einem Kaufmanne in dessen Handelsbetriebe veräußert und übergeben sind, wenn der Erwerber in gutem Glauben war, und kann ein Pfandrecht an Waaren oder andern beweglichen Sachen, welche von einem Kaufmanne in dessen Handelsbetriebe verpfändet und übergeben sind, zum Nachtheil des redlichen Pfandnehmers nicht geltend gemacht werden. Diese Bestimmungen finden nach Art. 307 auf die Veräußerung verpfändeter Inhaberpapiere auch dann Anwendung, wenn die Veräußerung oder Verpfändung nicht von einem Kaufmanne in dessen Handelsbetrieb geschehen ist oder die Papiere gestohlen oder verloren waren.

Ein nicht eingetragenes Absonderungsrecht an Immobilien, insbesondere ein Nießbrauchsrecht und die Antichrese, erlischt durch die Auflassung und Umschreibung des Grundstückes für den neuen Eigenthümer.[9])

Der freihändige Verkauf des Absonderungsgegenstandes seitens des Verwalters übt auf das Verhältniß der Konkursmasse zu dem Absonderungsgläubiger folgende Wirkung aus:

a. Soweit das Absonderungsrecht durch diese Veräußerung verloren geht oder auch nur beeinträchtigt wird, soweit tritt der Erlös an die Stelle des Absonderungsgegenstandes. Denn der Zweck des Absonderungsrechtes besteht in der abgesonderten Befriedigung aus dem Erlöse des verpflichteten Gegenstandes; ob dieser Erlös vom Verwalter oder vom Gläubiger erzielt wird, ist im Verhältniß zwischen dem Pfandgläubiger und dem Verwalter gleichgültig. Der Erbschaftsgläubiger hat daher an dem Erlöse der abgesonderten Sache ein Separationsrecht, der Spezial-Pfandgläubiger hat ein gleiches Recht an dem Erlöse der veräußerten Pfandsache. Bleibt das Absonderungsrecht trotz der Veräußerung aber bestehen oder wird es von dem Gläubiger wiedererlangt, so tritt der Erlös insoweit an die Stelle des Pfandgegenstandes, als der Gläubiger durch die Veräußerung benachtheiligt ist: Hat z. B. der Verwalter dem Gläubiger die Pfandsache ohne seine Einwilligung entzogen und freihändig veräußert, so steht dem Gläubiger die Vindikation zu, aber um den Kaufpreis, den der Gläubiger dem gutgläubigen Erwerber nach Preuß. Rechte ersetzen muß, ist sein Pfandrecht beeinträchtigt; der Erlös, den der Verwalter erzielt hatte, tritt daher soweit an die Stelle des Pfandrechtes, als dieses beeinträchtigt ist; dasselbe gilt, wenn dem Gläu-

9) § 12 Abs. 1 E.E.G.

biger durch die zum Zweck seiner Befriedigung erforderliche Herbeischaffung des Pfandes Mehrkosten verursacht werden.[10])

Der Erlös tritt an Stelle des Absonderungsgegenstandes auch dann, wenn das Absonderungsrecht Dritten gegenüber keine Wirksamkeit hat, wie dies bei dem nicht eingetragenen Nießbrauch, bei der nicht eingetragenen Antichrese der Fall ist, denn die Frage, ob der Erlös an die Stelle des Absonderungsgegenstandes tritt, betrifft nur das Verhältniß des Schuldners bezw. Verwalters zum Absonderungsgläubiger, und dem Schuldner bezw. Verwalter gegenüber hat auch der nicht eingetragene Nießbrauch und die nicht ingrossirte Antichrese dingliche Wirkung und die Wirkung eines Absonderungsrechtes.[11])

Der Erlös tritt aber selbstverständlich nur dann an die Stelle des Absonderungsobjektes, wenn das Absonderungsrecht bereits zur vollen Existenz gelangt ist, der Erlös ist daher einem Erbschaftsgläubiger, wenn dieser die Nachlaßseparation nicht vor der Veräußerung verlangt hat, er ist dem Immobiliargläubiger nicht verhaftet, welcher sein unvollkommenes Pfandrecht vor der Veräußerung der Früchte u. s. w. nicht zu einem vollkommenen umgestaltet hat (vgl. oben § 9).

Hat der Verwalter den Erlös nicht gesondert gehalten, sondern zur Konkursmasse genommen, so geht das Absonderungsrecht daran verloren, an Stelle des Absonderungsrechtes tritt aber eine Masseforderung (vgl. oben § 28). Eine Masseforderung im Sinne des § 52 [1] K.O. erlangt der Gläubiger auch durch jeden Fehler, durch den der veräußernde Verwalter das Absonderungsrecht beeinträchtigt.[12])

b. Wird durch die Veräußerung das Pfandrecht nicht berührt, wie dies die Folge der Veräußerung cum onere ist, so geht es doch

[10]) Vgl. § 161 A.L.R. I 20: „Verursacht die Herbeischaffung des Pfandes außer der Zeit dem Pfandinhaber besondere Kosten, so ist der Schuldner dieselben zu ersetzen verpflichtet."

[11]) Der nicht eingetragene Altentheil gewährt auch dem Schuldner und Verwalter gegenüber kein Absonderungsrecht. Denn für dieses Recht, das an sich ohne Dinglichkeit ist, wird erst durch die Eintragung ein dingliches Recht geschaffen.

[12]) War die Veräußerung, durch welche das Pfandrecht verloren geht (z. B. auf Grund des Art. 306 H.G.B.) oder beeinträchtigt wird, vom Kridar vor der Konkurseröffnung vorgenommen, so ist der Absonderungsgläubiger, soweit er nicht durch den Erlös befriedigt wird, berechtigt, Schadensersatz zu fordern, aber dieser Anspruch gegen den Kridar kann gegen die Masse nur als Konkursforderung geltend gemacht werden.

als Konkursabsonderungsrecht verloren. Denn wenn es auch an der Pfandsache haften bleibt, ohne daß der Erlös an Stelle derselben tritt, so ist der Gläubiger doch nur noch gegen den neuen Erwerber dinglich Berechtigter, nicht mehr gegen die Konkursmasse, weil ein Konkursabsonderungsrecht nur an Sachen der Konkursmasse bestehen kann. War das Absonderungsrecht ein qualifizirtes, so wird der bisherige Absonderungsgläubiger nach der Veräußerung Konkursgläubiger, ohne noch durch den § 57 K.O. an der Geltendmachung seiner persönlichen Forderung beschränkt zu sein. An diesem Resultat kann auch die Erwägung nichts ändern, daß unter Umständen der Gläubiger auch gegen den neuen Erwerber ein persönliches Recht erwirbt.[13]) So lange er das persönliche Recht gegen den Schuldner bezw. die Konkursmasse hat,[14]) ist er Konkursgläubiger, auch wenn ihm ein Dritter gleichfalls persönlich verhaftet ist.

2) Ein besonderes Recht ist dem Pfandschuldner und demnach auch dem Verwalter im Preuß. Rechte durch § 221 A.L.R. I, 20 gegeben: „Unter den Umständen, unter welchen der Verpfänder den Gläubiger nöthigen kann, sich wegen der Exekution zuerst an das Pfand zu halten (§§ 46, seq.)“ d. h., wenn der Pfandschuldner noch Eigenthümer der Pfandsache ist, „hat er auch das Recht, nach abgelaufenem Zahlungstermin auf die gerichtliche Veräußerung des Pfandes, selbst wider Willen des Pfandinhabers anzutragen.“ In diesem Falle kann, wie schon im vorigen Paragraphen erörtert ist, der Gläubiger nicht gezwungen werden, die Veräußerung vorzunehmen; die letztere erfolgt vielmehr auf Betreiben des Verwalters, und der Gläubiger kann daher vom Ersteher wegen Eviktion der Sache nicht in Anspruch genommen werden. Die Veräußerung erfolgt in derselben Weise, als wenn sie vom Gläubiger beantragt wäre, also durch gerichtliche Auktion, jetzt durch Versteigerung seitens des

[13]) Dies kann z. B. im Falle des § 41 Abs. 1 E.E.G eintreten: „Hat der Erwerber eines Grundstückes die auf demselben haftenden Hypotheken in Anrechnung auf das Kaufgeld übernommen, so erlangt der Gläubiger gegen den Erwerber die persönliche Klage, auch wenn er dem Uebernahmevertrage nicht beigetreten ist.“

[14]) Unter Umständen hört das persönliche Recht des Schuldners (der Konkursmasse) auf, z. B. nach § 41 Abs. 2 (vgl. oben Anm. 13): „Der Veräußerer wird von seiner persönlichen Verbindlichkeit frei, wenn der Gläubiger nicht innerhalb eines Jahres, nachdem ihm der Veräußerer die Schuldübernahme bekannt gemacht, die Hypothek dem Eigenthümer des Grundstückes gekündigt und binnen 6 Monaten nach der Fälligkeit eingeklagt hat.“

Gerichtsvollziehers, nach vorheriger gerichtlicher Anordnung. Die Wirkung des Verkaufes ist dieselbe, wie die auf Betreiben des Gläubigers erfolgte Versteigerung: das Pfandrecht erlischt durch den Zuschlag, der Erlös tritt an Stelle der Pfandsache, aus letzterem ist der Gläubiger zu befriedigen. Dieses Verkaufsrecht des Verwalters besteht aber jetzt nicht mehr in Betreff verpfändeter Immobilien, weil das Z.V.G. eine gerichtliche Subhastation, wie sie der § 199 A.L.R. I 20 verlangt, auf Antrag des Pfandschuldners nicht mehr gestattet.

3) Die unter 1 und 2 behandelten Rechte hat der Verwalter, weil sie dem von ihm vertretenen Kridar zustanden, die K.O. giebt ihm außerdem durch die §§ 116, 117 noch das dem Schuldner nicht zustehende besondere Recht, die Verwerthung in der Form der Zwangsvollstreckung zu betreiben. Dieses Recht bezieht sich nicht, wie die Befugniß unter 2, nur auf bewegliche Gegenstände, sondern auch auf unbewegliche Sachen und cessirt nach Abs. 2 des § 117 im Fall der Verpfändung beweglicher Gegenstände, wenn der Gläubiger das Recht der Selbstbefriedigung hat und die Verwerthung innerhalb der ihm auf Antrag des Verwalters gesetzten Frist ausführt. Die Voraussetzungen des Verwerthungsrechtes des Verwalters sind verschieden, je nachdem es sich um Immobilien oder um bewegliche Gegenstände handelt: Immobilien kann der Verwalter im Wege der Zwangsvollstreckung verkaufen lassen, ohne Unterschied, ob sie Gegenstand eines generellen oder speziellen Separationsrechtes, ob sie mit einem solchen Rechte überhaupt belastet sind oder nicht.[15]) Die nicht zu den unbeweglichen Sachen gehörigen Gegenstände kann er dagegen in der Form der Exekution nur dann verkaufen lassen, wenn an ihnen ein Faustpfand oder Quasifaustpfand haftet, der § 117 kommt daher nicht zur Anwendung, wenn auf einem beweglichen Gegenstande nur ein generelles oder überhaupt kein Absonderungsrecht lastet. Zwar steht auch dann dem Verwalter nichts entgegen, den beweglichen Gegen-

---

[15]) v. Wilmowski Anm. 1 zu § 116, Hullmann, Kommentar zur K.O. S 259 und Petersen S. 375 wollen den Verkauf von Immobilien nach den Vorschriften der Zwangsvollstreckung nur zulassen, wenn ein Absonderungsrecht an dem Immobile besteht. Der § 116 drückt sich aber ganz allgemein aus und giebt dem Verwalter das Recht zur Zwangsversteigerung ohne jede Bedingung. Krech-Fischer Anm. 4 zu § 183 Z.V.G. sagen daher mit Recht, daß jene Schriftsteller „in das Gesetz eine in demselben nicht enthaltene Bestimmung hineintragen." So auch Jäckel Anm. 1a zu § 180 Z.V.O. und von den Konkursschriftstellern Willenbücher Anm. 1 § 117, v. Sarwey S. 637 Anm. 4 und Fitting S. 208.

stand durch den Gerichtsvollzieher verkaufen zu lassen, aber ein solcher Verkauf hat lediglich den Charakter der freiwilligen Versteigerung.

Die Wirkung des im Wege der Zwangsvollstreckung erfolgten Verkaufs von Mobiliargegenständen ist im Gesetz ausdrücklich angegeben: „Der Gläubiger kann seine Rechte nur auf den Erlös geltend machen." Der Gläubiger kann dieser Art der Verwerthung, wenn er nicht das Recht der Selbstbefriedigung hat, nicht widersprechen und verliert durch den Verkauf sein Absonderungsrecht an der Sache. Sind Immobilien subhastirt, so geht das dingliche Recht an dem Absonderungsgegenstande, wenn es vom Erwerber nicht übernommen wird, an der Sache selbst verloren, der Absonderungsgegenstand wird durch den Erlös ersetzt.

Aus dem Rechte des Verwalters, die Versteigerung im Wege der Zwangsvollstreckung zu betreiben, folgt von selbst [16]) seine Berechtigung, ein bereits anhängiges Zwangsvollstreckungsverfahren aufzunehmen oder demselben beizutreten. Denn das von dem Separatisten betriebene und das zur Verwerthung derselben Sache von dem Verwalter beantragte Verfahren bewegt sich in den Formen der Zwangsvollstreckung; in dieselbe Sache kann aber nach den Grundsätzen der Zwangsvollstreckung [17]) nur einheitlich vorgegangen werden, und derselbe Vollstreckungsbeamte bezw. dieselbe Vollstreckungsbehörde kann nicht gleichzeitig für den Verwalter nach Maßgabe der §§ 116, 117 verfahren und für den mit Vollstreckungstitel versehenen Separatisten die Zwangsvollstreckung vornehmen, vielmehr haben beide Verfahren dieselbe Bahn einzuschlagen. Deshalb darf der Verwalter sowohl, als der Absonderungsgläubiger, wenn von einem derselben ein Vollstreckungsverfahren betrieben wird, nur diesem Verfahren beitreten. Aber ein vor der Konkurseröffnung von einem persönlichen Gläubiger betriebenes, noch nicht bis zur Pfändung bezw. bis zur Beschlagnahme gediehenes Verfahren endet nach § 11 K.O. für die Dauer des Konkursverfahrens und kann daher auch vom Verwalter nicht aufgenommen werden.

Das Verfahren hat die Formen und die Wirkungen, nicht aber den Charakter der Zwangsvollstreckung und erfordert nicht deren Voraussetzungen. Denn der Verwalter als Vertreter des Kridars kann in Ausübung dieser Vertretung gegen den Vertretenen nicht die Zwangsvollstreckung durchführen, und selbst wenn er nicht der Ver-

---

[16]) Motive S. 347, Willenbücher Anm. 1 zu § 116.

[17]) §§ 727, 728 C.P.O.

treter des Gemeinschuldners, sondern der Vertreter der Gläubiger wäre, so würde gegen den Kridar eine Zwangsvollstreckung weder begonnen, noch fortgesetzt werden können, weil derselbe in Bezug auf den Gegenstand der Exekution nicht verfügungsfähig ist. Hätte diese Verwerthung den Charakter der Zwangsvollstreckung, so würde sie an der hier unmöglichen Voraussetzung des § 671 C.P.O. scheitern, daß eine Zwangsvollstreckung nur beginnen kann, wenn die Personen, für und gegen welche sie stattfinden soll, in dem Urtheil namentlich bezeichnet sind. Wenn von einer Exekution gesprochen werden kann, so kann dieselbe nur gegen den Verwalter als denjenigen vorgenommen werden, welchem die Verfügung über die Sache zusteht, und zwar so wie gegen den Vormund des verpflichteten Mündels. Der § 117 K.O. spricht deshalb auch nicht von der Betreibung der Zwangsvollstreckung durch den Verwalter, sondern giebt dem letztern nur die Befugniß, die Verwerthung eines Faustpfandes nach Maßgabe der Vorschriften über die Zwangsvollstreckung zu betreiben. Nichts anderes bestimmt der § 116 bezüglich der Immobilien. Wenn dieser Paragraph auch dem Verwalter das Recht giebt, die Zwangsverwaltung und Zwangsversteigerung der Immobilien zu betreiben, so spricht er doch nicht von der „Zwangsvollstreckung", und die Zwangsversteigerung und Zwangsverwaltung brauchen nicht Akte der Zwangsvollstreckung zu sein: Der Ausdruck „Zwangsversteigerung" ist eine Uebersetzung des präzisern Worts „Subhastation" und soll, wenn diese Uebersetzung auch nicht ganz richtig oder wenigstens nicht umfassend genug ist, doch nach dem Willen und Stande der gegenwärtigen Gesetzgebung nur die Bedeutung der Subhastation haben. So gestattet das Z.V.G., welches an die Stelle der Subhastationsordnung vom 15. März 1869 getreten ist, im § 180 sowohl dem Benefizialerben und dem Nachlaßpfleger, wie auch dem Miteigenthümer die Zwangsversteigerung zu beantragen, obgleich bei diesen Arten der Subhastation von einer Zwangsvollstreckung nicht die Rede sein kann. Die Zwangsversteigerung oder Subhastation bedeutet nichts anderes, als die durch das Gericht vorzunehmende öffentliche Versteigerung (sub hasta) einer unbeweglichen Sache und kann daher zwar auch zum Zweck der Zwangsvollstreckung, sie kann aber auch zu Zwecken vorgenommen werden, die der Zwangsvollstreckung fern stehen. Die Zwangsverwaltung ist identisch mit der früheren Sequestration und wenn diese auch, ebenso wie die Subhastation, in der Regel ein Akt der Zwangsvollstreckung ist, so braucht sie es doch nicht zu sein.[18]) Sonach folgt aus dem Wortlaut der §§ 116, 117 nicht, daß die vom Verwalter betriebene Verwerthung im Wege der Zwangsvollstreckung ein Akt der Zwangsvollstreckung ist.[19])

Aus dem Satze, daß diese Art der Verwerthung die Wirkung, nicht die Voraussetzung der Zwangsvollstreckung hat und sich nur in deren Formen bewegt, ohne ihren Charakter anzunehmen, ergeben sich folgende Konsequenzen:

a. Der Verwalter bedarf weder eines Vollstreckungstitels, noch der Vollstreckungsklausel,[20]) er hat lediglich nachzuweisen, daß der

---

[18]) Windscheid II § 380 sagt: „Die Sequestration kann freiwillig oder auf Befehl des Richters geschehen."

[19]) Die Kommentatoren der K.O. sind zum größten Theil der Ansicht, daß es sich in den Fällen der §§ 116, 117 um eine wirkliche Zwangsvollstreckung handelt. Nur v. Wilmowski sagt S. 375, „sachlich sei diese Verwerthung nicht Zwangsvollstreckung". Von den Kommentatoren des Z.V.G. sagen Krech-Fischer Anm. 3 zu § 183 S. 666 über das auf Betreiben des Verwalters erfolgte Subhastationsverfahren: „Von einem Gläubiger und einem Schuldner im Sinne des Gesetzes ist bei demselben nicht die Rede; der Antragsteller und der Repräsentant des Gegenstandes sind in derselben Person vereinigt," und Jäckel Anm. 1 zu § 181: „Um eine Zwangsvollstreckung handelt es sich hier nicht." Die Ansicht des Textes steht auch mit den Motiven zu §§ 180 – 182 Z.V.G. im Einklang, in welchen gesagt ist: „die hier aufgeführten Fälle einer Zwangsversteigerung oder Zwangsverwaltung gehören nicht zur Zwangsvollstreckung; nichtsdestoweniger werden sie mit den gleichen Maßregeln der Zwangsvollstreckung behandelt, da jeder Grund fehlt, das Verfahren abweichend zu regeln." Wie sich das Reichsgericht bisher zu dieser Frage gestellt hat, ist nicht ganz deutlich: Nach einem in den Entsch. Bd. 25 S. 23 erwähnten, sonst nicht bekannt gewordenen Urtheile vom 13. Oktober 1886 soll „die Veräußerung durch den Konkursverwalter nicht eine freiwillige, sondern im Wege der Zwangsvollstreckung geschehene" sein.

[20]) Willenbücher Anm. 1 zu § 116 und v. Wilmowski Anm. 3 zu § 116 fordern die Vorlegung einer mit der Vollstreckungsklausel zu versehenden Ausfertigung des Eröffnungsbeschlusses, wogegen die Kommentatoren des Z.V.G. Krech-Fischer, Anm. 4 zu § 183, Knorr Anm. 2a zu § 181, Jäckel Anm. 1 zu § 161, Rudorff Anm. 1 zu § 181 die Vollstreckungsklausel nicht für erforderlich halten. Die Vertreter der entgegengesetzten Ansicht haben sich vielleicht durch die Aeußerung der Motive S. 340 verleiten lassen, daß eine dem Gerichtsvollzieher zu behändigende Ausfertigung des Eröffnungsbeschlusses dem Verwalter den exekutorischen Titel gewähre, die Exmission des Schuldners aus einer zur Masse gehörigen Immobilie ohne weiteres Vorverfahren zu betreiben. Selbst dies ist zweifelhaft Auch die Exmission des Kridars durch den Verwalter ist keine Zwangsvollstreckung im Sinne der C.P.O. oder K.O., mindestens müßte es doch fraglich sein, ob der Verwalter gegen den Kridar überhaupt eine besondere Zwangsvollstreckung beginnen kann, oder sich nicht vielmehr, wie der

Eigenthümer der Sache in Konkurs gerathen und er der Verwalter ist. Daß auf dem beweglichen Gegenstande ein Pfandrecht lastet, braucht er nicht zu beweisen, da er den Gerichtsvollzieher zu beauftragen berechtigt ist, auch eine nicht verpfändete Sache zu versteigern, und nur die Wirkung dieser Art der Verwerthung das Vorhandensein einer pfandrechtlichen Belastung zur Voraussetzung hat. Tritt er der von dem Absonderungsgläubiger betriebenen Zwangsvollstreckung bei, so ergiebt schon die Thatsache der Zwangsvollstreckung die Pfandhaftung der Sache.

b. Da es sich nicht um eine Zwangsvollstreckung handelt, ist auch die Frage, gegen wen der Verkauf sich richte, nicht zu erörtern,[21])

Vormund gegen das Mündel lediglich der mit oder ohne Vermittelung des Konkursgerichts anzurufenden Hülfe der Polizei oder, was die Regel sein wird, des vom Konkursgericht beauftragten Gerichtsvollziehers zu bedienen hat, wobei er sich allerdings, soweit seine Bestellung als Verwalter nicht bekannt ist, durch Vorlegung seiner Bestallung zu legitimiren hat. Vgl. den § 142 Abs. 2 Z.V.G.: „Das Grundstück ist dem (Zwangs-)Verwalter durch einen Beamten des Gerichts oder durch einen von dem Gericht zu bestellenden Gerichtsvollzieher zur Verwaltung und zur Erhebung der Einkünfte zu übergeben, das Gericht kann jedoch den Verwalter ermächtigen, sich selbst in den Besitz des Grundstücks zu setzen," ferner § 98 Abs. 5 Z.V.G. in Betreff der Uebergabe des Grundstücks an den Ersteher). Uebrigens läßt sich auch nicht einsehen, wie der Eröffnungsbeschluß, durch welchen nichts anderes festgestellt wird, als daß über den Eigenthümer der Konkurs eröffnet ist, durch welchen sein Vermögen der Verfügung eines bestimmten Verwalters unterstellt ist, und in welchem die Fristen zur Anmeldung der Forderungen u. s. w. anzugeben sind, ein Vollstreckungstitel im Sinne des § 671 C.P.O. sein kann.

[21]) v. Völdernbdorff Anm. 1 zu § 117 meint: Die Zwangsvollstreckung könne sich nicht gegen den Schuldner richten, da dieser über die Sache kein Verfügungsrecht habe, „also" müsse das Verfahren gegen den Absonderungsberechtigten gerichtet werden. Es ist aber wohl nicht folgerichtig, daß eine bei der Sache interessirte Person der Gegner sein müsse, weil eine andere Person es nicht sein kann. Er behauptet weiter: Die Anwendung des § 117 sei nur nöthig, wenn der Absonderungsberechtigte sich nicht fügen wolle und dann sei er eben der Gegner des Verwalters. v. Völdernbdorff übersieht aber, daß, wenn der Separatist, der die Absonderungssache im Besitz hat, sich der Vorschrift des § 117 nicht fügen will, der Verkauf im Wege der Zwangsvollstreckung noch nicht vorgenommen werden kann, weil der Verwalter zunächst im Wege der Klage den Separatisten zur Herausgabe der Sache zwingen muß. Stieglitz S. 500 Anm. e; Oetker § 16 S. 467. Wenn der Separatist aber, was wohl die Regel sein wird, der Bestimmung des § 117 gegenüber es auf einen Prozeß nicht ankommen läßt, sondern die Sache an den Gerichtsvollzieher freiwillig herausgiebt, so giebt er doch überhaupt zu der Annahme keine Veranlassung, daß die Zwangs-

wogegen die vom Separatisten betriebene Zwangsvollstreckung gegen den Verwalter, als den Vertreter des Schuldners ergeht. Aber auch in dem vom Verwalter betriebenen Verwerthungsverfahren muß die analoge Anwendung der Vorschriften der C.P.O. über die Stellung des Schuldners und Gläubigers in Betracht kommen, weil das Vollstreckungsverfahren, dessen Formen hier zur Anwendung kommen sollen, sich in solchen Formen bewegt, die sich wenigstens theilweise nicht ohne Beziehung auf eine Person denken lassen. Der Verwalter hat auch in diesem Verfahren die Rechte und Pflichten des Schuldners, der Separatist diejenigen des Gläubigers. Diese Personen sind die rechtlich und thatsächlich interessirten. Deshalb erfolgen die Zustellungen und Benachrichtigungen des Gerichtsvollziehers, welche sonst dem Schuldner zu machen sind, an den Verwalter,[22]) dieser hat auch das Recht des Schuldners, bei der Versteigerung mitzubieten, er darf die Sache auch mit der Wirkung erstehen,[23]) daß sie als zur Masse zurückerworben gilt, er kann aber auch nur unter den Bedingungen mitbieten, unter welchen der Schuldner dies thun könnte.[24]) Der Schuldner selbst wird offiziell nicht zugezogen, er ist aber berechtigt, für sich persönlich mitzubieten, doch kann er dies ebenfalls nur unter den Bedingungen, unter welchen er außerhalb des Konkurses mitbieten dürfte, sonst würde durch die Eröffnung des Konkurses seine rechtliche Stellung gebessert sein.

c. Der Verwalter, weil er das Verfahren beantragt hat, ist auch zur Zurücknahme des Antrages berechtigt. Ist aber der Separatist dem vom Verwalter oder ist dieser dem von jenem betriebenen Verfahren beigetreten, so hat die einseitige Zurücknahme des Antrages

---

vollstreckung gegen ihn gerichtet werde. Ohne den Konkurs würde der Separatist bei dem Verkauf der Sache im Wege der Zwangsvollstreckung die Stellung des Gläubigers einnehmen, wie läßt sich eine Wirkung der Konkurseröffnung begründen, durch die ihm die Stellung des Schuldners zugewiesen würde? Willenbücher Anm. 3 zu § 117 stimmt ohne Angabe von Gründen der Ansicht v. Völderndorffs bei.

[22]) Willenbücher Anm. 2 zu § 116 Motive S. 347, 348.

[23]) Der Verwalter bedarf nach § 122 K.O. der Genehmigung des Gläubigerausschusses und in dessen Ermangelung einer Gläubigerversammlung, wenn „Grundstücke erstanden werden sollen." Diese Genehmigung braucht er als Bieter nicht nachzuweisen, weil Dritten gegenüber der Ankauf von Grundstücken auch ohne sie gültig ist. § 124 K.O.

[24]) Willenbücher Anm. 2 zu § 116 K.O.

[24]) Anm. 3 zu § 117.

seitens des Verwalters oder des Gläubigers die Einstellung oder Beendigung des Verfahrens nicht zur Folge.

d. Das Verfahren bewegt sich in den Formen der gerichtlichen Zwangsvollstreckung und beginnt daher, wenn es bewegliche Vermögensgegenstände — körperliche Sachen, Forderungen und andere unkörperliche Rechte — zum Gegenstande hat, mit der Pfändung. v. Wilmowski[24]) und v. Sarwey,[24]) denen auch Willenbücher[24]) zuzustimmen scheint, sind der Meinung, eine Pfändung gegen den Gemeinschuldner erübrige sich dadurch, daß die Verwerthung der Sache nicht eine Zwangsvollstreckung sei und daß ein Pfändungspfandrecht nicht begründet werde. Der § 117 spricht allerdings, wie auch hier angenommen wird, nicht von einer Zwangsvollstreckung, sondern nur von einer Verwerthung nach Maßgabe der Vorschriften über die Zwangsvollstreckung; die Verwerthung ist daher kein Akt der Zwangsvollstreckung. Wenn aber von der Befugniß des § 117 Gebrauch gemacht werden soll, so muß dies nach Maßgabe der über die Zwangsvollstreckung gegebenen Vorschriften, also auf dem Wege der Zwangsvollstreckung, geschehen. Dieser Weg beginnt aber mit der Pfändung, ohne welche weder eine Zwangsvollstreckung, noch ein deren Formen adoptirendes Verfahren anfangen kann. Denn der § 108 C.P.O. bestimmt ausdrücklich: „Die Zwangsvollstreckung in das bewegliche Vermögen erfolgt durch Pfändung.“ Da es einen andern Weg der Zwangsvollstreckung, welcher nicht mit der Pfändung beginnt, nicht giebt, so darf auch die Verwerthung des § 117, die nur auf dem Wege des Zwangsvollstreckungsverfahrens zulässig ist, ohne Pfändung nicht beginnen. Die Erwägung, daß der Verwalter für den Kridar, dem das Eigenthum an der Sache zusteht, nicht ein Pfandrecht durch Pfändung erwerben kann, daß also die auf Grund des § 117 vorgenommene Pfändung ein Pfändungspfandrecht nicht erzeuge, läßt die Pfändung weder als unzulässig, noch als überflüssig erscheinen. Das Pfändungspfandrecht entsteht nach § 709 C.P.O. nur für den betreibenden Gläubiger und kann daher nicht begründet werden, wenn ein betreibender Gläubiger nicht vorhanden ist. Aber aus dem Umstande, daß eine besondere Wirkung eines Rechtsakts in einem Falle besonderer Art nicht eintritt, folgt nicht, daß deshalb dieser Rechtsakt unzulässig sei. Die Pfändung ist auch nicht überflüssig, denn sie ist die Gruudlage des ganzen Zwangsvollstreckungsverfahrens. Nachdem sie erfolgt ist, darf der Absonderungsgläubiger ihr nur beitreten, nicht ein besonderes Vollstreckungsverfahren betreiben, und wenn er es dennoch thut, bleibt die Kompetenz des vom Verwalter beauftragten Gerichtsvollziehers doch für das gesammte Verfahren begründet,[25]) von der Pfändung an beginnt die Frist des § 717 C.P.O. zu laufen; erst wenn sie erfolgt ist, läßt sich absehen, ob und wann die Versteigerung statt zu finden hat; nur wenn sie nach den §§ 712, 713 C.P.O. zulässig ist, kann die Versteigerung erfolgen. v. Völderndorff[26]) hält ebenfalls die Pfändung für erforderlich, meint aber, dieselbe setze voraus, „daß der Drittbesitzer widerstreite, weil es sonst ja keiner Pfändung bedürfe; erkläre sich der Absonderungsberechtigte zur Herausgabe der Sache bereit, so bedürfe er keiner Zwangsvollstreckung." Es ist zwar richtig, daß, wenn der Absonderungsgläubiger sich mit dem Verwalter dahin einigt, daß die Sache außerhalb des Zwangsvollstreckungsverfahrens veräußert werden solle, eine solche Vereinbarung gültig ist; wenn er die Sache aber dem Verwalter oder Gerichtsvollzieher nur herausgiebt, um dem § 117 K.O. zu genügen, so ist auf Grund dieses § 117 die Verwerthung in den Formen der Zwangsvollstreckung und demnach auch die Pfändung nöthig. Durch das „Widerstreiten des Dritten" wird nicht die Zwangsvollstreckung, sondern die Klage nöthig, durch das Widerstreiten wird die Verwerthung im Wege der Zwangsvollstreckung nicht erforderlich, sondern aufgehalten.

Die Pfändung ist auch nöthig, wenn es sich um eine Forderung oder einen andern unkörperlichen Gegenstand als Objekt des Absonderungsrechtes handelt. Denn der Grundsatz von der Pfändung als dem Beginn des Zwangsvollstreckungsverfahrens ist im § 708 C.P.O. als allgemeine Vorschrift für die Zwangsvollstreckung aufgestellt. v. Wilmowski[27]) und v. Sarwey[28]) meinen dagegen, daß die Pfändung und Ueberweisung überflüssig und bereits durch den offenen Arrest bewirkt sei. Gegen die Annahme, daß die Zwangsvollstreckung in unkörperliche Gegenstände durch den offenen Arrest bewirkt sei,

---

[25]) § 728 C.P.O.: „Auf den Gerichtsvollzieher, von welchem die erste Pfändung bewirkt ist, geht der Auftrag des zweiten Gläubigers kraft Gesetzes über, sofern nicht das Vollstreckungsgericht auf Antrag eines betheiligten Gläubigers oder des Schuldners anordnet, daß die Verrichtungen jenes Gerichtsvollziehers von einem andern zu übernehmen seien. Die Versteigerung erfolgt für alle betheiligten Gläubiger."

[26]) I S. 295, 296.

[27]) Anm. 3 zu § 117.

[28]) a. a. O.

führt Stieglitz[29]) mit Recht an, daß durch den offenen Arrest dem Drittschuldner nur verboten werde, an den Gemeinschuldner, nicht aber an den Absonderungsberechtigten zu zahlen. Aber auch Stieglitz hält die Ueberweisung für überflüssig, wie auch der Regierungskommissar in der Reichstagskommission hervorhob:[30]) „im Falle des Abs. 1 des § 117 sollten lediglich die prozessualen Vorschriften über die Zwangsvollstreckung Anwendung finden, nur der Ueberweisung der beizutreibenden Forderungen an den Verwalter bedürfe es nicht, weil die Forderungen schon zur Konkursmasse gehören." Die Zwangsvollstreckung in eine Geldforderung kann aber nur durch Pfändung und Ueberweisung und letztere nur durch Einziehung oder an Zahlungsstatt stattfinden. Behauptet man, die Ueberweisung auf Antrag des Verwalters könne oder brauche nicht zu erfolgen, so würde man dem Verwalter den einzigen Weg zur Verwerthung der Forderungen im Sinne des § 117 K.O. abschneiden. Ist es nun auch richtig, daß die Ueberweisung an Zahlungsstatt der Sachlage widerspricht, weil diese Ueberweisung einen Anspruch voraussetzt, der aus der überwiesenen Forderung berichtigt werden soll, der Verwalter aber gegen den Schuldner einen solchen Anspruch nicht hat, so bleibt doch die Ueberweisung an Zahlungsstatt übrig, und wenn der Verwalter rücksichtlich einer mit einem Pfandrechte belasteten Forderung von dem Rechte des § 117 Gebrauch machen will, so muß er diese Ueberweisung, als den allein möglichen Weg, wählen. Nach der Pfändung und Ueberweisung hat er auch das ihm sonst nicht zustehende Recht, die Herausgabe der zur Einziehung erforderlichen Urkunden vom Absonderungsgläubiger zu verlangen. Dieses Recht gründet sich nicht auf den § 737 Abs. 2 C.P.O.,[31]) welcher nur den Schuldner zur Herausgabe der über die Forderung vorhandenen Urkunde verpflichtet, es kann daher, da der Pfandgläubiger nicht die Stellung des Schuldners hat, von ihm auch nicht ohne Klage durchgeführt werden, es gründet sich vielmehr auf das durch den § 117 zwischen dem Verwalter und dem Pfandgläubiger entstandene Rechtsverhältniß, durch welches dem letzteren die Verpflichtung obliegt, die Pfandsache zum Zwecke der Verwerthung herauszugeben, sobald der erstere die Ver-

---

[29]) S. 500.

[30]) Prot. S. 87.

[31]) „Der Schuldner ist verpflichtet, dem Gläubiger die über die Forderung vorhandenen Urkunden herauszugeben. Die Herausgabe kann von dem Gläubiger im Wege der Zwangsvollstreckung erwirkt werden."

werthung vornimmt, welche nur durch Pfändung und Ueberweisung erfolgen kann.

e. Das Verfahren ist auch im Uebrigen das der Zwangsvollstreckung, modifizirt lediglich durch den Umstand, daß die Verwerthung nicht vom Gläubiger, sondern vom Vertreter des Schuldners selbst betrieben wird. Für die Zwangsvollstreckung beweglicher Gegenstände kommen daher mit der Maßgabe, daß der Verwalter an Stelle des Schuldners tritt, der 1. Abs. des § 708, die §§ 710, 712, 713, 716 Abs. 1, 717, 718, 721—729, 730 Abs. 2, 731—735, 737 Abs. 1, 743, 745—748, 750—754, 758—768 C.P.O. zur Anwendung,[32]) wogegen der übrige Theil des § 708, sowie die §§ 709, 711, 714, 715, 716 Abs. 2, 719, 720, 737 Abs. 2, 738—742, 744 und 749 C.P.O. hier nicht in Betracht kommen. Von dem § 730 müssen der erste und letzte Absatz analoge Anwendung finden; das Gleiche gilt von dem zweiten Absatz des § 730 mit der Maßgabe, daß hier die Zustellung des Beschlusses an den Drittschuldner statt durch den Gläubiger, durch den betreibenden Verwalter zu erfolgen hat. Vom § 736 kommt nur der letzte, nicht der zweite Absatz in Betracht, während der erste Absatz sich auf die Vorschrift zu beschränken hat: „Die gepfändete Geldforderung ist dem Verwalter zur Einziehung zu überweisen."

In ähnlicher Weise ist das auf Antrag des Verwalters zu betreibende Verwerthungsverfahren in Betreff der Immobilien durch die §§ 180—183 Z.V.G. geregelt:

§ 180: Die Vorschriften der §§ 3, 4, 13—179 finden entsprechende Anwendung, wenn die Zwangsversteigerung oder Zwangsverwaltung von dem Verwalter beantragt wird.

§ 181: Dem Antrage auf Einleitung des Verfahrens sind die Urkunden beizufügen, durch welche der Antrag begründet wird.

§ 182: Wird das Verfahren auf Antrag des Konkursverwalters .... eingeleitet, so ist für die Bestimmung der laufenden und der rückständigen Leistungen (§ 36) an Stelle der Zeit der Beschlagnahme die Zeit der Zustellung des Einleitungsbeschlusses an den Antragsteller maßgebend.

---

[32]) v. Sarwey S. 641 Anm. 3 läßt die §§ 716, 718, 720—726, 728 Abs. 2, 743, 750—754, 758 C.P.O, Fitting S. 185 Anm. 6 u. Willenbücher Anm. 3 zu § 117 lassen die §§ 716 Abs. 1, 717 Abs. 2 u. 3, 718, 720—726, 728, 743, 750—754, 758 ff. C.P.O. zur Anwendung kommen.

§ 183: Erfolgt die Zwangsversteigerung auf Antrag des Konkursverwalters, so sind auf Antrag eines Realberechtigten, dessen Anspruch auf den Ersteher nicht von selbst übergeht und von dem Konkursverwalter anerkannt wird, bei der Feststellung des geringsten Gebots nur diejenigen Realansprüche zu berücksichtigen, welche dem Anspruche des antragenden Realberechtigten vorgehen.

Hiernach sind die die Immobiliarexekution regelnden Vorschriften auch auf das vom Verwalter beantragte oder betriebene Verfahren zur Anwendung zu bringen. Diese Vorschriften modifiziren sich jedoch sowohl durch die besondern, oben ausgeschriebenen, gesetzlichen Bestimmungen als auch durch die Erwägung, daß das Verfahren von dem Vertreter des Schuldners betrieben wird, und daß deshalb auf den Verwalter sowohl die für den Schuldner, wie auch die für den betreibenden Gläubiger sonst geltenden Bestimmungen zur Anwendung zu bringen sind.

Die Abweichungen, welche hiernach von dem gewöhnlichen Exekutionsverfahren für das vom Verwalter betriebene Verfahren eintreten, werden im Wesentlichen die folgenden sein:

Die §§ 30, 51 Abs. 3, 70 Abs. 3, 106 Abs. 3, 143 Abs. 1, 153 Z.V.G., sowie die zweite Alternative des § 73 kommen nicht zur Anwendung.

Zu § 4. Die Zustellungen, welche sonst an den Eigenthümer und Schuldner zu machen sind, sind an den Verwalter zu richten.

Zu § 13. An die Stelle der Bezeichnung des Gläubigers und Schuldners tritt in dem Versteigerungsantrage die Behauptung und die durch Vorlegung einer Ausfertigung des Eröffnungsbeschlusses zu führende Bescheinigung, daß der Eigenthümer in Konkurs gerathen und der Antragsteller der Verwalter ist. „Die bestimmte Angabe der Forderung, wegen deren versteigert werden soll und des für die Forderung vorhandenen vollstreckbaren Schuldtitels" fällt weg.

Der § 16 läßt in dem Beschlusse, durch welchen das Verfahren eingeleitet oder der Beitritt zu demselben zugelassen wird, zugleich aussprechen, daß das Grundstück zu Gunsten des Gläubigers in Beschlag genommen wird. Da der betreibende Verwalter nicht der Gläubiger sondern der Vertreter des Schuldners ist, so kann zu Gunsten eines Gläubigers eine Beschlagnahme nicht stattfinden, dieselbe fällt daher fort. Soweit die Zeit der Beschlagnahme für die Bestimmung der laufenden und rückständigen Leistungen des § 36 maßgebend ist, tritt auf Grund des § 182 an Stelle der Beschlagnahme die Zeit der Zu stellung des Einleitungsbeschlusses an den Verwalter, ein Beweis mehr, daß eine Beschlagnahme nicht zu verfügen ist. Demgemäß fallen auch die Abs. 2 u. 4 fort, modifizirt sich der Abs. 3 dahin, daß der Eröffnungsbeschluß dem Verwalter zuzustellen ist, und fällt auch der § 17 fort, der aber zu der Bemerkung Veranlassung giebt, daß das Verfahren durch die freihändige Veräußerung seitens des Verwalters, wenn nicht vorher ein Gläubiger dem Verfahren beigetreten ist, aufgehoben wird, weil durch den Eigenthumswechsel die Voraussetzungen des Verfahrens aufhören vorhanden zu sein.

Die Beschlagnahme mit allen ihren Wirkungen findet dagegen auch in einem auf Antrag eines Gläubigers eingeleiteten Verfahren statt, welchem der Verwalter nur beigetreten ist.

Von den im § 21 aufgeführten Realinteressenten tritt der Verwalter an die Stelle des Gemeinschuldners und kommt ein Gläubiger, sofern nicht der Beitritt eines solchen erfolgt ist, nicht in Betracht.

Zu §§ 22 Abs. 1, 53—56. Das geringste Gebot wird im ordentlichen Subhastationsverfahren dahin festgestellt, daß durch dasselbe alle Realansprüche, die der Forderung des betreibenden Gläubigers vorgehen, sowie die aus dem Kaufgeld zu entnehmenden Kosten des Verfahrens gedeckt werden. Bei der Einführung des geringsten Gebots ging der Gesetzgeber von der Voraussetzung aus, daß das Recht des betreibenden Gläubigers nicht soweit gehen solle, daß er den Zwangsverkauf ausführen dürfe, trotzdem die ihm vorgehenden Gläubiger aus dem zu erzielenden Erlöse nicht befriedigt werden können. Kann aber selbst der eingetragene Gläubiger zum Nachtheil der ihm vorgehenden Kreditoren eine Subhastation nicht durchführen, so kann dem Verwalter, welcher nur den Schuldner vertritt, noch weniger gestattet werden, eine Zwangsversteigerung zu bewirken, durch die ein eingetragener Gläubiger ganz oder zum Theil ausfällt. Deshalb sagen auch die Motive zum Z.V.G.[33]): „Beantragt der Konkursverwalter die Zwangsversteigerung, so ist nach dem Grundsatze des § 22 das geringste Gebot in solcher Höhe zu bestimmen, daß durch dasselbe alle vorhandenen Realgläubiger gedeckt werden." Da dann aber der Verwalter die Subhastation häufig überhaupt nicht würde durchführen können, zumal kurz vor der Konkurseröffnung Zwangshypotheken in solcher Zahl eingetragen zu werden pflegen, daß das Grundstück über den Werth hinaus belastet wird, so ist im § 183 die

[33]) S. 67.

besondere Bestimmung getroffen, daß auf Antrag eines Realberechtigten, dessen Anspruch auf den Ersteher nicht von selbst übergeht[34]) und vom Verwalter anerkannt wird, bei der Feststellung des geringsten Gebots nur diejenigen Ansprüche zu berücksichtigen sind, die der Forderung dieses Gläubigers vorgehen. Durch die Anerkennung der Realforderung seitens des Verwalters wird dem Gläubiger, wie die Motive[35]) meinen, gleichsam ein vollstreckbarer Titel ertheilt. Diese Annahme eines Vollstreckungstitels und des Beitritts des Gläubigers darf aber nur zur Erklärung des § 183 verwendet werden, nicht aber zu der Folgerung führen, daß ein solcher Gläubiger in der That dem Verfahren beigetreten wäre. Der Verwalter kann daher trotz dieses Anerkenntnisses den Subhastationsantrag noch bis zur Ertheilung des Zuschlags zurückziehen.[36]) Der Antrag des Gläubigers bedarf nicht der Fälligkeit des Anspruchs; das Anerkenntniß des Verwalters bedarf keiner besonderen Form.[37]) Wird ein solcher Antrag von mehreren Gläubigern gestellt, so ist unbestritten derjenige des bestberechtigten Gläubigers maßgebend. Der Antrag muß vor dem Beginn der Aufforderung zur Abgabe von Geboten gestellt werden.[38])

Der § 183 kommt auch in einem Verfahren zur Anwendung,

---

[34]) Als die von selbst auf den Ersteher übergehenden Ansprüche sind die Realrechte gemeint, die der Eintragung in das Grundbuch nicht bedürfen. § 22 Abs. 3. Vgl. Jäckel Anm. 5 zu § 22 Z.V.G.

[35]) S. 67: „Da das Anerkenntniß des Konkursverwalters im Prozeß zu einem vollstreckbaren Urtheile führen würde, so rechtfertigt es sich, bei einem solchen Anerkenntnisse in dem vom Verwalter betriebenen Verfahren von der Beibringung eines vollstreckbaren Titels abzusehen und auf den Antrag des anerkannten Gläubigers ohne Rücksicht darauf, ob dessen Forderung fällig ist oder nicht, das geringste Gebot so festzustellen, als wenn das Verfahren von diesem Gläubiger betrieben würde. Für die Konkursmasse ist es von Interesse, daß nicht jeder Gläubiger einer fälligen Forderung, um sich die Theilnahme an der Vertheilung im Konkurse zu sichern, Klage erheben und durch Prozeßkosten die Belastung des Gegenstandes der Versteigerung erhöht, die übrigen Gläubiger werden durch den angenommenen Grundsatz nicht benachtheiligt, da sie widersprechen können, wenn dem vorgehenden Gläubiger durch den Schuldner ein vollstreckbarer Schuldtitel gewährt wird; sie müssen, wenn die Versteigerung auf Antrag des Konkursverwalters erfolgt, auf Beschränkung des geringsten Gebots gefaßt sein."

[36]) Krech-Fischer Anm. 7 zu § 183, Rudorff Anm. 1 zu § 183.

[37]) Krech-Fischer a. a. O.

[38]) Krech-Fischer Anm. IIa zu § 183. Dagegen will Jäckel Anm. zu § 183 den Antrag noch bis zum Schluß der Versteigerung zulassen. Aber nach der Aufforderung zur Abgabe von Geboten steht das geringste Gebot fest.

welchem der Verwalter beigetreten ist,[39]) vorausgesetzt, daß der Beitritt zwei Wochen vor dem Versteigerungstermine beantragt ist.

Im § 36 tritt auf Grund der Vorschrift des § 182 an Stelle des Zeitpunktes der Beschlagnahme die Zeit der Zustellung des Einleitungsbeschlusses an den Verwalter.

Das Subhastationspatent des § 40 muß unter Nr. 5 statt der „Angabe, daß die Versteigerung im Wege der Zwangsvollstreckung geschieht", die Mittheilung enthalten, daß die Versteigerung auf Antrag des Verwalters geschieht. Bei Nr. 8 ist statt des betreibenden Gläubigers der Konkursverwalter zu setzen.[40])

Die in den §§ 49, 54 Abs. 2 an den Beitritt eines Gläubigers geknüpften Folgen treten auch ein, wenn der Verwalter dem Verfahren beigetreten ist.

Zu § 51 ist zu bemerken, daß das Verfahren auch nach Beseitigung des Konkurses ohne Beitritt eines Dritten aufzuheben ist.

Die im § 55 Abs. 5 zugelassenen Eintragungen, welche nach der Ingrossation des Subhastationsvermerkes erfolgt sind, können im Konkurse dem Verwalter gegenüber nicht berücksichtigt werden.

Das im § 63 Abs. 3 zugelassene Mitbieten des Schuldners, sowie die Art der Sicherheitsleistung desselben nach § 64 Abs. 3 bezieht sich auch in dem auf Antrag des Verwalters betriebenen Verfahren auf den Gemeinschuldner persönlich, ingleichen aber auch auf den Verwalter, als den Vertreter desselben.

Die im § 71 erörterten Einwendungen des Schuldners gegen den Fortgang des Verfahrens können nur insoweit in Betracht kommen, als der Schuldner die Beendigung des Konkursverfahrens behauptet oder als er geltend macht, daß das Grundstück nicht zur Masse gehört. Nur aus diesen Gründen kann der Schuldner selbst der Ertheilung des Zuschlags — §§ 75¹, 88 Abs. 2 — widersprechen.

Zu § 84 Abs. 3. Die Kosten der Einleitung und des Beitrittes des Verwalters werden aus der Subhastationsmasse erst nach Befriedigung sämmtlicher vorgehender Posten gezahlt. War für den Kridar eine Grundschuld oder eine Eigenthümerhypothek eingetragen,

---

[39]) Jäckel Anm. 1ᵃ zu § 180, Krech-Fischer Anm. 8 zu § 183. A. M. Dornendorf, Kommentar zum Z.V.G. S. 226.

[40]) Ein Mangel des Patents in dieser Beziehung würde nach § 74⁴ einen nach § 78 von amtswegen zu berücksichtigenden Grund zur Versagung des Zuschlags zur Folge haben. Jäckel, Anm. 5 zu § 40.

welche der Verwalter liquidirt, so dürfen mit diesen Posten die Kosten der Einleitung und des Beitrittes nicht gleichzeitig zur Hebung gelangen.

Das Verbot des § 140, sich jeder Einmischung in die Zwangsverwaltung zu enthalten, ist sowohl gegen den Gemeinschuldner persönlich, als auch gegen den Verwalter zu richten.

Die Kompetenz des § 141 ist dem Gemeinschuldner und dessen Familie persönlich zu gewähren, jedoch ist dabei diejenige Kompetenz in Abzug zu bringen bezw. zu berücksichtigen, die der Kridar aus der Konkursmasse erhält.

Zu § 154. Die Aufhebung der Zwangsverwaltung erfolgt auch durch Beseitigung des Konkurses, wenn ein Dritter dem Verfahren nicht beigetreten ist.

Den im § 164 für den Antrag auf Versteigerung eines Schiffes geforderten Bescheinigungen ist eine Ausfertigung des Eröffnungsbeschlusses beizufügen.

Zu § 166. Die freihändige Veräußerung des Schiffes durch den Verwalter hat die Aufhebung des Verfahrens wegen des Wegfalles der Voraussetzungen desselben zur Folge.

§ 33. 11. Die Theilnahme des Absonderungsgläubigers am Konkurse.

Der einfache Absonderungsgläubiger kann sich an der Konkursmasse nicht betheiligen, weil er eine persönliche Forderung gegen den Kridar nicht hat. Dem qualifizirten Separatisten steht gleichzeitig auch eine persönliche Forderung gegen den Kridar zu. Weil dieses persönliche Recht durch das Absonderungsrecht nur geschützt ist, liegt in dem letztern kein Grund, ihn als persönlichen Gläubiger andern Kreditoren gegenüber zurückzusetzen; was sein persönliches Recht sichern soll, darf nicht dazu dienen, es zu verringern. Aber mit Rücksicht darauf, daß durch die ihm gegebene Sicherung die Gefahr des Verlustes seines Anspruches verringert wird, sind der Geltendmachung des persönlichen Rechtes gewisse Schranken gezogen.

Das Römische Recht gab dem Pfandbesitzer einer Sache, an welcher ein anderer Gläubiger, dem außerdem ein Generalpfandrecht an dem Vermögen des Schuldners zustand, ein dem Besitzer vorgehendes spezielles Pfandrecht hatte, gegen denselben die exceptio excussionis, durch welche dieser zunächst an das Generalpfand verwiesen wurde.[1]) Im gemeinen Rechte wurde dieses beneficium excussionis — wenn auch nicht ohne Widerspruch — dem Schuldner, gegen welchen der Gläubiger ein generelles und ein spezielles Pfand hatte, mit der Wirkung gegeben, daß der Gläubiger sich zunächst aus dem Spezialpfand zu befriedigen hatte, ehe er zu seiner Befriedigung andere Sachen in Anspruch nahm.[2]) Im Römischen Rechte war es ferner streitig, ob der Erbschaftsgläubiger, welcher vom beneficium separationis Gebrauch gemacht hatte, noch berechtigt war, aus dem persönlichen Vermögen des Erben Befriedigung zu verlangen.[3]) Nach gemeinem Rechte ist die Frage zu bejahen, die herrschende Ansicht verneint sie jedoch, läßt aber Restitution wegen verzeihlichen Irrthums über die Vermögenslage des Erben zu. Abgesehen von diesen Fällen wurden die Separatisten im gemeinen Rechte von der Konkursmasse

---

[1]) l. 2. C. 8, 14.

[2]) Man nimmt eine stillschweigende Konvention an, wonach die generelle Verpfändung, durch die derselbe bereits zum Spezialpfand gegebene Gegenstand zum zweiten Male belastet wird, nur subsidiär sein soll und der Gläubiger sich daher zunächst an das Spezialpfand zu halten habe; vgl. Holzschuher II 1, S. 454 ff., Zimmerer in Linde's Zeitschrift I S. 47; Glück, Kommentar zu den Pandekten 18 S. 246 u. 358; Gesterding, Pfandrecht § 14. Auch v. Vangerow § 389 Anm. 2a hält diese Ansicht für richtig, jedoch mit Recht nur dann, wenn das generelle vor dem speziellen Pfandrecht bestellt ist, wogegen er die stillschweigende Konvention und damit die exceptio excussionis für ausgeschlossen hält, wenn das spezielle Pfandrecht zuerst bestellt ist. So auch Voet, Comm. ad Pand. 20 tit. 1 § 15 und Thibaut im Civ. Archiv 17 S. 25. Dagegen versagen Windscheid I § 235, 5e und Arndts § 278 u. A. dem Schuldner die Einrede überhaupt und lassen sie nur zu, wenn dem Gläubiger eine Chikane zur Last fällt oder die Einrede vertragsmäßig begründet ist. Einen solchen stillschweigenden, die Einrede begründenden Vertrag nimmt Windscheid aber auch dann an, wenn spezielle Sachen und das ganze Vermögen gleichzeitig verpfändet sind.

[3]) Paullus verneint in l. 5 D. 42, 6 diese Frage, weil der Gläubiger durch Erwirkung der Absonderung die Person des Erben entlastet habe, sieht daher in der Ausübung des Separationsrechtes einen Verzicht gegen den Erben selbst. Ulpian verneint in l. 1 § 7 eod. die Frage ebenfalls, indem er die Erwirkung der Separation gegen einen Erben, dessen Vermögen zur ganzen oder theilweisen Befriedigung der Gläubiger ausreicht, als einen Leichtsinn auffaßt: sibi debet imputare suam facilitatem, dagegen will er Nachsicht üben, wenn der Gläubiger einen triftigen Grund für seine Unkenntniß von der Vermögenslage des Erben anführen kann. Papinian dagegen — l. 3 § 2 D. eod. — läßt den Erbschaftsgläubiger, welcher die Separation erwirkt hat, seine Forderung auch an dem Vermögen des Erben selbst geltend machen, wenn die eigenen Gläubiger des letztern befriedigt sind.

nicht ausgeschlossen,[4]) von einigen Schriftstellern[5]) aber den übrigen Gläubigern nachgesetzt.

Dem Preuß. Rechte ist die den Nachlaßseparatisten betreffende Streitfrage nicht bekannt, dagegen ist die exceptio excussionis als die Einrede des Schuldners gegenüber dem Spezialpfandgläubiger zugelassen: Der Gläubiger ist nach § 45 A.L.R. I 20 berechtigt, sich auch an das übrige Vermögen des Schuldners zu halten; dieser darf aber, wenn er Eigenthümer der Pfandsache ist, verlangen, daß der Gläubiger zuerst aus dieser Pfandsache Befriedigung sucht (§ 46). Der Gläubiger kann diese Einrede nur dadurch abwenden, daß er auf das Pfandrecht verzichtet (§ 47). Die Preuß. Konkursordnung gestattete im § 39 „den absonderungsberechtigten Gläubigern, ihre Forderungen, wenn ihnen deshalb ein persönlicher Anspruch gegen den Gemeinschuldner zustand (zusteht), auch gegen die gemeinschaftliche Konkursmasse geltend zu machen," schloß sie aber[6]) von der Theilnahme an der Beschlußfassung über den Akkord insoweit aus, als sie nicht auf ihr Absonderungsrecht verzichtet hatten.

Der erste Entwurf der Deutschen K.O. erlaubte im § 66 dem Absonderungsgläubiger nur denjenigen Betrag seiner Forderung zur Masse anzumelden, für welchen er auf das Absonderungsrecht verzichtet hatte oder zu welchem er bei der abgesonderten Befriedigung ausgefallen war.

Die K.O. berechtigt im § 57 den qualifizirten Absonderungsgläubiger, seine ganze Forderung zur Masse anzumelden, beschränkt aber sein Recht der Befriedigung auf denjenigen Theil der Absonderungsforderung, für welchen das Absonderungsrecht in Wegfall kommt:

---

[4]) Holzschuher II 1 S. 749 fr. 6, v. Wenning-Ingerheim, Lehrbuch der Pand. III § 508, Arndts § 524 schließen den Separatisten von dem Vermögen des Erben ganz aus, wogegen Windscheid III § 607 sich der Ansicht Papinian's anschließt, weil bei der bestehenden Antinomie keine maßgebende gesetzliche Entscheidung vorliege und man deshalb dabei bestehen bleiben müsse, daß der Erbe durch den Antritt immerhin Schuldner der Erbschaftsgläubiger geworden sei; er setzt aber die Erbschaftsgläubiger, welche die Separation erlangt haben, den Gläubigern des Erben nach. Man muß mit Windscheid annehmen, daß bei der nicht zu leugnenden Antimonie eine gesetzliche Vorschrift des Römischen Rechtes nicht existirt. Ist dies aber der Fall, so läßt sich weder anerkennen, daß die Erbschaftsgläubiger durch Ausübung des Separationsrechtes ihren persönlichen Anspruch gegen den Erben verlieren, noch daß sie hinter andere Gläubiger zu stellen sind.

[5]) Schweppe § 149 D. S. 274; Fuchs S. 36, 41.

[6]) § 185.

„Ein Gläubiger, welcher abgesonderte Befriedigung beansprucht, kann die Forderung, wenn der Schuldner auch persönlich für sie haftet, zur Konkursmasse geltend machen, aus derselben aber nur für den Betrag verhältnißmäßige Befriedigung verlangen, zu welchem er auf abgesonderte Befriedigung verzichtet, oder mit welchem er bei letzterer ausgefallen ist.“ [7])

Die Anmeldung der ganzen Absonderungsforderung ist daher gestattet, ohne daß diese Anmeldung an sich eine Rechtsänderung des Absonderungsrechtes nach sich zieht. Diese Anmeldung hindert den Gläubiger nicht, zunächst aus der Absonderungsmasse Befriedigung zu suchen, sie bereitet andererseits den Anspruch auf den Ausfall vor, stellt den Absonderungsberechtigten vorläufig in die Reihe der Konkursgläubiger, giebt ihm unter gewissen Beschränkungen ein Recht, in den Gläubigerversammlungen mitzustimmen und an den Abschlagsvertheilungen theilzunehmen. Aber definitiv in die Stellung eines Konkursgläubigers tritt der Separatist erst nach Wegfall seines Absonderungsrechtes, und, wenn er diesen Wegfall nicht bis zum Ablauf der zweiwöchigen Ausschlußfrist vor der Schlußvertheilung nachweist, so hört das, durch die Anmeldung begründete, provisorische Rechtsverhältniß auf und geht er seines Rechtes an die Masse verlustig. [8])

---

[7]) „Die Konkursforderung“ (des Absonderungsgläubigers), sagen die Motive S. 275, „besteht zwar nur in dem Ausfall, aber seine Ausfallsforderung ist doch eine schon begründete, wenngleich gewissermaßen bedingte. Der Entwurf gestattet ihm daher, behufs demnächstiger endgültigen Theilnahme vorerst den vollen Betrag seiner Forderung anzumelden, zur Prüfung und auf den sich ergebenden Ausfall zur Feststellung zu bringen; damit werden nachträgliche, den Gang des Konkursverfahrens störende und für den Gläubiger zu späte Anmeldungen vermieden, und obgleich der Ausfall noch nicht endgültig feststeht, gestattet der Entwurf eine Berücksichtigung des muthmaßlichen Ausfalles zur Theilnahme an den Abstimmungen der Gläubiger (§ 88) und, sofern die abgesonderte Befriedigung betrieben wird, zur Theilnahme an den Abschlagsvertheilungen (§ 141 Abs. 2). Bei der Schlußvertheilung dagegen muß das Prinzip naturgemäß zur vollen Anwendung gelangen“

[8]) § 141 Abs. 2 K.O. Ein Gläubiger, welcher die Absonderung erst erlangt, wenn er sie geltend macht, ist bis zu dieser Geltendmachung als Konkursgläubiger anzusehen, ohne gehindert zu sein, sein Separationsrecht nachträglich geltend zu machen. Macht er es geltend, nachdem er eine Zahlung aus der Masse erhalten hat, so ist diese Zahlung, die nur unter der Voraussetzung stattfand, daß er lediglich Konkursgläubiger sei, zu redressiren, sofern nicht in der Empfangnahme der Zahlung ein Verzicht auf das Absonderungsrecht zu erblicken ist (s. unten § 41). Der frühere Zustand ist so wieder herzustellen, als ob das Absonderungsrecht schon zur Zeit der Zahlung erlangt wäre. Ein Gläubiger, welcher ohne Gel-

Kann auch der Gläubiger, ohne daß sein Absonderungsrecht beeinflußt wird, den persönlichen Anspruch zur Masse anmelden, so soll er doch Befriedigung nicht gleichzeitig aus der Gesammtmasse und dem Absonderungsgegenstand erlangen; das Recht auf Befriedigung ist nur ein alternatives: Soweit er aus der Masse Befriedigung verlangt, somit muß er aus dem Absonderungsverfahren ausscheiden.

Man darf nicht behaupten, der § 57 habe für den Konkurs das benef. excussionis beseitigt, im Gegentheil wird diese Einrede, welche die Befriedigung des Gläubigers aus andern Gegenständen des Schuldners so lange hindert, bis er den Absonderungsgegenstand zu seiner Befriedigung verwendet hat, gerade durch den § 57 für den Konkurs bestätigt. Denn der § 57 verbietet die Befriedigung des Absonderungsgläubigers, solange und soweit das Absonderungsrecht besteht. Sogar der außerhalb des Konkurses wirksame Verzicht auf das benef. exc. ist dem § 57 gegenüber im Konkurse ohne Rechtswirksamkeit.[9])

Der Absonderungsgläubiger ist daher nur mit seiner Ausfallsforderung aus der Masse Befriedigung zu erlangen berechtigt, und für diese Ausfallsforderung erhält er nur „verhältnißmäßige" Befriedigung: nicht der angemeldete, sondern der bei der Absonderung ausgefallene Theil des Anspruches wird als Konkursforderung bei der Berechnung der dem Gläubiger gebührenden Konkursdividende berücksichtigt. Beträgt seine ganze Forderung 1000 Mark, hat er aber nur für 200 Mark auf die Absonderung verzichtet, oder erleidet er nur einen Ausfall in dieser Höhe, so nimmt er als Konkursgläubiger bei den Vertheilungen als Konkursgläubiger nicht in Höhe von 1000 Mark, sondern nur von 200 Mark Theil und erhält, wenn die Dividende 50 pCt. beträgt, nicht 500 Mark, sondern nur 100 Mark.

---

tendmachung ein Absonderungsrecht hat, ist in gleicher Weise zu behandeln, weil er die Zahlung mit Unrecht annimmt. Vgl. Oetker § 16 S. 471, 472.

[9]) Reichsgericht Entsch. Bd. 6 S 66 ff. Das Reichsgericht — und ebenso Willenbücher, der die Entsch. desselben wiederholt — geht aber mit Unrecht noch weiter, indem es annimmt, die vertragsmäßige Ermächtigung des Gläubigers, sich wegen einer durch Kaution gesicherten Forderung zunächst an das übrige Vermögen des Schuldners zu halten, werde auch durch Abschluß eines Zwangsvergleichs nicht wieder wirksam. Diese Konsequenz ergiebt sich aus dem § 57 nicht. Die Beschränkung der Absonderungsforderung auf den Ausfall bezieht sich nur auf die Befriedigung aus der Konkursmasse; sobald der Konkurs beendet ist, giebt es keine Konkursmasse mehr, und die nur für den Konkurs gegebene Vorschrift des § 57 steht daher dem Verzicht auf das benefic. excussionis nicht mehr entgegen. Uebrigens wird der Verzicht durch die Konkurseröffnung nicht unwirksam, er kann nur im Konkurse nicht geltend gemacht werden.

§ 34. Fortsetzung: Das Verfahren.

1) Der qualifizirte Absonderungsgläubiger hat, soweit er Befriedigung aus der Masse sucht, die rechtliche Stellung des Konkursgläubigers. Er darf, schon ehe feststeht, wie weit er aus dem Absonderungsgegenstande befriedigt wird, wie der Konkursgläubiger, die Eröffnung des Konkurses beantragen;[1]) er ist, wie jener, zur Annahme von Abschlagszahlungen verpflichtet und berechtigt, seine ganze persönliche Forderung zur Masse anzumelden. Die Anmeldung muß rechtzeitig in der Form des § 127 K.O. innerhalb der Prüfungsfrist des § 102 erfolgen; die verspätete Anmeldung zieht die Belastung des Anmeldenden mit den Kosten des etwa erforderlichen besonderen Prüfungstermines[2]) nach sich; die angemeldete Forderung unterliegt der Prüfung und muß, wenn sie nicht anerkannt wird und im Konkurse weiter verfolgt werden soll, nach Maßgabe des § 134 im Prozeßwege festgestellt werden.

Weicht insoweit die Stellung des qualifizirten Absonderungsgläubigers von derjenigen des Konkursgläubigers nicht ab, so tritt doch dann, wenn das persönliche Recht des ersteren zur Geltung kommt, für ihn eine Beschränkung ein. Zur Geltung kommt dies persönliche Recht a) bei den Abstimmungen in den Gläubigerversammlungen und b) bei den Vertheilungen.

a. Soweit ein Widerspruch nicht erhoben wird, ist der qualifizirte Absonderungsgläubiger berechtigt, in Höhe seiner ganzen, anerkannten persönlichen Forderung in den Gläubigerversammlungen mitzustimmen; sobald aber ein Konkursgläubiger oder der Verwalter widerspricht, darf er nur in Höhe des muthmaßlichen Ausfalles mitstimmen, und die Höhe dieses muthmaßlichen Ausfalles, welchen er selbst anzugeben und glaubhaft zu machen hat,[3]) bestimmt das Konkursgericht durch einen nicht anfechtbaren Beschluß.[4]) Ist die Absonderungsforderung

---

[1]) Hellmann, Lehrbuch des Deutschen Civilprozesrechtes S. 982.

[2]) § 130 K.O.

[3]) v. Wilmowski Anm. 1 zu § 88 K.O.

[4]) § 88 K.O.: „Ob und zu welchem Betrage Forderungen, für welche abgesonderte Befriedigung beansprucht wird, in Ansehung ihres muthmaßlichen Ausfalles, sowie Konkursforderungen unter aufschiebender Bedingung zum Stimmen in einer Gläubigerversammlung berechtigen, entscheidet auf den Widerspruch eines Konkursgläubigers oder des Verwalters das Gericht.

Eine Anfechtung der Entscheidung findet nicht statt."

suspensivbedingt, so setzt das Konkursgericht unanfechtbar die Höhe des Anspruches, zu welcher die Abstimmung zugelassen wird, nicht nur nach dem muthmaßlichen Ausfall des Absonderungsrechtes, sondern auch nach dem muthmaßlichen Eintritt der Bedingung fest.

Da der Ausfall insbesondere dann, wenn er durch Verzicht entsteht, sich in der einen Gläubigerversammlung anders darstellen kann, als in der andern, so ist die Entscheidung des Konkursgerichts nur für diejenige Versammlung maßgebend,[5]) in welcher und für welche der Beschluß erlassen wird; in der folgenden Versammlung darf der Gläubiger wieder in Höhe der ganzen anerkannten Forderung mitstimmen, solange kein Widerspruch erhoben wird, und entscheidet, sobald ein Gläubiger oder der Verwalter widerspricht, wiederum das Konkursgericht unter Berücksichtigung der jedesmaligen Verhältnisse, ohne an die frühere Entscheidung gebunden zu sein. Das Gericht kann dem Absonderungsgläubiger das Stimmrecht auch ganz versagen.

Daß diese Entscheidungen des Gerichts nur für die einzelne Versammlung gelten, ergiebt sich aus einer Vergleichung der §§ 87 und 88 K.O. Jener, welcher das Stimmrecht der Gläubiger bestrittener Ansprüche regelt, läßt schon bei der Prüfung der Forderungen erörtern, ob und zu welchem Betrage denselben ein bleibendes Stimmrecht zu gewähren ist; der § 88 dagegen, welcher das Stimmrecht der Absonderungs- und der suspensivberechtigten Gläubiger behandelt, spricht nicht von der Bestimmung eines bleibenden Stimmrechtes, verweist auch die Entscheidung des Gerichts nicht in den Prüfungstermin.

Ist die Absonderungsforderung zugleich ihrem Betrage nach bestritten, so wird vom Gericht von amtswegen, ohne daß die Erhebung des Widerspruchs seitens des Verwalters oder eines Gläubigers abzuwarten ist, im Prüfungstermine oder eventuell in der Gläubigerversammlung bleibend, d. h. für alle Gläubigerversammlungen festgesetzt, ob und zu welchem Betrage der nicht anerkannte Forderungstheil in Ansehung des Stimmrechtes als anerkannt zu gelten hat; für diesen bezüglich des Stimmrechtes anerkannten Theil kommt demnächst im Fall des Widerspruchs des Verwalters oder eines Gläubigers in den Gläubigerversammlungen die weitere Festsetzung über den muthmaßlichen Ausfall hinzu, sodaß das Stimmrecht des Absonderungsgläubigers ganz ausgeschlossen oder zu einem solchen Theile festgesetzt

---

[5]) v. Völdernborff Anm. o zu § 88.

werden kann, welcher geringer ist, als der auf Grund des § 87 K.O. anerkannte Betrag. Der letztere ist dagegen maßgebend, wenn ein Widerspruch seitens des Verwalters oder eines Gläubigers nicht erhoben wird.

Bei diesen Festsetzungen macht es keinen rechtlichen Unterschied, ob das Absonderungsrecht als solches vom Verwalter anerkannt oder bestritten ist, denn die Festsetzung des § 88 betrifft nach dem Wortlaute des Gesetzes nicht blos das anerkannte Absonderungsrecht, sondern alle Forderungen, „für welche abgesonderte Befriedigung beansprucht wird.“ Der § 88 darf daher auch andererseits solange nicht zur Anwendung kommen, als ein Absonderungsrecht nicht durch besondere Geltendmachung, durch Eintragung im Grundbuche oder durch den Besitz eines Absonderungsgegenstandes in Anspruch genommen ist. Deshalb ist auch der Erbschaftsgläubiger, solange er die Separation noch nicht erlangt hat, bei den Abstimmungen der Gläubiger andern Konkursgläubigern in keiner Weise nachgesetzt, ist aber auch durch die Abstimmung in voller Höhe seines Anspruchs nicht gehindert, demnächst sein Separationsrecht noch geltend zu machen.

b. Eine weitere Beschränkung erleidet der Absonderungsgläubiger bei den Vertheilungen; die Behandlung seines persönlichen Anspruchs ist eine verschiedene, je nachdem es sich um Abschlagsvertheilungen oder um die Schlußvertheilung handelt:

α) Will er bei einer Abschlagsvertheilung berücksichtigt werden, so muß er nach § 141 Abs. 2 K.O.[6]) bis zum Ablauf der im § 140 bestimmten zweiwöchigen Ausschlußfrist, welche mit der öffentlichen Bekanntmachung der vorzunehmenden Vertheilung ihren Anfang nimmt, dem Verwalter nachweisen, daß die Veräußerung des Absonderungsgegenstandes betrieben wird, und ihm den Betrag des muthmaßlichen Ausfalls glaubhaft machen. Entsteht der Ausfall durch Verzicht auf das Absonderungsrecht, so bedarf es keines weitern Nachweises, denn insoweit verzichtet ist, insoweit steht fest, daß der

[6]) § 141: „Gläubiger, von welchen abgesonderte Befriedigung beansprucht wird, haben bis zum Ablauf der Ausschlußfrist dem Verwalter den Nachweis ihres Verzichts oder ihres Ausfalls nach Maßgabe des § 57 zu führen. Wird der Nachweis nicht rechtzeitig geführt, so werden die Forderungen bei der vorzunehmenden Vertheilung nicht berücksichtigt.

Zur Berücksichtigung bei einer Abschlagsvertheilung genügt es, wenn bis zum Ablaufe der Ausschlußfrist dem Verwalter der Nachweis, daß die Veräußerung des zur abgesonderten Befriedigung dienenden Gegenstandes betrieben ist, geführt und der Betrag des muthmaßlichen Ausfalls glaubhaft gemacht wird.“

Gläubiger nicht mehr Absonderungs-, sondern einfacher Konkursgläubiger ist.

Von wem die Veräußerung zu betreiben ist, wenn die Berücksichtigung des persönlichen Anspruchs des Absonderungsgläubigers bei der Abschlagsvertheilung verlangt wird, sagt das Gesetz nicht, deshalb genügt das Betreiben der Verwerthung seitens jedes dazu Berechtigten; es genügt, wenn der Verwalter oder ein anderer in Ansehung desselben Gegenstandes zur Absonderung Berechtigter die Veräußerung betreibt.[7]) Zur Veräußerung des Absonderungsgegenstandes wird nicht die Form der Zwangsvollstreckung verlangt; es genügt vielmehr jede Veräußerung, die in zulässiger Weise vorgenommen wird. Der Nachweis, daß die Veräußerung betrieben ist, setzt lediglich den Beginn der Verwerthung voraus, denn, sobald mit der Veräußerung angefangen ist, ist sie betrieben, und daß sie nicht vollendet zu sein braucht, ergiebt sich aus dem Gesetze selbst, welches neben dem Nachweis des Betreibens der Veräußerung die Glaubhaftmachung des muthmaßlichen Ausfalls verlangt. Denn wäre die Veräußerung beendet, so würde nicht blos der muthmaßliche, sondern der thatsächliche Ausfall und dieser nicht nur glaubhaft gemacht, sondern nachgewiesen werden können. Als Beginn der Veräußerung ist die Ansetzung des Verkaufstermins anzusehen; es kann auch, wenn der Weg der Zwangsvollstreckung eingeschlagen wird, schon die Pfändung oder der Antrag auf Pfändung als Beginn angesehen werden. Weiter zurückgehen darf man jedoch nicht: Es genügt daher nicht, wenn der Verwalter nach § 117 Abs. 2 dem Gläubiger eine Frist zur Verwerthung bestimmen läßt;[8]) denn durch diese Fristbestimmung wird dem Separatisten nur aufgegeben, mit der Betreibung der Veräußerung zu beginnen. In dieser Auflage, die der Separatist zur Erhaltung seines Absonderungsrechtes nicht zu befolgen braucht, liegt daher noch kein Beginn der Veräußerung. Ebensowenig genügt die Anstellung einer auf Gestattung der Zwangsvollstreckung in das Pfandobjekt gerichteten Klage, zumal diese Klage abgewiesen werden kann, vom Separatisten auch nicht weiter befolgt zu werden braucht.[9])

[7]) v. Wilmowski Anm. 7 zu § 141.

[8]) v. Wilmowski Anm. 7, Willenbücher Anm. 5, v. Sarwey Anm. 6, Stieglitz Anm. III zu § 141 und Fitting § 40 Anm. 8 halten eine solche Fristbestimmung oder auch schon den Antrag auf Festsetzung der Frist für ein Betreiben der Veräußerung, wogegen v. Völderndorff Anm. f zu § 141 und Petersen II 3 Anm 3 der oben ausgesprochenen Ansicht sind.

[9]) A. M. v. Wilmowski a. a. O.

Ist die Absonderungsforderung suspensivbedingt oder betagt, so kann der Gläubiger, falls er nicht selbst veräußern darf, eine Berücksichtigung bei der Abschlagsvertheilung — soweit er nicht auf das Absonderungsrecht verzichtet — nur verlangen, wenn ein anderer Absonderungsgläubiger oder der Verwalter die Verwerthung betreibt.

Führt der Gläubiger den Nachweis des Verzichts oder des Beginns der Veräußerung nicht und bescheinigt er nicht die muthmaßliche Höhe seines Ausfalls,[10]) so wird sein persönlicher Anspruch bei der Abschlagsvertheilung nicht berücksichtigt. Definitiv geht aber sein Recht auf die versäumte Abschlagszahlung nicht verloren, der nicht berücksichtigte Absonderungsgläubiger kann vielmehr nach § 143 K.O., sobald er den erforderlichen Nachweis bezw. die erforderliche Bescheinigung nachträglich erbracht hat, die Berücksichtigung seiner Forderung zu dem bisher für die Gläubiger festgesetzten Prozentsatze aus der Restmasse verlangen, jedoch nur soweit diese reicht und soweit sie nicht in Folge des Ablaufs einer Ausschlußfrist für eine neue Vertheilung zu verwenden ist. Von amtswegen braucht der walter den Absonderungsgläubiger, welcher nachträglich die erforderlichen Nachweise und Bescheinigungen erbringt, nur für die künftigen, nicht auch für die früheren Abschlagsvertheilungen zu berücksichtigen.

Erbringt der Gläubiger den Nachweis des Beginns der Veräußerung nebst der Bescheinigung der Höhe des muthmaßlichen Ausfalls, so wird er zwar bei der Abschlagsvertheilung berücksichtigt, aber nicht, wie der einfache Konkursgläubiger, durch Bezahlung der Dividende, sondern nach Vorschrift des § 155³ K.O. nur durch Reservirung seines Antheils. Stellt sich später heraus, daß der Ausfall ein geringerer ist, als gemuthmaßt war, beträgt z. B. der Verkaufserlös mehr als vermuthet wurde, so fällt die Dividende der Differenz zwischen dem gemuthmaßten und dem wirklichen Betrage des Ausfalls an die Masse zurück; nur aus diesem Grunde ist die Zurückbehaltung der Dividende vorgeschrieben und die Auszahlung verboten.[11]) Der Verwalter darf den für den Absonderungsgläu-

[10]) Soweit dem Verwalter diese Thatsachen schon bekannt sind oder bekannt sein müssen, z. B., wenn er die Verwerthung selbst betreibt, ist selbstverständlich ein Nachweis oder eine Bescheinigung derselben nicht erforderlich.

[11]) Die Ansicht von Eccius III § 194ᵃ i. f. S. 493: Die Berücksichtigung des Separatisten vor dem Verkauf des Pfandes könne zur Folge haben, daß bei dem etwa günstigeren Pfandverkaufe dem Gläubiger ein Mehrbetrag als die verbleibende Differenz zu Gute kommen könne, ist daher nicht richtig.

biger zurückbehaltenen Betrag hinterlegen; eine ausdrückliche gesetzliche Verpflichtung zu dieser Hinterlegung besteht für ihn freilich nicht.[12]) Bei der Retention des Betrages, den der Absonderungsberechtigte in seiner Eigenschaft als Konkursgläubiger zu fordern hat, hat der Verwalter jedoch die Sorgfalt eines ordentlichen Hausvaters — § 74 K.O. — anzuwenden, man wird daher von ihm die sichere und jedenfalls, sofern es sich um größere Summen handelt, zinsbare Belegung fordern können. Der reservirte Betrag, dessen Auszahlung nur wegen des Mangels der Feststellung des Ausfalls aufgeschoben wird, und der nur soweit zur Masse zurückfließt, als er die dem wirklichen Ausfall entsprechende Dividende übersteigt, bildet nicht mehr einen Theil der Konkursmasse, sondern gehört bedingungsweise dem Separatisten. Diesem fallen daher auch die Zinsen desjenigen Betrages zu, welcher nicht aus dem angegebenen Grunde zur Masse zurückfließt.[13])

Die Reservirung ist nur dann geboten, wenn die Höhe des Betrages des Ausfalls noch nicht feststeht, sondern nur gemuthmaßt wird. Sobald die Ausfallsforderung, sei es durch Verzicht, sei es durch vollständigen Verkauf des Absonderungsgegenstandes, feststeht und der Nachweis dieser Thatsache dem Verwalter geführt ist, hat dieser die Abschlagsdividende nicht mehr zurückzubehalten und die bereits reservirte auszuzahlen.

β. Anders gestaltet sich das Verfahren bei der Schlußvertheilung. Der Separatist hat nach § 141 Abs. 1 K.O. bis zum Ablauf der zweiwöchigen, von der öffentlichen Bekanntmachung des Termins zur Schlußvertheilung beginnenden Ausschlußfrist dem Verwalter den wirklichen Ausfall nachzuweisen oder den Verzicht auf das Absonderungsrecht zu erklären. Geschieht dies nicht rechtzeitig, so wird sein Anspruch bei der vorzunehmenden Schlußvertheilung nicht berücksichtigt und werden die bei der Abschlagsvertheilung auf ihn gefallenen durch Reservirung berücksichtigten Dividenden nach § 144 frei, d. h. sie fallen nebst den aufgelaufenen Zinsen an die Masse zurück, ohne daß der Separatist irgend welche Ansprüche daran zu machen berechtigt ist.[14])

---

[12]) Der § 156, welcher die Hinterlegung der reservirten Beträge vorschreibt, bezieht sich nur auf die bei der Schlußvertheilung zurückbehaltenen Summen; **Willenbücher** Anm. 4 zu § 156.

[13]) A. M. **Willenbücher** a. a. O.

[14]) Die Bestimmung des § 156 K.O., wonach der Verwalter diejenigen Beträge, welche beim Vollzuge der Schlußvertheilung zurückzubehalten sind, nach An-

Die zum Nachweis des Ausfalles gesetzte Frist ist keine Nothfrist, weil Nothfristen nur diejenigen sind, welche im Gesetz als solche ausdrücklich bezeichnet sind,[15]) sie ist vielmehr eine Verjährungsfrist, weil durch ihren fruchtlosen Ablauf das Recht der Theilnahme an der Konkursmasse beseitigt wird.[16]) Gegen die Versäumung derselben kann daher die, nur wegen Minderjährigkeit ausgeschlossene,[17]) Wiedereinsetzung in den vorigen Stand nachgesucht werden, welche nach Preußischem Rechte auf einen der in den §§ 512—533 A.L.R. I 9 angegebenen Gründe gestützt werden muß.[18]) Ist der dem Absonderungsgläubiger zukommende Antheil unter die Konkursgläubiger bereits vertheilt, so kann der Gläubiger, nachdem ihm Restitution ertheilt worden, von den einzelnen Konkursgläubigern diejenigen Beträge zurückfordern, die sie nicht erhalten hätten, wenn die erforderlichen Nachweise rechtzeitig erbracht wären.[19])

Sind diese Nachweise rechtzeitig erbracht, so hat der Verwalter

---

ordnung des Gerichts für Rechnung der Betheiligten zu hinterlegen hat, kommt wegen der Spezialvorschrift des § 144 K.O. für die Absonderungsgläubiger nicht zur Anwendung. Steht der Ausfall dagegen fest und es liegen andere Gründe vor, welche die Anwendung des § 156 rechtfertigen, ist z. B. der über die Höhe der Forderung anhängige Prozeß noch nicht beendet, so hindert der Charakter der Forderung als Absonderungsforderung die Befolgung des § 156 nicht.

[15]) § 201 Abs. 3 C.P.O.; § 65 K.O.

[16]) Nach § 500 A.L.R. I 9 ist eine Verjährung vorhanden, wenn durch den Ablauf einer bestimmten Zeit wegen unterlassener Ausübung gewisser Rechte eine Veränderung an diesen Rechten vermöge der Gesetze entsteht. Ein wesentlicher Unterschied zwischen der Verjährungs- und der gesetzlichen Frist läßt sich daher nicht statuiren. So in Kochs Kommentar zu § 500 A L R. I 9. Diejenigen, welche in der bloßen Versäumung einer zur Geltendmachung eines Rechtes gesetzten Frist eine Verjährung nicht erblicken — so Eccius-Förster I § 46 S. 216 ff. — vgl. auch den Plenarbeschl. des Obertrib. vom 6. Dezember 1858, Entsch. Bd. 40 S. 1, Justizministerialbl. 1859 S. 27; Striethorst Archiv 16 S. 155; Rehbein Entsch. des vormaligen Obertrib. I S. 929 und 276 würden die Frist des § 141 nicht als Verjährungsfrist anerkennen können.

[17]) § 9 des R.Ges. vom 12. Juli 1875.

[18]) v. Völderndorff II S. 554 verneint die Frage, ob der Ausschluß des § 141 redressirt werden kann, wenn der Gläubiger durch höhere Gewalt oder sonstige ihm nicht zuzurechnende Zufälle an der Erbringung des Nachweises des Ausfalles gehindert wird, und beruft sich namentlich auf die Kommissionsverhandlungen. Dieselben, wenn sie überhaupt beweisend sind, enthalten jedoch kein Moment für die Verneinung dieser Frage. Vgl. Prot. S. 101—104. (Es wurde in der Kommission bei der Berathung des § 144 beantragt, dem Gläubiger eine Nachfrist zu gewähren und dieser Antrag wurde abgelehnt.)

[19]) Die Restitution wird vom Konkursgericht durch Beschluß zu ertheilen

nach § 145 K.O. die infolge dessen erforderlichen Aenderungen des Vertheilungsplanes binnen drei Tagen nach dem Ablauf der zweiwöchigen Ausschußfrist zu bewirken.

2) Der Absonderungsgläubiger steht, soweit er Befriedigung aus der Masse in Anspruch nimmt, dem Verwalter lediglich als Konkursgläubiger gegenüber. Die Differenzen, welche er als Konkursgläubiger mit demselben hat, entscheidet daher nach § 66 das Konkursgericht durch einen Beschluß, welcher mit der sofortigen Beschwerde anfechtbar ist. Der Prozeßrichter entscheidet nur in denjenigen Fällen, in denen er auch die Differenzen gewöhnlicher Konkursgläubiger mit dem Verwalter zu erledigen hat; der Prozeßrichter entscheidet insbesondere, wenn das Absonderungsrecht selbst bestritten ist. Die Frage, ob und wie weit der Ausfall nachgewiesen oder bescheinigt ist, unterliegt dagegen der Beschlußfassung des Konkursgerichts, zumal Streitigkeiten dieser Art sich als Einwendnngen gegen die Abschlags- bezw. Schlußvertheilung im Sinne der §§ 146 Abs. 2, 150 Abs. 2 K.O. charakterisiren.[20])

§ 35. Fortsetzung: **Die modifizirten Absonderungsforderungen.**

Die Vorschriften der §§ 58—63 K.O., nach welchen betagte Forderungen als fällige, Forderungen, welche auf einen Geldbetrag nicht lauten oder deren Geldbetrag unbestimmmt oder ungewiß ist, nach ihrem Schätzungswerthe geltend zu machen, wiederkehrende Leistungen zu kapitalisiren sind u. s. w., gelten nicht für die Absonderungsforderungen als solche, aber sie gelten auch für sie, soweit ihre Befriedigung aus der Masse verlangt wird. Der Absonderungsgläubiger ist daher, wie jeder Konkursgläubiger, schon bei der Anmeldung des modifizirten Absonderungsanspruches zur Konkursmasse verpflichtet, denselben in der zur konkursmäßigen Geltendmachung erforderlichen Umwandlung zu liquidiren, widrigenfalls auf die sonst nicht substantiirte Anmeldung vom Verwalter eine Erklärung nicht abgegeben zu werden braucht.

Die verschiedenartige Behandlung der modifizirten Ansprüche bei der Absonderung und als Konkursforderungen kann eine Verschiedenartigkeit der Befriedigung der einzelnen Forderungstheile zur Folge

---

sein, weil es sich um Einwendungen gegen die Schlußvertheilung handelt §§ 150 Abs. 2, 146 Abs. 2 K.O.

[20]) A. M. v. Wilmowski Anm. 8 zu § 141, welcher über diese Frage den Prozeßrichter entscheiden läßt. Vgl. die Entsch. des Reichsgerichtes Bd. 26 S. 112 ff.

haben. Steht dem Gläubiger z. B. eine unverzinsliche Forderung von 1500 Mark zu, die erst nach einem Jahre fällig wird, und der Erlös des Pfandgegenstandes beträgt nach Abzug der Verwerthungskosten nur 1000 Mark, so tritt dieser Erlös an Stelle von 1000 Mark der Forderung und wird in Ermangelung einer anderweitigen Vereinbarung hinterlegt oder belegt, die Zinsen bis zur Fälligkeit fließen zur Masse. Dagegen wird der übrigbleibende Theil von 500 Mark als Konkursforderung nach Maßgabe des § 58 K.O. sofort fällig, aber auf einen Betrag vermindert, der mit Hinzurechnung der gesetzlichen Zinsen für die Zeit von der Eröffnung des Verfahrens bis zur Fälligkeit der Summe von 500 Mark gleichkommen würde.

In denjenigen Fällen des Partikularrechtes, in welchen besondere, von dem Konkursrecht abweichende Berechnungsmethoden der modifizirten Absonderungsforderungen vorgeschrieben sind, muß die Befriedigung aus dem Absonderungsgegenstande zu der Befriedigung aus der Konkursmasse nach dem Verhältniß der nach den verschiedenen Berechnungsmethoden ermittelten Beträge festgestellt werden: Wiederkehrende Hebungen zu einem bestimmten Betrage und von bestimmter Zeitdauer werden z. B. nach § 63 K.O. unter Abrechnung der Zwischenzinsen durch Zusammenzählung der einzelnen Hebungen kapitalisirt, während nach § 32 Z.V.G. in der Subhastation die Kapitalisirung durch Zusammenzählung der einzelnen Hebungen ohne Berücksichtigung der Zwischenzinsen erfolgt.[1]) Ist eine derartige Forderung für den Konkurs auf 1400 Mark, in der Subhastation auf 1500 Mark kapitalisirt, so kann der Anspruch im Konkurse nicht in Höhe desjenigen Betrages geltend gemacht werden, zu welchem er in der Subhastation ausgefallen ist, sondern nur im Verhältniß der Summe von 1400 und 1500 Mark. Gelangt der Anspruch in der Subhastation z. B. in Höhe von 1300 Mark zur Hebung und beträgt daher der Ausfall 200 Mark, so darf die Konkursdividende nicht nach der Summe von 200 Mark festgestellt werden; der Gläubiger ist in der Subhastation mit $\frac{1300}{1500} = {}^{13}/_{15}$ zur Hebung gekommen und mit ${}^{2}/_{15}$ seiner Forderung ausgefallen; da die Ausfallforderung ${}^{2}/_{15}$ des ganzen Anspruches darstellt, so beträgt sie im Konkurse, in welchem

[1]) Im Subhastationsverfahren ist der berechnete Betrag, soweit er zum Zuge kommt, zu hinterlegen, und sind aus dem Kapital und den auflaufenden Zinsen die einzelnen Hebungen zur Zeit der Fälligkeit zu entnehmen; vergl. § 119 Z.V.G.

die ganze Forderung zu 1400 Mark kapitalisirt ist, $^2/_{15}$ von 1400 Mark oder $186^2/_3$ Mark.[2]) Beträgt der Anspruch umgekehrt in andern Fällen nach den für das Absonderungsrecht bestehenden Vorschriften weniger als nach den Bestimmungen der K.O., so ist die Ausfallsforderung in gleicher Weise nach dem Verhältnisse, in welchem die nach den verschiedenen Vorschriften zu ermittelnden Beträge stehen, umzurechnen.[3])

§ 36. 12. Die besonderen Pflichten des Absonderungsgläubigers.

Der Absonderungsgläubiger hat im Konkurse dem Verwalter gegenüber dieselben Verpflichtungen zur Konservirung des in seinem Besitze befindlichen Absonderungsgegenstandes, sowie zur Haftung für Schaden, der an demselben durch sein Verschulden entsteht, wie er sie außerhalb des Konkurses dem Schuldner gegenüber hatte. Durch die Eröffnung des Konkurses erwachsen ihm aber, abgesehen von der schon besprochenen Verbindlichkeit zur Herausgabe der Sache an den Verwalter zum Zwecke der Verwerthung außerdem noch die besondern Verpflichtungen zur Anzeige und zur Vorzeigung:

1. Der Absonderungsgläubiger ist durch den offenen Arrest verpflichtet, dem Verwalter den Besitz des Absonderungsgegenstandes, den Betrag, sowie die Art der Absonderungsforderung mitzutheilen. Nach § 108 K.O.

> „wird allen Personen, welche eine zur Konkursmasse gehörige Sache in Besitz haben, . . . aufgegeben, nichts an den Schuldner zu verabfolgen oder zu leisten, auch die Verpflichtung auferlegt, von dem Besitze der Sache und von den Forderungen,

---

[2]) Wenn a das in der Subhastation berechnete Liquidat, b das Liquidat, wie es sich nach der konkursmäßigen Berechnung darstellt, c den Betrag, mit welchem der Gläubiger in der Subhastation ausgefallen ist, und x die zu ermittelnde Ausfallsforderung darstellt, so würde die letztere nach der Proportion $a : b = c : x$ zu berechnen sein. Diese Proportion ist in die Gleichung $a \cdot x = b \cdot c$ oder $x = \frac{b \cdot c}{a}$ und nach den Zahlen des obigen Beispiels in die Gleichung $x = \frac{1300 \cdot 100}{1500}$ ℳ aufzulösen.

[3]) Beträgt die Forderung in der Subhastation 1400, im Konkurse 1500 ℳ, und der Gläubiger erhält in der Subhastation 1300 ℳ, so fällt er mit 100 ℳ, oder $^1/_{14}$ seines Anspruches aus. Dieser Ausfall berechnet sich für den Konkurs auf $\frac{1500}{14}$ ℳ $= 107^1/_7$ ℳ $\left(1400 : 1500 \text{ ℳ} = 100 : x \cdot x = \frac{1500 \cdot 100}{1400} \text{ ℳ}\right)$

für welche sie aus der Sache abgesonderte Befriedigung in Anspruch nehmen, dem Verwalter innerhalb einer bestimmten Frist Anzeige zu machen,"

und nach § 109

„haftet, wer die Anzeige über den Besitz von Sachen des Gemeinschuldners innerhalb einer bestimmten Frist zu machen unterläßt, für allen aus der Unterlassung oder Verzögerung entstehenden Schaden."

Mit der dem Gläubiger durch den offenen Arrest auferlegten Anzeigepflicht korrespondirt das Recht des Verwalters, diese Anzeige zu verlangen.[1]) Daraus folgt

a. daß der Verwalter den Absonderungsgläubiger im Prozeßwege zwingen kann, den Besitz der Sache und die Absonderungsforderung anzugeben;[2])

b. daß der Absonderungsgläubiger, welcher die Anzeigepflicht versäumt, zum Schadensersatz verpflichtet ist.

Die Pflicht zum Schadensersatz, weil sie sich schon aus allgemeinen Grundsätzen, aus der Versäumung einer Rechtspflicht ergiebt, brauchte durch den § 109 nicht besonders statuirt zu werden, und erstreckt sich nicht blos auf den im § 109 behandelten Fall der versäumten Anzeige des Besitzes des Gegenstandes, sondern auch auf den Fall, daß die Absonderungsforderung nicht angegeben ist. Weil lediglich die Versäumung der Anzeigepflicht der Grund zu der Ersatzpflicht ist, kann auch nur die schuldhafte Versäumung[3]) die Ersatzverbindlichkeit zur Folge haben. Die Versäumung der durch den offenen Arrest begründeten Anzeigepflicht kann daher dann nicht zur Ersatzpflicht führen, wenn der Absonderungsgläubiger ohne seine Schuld von dem Erlaß des offenen Arrestes keine Kenntniß hatte.[4]) Auf

[1]) Vgl. § 92 Einl. zum A.L.R.

[2]) Der Verwalter kann z. B. wissen, daß der Absonderungsgläubiger einen Konkursgegenstand im Besitz hat, er weiß aber nicht, welche Sache es ist, die sich in seinem Besitze befindet; er weiß, daß der Gläubiger eine Forderung hat, aber nicht, wie groß dieselbe ist und wofür sie ihm zusteht.

[3]) §§ 9, 10 ff. A.L.R. I 6.

[4]) Auch v. Wilmowski Anm. 1 und Willenbücher Anm 1 zu § 109 lassen die Nichtkenntniß von dem offenen Arrest zur Befreiung von der Ersatzpflicht genügen, während v Völderndorff Anm. 1 zu § 109 auf diese Nichtkenntniß in keinem Falle Rücksicht nehmen will und sogar meint, daß derjenige, welcher Lesen nicht gelernt habe oder wegen eines Augenleidens nicht lesen könne, nicht zu entschuldigen sei, „er muß sich eben die Zeitungen vorlesen lassen." Als

diese Unkenntniß kann er sich aber nicht berufen, wenn er — was ihm nöthigenfalls zu beweisen ist — von der Eröffnung des Konkurses Kenntniß hatte. Denn dann mußte er nach der Präsumtion der Gesetzeskenntniß wissen, daß der offene Arrest erlassen werde. Wie weit im Uebrigen ein Verschulden des Gläubigers bezüglich seiner Nichtkenntniß von dem Erlaß des offenen Arrestes im einzelnen Falle vorliegt, ist eine aus den Umständen zu beantwortende Thatfrage.

Die vollständige Kenntniß des Verwalters von dem Besitz der Sache und der Art und Größe der Absonderungsforderung hebt die Ersatzpflicht des nicht anzeigenden Gläubigers wegen mangelnden Kausalzusammenhanges auf. Denn der Zweck und die Wirkung der Anzeige seitens des Gläubigers ist die Kenntnißnahme des Verwalters und ein Schade ist daher nicht durch die Unterlassung der Anzeige entstanden, wenn der Verwalter die durch die Anzeige zu bewirkende Kenntniß ohnehin hatte. War der Verwalter über den Besitz der Sache seitens des Gläubigers und dessen Forderung nur theilweise unterrichtet, so tritt die Ersatzpflicht nur soweit ein, als der Verwalter keine Kenntniß von dem Besitz der Forderung hatte, und als hierdurch ein Schade der Masse erwachsen ist.

Nur der thatsächliche Gewahrsam ist es, durch welchen dem Absonderungsgläubiger die Anzeigepflicht entsteht. Ein anderes thatsächliches Verhältniß, welches nicht die Verfügung über die Sache gewährt, hat die Anzeigepflicht nicht zur Folge: der Vermiether, der Verpächter, der Gastwirth, welcher an den eingebrachten Sachen des Miethers, Pächters und Gastes, der Verpächter, welcher an den Früchten des verpachteten Grundstücks ein Quasifaustpfand hat, das mit dem thatsächlichen Gewahrsam nicht verbunden ist, hat die Anzeigepflicht nicht; sein unvollkommenes Pfandrecht wird erst durch die Geltendmachung, durch die Retention der Sachen und Früchte zu einem vollkommenen, zu einem Besitzpfand. Und erst dann, wenn er diesen thatsächlichen Besitz ergriffen hat, nicht schon vorher, ist er zu der Anzeige verpflichtet.[5])

Die Anzeigepflicht, welche dem Absonderungsgläubiger als Besitzer obliegt, hat dieser aber andererseits auch dann, wenn ein Dritter

ob eine Verpflichtung zum Lesen von Zeitungen besteht und als ob auch nur eine annähernde Möglichkeit vorliegt, alle Zeitungen zu lesen, in welchen möglicher Weise die Eröffnung des Konkurses über einen Pfandschuldner des Gläubigers stehen kann.

[5]) A. M. v. Völderndorff zu § 41.

für ihn besitzt. Denn auch dann ist er derjenige, welcher als der eigentliche Besitzer, als der Verfügungsberechtigte gilt. Aber der Dritte, der den Gewahrsam für ihn im Sinne des § 14 E.G. ausübt, ist, wenn er auch nicht eigentlicher Besitzer im juristischen Sinne ist, doch Detentor, und, da in den §§ 108, 109 K.O. auch die Detention gemeint ist, liegt ihm ebenfalls die Pflicht zur Anzeige ob. Deshalb hat auch die Behörde die Anzeige zu machen, wenn sie eine Sache des Gemeinschuldners in Beschlag genommen hat (vgl. unten § 78), deshalb ist auch der Depositar, insbesondere auch die Hinterlegungsstelle in gleicher Weise zur Anzeige verpflichtet, denn sie besitzt die hinterlegte Sache für den Pfandgläubiger. Diese Verpflichtung hat die Hinterlegungsbehörde aber nach Preuß. Rechte nicht, sofern der hinterlegte Gegenstand eine Geldsumme ist. Denn diese geht nach § 7 der Hinterlegungsordnung vom 14. März 1879 in das Eigenthum des Staates über und an ihre Stelle tritt eine Forderung, an welcher der Pfandgläubiger dasselbe Recht hat, wie er es vorher an der Summe selbst hatte. Die Staatskasse ist daher nur Schuldnerin, nicht Besitzerin einer Forderung und deshalb auch zur Anzeige nicht verpflichtet. Anzuzeigen braucht in diesem Falle aber auch der Gläubiger nicht, für welchen hinterlegt ist. Denn er hat ein Pfandrecht nur an der Forderung gegen die Staatskasse, er befindet sich aber nicht im Besitz einer körperlichen Pfandsache und die §§ 108, 109 sprechen nicht von Gegenständen, sondern nur von Sachen, d. h. von körperlichen Sachen (vgl. oben § 7).

Bei der Feststellung des Schadens wird in der Regel anzunehmen sein, daß der Verwalter, wenn er rechtzeitig die erforderliche Kenntniß erhalten hätte, die Verwerthung der Sache betrieben haben würde. Doch hängt in dieser Beziehung die thatsächliche Erwägung, ob und welcher Schade entstanden ist, von dem Ermessen des Prozeßrichters ab, welcher nach § 260 C.P.O. unter Anwendung aller Umstände nach freiem Ermessen über das Vorhandensein und die Höhe des Schadens zu entscheiden hat.

Eine Form ist für die Anzeige nicht vorgeschrieben. Die Anzeige kann mündlich oder schriftlich, sie kann auch durch Dritte erfolgen. Die Anzeige an das Gericht genügt nicht, sie ist gültig erst erstattet, wenn das Gericht sie an den Verwalter weiter gegeben hat.

2) Der § 110 legt dem Absonderungsgläubiger die Verpflichtung auf, die in seinem Besitze befindliche Absonderungssache dem Verwalter auf dessen Verlangen zur Ansicht vorzuzeigen und ihre Abschätzung

zu gestatten. Der Grund dieser Verbindlichkeit liegt in dem Rechte des Verwalters, die Verwerthung der Sache in der Form der Zwangsvollstreckung betreiben zu dürfen; um sich entscheiden zu können, ob er von diesem Verwerthungsrechte Gebrauch machen will, ist es nöthig, daß er die Sache vorher besichtigt und erforderlichen Falls abschätzen läßt.

Zur Vorzeigung ist der Gläubiger nur an den Verwalter verpflichtet, doch muß ein legitimirter Vertreter oder Beauftragter des Verwalters dem letztern gleichgestellt werden.

Mehr als vorzeigen braucht der Gläubiger nicht, er ist nicht verpflichtet, die Sache aus seinem Besitze herauszugeben, er braucht sie dem Verwalter auch nicht zum Zweck der Besichtigung zu übersenden oder sie von ihm wegholen zu lassen.

Obgleich der Verwalter berechtigt ist, die Pfandsache in der Form der Zwangsvollstreckung verkaufen zu lassen, so kann er doch auch durch die Erklärung, daß er diesen Verkauf betreiben wolle, ein weiteres Recht, als die Besichtigung und Abschätzung nicht in Anspruch nehmen. Betreibt er den Verkauf in der Form der Zwangsvollstreckung, so ist nicht er, sondern der Gerichtsvollzieher legitimirt, die Sache in Empfang zu nehmen.

Weigert sich der Gläubiger, die Sache vorzuzeigen, so haftet er für den aus dieser Weigerung entstehenden Schaden, ein Satz, welcher aus den allgemeinen Grundsätzen über Schadensersatz[6]) abzuleiten ist.[7]) Außerdem kann der Verwalter sein Recht auf Vorzeigung und Abschätzung, zwar nicht bei dem Konkursgerichte, weil dieses nur gegen den Gemeinschuldner und den Verwalter, nicht aber auch gegen den Separatisten Zwangsbefugnisse hat, wohl aber im Wege des Prozesses geltend machen. Die Klage, welche v. Wilmowski und Willenbücher eine actio ad exhibendum nennen, ist darauf zu richten, daß der Gläubiger verurtheilt wird, die Besichtigung und Abschätzung der Sache zu gestatten und die letztere zu diesen Zwecken vorzuzeigen. Nach erfolgreich durchgeführter Klage kann die Zwangsvollstreckung gegen den Gläubiger nicht auf Grund des § 769 C.P.O. vorgenommen werden, weil es sich nicht um Herausgabe der Sache handelt,

---

[6]) §§ 9 ff. A.L.R. I 6.

[7]) So auch v. Sarwey S. 624, v. Wilmowski S. 366, Willenbücher zu § 110. v. Völderndorff Anm. e zu § 110 leitet diesen Satz mit Unrecht aus einer Analogie des § 109 K.O. ab.

sondern muß auf Grund des § 775 C.P.O. erfolgen,[8]) nach welchem der Schuldner, der der Verpflichtung zuwiderhandelt, die Vornahme einer Handlung zu dulden, wegen jeder Zuwiderhandlung auf Antrag des Klägers von dem Prozeßgerichte erster Instanz zu einer Geldstrafe bis 1500 Mark oder zur Haft bis 6 Wochen zu verurtheilen ist.[9])

§ 37. 13. Die Rangordnung und Kollision der Absonderungsgläubiger.

An Gegenständen, welche einem allgemeinen Absonderungsrechte unterliegen, kann ein anderes allgemeines, es kann an ihnen aber auch ein Spezial-Absonderungsrecht bestehen. Ebenso kann derselbe Gegenstand auch mehreren Spezialseparatisten haften. Da ein bestehendes Recht nicht durch einseitige Handlungen eines Dritten beeinträchtigt werden darf, so muß im Allgemeinen der Satz gelten, daß ein bereits bestehendes Absonderungsrecht durch ein später hinzukommendes Absonderungsrecht eines andern Gläubigers nicht verringert wird, daß daher das zuerst begründete Absonderungsrecht dem späteren vorgeht: prior tempore, potior jure. Das allgemeine Absonderungsrecht der Erbschaftsgläubiger, Legatare und Kommunionsinteressenten entsteht aber erst durch ihre Geltendmachung, es wird erst existent, wenn das Verlangen auf Absonderung gestellt ist; das vor diesem Verlangen begründete, nicht geltend gemachte, allgemeine oder spezielle Absonderungsrecht hat daher den Vorrang, wenn auch die übrigen Voraussetzungen des erst später geltend gemachten allgemeinen Absonderungsrechtes schon vorher begründet waren.

---

[8]) v. Völderndorff hält mit Unrecht die Zwangsvollstreckung aus beiden Paragraphen für zuläſſig und will die Sache durch den Gerichtsvollzieher wegnehmen lassen, damit der Verwalter sie sehen und die Abschätzung bewirken könne.

[9]) Der Werth des Prozeßobjektes wird, wie mit v. Völderndorff II S. 252 Anm. 8, v. Sarwey S. 675 und Stieglitz S. 483 anzunehmen ist, für den auf Vorzeigung der Sache gerichteten Rechtsstreit durch den Werth der Besichtigung und Abschätzung zu bestimmen sein. Der § 6 C.P.O, welcher den Werth des Streitgegenstandes durch den Werth der Sache bestimmen läßt, kann nicht in Betracht kommen, weil nicht der Besitz der Sache, sondern eine Verpflichtung des Pfandgläubigers streitig ist, welche aus dem Besitze entspringt. Auch der § 10 des Gerichtskostengesetzes, welcher nur von den nichtvermögensrechtlichen Ansprüchen handelt, kann nicht zur Anwendung kommen. Es ist nur der § 3 C.P.O. maßgebend: Das Gericht setzt den Werth nach freiem Ermessen fest.

Die Rangordnung der Absonderungsrechte derselben Art unter einander ist bei der Erörterung dieser einzelnen Rechte zu besprechen. Hier ist nur noch die Kollision zu erörtern, welche zwischen den Mobiliar- und den Immobiliarabsonderungsgläubigern an demjenigen Zubehör der Grundstücke bestehen kann, welches dem eingetragenen Immobiliargläubiger haftet. Zunächst entscheidet auch hier die Zeit der Entstehung des Pfandrechtes: Bestand das Mobiliarpfandrecht, auch das durch Exekution erworbene, schon vor der Eintragung des Immobiliarpfandrechtes, so geht das erstere dem letzteren stets vor; umgekehrt geht das letztere vor, wenn es vor der Entstehung des ersteren eingetragen ist.

Da der eingetragene Gläubiger an dem beweglichen Zubehör nur ein unvollkommenes Pfandrecht hat (vgl. oben § 9), welches den Eigenthümer nicht hindert, das Zubehör dem Pfandrechte zu entziehen, so sind die übrigen Gläubiger des Eigenthümers berechtigt,[1]) dieselben Gegenstände im Wege der Zwangsvollstreckung in Beschlag zu nehmen. Da aber die Unvollkommenheit des Immobiliarpfandrechtes nur gegenüber dem Eigenthümer, nicht auch im Verhältniß zu andern Pfandgläubigern besteht, so ist der eingetragene Gläubiger nicht behindert, den späteren Mobiliargläubigern gegenüber auf Grund des § 710 C.P.O. sein Vorrecht geltend zu machen und vorzugsweise Befriedigung aus dem Erlöse zu fordern,[2]) ohne Rücksicht darauf, ob seine Forderung fällig ist oder nicht. Dieses Recht wird dem eingetragenen Gläubiger auch durch den § 709 Abs. 2 C.P.O. nicht entzogen, welcher zwar das Mobiliarpfändungspfandrecht denjenigen Pfand- und Vorzugsrechten vorgehen läßt, die für den Fall eines Konkurses den Faustpfandrechten nicht gleichgestellt sind, der aber dem eingetragenen Gläubiger nicht entgegenstehen kann, weil dessen Pfandrecht durch § 39 K.O. aufrecht erhalten, den Faustpfand-

---

[1]) Anders früher die Entsch. des Obertrib. Bd. 69 S. 83: „Bewegliche Pertinenzstücke unbeweglicher Sachen unterliegen nicht der besonderen Beschlagnahme und Abpfändung", und Nessel in Gruchot, Beiträge Bd. 26 S. 200 ff. Für das Preuß. Recht ist die Streitfrage durch den § 206 Abs. 1 Z.V.G. entschieden, wonach bewegliche, zur Immobilarmasse gehörige Gegenstände bis zur Immobiliarbeschlagnahme der Immobiliarexekution unterliegen.

[2]) Jäckel Anm. 7 zu § 1 Z.V.G.; Kurlbaum S. 8; v. Bülow, Civilprozeßordnung S. 504, 520; Bahlmann S. 179; Krech-Fischer S. 718; Seuffert Anm. 1 zu § 714 C.P.O.; Rudorff Anm. 5 zu § 206 Z.V.G.; die Motive zum Z.V.G. S. 139; vgl. auch Entsch. des Reichsgerichts vom 7. Juli 1881 Bd. 5 S. 292. A. M. scheint Turnau Anm. 3 zu § 30 S. 742 zu sein.

rechten nicht nachgesetzt ist und in seiner Wirkung diesen gegenüber auch gleiche Kraft hat,[3]) wie denn auch das Verfügungsrecht des Eigenthümers nicht soweit geht, daß er das Zubehör des verpfändeten Grundstücks anderweit mit der Wirkung verpfänden könnte, daß das Pfandrecht des Immobiliengläubigers erlöschen oder vor dem neuen Pfandrechte zurücktreten müßte.[4]) Da der Immobiliengläubiger berechtigt ist, das dem Pfandrechte des ihm vorgehenden eingetragenen Gläubigers unterworfene Zubehör des Grundstücks pfänden und verkaufen zu lassen und seine Verpflichtung diesem ihm vorgehenden Gläubiger gegenüber nur darauf beschränkt ist, dessen Vorrecht an dem Erlöse anzuerkennen, und zwar auch nur dann, wenn der eingetragene Gläubiger diesen Vorrang ausdrücklich verlangt und geltend macht, so ist seine Stellung dem ihm vorgehenden eingetragenen Gläubiger gegenüber eine bessere, als gegenüber dem ihm vorgehenden Mobiliarpfandgläubiger: die Kenntniß des Vorranges des Immobiliargläubigers schadet ihm nichts.

Das Recht des Immobiliargläubigers ist im Verhältniß zum Mobiliargläubiger durch den § 206 Z.V.G. erweitert:

> „So lange bewegliche Gegenstände, welche zur Immobiliarmasse gehören, nicht im Wege der Zwangsvollstreckung in das unbewegliche Vermögen in Beschlag genommen sind (§§ 16, 140), unterliegen dieselben der Zwangsvollstreckung in das bewegliche Vermögen. Einer Zwangsvollstreckung dieser Art in bewegliche Theile oder Zubehörungen eines Gegenstandes des unbeweglichen Vermögens kann jedoch der Realberechtigte widersprechen. Die Vorschrifen des § 690 C.P.O. finden hierbei entsprechende Anwendung."

---

[3]) Nessel in Gruchot, Beiträge Bd. 26 S. 204. Reichsgericht in Wallm. 4, 274 und v. Wilmowski und Levy, Civilprozeßordnung Anm. 3 zu § 709.

[4]) Denn auch die Veräußerung der Pertinenzien allein bewirkt nicht die Aufhebung des Immobiliarpfandrechtes, diese Wirkung hat die Veräußerung nur, wenn die räumliche Trennung der veräußerten Sache hinzukommt. So lange das Pfandrecht des Immobiliargläubigers aber durch eine gültige Disposition des Eigenthümers nicht aufgehoben ist, so lange kann der letztere dasselbe auch nicht durch anderweite Verpfändungen einschränken, und ebenso wenig können andere Gläubiger durch Pfändung im Wege der Zwangsvollstreckung den Vorrang vor dem eingetragenen Gläubiger erwerben; sie können den Vorrang des letztern nur so, wie der Schuldner das Pfandrecht des eingetragenen Gläubigers durch Verkauf und räumliche Trennung aufzuheben vermag, durch die Veräußerung im Wege der Zwangsvollstreckung beseitigen.

Nach dieser gesetzlichen Vorschrift hört das Recht des Mobiliargläubigers durch die in der Immobiliarzwangsvollstreckung ausgesprochene Beschlagnahme bezüglich derjenigen Mobilien auf, auf welche sich die Immobiliarzwangsvollstreckung mit erstreckt.

Vor der Immobiliarbeschlagnahme tritt der § 206 Z.V.G. dem Rechte des Mobiliargläubigers, das Zubehör des Grundstückes zum Gegenstande seiner Zwangsvollstreckung zu machen, nicht entgegen; aber er berechtigt den Immobiargläubiger, dieser Zwangsvollstreckung zu widersprechen. Dieses Widerspruchsrecht steht dem Immobiliargläubiger aber nur gegen den Mobiliargläubiger des Schuldners, nicht gegen den Schuldner bezw. Eigenthümer selbst zu, denn im Verhältniß zu ihm bleibt das Recht des Grundstücksgläubigers an dem Zubehör des Grundstücks nur ein unvollkommenes, hindert also auch den Verkauf und die räumliche Trennung der beweglichen Pertinenzien durch den Schuldner nicht. Kann der eingetragene Gläubiger solche Dispositionen des Schuldners nicht hindern, so hat er auch dem Verwalter gegenüber kein Widerspruchsrecht, da dieser nur als Vertreter des Kridars und an dessen Stelle veräußert. Erst die Perfizirung des unvollkommenen Pfandrechtes, wie sie oben § 9 erörtert ist, setzt der Disposition des Schuldners und Verwalters Schranken.

Der der Mobiliarzwangsvollstreckung widersprechende Realberechtigte braucht die Immobiliarzwangsvollstreckung nicht vorzubereiten, er braucht sie überhaupt noch nicht zu beabsichtigen, er kann, ohne selbst seine Befriedigung aus dem beweglichen Zubehör augenblicklich suchen zu wollen, die Mobiliarzwangsvollstreckung verbieten, lediglich um die Schmälerung seiner Sicherheit zu verhindern, braucht aber auch diese Absicht weder zu behaupten, noch zu beweisen, noch den Beweis des Gegentheils zuzulassen.[5]) Seine Forderung braucht noch nicht fällig zu sein, sie muß nur begründet sein, denn realberechtigt ist er auch vor der Fälligkeit des Pfandanspruchs; er bedarf auch nicht eines Vollstreckungstitels, denn das Gesetz fordert als Voraussetzung des Widerspruchsrechtes weder die Fälligkeit des eingetragenen Anspruchs noch einen Vollstreckungstitel.

Zum Widerspruch berechtigt ist jeder Realberechtige, also auch

---

[5]) Die Motive zu § 206 Z.V.G. sagen, der Immobiliargläubiger könne „mit dem Erfolge widersprechen, daß nur die Immobiliarzwangsvollstreckung vollständig Platz greife."

der betreibende Personalgläubiger, der die Beschlagnahme erwirkt hat, oder der Immobiliarzwangsvollstreckung beigetreten ist,[6]) wie auch jeder sonst in den §§ 24—29 Z.V.G. als Realinterressent bezeichnete Gläubiger. Ein Widerspruchsrecht desjenigen aber, welcher zwar ein Absonderungs- aber kein dingliches Recht hat, z. B. ein Widerspruchsrecht des Gesindes, kann vor Einleitung der Immobiliarzwangsvollstreckung nicht anerkannt werden.[7]) Denn die Eigenschaft eines Realinterressenten hat ein solcher Gläubiger nur in der Immobiliarzwangsvollstreckung, außerhalb derselben ist er nicht realberechtigt.

Der Erfolg des Widerspruches besteht in der Einstellung der Mobiliarexekution. Aber der Immobiliargläubiger hat an der Einstellung dieser Zwangsvollstreckung nur dann ein Interesse, wenn er ein Recht hat, welches demjenigen des Exekutionsgläubigers vorgeht. Die Zwangsvollstreckung in eine Sache zu verbieten, aus deren schließlichem Erlöse der Immobiliargläubiger doch erst befriedigt werden kann, wenn der ihm vorgehende Exekutivgläubiger seine Befriedigung erlangt hat, würde chikanös sein. Deshalb steht einem Widerspruch, dem das Interesse des besseren Immobiliargläubigers fehlt, die replicatio doli entgegen, gegründet auf die Interesselosigkeit des Widerspruches. Hieraus folgt, daß der Widerspruch nicht durchgeführt werden kann,

a. von dem Eigenthümer oder Schuldner selbst, welcher als Inhaber einer Grundschuld oder Eigenthümerhypothek zu den Realberechtigten gehört. Sein Realrecht, welches der Mobiliargläubiger sogar selbst zum Gegenstand der Exekution machen kann, darf ihn nicht von der Verpflichtung befreien, alle verfügbaren Gegenstände seines Vermögens der Befriedigung seiner Gläubiger zu überlassen, und die Verpflichtung, seine Gläubiger zu befriedigen, kann nicht beseitigt oder beschränkt werden, damit das eigene Realrecht des Schuldners gesichert werde. Und da der Verwalter nicht mehr Recht hat, als der Schuldner vor der Eröffnung des Verfahrens hatte, so kann auch er auf Grund einer Eigenthümerhypothek oder Grundschuld des Kridars der Mobiliarzwangsvollstreckung eines Pfandgläubigers nicht mit Erfolg widersprechen.

b. Der Widerspruch kann auch nicht dem besseren Mobiliargläubiger gegenüber durchgeführt werden, dessen Recht schon vor der

[6]) Jäckel Anm. 1g zu § 206 und Anm. 4 zu § 21.

[7]) Jäckel Anm. 1g zu § 206 u. Rudorff Anm. 5 zu § 206 scheinen das Widerspruchsrecht des Gesindes unbedingt zuzulassen.

Eintragung des Immobiliarberechtigten begründet war oder aus anderen Gründen, z. B. wegen der Versionsansprüche (§ 41⁷ K.O.) dem eingetragenen Gläubiger vorgeht.

c. Der Widerspruch kann auch gegen einen Immobiliargläubiger erhoben werden, welcher sein Recht im Wege der Mobiliarexekution verfolgt, aber nicht gegen den besseren Immobiliargläubiger. Dieser ist berechtigt, sich vor dem nachstehenden Gläubiger aus den gesammten Pfandobjekten zu befriedigen; der nachstehende Gläubiger kann daher nicht mit der Wirkung widersprechen, daß der bessere Gläubiger sich aus einem Theile der verhafteten Objekte nicht befriedigen solle.[8])

In den Fällen b und c ist der Widerspruch aber nicht ohne allen Erfolg; er ist im Falle der Einleitung der Immobiliarzwangsvollstreckung begründet, soweit er darauf gerichtet ist, daß der betreibende Gläubiger den Erlös der Exekution zur Immobiliarmasse abliefert.

Durch den berechtigten Widerspruch wird, wie schon erwähnt, der Mobiliarzwangsvollstreckung Einhalt geboten, sie darf nicht fortschreiten, die bereits getroffenen Zwangsvollstreckungsregeln müssen aufgehoben werden, das bereits erworbene Pfändungspfandrecht geht verloren. Diese Wirkung des Widerspruches, obgleich dieser an sich nur von dem Widersprechenden gegen den betreibenden Gläubiger gerichtet ist, tritt zu Gunsten aller Immobiliargläubiger ein, denn eine Zwangsvollstreckung, welche mit Redressirung aller Formalakte aufgehoben ist. verliert jedem gegenüber den Charakter der Exekution.

Der Widerspruch kann nur gegen die Mobiliarzwangsvollstreckung erhoben werden. Dem Mobiliarpfandgläubiger, auch wenn er dem eingetragenen Gläubiger nachsteht, kann daher das Recht des Pfandverkaufs außerhalb der eigentlichen Zwangsvollstreckung durch einen Widerspruch des Immobiliargläubigers nicht genommen werden. Einem solchen Pfandverkaufe gegenüber hat der letztere daher, wenn er dem Mobiliarpfandgläubiger vorgeht, nur das oben besprochene Recht, auf Anerkennung seines Vorrangs zu dringen; er kann den Verkauf nicht verbieten, sondern nur vorzugsweise Befriedigung aus dem Erlöse beanspruchen.

---

[8]) Krech-Fischer Anm. 6 zu § 206, Jäckel Anm. 1f zu § 206 und Seuffert zu § 690 C.P.O. nehmen an, daß auch der schlechtere Realberechtigte der von dem besseren Immobiliargläubiger betriebenen Mobiliarzwangsvollstreckung widersprechen könne

Ein Widerspruch kann mit Fug auch nicht gegen die vom Verwalter nach § 117 K.O. in den Formen der Zwangsvollstreckung betriebene Verwerthung erhoben werden, weil dieselbe, wie oben § 32 erörtert, kein Akt der Zwangsvollstreckung ist. Der eingetragene Gläubiger kann aber auch in diesem Falle den Erlös zu seiner Befriedigung in Anspruch nehmen; thut er dies nicht, solange der Erlös noch von der Konkursmasse gesondert ist, so verliert er sein Recht daran.

§ 38. 14. Die Succession in das Absonderungsrecht.

Das Absonderungsrecht kann von dem Absonderungsanspruche nicht getrennt werden, denn das spezielle Absonderungsrecht ist nur accessorischer Natur und das allgemeine ist eine Eigenschaft des Anspruchs. Der Uebergang des Absonderungsanspruchs durch Universal- oder Singularsuccession macht daher den neuen Erwerber [1]) ebenso zum Absonderungsberechtigten, wie es der Rechtsvorgänger war, es sei denn, daß ein spezielles Separationsrecht dem Auktor mit Rechtswirksamkeit nur persönlich bestellt ist.

Von diesem Grundsatze macht die preußischrechtliche, durch Zahlung einer fremden Schuld entstehende, cessio necessaria theilweise eine Ausnahme. Hat jemand eine fremde Schuld bezahlt, so erwirbt er nach gemeinem Rechte, wenn ihm die Forderung nicht vor der Zahlung cedirt war, nicht den Anspruch des Gläubigers, sondern hat gegebenen Falls gegen den Schuldner nur eine Forderung aus dem Mandat oder der negotiorum gestio. Diese Forderung ist nur persönlicher Natur und steht mit dem getilgten Anspruch in keinem Zusammenhange; das Pfand- oder sonstige Absonderungsrecht, welches den letztern sicherte, geht daher auf den Zahlenden nicht über. Nach Preußischem Rechte [2]) tritt dagegen der Zahlende in der Regel auch ohne ausdrückliche Cession in die Rechte des bezahlten Gläubigers. Aber „auf eine für die Forderung durch Bürgen oder Pfand bestellte Sicherheit erlangt der Zahlende — nach § 48 A.L.R. I 16 — die Rechte des Gläubigers in der Regel nur durch ausdrückliche Cession desselben," eine Vorschrift, welche sich sowohl auf das Faustpfand, wie auf die Hypothek [3]) und die Grundschuld bezieht. Zu dieser Cession

[1]) Auch der Kridar selbst kann aus seinem vorbehaltenen Vermögen eine Konkursabsonderungsforderung erwerben.

[2]) § 46 A.L.R. I 16.

[3]) Obertrib. Präjudiz 1729 in der Sammlung I S. 86. Koch's Kommentar Anm. 27 zu § 48 A.L.R. I 16.

ist der Gläubiger nach Empfangnahme der Zahlung stets verpflichtet.[4]) Unmittelbar ohne Cession geht das Pfandrecht nach ausdrücklichen Bestimmungen des Preuß. Rechts auf den Zahlenden über:

a. wenn der Bürge den Gläubiger befriedigt;[5])
b. wenn der Nießbraucher für den Eigenthümer Kapitalzahlungen aus eigenen Mitteln geleistet hat;[6])
c. wenn der Eigenthümer die ohne seine Einwilligung von einem Dritten durch Bestellung einer Hypothek oder Grundschuld verpfändete unbewegliche Sache von demjenigen Gläubiger einlöst, der die Hypothek oder Grundschuld bona fide erworben hat.[7]) In diesem Falle erwirbt er eine Eigenthümerhypothek bezw. Grundschuld.[8])

Abgesehen von diesen Fällen kann ein Uebergang des Absonderungsrechtes mit dem Anspruche ohne Cession nach Preuß. wie nach gemeinem Rechte eintreten:

a. bei dem allgemeinen Absonderungsrechte,
b. bei dem Uebergang des allgemeinen, wie des speziellen Absonderungsrechtes durch Universalsuccession,
c. bei der Ueberweisung eines Absonderungsanspruches im Wege der Zwangsvollstreckung,
d. bei dem Uebergang der Waaren auf einen spätern Frachtführer oder Spediteur nach Art. 410 H.G.B.[9])
e. bei dem speziellen Absonderungsrecht, welchem der dingliche Charakter fehlt, z. B. dem Absonderungsrecht des Gesindes im Falle der Subhastation (§ 26 Z.V.G.).

---

[4]) § 50 A.L.R. I 16, §§ 442–444 A L.R. I 16.

[5]) § 338 A.L.R. I 14.

[6]) § 79 A.L.R. I 21.

[7]) § 83 A.L.R. I 20. § 63 E.E.G. § 205 Z.V.G.

[8]) Vgl. Turnau Anm. 4 zu § 52 E E G. Förster-Eccius I § 99 Ib.

[9]) „Geht das Gut durch die Hände mehrerer Frachtführer, so hat der letzte bei der Ablieferung, sofern nicht der Frachtbrief das Gegentheil bestimmt, auch die aus dem Frachtbriefe sich ergebenden Forderungen der vorhergehenden einzuziehen und deren Rechte, insbesondere auch das Pfandrecht auszuüben."

„Der vorhergehende Frachtführer, welcher vor dem nachfolgenden befriedigt ist, überträgt auf diesen von Rechtswegen seine Forderung und sein Pfandrecht. In gleicher Art wird die Forderung und das Pfandrecht des Spediteurs auf den nachfolgenden Spediteur und den Frachtführer übertragen.

Das Pfandrecht der Vormänner besteht solange, als das Pfandrecht des letzten Frachtführers."

Der Uebergang des Absonderungsrechtes mit der Absonderungsforderung — mag derselbe mit oder ohne Willen des Rechtsvorgängers erfolgen — setzt voraus, daß der Rechtsnachfolger in demselben thatsächlichen Verhältnisse zum Absonderungsgegenstande steht, in welchem der Auktor stand. Ein Absonderungsrecht, welches ein thatsächliches Verhältniß zu dem Absonderungsgegenstande nicht zur Voraussetzung hat, wie das allgemeine und das spezielle nicht dingliche, geht daher ohne Weiteres auf den Successor über, andere Absonderungsrechte verlangen dagegen zu ihrem Erwerbe den Eintritt des Rechtsnachfolgers in den thatsächlichen Zustand des Vorgängers. Dies gilt insbesondere für das Faustpfandrecht und das gesetzliche Pfandrecht des § 41 K.O. In der Regel wird in dieser Beziehung freilich anzunehmen sein, daß der Cedent, der die Pfandsache trotz der Cession der Forderung noch nicht übergeben hat, den Gewahrsam für den Cessionar fortsetzt, und der Gewahrsam, ausgeübt durch einen Dritten, steht im Konkursrecht[10]) dem vom Gläubiger selbst ausgeübten Gewahrsam gleich, wenn der Dritte, auch ohne Auftrag des Gläubigers, den Willen hat, den Gewahrsam bezw. das sonstige thatsächliche Verhältniß zur Sache für den Gläubiger auszuüben. Diesen Willen muß der Rechtsvorgänger haben, wenn der Nachfolger — gleichviel, ob dieser mit oder ohne Willen des Auktors erwirbt — absonderungsberechtigt sein soll, und dieser Wille ist auch dann bei ihm als vorhanden anzunehmen, wenn er die Herausgabe der Pfandsache an den neuen Erwerber zwar noch unterlassen hat, aber auch nicht verweigert. Daher erwirbt der Successor das Pfandrecht selbst dann, wenn zwischen dem Zeitpunkte der Cession, Ueberweisung u. s. w. und dem Zeitpunkte der Uebergabe des Absonderungsgegenstandes der Konkurs eröffnet wird, ohne daß der § 12 K.O. entgegensteht, der nur den Erwerb eines neuen, nicht eines schon bestehenden Pfandrechtes verbietet; er erwirbt es auch mit der alten Rangordnung des früheren Gläubigers. Den Willen, den Gewahrsam auszuüben, hat der frühere Gläubiger aber Dritten gegenüber auch dann, wenn er die Herausgabe der Pfandsache an den neuen Erwerber verweigert, ohne den Gewahrsam thatsächlich aufzugeben. Denn wird der Besitz seitens des früheren Gläubigers zur Wahrung des Pfandrechtes fortgesetzt, so wird das Pfandrecht für den Inhaber des Anspruches gewahrt, ohne daß die Streitigkeiten zwischen dem früheren und dem neuen Gläubiger das Interesse Dritter berühren, da diesen gegenüber

[10]) S. unten § 65.

beide nur als eine Person in Betracht kommen. Deshalb verschlägt es nichts, ob die Konkurseröffnung zwischen die Zeit des Erwerbes der Forderung und des vom alten Gläubiger vorenthaltenen Gewahrsams der Pfandsache fällt. Hat der neue Erwerber dem alten Gläubiger gegenüber auch nur einen persönlichen Anspruch auf Herausgabe der Pfandsache, so steht der § 12 K.O. doch der Annahme nicht entgegen, daß der Erwerber durch Erzwingung der Herausgabe des Pfandgegenstandes auch nach der Konkurseröffnung sein Recht zu einem Pfandrechte steigert, weil dasselbe im Verhältniß zu den Konkursgläubigern bereits bestand und ihnen gegenüber nicht neu erworben ist.

Das auf der Eintragung beruhende Immobiliarpfand muß eingetragen bleiben, auch wenn es auf einen neuen Erwerber übergeht, wogegen nicht erforderlich ist, daß es auf den Namen des neuen Erwerbers eingetragen wird, denn der Erwerb der Hypothek oder Grundschuld durch Abtretung und die Wirksamkeit der Verpfändung — und demnach auch der Ueberweisung — hängt nach § 54 E.E.G. nicht von der Eintragung des Rechtsnachfolgers ab, und ein Gleiches muß auch für die Succession in die in Abtheilung II des Grundbuchs eingetragenen Rechte gelten.

Eine Trennung des Absonderungsrechtes von dem Absonderungsanspruche würde der Natur des erstern widersprechen, die zwar einen Verzicht auf dieses Recht, nicht aber die Möglichkeit zuläßt, daß das Absonderungsrecht sich im Eigenthum einer Person befindet, der der Anspruch nicht zusteht. Wird eine solche Trennung gleichwohl vorgenommen, geht also das Absonderungsrecht auf die Person nicht über, welche den Anspruch erwirbt, so muß dasselbe, weil es als allgemeines Separationsrecht nur eine Eigenschaft des Anspruches, als spezielles nur ein Nebenrecht ist, untergehen. Denn für den früheren Gläubiger, dem der Anspruch nicht mehr zusteht, ist es ein leeres Recht, das des materiellen Inhaltes entbehrt. Für die Hypothek ist im § 52 Abs. 1 E.E.G. ausdrücklich bestimmt: „Die Hypothek kann nur gemeinsam mit dem persönlichen Recht abgetreten werden.“ Die Cession einer Hypothek ohne die persönliche Forderung ist daher unwirksam,[11] die Cession der persönlichen Forderung ohne ausdrück-

[11]) Das Reichsgericht (in der jur. Wochenschrift 81 S. 180) hält dagegen die Cession einer Hypothek — mit Unrecht — für zulässig, welche in der Absicht erfolgt, daß die Geltendmachung der persönlichen Klage unterbleiben solle. Ebenso Turnau Anm. 6 zu § 52 E.E.G. und Dernburg I § 325 Nr. 4. A. M.

liche Uebertragung der Hypothek zieht den Uebergang auf den neuen Erwerber von selbst nach sich, und die Cession der persönlichen Forderung unter ausdrücklichem Vorbehalt der Hypothek ist zwar an sich zulässig, macht aber die hypothekarische Eintragung, die als leeres Accessorium nicht bestehen kann, unwirksam. Diese Grundsätze können aber wegen der Vorschrift des § 38 Abs. 2 E.E.G.[12]) dem gutgläubigen entgeltlichen Erwerber einer ohne die Hypothek cedirten Forderung bei der Geltendmachung der, wenngleich unwirksam gewordenen, mitcedirten Hypothek[13]) nicht entgegengehalten werden. Diese Geltendmachung geschieht zum Nachtheil des Schuldners, welcher dem Cessionar der persönlichen Forderung gegenüber aus dem Nachtheile, den er durch die zweite Cession erleidet, keine Rechte geltend machen kann und darauf beschränkt ist, von dem Cedenten Ersatz zu beanspruchen. Die Grundschuld kann nach der ihr durch das E.E.G. gegebenen Konstruktion für sich bestehen, als ein Recht ohne Zusammenhang mit einer Forderung ist sie nicht mehr ein Nebenrecht, sondern ein Hauptrecht; tritt sie aber mit einem persönlichen Recht in Zusammenhang, so kann eine Trennung beider Rechte nicht vorgenommen werden. Die trotzdem erfolgte Trennung müßte nach den obigen allgemeinen Grundsätzen den Untergang des accessorischen Rechtes der Grundschuld zur Folge haben. Der § 52 Abs. 2 E.E.G. bestimmt aber umgekehrt: „Wird eine zur Sicherung eines persönlichen Rechtes dienende Grundschuld ohne den persönlichen Anspruch abgetreten, so erlischt letzterer." Demnach hört der persönliche Anspruch auf zu existiren, wenn die Grundschuld ausdrücklich ohne ihn cedirt ist oder wenn aus den Umständen nicht hervorgeht, daß das persönliche Recht nicht abgetreten werden sollte. Für den Fall, daß das persönliche Recht ohne die dasselbe sichernde Grundschuld allein abgetreten ist, ist eine besondere gesetzliche Bestimmung nicht getroffen

---

Förster-Eccius III § 199a Anm. 1. Durch diese Ansicht des Reichsgerichtes würde der § 52 Abs. 1 E.E.G. einfach beseitigt sein.

[12]) „Gegen die Klage aus einer Hypothek können Einreden aus dem persönlichen Schuldverhältniß einem Dritten, welcher ein Recht auf die Hypothek gegen Entgelt erworben hat, nur entgegengesetzt werden, wenn sie ihm vorher bekannt geworden sind oder sich aus dem Grundbuch ergeben."

[13]) Ist bei der zweiten Cession nur die Hypothek ohne die persönliche Forderung abgetreten, so ist diese Abtretung nach den obigen Grundsätzen auch für denjenigen Cessionar ungültig, der die Hypothek gegen Entgelt und in gutem Glauben erworben hat.

und muß daher die allgemeine Regel [14]) gelten, daß die Grundschuld als mitcedirt anzusehen ist.

Wird die Absonderungsforderung getheilt, so geht das allgemeine Absonderungsrecht auf jeden Theilhaber der Forderung über, weil jeder Theil die Absonderungseigenschaft hat. Das Hypotheken- und das eine persönliche Forderung sichernde Grundschuldrecht bleibt ein Accessorium jedes Theiles des Anspruches, die mehreren Inhaber der Theilforderungen stehen, wenn nichts anderes verabredet ist, einander im Range gleich. Schwieriger wird die Frage der Theilung für die Faust- und Quasifaustpfandforderung: das Pfandrecht ist an das gesetzlich geforderte thatsächliche Verhältniß zur Pfandsache gebunden, dieses thatsächliche Verhältniß können mehrere Gläubiger durch einen von ihnen ausüben, zum Bestehen des Pfandrechtes für jede Theilforderung genügt es daher, wenn der eine Theilgläubiger den Gewahrsam 2c. für den Mitgläubiger mit ausübt. Es fragt sich aber, ob der Erwerber einer Theilforderung ein Recht darauf hat, daß der Mitgläubiger den Gewahrsam für ihn ausübt oder daß er ihm die Sache herausgiebt; es fragt sich, ob im Falle der Ueberweisung eines Theiles der Pfandforderung, z. B. einer Miethforderung, im Wege der Zwangsvollstreckung der betreibende Gläubiger ein solches Recht gegen seinen zum Mitgläubiger gewordenen Schuldner hat? Das Pfandrecht ist untheilbar und der Pfandgegenstand haftet gleichmäßig für jeden Theil der Forderung, das Pfandrecht ist daher ein Recht, welches in den gegebenen Fällen mehreren Personen ungetheilt zukommt; nach § 1 A.L.R. I 17 [15]) haben daher beide Theilgläubiger ein gemeinschaftliches Recht am Pfandrechte. Deshalb kommen für die Ausübung des pfandrechtlichen Gewahrsams dieselben Grundsätze zur Anwendung, welche für die Ausübung des Miteigenthums gelten, nach Preuß. Rechte die §§ 25 ff. A.L.R. I 17, nach gemeinem Rechte die Grundsätze der Sozietät bezw. Kommunion.

§ 39. Fortsetzung: **Der Uebergang des Absonderungsrechtes auf einen im Auslande wohnenden Erwerber.**

Durch den Uebergang des Absonderungsanspruches an sich tritt weder eine Vermehrung, noch eine Verminderung des Absonderungs-

[14]) § 403 A.L.R. I 11.

[15]) „Gemeinschaftliches Eigenthum ist alsdann vorhanden, wenn dasselbe Eigenthumsrecht über eine Sache oder ein Recht mehreren Personen ungetheilt zukommt.“

rechtes ein. Nur das Recht zur Anfechtung des Absonderungsrechtes kann nach § 33 K.O. und § 11 des Anfechtungsgesetzes vom 21. Juli 1879 in Folge der Cession eine Aenderung erleiden: War die Anfechtung gegen den Vertragsgenossen des Kridars begründet, und hat dieser die Forderung weiter cedirt, so kann die Anfechtung gegen den Cessionar nicht stattfinden, wenn nicht bei ihm eine der Voraussetzungen dieser Paragraphen vorliegt, wogegen die Anfechtung gegen den weiteren Cessionar wieder zulässig ist, wenn eine der Voraussetzungen in seiner Person gegeben ist.

Durch den Uebergang eines Anspruches kann auch bei dem neuen Erwerber ein Absonderungsrecht nicht zur Entstehung gelangen, wenn die Succession nach der Konkurseröffnung stattfindet. Die Entstehung eines solchen Rechtes wird durch den § 12 K.O. gehindert, sie muß aber gegenüber der Konkursmasse zugelassen werden, wenn auf den neuen Erwerber die Vorschrift des § 12 keine Anwendung findet. Dies ist der Fall, wenn der neue Erwerber im Auslande wohnt. Um die hierdurch der Konkursmasse entstehenden Nachtheile zu beseitigen, bestimmt der § 42 K.O.:

> „Wer nach der Eröffnung des Konkursverfahrens oder mit Kenntniß des Eröffnungsantrages oder der Zahlungseinstellung eine Konkursforderung dem im Auslande wohnenden Inhaber eines zur Konkursmasse gehörigen Gegenstandes, oder in der Absicht, daß dieser die Forderung erwerbe, einer Mittelsperson abtritt, ist verpflichtet, zur Konkursmasse den Betrag zu ersetzen, welcher derselben dadurch entgeht, daß der Inhaber nach dem Rechte des Auslandes entgegen den Bestimmungen dieses Gesetzes ein Absonderungsrecht an dem Gegenstande ausübt. Die Vorschrift des § 26 findet entsprechende Anwendung."

Um die Gleichheit der Gläubiger nicht durch willkürliche Handlungen eines derselben durchbrechen zu lassen, welcher seiner Forderung durch Abtretung an einen Ausländer ein wirksameres Recht beilegt, als ihr nach der K.O. zusteht, verpflichtet der § 42 einen solchen Cedenten zum Ersatz desjenigen Schadens, welcher durch die Abtretung der Forderung der Masse entstanden ist. Dieses Recht der Masse bezw. des Verwalters auf Schadensersatz sieht dem Anfechtungsrecht der §§ 22 ff. K.O. ähnlich; beide Rechte stehen auf dem gemeinsamen Boden der Reaktion gegen die einseitigen Bestrebungen der Konkursgläubiger, für ihre Forderungen mehr als ihren tributarischen Antheil zu erlangen. Aber sie sehen sich nur ähnlich: der Anfechtungsanspruch richtet sich gegen die Rechtshandlung des Kridars, der Anspruch aus § 42 gegen die Handlung eines Gläubigers, jener ist auf Wiederherstellung des früheren Zustandes, dieser nur auf Schadensersatz gerichtet.

1) Das Recht des Verwalters aus § 42 charakterisirt sich als ein Anspruch aus einer Quasideliktsobligation. Indem dem Verwalter das Recht gegeben ist, von dem Cedenten Ersatz des durch die Cession der Masse zugefügten Schadens zu verlangen, wird die Cession als ein Unrecht des Cedenten bezeichnet, welches den letztern zum Schadensersatz verpflichtet. Durch dieses Unrecht wird die Masse verletzt, zumal ohne Annahme einer Verletzung ihr ein Rechtsmittel nicht gegeben wäre. Der § I A.L.R. I 6 bezeichnet jede „Verschlimmerung" eines Menschen in Ansehung seines Vermögens als Schaden, steht mit dieser Begriffsbestimmung an der Spitze des 6. Titels „von den Pflichten und Rechten, die aus unerlaubten Handlungen entstehen", und der § 8 cit. erklärt jede Schadenszufügung als eine Beleidigung, d. h. als eine unerlaubte Handlung. Hiernach muß die im § 42 gemeinte Cession als eine unerlaubte Handlung angesehen werden, umsomehr als sie sich auch als eine „in den Gesetzen gemißbilligte Handlung" im Sinne des § 13 A.L.R. I 3 darstellt. Aus dieser rechtlichen Qualifikation ergeben sich folgende Konsequenzen:

a. Als Gerichtsstand für die Klage auf Schadensersatz ist nicht nur das Gericht des allgemeinen Wohnsitzes des Cedenten, sondern auch dasjenige zuständig, in dessen Bezirk die Cession vorgenommen ist. § 32 C.P.O.

b. Der Schadensanspruch geht nicht nur auf Erstattung desjenigen Betrages, welcher der Masse dadurch entgeht, daß der Inhaber für die Forderung nach dem Rechte des Auslandes entgegen den Bestimmungen der K.O. ein Absonderungsrecht ausübt, sondern auf jeden Schaden, der der Masse durch die Cession entsteht. Der Cedent muß daher auch die Prozeßkosten erstatten, die der Verwalter auf die Erlangung des ihm wegen der Cession vorenthaltenen Gegenstandes zweckmäßig aufgewendet hat, und muß auch den Schaden ersetzen, den der Cessionar nicht nur durch Geltendmachung eines Absonderungsrechtes, sondern auch dadurch der Masse verursacht, daß er ein Retentionsrecht nach dem Rechte des Auslandes entgegen den Bestimmungen der K.O. ausübt.

c. Der Cessionar selbst haftet als Theilnahmer an dem Delikt solidarisch mit dem Cedenten.

d. Der Cedent muß in dolo oder in culpa sein. Seine Haftpflicht setzt voraus, daß er den Thatbestand des § 42 kannte oder ihn hätte kennen müssen.[1]) Den Thatbestand kannte er, wenn er wußte, daß der Cessionar zur Zeit der Cession im Auslande wohnte, auch wenn ihm nicht bekannt war, daß derselbe einen Gegenstand der Konkursmasse besaß.

e. Der Cedent, wie auch der haftbare Cessionar können dem Anspruche auf Schadensersatz die Einwendung der §§ 19—21 A.L.R. I 6[2]) entgegensetzen, daß der Verwalter selbst bei Abwendung des Schadens sich ein Versehen hat zu Schulden kommen lassen. Befand sich z. B. der Massegegenstand im Inlande, und der Verwalter, der dies wußte und die Thatsache der Geltendmachung des Absonderungsrechtes kannte, unterließ es gleichwohl, durch Arrest die Festlegung des Konkursgegenstandes zu erwirken, so wird man ihm eine culpa bei Abwendung des Schadens imputiren und dem Cedenten, je nach dem Grade seines Verschuldens ganz oder theilweise von dem Ersatz des Schadens insoweit freisprechen müssen, als dieser Schade durch die Thätigkeit des Verwalters hätte vermieden werden können. Dabei wird zu beachten sein, daß der Schade, der aus der unerlaubten Cession entsteht, jedenfalls dann, wenn der Cedent sich nur in culpa befand, als mittelbarer im Sinne des § 5 A.L.R. I 3 und § 19 A.L.R. I 6 anzusehen ist.

2) Zur Klage berechtigt sind nicht die einzelnen Konkursgläubiger, sondern ist nur der Verwalter, nicht weil der § 29 K.O. das Anfechtungsrecht nur von ihm ausüben läßt, sondern weil die Rechte des Kridars und der Masse, soweit das Gesetz nicht ein anderes bestimmt, Dritten gegenüber nur von dem Verwalter wahrgenommen werden dürfen.[3]) Wird der Konkurs beendigt, so fällt der noch nicht rechtskräftig oder durch Anerkenntniß und Zahlungsversprechen festgestellte Schadensanspruch fort, denn außerhalb des Konkurses ist die Cession von Forderungen an im Auslande wohnende Personen nicht verboten. Dies trifft auch zu, wenn der Konkurs durch Akkord beendigt ist.

3) Der Cessionar muß der im Auslande wohnende Inhaber

---

[1]) Die Motive S. 221 sagen: „(Der Gläubiger) darf sie (die par conditio cred.) wissentlich nicht verletzen."

[2]) Vgl. für das gemeine Recht § 4. J. 4, 3. l. 28 § 1. l. 52 § 1 D. 9, 2. l. 203 D. de reg. jur.

[3]) So auch v. Völderndorff und v. Wilmowski zu § 42.

eines zur Konkursmasse gehörigen Gegenstandes sein. Ob er Reichsangehöriger ist oder nicht, kommt nicht in Betracht, wenn er nur im Auslande wohnt. Ueber den Begriff des Auslandes siehe oben § 26.

Auch wenn der Cessionar mehrere Wohnsitze innerhalb und außerhalb des deutschen Reiches hat, kommt der § 42 zur Anwendung, denn der Cessionar wohnt im Auslande, wenn er auch außerdem im Inlande wohnt. Der Wohnsitz juristischer Personen ist im Auslande begründet, wenn ihre Verwaltung dort geführt wird. Dies gilt ungeachtet der Vorschrift des § 19 Abs. 2 C.P.O. auch von der Gewerkschaft, wenngleich dieselbe nach dieser Bestimmung ihren Gerichtsstand bei demjenigen Gericht hat, in dessen Bezirk das Bergwerk liegt. Wohnt der Cessionar nicht im Auslande, so darf der § 42 nicht zur Anwendung kommen.[4]) Denn wenn es auch richtig ist, was v. Wilmowski behauptet, daß Operationen, wie sie der § 42 bezeichnet, zwischen den im Inlande Wohnenden nicht unbedingt unmöglich seien, wenn der Gegenstand sich im Auslande befindet und die Befriedigung daraus nach anderen Rechtsvorschriften, als denen der K.O. erfolgt, wenn es auch richtig ist, daß außerdem mit Rücksicht auf die Verschiedenheit des anwendbaren bürgerlichen Rechtes eine verschiedenartige Beurtheilung der Erfordernisse des Absonderungsrechtes möglich sein kann und deshalb Cessionen von Konkursforderungen vortheilhaft erscheinen können, so spricht doch der § 42 nicht von dem im Inlande, sondern nur von dem im Auslande wohnenden Cessionar und kann daher nicht auf Fälle angewendet werden, auf die er sich weder seinem Wortlaute, noch seinem Grunde nach bezieht, seinem Grunde nach nicht, weil dieser in der Erwägung besteht, daß der im Auslande wohnende Cessionar der Gerichtsbarkeit des Inlandes entzogen, der im Inlande wohnende aber dieser Gerichtsbarkeit unterworfen ist, mag der Absonderungsgegenstand sich befinden, wo er will.[5])

4) Die Cession braucht nicht an die im Auslande wohnende Person direkt oder unmittelbar zu geschehen, sie kann auch durch eine Mittelsperson, mag diese im Auslande oder im Inlande wohnen, sie kann auch durch mehrere Mittelspersonen bewirkt werden. Die Cession begründet in diesen Fällen aber nur dann den Schadensanspruch, wenn die Mittelsperson die Forderung an den im Auslande wohnenden Inhaber des Konkursgegenstandes abtritt, dieser ein Absonderungsrecht geltend macht und der Cedent bei der Cession an die Mittels-

---

[4]) So v. Völderndorff und v. Sarwey S. 392.

person die Absicht oder auch nur das Bewußtsein hatte, daß die im Auslande wohnende Person die Forderung erwerbe.

Da die Klage den Charakter der Deliktsklage hat, so haftet die Mittelsperson mit dem Cedenten solidarisch.[5]) Diese hat dem Verwalter gegenüber dieselbe Stellung, wie der erste Cedent, und ist daher für den Schaden, der aus der von ihr weiter vorgenommenen Cession an den im Auslande wohnenden Inhaber des Konkursgegenstandes entsteht, aus § 42 verantwortlich, sofern sie sich dabei, wie der erste Cedent, in dolo oder auch nur in culpa befindet.

Der erste Cedent sowohl, wie der zweite und weitere Cedent — die Mittelsperson — sind in allgemeinen für jede culpa verantwortlich, aber, soweit die Cession nicht direkt an den im Auslande Wohnenden erfolgt, sondern durch eine Mittelsperson hindurchgeht, ist jeder von ihnen insoweit nur für dolus, nicht auch für culpa, verantwortlich, denn es wird in dieser Beziehung „die Absicht" verlangt, daß der im Ausland Wohnende die Forderung erwerbe.

Wenn die Absicht der Kontrahenten und der Mittelsperson von Anfang an bestand, daß die Forderung an den im Auslande wohnenden Inhaber des Konkursgegenstandes übergehen sollte, aber die ebenfalls im Auslande wohnende Mittelsperson, die gleichfalls einen Konkursgegenstand besitzt, die Forderung gegen den Willen des einen oder aller übrigen Kontrahenten für sich behält, so haftet der Cedent der Mittelsperson gleichwohl aus § 42. Denn er hatte die Absicht, daß zunächst dieser die Forderung erwerbe, er hatte damit die im § 42 geforderte Absicht, daß ein im Auslande wohnender Inhaber eines Konkursobjektes die Forderung erwerben sollte. Auch wenn der erste Cedent von der zweiten oder weiteren Mittelsperson nichts wußte, wenn er also nicht die Absicht hatte, daß eine weitere Mittelsperson die Forderung erwerben sollte, so hatte er doch die dolose Absicht des § 42, und die Folge dieser dolosen Absicht ist zwar nicht für diejenige Person, welche er im Auge hatte, aber der Erfolg ist doch in derselben Weise eingetreten, wie er entstanden wäre, wenn die dolose Absicht vollständig nach dem Willen des Cedenten durchgeführt wäre. Er haftet daher nach § 12 A.L.R. I 3: „Es haftet der Handelnde für alle Folgen ohne Unterschied, die nach seiner Absicht aus der Handlung entstehen sollten, ob sie gleich nur zufällig entstanden sind," und nach

[5]) „Sind bei solchen Zwischenoperationen mehrere ersatzpflichtig, so haften sie solidarisch." Motive S. 221. So auch v. Wilmowski und v. Völderndorff.

§ 13 A.L.R. I 3 „müssen auch die blos zufälligen Folgen einer in den Gesetzen gemißbilligten Handlung insofern vertreten werden, als der Zufall nur durch diese Handlung schädlich geworden ist." Vgl. auch § 25 A.L.R. I 6.

5) Die abgetretene Forderung muß eine Konkursforderung sein. Eine solche ist nicht die einfache Absonderungsforderung, wogegen die qualifizirte Absonderungsforderung gleichzeitig eine Konkursforderung ist.

6) Der Gegenstand, an welchem der Cessionar das Absonderungsrecht geltend macht, kann eine bewegliche oder unbewegliche, eine körperliche oder unkörperliche Sache sein. Besteht er in einer Schuld des Cessionars, die der Cessionar mit der cedirten Forderung aufrechnen kann, so würde zwar nicht der § 42, wohl aber die Vorschrift des § 49 K.O.: „Die Bestimmung des § 42 findet entsprechende Anwendung auf den Fall, daß ein im Auslande wohnender Schuldner nach dem Rechte des Auslandes eine nach § 48 unzuläßige Aufrechnung mit der ihm abgetretenen Konkursforderung vornimmt," zur Anwendung kommen.

Wo sich der Konkursgegenstand befindet, ist gleichgültig, er kann sich im Auslande, er kann sich aber auch im Inlande befinden.

Er muß zur Konkursmasse gehören. Der § 42 kommt daher nicht zur Anwendung, wenn der Gegenstand zwar dem Kridar, aber, weil er der Zwangsvollstreckung entzogen ist, nicht zur Masse gehört. Der Zwangsvollstreckung ist er aber nicht schon deshalb entzogen, weil er zu denjenigen Sachen gehört, von denen ein Theil dem Kridar belassen werden muß: Hat der Kridar z. B. drei Betten, von denen eins der im Auslande wohnende Cessionar zurückbehält, der Gemeinschuldner hat aber für sich und seine Familie zwei Betten nöthig, so werden durch die Retention des einen die übrigen beiden Betten der Masse entzogen, der Verwalter muß dem Kridar die beiden ihm zugänglichen Betten belassen, während das vom Cessionar zurückbehaltene als zur Masse gehörig zu erachten ist.

7) Der Uebergang der Forderung setzt in der Regel eine Singularsuccession, eine Cession voraus, deren causa gleichgültig ist. Die Forderung kann verschenkt, verkauft, zur dos gegeben, es kann durch die Abtretung eine Zahlung des Cedenten beabsichtigt und erfolgt, die Uebereignung kann durch Wechselbegebung geschehen sein. Der Uebergang durch Universalsuccession fällt dagegen der Regel nach nicht unter den § 42. Durch Intestat-, durch Testamenterbfolge,

durch Erbvertrag wird das gesammte Vermögen des Erblassers auf einen anderen übertragen. Gehört auch eine Konkursforderung zu diesem Vermögen, so besteht doch der Erwerbsakt nicht in der Abtretung dieser Forderung, sondern in dem Uebergang des ganzen Vermögens. Dasselbe gilt von der Universalsuccession durch Uebertragungsvertrag, durch Vitalizienvertrag, durch Schenkung des ganzen Vermögens, durch Hingabe des ganzen Vermögens zur dos. Nur wenn die Uebertragung des gesammten Vermögens im Wesentlichen nichts anderes ist, als die Uebertragung der Konkursforderung, insbesondere wenn die Konkursforderung einen wesentlichen Theil des Vermögens ausmacht und die Absicht des Uebertragenden speziell darauf gerichtet war, daß der im Auslande Wohnende gerade diese Konkursforderung erwerbe, damit sie zu einem größeren Betrage gedeckt werde, als bei der Vertheilung der Konkursmasse auf sie fallen würde, wird man sagen können, daß durch eine solche Universalsuccession eine Forderung im Sinne des § 42 abgetreten sei.

Aber auch abgesehen hiervon kann infolge der Universalsuccession die Einzelübertragung einer Konkursforderung im Sinne des § 42 stattfinden, nicht nur wenn diese Forderung als Legat vermacht ist — in diesem Falle ist der Erbe dem Cedenten gleich zu achten —, sondern auch wenn einem von mehreren Miterben, der im Auslande wohnt, bei der Erbtheilung die Forderung überwiesen wird. Ihm ist die Forderung zwar in Veranlassung der Universalsuccession, aber nicht durch dieselbe, sondern durch die Theilung übereignet, und diese Uebereignung fällt unter den § 42. Nach Preuß. Rechte ist dies ohne Einschränkung anzunehmen, wenn die herrschende Ansicht richtig ist, daß der einzelne Miterbe ein Miteigenthumsrecht nicht an den einzelnen Nachlaßgegenständen, also auch nicht an der Konkursforderung, sondern nur an dem gesammten Nachlaß hat. Nach gemeinem Rechte besteht aber für den Miterben ein Miteigenthum an den einzelnen Nachlaßgegenständen, der Miterbe erwirbt also durch die Uebereignung der Forderung infolge der Theilung nur den Antheil der übrigen Miterben, und es kommt daher im gem. R. der § 42 nur für den Antheil der Forderung zur Anwendung, welchen der Miterbe von den andern Miterben erwirbt.

8) Der § 42 setzt voraus, daß dem Cessionar nach dem Recht des Auslandes entgegen den Bestimmungen der K.O. ein Absonderungsrecht an dem Konkursgegenstande zusteht. Gewährt das ausländische Recht kein Absonderungsrecht, macht aber der Cessionar ein solches

gleichwohl geltend, ohne daß es dem Verwalter z. B. wegen Unsicherheit der Rechtspflege im Auslande oder weil kein Anwalt seine Rechte wahrnehmen will, gelingt, in den Besitz des Konkursgegenstandes zu gelangen, oder gewährt das ausländische Gesetz dem Cessionar nur ein Retentionsrecht, so ist der Schadensanspruch gegen den Cedenten nur dann[6]) begründet, wenn er doloser oder kulposer Weise die unrechtmäßige Handlung der Cession vorgenommen hat. Es wird ihm in diesem Falle aber nachzuweisen sein, daß er davon Kenntniß gehabt oder hat haben müssen, daß der Cessionar einen Konkursgegenstand besitzt und dessen Herausgabe verweigern werde.

9) Die zeitliche Begrenzung des Schadensrechtes wird einerseits durch den Zeitpunkt der Konkurseröffnung, andererseits durch die Verjährung bestimmt:

a. Die Cession muß, wenn das Ersatzrecht begründet sein soll, entweder nach der Konkurseröffnung oder zwar vorher, aber mit Kenntniß der Zahlungseinstellung des Schuldners oder mit Kenntniß des Eröffnungsantrages vorgenommen sein. Hierbei ist es gleichgültig, welche Zeit zwischen dem Eröffnungsantrage oder der Zahlungseinstellung und der Konkurseröffnung liegt, insbesondere kommt die Vorschrift des § 26 K.O., welche Rechtshandlungen, die früher als sechs Monate vor der Eröffnung erfolgt sind, aus dem Grunde einer Kenntniß der Zahlungseinstellung der Anfechtung entzieht, nicht zur Anwendung, weil dieselbe nur Rechtshandlungen des Kridars betrifft, während der § 42 nur Rechtshandlungen der Gläubiger zum Gegenstande hat.

Ist die Cession nach der Eröffnung erfolgt, so verlangt das Gesetz, daß der Cedent bezw. der Cessionar von der Eröffnung des Verfahrens Kenntniß gehabt haben muß; da es sich aber um einen Deliktsanspruch handelt, welcher schon durch das Vorhandensein einer culpa auf Seiten des Cedenten begründet ist, so besteht der Ersatzanspruch auch dann, wenn vom Verwalter der Nachweis geführt wird, daß der Mangel der Kenntniß der Eröffnung des Verfahrens durch ein Verschulden herbeigeführt ist. Stützt sich dagegen der Ersatzanspruch auf die Thatsache, daß die Cession nach der Stellung des Eröffnungsantrages oder nach der Zahlungseinstellung vorgenommen sei, so muß — weil das Gesetz in diesem Falle die Kenntniß auf Seiten des Beklagten erfordert — gegen jeden, der in Anspruch genommen werden soll, der Beweis geführt werden, daß er diese

[6]) §§ 10, 12 ff. A.L.R. I 6.

Kenntniß zur Zeit der Cession hatte; der Nachweis, daß der in Anspruch Genommene diese Kenntniß hätte haben müssen, genügt in diesem Falle nicht.

Fand die Cession am Tage der Eröffnung des Verfahrens statt, so muß der Verwalter, wenn er sich nicht auf die Kenntniß von dem Eröffnungsantrage oder der Zahlungseinstellung stützt, beweisen, daß die Abtretung der Forderung vor der Eröffnung stattgefunden hat, über deren Zeitpunkt der § 100 K.O. entscheidend ist. Die Vermuthung des § 6 Abs. 3 K.O., nach welcher, wenn der Kridar Rechtshandlungen am Eröffnungstage vorgenommen hat, zu präsumiren ist, daß diese Handlungen nach der Eröffnung vorgenommen sind, kommt hier nicht zur Geltung, weil es sich hier nicht um Rechtshandlungen des Kridars, sondern eines Gläubigers handelt.

b. Die Klage, weil sie eine Schadensklage und auf Schadensersatz gerichtet ist, verjährt im gemeinen Rechte nach 30 Jahren, im Preuß. Rechte gemäß § 54 A.L.R. I 6 und der Deklaration vom 31. März 1838 nach 3 Jahren. Die Verjährung beginnt nach Preuß. Rechte mit der Kenntniß des Verwalters von der Entstehung des Schadens. Da das Schadensrecht nicht vor der Konkurseröffnung, auch nicht vor der Vornahme der Cession begründet sein kann, so beginnt auch die Verjährung nicht vorher. Nach der erwähnten Deklaration tritt die ordentliche 30jährige Verjährung ein, wenn der Beschädiger sich zugleich mit dem Schaden des andern einen Vortheil verschafft und zwar soweit, als der Anspruch des Beschädigten die Höhe jenes Vortheils nicht übersteigt. Der Cedent, welcher die Forderung an den im Auslande Wohnenden verschenkt hat, wird aus der Cession einen Vortheil nicht erlangen, wohl aber kann derjenige, welcher die Forderung gegen Entgelt abtritt, einen Vortheil haben und daher auch nach Ablauf der 3jährigen Verjährung noch verpflichtet sein, den Ersatzanspruch des Verwalters soweit zu befriedigen, als das Entgelt mehr beträgt, als ohne die Cession auf die Forderung gefallen wäre. Die Existenz und Höhe dieser Differenz muß der Verwalter, wenn sein Anspruch im Uebrigen durch die kurze Verjährung beseitigt ist, beweisen.

10) Der Erfolg der Klage besteht in dem Anspruch auf Ersatz alles durch die unerlaubte Cession der Masse entstandenen Nachtheils (siehe oben unter 1 b). Der wesentlichste Theil dieses Schadens ist derjenige, welcher der Masse dadurch entgeht, daß der Inhaber für die Forderung nach dem Rechte des Auslandes entgegen

den Bestimmungen der K.O. ein Absonderungsrecht an dem Gegenstande ausübt. Die Höhe dieses, im § 42 besonders berücksichtigten, Schadens bestimmt sich durch den nach Abzug der Veräußerungskosten erzielten Verkaufserlös, eventuell durch den Werth des Gegenstandes abzüglich desjenigen Betrages, welcher bei der Vertheilung der Konkursmasse auf die Forderung fallen würde, wenn sie als Konkursforderung angemeldet wäre und, sofern für die Forderung gleichzeitig ein konkursmäßiges Absonderungsrecht besteht, abzüglich des aus diesem Absonderungsrechte erzielten oder zu erzielenden Reinerlöses. Es wird allgemein[7]) angenommen, daß der Verwalter nur den Werth oder Kaufpreis des Gegenstandes nachzuweisen habe, wogegen es dem Gegner überlassen bleibe, die Höhe der Konkursdividende, die auf die Forderung fallen würde, geltend zu machen und zu beweisen. v. Wilmowski meint: „Die Konkursdividende stehe vollständig erst bei der Beendigung des Konkurses fest, und bis dahin sei der Anspruch aus § 42 nicht aufzuschieben; sachgemäß sei bei Geltendmachung der tributarische Antheil des Cedenten immer nur insoweit zu berücksichtigen, als er zur Zeit der Geltendmachung feststehe; der Cedent habe nur einen Einwand aus seinem Rechte, die Abrechnung des tributarischen Antheils zu verlangen; bis dahin, daß ein solcher Antheil feststehe, entgehe der Masse der gesammte, durch das Absonderungsrecht entzogene Betrag; der Cedent könne nach Leistung des Schadensanspruches seine Konkursforderung ebenso wie im Falle des § 32 anmelden; soweit die Cession gegen den Konkursgläubiger resp. den Verwalter unwirksam werde, sei sie auch für dieselben resp. gegen den Cedenten unwirksam, und könne sie folgerichtig einer Anmeldung des Cedenten nicht entgegengesetzt werden.“ Diese Ansicht kann als richtig nicht anerkannt werden. Der Verwalter hat nachzuweisen, wie hoch der Schade der Masse ist, er muß deshalb den Beweis aller Momente führen, die für die Schadensrechnung in Betracht kommen, er muß daher den Werth des Absonderungsgegenstandes und auf der andern Seite die Höhe der Konkursdividende darthun. Es ist auch nicht richtig, daß der Cedent nach Leistung des Schadensersatzes seine Konkursforderung ebenso wie im Falle des § 32 anmelden kann, er kann sie nicht anmelden, weil er sie nicht mehr hat, denn er hat sie cedirt; anmelden könnte sie nur der Inhaber der Forderung, der Cessionar. Auch die Analogie des § 32 trifft nicht zu, denn nach

---

[7]) So von v. Völdernborff, v. Wilmowski, Willenbücher zu § 42, Fitting § 19 Anm. 40, v. Sarwey S. 393.

§ 32 tritt, wenn der Empfänger einer anfechtbaren Leistung das Empfangene zurückgewährt, seine Forderung wieder in Kraft, nach § 42 wird aber die Cession nicht für ungültig erklärt, sondern bleibt in Kraft, wird auch nicht das Empfangene von dem Cedenten zurückgewährt, seine Konkursforderung, die er vor der Cession hatte, aber nicht mehr hat, tritt für ihn auch nicht wieder in Kraft. Der Umfang des Schadens, den die Masse durch die Cession erleidet, kann allerdings während des Konkurses in der Regel nicht ganz genau festgestellt werden, aber diese Unbestimmtheit der Schadenshöhe ist nicht dem Schadensanspruche des § 42 eigenthümlich, ist vielmehr bei jedem Schadensanspruche möglich und nicht ungewöhnlich. Deshalb ist durch den § 260 C.P.O. dem Gerichte, dessen freie Ueberzeugung für die Beweiswürdigung schon durch den § 259 C.P.O. begründet ist, für die Feststellung der Entstehung und der Höhe eines Schadens noch das besondere Recht gegeben, unter Würdigung aller Umstände nach freier Ueberzeugung zu entscheiden, geeigneten Falls auch dem Beweisführer den Schätzungseid aufzuerlegen. Von diesen Befugnissen wird nöthigen Falls auch bei der Schadensklage des § 42 Gebrauch zu machen sein.

§ 40. 15. Die Beendigung des Absonderungsrechtes.

Ueber den Verlust des Absonderungsrechtes durch Ablauf der Zeit, durch Eintritt der Bedingung, durch Ausfall und durch Veräußerung des Absonderungsgegenstandes ist bereits oben gesprochen. Die Erörterung über die Beendigung des Absonderungsrechtes durch Wegfall einer seiner Voraussetzungen findet, soweit darüber noch nicht gehandelt ist, zweckmäßig bei Besprechung der einzelnen Separationsrechte statt, die übrigen Verlustgründe sind in den folgenden Paragraphen behandelt. Jeder Verlust des Absonderungsrechtes, welcher Art er auch ist, hat zur Folge, daß der qualifizirte Separatist in Betreff der noch bestehenden Absonderungsforderung den Konkursgläubigern ohne die Beschränkung des § 57 K.O. gleichsteht.

§ 41. a. Der Verlust des Absonderungsrechtes durch Verzicht des Absonderungsgläubigers.

Der Verzicht des Absonderungsgläubigers unterscheidet sich von jeder andern Willenserklärung nicht und von andern Verträgen nur dadurch, daß seine Gültigkeit von der Acceptation seitens des Verwalters nicht abhängt und selbst gegen den Willen des letztern anzuerkennen ist, eine Eigenschaft, welche der Pfandverzicht schon nach § 47 A.L.R. I 20 hat.

Wird von einzelnen Schriftstellern [1]) behauptet, der Verzicht müsse bestimmt, ausdrücklich und unbedingt abgegeben werden, so kann die Voraussetzung der Bestimmtheit und Ausdrücklichkeit doch nur so verstanden werden, daß der Verzicht, wie jede andere Willenserklärung unzweifelhaft erkennbar sein muß. Ein betagter oder bedingter Verzicht ist aber nicht unzulässig und steht, wenn die Frist abgelaufen oder die Bedingung eingetreten ist, dem unbetagten und unbedingten gleich. Für einen solchen Verzicht kann aber die Wirkung des § 57 K.O. nicht in Anspruch genommen werden. Der Absonderungsberechtigte, der nach § 57 das unbedingte Recht der Theilnahme an dem Konkurse durch Verzicht zu erwerben trachtet, ist nicht befugt, dieses Recht durch ein nur modifizirtes Aufgeben seines Separationsrechtes zu beanspruchen. Insofern mögen die Motive [2]) Recht haben, wenn sie meinen, ein bedingter oder betagter Verzicht sei nicht annehmbar. Aber der Verwalter, der einen derartigen Verzicht nicht anzunehmen braucht, darf ihn annehmen, und der Absonderungsgläubiger, der bedingt oder betagt verzichtet, ohne daß der Verwalter widerspricht, hat zwar vor Eintritt der Bedingung oder vor Ablauf der Befristung noch nicht die Rechte der Konkursgläubiger, er ist aber an den modifizirten Verzicht gebunden, wenn die Bedingung bezw. der Ablauf der Frist so rechtzeitig eintritt, daß der Absonderungsgläubiger die Befriedigung aus der Masse, wie andere Konkursgläubiger, noch erlangen kann. Tritt die Bedingung oder der Ablauf der Frist nicht innerhalb dieser Zeit, d. h. vor Ablauf der Ausschlußfrist des § 141 ein, so wird man auch den Verwalter an den Verzicht nicht mehr als gebunden ansehen können.

Da der Verzicht nicht ausdrücklich, sondern nur in unzweifelhaft erkennbarer Weise abgegeben zu werden braucht, so kann man auch einem solchen Verzichte die Gültigkeit nicht absprechen, welcher durch konkludente Thatsachen erklärt ist: Die Ausstellung der Löschungs-

[1]) v. Wilmowski Anm. 2, Willenbücher Anm. 2, v. Völderndorff Anm. f. I zu § 40 K.O. Oetker § 16 S. 471 hält Ausdrücklichkeit des Verzichts nicht für erforderlich und betont mit Recht, daß ein Verzicht durch konkludente Handlungen zwar an sich wirksam ist, aber den Gläubiger, der in den Versammlungen unbeschränkt mitstimmen will, des Beweises des Verzichtes und damit der ausdrücklichen Erklärung desselben nicht enthebt. Uebrigens muß auch in diesem Falle die Erklärung dem Verwalter gegenüber abgegeben werden.

[2]) S. 274.

bewilligung und die Uebergabe der Hypothekenurkunde seitens des Hypothekengläubigers an den Verwalter unter Vorbehalt der persönlichen Forderung wird als gültiger Verzicht auf das Absonderungsrecht angesehen werden müssen, wogegen die bloße Rückgabe des Hypothekendokumentes ohne Beifügung der Verpfändungsurkunde vom Obertribunal[3]) als gültig abgegebener Verzicht nicht anerkannt ist. In jedem Falle ist die Frage, ob der Separatist durch konkludente Handlungen verzichtet hat, nach den obwaltenden thatsächlichen Verhältnissen zu entscheiden.[4])

[3]) Striethorst Archiv 38 S. 45.

[4]) „Der Richter ist", wie das Reichsgericht Entsch. B. 16 S. 71 zutreffend ausführt, „unbehindert zu prüfen, ob der Wille eines Absonderungsberechtigten, sein Sonderrecht aufzugeben und im Konkurse seine Rechte als persönlicher Gläubiger zu verfolgen, zur Geltung gelangt ist."

Die Rückgabe des Hypothekeninstrumentes an das Gericht, nicht an den Verwalter, ist als Verzicht nicht anzusehen; Striethorst Archiv Bd. 11 S. 124, Bd. 13 S. 219. Wohl aber kann der Verzicht als abgegeben angesehen werden, wenn das Konkursgericht den ihm vom Gläubiger überreichten Hypothekenbrief an den Verwalter abgiebt (vgl. jedoch die oben Anm. 3 citirte Entsch. des Obertr.). Das Mitstimmen des Separatisten im Akkordtermine ist auf Grund des § 185 Abs. 2 der Preuß. K.O. in einem Urtheile des Reichsoberhandelsgerichts — Entsch. Bd. 24 S. 219 — als Verzicht auf das Absonderungsrecht angesehen, vgl. die Entsch. des Obertr. in Striethorst Archiv 100 S. 271 und in Rassow-Küntzel Beiträge Bd. 23 S. 461; man muß aber mit v. Wilmowski Anm. 2 zu § 57 annehmen, daß in Ermangelung weiterer Thatsachen nach der jetzigen K.O., welche eine der Vorschrift des § 185 Abs. 2 der Preuß. K.O. ähnliche Bestimmung nicht enthält und im § 88 dem Separatisten sogar ein Recht zum Mitstimmen giebt (vgl. oben § 34), das einfache Mitstimmen im Akkordtermine nicht als Verzicht anzusehen ist. In der Anmeldung der Forderung als Konkursanspruch allein kann ein Verzicht nicht gefunden werden, weil der § 57 den Separatisten zu dieser Anmeldung unbeschadet seines Absonderungsrechtes ausdrücklich berechtigt.

Auf Grund der Preuß. K.O. hat das Reichsgericht Entsch. Bd. 1 S. 183 (wohl nicht mit Recht) für den Fall, daß der Gläubiger, der im Konkurse auf sein Absonderungsrecht nicht verzichtet hat, nach Beendigung des Verfahrens durch Akkord aber die Akkorddividende auf seine Forderung ohne Vorbehalt annimmt, einen Verzicht auf das Absonderungsrecht erblickt. So auch Willenbücher Anm. 4 zu dem § 57.

In der Entsch. des Reichsgerichts Bd. 16 S. 71 ist angenommen, daß der Absonderungsgläubiger, welcher ohne sein Absonderungsrecht zu erwähnen und ein Absonderungsrecht zu beanspruchen, seine ganze Forderung zur Masse angemeldet hatte, die gesammte Forderung im Prüfungstermine als richtig anerkennen ließ, sich bei den Verhandlungen über den Akkord betheiligt hatte, zum Mitstimmen zugelassen war und die erste Akkordzahlung angenommen hatte, auf sein Absonderungsrecht verzichtet habe.

Der Gläubiger kann sowohl auf einen Theil seiner Absonderungsbefugnisse — z. B. auch das Recht, die Zwangsverwaltung zu beantragen oder fortzusetzen —, wie auch auf einen Theil der Absonderungsgegenstände — z. B. auf eines von mehreren ihm verpfändeten Grundstücken — wirksam verzichten. Aber ein solcher Verzicht hat nicht die Berechtigung des Gläubigers zur Folge, Befriedigung aus der Masse, wie ein Konkursgläubiger, zu verlangen. Dies Recht erlangt er nur durch Verzicht auf die Absonderungsforderung als solche, und zwar nicht nur dann, wenn er auf das Absonderungsrecht der ganzen, sondern auch, wenn er nur auf das Absonderungsrecht eines Theiles der Forderung verzichtet, denn nach § 57 erwirbt er „für den Betrag, zu welchem er verzichtet", das Recht zur Theilnahme an der Konkursmasse.

Durch den Verzicht entsagt er nicht zugleich des ihm neben dem Absonderungsrechte außerdem noch zustehenden Vorzugsrechtes des § 54 K.O.[5]) Denn durch den Verzicht wird das Recht des Gläubigers nur der Absonderung entkleidet, wogegen sein persönliches Recht nicht verringert wird.

Da der Verzicht ein Vertrag ist, kann er mit Wirksamkeit nicht dem Konkursgerichte, mit welchem Verträge nicht zu schließen sind, sondern nur dem Verwalter abgegeben werden.[6]) Er kann zwar zu Protokoll des Gerichts oder Gerichtsschreibers erklärt werden, erlangt aber Wirksamkeit erst nach Abgabe dieses Protokolls an den Verwalter.

Ein Vertreter muß zur Abgabe des Verzichts legitimirt sein, doch genügt hierzu eine allgemeine Vollmacht zur Vertretung im Konkursverfahren.[7]) Eine Beglaubigung der Vollmacht ist nicht er-

---

[5]) v. Völdernborff Note 6 zu § 141. A. M. Fuchs, Konkursprozeß S. 62 Note 13. Dagegen aber Zarnke im litterarischen Centralbl. 1887 Nr. 39.

[6]) v. Wilmowski Anm. 3 zu § 141; v. Sarwey S. 712. A. M. v. Völdernborff Anm. b zu § 141.

[7]) Willenbücher Anm. 2 zu § 141 hält eine solche allgemeine Vollmacht für unzureichend, weil die Verhandlung über das Absonderungsrecht zum Konkursverfahren selbst nicht gehöre. Eine Vollmacht zur Vertretung im Konkurse ist eine Vollmacht zur Vertretung in dem Universalzwangsvollstreckungsverfahren, welches nach § 65 K.O. der Spezialvollstreckung analog zu behandeln ist. Die Vollmacht ermächtigt zur Beitreibung der Forderung in diesem Verfahren. Soweit es sich um die Beitreibung handelt, muß dem Bevollmächtigten Dritten gegenüber die Entscheidung über die Art der Beitreibung überlassen werden, und nur im Verhältnisse zu seinem Machtgeber ist er an dessen Instruktionen gebunden. Der Verzicht auf das Absonderungsrecht zum Zweck der Betheiligung

forderlich und Schriftlichkeit ausreichend.[8]) Doch kann der Verwalter die gerichtliche oder notarielle Beglaubigung der Vollmacht verlangen.[9]) Nothwendig ist die notarielle oder gerichtliche Aufnahme oder Beglaubigung der Vollmacht nur dann, wenn auf Grund des Verzichtes eine eingetragene Forderung ganz oder theilweise gelöscht werden soll.[10]) Der Separatist ist zur Ausstellung einer öffentlichen Urkunde über seinen Verzicht resp. über seinen Ausfall, überhaupt über jede Art des Verlustes seines Absonderungsrechtes verpflichtet, wenn das Absonderungsrecht im Grundbuche eingetragen ist und zur Löschung gebracht werden soll,[11]) jedoch nur auf Kosten der Konkursmasse, während die Kosten der zur Löschungsbewilligung erforderlichen Beglaubigung der Vertretungsvollmacht vom Gläubiger selbst zu tragen sind;[12]) denn, da er die Löschungsbewilligung auf Kosten der Masse zu Protokoll des Gerichts seines Wohnsitzes oder jedes andern Amtsgerichts erklären kann, ist die Vertretung für ihn in dieser Beziehung unnöthig, und unnöthige Kosten braucht die Masse nicht zu tragen.[13]) Dagegen sind in den Fällen, in denen die öffentliche Form für die Vertretungsvollmacht gesetzlich nicht gefordert wird, die Kosten der vom Verwalter auf Grund des § 76 C.P.O. verlangten Beglaubigung der Vertretungsvollmacht des Gläubigers von der Masse auch dann zu tragen, wenn der Verwalter genügenden Grund zur Vorsicht gegen die Richtigkeit der thatsächlich vom Gläubiger ausgestellten[14]) Vollmacht hatte.

Der einmal abgegebene Verzicht ist wie jeder andere Vertrag unwiderruflich. Da der Verzicht zu seiner Gültigkeit die Annahme

---

am Konkursverfahren erfolgt aber nur zur Beitreibung der Forderung, und die Vollmacht, welche zur Vertretung in diesem Beitreibungsverfahren ausgestellt ist, muß daher auch zur Abgabe des Verzichts legitimiren, wie denn auch der § 77 C.P.O., der nach § 65 K.O. hier analog anzuwenden ist, den Mandatar zur Verzichtleistung auf den Streitgegenstand legitimirt. Auch die für den Prozeß zur Beitreibung der Forderung ertheilte Forderung genügt zur Abgabe des Verzichtes. Vgl. § 77 C.P.O.

[8]) § 76 C.P.O.

[9]) § 76 Abs. 2 C.P.O.

[10]) §§ 33, 37 G.B.O.

[11]) § 63 E.G.

[12]) § 61 E.G.

[13]) § 87 C.P.O.

[14]) Stellt sich aber heraus, daß die unbeglaubigte Vollmacht nicht vom Gläubiger unterschrieben war, so braucht die Masse die Kosten der Beglaubigung nicht zu tragen.

seitens des Verwalters nicht voraussetzt, so tritt seine Unwiderruflichkeit ein, sobald der Verwalter mit dem Willen des Gläubigers Kenntniß von dem Verzichte erlangt hat. Von diesem Augenblicke an ist die Redressirung nur noch mit Zustimmung des Verwalters zulässig. Durch den abgegebenen Verzicht hat der Gläubiger sein Sonderrecht derart definitiv aufgegeben, daß der Verzicht auch nach Beendigung des Konkurses für und gegen den Schuldner bindend ist.[15])

§ 42. Die Beendigung des Absonderungsrechtes durch Verzicht des Verwalters.

Der Verwalter ist berechtigt, auf Sachen, die zur Konkursmasse gehören, Verzicht zu leisten. Diese Befugniß ist aus seinem Dispositionsrechte abzuleiten, welches vom Gemeinschuldner auf ihn übergegangen ist. Denn in dem Dispositionsrechte liegt auch die Befugniß, sich einer Sache zu entäußern.[1]) Aber da der Verwalter dieses Recht nur vom Gemeinschuldner ableitet, so hat er auch in dieser Beziehung nicht mehr Rechte, wie jener außerhalb des Verfahrens haben würde. Aufgeben kann man aber mit Rechtswirkung nur seine Rechte, nicht auch seine Pflichten. Nach diesen Grundsätzen sind die Fragen zu beantworten, ob und wie weit das Absonderungsrecht durch Aufgeben des Absonderungsgegenstandes seitens des Verwalters verloren geht. Es sind in dieser Hinsicht die Fälle, in denen das Eigenthumsrecht des Kridars an dem Absonderungsgegenstande noch nicht definitiv erworben war, von denjenigen Fällen zu trennen, in denen der Kridar wirklicher Eigenthümer der Sache ist:

1) Wird ein Recht, welches noch nicht vollständig, noch nicht definitiv erworben ist, mit Rechtswirkung aufgegeben, so fallen auch die mit dem Rechte verbundenen Pflichten, fällt also auch das Absonderungsrecht, fort. Ist der Verwalter berechtigt, einen Vertrag aufzulösen oder nicht gegen sich gelten zu lassen, so tritt er mit der Auflösung auch aus allen gegen ihn noch nicht definitiv entstandenen Verbindlichkeiten heraus: ist er berechtigt, z. B. weil die Deliberationsfrist noch nicht abgelaufen ist, eine Erbschaft oder ein Vermächtniß aufzugeben,[2]) so hören auch alle Verbindlichkeiten und damit alle Ab-

---

[15]) v. Wilmowski Anm. 3, Willenbücher Anm. 4, v. Völderndorff f. II zu § 57 K.O.

[1]) § 118 A.L.R. I 7: „Nur der, welcher über eine Sache frei zu verfügen berechtigt ist, kann sich des Besitzers derselben entschlagen."

[2]) §§ 122[3], 124 K.O.

sonderungsrechte aus der Erbschaft oder dem Legate gegen die Masse auf. Ferner entschlägt sich der Verwalter auch dann jeder Verpflichtung, wenn er einen bereits perfekten Vertrag wegen eines später eingetretenen Grundes — z. B. wegen Nichterfüllung seitens des andern Kontrahenten — rückgängig macht.

Die Wirkung des Verzichtes ist in allen diesen Fällen eine unbedingte: durch die Disposition des Verwalters tritt auch der Kridar aus allen Rechten und Pflichten zu dem Absonderungsgegenstande. Dem Kridar Rechte und Pflichten an diesem Gegenstande vorzubehalten, dazu ist der Verwalter nicht im Stande. Insbesondere kann er auf eine Erbschaft oder ein Legat nicht mit dem Vorbehalt verzichten, daß der Gemeinschuldner selbst den Erwerb vornehmen könne. Denn dem Dritten steht der Verwalter lediglich als Vertreter des Kridars, stehen der Verwalter und Kridar demnach als eine einheitliche Person gegenüber, nicht anders wie der Vormund und der Bevormundete Dritten gegenüber nicht als verschiedene Vertragspersonen in Betracht kommen. Was gesetzlich zur Masse gehört, unterliegt der Disposition des Verwalters; überläßt dieser die Disposition über einen solchen Gegenstand dem Kridar, so kann er sich hierdurch Dritten gegenüber nicht auch den mit der Disposition und Verwaltung verbundenen Pflichten entziehen. Wollte man ihm das Recht gewähren, auf eine Erbschaft oder ein Legat mit dem Vorbehalt zu verzichten, daß der Kridar zur Erwerbung berechtigt sein solle, so könnte man juristisch auch dem Vormund die Befugniß zusprechen, auf die Erbschaft mit dem Vorbehalt zu verzichten, daß der Bevormundete seinerseits die Erbschaft erwerben könne. Im Uebrigen können nach § 394 A.L.R. I 9 der Erklärung über Antretung und Entsagung einer Erbschaft abgesehen von dem benef. inv. Vorbehalte mit Rechtswirkung nicht beigefügt werden, eine Erklärung mit Vorbehalt wird vielmehr nach § 396 cit. „für nicht geschehen erachtet." Zwar kann die Entsagung des Erben nach § 410 cit. zu Gunsten des ihm folgenden Erben erklärt werden, aber der Kridar ist kein dem Verwalter folgender Erbe. Hieraus ergiebt sich, daß der Verwalter, wenn er mit dem Vorbehalte der Berechtigung des Kridars auf die Erbschaft oder das Legat verzichtet, diese Entsagung keine rechtliche Wirkung hat, und die Erbschaftsgläubiger und Vermächtnißnehmer sich trotz der Entsagung an die Masse halten dürfen. Will der Verwalter die Erbschaft dem Kridar zuwenden, so muß dies geschehen, ohne daß die Rechte Dritter berührt werden, er muß die

Erbschaft erwerben und mag sie demnächst dem Gemeinschuldner überlassen, aber die Rechte der Erbschaftsgläubiger und Legatare werden durch diese Ueberlassung nicht anders betroffen, als durch einen Verkauf des Nachlasses bezw. durch Veräußerung einzelner Nachlaßgegenstände.[3])

2) Der Verzicht auf ein definitiv erworbenes Recht entbindet den Verwalter nicht von den auf der Sache lastenden Verbindlichkeiten. Wegen der Einheitlichkeit der Person des Verwalters und Kridars hinsichtlich eines zur Masse gehörigen Gegenstandes im Verhältniß zu Dritten kann ein Verzicht des Verwalters auf sein Verwaltungs- und Verfügungsrecht zu Gunsten des Kridars oder eines anderen die Masse nicht anders von den auf dem Objekte lastenden Verpflichtungen befreien, als dies durch die Veräußerung des Absonderungsgegenstandes geschehen kann. (Vgl. oben § 32).

§ 43. c. Die Beendigung des Absonderungsrechtes durch Untergang des Gegenstandes.

Das Absonderungsrecht geht verloren, wenn der Gegenstand desselben untergeht, es bleibt, wenn nur ein Theil untergeht, an dem Reste bestehen.[1]) Es bleibt an der Sache auch bestehen, wenn diese ihrer Qualität nach verschlechtert wird. Der thatsächlichen Vernichtung der Sache steht der juristische Untergang gleich, wie er durch das Einwerfen eines Grundstückes in die Gemeinheitstheilungsmasse[2]) und durch Expropriation[3]) verursacht wird.

---

[3]) Diese Ansicht entspricht nicht der allgemeinen Auffassung. v. Wilmowski Anm. 3, v. Sarwey Anm. 5, Stieglitz Anm. II zu § 122, v. Völderndorff zu § 5 h u. Fitting § 23 Anm. 33 halten es gegen Hullmann Anm. 10 zu § 5 für zulässig, daß der Verwalter die Erbschaft oder das Vermächtniß nur für die Masse aufgebe, und der Gemeinschuldner, soweit dies nach dem bürgerlichen Rechte möglich sei, noch für sich die Annahme erklären könne. Auf den § 8 K.O., nach welchem der Kridar einen von ihm anhängig gemachten Rechtsstreit über einen zur Konkursmasse gehörigen Gegenstand wieder aufnehmen kann, wenn der Verwalter die Aufnahme ablehnt, kann man sich hierfür nicht berufen. Denn einerseits wird durch den Prozeß, wenn ihn der Gemeinschuldner siegreich durchgeführt hat, das Prozeßobjekt nicht, wie v. Wilmowski meint, für den Kridar selbst, sondern von ihm für die Masse erworben bezw. erhalten, andererseits würde es sich in Betreff des § 8, wenn der Kridar die Streitsache in der That für sich gewinnen resp. behaupten würde, lediglich um eine Ausnahmevorschrift handeln, welche eine Ausdehnung nicht zuläßt.

[1]) § 261 A.L.R. I 20.

[2]) §§ 147 ff. der Preuß. Gemeinheitstheilungsordnung vom 7. Juni 1821.

[3]) § 45 Abs. 1 des Preuß. Ges. über die Enteignung von Grundeigenthum vom 11. Juni 1874: „Das enteignete Grundstück wird mit dem im § 44 bestimmten

Die Veränderung einer Sache durch Vermischung, Vermengung, Spezifikation, durch Säen und Pflanzen hat dagegen an sich auf das Absonderungsrecht keinen Einfluß, und die Thätigkeit des Absonderungsschuldners oder eines Dritten — je nachdem dieser oder jener der Verarbeitende ist — ändert an sich an dem Absonderungsrechte nichts, sofern nicht durch diese Thätigkeit die Voraussetzungen des Separationsrechtes — z. B. der Gewahrsam — beseitigt und dadurch das Separationsrecht selbst zur Aufhebung gebracht wird. Denn die neue Sache, in welche der Absonderungsgegenstand verändert oder umgestaltet ist, enthält die ursprüngliche Sache in veränderter Gestalt in sich und muß deshalb mit den Lasten dieser Sache behaftet bleiben. Auch wenn infolge der Veränderung das Eigenthum vom Pfandschuldner auf einen andern übergeht, so kann diese Thatsache doch das Absonderungsrecht nicht anders berühren, als wenn eine belastete Sache aus dem Eigenthum eines Schuldners in dasjenige einer andern Person tritt, zumal die Entscheidung der Frage nach der Veränderung des Eigenthums in vielen Fällen von der Wahl des bisherigen Eigenthümers abhängt.[4]) Dieser Satz ist sowohl im Allgemeinen durch den § 3 A.L.R. I 16:

> „Entsteht aus der untergegangenen Sache eine andere, so gehen alle Rechte, die auf jener hafteten, auch auf diese insoweit über, als sie darauf ausgeübt werden können,"

wie auch insbesondere für das Mobiliarpfandrecht durch den § 20 A.L.R. I 20:

> „Ist das bewegliche Pfand nicht ganz verloren gegangen, sondern nur vermindert oder in eine Sache von anderer Art verändert worden, so haftet das Pfandrecht auf dem Ueberreste oder auf der veränderten Sache,"

anerkannt. Gilt dieser Satz aber auch für jedes Absonderungsrecht, so bewirkt doch die Veränderung der Sache, wenn infolge derselben der Absonderungsgegenstand in das Eigenthum eines andern übergeht, den Verlust desjenigen Absonderungsrechtes, welches ohne dingliche Kraft nur bestehen kann, wenn der persönliche Schuldner gleichzeitig Eigenthümer der Sache ist, also namentlich des allgemeinen Absonderungsrechtes der Erbschaftsgläubiger und Legatare (vgl. oben § 32). Ab-

---

Zeitpunkte von allen darauf haftenden Verpflichtungen frei, soweit der Unternehmer dieselben nicht vertragsmäßig übernommen hat." S. auch das Rayongesetz vom 21. Dezember 1871.

[4]) §§ 281, 302, 308, 327 A.L.R. I 9.

gesehen hiervon geht auch nach gemeinem Rechte das Absonderungsrecht durch Umgestaltung der Sache nicht verloren;[5]) nur wenn eine Pfandsache dergestalt verändert wird, daß sie in ihre frühere Gestalt nicht zurückgebracht werden kann, soll im gem. R. das Absonderungsrecht aufhören.[6])

Für diejenigen Fälle, in denen in Folge der Veränderung der Sache das Absonderungsrecht nicht verloren geht, entstehen die Fragen, ob die ganze veränderte Sache haftet und wie sich das Verhältniß der mehreren Absonderungsgläubiger gestaltet, von denen der eine an der einen, der andere an der andern von zwei vermischten oder verbundenen Sachen ein Absonderungsrecht hatte. Ein Ctr. Getreide, an welchem A ein Absonderungsrecht hatte, ist mit 100 Ctr. Getreide, an welchem B ein solches Recht hatte, vermischt, oder mit einem Ringe, an welchem A, ist ein Edelstein, an welchem B ein Absonderungsrecht hat, verbunden. Soll der eine Absonderungsgläubiger, der aus der ihm ursprünglich haftenden Sache sich nicht vollständig befriedigen kann, jetzt an der ganzen Sache ein Absonderungsrecht haben und vielleicht den andern Absonderungsgläubiger verdrängen dürfen? Es liegt kein Grund vor, das Absonderungsrecht durch die Thatsache der Vermengung, Verbindung u. s. w. zu vergrößern oder zu vermindern; aber anderseits kann das veränderte Objekt untheilbar oder untrennbar sein. Aber nur reell, nicht auch ideell untheilbar kann die Sache sein. Die Kollision ist daher, wenn die Theilung oder Trennung nicht möglich oder nicht zulässig ist oder vom Absonderungsgläubiger nicht verlangt werden kann, so zu lösen, daß dem Absonderungsrechte ein so großer ideeller Theil der ganzen neuen Sache unterworfen ist, daß der Werth dieses ideellen Theils dem Werthe des ursprünglichen Gegenstandes entspricht. Auf diese Weise löst sich auch die Kollision der mehreren Absonderungsgläubiger: für jeden haftet nur der ideelle Antheil der ganzen Sache; entspricht der Werth der letztern nicht der Summe der Werthe der Einzelsachen, so muß dem Absonderungsgläubiger in seinem Verhältniß zum nunmehrigen Eigenthümer die neue Sache zu demselben Werthe haften, welchen die ursprüngliche Sache hatte, aber im Verhältniß der Absonderungsgläubiger der verbundenen Sachen zu einander müssen die Werthe der ideellen Antheile der ganzen Sache zu einander in dasselbe Verhältniß treten, in welchem die Werthe der Einzelsachen zu einander standen.

[5]) l. 16. § 2. D. 20, 1.

[6]) l. 18. § 3. D. 13, 7. Windscheid I § 248.

Tritt an Stelle der ganz oder theilweise — thatsächlich oder juristisch — untergegangenen Sache eine andere, so geht die Absonderungsverbindlichkeit der ersteren auf die letztere über. Indem der § 3 A.L.R. I 16 bestimmt, daß alle Rechte, die auf der untergegangenen Sache hafteten, auf die aus ihr entstandene Sache insoweit übergehen sollen, als sie darauf ausgeübt werden können, setzt er die neue Sache an Stelle der alten und versteht unter der Sache, welche aus der untergegangenen entstanden ist, nicht blos die durch die Natur aus der einen entstandene andere Sache, auch nicht blos die durch Menschenhand neu gemachte Sache, also z. B. nicht blos den See, der in Folge eines Erdbebens an Stelle eines Waldes getreten, nicht blos den Tisch, der aus einem Baume angefertigt ist, sondern jede Sache, deren rechtliche Existenz ihre Ursache in dem Untergange der andern hat. Dieser ursächliche Zusammenhang der Entstehung der neuen mit dem Untergang der alten Sache ist das wesentliche Kriterium der Entstehung der einen Sache aus der andern. Versteht man unter dem Untergange einer Sache nicht nur ihre thatsächliche Vernichtung, sondern auch jeden Verlust ihrer rechtlichen Existenz, so muß man auch den Verlust durch Enteignung und Verkoppelung (Separation) unter den Begriff des Unterganges einer Sache subsummiren. So hat auch das Obertribunal[7]) schon vor Erlaß des Preuß. Enteignungsgesetzes vom 11. Juni 1874 mit Recht die Haftung der Expropriationsentschädigung für die Lasten, die auf dem enteigneten Grundstücke geruht hatten, aus § 3 A.L.R. I 16 hergeleitet. Derselbe Grundsatz ist in den §§ 147 ff. der Gemeinheitstheilungsordnung vom 7. Juni 1821 zum Ausdruck gekommen, wonach „die Entschädigung, die jeder Theilnehmer durch die Auseinandersetzung erhält, als Surrogat der dafür abgetretenen Grundstücke oder dadurch abgelösten Berechtigungen" bezeichnet ist, und „daher in Ansehung ihrer Befugnisse, Lasten und sonstigen Rechtsverhältnisse die Eigenschaften derjenigen Grundstücke, für welche sie gegeben worden, erhalten soll." In gleicher Weise ist dieses Prinzip im § 45 Abs. 2 des Enteignungsgesetzes vom 11. Juni 1874 zur Geltung gelangt, wonach „die in Folge der Enteignung zu gewährende Entschädigung rücksichtlich aller Eigenthums-, Nutzungs- und sonstiger Realansprüche, insbesondere der Reallasten, der Hypotheken und Grundschulden, an die Stelle des enteigneten Grundstücks" zu treten hat.[8])

[7]) Entsch. Bd. 7 S. 403.

[8]) Derselbe Grundsatz soll nach § 6 des Enteignungsges. auch dann gelten,

Ebenso tritt in der Subhastation[9]) das Kaufgeld in Bezug auf die das Grundstück belastenden Realrechte an Stelle des Grundstücks. Derselbe Grundsatz muß auch ohne ausdrückliche gesetzliche Vorschrift in allen Fällen zur Anwendung kommen, wo eine Sache an Stelle einer dem Eigenthümer entzogenen Sache tritt: Das Rayongesetz vom 21. Dezember 1874 bestimmt zwar die Fälle der Eigenthumsentziehung in Folge der Fortifikationen, spricht aber die Haftung der dafür zu zahlenden Entschädigung für die Lasten, die auf dem entzogenen Grundstücke geruht haben, nicht ausdrücklich aus: gleichwohl wird mit Recht angenommen,[10]) daß die Entschädigung an Stelle der entzogenen Immobilien für die Verpflichtungen der letztern verhaftet ist. Mit Recht wird derselbe Grundsatz als hinsichtlich derjenigen Entschädigung geltend behauptet,[10]) welche für einen polizeilichen, im Interesse des öffentlichen Wohles das Eigenthum eines Grundstückes beschränkenden oder zerstörenden Eingriff in ein Grundstück zu gewähren ist, und muß auch in allen denjenigen Fällen gelten, in denen das Eigenthum einer beweglichen Sache gegen Entschädigung von amtswegen dem Eigenthümer entzogen wird, z. B. im Falle des § 3 Abs. 1 des Ges. vom 7. April 1869, betreffend die Maßregeln gegen die Rinderpest, nach welchen für die auf Anordnung der Behörde getödteten Thiere, vernichteten Sachen und enteigneten Plätze, sowie für die nach rechtzeitig erfolgter Anzeige des Besitzers gefallenen Thiere der gemeine Werth aus der Bundes(Reichs)kasse vergütet wird," — s. auch Ges. vom 22. April 1892, betr. die Entschädigung für am Milzbrand gefallene Thiere — ingleichen in den Fällen, in welchen durch Polizeiverordnung die Feststellung einer Entschädigung für getödtete, mit einer bestimmten Krankheit behaftet gewesene Thiere angeordnet ist. Weiter muß derselbe Grundsatz in den Fällen maßgebend sein, in denen der Eigenthümer, wenn auch nicht gezwungen, aber doch durch die veränderten Umstände der Sache veranlaßt ist, sein Eigenthum an derselben entweder gegen eine ihm zu zahlende Vergütung abzutreten oder aufzugeben oder dasselbe nur gegen eine von ihm zu entrichtende Vergütung zu behalten. Sowohl bei der

wenn die Abtretung eines Grundstückes im Enteignungsverfahren durch Vereinbarung zwischen dem Unternehmer und dem Eigenthümer erfolgt, und kommt auch dann zur Anwendung, wenn in Folge der Expropriation zwei Grundstücke ausgetauscht sind; Obertrib. Entsch. Bd. 24 S. 403 und in Striethorsts Archiv Bd. 40, S. 85, 99, 133; Förster-Eccius III § 184 Anm. 65.

9) §§ 104 ff. Z.V.G.; Förster-Eccius a. a. O.

10) Förster-Eccius a. a. O.

Vermengung und Vermischung, wie bei der Aedifikation und dem Grenzbau[11]) ist der Eigenthümer verpflichtet, sein Eigenthum gegen Entschädigung abzutreten oder er hat unter Umständen die Wahl, dasselbe abzutreten oder gegen eine von ihm zu entrichtende Entschädigung zu behalten. Tritt er sein Eigenthum ab, so ist schon oben hervorgehoben, daß das Pfandrecht auf den neuen Eigenthümer übergeht, der Pfandgläubiger hat daher kein Recht an der Entschädigung, die der Eigenthümer erhält, aber soweit das Absonderungsrecht, z. B. das allgemeine Absonderungsrecht, durch den Uebergang der Sache in das Eigenthum des andern Interessenten an der Sache selbst untergeht, insoweit muß an die Stelle des letztern die Entschädigung treten, welche der Eigenthümer erhält.

Ueber den Grundsatz der Haftung der aus dem Verlust der Sache entstandenen Entschädigung geht man nicht hinaus, sondern man wendet ihn nur an, wenn man auch die Versicherungsgelder dem Absonderungsrechte unterwirft und demnach im Konkurse die Versicherungssumme nicht ohne Weiteres zur Masse zieht, sondern sie für das Absonderungsrecht der Sache haften läßt, an deren Stelle die Versicherungssumme tritt. Besagt in der That der § 3 A.L.R. I 16, daß die neue Sache die Verbindlichkeiten der alten zu übernehmen hat, wenn die Existenz der erstern durch den Untergang der letztern verursacht wird, so muß man auch den Uebergang des Absonderungsrechtes auf die Versicherungsforderung anerkennen. Denn ohne den Verlust der versicherten Sache entsteht der Versicherungsanspruch nicht: Damit ist der ursächliche Zusammenhang des Unterganges der alten Sache mit der Entstehung der neuen, der Versicherungsforderung, gegeben. Das Obertribunal hat bei der Beantwortung dieser Frage wiederholt geschwankt: in der Entscheidung vom 29. Juli 1837[12]) hat es die hier entwickelte Ansicht, am 19. September 1846[13]) die entgegengesetzte, am 27. Marz 1851[14]) die erstere und in dem Plenarbeschlusse vom 5. Dezember 1853[15]) wieder die letztere Ansicht ausgesprochen. In den entgegenstehenden Entscheidungen ist behauptet, „daß die Forderung des Versicherten ihren alleinigen Entstehungsgrund in dem Versicherungsvertrage habe". Selbstverständlich entsteht die

[11]) §§ 327 ff., 340 ff. A.L.R. I 9.

[12]) Nr. 305 der Präjud. siehe Entsch. Bd. 37 S. 1, 2.

[13]) Entsch. Bd. 13 S. 243 ff.

[14]) vgl. Entsch. Bd. 37 S. 2.

[15]) Präjud. Nr. 2490, Entsch. Bd. 37 S. 1 ff.; vgl. Schmidt in Schering's Archiv Bd. I S 47 ff.

Versicherungsforderung, wenn sie nicht gesetzlich begründet ist, nur auf Grund eines voraufgegangenen Vertrages, aber der Vertrag ist doch nur die Grundlage, auf welche die Versicherungsforderung sich gründet, nicht die Veranlassung derselben, ebenso wie das Expropriationsverfahren nicht die Ursache des Entschädigungsanspruches, sondern nur ein Verfahren ist, welches zur Eigenthumsentziehung berechtigt, während erst diese Eigenthumsentziehung die Ursache des Entschädigungsanspruches ist. Der Verlust der Sache erzeugt die Versicherungsforderung auf Grund des Versicherungsvertrages. Man würde es auch auf den ersten Blick für unrichtig halten, daß die Versicherungsforderung für eine Sache, an der z. B. ein Erbschaftsgläubiger sein Absonderungsrecht geltend gemacht hat, in das Vermögen des Erben fallen sollte, ohne dem Gläubiger verpflichtet zu sein. Gesetzlich anerkannt ist die Haftung der Versicherungsforderung für die Verbindlichkeiten des versicherten Gegenstandes im Art. 778 Abs. 1 H.G.B., wonach die Vergütung für Aufopferung oder Beschädigung in den Fällen der großen Havarei für die Schiffsgläubiger an die Stelle desjenigen tritt, wofür die Vergütung bestimmt ist, was nach Abs. 2 desselben Art. auch von der Entschädigung gilt, welche im Fall des Verlustes oder der Beschädigung des Schiffes oder wegen entzogener Fracht im Falle des Verlustes oder der Beschädigung von Gütern dem Rheder von demjenigen gezahlt werden muß, der den Schaden durch eine rechtswidrige Handlung verursacht hat; vgl. auch Art. 781 Abs. 3. Weiter ist diese Haftung der Versicherungsforderung im § 30 E.E.G. anerkannt, nach welchem dem eingetragenen Gläubiger auch „die dem Eigenthümer zufallenden Versicherungsgelder für Früchte, bewegliches Zubehör und abgebrannte oder durch Brand beschädigte Gebäude“ haften.

Zu demselben Resultat gelangt man auch in gemeinem Rechte auf Grund des allgemeinen Satzes, daß der Verpflichtete, wenn er, auch ohne seine Schuld, in die Unmöglichkeit versetzt ist, den Gegenstand der Verpflichtung zu gewähren, alles das zu gewähren hat, was ihm von dem Gegenstand übrig bleibt und was an Stelle desselben tritt. Dieser Satz, gegründet auf die Gesetzesstellen § 3 i. f. J. 3, 23, l. 1 § 47, D. 16, 3, l. 35 § 4, D. 18, 1, l. 21 i. f., D. 18, 4, l. 13 § 13, D. 19, 1, l. 14 pr., D. 47, 2, führt zu der Annahme, daß auch die Versicherungssumme an Stelle des verlorenen Leistungsgegenstandes zu treten hat.[16])

---

[16]) Windscheid I § 264 Anm. 4; Lippmann im Jahrbuch für Dog-

Es fragt sich weiter, ob die Versicherungsforderung dem Absonderungsgläubiger auch dann haftet, wenn der Schuldner des letztern nicht der Versicherungsnehmer oder nicht mehr der Eigenthümer der versicherten Sache ist. Durch den Versicherungsvertrag nimmt der Versicherer demjenigen die Gefahr ab, welcher dieselbe an sich zu tragen hat. Ist die Uebernahme der Gefahr ein wesentliches Moment der Versicherung, so kann auch nur derjenige zum Eigenthümer der Versicherungsforderung werden, welchem die Gefahr abgenommen ist, und dies ist in der Regel der Eigenthümer der versicherten Sache.[17]) Würde ein anderer, der nicht die Gefahr der Sache trägt, Eigenthümer des Versicherungsanspruches werden können, so würde er durch denselben sich bereichern. „Durch Versicherungen muß aber der Versicherte eine Sache nur gegen Schaden decken, nicht aber Bereicherung dadurch suchen," bestimmt der § 1983 A.L.R. II 8. Der Dritte, welcher für eine fremde Sache eine Versicherung nimmt, darf daher nicht Eigenthümer der Versicherungsforderung werden, die von ihm genommene Versicherung ist vielmehr als für denjenigen abgeschlossen anzusehen, der die Gefahr der Sache trägt, und für welchen der Versicherungsnehmer nur als Mandatar oder negotiorum gestor anzusehen ist. Deshalb kann auch ein Nutzungsberechtigter, welcher an der Sache und an der Versicherung derselben nur das Interesse der Nutznießung hat, an der Versicherungsforderung nicht das Eigenthum, sondern nur die Nutznießung während der Dauer dieses Rechtes beanspruchen.[18]) Hieraus folgt, daß auch die Forderung aus der von

---

matik 7, 2. A. M. Madai im juristischen Archiv 26 S. 201, der aber nur die an sich richtigen Behauptungen geltend macht, daß das Pfandrecht den Verkaufserlös eines verpfändeten Hauses nicht ergreift, daß der Satz „pretium succedit in locum rei" nicht allgemein anzuwenden und die Versicherungsforderung keine Accession der versicherten Sache ist. Die Unrichtigkeit dieser Sätze wird auch hier nicht behauptet; diese Sätze stehen aber auch der hier vertretenen Ansicht nicht entgegen. Vgl. auch Mommsen, Die Unmöglichkeit der Leistung in ihrem Einfluß auf obligatorische Verhältnisse, und Jhering im Jahrbuch für Dogmatik 3 S. 472—474.

[17]) Casum sentit dominus.

[18]) Koch's Kommentar zu § 50 A.L.R. I 21. Zu demselben Resultat gelangt auch Eccius III § 186 Anm. 67. Das Obertribunal — Striethorst's Archiv 12 S. 67 ff. — nahm dagegen an, daß der Nießbraucher nicht verpflichtet sei, mit dem Versicherungsgelde das abgebrannte Gebäude wieder herzustellen, daß das Versicherungsgeld ihm vielmehr zur freien Disposition zufalle, daß es dem Eigenthümer aber nicht gehöre, weil dieser dem Vertrage nicht beigetreten sei.

einem Dritten genommenen Versicherung dem Absonderungsrechte, welches auf der versicherten Sache lastete, verhaftet ist, unbeschadet des Vorrechts des Dritten, wenn dieser z. B. als Nutzungsberechtigter an der versicherten Sache ein dem Absonderungsgläubiger vorgehendes Recht hatte. Geht das Eigenthum der Sache auf einen andern über, so geht [19]) nach dem Grundsatze, daß derjenige, welcher die Gefahr trägt, auch versicherungsberechtigt ist, auch der Anspruch aus dem Versicherungsvertrage auf den neuen Eigenthümer über, wie auch der § 2163 A.L.R. II 8 vorschreibt, daß „eine Veränderung in der Person des Eigenthümers der versicherten Sache in der Versicherung nichts ändert, wenn nicht damit zugleich eine Veränderung des Ortes, der Aufsicht, der Art der Aufbewahrung oder der Nachbarschaft verbunden ist." (Doch hat das Handelsrecht für die Seeversicherung durch die Artikel 904, 905 H.G.B. in dieser Beziehung besondere Bestimmungen getroffen.) Bleibt in einem solchen Falle das Absonderungsrecht trotz der Eigenthumsveränderung an der Sache bestehen, so haftet dem Absonderungsgläubiger auch der nach dem Eigenthumsübergang erwachsende Versicherungsanspruch; kann dagegen das Absonderungsrecht, z. B. das allgemeine Absonderungsrecht, gegen den neuen Eigenthümer nicht übergehen, so hat der Gläubiger auch kein Separationsrecht an der Versicherungsforderung.[20]) Ist der Verkauf des Absonderungsgegenstandes noch nicht soweit vorgeschritten, daß der Erwerber die Gefahr zu tragen hat, verbleibt dieselbe vielmehr noch bei dem Veräußerer, so wird auch dieser der Eigenthümer des Versicherungsanspruches, wogegen der Erwerber aus dem Versicherungsvertrage berechtigt wird, wenn er schon die Gefahr zu tragen hat, aber noch nicht Eigenthümer der Sache geworden ist. Für denjenigen Absonderungsgläubiger, dessen Separationsrecht durch die Eigenthums-

---

Diese Ansicht verstößt jedoch gegen den § 1983 A.L.R. II 8 und die Prinzipien der neg. gestio. Selbst die zwischen dem dritten Versicherungsnehmer und dem Versicherer getroffene Vereinbarung, daß die Versicherungssumme dem erstern und nicht dem Eigenthümer zufallen solle, würde, wenn in diesem Falle der Versicherungsvertrag überhaupt gültig wäre, der Annahme nicht entgegenstehen, daß der Versicherungsnehmer durch die Uebertragung der Gefahr vom Eigenthümer auf den Versicherer für den ersteren handelt und dieser daher Eigenthümer der Versicherungsforderung wird.

[19]) Reichsoberhandelsgericht Entsch. 5 S. 1, Reichsgericht Entsch. 5 S. 317, Förster-Eccius II § 145 S. 413; a. M. Förster II S. 145 S. 398 und Munk in Gruchot's Beiträgen 26 S. 648.

[20]) Wohl aber unter Umständen am Kaufpreise. Siehe darüber oben § 32.

veränderung an der Sache verloren geht, ist die Versicherungsforderung im zweiten, nicht auch im ersten Falle verhaftet.

Da der Versicherungsanspruch ein Surrogat,[21]) nicht ein Accessorium[22]) der versicherten Sache ist — denn seine unbedingte Existenz tritt, wenigstens im Falle des gänzlichen Verlustes der Sache, erst ein, wenn eine Zugehörigkeit zu dem versicherten Gegenstande, eine fortdauernde Verbindung mit demselben überhaupt nicht mehr möglich ist —, so geht er, wenn erst nach dem Unfalle der Rest der im Uebrigen zerstörten Sache auf einen andern übertragen wird, auf den neuen Erwerber nicht mit über und bleibt dem Absonderungsrechte jeder Art unterworfen. Aus demselben Grunde gilt die Versicherungsforderung in der Subhastation nicht als mitversteigert,[23]) es sei denn, daß die Kaufbedingungen ohne Widerspruch eines Interessenten die Mitversteigerung dieses Anspruches mit enthalten und das Subhastationsurtheil wenigstens nicht das Gegentheil feststellt.[24])

Ist der Versicherungsanspruch statutenmäßig oder durch sonstigen Vertrag dadurch modifizirt, daß mit der Versicherungssumme der frühere Zustand wiederherzustellen ist oder ein ähnlicher Zustand eintreten soll, daß z. B. an Stelle des verbrannten Gebäudes ein anderes zu errichten ist, so wird durch diese Modifikation das Recht des Absonderungsgläubigers nicht ausgeschlossen. Diesem haftet die Versicherungsforderung mit der Beschränkung des Modus: „Ist etwas ausdrücklich zu einem gewissen Endzweck bewilligt worden, so tritt," nach § 153 A.L.R. I 4, „wenn die Erklärung nicht das Gegentheil klar besagt, der Berechtigte sofort in die Ausübung und den Genuß des ihm bewilligten Rechtes;" „er verliert dies Recht" — § 154 — „aber wieder, wenn der Zweck nicht erfüllt wird;" „ist zur Erfüllung des Zweckes keine gewisse Zeit bestimmt, so kann" — § 156 — „das dazu bewilligte Recht, solange die Erfüllung noch möglich bleibt, nicht zurückgenommen werden;" „bei Willenserklärungen unter Lebenden muß der bestimmte Zweck schlechterdings nach der Erklärung erfüllt

---

[21]) Turnau zu § 30 E.E.G.

[22]) Obertrib. Entsch. Bd. 27 S. 56.

[23]) Reichsgericht Entsch. 7 S. 270, im Just.Min.Bl. 1885 S. 373, in Gruchots Beiträgen 29 S. 839, bei Bolze 1 Nr. 61, 1119, Förster-Eccius 3 § 199 Anm. 35a, Krech-Fischer S. 339 Anm. 9, Turnau a. a. O., Obertr. Entsch. 27 S. 1.

[24]) Reichsgericht im Just.Min.Bl. 1883 S. 13, 14.

werden," § 157. Hiernach hat der Versicherte die Versicherungssumme zu fordern, der Versicherer kann, nur wenn eine erhebliche Besorgniß vorliegt, daß der Zweck nicht erfüllt werde, von ihm Kaution für die Erfüllung des Modus verlangen.[25]) Dieser Eventualität aber kann der Absonderungsgläubiger vorbeugen, indem er den mit dem Modus behafteten Versicherungsanspruch auf Grund eines zu erwerbenden Vollstreckungstitels sich überweisen läßt und den Modus erfüllt. Der qualifizirte Absonderungsgläubiger hat auch das Recht, den sich weigernden Schuldner verurtheilen zu lassen, dem Modus zu entsprechen bezw. der Verpflichtung zur Kautionsstellung nachzukommen. Denn der Absonderungsgläubiger hat ein Interesse an der Erfüllung des Modus, weil er ohne dieselbe einen Absonderungsgegenstand verliert, und der Schuldner hat dem qualifizirten Absonderungsberechtigten gegenüber die Pflicht zur Konservirung der diesem zustehenden Sicherheit. Ein anderes Resultat ergiebt sich nur im Fall des § 30 E.E.G. Die Verhaftung des Versicherungsanspruches für Früchte, bewegliches Zubehör und abgebrannte oder durch Brand beschädigte Gebäude für den eingetragenen Gläubiger soll nach der Vorschrift dieses Gesetzes nicht eintreten, „wenn diese Gelder statutenmäßig zur Wiederherstellung der Gebäude verwendet werden müssen oder verwendet worden sind." In diesem Falle haftet die Versicherungsforderung den eingetragenen Gläubigern überhaupt nicht, diese haben kein Recht, der Auszahlung an den Eigenthümer bezw. den Zwangsverwalter oder Konkursverwalter zu widersprechen;[26]) sie sollen auch kein Recht auf Ermittelung und Feststellung des Feuerschadens haben, sofern sie dem Versicherungsvertrage nicht beigetreten sind oder die Versicherung selbst genommen haben,[27]) sie sind aber berechtigt, den Versicherungsanspruch sich auf Grund eines Vollstreckungstitels mit der Verpflichtung überweisen zu lassen, die Wiederherstellung des Gebäudes selbst zu bewirken.

Diese Ausnahme des § 30 E.E.G., welche in dem angegebenen Falle dem eingetragenen Gläubiger das Absonderungsrecht an dem

[25]) §§ 155, 122 A.L.R. I 4.

[26]) Obertrib. Entsch. 77 S. 202; Achilles S 220 ff. Anm. c.; Willenbücher, Grundbuchordnung S. 78 Anm 8c; Förster-Eccius III § 199 I 5; Meyländer bei Gruchot 19 S 681; Turnau a. a. O.; a. M. Bahlmann S. 134 Anm. c.

[27]) Reichsgericht bei Gruchot 25 S. 1077 und Entsch. 8 S. 109; Turnau a. a. O.; Achilles a. a. O.

Versicherungsanspruch überhaupt abspricht, beschränkt sich aber auf das Recht des eingetragenen Gläubigers, bezieht sich daher nicht auf andere, nicht eingetragene Absonderungsgläubiger, insbesondere nicht auf den allgemeinen, nicht auf den Mobiliarabsonderungsgläubiger. Für diese gelten die oben angeführten allgemeinen Grundsätze.

Bei den vorstehenden Erörterungen wurde von der Voraussetzung ausgegangen, daß der Untergang des Absonderungsgegenstandes die Entstehung der neuen Sache verursacht, sie beziehen sich aber nicht auf solche Fälle, in welchen die neue Sache ohne jenen Kausalzusammenhang an die Stelle der alten Sache tritt, daher nicht auf Fälle, in denen der Eigenthümer an Stelle eines verbrannten oder sonst beschädigten Gegenstandes eine neue Sache anschafft, wie auch der § 259 A.L.R. I 20 bestimmt, daß „durch den gänzlichen Untergang eines beweglichen Pfandes das Pfandrecht des Gläubigers aufhört, und eine von dem Schuldner statt der verlorenen angeschaffte neue Sache von derselben Art insoweit nicht an die Stelle der vorigen tritt." Für den Immobiliarabsonderungsgläubiger besteht in dieser Beziehung keine Ausnahme. Denn wenngleich nach § 30 E.E.G. dem eingetragenen Gläubiger auch das nachträglich auf dem verpfändeten Grundstücke errichtete, dem Eigenthümer gehörende Gebäude pfandrechtlich haftet, so ist dieser Satz doch nicht eine Ausnahme von dem Prinzipe, daß eine an Stelle einer verlorenen Sache neu angeschaffte Sache nicht mit den Verbindlichkeiten der ersteren belastet wird, sondern er ist aus dem allgemeinen Grundsatze „superficies cedit solo" abgeleitet. Wird das neue Gebäude daher nicht auf dem verpfändeten Grund und Boden, sondern an einer andern Stelle errichtet, so gehen auf dasselbe die Belastungen des frühern Gebäudes nicht über, es sei denn, daß es aus den für das alte Gebäude gezahlten Versicherungsgeldern erbaut ist, welche statutenmäßig zur Wiederherstellung des zerstörten Baues zu verwenden waren.[28])

---

[28]) Koch, Kommentar Anm. 2a zu § 3 A.L.R. I 16 meint, es sei eine Thatfrage, ob infolge des Abbruchs eines Gebäudes und seines Ersatzes durch ein anderes das letztere in Bezug auf die an ersterm bestandenen dinglichen Rechte an dessen Stelle tritt, und das Obertrib. hat — Striethorst, Archiv 99 S. 99 — in einem Falle, wo in dem neuen Hause im Wesentlichen dieselben Räume hergestellt waren, wie in dem alten, mit einer Grundgerechtigkeiten belasteten Gebäude, die Frage nach dem Uebergang der Lasten bejaht. Nach der oben angeführten Ansicht kommt es aber auf eine solche Aehnlichkeit der Häuser nicht an.

§ 44. d. Die Beendigung des Absonderungsrechtes durch Zahlung, Novation, Konsolidation.

1) Der Verwalter kann das Absonderungsrecht durch vollständige Befriedigung des Gläubigers beseitigen.[1]) Theilzahlungen anzunehmen ist der Absonderungsgläubiger als solcher nur in denjenigen Fällen verpflichtet, in welchen ein Gläubiger außerhalb des Konkurses Theilzahlungen annehmen muß.[2]) Ist aber eine Theilzahlung erfolgt, so wird hierdurch das Absonderungsrecht nicht in entsprechender Weise beschränkt, denn jeder Theil des Absonderungsgegenstandes haftet für jeden Theil der Absonderungsforderung. Doch hat das Preußische Recht in den §§ 174—179 A.L.R. I 20[3]) für das Pfandrecht Ausnahmen zugelassen. Der allgemeine Satz von der Untheilbarkeit des Absonderungsrechtes ist für die im Wege der Zwangsvollstreckung eingetragenen Forderungen durch den § 6 Abs. 2 Z.V.G. modifizirt, wonach im Fall der Uebermäßigkeit der für eine Forderung durch die Eintragung erlangten Sicherheit dem Schuldner das Recht zusteht, die Vertheilung der Forderung auf einzelne Grundstücke bezw. die Be-

[1]) Zur Einlösung eines Pfandstücks bedarf der Verwalter nach § 121² K.O. der Genehmigung des Gläubigerausschusses, wenn ein solcher bestellt ist, und es sich um einen Werthgegenstand von mehr als 300 Mark handelt. Die Gültigkeit der Einlösung ist nach § 124 von dieser Genehmigung aber nicht abhängig.

[2]) Vgl. Ges. vom 5. Febr. 1811 betreffend die Kündigung und Abzweigung oder Partialcession der Schuldverschreibungen, § 45 A.G.O. I 24, § 15⁴ E.G. zur C.P.O., § 59 A.A.L. I 16.

[3]) § 174 A.L.R. I 20: „Nur in Fällen, wo der Gläubiger abschlägliche Zahlungen anzunehmen verpflichtet ist, kann er auch angehalten werden, einen Theil der verpfändeten Sache herauszugeben (Tit. 16 §§ 57 seq.)."

§ 175: „Doch gilt dieses nur alsdann, wenn die verpfändeten Stücke nicht zusammen ein Ganzes ausmachen, sondern der Werth eines jeden einzeln bestimmt ist."

§ 176: „Auch ist er zu dieser Herausgabe eines Theils der verpfändeten Sachen nur insofern schuldig, als sämmtliche verfallene Zinsen bezahlt sind, und der Rest des Pfandes nach der Taxe den doppelten Betrag des Restes der Schuld, mit Beirechnung zweijähriger Zinsen, erreicht oder übersteigt."

§ 177: „Nimmt der Gläubiger eine Abschlagszahlung freiwillig an, so kann er, wenn nicht ein anderes verabredet ist, einen Theil des Pfandes herauszugeben nicht angehalten werden."

§ 178: „Wenn einer von mehreren Mitschuldnern nur seinen Antheil bezahlt, so kann er die Rückgabe des ganzen Pfandes, auch wenn er allein der Verpfänder wäre, nicht fordern."

§ 179: „Inwiefern er aber die Rückgabe eines Theils fordern könne, ist nach den Vorschriften §§ 174—177 zu bestimmen."

friedigung einzelner Grundstücke von der eingetragenen Hypothek zu beantragen.[4])

2) Tritt eine Veränderung der Absonderungsforderung ein, so wird regelmäßig die neue Forderung durch das Absonderungrecht gesichert, durch welches die alte Forderung geschützt war; dies ist der Fall bei dem Anspruch auf Schadensersatz, welcher wegen Nichterfüllung einer Forderung an deren Stelle tritt.[5]) Wird die Forderung dagegen durch Novation, also durch Vereinbarung der Interessenten, in eine neue Forderung umgeschaffen, so geht das Absonderungsrecht verloren, wenn dasselbe nicht für die neue Forderung vorbehalten ist.[6])

3) Wird der Absonderungsgläubiger Eigenthümer des Absonderungsgegenstandes, so erlischt an diesem Gegenstande das Konkursabsonderungsrecht, weil der Gegenstand nicht mehr zur Masse gehört, und wird die persönliche Forderung des Gläubigers eine reine Konkursforderung.

§ 45. e. Die Beendigung des Absonderungsrechtes durch Verjährung.

Das Pfandrecht kann verjähren, ohne daß die Forderung selbst durch die Verjährung getroffen wird. Die Verjährung des Faustpfandrechtes beginnt mit dem Verlust des Gewahrsams des Pfandgegenstandes seitens des Gläubigers, die Verjährung eines eingetragenen Absonderungsrechtes mit der zu Unrecht erfolgten Löschung. Wird der Besitz bezw. die Eintragung nicht wieder hergestellt, vom Gläubiger im Rechtswege nicht verlangt oder die Wiederherstellung vom Schuldner als dem Gläubiger gebührend nicht anerkannt, so geht das Pfandrecht nach Ablauf der Verjährungszeit verloren, selbst wenn die Forderung unverjährt ist.[1]) Nach gemeinem Rechte[2]) ist diese Verjährung dem Schuldner und dessen Erben verschlossen, vom Landrecht ist sie auch dem Pfandschuldner nicht verwehrt.[3])

Ueber die Verjährung der Absonderungsforderung siehe oben § 8.

---

[4]) Th. Wolff, die Eintragung in das Grundbuch zur Vollstreckung einer Forderung, §§ 32 ff.

[5]) Windscheid I § 226.

[6]) §§ 470, 471, 474 A.L.R. I 16. l. 18. D. 46, 2.

[1]) § 244 A.L.R. I 20: „Der Gläubiger verliert sein Pfandrecht, wenn er den Besitz des Pfandes verloren und sein Recht zur Rückforderung desselben innerhalb der gesetzmäßigen Frist nicht ausgeübt hat."

[2]) l. 1, 2. C. 7, 36.

[3]) § 245. A.L.R. I 20.

§ 46. f. Die Beendigung des Absonderungsrechtes zur Strafe.

1) Nach § 256 A.L.R. I 20 verliert der Pfandgläubiger, welcher gegen den Schuldner oder den vindizirenden Eigenthümer den Besitz des Pfandgegenstandes vorsätzlich leugnet, sein Pfandrecht. Da im Konkurse der Schuldner vom Verwalter vertreten wird, so hat auch das vorsätzliche Ableugnen des Pfandbesitzes dem Verwalter gegenüber den Verlust des Pfandrechtes an dieser Sache zur Folge. Dieser im gemeinen Rechte nicht anerkannte Verlustgrund entspricht zwar nicht mehr der heutigen Geschmacksrichtung, aber die Veränderung des Geschmacks bewirkt nicht die Aufhebung des Gesetzes. Andererseits darf eine derartige Strafbestimmnng nicht ausgedehnt werden, und ist auf das Pfandrecht zu beschränken. Sie trifft daher nicht auch das bloße Retentionsrecht, wenn einem Gläubiger nur dieses (siehe oben § 6), nicht auch ein Pfandrecht zusteht. Das Retentionsrecht aber, welches der Absonderungsgläubiger in seiner Eigenschaft als Pfandgläubiger besitzt, geht mit dem Pfandrechte verloren. Jene Strafbestimmung trifft auch nicht solche Absonderungsrechte, welche nicht gleichzeitig Pfandrechte sind (s. §§ 5, 56).[1])

2) Der Absonderungsberechtigte verliert nach Preuß. Rechte[2]) sein Pfandrecht, wenn das mit demselben belastete Gebäude, dessen bauliche Instandhaltung, obgleich sie im öffentlichen Interesse von der Polizei verlangt ist, vom Eigenthümer dergestalt vernachlässigt wird, daß der Einsturz des Gebäudes oder eine Gefahr für das Publikum zu besorgen ist. In diesem Falle verlieren diejenigen Gläubiger, welche sich weigern, das Grundstück mit der Verpflichtung zur Herstellung zu erstehen, und wenn es von keinem der Gläubiger erstanden und deshalb der Kommune zugeschlagen wird, verlieren alle Pfandgläubiger ihr Pfandrecht.

---

[1]) Das Reichsoberhandelsgericht (Entsch. Bd. 11 S. 42) nahm für den Geltungsbereich der Preuß. K.O. an, daß auch das kaufmännische Retentionsrecht der Art. 313—315 H.G.B. durch versäumte Anzeige vom Besitz des Retentionsobjekts gegenüber der Konkursmasse des Schuldners verloren gehe, wenn die Unterlassung der Anzeige nicht genügend entschuldigt werde. Für das geltende Konkursrecht geht diese Entscheidung zu weit: nur das vorsätzliche Ableugnen hat den Verlust des Pfandrechts zur Folge, und das kaufmännische Retentionsrecht ist für den Konkurs zwar zum Absonderungs-, nicht aber zum Pfandrecht gesteigert (s. unten § 77).

[2]) § 258 A.L.R. I 20, §§ 44 ff. A.L.R. I 8.

g. Die Beendigung des Absonderungsrechtes durch Anfechtung.

§ 47. α. Die rechtliche Natur der Anfechtungsklage.

Formell gültige Rechtshandlungen unterliegen unter bestimmten gesetzlichen Voraussetzungen der Anfechtung, durch welche sie redressirt werden: ein durch Betrug, durch Zwang oder Irrthum eingegangenes Rechtsgeschäft ist formell gültig, die wegen Uebermaßes anfechtbare Schenkung, das zum Spiel gegebene Darlehn sind Gegenstände formell gültiger Rechtsgeschäfte; aber der Kontrahent, der von einem dieser Gründe betroffen ist, braucht ein solches Rechtsgeschäft nicht gegen sich gelten zu lassen und kann von dem Gegenkontrahenten die Anerkennung der Nichtexistenz desselben fordern. Die Klage, mit welcher er dieses Recht geltend macht, hat den Charakter der Kondiktion (condictio sine causa), sie kann aber unter Umständen daneben auch unter den Gesichtspunkt eines besonders gearteten Rechtsverhältnisses gebracht werden: so ist das Recht der Rückforderung wegen Zwanges oder Betruges gleichzeitig ein Deliktsanspruch, so kann das Recht auf Redressirung eines Vertrages wegen Unredlichkeit, Zwanges u. s. w. auch mit der Kontraktsklage, z. B. der actio emti, verfolgt werden.[1])

Nicht anders ist das Recht auf Anfechtung eines Rechtsgeschäftes wegen Zahlungsunfähigkeit oder nachfolgenden Konkurses zu beurtheilen. Begrifflich stellt sich diese Anfechtungsklage als condictio sine causa dar. Neben dieser rechtlichen Natur kann sie aber unter Umständen auch einen speziellen Rechtscharakter, den des Deliktes, haben. Nach Römischem Recht gründete sich der Anfechtungsanspruch stets auf den animus fraudandi creditores und war daher stets ein Deliktsanspruch. Aber weder das Preuß. Recht, noch die Konkursordnung setzt für alle Anfechtungsgründe den Deliktscharakter voraus.[2]) Den Deliktscharakter hat der Anfechtungsanspruch, wenn er

---

[1]) Arndts § 307.

[2]) So auch das Reichsgericht in dem Plenarbeschl. vom 28. Juni 1888 Entsch. Bd. 21 S. 420 ff. Auch die Entsch. Bd. 10 S. 325 ff. gelangte zu demselben Resultate, wogegen Bd. 10 S. 334 ff. im Falle des § 23² K.O. das Gegentheil angenommen war. Das Reichsoberhandelsgericht hatte bezüglich der §§ 100, 101 der Preuß. K.O. angenommen, daß das Gesetz die fraudulöse Absicht habe treffen wollen, Bd. 7 S. 334, Bd. 10 S. 211, 249, Bd. 15 S. 81; in der spätern Entsch. Bd. 25 S. 34 wurde aber ausgeführt, daß eine nach §§ 1, 2, 7¹, 9, 10 des Preuß. Anfechtungsgesetzes vom 9. Mai 1855 anfechtbare Rechtshandlung nicht

sich auf die dem Anfechtungsgegner bekannte Absicht des Schuldners, dessen Gläubiger zu benachtheiligen, stützt. Deshalb ist anzunehmen, daß der Anfechtungsanspruch aus § 24 K.O. stets auch ein Delikts-anspruch ist, der Anspruch aus § 23 [1] und aus § 25 K.O. dagegen diesen Charakter nicht hat. Denn der § 23 [1] setzt nur die Kenntniß des Anfechtungsgegners von der Zahlungseinstellung oder dem Eröffnungsantrage voraus, und die Eingehung des Rechtsgeschäftes trotz dieser Kenntniß ist nicht eine unrechtmäßige Handlung, weil der Gläubiger nicht wissen kann, ob der Konkurs wirklich eröffnet werden wird, auch nicht, ob der Gläubiger die Absicht hat, seine übrigen Gläubiger zu benachtheiligen, auch nicht, ob dieselben von dem Schuldner, der zwar seine Zahlungen eingestellt hat, aber deshalb nicht insolvent zu sein braucht, in der That benachtheiligt werden. Der Anfechtung aus § 23 [2] K.O. fehlt dagegen die Natur der unerlaubten Handlung nicht immer. Der § 23 [2] erklärt die nach der Zahlungseinstellung oder dem Antrage auf Eröffnung des Verfahrens oder in den letzten 10 Tagen vor der Zahlungseinstellung oder dem Eröffnungsantrage erfolgten Rechtshandlungen für anfechtbar, welche einem Konkursgläubiger eine Sicherung oder Befriedigung gewähren, die er nicht oder nicht in der Art oder nicht zu der Zeit zu beanspruchen hatte, sofern er nicht beweist, daß ihm zur Zeit der Handlung weder die Zahlungseinstellung und der Eröffnungsantrag, noch eine Absicht des Gemeinschuldners bekannt war, ihn vor den übrigen Gläubigern zu begünstigen. Aus dem Umstande, daß der Beklagte auch beweisen muß, daß ihm der anim. fraud. cred. unbekannt gewesen ist, muß man schließen, daß der Anfechtungsanspruch auch die Bekanntschaft des Vertragsgenossen von der betrügerischen Absicht des Schuldners voraussetzt. In positiver Form würde die Bestimmung des § 23 [2] lauten: „Eine nach der Zahlungseinstellung . . . erfolgte Rechthhandlung, welche . . ., ist anfechtbar, wenn der Konkursgläubiger die Zahlungseinstellung oder den Eröffnungsantrag oder die Absicht des Gemeinschuldners gekannt hat, ihn vor den übrigen Gläubigern zu begünstigen." Das Reichsgericht hat dagegen in der

---

eine unerlaubte Handlung im Sinne des § 35 A L R. I 3 sei. In der Litteratur haben sich Otto, die Anfechtung von Rechtshandlungen S. 19, 23, Wengler, die Konkursordnung des Deutsch. R. S. 178—186, Hullmann, Konkursordnung S. 138, Fitting S. 136, 149, 159, Willenbücher Anm. 5 zu § 29 für den allgemeinen Deliktscharakter des Anfechtungsanspruches ausgesprochen; Mandry, der civilrechtliche Inhalt des Reichsges. S. 377, nimmt ein Quasidelikt an.

Plenarentscheidung vom 28. Juni 1888 angenommen, daß die Anfechtung aus § 23^2 sich auf eine unerlaubte Handlung nicht stütze, hat die gegen diese Ansicht sprechenden Gründe eingehend erörtert, weist aber den oben angeführten Grund mit der Erwägung zurück, „daß nach § 23^2 der Beklagte auch im Falle des Gelingens des ihm in *dieser* Richtung obliegenden Beweises hafte, wenn er nicht zugleich den ferneren Beweis erbringe, daß ihm die Zahlungseinstellung oder der Eröffnungsantrag unbekannt gewesen, woraus sich zugleich ergebe, daß die gedachte Bestimmung keineswegs schlechthin gegen die Absicht des Schuldners, einen Gläubiger vor den andern zu begünstigen, und gegen die Kenntniß des Begünstigten von dieser Absicht gerichtet sei." Die Bestimmung des § 23^2 ist allerdings nicht *schlechthin* gegen die Kenutniß des Beklagten von der betrügerischen Absicht des Schuldners gerichtet, sie ist aber *auch* gegen sie gerichtet. Die Voraussetzung der Anfechtung ist entweder die Kenntniß von der betrügerischen Absicht oder von der Zahlungseinstellung u. s. w. Da aber der Beklagte beweisen muß, daß er Kenntniß von keiner dieser Thatsachen gehabt, so liegt in der Geltendmachung der Anfechtung die Behauptung, daß der Beklagte Kenntniß von allen diesen Thatsachen hatte; die Anfechtungsklage hat daher gleichzeitig den Deliktscharakter und die Natur der Kondiktion. Beweist der Beklagte, daß er von einer betrügerischen Absicht des Schuldners keine Kenntniß hatte, so stellt sich heraus, daß der Klage der Deliktscharakter fehlte. Handelt es sich um die Frage, ob für die Klage der Gerichtsstand der unerlaubten Handlung begründet ist, so muß diese Frage zunächst bejaht werden, auch „wenn eine Mitwirkung des Gemeinschuldners bei oder ein Einverständniß desselben mit der angefochtenen Rechtshandlung nicht behauptet ist," denn diese Behauptung liegt in dem Vorbringen der übrigen Voraussetzungen des § 23^2. Beweist aber der Beklagte, daß ihm eine betrügerische Absicht des Schuldners nicht bekannt war, so steht nunmehr fest, daß die Klage nicht einen Deliktsanspruch zum Gegenstand hatte, und daß die Einrede der Unzuständigkeit des angegangenen Gerichtes begründet ist. Der Kläger hat seinen Anspruch auf zwei Rechtsgründe gestützt, von denen nur der eine die Zuständigkeit des Gerichtes begründet; nach dem Wegfall dieses Grundes ist der Anspruch nicht beseitigt, aber die Unzuständigkeit des Gerichtes konstatirt.

Die Anfechtungsklage ist nicht dinglicher Natur, aber es ist ihr durch den § 33 K.O. auch gegen den mit dem Anfechtungsgrunde bekannten und gegen den dem Kridar nahestehenden Dritten dieselbe Wirkung beigelegt, wie gegen den Vertragsgenossen des Gemeinschuldners. Hierdurch hat sie ein Element der dinglichen Klage und man kann sie daher, wie die römischrechtliche actio quod metus causa[3]), eine actio personalis in rem scripta nennen.

Die Anfechtbarkeit unterscheidet sich in ihrer Wirkung nicht von der Nichtigkeit des § 6 K.O., nur die Voraussetzungen[4]) sind andere, deren wesentlichste darin besteht, daß die Anfechtung die vor, die Nichtigkeit, die nach der Eröffnung des Konkurses vorgenommenen Rechtshandlungen betrifft. Die Unwirksamkeit ist in beiden Fällen nur eine relative,[5]) sie besteht nur den Konkursgläubigern — die anfechtbare Handlungen auch den übrigen Separatisten — gegenüber; sie tritt daher in beiden Fällen nur durch den Widerspruch des Anfechtungsberechtigten ein.[6])

§ 48. β. Die Anfechtungsgründe.

Von dem Verwalter können angefochten werden:

1) Rechtshandlungen, welche der Gemeinschuldner in der dem andern Theile bekannten Absicht, seine Gläubiger zu benachtheiligen, vorgenommen hat;[1])

2) die nach der Zahlungseinstellung oder dem Antrage auf Eröffnung des Verfahrens von dem Gemeinschuldner eingegangenen Rechtsgeschäfte, durch deren Eingehung die Konkursgläubiger benachtheiligt werden, wenn dem andern Theile zu der Zeit, als er das Geschäft einging, die Zahlungseinstellung oder der Eröffnungsantrag bekannt war, sowie die nach der Zahlungseinstellung oder dem Eröffnungsantrage erfolgten Rechtshandlungen, welche einem Konkursgläubiger Sicherung oder Befriedigung gewähren, wenn dem Gläubiger zu der Zeit, als die Handlung erfolgte, die Zahlungseinstellung oder der Eröffnungsantrag bekannt war;[2])

---

[3]) l. 14 § 3 u. 5, l. 9 § 6 u. 8. D. 4, 2.

[4]) Zu diesen verschiedenen Voraussetzungen gehört auch der böse Glaube, welcher in mehreren Fällen der Anfechtung, aber in keinem Falle der Nichtigkeit vorhanden sein muß.

[5]) Willenbücher Anm. 1 zu § 22.

[6]) A. M. Willenbücher, welcher behauptet, daß die Nichtigkeit kraft Gesetzes eintrete, während die Anfechtung stets eine Widerspruchsthätigkeit des Verwalters voraussetze. Aber jedes nur relativ nichtige Rechtsgeschäft gilt als gültig, solange es nicht von der zuständigen Person angegriffen wird.

[1]) § 24[1] K.O.

[2]) § 23[1] K.O.

3) die Sicherung oder Befriedigung, welche ein Konkursgläubiger durch eine auf Grund des Gesetzes vom 21. Juli 1879 erwirkte Anfechtung nach der Zahlungseinstellung oder dem Antrage auf Eröffnung des Verfahrens erlangt hat;[3])

4) die nach der Zahlungseinstellung oder dem Antrage auf Eröffnung des Verfahrens oder in den letzten zehn Tagen vor der Zahlungseinstellung oder dem Eröffnungsantrage erfolgten Rechtshandlungen, welche einem Konkursgläubiger eine Sicherung oder Befriedigung gewähren, die er nicht oder nicht in der Art oder nicht zu der Zeit zu beanspruchen hatte, sofern er nicht beweist, daß ihm zur Zeit der Handlung weder die Zahlungseinstellung und der Eröffnungsantrag, noch eine Absicht des Gemeinschuldners, ihn vor den übrigen Gläubigern zu begünstigen, bekannt war;[4])

5) die in dem letzten Jahre vor der Eröffnung des Verfahrens geschlossenen, entgeltlichen Verträge des Gemeinschuldners mit seinem Ehegatten, vor oder während der Ehe, mit seinen oder seines Ehegatten Verwandten in auf- und absteigender Linie, mit seinen oder seines Ehegatten voll- und halbbürtigen Geschwistern oder mit dem Ehegatten einer dieser Personen, sofern durch den Abschluß des Vertrages die Gläubiger des Gemeinschuldners benachtheiligt werden, und der andere Theil nicht beweist, daß ihm zur Zeit des Vertragsabschlusses eine Absicht des Gemeinschuldners, die Gläubiger zu benachtheiligen, nicht bekannt war;[5])

6) die in dem letzten Jahre vor der Eröffnung des Verfahrens von dem Gemeinschuldner vorgenommenen unentgeltlichen Verfügungen, sofern nicht dieselben gebräuchliche Gelegenheitsgeschenke zum Gegenstande haben;[6])

7) die in den letzten zwei Jahren vor der Eröffnung des Verfahrens von dem Gemeinschuldner vorgenommenen unentgeltlichen Verfügungen zu Gunsten seines Ehegatten, sowie eine innerhalb dieses Zeitraumes von ihm bewirkte Sicherstellung oder Rückgewähr eines Heirathsguts oder des gesetzlich in seine Verwaltung gekommenen

---

[3]) § 13 Abs. 3 des Gesetzes vom 21. Juli 1879: „Soweit ein Gläubiger aus dem Zurückzugewährenden eine Sicherung oder Befriedigung erlangt hat, finden auf die Anfechtung derselben die Vorschriften des § 23[1] K.O. entsprechende Anwendung."

[4]) § 23[2] K.O.

[5]) § 24[2] K.O.

[6]) § 25[1] K.O.

Vermögens seiner Ehefrau, sofern er nicht zu der Sicherstellung oder Rückgewähr durch das Gesetz oder durch einen vor diesem Zeitraum geschlossenen Vertrag verpflichtet war;[7])

8) Die vor der Eröffnung des Konkurses von einem Konkursgläubiger auf Grund des Anfechtungsgesetzes vom 21. Juli 1879 angefochtenen Rechtshandlungen des Gemeinschuldners, wenn der Anfechtungsprozeß zur Zeit der Konkurseröffnung noch nicht beendet und vom Konkursverwalter aufgenommen ist. Der Verwalter kann den Anfechtungsanspruch nach den Vorschriften der §§ 30—32, 34 K.O. in Gemäßheit der §§ 240, 491 C.P.O. erweitern.[8]) Die Voraussetzungen der Anfechtung sind in diesem Falle nicht die der K.O., sondern diejenigen des Gesetzes vom 21. Juli 1879.

§ 49. γ. Der Gegenstand der Anfechtung.

Der Gegenstand der Anfechtung ist eine Rechtshandlung, durch welche ein Objekt der Masse entzogen oder, was hier insbesondere in Betracht kommt, durch Belastung mit dem Rechte eines Dritten, namentlich eines allgemeinen oder speziellen Absonderungsrechtes für die Masse wenigstens theilweise entwerthet wird.

Die Rechtshandlung muß nach dem Wortlaut des Gesetzes von dem Gemeinschuldner vorgenommen sein; nur in den Fällen des § 23¹ Satz 2 und des § 23² K.O.[1]) wie auch des § 13 Abs. 3 des Gesetzes vom 21. Juli 1879 (siehe oben § 48 unter 3) ist es gleich-

---

[7]) § 25² K.O.

[8]) § 13 Abs. 1 u 2 des Ges. vom 21. Juli 1879: „Wird über das Vermögen des Schuldners das Konkursverfahren eröffnet, so steht die Verfolgung der von Konkursgläubigern erhobenen Anfechtungsansprüche dem Konkursverwalter zu. Aus dem Erstrittenen sind dem Gläubiger die Prozeßkosten vorweg zu erstatten.

Ist das Verfahren über den Anfechtungsanspruch noch rechtshängig, so wird dasselbe unterbrochen. Im Fall einer Verzögerung der Aufnahme kommen die Bestimmungen der C P.O. § 217 zur entsprechenden Anwendung Der Konkursverwalter kann den Anspruch nach den Vorschriften der K.O. §§ 30—32, 34 in Gemäßheit der §§ 240, 491 C.P.O. erweitern. Lehnt der Verwalter die Aufnahme des Rechtsstreites ab, so kann derselbe rücksichtlich der Prozeßkosten von jeder Partei aufgenommen werden. Durch die Ablehnung der Aufnahme wird die Befugniß des Verwalters, nach den Vorschriften der K O. das Anfechtungsrecht auszuüben, nicht ausgeschlossen."

[1]) Reichsgericht Entsch. Bd. 25 S. 38. Vgl. auch Bd. 2 S. 375, Bd. 3 S. 308, Bd. 10 S. 34; Fitting S. 142; Willenbücher Anm. 3a^{cc} zu § 22 und Anm. 5 zu § 23¹ K.O.

gültig, ob die Rechtshandlung mit dem Willen oder ohne oder gegen den Willen des Gemeinschuldners geschehen ist. Aber auch diejenigen Rechtshandlungen, welchen nur dann anfechtbar sind, wenn sie von dem Gemeinschuldner oder mit ihm vorgenommen sind, unterliegen der Anfechtung, sofern sie durch Zwangsvollstreckung oder Vollziehung eines Arrestes erwirkt sind,[2]) denn in diesen Fällen wird die Mitwirkung des Schuldners fingirt.

Gegenstand der Anfechtung kann jede sonst anfechtbare Rechtshandlung selbst dann sein, wenn auf Grund derselben ein Vollstreckungstitel erlangt ist.[2])

Die Benachtheiligung der Konkursgläubiger ist kein Requisit des Anfechtungsanspruches,[3]) nur der § 23^1 und der § 24^2 K.O. erfordern diese Benachtheiligung zu ihrem Thatbestande. Der § 23^2 spricht nur von der dem bevorzugten Gläubiger bekannten A b s i c h t des Schuldners, ihn vor den andern Gläubigern zu begünstigen, der § 24^1 nur von der dem Gläubiger bekannten Absicht des Kridars, seine Gläubiger zu benachtheiligen, der § 25 von unentgeltlichen Verfügungen und einer nicht nothwendigen Sicherstellung oder Rückgewähr des Heirathsgutes oder Vermögens der Ehefrau des Gemeinschuldners. Die thatsächliche Benachtheiligung der Gläubiger ist daher nur in den Fällen der §§ 23^1 und 24^2 erforderlich, während in den Fällen der §§ 23^2 und 24^1 die dort geforderte Absicht nicht verwirklicht zu sein braucht. Den Anfechtungsklagen aus den §§ 23^2, 24^1 und 25 kann daher auch die Einrede nicht entgegengesetzt werden, daß die Gläubiger nicht benachtheiligt seien,[4]) wenn auch der Beweis, daß eine solche Benachtheiligung nicht stattgefunden hat, häufig — nicht immer — darauf schließen läßt, daß dem Kridar die Absicht der Benachtheiligung bezw. der Begünstigung gefehlt hat; es kann ihnen auch nicht die Einrede entgegengesetzt werden, daß die Konkursmasse zur Befriedigung der Gläubiger ausreicht,[5]) sofern nicht durch diese Thatsache die erforderliche böse Absicht des Schuldners widerlegt wird oder sofern nicht einer der besonderen Fälle vorliegt, in welchen nicht schon die Zahlungseinstellung, sondern nur die Ueberschuldung der Grund zur Eröffnung des Konkurses ist, z. B. der Fall des Nachlaßkonkurses.[6]) Denn wo die Vermögenszulänglichkeit kein

[2]) § 28 K.O.

[3]) A. M. Willenbücher Anm. 3 zu § 22.

[4]) A. M. Willenbücher Anm. 1 b zu § 24.

[5]) Vgl. Otto, Anfechtung S. 190 ff.

[6]) § 203 K.O.

Grund ist, die Eröffnung des Konkurses zu verhindern, kann aus ihr auch keine Einrede gegen einen Anspruch hergeleitet werden, der sich auf die Thatsache der Konkurseröffnung stützt, ohne eine Benachtheiligung der Gläubiger vorauszusetzen.[7]) Ueberdies läßt sich aus der Feststellung des Werthes der Konkursmasse noch nicht mit Bestimmtheit annehmen, daß sie zu dem abgeschätzten Werthe realisirt wird; die Masse kann sich auch durch Zufall oder aus andern Gründen verringern, so daß erst nach der Schlußvertheilung unzweifelhaft feststeht, ob durch die anfechtbare Rechtshandlung die Gläubiger benachtheiligt sind. Deshalb läßt sich diese Einrede sogar kaum in den Fällen der §§ 23[1] und 24[2], welche zu ihrem Thatbestand die Benachtheiligung der Gläubiger erfordern, zur Durchführung bringen, zumal eine solche Benachtheiligung schon in jeder schlechtern Gestaltung der Masse, z. B. in der Erschwerung der Zwangsvollstreckung[8]) oder in der Verzögerung der Befriedigung der Gläubiger[9]) zu erblicken ist.

Der Erwerb eines Absonderungsrechtes ist auch dann Gegenstand der Anfechtung, wenn der Gläubiger ein Recht auf dasselbe hatte. Nur der auf § 23[2] oder 25[2] gegründete Anfechtungsanspruch setzt voraus, daß der Erwerber die Entstehung des Absonderungsrechtes „nicht oder nicht in der Art oder nicht zu der Zeit zu beanspruchen hatte;“ im Falle des § 23[2] hat der Anfechtungskläger das Nichtvorhandensein, im Falle des § 25[2] der Gegner das Vorhandensein dieser Momente darzuthun. Das Recht auf Sicherstellung und auf der andern Seite die Verpflichtung zur Sicherung kann durch Vertrag, durch richterliche Verfügung oder durch das Gesetz begründet sein. Das vertragsmäßige Sicherungsrecht muß sich auf einen formell gültigen, vor der kritischen Zeit perfekt gewordenen Vertrag gründen, die Erfüllung eines nur formell nicht gültigen Vertrages oder einer Naturalobligation ist Anstands- aber nicht Rechtspflicht und wendet daher die Anfechtung nicht ab. Durch richterliche Verfügung kann die Sicherungspflicht z. B. nach § 58 der Preuß. Vormundschaftsordnung vom

---

[7]) v. Völderndorff hält die Einrede für unzulässig, wogegen die Motive S. 109, Willenbücher Anm. 3b[aa] zu § 22, Endemann § 41 S. 235, 236 und Fitting S. 137 sie unbedingt zulassen.

[8]) Reichsgerichts-Annalen 8 S. 164; Willenbücher Anm. 3b[aa] zu § 22.

[9]) Reichsgericht in Gruchots Beiträgen 24 S. 1066, Willenbücher Anm. 3[a] zu § 23.

5. Juli 1875,[10]) nach § 70 Abs. 2 K.O.[11]) bestehen, durch Gesetz besteht sie z. B. nach §§ 255—258, 548, 751, 766 A.L.R. II 1. Zweifelhaft ist es, ob auch dem Gläubiger infolge Erlangung eines Vollstreckungstitels ein Recht zur Sicherstellung, also auch zum Erwerb eines Absonderungsrechtes, zusteht. Obgleich diese Frage von der herrschenden Ansicht[12]) verneint wird, muß sie doch im entgegengesetzten Sinne beantwortet werden. Der § 6 Z.V.G.[13]) giebt dem Gläubiger ausdrücklich das Recht, auf Grund eines Vollstreckungstitels eine Hypothek bezw. Vormerkung an dem Grundstücke des Schuldners zu erwerben, indem er ihn für berechtigt erklärt, „die Eintragung auf alle Grundstücke des Schuldners beanspruchen zu können." Die C.P.O. theilt dem Gläubiger zwar nicht ausdrücklich das Recht zu, auf Grund des Vollstreckungstitels ein Pfandrecht an Mobiliargegenständen des Schuldners zu erlangen, aber sie giebt ihm das Recht zur Zwangsvollstreckung und damit das Recht auf alle Akte, welche zur Zwangsvollstreckung erforderlich sind, und da diese nur durch Pfändung geschehen kann[14]) und die Pfändung ein Pfandrecht zur Entstehung bringt, so liegt in dem Rechte auf die Zwangsvollstreckung auch ein Recht auf Erwerbung eines Pfändungspfandrechtes. Dieser Auffassung steht der § 28 K.O. nicht entgegen. Denn die Bestimmung desselben, daß „die Anfechtung dadurch nicht ausgeschlossen wird, daß für die anzufechtende Rechtshandlung ein vollstreckbarer Schuldtitel erlangt ist," kommt hier nicht in Betracht, weil nicht eine Rechtshandlung in Frage steht, für welche ein Vollstreckungstitel erworben, sondern nur eine Rechtshandlung, welche erst auf Grund desselben nach seiner Erlangung vorgenommen wird. Und die weitere

[10]) „Vormünder, welche für den Mündel ein erhebliches Vermögen zu verwalten haben, können von dem Vormundschaftsgericht zur Stellung einer Sicherheit angehalten werden. Die Art und der Umfang der Sicherheit wird nach richterlichem Ermessen bestimmt; sie kann jederzeit erhöht, gemindert oder erlassen werden ...."

[11]) „Das Gericht kann demselben (dem Konkursverwalter) die Leistung einer Sicherheit auferlegen."

[12]) Reichsgericht Entsch. 3 S. 205, 6 S. 368, 7 S. 36, 10 S. 33; Willenbücher Anm. 9 b zu § 23; Rinteln S. 64 Anm. 4. Dagegen ist Endemann § 42 S. 254, 255 der hier vertretenen Ansicht.

[13]) „Eine vollstreckbare Geldforderung, deren Betrag in gesetzlicher Währung bestimmt ist, wird auf Antrag des Gläubigers als Hypothek .... eingetragen. Der Gläubiger kann die Eintragung auf alle Grundstücke des Schuldners beanspruchen."

[14]) § 708 C.P.O.

Vorschrift, daß die Anfechtung auch dadurch nicht ausgeschlossen wird, „daß die anzufechtende Rechtshandlung durch Zwangsvollstreckung oder durch Vollziehung eines Arrestes erwirkt worden ist," giebt nur zu erkennen, daß eine durch Exekution oder Arrestanlegung erwirkte Rechtshandlung nicht anders zu behandeln ist, daß sie „eine Anfechtung" nicht anders „ausschließt," wie ein vom Schuldner freiwillig vorgenommenes Rechtsgeschäft; der § 28 stellt daher eine durch Zwangsvollstreckung erzwungene nicht einer freiwilligen Rechtshandlung des Schuldners nach, sondern stellt sie dieser gleich. Die freiwillige auf Sicherung des Gläubigers gerichtete Rechtshandlung des Schuldners ist zwar in allen übrigen Anfechtungsfällen, nicht aber in den Fällen der §§ 23 ² und 25 ² anfechtbar, wenn der Gläubiger einen Anspruch auf diese Sicherung hatte, folglich ist in diesen Fällen auch das durch Zwangsvollstreckung oder Arrestanlegung erworbene Pfandrecht der Anfechtung entzogen. Das Recht auf Sicherstellung muß unbedingt bestehen, in dem Recht auf Befriedigung ist es nicht enthalten; der Erwerb eines Absonderungsrechtes unterliegt daher im Falle des § 23 ² der Anfechtung, wenn der Gläubiger nur Befriedigung beanspruchen konnte; nach der Ausdrucksweise des Gesetzes muß aber im Falle des § 25 ² der Anfechtung des Absonderungsrechtes der Erfolg auch dann versagt werden, wenn der Anspruch nur auf Befriedigung gerichtet war, denn aus der alternativen Nebeneinanderstellung der Sicherstellung und der Rückgewähr in dem Satze: „sofern er nicht zu der Sicherstellung oder Rückgewähr durch das Gesetz oder durch einen vor diesem Zeitraum geschlossenen Vertrag verpflichtet war," muß der Schluß gezogen werden, daß die Sicherstellung unangreifbar ist, wenn der Schuldner entweder zu sichern oder zu befriedigen verpflichtet war, weil andernfalls das Gesetz von „der Sicherstellung beziehungsweise Rückgewähr" gesprochen hätte. — Bestand der Anspruch auf Sicherung in der Weise, daß der Schuldner wählen konnte, welche Art der Sicherung, ob Bürgschaft oder Pfandbestellung, zu bestellen sei, so hatte der Gläubiger zwar nicht das Recht auf eine bestimmte Art der Sicherstellung, insbesondere nicht auf Erwerbung eines Absonderungsrechtes, aber er hatte doch ein Recht auf diejenige Sicherung, welche der Schuldner wählen würde; ein demnächst vom Schuldner bestelltes Absonderungsrecht entzieht sich daher der Anfechtung.

Die Rechtshandlung muß, um anfechtbar zu sein, vor der Konkurseröffnung vorgenommen sein. Die nach der Konkurseröffnung vorgenommenen Rechtshandlungen werden nur von der Nichtigkeit des § 6 K.O. getroffen. Besteht die Rechtshandlung aus mehreren Momenten, z. B. aus Offerte und Annahme, und erfolgt das eine Moment vor, das andere nach der Eröffnung des Verfahrens, so unterliegt das Rechtsgeschäft, weil es erst durch das Vorhandensein aller erforderlichen Momente existent wird, der Nichtigkeit. Dasselbe muß auch gelten, wenn die Parteien vor der Eröffnung des Konkurses schon alles gethan haben, was an ihnen lag, die Vollendung des Rechtsaktes aber von dem Eintreffen eines anderweitigen Ereignisses abhängt, welches erst nach der Eröffnung eintritt. Deshalb unterliegt die vor diesem Zeitpunkte bestellte, aber erst nachher eingetragene Hypothek nicht der paulianischen Anfechtung, sondern dem Angriff wegen Nichtigkeit.[15])

§ 50. δ. Die Legitimation zur Anfechtungsklage.

1) Das Anfechtungsrecht im Konkurse wird vom Verwalter ausgeübt.[1]) Er ist der Vertreter des Gemeinschuldners und macht die Anfechtung für diesen, wenn auch ohne oder gegen dessen Willen, geltend, wie der Vormund den von seinem Mündel geschlossenen Vertrag für den Pflegebefohlenen, selbst wider dessen Willen, angreift. Dieser Satz regulirt die Prozeßfragen, welche von der Persönlichkeit der Partei abhängen: der Kridar ist nicht Zeuge, sondern Partei; bei der Vernehmung der dem Kridar nahe stehenden Personen[2]) kommt es hinsichtlich der Beeidigung[3]) und der Zeugnißweigerung[4]) auf ihr Verhältniß zum Gemeinschuldner, nicht zum Verwalter an, während die dem Verwalter nahe stehenden Personen nicht anders zu behandeln sind, wie die Verwandten eines Prozeßvertreters. Bei der Frage nach der Zulässigkeit der Zu- und Zurückschiebung des Eides[5]) kommt es darauf an, ob die Thatsache, über welche der Eid deferirt oder referirt wird, in Handlungen des Gemeinschuldners, als der eigentlichen Partei, oder in Handlungen des Verwalters, als

[15]) Nimmt man aber entgegen den Ausführungen § 25 an, daß ein solcher Rechtsakt von dem § 6 nicht betroffen wird, weil er schon perfekt ist, wenn die Interessenten alles was ihnen oblag, gethan haben, so würde man die Anfechtung aus §§ 22 ff. nicht ausschließen können.

[1]) § 29 K.O.

[2]) § 348 1—3 C P.O.

[3]) § 358 C.P.O.

[4]) § 348 C.P.O.

[5]) §§ 410, 413 C.P.O.

seines Vertreters bestehen. Der Konkursgläubiger wird dagegen von dem Verwalter auch im Anfechtungsprozesse nicht vertreten, selbst dann nicht, wenn der Verwalter den vom Gläubiger vor der Konkurseröffnung anhängig gemachten Prozeß aufnimmt; der Konkursgläubiger kann daher als Zeuge vernommen werden, aber er gehört zu den Personen des § 358⁴ C.P.O., welche beim Ausgange des Rechtsstreites unmittelbar betheiligt sind.

Der Verwalter bedarf zur Erhebung des Anfechtungsprozesses,[6]) wenn der Werthgegenstand mehr als 300 Mark beträgt, nicht auch zur Aufnahme des von einem Konkursgläubiger vor Eröffnung des Konkurses anhängig gemachten[7]) Anfechtungsprozesses, der Genehmigung des Gläubigerausschusses, und hat, wenn ein solcher nicht bestellt ist, vor der Erhebung des Prozesses dem ohne Aufschub erreichbaren Gemeinschuldner von der beabsichtigten Maßregel Mittheilung zu machen,[8]) ohne daß die Versäumniß einer dieser Pflichten seine Prozeßlegitimation beeinträchtigt.[9])

2) Die Konkursgläubiger haben das Anfechtungsrecht weder einzeln noch in ihrer Gesammtheit. Der Beschluß der Gläubigerversammlung über die Vornahme oder die Unterlassung der Anfechtung ist zwar für den Verwalter in seinem Verhältniß zu den Gläubigern maßgebend, berührt aber seine Legitimation und sein Verhältniß zu dem Anfechtungsgegner nicht. Der einzelne Gläubiger darf auch nicht einmal im Prüfungstermine gegen eine angemeldete Forderung wegen ihrer Anfechtbarkeit Widerspruch erheben.[10]) Zwar darf er dem vom Verwalter angestrengten Anfechtungsprozesse als Nebenintervenient beitreten,[11]) denn nach § 63 C.P.O. ist derjenige, welcher „ein rechtliches Interesse daran hat, daß in einem zwischen andern Personen anhängigen Rechtsstreite die eine Partei obsiege, be-

---

[6]) § 121² K.O.

[7]) Die Genehmigung ist nur zur Ablehnung, nicht zur Aufnahme eines anhängigen Prozesses nach § 121² K.O. erforderlich.

[8]) § 123 Abs. 1 K.O.

[9]) § 124 K.O.

[10]) Prot. S. 92.

[11]) v. Wilmowski Anm. 2; Willenbücher Anm. 2 zu § 29 K.O.; Petersen S. 162; Hullmann S. 153; v Völderndorff I S. 399; Stieglitz S. 171; a. M. Cosack, Anfechtung, weil die Intervention einen Prozeß zwischen „andern" Personen voraussetze, der Verwalter aber die Gläubiger vertrete (?), Schultze S. 68, 69; Korn, Anfechtung S. 24 und Otto S. 154, weil die Nebenintervention eine Ausübung des Anfechtungsrechtes enthalte.

rechtigt, dieser Partei zum Zweck ihrer Unterstützung beizutreten;" der Konkursgläubiger hat ein rechtliches Interesse an dem Ausgange des Prozesses, weil seine Konkursdividende durch den Sieg des Verwalters sich erhöht, seine Nebenintervention, welche nicht die Ausübung des Anfechtungsrechtes enthält, sondern lediglich zum Zweck der Unterstützung des Verwalters erfolgt, muß daher zugelassen werden. Aber als Streitgenosse darf er nicht angesehen werden. Denn der Streitgenosse hat eine selbstständige Parteistellung,[12]) er betreibt den Prozeß aus eigenem Rechte[13]) selbst gegen den Willen seiner Mitpartei, er ist selbstständig zur Einlegung von Rechtsmitteln befugt.[14]) Ein solcher Streitgenosse kann der Konkursgläubiger im Anfechtungsprozesse des Verwalters nicht sein, weil ihm das Recht zur Anfechtung durch § 29 K.O. entzogen ist. Von dieser der herrschenden Ansicht entsprechenden Auffassung weichen v. Wilmowski[15]) und Fitting[16]) ab, welche annehmen, daß eine selbstständige Streitgenossenschaft nach § 66 C.P.O., deren Voraussetzung durch § 13 Abs. 4 des Anfechtungsges. bestätigt werde, für zulässig zu erachten sei; v. Wilmowski will jedoch diese Zulässigkeit „auf die Wirksamkeit für Anfechtungsrechte des Gläubigers nach der Konkursbeendigung (nicht während des Konkurses) beschränken." Eine Beschränkung der Streitgenossenschaft auf eine bestimmte Wirkung wird man aber nicht anerkennen können: der Konkursgläubiger ist entweder berechtigt, selbstständig und gegen den Willen der Mitpartei Prozeßhandlungen vorzunehmen oder er ist es nicht; er ist entweder Streitgenosse oder ist es nicht. Ueberdies würde jede besondere Wirkung der Anfechtung für den einzelnen Gläubiger die nothwendige, aber durch den § 29 K.O. ausgeschlossene Voraussetzung haben müssen, daß diesem Gläubiger das Recht der Anfechtung zustehe.

In zwei Fällen ist der Konkursgläubiger ausnahmsweise befugt, ein Recht aus der Anfechtung im Konkurse zu verfolgen:

a. „Rechtshandlungen, welche der Gemeinschuldner rücksichtlich seines nicht zur Konkursmasse gehörigen Vermögens vorgenommen hat, können" nach § 13 Abs. 5 des Ges. vom 21. Juli 1879 „auch während des Konkursverfahrens nach Maßgabe dieses Gesetzes [vom 21. Juli 1879] angefochten werden."

---

[12]) § 58 C.P.O.

[13]) § 60 C.P.O.

[14]) Struckmann und Koch, Civilprozeßordnung Anm. 4 zu § 472 C.P.O.

[15]) Anm. 2 zu § 29 K.O.

[16]) § 17 Anm. 2.

b. Der Konkursgläubiger, welcher vor der Eröffnung des Verfahrens einen Anfechtungsprozeß anhängig gemacht hat, kann denselben während des Konkurses nicht weiter verfolgen. Das Prozeßverfahren wird durch die Konkurseröffnung unterbrochen. Nimmt der Verwalter den Prozeß auf, so kann der früher klagende Konkursgläubiger zwar als Nebenintervenient, nicht aber als Partei und demnach auch nicht als Streitgenosse auftreten. Lehnt dagegen der Verwalter die Aufnahme des Prozesses ab, mag er gewillt sein, die Anfechtung ganz zu unterlassen oder einen besonderen Anfechtungsprozeß anzustellen, so ist der Gläubiger nicht berechtigt,[17]) den Prozeß über die Hauptsache fortzusetzen, er kann den Prozeß vielmehr nur rücksichtlich der Kosten wieder aufnehmen, wie auch andererseits der Gegner nur befugt ist, den Prozeß hinsichtlich der Kosten fortzusetzen. Wird der Prozeß hinsichtlich der Kosten aufgenommen, so können über die Anfechtung zwei Prozesse geführt werden: der frühere Prozeß hinsichtlich der Kosten und ein neuer Prozeß seitens des Verwalters über den Anfechtungsanspruch.[18])

3) Das Recht des Absonderungsgläubigers als solchen, Rechtshandlungen des Kridars anzufechten, wird durch die Konkurseröffnung nicht betroffen[19]) und durch das Anfechtungsrecht des Verwalters so wenig beschränkt, daß die Verzichte, Vergleiche u. s. w. des Verwalters dem Absonderungsberechtigten nicht entgegengesetzt werden können. Denn diese Handlungen des Verwalters sind nur für den Kridar und

---

[17]) Selbst dann, wenn der Verwalter ausdrücklich erklärt, daß er das Rechtsgeschäft nicht anfechten werde, ist für die früheren Parteien die Fortsetzung des Prozesses gegen einander ausgeschlossen. Motive S 31.

[18]) v. Sarwey meint S. 139, daß das Gericht in einem solchen Falle von der Befugniß des § 139 C P.O. Gebrauch machen und die weitere Verhandlung bis zur Erledigung des vom Verwalter anhängig gemachten Rechtsstreites sistiren könne. Dies wird aber nicht zulässig sein, denn der § 139 C.P.O. läßt eine solche Aussetzung des Verfahrens nur zu, wenn die Entscheidung des Rechtsstreites ganz oder theilweise von dem Bestehen oder Nichtbestehen eines Rechtsverhältnisses abhängt, welches den Gegenstand eines andern anhängigen Rechtsstreites bildet oder von einer Verwaltungsbehörde festzustellen ist; der Entscheidung über den Kostenpunkt des bisherigen Prozesses wird aber durch den nicht zwischen denselben Parteien geführten, vom Verwalter angestrengten Rechtsstreit nicht präjudizirt, die eine Entscheidung ist ganz unabhängig von der andern. Ueberdies kann auch der Rechtsgrund, können die Einreden, Fristen, Voraussetzungen in beiden Prozessen verschiedene sein, da für den früheren Prozeß die Bestimmungen des Anfechtungsgesetzes, für den späteren diejenigen der K.O. maßgebend sind.

[19]) Reichsgericht Entsch. 16 S. 36.

die Konkursgläubiger, nicht für Dritte bindend. Der Separatist[20]) kann daher sein Anfechtungsrecht vor und nach der Konkurseröffnung selbstständig geltend machen, kann den Anfechtungsprozeß sogar neben demjenigen des Verwalters erheben oder fortsetzen; der von ihm vor der Eröffnung anhängig gemachte Rechtsstreit wird zwar nach § 218 C.P.O. durch die Eröffnung des Verfahrens unterbrochen, kann vom Separatisten aber sogleich wieder aufgenommen werden. Der Absonderungsgläubiger darf dem vom Verwalter angestrengten Anfechtungsprozesse zwar als Nebenintervenient beitreten, aber Streitgenosse ist er nicht, weil die Entscheidung des vom Verwalter angestellten Prozesses für ihn nicht bindend ist. In gleicher Weise ist die prozessuale Rechtsstellung des Verwalters in dem vom Absonderungsgläubiger nach der Eröffnung des Verfahrens angestrengten Prozesse limitirt, wogegen die Rechte des Verwalters hinsichtlich des vom qualifizirten Separatisten vor der Eröffnung anhängig gemachten Rechtsstreites durch den § 13 des Anfechtungsgesetzes erweitert sind. (Siehe darüber unten § 54.) Der Absonderungsgläubiger darf sich auf die Anfechtungsgründe der K.O. nicht berufen, sein Anfechtungsrecht ist vielmehr durch die Vorschriften des Gesetzes vom 21. Juli 1879 normirt, ohne daß er jedoch gehindert ist, auch aus seinem dinglichen Rechte gegen die dasselbe verletzenden Eingriffe des Gegners Stützen für seinen Anspruch abzuleiten.

Sein Recht ist auf den Gegenstand der Absonderung beschränkt, und das angegriffene Rechtsgeschäft unterliegt daher seiner Anfechtung nur insoweit, als der Absonderungsgegenstand durch dasselbe seinem Rechte entzogen ist. Rücksichtlich dieses Gegenstandes kann er aber sowohl auf Rückgewährung der ihm entzogenen Sache, wie auch auf Beseitigung des von dem Gegner an derselben erworbenen allgemeinen oder speziellen Absonderungsrechtes seine Anträge richten.

Selbst die vom Verwalter vorgenommenen Rechtshandlungen können bei dem Vorhandensein der Voraussetzungen des Anfechtungsgesetzes dem paulianischen Rechtsmittel des Absonderungsgläubigers

---

[20]) Der § 40 E.E.G., wonach gleich- oder nachstehende Gläubiger Grundschulden nur dann anfechten können, wenn sie im Wege der Zwangsvollstreckung die Eintragung erlangt haben, ist hinsichtlich der paulianischen Anfechtung durch den § 2 des Anfechtungsgesetzes beseitigt, der jedem Gläubiger das Recht zur Anfechtung ertheilt, welcher einen vollstreckbaren Schuldtitel erlangt hat, und dessen Forderung fällig ist, sofern die Zwangsvollstreckung in das Vermögen des Schuldners zu einer vollständigen Befriedigung des Gläubigers nicht geführt hat, oder anzunehmen ist, daß sie zu einer solchen nicht führen würde. Förster-Eccius I § 114 S 783.

unterliegen. Soweit dabei das verwandtschaftliche oder sonstige persönliche Verhältniß des Empfängers in Betracht kommt, ist das Verhältniß entscheidend, in welchem der Empfänger nicht zum Verwalter, sondern zu dem, von letzterm vertretenen, Kridar steht.

4) Auch die Massegläubiger sind nicht gehindert, Rechtshandlungen des Kridars oder des Verwalters auf Grund des Anfechtungsgesetzes anzugreifen.

5) Die neuen Gläubiger des Kridars, deren Forderungen erst nach der Konkurseröffnung entstanden sind, dürfen Rechtshandlungen des Kridars, welche die nicht zur Masse gehörigen Gegenstände betreffen, auf Grund des Anfechtungsgesetzes angreifen, wogegen die vor der Konkurseröffnung vorgenommenen Rechtshandlungen, welche Massegegenstände betreffen, ihrem Angriffe entzogen sind. Dem vom Verwalter angestellten Anfechtungsprozesse dürfen sie als Nebeninterventienten beitreten, sie haben aber nicht die Stellung der Streitgenossen.

§ 51. ε. Der Anfechtungsgegner.

1) Anfechtungsgegner kann in den Fällen der §§ 24 und 25 K.O. sowohl ein Absonderungsgläubiger als auch ein Konkursgläubiger[1]) sein. Der Anfechtung aus § 23 kann dagegen der Absonderungsberechtigte als solcher nicht ausgesetzt werden. Der qualifizirte Absonderungsgläubiger entzieht sich der Anfechtung aus § 23 dann, wenn er nur aus dem Absonderungsgegenstande befriedigt wird,[2]) denn insoweit wird er nur als Separatist befriedigt, dagegen ist er nur Konkursgläubiger, wenn er für sein persönliches Recht eine Leistung erhält, die nicht aus dem Absonderungsgegenstande herzuleiten ist. Der einfache Absonderungsgläubiger ist überhaupt kein persönlicher, kein Konkursgläubiger, eine zur Befriedigung oder größeren Sicherung an ihn gemachte Leistung kann daher aus § 23 K.O. nie-

---

[1]) Unter den Konkursgläubigern sind nicht nur diejenigen zu verstehen, welche, wie der § 2 sie definirt, „einen zur Zeit der Eröffnung des Verfahrens begründeten Vermögensanspruch an den Gemeinschuldner haben", sondern auch diejenigen, welche einen solchen Anspruch ohne die anfechtbare Rechtshandlung haben würden, wenn der Konkurs unmittelbar vor dieser Handlung eröffnet wäre, Willenbücher Anm. 6[b] zu § 23 K.O.; sonst würde der befriedigte Gläubiger, der infolge dieser Befriedigung zur Zeit der Konkurseröffnung überhaupt kein Gläubiger mehr ist, der gerade durch den § 23 K.O. gegen ihn gerichteten Anfechtung entzogen sein.

[2]) Reichsgericht Entsch. 17 S. 28.

mals angefochten werden, auch wenn die Leistung nicht aus dem Absonderungsgegenstande herzuleiten ist.[3])

2) „Die Anfechtung hat," wie die Motive S. 150 sagen, „stets das mit dem Gemeinschuldner geschlossene erste Rechtsgeschäft zum Gegenstande." Dieses erste Rechtsgeschäft oder diese erste Rechtshandlung ist von dem Gemeinschuldner und dessen Vertragsgenossen — als letzterer ist hier auch der erste Zahlungs- und Sicherungsempfänger gemeint — geschlossen. Der Vertragsgenosse ist es daher, gegen welchen die Anfechtungsklage des Verwalters sich richtet, gegen ihn richtet sie sich auch dann, wenn er die den Gegenstand der Rechtshandlung bildende Sache nicht mehr hat[4]) oder der ihm gewordene Vortheil wieder verloren gegangen ist. Denn das Gesetz, welches die Anfechtung gegen den Vertragsgenossen zuläßt, giebt ihm eine auch durch sonstige Rechtsgründe nicht gehaltene Einrede weder aus dem Verlust der Sache, noch aus dem Verlust des erhaltenen Vortheils. Nur für den gutgläubigen Empfänger einer unentgeltlichen Leistung ist durch § 30 Abs. 2 K.O. eine Beschränkung statuirt; zwar ist die Anfechtungsklage auch gegen ihn zulässig, ihr Erfolg reduzirt sich aber auf die Erstattung seiner Bereicherung. Der Vertragsgenosse kann sich auch nicht durch den Einwand schützen, daß die Anfechtungsklage gegen den dritten Erwerber der Sache zulässig ist, welche er durch die anfechtbare Rechtshandlung erhalten hatte. Er und der Dritte haften vielmehr solidarisch und die Klage kann sowohl gegen jeden von ihnen, als auch gegen beide gleichzeitig oder nacheinander erhoben werden.

Die Klage kann unter bestimmten, im § 33 K.O. statuirten Voraussetzungen auch gegen Dritte angestellt werden. Dritter ist jeder, welcher nicht der Vertragsgenosse oder dessen Erbe ist.[5]) Die

---

[3]) Die dem einfachen Absonderungsgläubiger gemachte Leistung kann aber unter Umständen als eine unentgeltliche aus § 25 K.O. angegriffen werden, wenn er ein Recht auf dieselbe nicht hatte und ihr eine vermögensrechtliche Gegenleistung nicht gegenübersteht. Eine solche Gegenleistung steht ihr aber schon dann gegenüber und macht die Leistung zu einer entgeltlichen, wenn die letztere in der seitens des Gläubigers erfüllten Absicht des Schuldners gemacht ist, ihn von der Einklagung oder Verfolgung seines Absonderungsrechtes auch nur vorläufig abzuhalten. Die Anfechtung aus § 24 ist selbstverständlich stets auch gegen ihn zulässig.

[4]) Motive S. 147. Reichsoberhandelsgericht Entsch. 10 S. 248 ff., 13 S. 381; Reichsgericht in Gruchots Beiträgen 24 S. 1068; Willenbücher Anm. 2[d] zu § 30. A. M. Dernburg Pr. Pr.R. II S. 330.

[5]) Vgl. Reichsgericht Entsch. 9 S. 87.

gegen diesen gerichtete Klage hat aber das mit dem Gemeinschuldner geschlossene erste Rechtsgeschäft zum Gegenstand, die Anfechtung muß, wie der § 33 Abs. 2 K.O. sich ausdrückt, gegen den Vertragsgenossen „begründet“ sein, sie muß daher allen Erfordernissen entsprechen, welche zur Klage gegen den Vertragsgenossen gehören. Außer diesen Erfordernissen hängt aber ihre Zulässigkeit von dem Vorhandensein der im § 33 bestimmten Voraussetzungen ab, daß dem Nachfolger zur Zeit seines Erwerbs bekannt war, daß der Gemeinschuldner die Rechtshandlung in der Absicht vorgenommen hat, seine Gläubiger zu benachtheiligen, oder daß er zu den im § 24^{2} genannten Personen gehört und nicht beweist, daß er zur Zeit seines Erwerbes von den Umständen, welche die Anfechtung begründen, keine Kenntniß hatte. Die Klage ist daher gegen den Dritten, welcher von der betrügerischen Absicht des Gemeinschuldners keine Kenntniß hatte oder nicht zu den dem Kridar nahestehenden Personen gehört, nicht zulässig, wenn auch sein Cedent jene Absicht kannte oder zu den dem Gemeinschuldner nahestehenden Personen gehört. Hat z. B. der Kridar sich vor der Konkurseröffnung über den Nachlaß seiner Ehefrau, an welchem er und sein Kind als Erben betheiligt waren, mit dem Käufer der Erbschaft seines Kindes auseinandergesetzt, so findet die Anfechtung aus § 24^{2} nicht statt, weil der entgeltliche Vertrag vom Kridar nicht mit seinem Kinde, sondern dessen Singularsuccessor geschlossen ist; hat der Ehemann in den letzten 2 Jahren vor der Konkurseröffnung das Heirathsgut seiner Ehefrau, dessen Rückforderung diese einem Dritten veräußert hat, dem letztern sichergestellt oder zurückgewährt, so ist die Anfechtung aus § 25^{2} nicht zulässig. In keinem dieser Fälle geht das privilegium odiosum der nahestehenden Personen auf deren Singularrechtsnachfolger über. Der erste Fall wird in der Litteratur nicht besprochen, der zweite wird aber fast einstimmig[6]) in entgegengesetztem Sinne dahin entschieden, daß die Anfechtung nicht blos unter den Bedingungen des § 33 Abs. 2, sondern direkt aus § 25^{2} K.O. gegen den Cessionar zulässig sei. Der § 103^{4} der Preuß. K.O. hatte die Rechtshandlungen, durch welche der Gemeinschuldner seiner Ehefrau oder deren Rechtsnachfolger behufs Sicherstellung oder Abfindung wegen des in seine Verwaltung gekommenen Vermögens

---

[6]) v. Wilmowski Anm. 7 zu § 25, Stieglitz Anm. V zu 4, v. Völderndorff I S. 371, Willenbücher Anm. 4 zu § 25, ebenso die Schriftsteller, welche das Anfechtungsrecht besonders behandelt haben: Jäckel S. 104—106, Grützmann S. 194, Cosack S. 159—161, Hartmann S. 69, Otto S. 137—138.

in stehender Ehe ein Pfand- oder Hypothekenrecht bestellt oder auf irgend eine Weise Befriedigung gewährt hatte, ohne daß ein Fall der gesetzlichen Verpflichtung zur Sicherstellung der Ehefrau oder zur Herausgabe des Vermögens derselben vorlag, für anfechtbar erklärt. Diese Ausdehnung der Anfechtbarkeit auf die Rechtsnachfolger der Ehefrau, wie sie das Preußische Recht ausdrücklich vorschrieb,[1]) ist in der Deutschen K.O. absichtlich vermieden, weil, wie die Motive S. 137, 138 sagen, „mit der gültigen Veräußerung einer Illatenforderung oder eines andern, den gesetzlichen Rechten unterliegenden Vermögensgegenstandes an einen Dritten, selbst wenn man in dessen Händen dem Gegenstande die Natur eines Eingebrachten noch zusprechen wollte, jedenfalls die für die Ausnahmebestimmung maßgebliche, in der rechtlichen Stellung der Ehegatten untereinander beruhenden Gründe hinwegfallen." „Der Singularsuccessor der Ehefrau," sagen die Motive ferner, „kann keine andere Stellung einnehmen, wie jeder Dritte; daß dies aber der Mann nicht mißbrauche, um durch einen Umweg die Ehefrau sicherzustellen, indem er das Vermögen dem Dritten abtreten und es, nachdem dieser sichergestellt, wieder auf die Ehefrau übertragen läßt, wird durch die Vorschrift des § 33 Nr. 1 und 2 verhindert." Hiergegen wird behauptet, daß diese in den Motiven ausgesprochene Absicht in dem Gesetz keinen Ausdruck gefunden habe. Das ist jedoch unrichtig: Das Gesetz spricht lediglich „von Verfügungen zu Gunsten seiner Ehefrau", und der Dritte ist nicht die Ehefrau des Kridars. Deren Rechtsstellung infolge der Cession für den Cessionar anzunehmen, ist aber nach allgemeinen Rechtsgrundsätzen nicht begründet und würde durch den § 33 Abs. 2 K.O. eine Widerlegung finden. Man darf daher nicht sagen, die Absicht der Regierungsmotive, die Anfechtung gegen den Singularsuccessor der Ehefrau auszuschließen, habe im Gesetz keinen Ausdruck gefunden, sondern man muß sagen: im Gesetz hätte es zum Ausdruck gebracht werden müssen, wenn die Anfechtung auch gegen den Rechtsnachfolger zulässig sein sollte, im Gesetz hat aber eine solche Ansicht keinen Ausdruck gefunden. Man beruft sich ferner auf das Protokoll

[1]) Das Obertribunal bezog in der Entscheidung vom 20. Juni 1870 (Just. Min. Bl. 1870 S. 262) die Bestimmung der Preuß. K.O. nicht auf die Cession, welche die Frau nach bereits erfolgter Befriedigung oder Sicherung vornimmt, sondern läßt sie nur auf den Fall Anwendung finden, daß die Frau die Illatenforderung cedirt und der Gemeinschuldner demnächst dem Cessionar eine Befriedigung oder Sicherstellung gewährt. (Motive S. 137.)

der Reichstagskommission, aber auch die Kommissionsberathungen begründen die entgegenstehende Meinung auch dann nicht,[8]) wenn sie für die Auslegung des Gesetzes entscheidend wären.

Als Dritter, gegen welchen die Anfechtung unter den Voraussetzungen des § 33 Abs. 2 gerichtet werden kann, ist derjenige anzusehen, welcher ohne Zuthun des Kridars aus dem von letztern mit dem ersten Vertragsgenossen geschlossenen Rechtsgeschäfte ein Recht erlangt, nicht nur wenn er die ganze Sache oder einen Theil derselben, sondern auch wenn er ein Recht an derselben erworben hat.[9]) Die Rechtsnachfolge kann entweder derivativer oder originärer Natur sein. Letzteres ist sie, wenn ein Dritter den Gegenstand, den der Vertragsgenosse durch das anfechtbare Rechtsgeschäft erhalten hat, mala fide ohne Willen des Vertragsgenossen durch Spezifikation, durch Okkupation nach erfolgter Dereliktion, an sich bringt.[10])

Die Rechtsnachfolge kann vor, in und nach dem gegen den Vertragsgenossen anhängig gemachten Anfechtungsprozeß eintreten, in allen diesen Fällen ist der Dritte unter den Voraussetzungen des § 33 der Anfechtung ausgesetzt. Aber der Anfechtungskläger hat unter Umständen größere Rechte gegen den Dritten, wenn die Rechtsnachfolge während des Rechtsstreites eintritt. Denn nach § 236 C.P.O.

---

[8]) Prot S. 23. In der Kommission äußerte der Geh. Just.Rath Hertz: „Selbstverständlich habe, wie schon von dem Abgeordneten Hullmann bemerkt sei, der Rechtsnachfolger der Ehefrau gegen den Ehemann dieselbe actio, wie die Frau selbst; um lediglich den Fall einer Cession zu treffen, sei also der Antrag (des Abg. Frankenberg, dem § 25² hinter „seines Ehegatten" die Worte „oder jedem Rechtsnachfolger" hinzuzufügen) nicht nöthig. Darauf zog Frankenberg seinen Antrag zurück. Kurz vorher hatte aber der Reg.Rath Hagens erklärt: „Die Abweichung vom Preuß. Rechte sei mit Bedacht geschehen; die Preußische Vorschrift führe zu einer ungerechtfertigten Härte gegen den dritten gutgläubigen Erwerber; habe der Dritte zur Zeit seines Erwerbes die Absicht des Ehemannes, seine Gläubiger zu benachtheiligen, gekannt, so sei die Anfechtung nach § 33¹ begründet; habe dagegen die Ehefrau einem gutgläubigen Dritten cedirt, und der Mann an diesen die Sicherstellung oder Rückgewähr bewirkt, so würden diese Akte, falls die sonstigen Voraussetzungen gegeben seien, unter § 23¹ oder ² fallen; darüber hinauszugehen und den Dritten dem Gläubiger ganz gleich zu stellen, gehe zu weit." Will man hiernach aus der Erklärung des einen Regierungskommissars etwas beweisen, so giebt die Erklärung des andern den Gegenbeweis.

[9]) Reichsgericht Entsch. 9 S. 84 ff.

[10]) Auch v. Wilmowski Anm. 2 zu § 33 und Cosack S. 319 betrachten einen, nur äußerlich an den Besitz des ersten Erwerbes sich anschließenden, wenngleich nicht durch einen Rechtsakt vermittelten, rechtlosen Erwerb als durch Rechtsnachfolge im Sinne des § 33 erfolgt.

ist die Entscheidung in Ansehung der Sache selbst auch gegen den Rechtsnachfolger wirksam und vollstreckbar, ohne daß dieser berechtigt ist, ohne Zustimmung des Anfechtungsklägers den Prozeß als Hauptpartei an Stelle des Rechtsvorgängers zu übernehmen oder eine Hauptintervention zu erheben.[11]) Ausnahmsweise ist die Entscheidung gegen den Rechtsnachfolger nach § 238 C.P.O. nicht wirksam, soweit dem § 236 „Vorschriften des bürgerlichen Rechtes über den Erwerb beweglicher Sachen, über den Erwerb auf Grund des Grund- und Hypothekenbuches und über den Erwerb in gutem Glauben" entgegenstehen, also in den Fällen der Veräußerung nach Art. 306, 307 H.G.B., der Cession von Hypotheken- und Grundschulden und der Auflassung eines Grundstückes, sofern und soweit die §§ 38, 9 E.E.G. die gegen den Rechtsvorgänger zulässigen Einreden ausschließen oder beschränken, sowie in dem Falle der Veräußerung an einen gutgläubigen Dritten, welcher der gegen den Veräußerer erlassenen Entscheidung nach Preuß. Rechte nur mit der Maßgabe unterworfen ist, daß er die den Gegenstand des Urtheils bildende Sache nur gegen Erstattung der seinem Auktor gemachten Gegenleistung herauszugeben braucht.[9]) In diesen Ausnahmefällen wird aber lediglich das besondere Recht beschränkt, die gegen den Vertragsgenossen erwirkte Entscheidung unmittelbar gegen den Dritten zur Vollstreckung zu bringen, welcher während des Rechtsstreites Nachfolger geworden ist, wogegen die Anfechtung auf Grund des § 33 auch in diesen Ausnahmefällen nicht gehindert wird und daher beispielsweise der Anfechtung gegen den gutgläubigen dritten Erwerber im Sinne des § 26 A.L.R. I 15, wenn derselbe zu den dem Kridar nahestehenden Personen gehört, der Anspruch auf Erstattung der dem Auktor gemachten Gegenleistung [12]) nicht entgegengestellt werden kann.

Tritt die Rechtsnachfolge vor der Anfechtung ein, so kann der gegen den Vertragsgenossen geführte Prozeß und das darin erlassene Urtheil für und gegen den Successor keine Wirkung äußern. Der Verwalter kann die Anfechtung in diesem Falle gegen den Vertragsgenossen und dessen Nachfolger zusammen oder getrennt oder nur gegen einen von ihnen erheben. Keiner von ihnen ist nothwendiger Streitgenosse in dem gegen den andern erhobenen Prozesse, der Eid

---

[11]) Die Vollstreckungsklausel wird gegen den Rechtsnachfolger unter den Voraussetzungen des § 665 C.P.O. ertheilt.

[12]) § 26 A.L.R. I 15.

des einen ist für und gegen den andern nicht maßgebend,[13]) die Klage kann gegen den Einen von Erfolg begleitet sein, gegen den Andern abgewiesen werden, und trotz der Abweisung der Klage gegen den Einen kann die Klage gegen den Andern erhoben werden, auch wenn das abweisende Urtheil das Vorhandensein von Voraussetzungen verneint, welche die Grundlage auch für die Klage gegen den Andern sind.

Tritt dagegen die Rechtsnachfolge nach dem Anfechtungsprozesse ein, so gilt die für und gegen den Vertragsgenossen getroffene Entscheidung auch gegen den Rechtsnachfolger, denn dieser erwirbt die Sache in derselben Rechtslage, in welcher sie sein Auktor hatte.[14]) Nur in denjenigen oben erwähnten Fällen der Art. 306, 307 H.G.B., der §§ 9, 38 E.E.G., des § 26 A.L.R. I 25, in welchen die gegen den Vertragsgenossen ergehende Entscheidung die im Laufe des Rechtsstreites eintretende Succession nicht berührt, kann die gegen den Vertragsgenossen erlassene Entscheidung auch nicht gegen denjenigen Singularsuccessor geltend gemacht werden, dessen Recht erst nach dem Anfechtungsprozesse zur Entstehung gelangt.[15]) In diesen Ausnahmsfällen ist der Verwalter gegen den Rechtsnachfolger auf die Anfechtung aus § 33 Abs. 2 beschränkt, unter den Voraussetzungen des § 33 aber auch ohne Rücksicht auf die angeführten gesetzlichen Bestimmungen, die den gutgläubigen Erwerber sonst schützen, an der Anfechtung weder gehindert, noch beschränkt.[16])

---

[13]) Reichsgericht Annalen 7 S. 176.

[14]) Obertr. Entsch. 22 S. 123; Striethorst, Archiv 6 S. 1; § 402 A.L.R. I 11.

[15]) Vgl. §§ 238, 665 C P O.

[16]) Die Wirkung der res judicata für und gegen den Successor ist überhaupt streitig. In vielen Beziehungen stimmen mit der obigen Auffassung und Unterscheidung überein: v. Wilmowski Anm. 3 zu § 33; Francke im Civ.-Arch. Bd. 62 S. 494; Otto S. 116; Grützmann S. 207, 208; Meisner S. 146; Cosack S. 320, 324; die Motive S. 151 und ihnen folgend v. Sarwey S. 215, v. Völdernborff S. 422c, Stieglitz Anm. III zu § 33, Hullmann, Petersen und Wengler zu § 33, Willenbücher Anm. 8 zu § 33 schließen nach rechtskräftiger Zurückweisung einer Anfechtung gegen den Vertragsgenossen die fernere Anfechtung gegen den Rechtsnachfolger desselben aus, ohne Rücksicht darauf, wann die Nachfolge eingetreten ist, weil, wenn auch res judicata nur inter partes wirke, die Zulässigkeit der Anfechtung gegen den erstern ein materielles Präjudiz für die Anfechtung gegen den letztern bilde. Die Motive berufen sich auf die oben in der Anm. 14 citirten Entscheidungen des Obertr., in denen jedoch nur Fälle solcher Art behandelt sind, für welche oben ebenfalls

Nach allgemeinen Grundsätzen müßte man die Anfechtung gegen jeden Universalrechtsnachfolger unbeschränkt zulassen, ohne dieselbe an die Voraussetzungen des § 33 Abs. 2 zu binden. Nach der bestimmten Vorschrift des § 33, welcher die Anfechtung unbedingt nur gegen den Erben, gegen jeden „andern Rechtsnachfolger" aber nur unter den im Abs. 2 angegebenen besonderen Voraussetzungen zuläßt, ist die Anfechtung aber gegen jeden Rechtsnachfolger, welcher nicht Erbe des Vertragsgenossen ist, nur unter jenen Voraussetzungen begründet.[17]) Die Frage aber, wie weit die gegen den Vertragsgenossen ergangene Entscheidung für und gegen den Rechtsnachfolger wirksam ist, muß ohne Unterscheidung zwischen dem Erben und andern allgemeinen Rechtsnachfolgern gleichmäßig beantwortet werden: Die gegen den Vertragsgenossen ergangene Entscheidung ist für und gegen den Universalsuccessor in jedem Falle auch ohne Rücksicht auf die zum Schutz des gutgläubigen Erwerbers bestehenden gesetzlichen Vorschriften maßgebend, wenn die Rechtsnachfolge nach dem Anfechtungsprozesse oder während desselben eintritt, nicht aber, wenn sie vor dem gegen den Vertragsgenossen angestellten Rechtsstreite begründet wurde; der nach dem Eintritt der Rechtsnachfolge gegen den Successor anhängig gemachte Rechtsstreit berührt das Recht des Auktors nicht, mag die Rechtsnachfolge eine allgemeine oder besondere sein.

auf diese Entscheidungen Bezug genommen ist. Ein materielles Präjudiz bildet die gegen den Vertragsgenossen ergangene Entscheidung für und gegen den Dritten jedenfalls nicht, da die Klage gegen den letztern nicht voraussetzt, daß die Anfechtung gegen den erstern rechtskräftig festgestellt, sondern nur, daß sie gegen denselben begründet ist.

[17]) Außer durch Erbgang kann eine Universalsuccession durch Uebertragung des ganzen Vermögens unter Lebenden, durch Verkauf des Geschäftes einer Gesellschaft, welche ein eigenes Korporationsvermögen bildet (einer offenen Handelsgesellschaft, Kommanditgesellschaft, Aktiengesellschaft, Genossenschaft u. s. w.), — vgl. Reichsgericht Entsch. Bd. 15 S 51 ff. —, durch Auflösung einer offenen Handelsgesellschaft, deren Vermögen auf die einzelnen Gesellschafter übergeht, — a. M. in letzterer Beziehung v. Wilmowski u. Levy Anm. 2 zu § 665 C.P.O., Behrend, Handelsrecht § 74 S. 527, Reichsoberhandelsgericht Entsch. 21 S. 130 und die dort citirten Entscheidungen —, durch Fusion einer Aktiengesellschaft mit einer andern Aktiengesellschaft — Reichsgericht 9 S. 11 ff. —, nicht aber eintreten, wenn das Handelsgeschäft eines Einzelkaufmannes mit Aktivis und Passivis veräußert ist — v. Wilmowski a. a. O. A. M. Reichsgericht Entsch. 15 S. 51. Eine allgemeine Rechtsnachfolge tritt nach Preuß. Rechte — § 447 A.L.R. I 11 — auch durch den Erbschaftskauf ein, wogegen nach gemeinem Rechte der Erbschaftskauf nur dann, wenn der Fiskus der Verkäufer ist — l. 1 C. 4, 39 — eine Universalsuccession, in allen andern Fällen nur eine Singularsuccession begründet.

Die Anwendung des § 33 hat auch nach mehrfacher Succession stattzufinden. Die Anfechtungsklage kann von jedem der mehreren Successoren erhoben werden, mögen sie Erben oder andere Rechtsnachfolger sein. Ist der Rechtsübergang durch Erbschaft allein bewirkt, so ist die Anfechtung aus § 33 Abs. 1, gegen einen Erwerber aber, welcher nicht durch Erbgang Rechtsnachfolger eines Universal- oder Singularsuccessors des Vertragsgenossen ist, ist sie nur aus § 33 Abs. 2 zulässig.[18])

§ 52. ζ. Das Resultat der Anfechtung.

Da durch die erfolgreiche Anfechtung die Ungültigkeit des angefochtenen Rechtsgeschäftes konstatirt wird, so muß das Resultat der Anfechtung in der Wiederherstellung des Zustandes bestehen, wie er vor der Vornahme des Rechtsaktes gewesen war. Deshalb bestimmt der § 30 Abs. 1 K.O.:

> „Was durch die anfechtbare Handlung aus dem Vermögen des Gemeinschuldners veräußert, weggegeben oder aufgegeben ist, muß zur Konkursmasse zurückgewährt werden,"

und der § 7 Abs. 1 des für die Anfechtung seitens anderer, als des Verwalters, maßgebenden Ges. vom 21. Juli 1879:

> „Der Gläubiger kann, soweit es zu seiner Befriedigung erforderlich ist, beanspruchen, daß dasjenige, was durch die anfechtbare Handlung aus dem Vermögen des Schuldners veräußert, weggegeben oder aufgegeben ist, als noch zu demselben gehörig von dem Empfänger zurückgewährt werde."

Besteht der mit Erfolg angegriffene Rechtsakt in der Bestellung eines Absonderungsrechtes, so ist der Vertragsgenosse verpflichtet, die Ungültigkeit des Rechtsakts anzuerkennen und den in seinen Gewahrsam gelangten Absonderungsgegenstand, sowie die erhaltenen, das Ab-

[18]) Ist der Gegenstand des Anfechtungsanspruches nach der Konkurseröffnung an den Kridar selbst zurückgelangt, so ist dieser zwar auch dem Verwalter gegenüber als Rechtsnachfolger des Vertragsgenossen anzusehen. Aber der Verwalter führt mit ihm keinen Anfechtungsprozeß, denn zwischen dem Verwalter und dem Kridar entscheidet nicht der Prozeßrichter, sondern das Konkursgericht, und wenn der Kridar, welcher Eigenthümer der Konkursmasse bleibt, den Besitz eines Gegenstandes, der nach der Behauptung des Verwalters infolge eines anfechtbaren Rechtsaktes der Masse entzogen war, zurückerhält, so handelt es sich im Falle des Dissenses nur über die nur der Entscheidung des Konkursrichters unterliegende Frage, ob der Gegenstand zur Masse gehört oder nicht. Erfolgt die Anfechtung dagegen von einem Absonderungsgläubiger oder einem sonst zur Anfechtung Be-

sonderungsrecht betreffenden Urkunden[1]) zurückzugewähren und die Beseitigung aller die Existenz des Separationsrechtes kennzeichnenden Merkmale, insbesondere der Eintragung im Grundbuche, der Siegelung von Pfandstücken, zu erwirken. Soweit der Anfechtungsgegner hierzu nicht im Stande ist, was namentlich nach der Weiterbegebung des Rechtes der Fall ist, so ist er zum Ersatz des Werthes des entzogenen Gegenstandes und der ihm obliegenden Leistung verpflichtet.[2]) Seine Verpflichtung findet aber darin ihre Begrenzung, daß der Anfechtende einen Vortheil durch die Anfechtung nicht erlangen darf: Der Anfechtende kann daher einen Vortheil nicht für sich in Anspruch nehmen, den der Anfechtungsgegner in Folge des anfechtbaren Rechtsaktes und mit Rücksicht auf den durch denselben erlangten Gegenstand aus dem Vermögen eines Dritten, namentlich seines Rechtsnachfolgers, erworben hat,[2]) er kann einen Vortheil auch dadurch nicht verlangen, daß er die Anfechtung gegen mehrere, gegen den Vertragsgenossen und seine Rechtsnachfolger, zu richten berechtigt ist, da sich sein Anspruch um das, was er von dem einen erlangt hat, auch gegen den andern Anfechtungsgegner reduzirt.

Weiter ist der Anfechtungsanspruch durch den § 30 Abs. 2 K.O.:

> „Der gutgläubige Empfänger einer unentgeltlichen Leistung hat dieselbe nur soweit zurückzugewähren, als er durch sie bereichert ist,"

und den gleichlautenden § 7 Abs. 2 des Anfechtungsgesetzes beschränkt. Nicht schon der gute Glaube des Vertragsgenossen reduzirt den Anfechtungsanspruch auf die Bereicherung des Empfängers, der gute Glaube des letztern steht dem Anspruche vielmehr so wenig entgegen, daß ihm gegenüber sogar die Vorschriften des bürgerlichen Rechtes,[3]) die den gutgläubigen Erwerber gegen die Ansprüche des Eigenthümers in Schutz nehmen, außer Anwendung bleiben müssen; wohl aber wird der Anfechtungsanspruch durch den guten Glauben des Erwerbers beschränkt, wenn der Erwerb ein unentgeltlicher ist. Ein Absonderungsrecht ist entgeltlich erworben, wenn seiner Bestellung eine Gegenleistung

gitimirten, so hat der Prozeßrichter zu entscheiden. Sowohl die Entscheidung des Konkursgerichtes, wie auch die des Prozeßrichters hängt von der Frage ab, ob der Rechtsakt anfechtbar ist, durch welchen der Gegenstand der Masse entzogen wurde.

[1]) z. B. den Hypotheken- oder Grundschuldbrief.

[2]) Reichsgericht Entsch. 27 S. 23.

[3]) Namentlich Art. 306, 307 H.G.B., §§ 9, 38 E.E.G., § 26 A.L.R. I 15.

des Empfängers gegenübersteht oder die Bestellung zur Erfüllung einer Verbindlichkeit erfolgte, welche dem Besteller nicht ohne das Recht auf eine Gegenleistung oblag, ohne Unterschied, ob die Gegenleistung von dem Vertragsgenossen oder einem Dritten zu gewähren war,[4]) oder welche in einer Zustandsobligation ihren Grund hat.[5]) In allen andern Fällen ist das Absonderungsrecht unentgeltlich bestellt. In gutem Glauben befindet sich der Erwerber, wenn[6]) ihm beim Erwerbe die Kenntniß eines Anfechtungsgrundes mangelte.[7]) Der für die Thatsache der Bereicherung maßgebende Zeitpunkt ist die Klageerhebung.

Soll die Konkursmasse durch das für sie angefochtene Rechtsgeschäft keinen Vortheil erlangen und soll nur der frühere Zustand wieder hergestellt werden, wie er vor der Vornahme des angefochtenen Rechtsaktes bestand, so muß dem Vertragsgenossen alles zurückgewährt werden, was sich in der Masse nicht befinden würde, wenn der Rechtsakt nicht vorgenommen wäre, und muß dem Vertragsgenossen auch ein Anspruch auf Rückforderung derjenigen Leistung zustehen, welche sich in der Masse zwar nicht befindet, welche aber der Vertragsgenosse gewährt hat. Deshalb bestimmt der § 31 K.O.:

> „Die Gegenleistung ist aus der Konkursmasse zu erstatten, soweit sie sich in derselben befindet, oder soweit die Masse um ihren Werth bereichert ist. Darüber hinaus kann ein Anspruch nur als Konkursforderung geltend gemacht werden."

---

[4]) Entgeltlich ist die Bestellung des Absonderungsrechtes daher, wenn sie auf Grund eines Testamentes, eines Erbtheilungs-, Pacht-, Leibrentenvertrages, wenn sie auf Grund der Vereinbarung über Abänderung eines bestehenden Vertrages erfolgt, im letzteren Falle aber nur, wenn durch die Bestellung des Absonderungsrechtes ein anderes Recht erlangt oder ein zweifelhaftes Recht gesichert wird. Vgl. Motive S. 132, 133, Reichsoberhandelsgericht 24 S. 204.

[5]) z. B. §§ 179 ff. A.L.R. II 2; § 58 Abs. 1 der Vormundschaftsordnung vom 5. Juli 1875.

[6]) v. Wilmowski Anm. 3 zu § 30.

[7]) In schlechtem Glauben befindet er sich z. B., wenn die Sicherstellung nach dem Eröffnungsantrage oder der Zahlungseinstellung oder in den letzten 10 Tagen vor der Zahlungseinstellung erfolgte und er nicht beweist, daß ihm weder die Zahlungseinstellung, noch der Eröffnungsantrag, noch die fraudulose Absicht des Schuldners bekannt war, oder wenn er wußte, daß der Schuldner das Absonderungsrecht bestellte, um seine Gläubiger zu benachtheiligen oder wenn die Sicherung in dem letzten Jahre vor der Konkurseröffnung stattfand und er annehmen mußte, daß innerhalb dieses Jahres der Konkurs eröffnet werden würde.

Dem Vertragsgenossen steht daher ein Masseanspruch auf Rückgewähr derjenigen Leistung zu, welche sich noch in der Masse in specie befindet, auch wenn die Masse um dieselbe nicht bereichert ist, und welche sich nicht mehr in specie vorfindet, um welche aber die Masse zur Zeit der Konkurseröffnung bereichert ist, während jede andere und weitere Leistung des Vertragsgenossen nur Gegenstand einer Konkursforderung sein kann. Ob die Bereicherung vor oder nach der Konkurseröffnung stattgefunden hat, ist gleichgültig,[8]) wenn nur die Masse durch den anfechtbaren Rechtsakt insoweit bereichert ist, als sie ohne denselben einen geringeren Vermögensbestand haben würde, wie sie nach Redressirung des Rechtsgeschäftes thatsächlich hat.

Der Rechtsnachfolger hat als solcher wegen seiner Gegenleistung gegen die Konkursmasse weder eine Masse-, noch eine Konkursforderung; nur soweit eine Leistung aus seinem Vermögen vor oder nach der Eröffnung des Verfahrens unmittelbar in die Masse gelangt ist, steht ihm ein Rückforderungsrecht zu. Im Uebrigen tritt er in die Rechte des Vertragsgenossen gegen die Masse nur auf Grund ausdrücklicher oder gesetzlicher Cession, soweit letztere durch das Civilrecht begründet ist. „Versagt das Civilrecht die Subrogation, so bleibt es bei der Verpflichtung des Verwalters, die in der Masse rechtlos befindliche Gegenleistung demjenigen, der sie gemacht hat, heraus zu geben, der Dritte kann sich diese Rechte und die etwaigen Konkursforderungen desselben entweder abtreten oder im Wege der Zwangsvollstreckung überweisen lassen.“ [9])

Wird die Anfechtung nicht vom Verwalter, sondern von einem Absonderungsberechtigten oder einem sonst zur Anfechtung Legitimirten geltend gemacht, so ist nicht der § 31 K.O., sondern der § 8 des Anfechtungsgesetzes maßgebend:

> „Wegen Erstattung einer Gegenleistung oder im Fall einer anfechtbaren Leistung wegen seiner Forderung kann der Empfänger sich nur an den Schuldner halten.“

Schuldner ist der Kridar, und seine Verpflichtung geht, wenn der anfechtbare Rechtsakt vor der Eröffnung des Verfahrens vor-

[8]) Stieglitz Anm. II zu § 31; Mandry S. 531; Otto S. 180, 181; Dernburg Pr. Pr.R. II § 131 Anm. 8. Dagegen will v. Wilmowski Anm. 1 zu § 31 (ähnlich v. Völderndorff I S. 414; Willenbücher Anm. 2b[bb] zu § 31) eine Bereicherung der Masse im Sinne des § 31 nur in einer Vermehrung der Masse nach der Konkurseröffnung finden. Ebenso Prot. S. 28.

[9]) Motive S. 153; v. Sarwey S. 211; Fitting S. 169; Willenbücher Anm. 9[b] zu § 33.

genommen ist, auf die Konkursmasse über. Gegen diese kann der Anspruch auf die Gegenleistung nur als Konkursforderung, als Masseforderung gemäß § 52 [3] K.O. aber nur dann geltend gemacht werden, wenn die Masse nach der Eröffnung des Verfahrens aus dem Vermögen des Anfechtungsgegners infolge des anfechtbaren Rechtsaktes eine Bereicherung erfahren hat.[10])

Hat der Verwalter den vor der Konkurseröffnung von einem Konkursgläubiger anhängig gemachten Anfechtungsprozeß aufgenommen, so steht dem Vertragsgenossen nunmehr der Anspruch auf Rückgewähr der Gegenleistung gegen die Masse in derselben Weise zu, als wenn der Verwalter den Anfechtungsprozeß nach der Konkurseröffnung selbst angestellt hätte; denn der Rechtsstreit bewegt sich, wenn auch auf Grund der früheren Voraussetzungen, im Rahmen der K.O., und wie der Verwalter den Klageantrag in konkursmäßiger Weise erweitern darf — siehe unten § 54 —, so muß er sich auch den Gegenanspruch des Gegners nach Maßgabe der K.O. gefallen lassen.[11])

Die Wiederherstellung des früheren Zustandes hat die weitere Folge, daß soweit der Rechtsakt redressirt wird, die durch denselben getilgte oder beschränkte Forderung in ihrem früheren Zustande wieder auflebt. Deshalb bestimmt der § 32 K.O.:

> „Wenn der Empfänger einer anfechtbaren Leistung das Empfangene zurückgewährt, so tritt seine Forderung wieder in Kraft."

Die frühere Forderung lebt mit allen Rechten wieder auf, welche sie vor der Vornahme des redressirten Rechtsakts hatte, sie ist daher nicht blos mit den früheren Vorzugsrechten ausgestattet, es muß ihr

---

[10]) Die Frage, „ob sich der Beklagte wegen seiner Gegenleistung, soweit sie in der Konkursmasse ist, an diese halten kann, wenn der Verwalter nur in den rechtskräftigen Anspruch des Anfechtungsklägers eintritt," verneint Förster-Eccius I § 114 S. 785, weil „die Anwendbarkeit der §§ 31, 32 K.O. nur zugleich mit der Anwendbarkeit des § 30 eintreten solle." In diesem Falle wird aber der Anfechtungsgegner sich der Masse gegenüber in derselben Rechtslage befinden, als wenn der Verwalter in den rechtskräftigen Anspruch nicht eingetreten wäre.

[11]) Der § 12 K.O. steht dem Wiederaufleben des Absonderungsrechtes nicht entgegen, denn es handelt sich hier nicht um einen neuen Erwerb, sondern nur um das Wiederinkrafttreten eines Absonderungsrechtes, welches schon vor der Konkurseröffnung bestand; wird bei der Redressirung des als ungültig angefochtenen Rechtsgeschäftes fingirt, daß dasselbe überhaupt nicht gültig vorgenommen sei, so muß auch fingirt werden, daß die früheren accessorischen Rechte der Forderung nicht erloschen sind.

auch das sie früher sichernde Absonderungsrecht[12]) wieder zugehören und, soweit erforderlich, wieder zurückgewährt werden. Der Verwalter ist daher verpflichtet, den beweglichen Absonderungsgegenstand zurückzugeben und die Wiedereintragung einer gelöschten Hypothek zu bewirken. Diese Restitution hat aber gegen Dritte, die an dem Absonderungsgegenstande in der Zwischenzeit ein Recht erlangt haben, keine Wirkung: Die nach der Löschung eingetragenen Gläubiger werden durch die Wiedereintragung nicht berührt, die wieder eingetragene Post muß auch hinter den Cessionaren der schon vor dem angefochtenen Rechtsakte hinter dem Vertragsgenossen eingetragenen Forderungen zurückstehen, das an dem beweglichen Absonderungsgegenstande später begründete Pfandrecht braucht dem wieder erstandenen Absonderungsrechte nicht zu weichen. Dagegen bleibt das Verhältniß zu den nachstehenden Gläubigern unverändert, wenn deren Rechtsstellung inzwischen keine Aenderung erlitten hat.[12]) Der Verwalter ist auch nicht verpflichtet, dem Gläubiger den Schaden zu ersetzen, den dieser durch die inzwischen an dem Absonderungsgegenstande entstandenen Rechte Dritter erleidet, die Masse muß dem Vertragsgenossen nur dasjenige zur Befriedigung seiner Forderung herausgeben, um was sie durch die Dritten an der Sache eingeräumten Rechte bereichert ist[13]) oder was sie für den Absonderungsgegenstand erhalten hat.

Die erfolgreiche Anfechtung, welche (nicht vom Verwalter) auf Grund des § 8 des Anfechtungsgesetzes geschieht, hat nach § 8 dieses Gesetzes zur Folge, daß der Anfechtungsgegner sich wegen seiner wiedererstehenden „Forderung an den Schuldner halten" kann. Diese Forderung kann als Konkursforderung geltend gemacht werden, wenn der anfechtbare Rechtsakt vor der Konkurseröffnung vorgenommen ist. Zwar war die Forderung zur Zeit der Konkurseröffnung bereits erloschen, und als Konkursforderungen können nur diejenigen An-

[12]) Reichsgericht Entsch. 3 S. 208 ff. l. 10 § 22. D. 42, 8, l. 21. D. 49, 14, §§ 526–529 A.L.R. I 20.

[13]) Z. B. der Cessionar eines nachstehenden Hypothekengläubigers hat eine Befriedigung aus dem Grundstücke erhalten, die er nicht erhalten haben würde, wenn die ihm vorgehende Hypothek des Vertragsgenossen nicht auf Grund des anfechtbaren Rechtsgeschäftes gelöscht wäre; in Folge dieser Befriedigung ist seine zur Masse angemeldete Forderung erloschen; insoweit hierdurch die Dividende der übrigen Konkursgläubiger erhöht wird, insoweit ist die Masse bereichert und muß die Bereicherung dem Vertragsgenossen zum Zweck seiner Befriedigung herausgegeben werden.

sprüche angesehen werden, die bei der Eröffnung des Verfahrens begründet sind. Aber sie war doch nur resolutiv erloschen, d. h. für den Fall, daß die Anfechtung nicht erfolgen werde und daher als Konkursforderung suspensivbedingt, d. h. für den Fall begründet, daß die Anfechtung erfolgreich durchgeführt werde. Die Forderung lebt auch mit ihrem Vorrechte und ihrem Absonderungsrechte, selbst der Masse gegenüber, wieder auf. Aber soweit dieses Absonderungsrecht ein äußerlich erkennbares Thatbestandsmerkmal, den Gewahrsam, die Eintragung, erfordert, kann der Anfechtungsgegner vom Verwalter die Rückgewähr des Besitzes der Sache, die Wiedereintragung nicht beanspruchen, denn zur Zeit der Konkurseröffnung war die Forderung in Ermangelung jener Merkmale kein Absonderungsanspruch, und wenn auch in Folge der durchgeführten Anfechtung die Fiktion entsteht, daß die Rückgabe der Pfandsache an den Schuldner, daß die Löschung der eingetragenen Post zu Unrecht geschehen, so gilt diese Fiktion bei einer von einem Einzelgläubiger im Konkurse erfolgten Anfechtung nicht auch gegen die Konkursmasse. Zwar müßte außerhalb des Konkurses der Schuldner das Absonderungsrecht wieder herstellen, er müßte die Post wieder eintragen lassen, den Besitz des beweglichen Pfandstückes zurückgeben; im Konkurse kann ein solcher Anspruch auf Sicherstellung aber nur „nach Maßgabe der Vorschriften für das Konkursverfahren erfolgen" — § 10 K.O. — und die K.O. hat keine Vorschrift zur Erlangung einer Sicherheit für eine Konkursforderung gegeben.

Tritt der Verwalter in einen vor der Eröffnung des Verfahrens von einem Konkursgläubiger anhängig gemachten Anfechtungsstreit ein, so lebt nach erfolgreich durchgeführter Anfechtung die Forderung des Gegners ebenso wieder auf, als wenn der Verwalter den Prozeß nach der Konkurseröffnung selbst angestellt hätte.

§ 53. η. Die Beendigung des Anfechtungsrechtes.

1) Die konkursmäßige Anfechtung ist nur im Interesse der Konkursgläubiger gegeben, denn der § 22 K.O. erklärt die der Anfechtung unterliegenden Rechtshandlungen nur „den Konkursgläubigern gegenüber als unwirksam". Deshalb erlischt das Anfechtungsrecht mit der Beendigung des Konkursverfahrens, mag dieselbe im Akkord, in der Ausschüttung der Masse oder in der Einstellung des Verfahrens nach §§ 188—192 K.O. ihren Grund haben.[1]) Denn in Ermange-

[1]) Reichsgericht Entsch. 7 S. 35, 36; Endemann § 45 S. 273; Förster-Eccius § 114 S. 785; Willenbücher Anm. 2 zu § 29.

lung einer Konkursmasse und von Konkursgläubigern kann der Anfechtungsprozeß in der Hauptsache nicht fortgesetzt, wohl aber kann er von und gegen den bisherigen Kridar wegen der Kosten wieder aufgenommen werden;[2]) denn war er mit Recht erhoben, so kann ein erst später eingetretener Umstand, der die Beseitigung des Klageanspruchs zur Folge hat, den Anfechtungsgegner nicht von der Kostenbelastung befreien, ebenso wenig wie sich der auf Zahlung einer Geldsumme Verklagte von der Tragung der Kosten dadurch befreien kann, daß er die Klagesumme im Laufe des Rechtsstreites bezahlt.

Nur die definitive Beendigung des Konkursverfahrens beseitigt den Anfechtungsanspruch. Die Wiederaufnahme eines durch Akkord geschlossenen Verfahrens[3]) giebt dem Verwalter das Recht, in den inzwischen noch nicht rechtskräftig erledigten Anfechtungsprozeß wieder einzutreten; und wenn nach der Beendigung des Konkurses durch Ausschüttung der Masse oder schon nach der Schlußvertheilung das Vorhandensein von Vermögensstücken, die zur Masse gehören und die durch eine anfechtbare Rechtshandlung in das Vermögen eines Dritten gelangt sind oder an welchen ein Dritter ein anfechtbares Absonderungsrecht erworben hat, zur Kenntniß des frühern Verwalters gelangt, so steht diesem mit der Wiederaufnahme des Konkursverfahrens das Recht zu der noch nicht verjährten Anfechtung zu.[4]) Dagegen kann dem Verwalter nicht gestattet werden, bereits angefangene oder eingeleitete Anfechtungsprozesse nach dem Abschluß des durch Ausschüttung der Masse beendeten Prozesses fortzusetzen. Dies dürfte er nur, wenn man, wie es einige Schriftsteller thun,[5]) unter der nach Beendigung des Verfahrens erfolgenden „Ermittlung" von Werthstücken im Sinne des § 153 Abs. 2 K.O. nicht nur die neue Entdeckung, sondern auch die Beseitigung von Ungewißheit und Zweifeln über die Zugehörigkeit eines Gegenstandes zur Masse versteht. Als „Ermittlung" kann aber sprachlich — mit der allgemeinen Ansicht[6]) — nicht der Nachweis eines bekannten Werthobjektes gegenüber dem bestreitenden Gegner, sondern nur das Bekanntwerden eines bisher

[2]) Förster-Eccius a. a. O.

[3]) § 184 K.O.

[4]) § 153 Abs. 2 K.O.; Endemann a. a. O.

[5]) Willenbücher Anm. 2c zu § 153 und Fitting S. 338 Anm. 4.

[6]) v. Sarwey Anm. 9; Hullmann Anm. 2; v. Völdernborff Anm. g und v. Wilmowski Anm. 3 zu § 153, der aber auch das Bekanntwerden der Verwerthbarkeit schon bekannter Gegenstände unter den Begriff „Ermittlung" subsummirt.

unbekannten Vermögensgegenstandes angesehen werden. In zwei Fällen erlischt das Anfechtungsrecht nicht mit der Beendigung des Verfahrens:

a. Das Anfechtungsrecht, welches ein Gläubiger — insbesondere ein Absonderungsberechtigter — im Laufe des Konkursverfahrens ausüben darf, wird von dem Abschluß des Verfahrens nicht berührt.

b. Gemäß § 12 Abs. 4 des Anfechtungsgesetzes vom 21. Juli 1879 „können nach der Beendigung des Konkursverfahrens Anfechtungsrechte, deren Ausübung dem Konkursverwalter zustanden, von den einzelnen Gläubigern nach Maßgabe dieses (Anfechtungs-) Gesetzes verfolgt werden, soweit nicht dem Anspruch entgegenstehende Einreden gegen den Verwalter erlangt sind. War der Anspruch nicht schon zur Zeit der Eröffnung des Konkursverfahrens anhängig, so wird die in § 3 Nr. 2—4 bestimmte Frist (von einem Jahre bezw. zwei Jahren) von diesem Zeitpunkte berechnet, sofern die Rechtshängigkeit bis zum Ablauf eines Jahres seit der Beendigung des Konkursverfahrens eintritt."

Der einzelne Konkursgläubiger kann in den vom Verwalter anhängig gemachten Anfechtungsstreit nicht eintreten, weil die Voraussetzungen desselben andere sind, als diejenigen, welche für den einzelnen Gläubiger gelten. Aber er kann so, als ob ein Konkurs nicht eröffnet wäre, nach Beendigung desselben seinen früher angestrengten Anfechtungsprozeß, mag derselbe vom Verwalter aufgenommen sein oder nicht, fortsetzen oder einen bisher noch nicht anhängig gewesenen Prozeß erheben. Im letztern Fall wird in der Regel die im § 3^{2-4} des Anfechtungsgesetzes bestimmte Frist von einem Jahre bezw. zwei Jahren verstrichen sein; deshalb ist für den Fall, daß der Gläubiger bisher seinen Anfechtungsanspruch nicht im Rechtswege geltend gemacht hatte, gesetzlich bestimmt, daß diese Frist von dem Zeitpunkte der Konkurseröffnung an zu rechnen sei;[7]) jedoch muß in diesem Falle der Anfechtungsstreit binnen einem Jahre[8]) seit der Beendigung des Konkursverfahrens erhoben werden. Die im Konkurse von dem An-

[7]) Die Zeit, welche von den im § 3^{2-4} des Gesetzes angegebenen Fristen vor der Konkurseröffnung bereits abgelaufen war, ohne daß der Anfechtungsprozeß erhoben ist, ist nach dem Wortlaute des Gesetzes in die von der Eröffnung des Konkurses an laufende Frist nicht einzurechnen; war die Frist aber schon vor der Eröffnung verstrichen, so ist das Anfechtungsrecht überhaupt verloren und kann auch nach der Beendigung des Konkurses nicht mehr geltend gemacht werden.

[8]) Die Frist ist eine Verjährungsfrist.

fechtungsgegner gegen den Verwalter erlangten Einreden, welche dem Anfechtungsanspruche entgegenstehen -- Vergleich, Verzicht, Urtheil[9]) — muß der Anfechtungsgläubiger auch gegen sich gelten lassen. Zu diesen Einreden gehört auch die der einjährigen Verjährung des § 34 K.O.,[10]) welche den Anfechtungsanspruch im Konkurse dem Verwalter gegenüber zum Erlöschen bringt und welche daher auch dem Gläubiger nach der Beendigung des Verfahrens entgegensteht.[11])

Der § 13 Abs. 4 des Anfechtungsgesetzes unterscheidet nicht, in welcher Art das Konkursverfahren beendet wird und kommt daher auch bei dem Abschluß des Konkurses durch Akkord zur Anwendung, wenn der frühere Kridar seine Akkordverpflichtungen nicht erfüllt; doch kann in einem solchen Falle die Anfechtung nur in derjenigen Höhe geltend gemacht werden, zu welcher die Forderung nach dem Akkorde noch besteht.

2) Das Anfechtungsrecht des Verwalters erlischt[12]) nach § 34 K.O. in einem Jahre seit der Eröffnung des Verfahrens. Da dieser Verlustgrund im Gesetz als Verjährung ausdrücklich bezeichnet ist, so muß die einjährige Frist als Verjährungsfrist angesehen werden.

---

[9]) Die rechtskräftige Abweisung des Verwalters steht dem Anfechtungsgläubiger dann nicht entgegen, wenn dieser seinen Anspruch auf einen andern Anfechtungsgrund stützt, welcher von der exceptio rei judicatae nicht betroffen sein würde, wenn also der Verwalter selbst auf ihn eine neue Klage stützen könnte. Jäckel, Anfechtung § 12 S. 244.

[10]) So die Motive und Jäckel § 12 S. 244. A. M. Hartmann, Anfechtung S. 226.

[11]) Hieraus folgt, daß die 10jährige Anfechtungsverjährung, welche der § 12 des Anfechtungsgesetzes statuirt, sich, wenn der Konkurs über das Vermögen des Schuldners eröffnet ist, auf eine Frist von einem Jahre reduzirt, sofern seit der Eröffnung des Verfahrens ein Jahr verstrichen ist, ohne daß diese einjährige Frist unterbrochen wird. Die Zeit, in welcher die Verjährung für den Verwalter ruht oder für ihn unterbrochen wird, wird auch für den Gläubiger nicht mitberechnet.

[12]) Das Anfechtungsrecht auf Grund des Gesetzes vom 21. Juli 1879 verjährt für den aus § 3[1] dieses Gesetzes begründeten Anspruch in zehn Jahren seit dem Zeitpunkte, mit welchem der Gläubiger den vollstreckbaren Schuldtitel erlangt hatte und seine Forderung fällig war, und wenn die Rechtshandlung erst nach diesem Zeitpunkte vorgenommen ist, in zehn Jahren seit der Vornahme der Handlung (§ 12, vgl. auch § 4 des Ges.). Für die Anfechtung aus § 3[2] u. § 3[3] ist die Zeitfrage, wenn auch nicht als Verjährungsfrist, dadurch bestimmt, daß die anzufechtende Rechtshandlung in dem letzten Jahre, und für die Anfechtung aus § 3[4], daß sie in den letzten zwei Jahren vor der Rechtshängigkeit des Anfechtungsanspruches vorgenommen sein muß.

Die zivilprozessualen Bestimmungen der §§ 199, 200 C.P.O. über die Berechnung der Frist kommen daher hier nicht in Betracht, die einjährige Frist endigt aber auch nicht erst mit dem Ablauf des wiederkehrenden Jahrestages, sondern nach Ablauf eines Jahres in derselben Stunde, in welcher nach § 100 K.O. der Konkurs eröffnet ist oder als eröffnet gilt, denn die Anfechtung verjährt nicht seit dem Eröffnungstage, sondern nach dem Wortlaut des Gesetzes „seit der Eröffnung des Verfahrens", die Frist beginnt also in dem Zeitpunkt, in welchem die Eröffnung stattgefunden hat.[13])

Auch die civilprozessualen Vorschriften über die Unterbrechung der Fristen, z. B. die Bestimmungen über die Einwirkung der Gerichtsferien auf dieselben, finden auf die Anfechtungsverjährung keine Anwendung.[14]) Die Hinderung und Unterbrechung der Verjährung wird vielmehr durch das Civilrecht geregelt: in allen Fällen, in welchen dieses den Beginn der Verjährung aufhalten oder die laufende Verjährung unterbrechen läßt, tritt ein Gleiches auch bei der Anfechtungsverjährung ein.[15]) Nach Preuß. Rechte ruht daher die Verjährung, „solange der Verwalter verhindert ist, das Anfechtungsrecht geltend zu machen,"[16]) sie ruht auch, „solange er von seinem Rechte nicht hat unterrichtet sein können,"[17]) doch darf in letzterer Beziehung sein Vertretungsverhältniß gegenüber dem Kridar nicht außer Acht bleiben, und muß daher die Kenntniß des Kridars, die dieser vor der Konkurseröffnung hatte, dem Verwalter entgegengehalten werden können. Kommt es bei der Frage nach dem Ruhen der Verjährung auf persönliche Verhältnisse der Parteien an, so ist nicht die Persönlichkeit des Verwalters, sondern die des Eigenthümers der Masse, des Kridars, maßgebend: deshalb unterliegen nach §§ 524, 525

---

[13]) v. Wilmowski Anm. 1, v. Völderndorff Anm. bII, Willenbücher Anm. 2, v. Sarwey Anm. 2 zu § 34, Endemann § 45 S. 273 lassen die Frist mit dem Ablauf des wiederkehrenden Jahrestages ihr Ende erreichen; dies wäre nach allgemeinen Grundsätzen auch richtig, wenn sich das Gesetz nicht anders ausgedrückt hätte.

[14]) v. Sarwey a. a. O. A. M. Petersen S 176, der die Frist als eine prozessuale ansieht.

[15]) So auch v. Wilmowski Anm. 1 zu § 34. A. M. scheinen v. Völderndorff a. a. O. und v. Sarwey a a. O. zu sein, die die Frist als ein tempus continuum auffassen.

[16]) §§ 516, 517 A.L.R. I 9.

[17]) § 512 l. c.

A.L.R. I 9 [18]) Rechtsgeschäfte des Kridars, die er mit seinem Ehegatten oder den seiner Gewalt unterworfenen Kindern vorgenommen hat, solange diese persönlichen Verhältnisse bestehen, der einjährigen Anfechtungsverjährung nicht.[19]) Die Unterbrechungsgründe des Civilrechtes: das Anerkenntniß des Anfechtungsgegners,[20]) die Anmeldung des Anfechtungsanspruches im Konkurse des Anfechtungsgegners,[21]) die Erhebung der Klage bewirken die Unterbrechung der Anfechtungsverjährung. Auch die Wirkung des Aufschubes und der Unterbrechung ist dieselbe wie im Civilrecht: die Zeit, während welcher die Verjährung ruht, wird in den einjährigen Zeitraum nicht eingerechnet, von der Unterbrechung an beginnt eine neue einjährige Frist zu laufen.[22])

Das Recht des Verwalters, in den von einem Konkursgläubiger vor Eröffnung des Konkurses anhängig gemachten Anfechtungsstreit einzutreten, ist ein Ausfluß seines Anfechtungsrechtes und unterliegt daher, wie dieses, der einjährigen Verjährung, wogegen das vor der Eröffnung geltend gemachte Anfechtungsrecht des Konkursgläubigers von dieser Verjährung nicht betroffen wird.

Die Verjährung ist schließlich, wie im Civilrecht, nur auf Grund einer Einrede des Anfechtungsgegners zu berücksichtigen, zumal der Einrede der Verjährung die Replik der Unterbrechung entgegengesetzt werden kann, von amtswegen auch nicht festgestellt werden kann, wie lange die Verjährung geruht hat.[23])

---

[18]) „Zwischen Eheleuten kann, solange diese Ehe dauert, keine Verjährung eintreten; auch nicht zwischen Vätern und Kindern, solange letztere sich in der Gewalt der erstern befinden."

[19]) Auf die Fristen der §§ 24 [2] und 25 [2] K.O., die keine Verjährungsfristen sind, sind derartige Verhältnisse ohne Einfluß.

[20]) § 562 A.L.R. I 9.

[21]) § 13 K.O.

[22]) Auch im Falle der Klageerhebung beginnt nicht etwa eine dreißigjährige Frist, sondern die einjährige Frist beginnt von Neuem zu laufen.

[23]) So auch v. Wilmowski a. a. O. Dagegen nimmt das Reichsgericht in dem Urtheil vom 7. Febr. 1882 — Wallm., Deutsch. Jur.Ztg. 7 S. 540 — an, daß die Anfechtungsverjährung von amtswegen zu berücksichtigen sei, weil das Anfechtungsrecht im öffentlichen Interesse gegeben und mit dem Ablauf der einjährigen Frist erloschen sei, damit der Anfechtungsgegner nicht der Drohung auf unbestimmte Zeit ausgesetzt sei. Das Anfechtungsrecht ist aber nicht im öffentlichen Interesse, sondern nur im Interesse der Konkursgläubiger gegeben, und der Drohung ist der Beklagte in jedem Rechtsverhältnisse auf unbestimmte Zeit ausgesetzt, wenn er die Einrede der Verjährung nicht geltend macht.

§ 54. 9. Das Verfahren.

1) Das nächste Ziel der Anfechtungsklage ist die Feststellung der Unwirksamkeit des angefochtenen Rechtsaktes, denn sowohl der § 22 K.O., wie auch der § 1 des Anfechtungsgesetzes geben dem Anfechtungsrechte den Inhalt, „Rechtshandlungen als unwirksam" zu beseitigen. Deshalb muß die Klage den Antrag auf Unwirksamkeitserklärung enthalten, wenn sie auch daneben auf die Konsequenzen dieser Unwirksamkeit, insbesondere auf Rückgabe eines Gegenstandes, auf Rückzahlung einer Summe, auf Löschung einer eingetragenen Post gerichtet sein kann und, falls sie sich auf das Anfechtungsgesetz stützt, gemäß § 9 jenes Gesetzes gerichtet sein muß.[1])

2) Geben aber nicht die erst in zweiter Linie zu erhebenden Ansprüche der Anfechtungsklage ihren rechtlichen Charakter, so ist der Inhalt der Nebenansprüche auch nicht für die Bestimmung des Gerichtsstandes maßgebend. Für die Anfechtung eines Rechtsaktes, deren Gegenstand z. B. die dingliche Belastung eines Grundstückes ist, ist nicht das Gericht der belegenen Sache im Sinne des § 25 C.P.O. zuständig.[2])

Für die Anfechtungsklage, die die Natur der condictio sine causa hat,[3]) ist der allgemeine Gerichtsstand des Anfechtungsgegners, ist die angefochtene Rechtshandlung ein Vertrag, so ist neben dem allgemeinen Gerichtsstand auch derjenige der Erfüllung nach § 29 C.P.O., und ist der Anspruch gleichzeitig ein Deliktsanspruch,[3]) so ist auch der Gerichtsstand des § 32 C.P.O. begründet.

Nimmt der Verwalter den von einem Konkursgläubiger vor der Eröffnung des Verfahrens anhängig gemachten Anfechtungsprozeß auf, so ist der durch diesen Prozeß begründete Gerichtsstand auch für den Verwalter maßgebend.

Wird die Anfechtung nur als Einrede oder Replik geltend gemacht, so wird der Gerichtsstand durch den Inhalt der Klage bestimmt.

3) Der Anfechtungsanspruch kann nicht nur durch Klage und Widerklage, sondern auch durch Einrede, Replik[4]) u. s. w. geltend gemacht werden.

---

[1]) Reichsgericht Entsch. 23 S. 6 ff.

[2]) Dasselbe gilt für die Nichtigkeitsklage aus § 6 K.O.

[3]) S. oben § 47.

[4]) Reichsgericht Entsch. Bd. 19 S. 202, 203, Bd. 27 S. 98.

4) Besondere prozessuale Vorschriften sind im § 13 des Anfechtungsgesetzes für den schon mehrfach berührten Fall erlassen, daß ein Konkursgläubiger schon vor der Eröffnung des Verfahrens einen zu dieser Zeit noch unerledigten Anfechtungsprozeß anhängig gemacht hat, dessen Gegenstand ein zur Konkursmasse gehöriges Objekt ist. Dieser Rechtsstreit wird durch die Konkurseröffnung unterbrochen.[5]) Der Verwalter kann ihn aufnehmen und kann, wenn er die Aufnahme verzögert, von dem Beklagten zur Erklärung über die Reassumtion geladen werden.[6]) Nimmt er den Rechtsstreit auf, so tritt er an die Stelle des bisherigen Anfechtungsberechtigten unter Ausschluß des letztern. Verweigert er die Reassumtion, so kann der Prozeß von den bisherigen Parteien während des Konkurses nur rücksichtlich der Prozeßkosten fortgesetzt und zu Ende geführt werden. Hatte der Konkursgläubiger die Anfechtung nur im Wege der Einrede oder der Replik gegen einen Dritten geltend gemacht, so wird aus Veranlassung dieser Anfechtung der Prozeß zwar durch die Eröffnung des Konkurses nicht unterbrochen, aber das zur Masse gehörige Objekt, welches Gegenstand der Einrede oder Replik ist, wird der Disposition des Konkursgläubigers während des Konkursverfahrens entzogen und die Berechtigung der Einrede oder Replik kann während desselben nur insoweit weiter erörtert werden, als die Frage dieser Berechtigung für die Entscheidung über die Prozeßkosten von Einfluß ist. Der Verwalter kann in einen solchen Prozeß nicht eintreten.

Tritt der Verwalter in den von dem Konkursgläubiger anhängig gemachten Prozeß ein, so darf er ihn auf der bisherigen Grundlage fortführen, kann dem Rechtsstreite auch eine andere Grundlage ohne Einwilligung des Gegners nicht substituiren, ohne sich der Einrede der Klageänderung auszusetzen.[7]) Da aber der Konkursgläubiger die Anfechtung nur in Höhe seiner eigenen Forderung geltend machen, ein Rechtsgeschäft, dessen Gegenstand z. B. 1000 Mark beträgt, für seine Forderung von 100 Mark nicht vollständig, sondern nur in Höhe von 100 Mark angreifen kann, der Verwalter dagegen seine Anfechtung nach § 30 K.O. auf völlige Redressirung des angefochtenen Rechtsaktes

[5]) § 218 C.P.O.

[6]) § 217 C.P.O.

[7]) Jäckel, Anfechtung § 12 S. 242; Hartmann S. 220; Otto S. 226; v. Völderndorff S. 152. A. M. v. Wilmowski u. Levy, Civilprozeßordnung Anm. 3 zu § 491 C.P.O. Vgl. auch Förster-Eccius I S. 255 Anm. 21.

zu richten hat, so ist es dem Verwalter gestattet, „nach den Vorschriften der K.O. §§ 30—32, 34 in Gemäßheit der §§ 240, 491 C.P.O. den Klageantrag zu erweitern".[8]) Da diese Erweiterung aber nicht anders wie jede andere Klageerweiterung erfolgen darf, so kann sie nur bis zum Schluß der Berufsinstanz vorgenommen, in der Revisionsinstanz aber nicht mehr zugelassen werden.

Der in den Prozeß eintretende Verwalter hat den Anfechtungsgrund so, wie er in dem bisherigen Rechtsstreit geltend gemacht war, zu beweisen, dagegen liegt es ihm nicht ob, auch die Klaglegitimation des bisherigen Klägers darzuthun. Nach § 2 des Anfechtungsges. ist der Gläubiger zur Anfechtung nur befugt, wenn er einen Vollstreckungstitel erlangt hat, seine Forderung fällig ist und die Zwangsvollstreckung in das Vermögen des Schuldners zu seiner vollständigen Befriedigung nicht geführt hat oder anzunehmen ist, daß sie zu einer solchen nicht führen werde. Da der anfechtende Gläubiger aus dem Prozesse ausscheidet und der Verwalter an seine Stelle tritt, so kommt es nicht mehr auf die Legitimation des erstern, sondern nur auf diejenige des letztern an, die durch den § 29 K.O. gegeben ist. Hat der Gegner aber bisher nur wegen der mangelnden Legimation des Gläubigers dem Klageantrage widersprochen und erkennt er den Anspruch des Verwalters sofort an, so werden dem letztern nach § 89 C.P.O. die Kosten zur Last fallen, sofern er nicht den Beweis der Legitimation des früheren Klägers erbringt.

Die Eröffnung des Verfahrens hindert nicht den Eintritt der Rechtskraft des vorher erlassenen, aber noch nicht rechtskräftig gewordenen Urtheils, durch welches dem Anfechtungsanspruche des Gläubigers entsprochen ist, aber die Ausführung des Urtheils steht dem Gläubiger nur hinsichtlich der Kosten, nicht auch in Betreff des angefochtenen einen Massegegenstand betreffenden Rechtsaktes zu. Denn gehört das Objekt der Anfechtung zur Konkursmasse, so unterliegt es nach der Konkurseröffnung nur der Verfügung des Verwalters und darf nur zur Befriedigung aller Konkursgläubiger dienen. Dies trifft auch dann zu, wenn es sich nicht um die Herausgabe einer Konkurssache, sondern um die Beseitigung eines die Beitreibung der Forderung des Konkursgläubigers hindernden Rechtes, z. B. um die Löschung einer Hypothek handelt, welche der Beklagte in anfechtbarer Weise erworben hat. Denn der Gläubiger darf nach Eröffnung

[8]) Jäckel, Anfechtung § 12 S. 237; v. Wilmowski Anm. 2b zu § 29 K.O.; Willenbücher Anm. 3 zu § 13 des Anfechtungsges.

des Verfahrens seine Forderung nur nach Maßgabe der Vorschriften für das Konkursverfahren (§ 10 K.O.), also nur durch Anmeldung beitreiben. Nur der Verwalter ist berechtigt, den rechtskräftigen Vollstreckungtitel des Gläubigers vollstrecken zu lassen und kann zu dem Zweck für sich die Vollstreckungsklausel erwirken.[8])

Der Gläubiger scheidet im Falle der Aufnahme des Rechtsstreites seitens des Verwalters aus dem Prozesse aus, aber es bleibt ihm unbenommen, dem Verwalter als Intervenient beizutreten; und soweit es sich um die bis zum Eintritt des Verwalters entstandenen Kosten handelt, ist er als Intervenient gleichzeitig Streitgenosse. Ueberdies ist ihm das Recht gegeben, „aus dem Erstrittenen vorweg die Erstattung der Prozeßkosten zu verlangen“. Erstritten ist dasjenige, was der Konkursmasse in Folge des vom Verwalter aufgenommenen Prozesses zufließt. Nicht die Verurtheilung des letztern, sondern die Ausführung des Urtheils ist daher maßgebend, nicht die Frage, ob der Masse überhaupt ein Vortheil oder Nachtheil aus dem Prozesse erwachsen ist, sondern nur die Frage kommt in Betracht, wie viel in Veranlassung des Prozesses der Masse an Geld oder Geldeswerth zufließt. Die Masse hat dem verdrängten Kläger demnach die diesem entstandenen Kosten auch dann zu zahlen, wenn der Verwalter selbst in die Kosten des Rechtsstreites verurtheilt ist, in der Sache aber soweit obsiegt, daß die Masse durch den Prozeß einen Vermögensgegenstand erlangt. Dieser Vermögensgegenstand kann in dem Zuwachs eines Vermögenswerthes, er kann aber auch in der Beseitigung eines Absonderungsrechtes bestehen. Der Masseanspruch des verdrängten Gläubigers ist auch dann begründet, wenn der Verwalter in den rechtskräftig gewordenen Anfechtungsanspruch eintritt, sofern der Gläubiger, der seinen Kostenanspruch gegen den Anfechtungsgegner selbstständig verfolgen darf, diesen Kostenanspruch ganz oder theilweise nicht durchführen kann, der Verwalter aber auf Grund des rechtskräftigen Titels einen Vermögenswerth für die Masse erlangt.[9])

Verpflichtet ist der Verwalter nicht,[10]) den rechtskräftigen Anfechtungsanspruch des Konkursgläubigers zu realisiren, zumal er durch

[9]) Ist der Verwalter in den Anfechtungsanspruch des Konkursgläubigers nicht eingetreten, so steht dem letztern, wenn der Verwalter seinen Anfechtungsprozeß selbstständig angestellt und siegreich durchgeführt hat, ein Kostenanspruch nicht zu, da dieser an die Aufnahme des Prozesses durch den Verwalter gebunden ist. Willenbücher Anm. 4 zu § 13 des Anfechtungsgesetzes.

[10]) Jäckel, Anfechtung § 12 S. 238.

den Eintritt in diesen durch die Forderung des Gläubigers begrenzten Anspruch der Durchführung des weitergehenden Konkursanfechtungsanspruches häufig prozessuale Schwierigkeiten bereiten kann. Tritt er aber in den rechtskräftigen oder in den rechtshängigen Anfechtungsanspruch ein, so steht die erfolgte oder erfolgende rechtskräftige Entscheidung seinem Konkursanspruche nur derart entgegen, daß er den letztern nicht über dasjenige hinaus geltend machen darf, was durch jene Entscheidung gegen den Anfechtungsbeklagten festgestellt ist. Durch den Eintritt in den Anfechtungsanspruch des Konkursgläubigers ist der Verwalter nicht gehindert, einen neuen Anfechtungsprozeß auf Grund der Bestimmungen der K.O. anzustellen,[11]) aber es steht ihm die Einrede der rechtskräftigen Entscheidung bezw. der Rechtshängigkeit insoweit entgegen, als der neue Prozeß nicht ein neues Klagfundament[12]) hat.[13]) Mit einem neuen Klaggrunde kann der Verwalter selbst nach Verlust des aufgenommenen einen neuen Anfechtungsprozeß anstellen.

Dem Verwalter steht nur das Recht zu, in den von einem Konkursgläubiger über einen Konkursgegenstand anhängig gemachten Anfechtungsprozeß einzutreten. Ist ein solcher Prozeß von einem Absonderungsgläubiger als solchem erhoben, so kommt die Vorschrift des § 13 des Anfechtungsgesetzes nicht zur Anwendung; ein solcher Prozeß wird zwar, wie nach dem Wortlaut des § 218 C.P.O. anzunehmen ist, durch die Konkurseröffnung unterbrochen, aber jede der bisherigen Parteien kann ihn sofort wieder aufnehmen. Ist der Absonderungsberechtigte aber gleichzeitig Konkursgläubiger, so muß

---

11) Willenbücher Anm. 2 zu § 13 Anfechtungsges. scheint dagegen anzunehmen, daß der Verwalter auf Grund der K.O. nur anfechten dürfe, wenn er die Aufnahme des vom Konkursgläubiger anhängig gemachten Prozesses ablehnt.

12) Dem neuen Vorbringen in einem besondern Prozesse steht die Einrede der Rechtskraft oder Rechtshängigkeit dann entgegen, wenn demselben Vorbringen in dem alten Prozesse die Einrede der Klagänderung nicht entgegenstehen bezw. entgegengestanden haben würde. Reichsgericht Entsch. 14 S. 347. Prot. der Justizkommission der C.P.O. S. 542.

13) Gründete sich die aufgenommene Anfechtungsklage auf die Behauptung, daß dem Gegner die Absicht des Schuldners, seine Gläubiger zu benachtheiligen, bekannt gewesen sei (§ 3[1] des Anfechtungsges.), und der Verwalter greift die Rechtshandlung in einem neuen Prozesse auf Grund des § 24[2] K.O. an, weil die Gegnerin später den Kridar geheirathet habe, so gilt der diesen Anspruch elidirende Beweis der Unkenntniß der fraudulösen Absicht für geführt, wenn die Vorklage abgewiesen war, weil der damals dem Anfechtungskläger obliegende Beweis der Kenntniß jener Absicht nicht für erbracht angesehen wurde, und steht demnach die Einrede der Rechtskraft der neuen Klage entgegen.

der Verwalter berechtigt sein, den Prozeß mitaufzunehmen, ohne aber den bisherigen Kläger, der in seiner Eigenschaft als Absonderungsgläubiger den Prozeß selbstständig weiterführen darf, verdrängen zu können. Beide, der Separatist und der Verwalter, können den Prozeß als Streitgenossen fortführen.

§ 55. 16. Der Einfluß des Akkordes auf das Absonderungsrecht.

Der Akkord ist nach § 178 K.O. nur für und wider alle nicht bevorrechtigten Konkursgläubiger wirksam. Das Absonderungsrecht als solches, mag es ein spezielles oder generelles sein, wird daher von dem Akkorde nicht betroffen. Daher ist der Akkord ohne alle Wirkung für und wider die einfachen Absonderungsforderungen, wogegen der qualifizirte Absonderungsgläubiger, da er gleichzeitig persönlicher Gläubiger des Schuldners ist, rücksichtlich dieses persönlichen Anspruches von dem Zwangsvergleiche berührt wird; aber insoweit steht auch er außerhalb des Akkordes, als er aus dem Absonderungsgegenstande Befriedigung sucht.[1]) Diese Befriedigung aus der Absonderungssache darf er daher für seinen ganzen, durch den Zwangsvergleich nicht reduzirten Anspruch beanspruchen, wogegen der Rest seiner Forderung, hinsichtlich dessen das Separationsrecht ausgefallen ist oder er auf dasselbe verzichtet hat, nach Maßgabe des Akkordes reduzirt, aber auch mit den aus dem Zwangsvergleiche den übrigen Konkursforderungen zustehenden Rechten ausgestattet wird.

Freilich ist der persönliche Anspruch während des Bestehens des Seperationsrechtes keine unbedingte Konkursforderung. Sind die Konkursforderungen nach der Definition des § 2 K.O. nur solche Ansprüche, für deren gemeinschaftliche Befriedigung die Konkursmasse dient, so ist die durch ein Absonderungsrecht gesicherte persönliche Forderung nach § 57 K.O. nur dann eine Konkursforderung, wenn der Absonderungsgläubiger Befriedigung für sie aus der Masse beanspruchen kann. Diese Befriedigung kann er nur unter der Voraussetzung des Verzichtes oder des sonstigen Ausfalles fordern. Die qualifizirte Konkursforderung ist daher zwar gleichzeitig eine Konkursforderung, aber nur eine suspensivbedingte, abhängig von dem Wegfall des Absonderungsrechtes. Die K.O. erkennt aber die suspensivbedingten Forderungen als Konkursforderungen an, gewährt ihnen zwar — §§ 66, 155³ K.O. —, solange die Bedingung schwebt, keine Be-

[1]) Reichsgericht Entsch. Bd. 23 S. 44 ff.

friedigung in der Weise wie den unbedingten Forderungen, aber doch eine bedingte Befriedigung durch Zurückbehaltung derjenigen Dividende, welche für sie ohne Rücksicht auf die Bedingung[2]) berechnet wird, und läßt die retinirte Dividende nach der Schlußvertheilung bis zum Eintritt der Bedingung hinterlegen, sofern bis zum Ablauf der Ausschlußfrist dem Verwalter der Nachweis, daß die Veräußerung des Absonderungsgegenstandes betrieben ist, geführt und der Betrag des muthmaßlichen Ausfalls glaubhaft gemacht ist.[3]) Durch die Vorschrift einer derartigen Berücksichtigung ist die qualifizirte Absonderungsforderung als Konkursforderung anerkannt, und als solche ist sie der Einwirkung des Akkordes unterworfen.[4]) Hiernach gestaltet sich die Wirkung des Konkurses auf die persönliche Forderung des Absonderungsgläubigers in folgender Weise: Steht der Ausfall vor der Rechtskraft des Zwangsvergleiches fest, so wird die Ausfallsforderung wie eine unbedingte Konkursforderung von den Bestimmungen des Akkordes ergriffen, andernfalls kann die Auszahlung der Akkorddividende erst verlangt werden,[5]) wenn der Ausfall des Absonderungsrechtes feststeht. Bis dahin kann auch eine Sicherstellung der auf die voraussichtliche Ausfallsforderung fallenden Akkorddividende nicht verlangt werden, sofern der Zwangsvergleich eine solche Sicherstellung nicht vorgesehen hat oder im konkreten Falle nicht ein besonderer Grund zur Kautionsforderung vorliegt, zumal die Sicherung, zu welcher die suspensivbedingten Forderungen nach § 60 K.O. berechtigen, nicht in einer Kautionsleistung, sondern nur in der im § 155 K.O. vorgeschriebenen Reservirung besteht, welche gemäß § 156 K.O. nach Abschluß des Konkurses in eine Hinterlegung nur dann übergeht, wenn das Konkursgericht die Hinterlegung anordnet.

[2]) § 142 K.O.

[3]) §§ 155 [3], 156 K.O., siehe oben § 35.

[4]) Der im § 141 Abs. 2 K.O. vorgeschriebene Nachweis des Beginns der Veräußerung des Absonderungsgegenstandes ist zur Berücksichtigung bei einer Abschlagszahlung und zur Reservirung der Dividende auch nach Abschluß des Konkurses erforderlich, dieser Nachweis ist aber nicht eine Voraussetzung der Einwirkung des Akkordes auf die qualifizirte Absonderungsforderung.

[5]) Vgl. v. Wilmowski Anm. 3 zu § 57 und Anm. 1 zu § 178. Entsch. des Obertrib. Bd. 43 S. 423—432. Reichsgericht Entsch. Bd. 5 S. 394.

II. Die einzelnen Absonderungsrechte.

A. Die speziellen Absonderungsrechte.

1. Die Immobiliarabsonderungsrechte.

§ 56. a. Die Immobiliarabsonderungsgläubiger.

Nach § 39 K.O. „dienen zur abgesonderten Befriedigung die Gegenstände, welche in Ansehung der Zwangsvollstreckung zum unbeweglichen Vermögen gehören, insoweit ein dingliches oder sonstiges Recht auf vorzugsweise Befriedigung aus denselben besteht. Den Umfang der Immobiliarmasse, sowie den Umfang und die Rangordnung der aus derselben zu berichtigenden Ansprüche bestimmen die Reichsgesetze und Landesgesetze."

Die Konkursordnung regelt hiernach das Immobiliarabsonderungsrecht nicht, sie erkennt es nur so an, wie es reichs- oder landesgesetzlich besteht. Das gemeine Römische Recht ist für das Immobiliarabsonderungsrecht nach den heutigen Verhältnissen unbrauchbar und daher in dieser Beziehung wohl in keinem deutschen Staate mehr in Geltung. Die Bestimmungen des gemeinen Rechtes über dieses Separationsrecht bleiben daher bei den gegenwärtigen Erörterungen, welche sich auf das Reichs- und das Preußische Recht beschränken, außer Betracht.

Das Reichsrecht enthält keine auf das Immobilarabsonderungsrecht sich unmittelbar beziehende Vorschriften, weil dieses Absonderungsrecht von den Bestimmungen über die Zwangsvollstreckung in Immobilien abhängig gemacht ist, und die Beantwortung der Frage, was zu dieser Zwangsvollstreckung gehört, bisher der Landesgesetzgebung überlassen ist. Das Preußische Recht regelt diese Frage im Z.V.G. vom 13. Juli 1883 und unterwirft im § 1 dieses Ges. der Zwangsvollstreckung in das unbewegliche Vermögen auch die „Kauffahrteischiffe und nach Maßgabe des in den einzelnen Landestheilen geltenden Rechtes andere zur Frachtschifffahrt bestimmte Schiffsgefäße". Gelten hiernach Schiffe, die sonst als bewegliche Sachen anzusehen sind, in Rücksicht auf die Exekution als unbewegliche Sachen, so sind auch diejenigen Gläubiger, die ein Absonderungsrecht an einem Schiffe haben, als Immobiliarabsonderungsberechtigte anzusehen. Soweit es sich hiernach um Seeschiffe, um „die zum Erwerbe durch die Seefahrt bestimmten Schiffe" des Art. 432 H.G.B. handelt, sind die Bestimmungen des H.G.B. über die Schiffsgläubiger und deren Rangordnung auf der Grundlage des § 1 Z.V.G. für das Immobiliarseparationsrecht maßgebend.

Die Immobiliargläubiger sind folgende:

1) Nach Art. 757 H.G.B. sind als Forderungen, welche die Rechte der Schiffsgläubiger gewähren, anerkannt:

a. Die Kosten des Zwangsverkaufes des Schiffes einschließlich der Kosten der Vertheilung des Kaufgeldes und der Kosten der Bewachung, Verwahrung und Erhaltung des Schiffes und seines Zubehöres seit der Einleitung des Zwangsverkaufes oder seit der derselben vorausgegangenen Beschlagnahme;

b. die unter a nicht begriffenen Kosten der Bewachung und Verwahrung des Schiffes und seines Zubehöres seit der Einbringung des Schiffes in den letzten Hafen, falls das Schiff im Wege der Zwangsvollstreckung verkauft ist;

c. die öffentlichen Schiffs-, Schifffahrts- und Hafenabgaben, insbesondere die Tonnen-, Leuchtfeuer-, Quarantäne- und Hafengelder;

d. die aus den Dienst- und Heuerverträgen herrührenden Forderungen der Schiffsbesatzung;

e. die Lootsengelder, sowie die Bergungs-, Hülfs-, Loskaufs- und Reklamekosten;

f. die Beiträge des Schiffes zur großen Haverei;

g. die Forderungen der Bodmereigläubiger, welchen das Schiff verbodmet ist, sowie die Forderungen aus sonstigen Kreditgeschäften, welche der Schiffer als solcher während des Aufenthaltes des Schiffes außerhalb des Heimathshafens in Nothfällen abgeschlossen hat (Art. 497, 510), auch wenn er Miteigenthümer oder Alleineigenthümer des Schiffes ist; den Forderungen aus solchen Kreditgeschäften stehen die Forderungen wegen Lieferungen oder Leistungen gleich, welche ohne Gewährung eines Kredites von dem Schiffer als solchem während des Aufenthaltes des Schiffes außerhalb des Heimathshafens in Nothfällen zur Erhaltung des Schiffes oder zur Ausführung der Reise gemacht sind, soweit diese Lieferungen oder Leistungen zur Befriedigung des Bedürfnisses erforderlich waren;

h. die Forderungen wegen Nichtablieferung oder Beschädigung der Ladungsgüter und der im zweiten Absatz des Art. 647 erwähnten Reiseeffekten;

i. die nicht unter die angeführten Ansprüche fallenden Forderungen aus Rechtsgeschäften, welche der Schiffer als solcher kraft seiner gesetzlichen Befugnisse und nicht mit Bezug auf eine besondere Vollmacht geschlossen hat (Art. 452 Ziffer 1), sowie die, nicht unter die schon aufgeführten, fallenden Forderungen wegen Nichterfüllung oder wegen unvollständiger oder mangelhafter Erfüllung eines von dem Rheder abgeschlossenen Vertrages, insofern die Ausführung des letztern zu den Dienstobliegenheiten des Schiffers gehört hat (Art. 452 Ziffer 2);

k. die Forderungen aus dem Verschulden einer Person der Schiffsbesatzung (Art. 451, 452 [3]), auch wenn dieselbe zugleich Miteigenthümer oder Alleineigenthümer des Schiffes ist.

Den Schiffsgläubigern dieser Art steht nach Art. 758 ein gesetzliches, auch gegen dritte Besitzer des Schiffes verfolgbares Pfandrecht am Schiff und dessen Zubehör zu, wenn sie dasselbe nicht schon durch Verabredung erworben haben.

Außer den Absonderungsrechten dieser Schiffsgläubiger können auch gewöhnliche Pfandrechte an dem Schiffe erworben werden. Eine solche Verpfändung von Schiffen erfolgt [1]) nach Art. 59 des E.G.

---

[1]) Art. 59 des Ges vom 24. Juni 1861: „In den Landestheilen, in welchen das A.L.R. gilt, treten in Betreff der Verpfändung von Seeschiffen, mit Ausschluß derjenigen, welche in das Schiffsregister nicht einzutragen sind, an die Stelle der §§ 302—307, 313 A.L.R. I 20 folgende Vorschriften:

§ 1. Die Verpfändung muß in das Schiffsregister eingetragen werden.

Die Eintragung erfolgt von dem Gericht, welches das Schiffsregister führt.

Sie muß enthalten:

1) den Namen des Gläubigers;
2) die Forderung, für welche die Verpfändung geschehen ist;
3) die Bezugnahme auf die Verpfändungsurkunde unter Bezeichnung des Ortes und des Datums der Ausstellung;
4) die Zeit der Eintragung.

Die geschehene Eintragung ist von dem Gericht auf der Verpfändungsurkunde und auf dem Certifikat des Pfandbestellers zu vermerken.

§ 2. Durch die Eintragung in das Schiffsregister wird die Verpfändung selbst vollzogen.

So lange die Verpfändung in das Schiffsregister eingetragen ist, kommen dem Gläubiger die Rechte eines wirklichen Pfandinhabers zu.

Die Eintragung der Verpfändung wird nach der Aufhebung des Pfandrechtes im Schiffsregister gelöscht.

§ 3. Unter den in das Schiffsregister eingetragenen Pfandrechten bestimmt sich das Vorrecht nach der Zeitfolge der Eintragung."

Vgl. für Neu-Vorpommern und Rügen das Gesetz vom 26. Mai 1873 § 48, zum H.G.B. vom 24. Juni 1861 durch Eintragung in das Schiffsregister.

Die Rangordnung der Schiffsgläubiger im eigentlichen Sinne ist in den Art. 770—773 H.G.B. bestimmt, die Rangordnung unter den in das Schiffsregister eingetragenen Pfandrechten richtet sich nach der Zeitfolge der Eintragung,[2]) und „im Falle der Konkurrenz der Schiffsgläubiger, welche ihr Pfandrecht verfolgen, mit andern Pfandgläubigern oder sonstigen Gläubigern, haben die Schiffsgläubiger den Vorzug".[3])

2) Das H.G.B. spricht nur von den zum Erwerb durch die Seefahrt bestimmten Schiffen. Für andere Schiffsgefäße, die zur Frachtschifffahrt bestimmt sind, kommt das Landrecht zur Anwendung, welches für Preußen in der Preuß. K.O. §§ 64—71 dargestellt ist. Darnach kommen die Forderungen der Schiffsgläubiger in folgender Reihenfolge zur Hebung:

a. die Bergegelder und die Kosten zur Verwahrung des Schiffes nebst dem Zubehör seit der letzten Einbringung in den Hafen;

b. die Lootsen-, Tonnen-, Hafen- und andere „Ungelder" zur letzten Einbringung des Schiffes in den Hafen;

c. die Heuer des Schiffers und des Schiffsvolkes von der letzten Reise;

d. die nachstehenden Forderungen mit der Maßgabe, daß die später entstandene Forderung der früher entstandenen vorgeht:

I. der Beitrag des Schiffes zu der auf der letzten Reise vorgefallenen großen Havarie;

II. die kreditirten Lieferungen und Leistungen, welche dem Schiffer während der Dauer der letzten Reise zur Anschaffung von Lebensmitteln oder zur Reparatur und Ausrüstung des Schiffes gewährt und zu diesen Zwecken wirklich verwendet worden sind;

---

für Schleswig-Holstein das Gesetz vom 27. Mai 1873 § 48 und für die Provinz Hannover das Gesetz vom 27. Januar 1879. Vgl. auch § 14 E.G.

Für Hannover — mit Ausnahme derjenigen Theile, in denen das A.L.R gilt — gelten nach § 2 des Hypothekengesetzes vom 14. Dezember 1864 als unbewegliche Sachen „Seeschiffe und solche Flußschiffe, die eine Tragfähigkeit von 5 Lasten (zu 4000 Pfund) oder mehr haben"; die Verpfändung derselben erfolgt nach § 11 durch Eintragung in das Hypothekenbuch des zuständigen Gerichts, eine Vorschrift, die durch § 49 Abs. 4 des Einführungsgesetzes vom 28 Mai 1873 zur G O. für Hannover auch für die Zukunft anerkannt ist

[2]) Art. 59 § 3 des Ges. vom 24. Juni 1861. Siehe vorige Anm.

[3]) Art. 779, 780 H.G.B.

III. die von dem Schiffer durch Darlehns- und Pfandverträge zur Fortsetzung der letzten Reise im Nothfalle gültig aufgenommenen Gelder, sowie die von dem Schiffer zu demselben Zwecke im Nothhafen genommene Bodmerei (eigentliche Bodmerei), ingleichen der zu erstattende Werth der Waaren, welche vom Schiffer behufs der Fortsetzung der letzten Reise im Nothhafen von der Ladung gültig veräußert worden sind. Jedoch haben die unter II und III aufgeführten Forderungen nur dann einen Anspruch auf abgesonderte Befriedigung aus der Schiffsmasse, wenn sie binnen Jahresfrist gerichtlich geltend gemacht werden. Die Frist beginnt in Ansehung der kreditirten Lieferungen und Leistungen mit dem Ablauf des Tages, an welchem das Schiff in den Hafen zurückgekehrt ist, in Ansehung der aufgenommenen Gelder mit dem Ablauf des Rückzahlungstermins, und in Ansehung der veräußerten Waaren mit dem Ablauf des Tages, an welchem die Löschung der Ladung erfolgt ist;

e. die Forderungen, für welche das Schiff verpfändet worden ist, ohne daß die Bedingungen unter d III vorliegen, in der Rangordnung, welche durch die Zeitfolge der einzelnen Verpfändungen bestimmt wird. Hierher gehören namentlich die mit einem gültigen Pfandrecht versehenen Bodmereischulden der Rheder (uneigentliche Bodmerei), sofern die Forderungen binnen Jahresfrist nach eingetretenem Zahlungstermin gerichtlich geltend gemacht werden.

Die unter e bezeichneten Forderungen betreffen die uneigentlichen Schiffsgläubiger und sind, wie im Art. 779 H.G.B., den Ansprüchen der eigentlichen Schiffsgläubiger nachgestellt. Die Gültigkeit des Absonderungsrechtes der an einem Schiffsgefäß, welches nicht zu den Seeschiffen [4]) gehört, begründeten Forderungen der eigentlichen Schiffsgläubiger hängt nicht von der Eintragung in das Grundbuch oder Schiffsregister, auch nicht von dem Besitz des Schiffsgefäßes ab. Dagegen kann die Verpfändung von „Kähnen und anderen dergleichen Schiffsgefäßen, welche zur Frachtschifffahrt gebraucht werden", für gewöhnliche Forderungen, d. h. für die Forderungen der nicht eigentlichen Schiffsgläubiger „gleich anderen beweglichen Sachen" gültig nur durch die Naturalübergabe in den Gewahrsam des Gläubigers erfolgen. Trotzdem diese Schiffsgefäße nach § 1 Z.V.O. der Immobiliarzwangsvollstreckung unterliegen und die Pfandgläubiger derselben als Immobiliargläubiger anzusehen sind, muß doch das

[4]) und welches — soweit das Hannoversche Recht maßgebend ist, siehe Anm. 1 — nicht eine Tragfähigkeit von 5 Lasten hat.

im § 299 A.L.R. I 20 für die Begründung des Pfandrechtes an ihnen verlangte Erforderniß des Gewahrsams auch noch jetzt zur Begründung des gewöhnlichen Pfandrechtes an diesen Schiffsgefäßen für erforderlich erachtet werden, zumal diese Gegenstände, abgesehen von der Zwangsvollstreckung, auch noch jetzt als bewegliche Sachen zu gelten haben.

3) Die Immobiliarabsonderungsansprüche ergeben sich aus den §§ 24—30 Z.V.G.:

Nach § 23 Z.V.G. „sind die in den §§ 24—38 bezeichneten Forderungen in der Reihenfolge und in dem Umfange, welche daselbst festgesetzt sind, aus dem Kaufgelde zu berichtigen oder in Anrechnung auf dasselbe von dem Ersteher zu übernehmen:

§ 24: I. „Alle Ausgaben, welche bei der bis zum Zuschlage fortgesetzten Zwangsverwaltung des Grundstückes von dem dieselbe betreibenden Gläubiger zur Erhaltung und nöthigen Verbesserung des Grundstückes gemacht sind und aus den Einkünften nicht erstattet werden können."

§ 25: II. „Die laufenden, zur Erfüllung der Deichpflicht erforderlichen Beiträge und die Rückstände derselben aus den beiden letzten Jahren.

Es macht hierbei keinen Unterschied, ob die Beiträge und Leistungen von der zuständigen Staatsbehörde ausgeschrieben sind oder aus der auf einen Deichverband beruhenden Deichpflicht entspringen."

§ 26: III. „Die laufenden Beträge und die Rückstände aus dem letzten Jahre an Lohn, Kostgeld und andern Dienstbezügen des Gesindes, sofern dasselbe zur Bewirthschaftung des Grundstückes gehalten wird und das Grundstück ein zur Landwirthschaft bestimmtes Gut ist.

Mit denselben Einschränkungen gehören hierher auch die Forderungen der Wirthschafts- und Forstbeamten und aller übrigen zur Verwaltung des Grundstückes oder der damit verbundenen Rechte oder zum Betriebe der damit verbundenen ländlichen Nebengewerbe in dauerndem Dienst- oder Arbeitsverhältnisse zum Besitzer stehenden Personen wegen ihrer Dienstleistungen."

§ 27: IV. „Die laufenden, auf dem Grundstücke lastenden direkten Abgaben, welche zu der Staatskasse fließen, und die Rückstände derselben aus den beiden letzten Jahren.

Hierher gehören auch die an die Rentenbank oder Tilgungskassen abgetretenen Renten, sowie die an die Staatskasse zu entrichtenden Ablösungsrenten.

Die Vorschriften des Gesetzes über das Kostenwesen in Auseinandersetzungssachen vom 24. Juni 1875 § 7 Nr. 6 finden auch außerhalb des bisherigen Geltungsbereiches dieses Gesetzes Anwendung."

§ 28. V. „Die laufenden, auf dem Grundstücke haftenden gemeinen Lasten und die Rückstände derselben aus den beiden letzten Jahren.

Hierher gehören namentlich alle nach Gesetz oder Verfassung auf dem Grundstücke haftenden Abgaben und Leistungen, welche aus dem Kommunal-, Amts-, Kreis- und Provinzialverbande oder aus dem Kirchen-, Pfarr- und Schulverbande entspringen oder an Kirchen- und Schulbediente zu entrichten sind, sowie die Beiträge, welche aus der Verpflichtung zu öffentlichen Wege-, Wasser- oder Uferbauten entstehen, oder welche an Meliorationsgenossenschaften oder andere gemeinnützige, von der Staatsbehörde genehmigte Institute, namentlich an Vereine behufs gemeinschaftlicher Uebertragung der durch Brand, Hagelschlag oder Viehsterben entstandenen Schäden zu gewähren sind.

Die nach Maßgabe des Gesetzes betreffend Schutzwaldungen und Genossenschaften vom 6. Juli 1875 (Ges.S. 1875 S. 416) den Eigenthümern gefährdeter oder gefahrbringender Grundstücke auferlegten Beiträge zur Entschädigung oder zu den Kosten der Schutzanlagen haben das gleiche Vorrecht."

§ 29: VI. „Alle nicht zu den öffentlichen und gemeinen Abgaben und Leistungen (§§ 27, 28) gehörenden Realansprüche, soweit sie gegen Dritte wirksam sind und nicht von selbst auf den Ersteher übergehen, insbesondere die im Grundbuche eingetragenen Forderungen, soweit nicht die erfolgte Beschlagnahme des Grundstückes (§ 16) der Geltendmachung entgegensteht.

Die Rangordnung zwischen mehreren Rechten und Forderungen wird nach den §§ 17, 34—36 des Ges. vom 5. Mai 1872 (Ges.S. 1872 S. 433) bestimmt; jedoch bleiben die für einzelne Landestheile gegebenen besondern Vorschriften über die Rangordnung in Kraft.

Hat ein Gläubiger auf Grund der Vorschriften des § 5 rücksichtlich einer Post ein Ausschlußurtheil erwirkt und die in dem Urtheil etwa vorbehaltenen Ansprüche beseitigt, so sind an der Stelle der Post die dem Gläubiger entstandenen Kosten des Aufgebotsverfahrens und der zur Beseitigung angemeldeter Ansprüche geführten Prozesse bis auf Höhe der für die Post bei Vertheilung des Kaufgeldes von amtswegen anzusetzenden Beträge (§ 106) zu berichtigen."

§ 30: VII. „1) Die Forderungen, für welche das Grundstück in Beschlag genommen ist (§ 16), soweit sie nicht als Realforderungen zur Hebung kommen, und

2) die nach der Beschlagnahme des Grundstückes entstandenen Realansprüche (§ 29) in der nach der Zeit der Beschlagnahme des Grundstückes oder der Entstehung des dinglichen Rechtes zu bestimmenden Reihenfolge." —

Die Immobiliarabsonderungsrechte sind in der Regel Pfandrechte, aber es können Pfandrechte geben, denen die Eigenschaft des Separationsrechtes, und umgekehrt Absonderungsrechte, denen die Eigenschaft des Pfandrechtes fehlt. Der Pfandgläubiger, der nicht separationsberechtigt ist, kann gegen den dritten Besitzer sein Recht an der Sache verfolgen, aus derselben aber keine Befriedigung in Anspruch nehmen; der Separatist, der nicht Pfandgläubiger ist, ist befugt, sich aus dem verpflichteten Gegenstande zu befriedigen, solange derselbe sich im Besitz des Schuldners befindet, kann sein Recht aber dem dritten Besitzer gegenüber nicht verfolgen (siehe oben § 5).

Ein Immobiliarpfand-, aber kein eigentliches Absonderungsrecht ist das eingetragene Recht des Schuldners an seinem eigenen Grundstücke. Ist der Schuldner selbst als Gläubiger eingetragen, sei es, daß er eine Grundschuld für sich hat ingrossiren lassen,[5]) sei es, daß eine Hypothek auf Grund der §§ 64—66 E.E.G. auf ihn übergegangen ist, so ist er zwar an sich auch Realgläubiger, kann auch in der Kaufgelderbelegung für sich liquidiren, wie dies für die Grundschuld im § 27 Abs. 2 E.E.G. ausdrücklich zugelassen ist und für die Eigenthümerhypothek mit Recht allgemein[6]) angenommen wird. Aber die Thatsache, daß man nicht sein eigner Schuldner sein kann, macht sich nicht nur dadurch geltend, daß sich die Liquidation des Eigenthümers nur auf das Kapital, nicht auf die Zinsen, auch nicht auf die seit der Beschlagnahme laufenden Zinsen erstrecken kann, sondern namentlich auch darin, daß er die Versteigerung und Zwangsverwaltung nicht selbst beantragen oder betreiben kann, weil er keinen

[5]) § 27 E.E.G.

[6]) Förster-Eccius III § 200 S. 571; Krech-Fischer Anm. 4 zu § 29 Z.V.G. Entsch. des Obertr. 12 S. 66 in Striethorst's Archiv 16 S. 54, Bd. 11 S. 1, Gruchot, Beiträge 23 S. 901.

Vollstreckungstitel gegen sich erwerben, auch für den gegen ihn auf Betreiben eines Gläubigers ergangenen, von ihm eingelösten, Vollstreckungstitel die Vollstreckungsklausel gegen sich nicht ertheilen lassen kann. Durch die Konkurseröffnung ändert sich diese Rechtslage nicht: Der Verwalter kann ebensowenig, wie es der Kridar gegen sich selbst konnte, die Zwangsvollstreckung aus der Grundschuld oder Eigenthümerhypothek in das zur Masse gehörende Grundstück erwirken, er kann den Verkauf zwar im Wege der Zwangsvollstreckung auf Grund des § 116 K.O. veranlassen, aber er thut dies unabhängig von der Eintragung des Kridars und ohne jede Beziehung zu der Grundschuld oder Eigenthümerhypothek. In der auf Grund des § 116 K.O. erwirkten Subhastation oder in der auf Betreiben eines Absonderungsgläubigers ausgeführten Zwangsversteigerung liquidirt der Verwalter auf Grund der Eigenthümerhypothek bezw. der Grundschuld für die Masse das Kapital, aber nicht die Zinsen. Ein wirkliches Absonderungsrecht entsteht an der Eigenthümerhypothek bezw. Grundschuld erst durch ihre Cession an einen Dritten, welche auch nach der Konkurseröffnung mit rechtlicher Wirksamkeit erfolgen kann (siehe oben § 22).

Zu den Rechten, welche umgekehrt nur mit der Wirkung der Absonderung ohne dingliche Natur bestehen, gehören die nicht eingetragenen Rechte an fremder Sache (z. B. der nicht eingetragene Nießbrauch), welche nach § 12 E.E.G. in Ermangelung der Intabulirung gegen Dritte der Wirksamkeit ermangeln, gehören die in dem oben ausgeschriebenen § 24 Z.V.G. aufgeführten Ansprüche für die Kosten der Zwangsverwaltung,[7]) und die Forderungen des Gesindes, der Wirthschaftsbeamten u. s. w. aus § 26 Z.V.G., sowie die im § 30[1] aufgeführten Ansprüche,[8]) für welche das Grundstück im Wege der Zwangsversteigerung in Beschlag genommen ist.[9])

---

[7]) Vgl. die Motive zu § 24 Z.V.G., die rücksichtlich dieser Kosten „einen solchen Zusammenhang der Zwangsverwaltung mit der Zwangsversteigerung voraussetzen, welcher die Annahme rechtfertigt, daß die aufgewandten Kosten das Grundstück für die Zwangsversteigerung erhalten oder wieder hergestellt haben" — und die diesen Zusammenhang nur dann als vorhanden anerkennen, „wenn die Zwangsverwaltung bis zum Zuschlag fortgesetzt ist".

[8]) Der Antragsteller im Zwangsverwaltungsverfahren erwirbt nach § 143 Z.V.G. ein Pfandrecht an den Einkünften des Grundstücks. Ob der Subhastationsimpretant ein Pfandrecht durch die Beschlagnahme erwirbt, ist streitig; Förster-Eccius III § 193, Jäckel Anm. 1 zu § 30 Z.V.G., Volkmar, das Ges. über die Zwangsvollstreckung Anm. 2 zu § 30 bejahen diese Frage, ebenso die Motive zum Z.V.G., welche davon ausgehen, daß die Immobilien auch in

Die Schiffsgläubiger des H.G.B. haben nicht nur ein Absonderungs-, sondern nach der ausdrücklichen Vorschrift des Art. 458 H.G.B. auch ein Pfandrecht, die sonstigen Schiffsgläubiger, welche ein Pfandrecht nicht in der oben angegebenen Weise durch Erwerbung des Gewahrsams des Schiffsgefäßes erworben haben — § 69 der Preuß. K.O. —, haben ein Absonderungsrecht nur in der Subhastation.

Ebenso beschränkt sich das Absonderungsrecht derjenigen Immobiliargläubiger, denen das Z.V.G. nur ein Separations- aber kein Pfandrecht verleiht,[10]) nur auf die Zwangsversteigerung, kommt aber im Konkursverfahren, wenn die Verwerthung des Grundstückes in demselben ohne Zwangsvollstreckung erfolgt, nicht zur Geltung.

Abgesehen von dem Pfandrechte an den nicht zu den Seeschiffen

---

der Wirkung der Zwangsvollstreckung den Mobilien gleichgestellt seien. Dagegen führen Krech-Fischer S. 121 ff. zutreffend aus, daß durch die Beschlagnahme in der Subhastation ein Pfandrecht nicht entsteht, und diese Ansicht vertritt auch das Reichsgericht Entsch. Bd. 12 S. 262, Bd. 19 S. 295 ff.; vgl. auch Heidenfeld, Zwangsversteigerung S. 50, 59 ff. und v. Wilmowski Anm. 3 zu § 12 K.O., welcher den Gläubiger nur ein bedingtes Pfandrecht an den eventuellen Kaufgeldern erwerben läßt. Der Beschlagnahmegläubiger erwirbt kein Pfandrecht, weil das Gesetz ihm ein solches nicht verliehen hat, und das ihm zugesprochene Absonderungsrecht nur während des der Beschlagnahme folgenden Subhastationsverfahrens besteht und daher nach Einstellnng des Verfahrens aufhört, selbst wenn letzteres von demselben Gläubiger auf Grund desselben Titels von Neuem begonnen wird.

[9]) Vor der Beschlagnahme ist der betreibende Kreditor, sofern er nicht ohnehin Realgläubiger ist, nur Konkursgläubiger und kann daher nach § 10 K.O. die Zwangsvollstreckung nicht mehr betreiben, wenn der Konkurs vor der Beschlagnahme eröffnet ist. Die Beschlagnahme wird nach § 16 Abs. 3 Z.V.G. „durch die Zustellung des Beschlusses an den Schuldner bewirkt", es kommt daher für die Frage, ob der betreibende Gläubiger Absonderungsberechtigter geworden ist, darauf an, ob die Zustellung vor der Konkurseröffnung erfolgt ist. Ist dies nicht der Fall, so ist die Beschlagnahme ohne Wirksamkeit und muß rückgängig gemacht werden (vgl. Krech-Fischer Anm. 9 zu § 16 Z.V.G.). Mußte die Zustellung mittels Ersuchens einer Behörde oder eines Beamten oder mittels öffentlicher Bekanntmachung vorgenommen werden, so ist die Beschlagnahme nur dann gültig, wenn sie vor der Eröffnung des Konkurses vollendet war. (Der § 190 C.P.O., welcher unter bestimmten Voraussetzungen die Wirkungen der Zustellung auf einen früheren Zeitpunkt zurückbezieht, kommt im Ermangelung dieser Voraussetzungen hier nicht in Betracht.)

[10]) Die in den §§ 25, 27, 28 Z.V.G. aufgeführten publizistischen Lasten sind dinglicher Natur. Motive zu § 22 Z.V.G., Krech-Fischer Anm. 11 zu § 22.

gehörigen Schiffsgefäßen, welches, wie oben erörtert, den Gewahrsam des verpfändeten Gegenstandes erfordert, kann das Immobiliar-Absonderungsrecht mit dem Gewahrsam des Absonderungsobjektes verbunden sein. Dies ist namentlich bei der Antichrese der Fall, welche dem Pfandgläubiger neben der Pfandsicherung gleichzeitig den Besitz und Genuß zum Zwecke seiner Befriedigung gewährt, und welche zu ihrer Begründung neben der formellen Pfandbestellung die Besitzübertragung[11]) und zur Wirksamkeit gegen Dritte die Eintragung verlangt.[12])

§ 57. b. Die Accessionen des Immobiliarabsonderungsanspruches.

In der Subhastation kommen Nebenansprüche, insbesondere Zinsen und Kosten, sofern sie nur als Accessionen gelten, nur für die dinglichen Absonderungsansprüche privatrechtlicher Natur in Be-

[11]) Der § 227 A.L.R. I 20 erfordert zur Gültigkeit eines Vertrages, vermöge dessen der Gläubiger das Pfand statt der Zinsen ohne Rechnungslegung nutzen soll, die gerichtliche Bestätigung des Vertrages, vor deren Ertheilung der Richter sorgfältig prüfen soll, ob unter diesem Vertrage nicht ein heimlicher Wucher verborgen liege. Der § 4 des Ges. vom 23. April 1821 bestätigte dieses Erforderniß der Bestätigung. Da die gerichtliche Bestätigung von der Feststellung, daß ein heimlicher Wucher nicht vorliege, abhängig gemacht ist, so wird angenommen, daß infolge der Verordnung vom 12. Mai 1866 und des Ges. vom 14. November 1867 die gerichtliche Bestätigung nicht mehr erforderlich, auch durch das Wuchergesetz vom 24. Mai 1880 nicht wieder eingeführt ist. Förster-Eccius I § 80, Achilles Grundbuchordn. S. 348, Bahlmann Grundbuchordn. S. 266 Anm. 3a, Willenbücher Grundbuchordn. S. 144 Anm. 38, Turnau Anm. 3 zu § 12 G.O., Reichsgericht in Gruchots Beiträgen Bd. 30 S. 344. Man wird dies für richtig halten müssen, weil der § 1 des Ges vom 14. November 1867 nicht nur die Höhe der Zinsen, sowie die Höhe und Art der Vergütung für Dahrlehne und andere kreditirte Forderungen der freien Vereinbarung überläßt, sondern auch alle entgegenstehenden privatrechtlichen und strafrechtlichen Bestimmungen für aufgehoben erklärt hat.

[12]) § 12 Abs. 2 G.O.: „Wenn mit solchen Rechten (Hypotheken und Grundschulden) der Besitz und Genuß von seiten des Gläubigers verbunden ist, so wird dieses Recht in der 2. Abth. vermerkt." Turnau a. a. O. meint, daß nur die Eintragung in Abth. II die Antichrese begründe, wogegen Förster-Eccius III § 196 Anm. 6 auch der Eintragung in Abth. III die verbindliche Kraft nicht versagen will. Die Eintragung in Abth. III ist zwar nicht vorschriftsmäßig, doch wird man nach den Prinzipien der Grundbuchgesetze nicht annehmen dürfen, daß mit der Verirrung einer Post in eine unrichtige Abtheilung die Ungültigkeit der sonst richtigen Eintragung verbunden wäre. Neben der Eintragung des antichretischen Nebenvertrages ist selbstverständlich die Eintragung der Verpfändung in Abth. III erforderlich.

tracht, wogegen dem Gläubiger öffentlich rechtlicher Absonderungsrechte die Geltendmachung des Absonderungsrechtes für die Nebenansprüche versagt ist. Denn der § 35 Z.V.G., welcher sich über die Nebenansprüche der Realinteressenten verhält, behandelt nur die Forderungen der §§ 29, 30², und schließt damit die Nebenansprüche der Forderungen der §§ 25, 27, 28 Z.V.G., sowie diejenigen des § 30¹ von der Subhastation aus.

Für die privatrechtlichen dinglichen Absonderungsrechte bestimmen die §§ 35—37 Z.V.G.:

§ 35: „An der Stelle, an welcher einer der in §§ 29, 30² bezeichneten Realansprüche anzusetzen ist, werden in nachstehender Reihenfolge berichtigt:

1) die Kosten der Eintragung, der Kündigung, der Klage, der Beitreibung und der Liquidation, insofern das Grundstück dafür haftet;

2) die laufenden Zinsen oder andern Leistungen;

3) die Rückstände von Zinsen oder andern Leistungen aus den beiden letzten Jahren;

4) das Kapital der Forderung oder bei einem andern Rechte, dessen Last auf den Ersteher nicht übergeht, das zur Ablösung, Entschädigung oder Sicherung des Berechtigten erforderliche Kapital."

§ 36: „Die laufenden Abgaben, Lasten, Zinsen und andern Leistungen nehmen ihren Anfang von dem letztverflossenen Fälligkeitstermine vor der ersten Beschlagnahme des Grundstückes, welche in dem anhängigen Verfahren oder bei einer bis zur Einleitung desselben fortgesetzten Zwangsverwaltung erfolgt ist.

Die Rückstände werden von demselben Zeitpunkte zurückgerechnet. Liegt innerhalb der beiden letzten Jahre vor der Beschlagnahme kein Fälligkeitstermin, so wird der Anfang der laufenden und der rückständigen Beträge durch die Zeit der Beschlagnahme bestimmt.

Der Lauf der Zinsen wird durch das Vollstreckungsverfahren nicht gehemmt."

§ 37: „Nach den bisher bezeichneten Forderungen werden die älteren als zweijährigen Rückstände an Zinsen und wiederkehrenden Hebungen nach der in den §§ 25, 27—29, 30² festgesetzten Reihenfolge berichtigt."

Der § 35 Z.V.G. erweitert das außerhalb der Subhastation begründete Recht der Accessionen nicht: Nur wenn das Absonderungsrecht der Nebenforderung auch ohne die Subhastation besteht, kann es auch in der Zwangsversteigerung geltend gemacht werden, wie dies auch bei der Nr. 1 durch den Zusatz „insofern das Grundstück dafür haftet" ausdrücklich hervorgehoben ist.

Das belastete Immobile haftet für Accessionen von Realrechten, die nicht Hypotheken oder Grundschulden und nicht Forderungen der Schiffsgläubiger sind, nur durch die ausdrücklich vereinbarte und eingetragene Belastung mit diesen Nebenansprüchen. Dagegen haftet die unbewegliche, mit einer Hypothek oder Grundschuld beschwerte Sache nach § 30 E.E.G. auch für die „eingetragenen Zinsen und sonstigen Jahreszahlungen und für die Kosten der Eintragung, der Kündigung, der Klage und Beitreibung". Für die Zinsen besteht die Pfandhaftung ohne Unterschied, ob sie Konventional- oder Zögerungszinsen sind,[13]) nach der Fälligkeit der Forderung aber für die Zögerungszinsen nur in Höhe der eingetragenen Zinsen.[14]) Die vor dem 1. Oktober 1872 eingetragene Hypothek umfaßt die Verzögerungszinsen nur, wenn dieselben nacheingetragen sind, für die bedungenen, aber weder ein- noch

---

[13]) Der § 482 A.L.R. I 20 bestimmte: „Das Recht, sich an die verschriebene Sache zu halten, gebührt dem Gläubiger sowohl in Ansehung des Hauptstuhls seiner Forderung, als in Ansehung der davon vorbedungenen Zinsen", der § 483: „dagegen erstreckt sich das dingliche Recht des Gläubigers nicht auf bloße Verzögerungszinsen." In dem Reg.-Entwurfe zum E.E.G. war der Umfang der Hypothek auf die vorbedungenen eingetragenen und nicht eingetragenen, Zinsen beschränkt. In der Kommission des Herrenhauses wurden den vorbedungenen die eingetragenen Zinsen und sonstigen Hebungen substituirt, weil es wünschenswerth erschien, die ausdrücklich stipulirten Verzugszinsen z. B. von Amortisationszahlungen und alle außer den Zinsen ausbedungenen Jahreszahlungen als hypothekarisch gesichert anerkannt zu sehen.

[14]) Mit der Fälligkeit des Kapitals verwandeln sich die Konventionalzinsen in Verzugszinsen (Reichsgericht in Gruchot's Beiträgen Bd. 26 S. 963 ff.), sie hören aber deshalb nicht auf, eingetragene Zinsen zu sein, und die Pfandhaftung erstreckt sich daher auch auf die nach der Fälligkeit zu zahlenden Zinsen (Förster-Eccius III § 199 Anm. 40, Johow, Jahrbuch 6 S. 188). Durch diese Umwandlung in Verzugszinsen wird der Zinsfuß nicht herabgesetzt, denn nach § 3 des Ges. vom 14. Nov. 1867 bleibt, wenn die Zahlung eines Darlehns oder einer andern kreditirten Forderung verzögert wird, auch für die Verzögerungszinsen der bedungene Zinssatz maßgebend, sofern derselbe höher ist, als der Satz der gesetzlichen Zinsen. In diesem Falle wird auch die Pfandhaftung für die Höhe der Zinsen nicht geändert. Anders aber, wenn sich in Folge der Umwandlung in Verzugszinsen der Zinsfuß erhöht. Sind die Konventionalzinsen z. B. nur zu 4% eingetragen, so sind vom Tage der Fälligkeit an Zinsen zu 5% zu zahlen, das Pfand haftet aber für diese Erhöhung des Zinsfußes nicht, sofern dieselbe nicht ebenfalls — für den Fall des Verzugs — eingetragen ist.

nacheingetragenen Zinsen besteht nur ein Absonderungs-, aber nicht ein gegen Dritte wirksames Pfandrecht.[15])

Das für die Hypothek oder Grundschuld verpfändete Grundstück haftet ferner[16]) für die Kosten der Eintragung,[17]) wenn sie vom Gläubiger

---

[15]) Turnau Anm. II 6 zu § 30 E.E.G., Krech-Fischer S. 317 Anm. 3, Jäckel Anm. 3 zu § 35 Z.V.G. meinen, daß nach dem im § 73 G.O. enthaltenen Grundsatze die Bestimmung des § 30 E.E.G., wonach das Grundstück für die eingetragenen Zinsen hafte, auch auf die vor dem 1. Oktober 1872 eingetragenen Hypotheken Anwendung finde. A. M. Bahlmann S. 124 Anm. 1[a] und Willenbücher, Grundbuchordnung S. 73 Anm. 1[a]. Wie bereits oben in der Anm. 13 erwähnt, haftete das Immobile nach § 482 A.L.R. I 20 nur für die vorbedungenen Zinsen, ohne Unterschied, ob sie mit eingetragen waren oder nicht, nicht aber für Verzugszinsen. Für die nicht eingetragenen Konventionalzinsen bestand daher ein auf privatrechtlichem Titel beruhendes dingliches Recht ohne Eintragung Dingliche Rechte dieser Art müssen nach § 73 G.O. bis zum 1. Oktober 1873 eingetragen sein, widrigenfalls sie Dritten gegenüber nicht geltend gemacht werden können. Dadurch ist die Haftung des Grundstückes für die nicht nacheingetragenen Zinsen nicht beseitigt, sondern nur die Wirksamkeit der Haftung gegenüber dritten Personen aufgehoben. Das Grundstück haftet deshalb für diese bedungenen, aber nicht nachgetragenen Zinsen auch noch jetzt derart, daß die Befriedigung für diese Zinsen aus der Grundstücksmasse gesucht werden kann, daß der Gläubiger auch im Konkurse rücksichtlich dieser Zinsen absonderungsberechtigt ist, aber die Haftung besteht ohne dingliche Wirkung, die Zinsen können daher den Forderungen anderer Pfandgläubiger nicht vorgehen und, wenn das Grundstück in das Eigenthum eines Dritten übergegangen ist, überhaupt nicht gefordert werden.

Andererseits haftete das Grundstück vor dem 1. Oktober 1872 nicht auch für Verzugszinsen, und eine solche Haftung konnte durch Erlaß des E.E.G. nicht von selbst mit rückwirkender Kraft eintreten. Die für eine Hypothek eingetragenen Zinsen können daher auch nach dem 1. Oktober 1872 nur als bedungene, nicht auch als Verzugszinsen gelten.

In beiden Beziehungen kann jedoch der Eigenthümer eine Aenderung eintreten lassen: Nach § 25 E.E.G. ist er berechtigt, für Kapitalien, welche zinslos oder mit Zinsen unter 5 % eingetragen sind, einen Zinssatz bis 5 % mit der Rangordnung des Kapitals eintragen zu lassen; der Einwilligung der nach dem 1. Oktober 1872 eingetragenen Gläubiger bedarf es nicht, und auch bei denjenigen Hypotheken, welche seit Geltung des Ges. vom 24. Mai 1853 mit Zinsen unter 5 % eingetragen sind, ist die Zustimmung der gleich- oder nachstehenden Gläubiger nicht erforderlich. Diese Spezialvorschrift unterscheidet nicht zwischen bedungenen und Verzugszinsen — Turnau Anm. 3 zu § 25 E.E.G. —, knüpft die Berechtigung des Eigenthümers zur Eintragung der Zinsen auch nicht an eine Frist, auch nicht an die Frist des § 73 G.O. Der Eigenthümer kann daher unter den Voraussetzungen des § 25 E.E.G. die Haftung des Grundstückes sowohl für die bedungenen wie für die Verzugs- — bezw. die gesetzlichen — Zinsen durch nachträgliche Eintragung jeder Zeit mit der Maßgabe des § 25 E.E.G. bewirken.

[16]) Nach §§ 484, 488 A.L.R. I 20 haftete das Grundstück für die Kosten

bezahlt sind oder gegen ihn von der Gerichtskasse gefordert werden oder für die Eintragung einer Grundschuld entstanden sind,[18]) es haftet für die Kosten der Kündigung,[19]) der Klage[20]) und der Beitreibung.[21]) Das

der Hypothekenbestellung, der Ausklagung und Beitreibung der Forderung nur dann, wenn diese Haftung im Hypothekenbuche vermerkt war, nach § 29 der Hypothekennovelle vom 24. Mai 1853 haftete es dagegen ohne Eintragung für die Kosten der Kündigung, der Ausklagung und Beitreibung. Vgl. § 54 der Preuß. K.O. Der § 30 E.E.G. läßt es ebenfalls auch ohne besonderen Vermerk im Grundbuche für die Kosten der Eintragung, Kündigung, Klage und Beitreibung haften.

[17]) Unter diesen Kosten sind nur die durch die Eintragung und seit derselben entstandenen, daher nur die nach §§ 2, 6 des Kostentarifs zur G.O. aufgeführten Kosten für die Eintragung und die Ertheilung des Grundschuld- und Hypothekenbriefes, nicht auch die Kosten der Hypothekbestellung, der Ausstellung der Schuldurkunde, der Beglaubigung der Eintragungsbewilligung und des Antrages zu verstehen. So Turnau Anm. III² zu § 30 E.E.G.; Bahlmann S. 94, 95 Anm. 127; Achilles S. 79 Anm. 27, Kretz-Fischer Anm. 2ª zu § 35 Z.V.G.; Knorr Anm. 2 zu § 35 Z.V.G. Für die Kosten der letzteren Art haftet das Grundstück nur auf Grund besonderer Eintragung — Turnau a. a. O. § 488 A.L.R. I 20 —, welche zwar in der Haupteintragung mitenthalten sein kann, aber den Voraussetzungen des § 23 E.E.G. entsprechen muß.

[18]) Sind die Eintragungskosten nicht vom Gläubiger, sondern vom Schuldner gezahlt, so fällt die Pfandhaftung für dieselben fort, weil aus der Eintragung einer Hypothek, welche für einen andern erfolgt ist, kein Pfandrecht für den Schuldner erworben werden kann. Da das Grundstück in diesem Falle von Anfang an für die Eintragungskosten nicht haftet, so tritt die Haftung für dieselben auch dann nicht ein, wenn der Schuldner später Eigenthümer der Hypothek wird. Anders, wenn der Eigenthümer eine Grundschuld für sich eintragen läßt. In diesem Falle ist er zugleich als Gläubiger anzusehen, und werden die Kosten dieser Eintragung daher von dem Pfandrechte mitergriffen, jedoch wenn die Grundschuld cedirt wird, nur, sofern dem Cessionar die Eintragungskosten mitabgetreten sind. § 52 Abs. 2 E.E.G. Diese Frage ist für den Konkurs, in welchem der Verwalter die Grundschuld für die Masse liquidirt, nicht ohne Erheblichkeit.

[19]) Die Kündigung kann mündlich geschehen, aber die zur Sicherung des Beweises durch Schriftlichkeit und mittels Zustellung durch den Gerichtsvollzieher entstehenden Kosten gehören zu den zweckmäßig aufgewandten Kosten, für welche das Grundstück mit zu haften hat. Dasselbe haftet dagegen in der Regel nicht auch für die Gebühr und Vollmachtskosten des Anwaltes, durch welchen die Kündigung vermittelt wird.

[20]) Die Hypothek haftet nur für die Kosten desjenigen Prozesses, welcher zur Einziehung der eingetragenen Forderung angestellt ist, nicht auch für die Kosten desjenigen Rechtsstreites, in welchem der Vollstreckungstitel ergeht, auf Grund dessen die Eintragung im Zwangswege erfolgt. (Turnau III³ zu § 30 E.E.G., Förster-Eccius III § 199 Anm. 39, Hinrichs Studien I S. 33.) Die Kosten der letztern Art müssen auf Grund eines besondern Vollstreckungstitels (Kostenfestsetzungsbeschlusses u. s. w.) eingetragen werden. Die Anwaltskosten

den Gläubigern eines Seeschiffes zustehende Pfandrecht gilt nach Art. 763

---

können dagegen auch ohne einen besondern Vollstreckungstitel eingetragen werden (vgl. über diese Streitfrage Wolff, die Eintragung in das Grundbuch zur Vollstreckung einer Forderung § 15); ohne Eintragung haftet das Grundstück aber auch für diese Kosten nicht.

Ob die auf Einklagung der Post gerichtete Klage, für deren Kosten das Grundstück haftbar ist, dinglicher oder persönlicher Natur ist, ist an sich gleichgültig, wenn nur feststeht, daß die Klage diejenige Forderung betraf, für welche die Hypothek oder Grundschuld eingetragen ist. A M. Turnau a. a. O., Eccius III § 199 Anm. 39, Krech-Fischer Anm. 2[b] zu § 35 Z.V.G., Knorr Anm. 2[d] zu dems. Paragraph, welche annehmen, das Grundstück hafte nur für die Kosten der hypothekarischen Klage, nicht auch für die Prozeßkosten, welche durch eine auf Grund des persönlichen Schuldverhältnisses erhobene Klage erwachsen sind. So lange das Pfandobjekt im Eigenthum des ursprünglichen Schuldners ist, bleibt die Hypothek, wie auch die sonst selbständige Grundschuld lediglich ein Accessorium des persönlichen Anspruches und die Klage, die den Hauptanspruch betrifft, begreift diesen Anspruch mit allen Nebenrechten in sich. Deshalb wird, wenn der persönliche Anspruch verfolgt wird, derselbe Anspruch verfolgt, welcher im Grundbuche eingetragen ist; verlangt werden muß nur die thatsächliche Feststellung der Identität der Klageforderung mit dem eingetragenen Anspruche, welche Identität aus der Klage oder sonst mit Sicherheit erhellen muß. Befindet sich dagegen das Grundstück im Eigenthum eines Dritten, ohne daß der bisherige Eigenthümer seiner persönlichen Verpflichtung entbunden ist, so kann selbstverständlich die persönliche Klage, die nur gegen den persönlichen Schuldner angestellt ist, den nicht mit zugezogenen neuen Eigenthümer und dinglichen Schuldner nicht berühren, und können auch die Kosten eines solchen Rechtsstreites durch das Pfandrecht nicht gesichert werden. Wird der neue Eigenthümer bezw. der Eigenthümer, welcher für eine fremde Schuld eine Eintragung auf sein Grundstück zugelassen hatte, mitverklagt, so haftet das Grundstück doch nur für die Kosten, welche durch die Klage gegen den Eigenthümer, nicht auch für diejenigen, welche gegen den persönlichen Schuldner entstehen; denn beide Schuldner haften für die Kosten nicht solidarisch — § 95 C.P.O. — Wird die persönliche Klage gegen den persönlichen Schuldner zu einer Zeit angestellt, in welcher er noch Eigenthümer des verpfändeten Grundstückes war, und geht das Eigenthum an demselben im Laufe des Rechtsstreites nach der Klagestellung auf einen andern über, so ergeht das Urtheil auch gegen den neuen Erwerber — § 44 E E.G, §§ 236, 237, 666 C.P.O. — und die Kosten des Prozesses werden von der Pfandhaftung mitergriffen, wenn auch die Klage, von der es feststeht, daß sie die eingetragene Post betrifft, nur als persönliche angestellt war. A. M. scheint Turnau a. a. O. auch in dieser Beziehung zu sein.

Diejenigen Klagekosten, welche durch das Pfandrecht gesichert werden, können in der Subhastation ohne Vorlegung eines Vollstreckungstitels, insbesondere ohne Vorlegung eines Kostenfestsetzungsbeschlusses, liquidirt werden. Wird ihre Höhe bestritten, so müssen sie in dieser Beziehung, wie jedes andere Liquidat, dessen Höhe sich aus dem Grundbuche nicht von selbst ergiebt, nachgewiesen werden.

Das Grundstück haftet übrigens nicht für sämmtliche Kosten, die der Gläubiger aufgewendet hat, sondern nach § 87 C.P.O. nur für die nothwendigen und

H.G.B. in gleichem Maße für Kapital, Zinsen, Bodmereiprämie und Kosten, ohne daß dabei zwischen eingetragenen und nicht eingetragenen, zwischen gesetzlichen oder vereinbarten Zinsen unterschieden wird. Jede Zinsforderung, alle durch die Beitreibung und Liquidation erforderlichen Kosten werden daher durch das Pfandrecht gesichert. Und für die nicht zu den Seeschiffen gehörigen, zur Frachtschifffahrt bestimmten Schiffsgefäße bestimmt der § 70 der Preuß. K.O., daß bei der Vertheilung der Absonderungsmasse die Kosten und sämmtliche noch nicht verjährten Zinsen am Orte des Kapitals anzusetzen seien, daß bei den eigentlichen und uneigentlichen Bodmereiforderungen die Zinsrückstände nur aus dem letzten Jahre vor der Konkurseröffnung bezw. dem Tage der verfügten Subhastation, wenn die letztere vor der Er-

zweckmäßig aufgewandten Kosten. Soll das Grundstück auf Grund besonderer Vereinbarung noch für weitere Kosten haften, so müssen diese unter Angabe der Summe besonders eingetragen werden. Johow, Jahrbuch Bd 4 S 151.

[21]) Zu den Beitreibungskosten, für welche das Grundstück mithaftet, gehören alle im Sinne des § 87 C.P.O. nothwendig oder zweckmäßig aufgewandten Kosten, „welche nach der Ausklagung der eingetragenen Forderung behufs deren exekutivischer Einziehung aufgewandt worden sind, sei es, daß es zur Beitreibung, namentlich zur Befriedigung des Gläubigers kommt, oder daß die Exekution ganz oder theilweise resultatlos verläuft" (Obertr Entsch. 51 S 423), demnach gehören zu den Beitreibungskosten auch die Kosten der voraufgegangenen Mobiliarexekution, die Gebühren des Prozeßbevollmächtigten für das Zwangsvollstreckungsverfahren, auch die Gebühren und Auslagen des Rechtsanwaltes eines Realgläubigers, der die Subhastation nicht betrieben hat. Ob die Anwaltskosten für Erhebung der Post in der Subhastation und für die Absendung der gehobenen Summe an den Gläubiger von dem Pfandrechte gesichert sind, ist streitig. Förster-Eccius III § 199 Anm. 42 und Krech-Fischer Anm. 2c zu § 35 Z.V.G. bestreiten es, in der Entsch. des Obertrib. Bd. 74 S 144 wird die Frage bejaht. Sie werden, soweit durch sie Auslagen und Versäumnißkosten des Gläubigers erspart werden, welcher außerhalb der Subhastation nicht zur Empfangnahme am Orte des Kaufgelderbelegungstermines verpflichtet wäre, zu den im § 35 [1] Z V.G. bezeichneten Kosten der Liquidation zu rechnen sein; soweit dies nicht der Fall, sind sie zwar immer Kosten der Liquidation, sie werden aber durch das Pfandrecht nicht gesichert, wenn sie unnöthig aufgewendet werden.

Zu den Beitreibungskosten gehören auch die Kosten einer von dem Gläubiger nach § 5 Z.V.G. veranlaßten Löschung einer voreingetragenen Post, sowie die zu diesem Zweck aufgewandten Aufgebots- und Prozeßkosten; Turnau a.a.O., Krech-Fischer Anm. 2c zu § 35 Z.V.G., Wolff, die Eintragung in das Grundbuch u. s. w. S. 170.

Für diese Kosten ist dem Gläubiger durch § 29 Abs. 3 Z.V.G. noch ein weiteres Vorzugsrecht dadurch verliehen, daß dieselben mit dem Range der aufgebotenen Post zu berichtigen sind, wenn der Gläubiger diese Post nicht hat löschen lassen; vgl. Wolff a. a. O. S. 169–172.

öffnung des Konkurses angeordnet ist, das Vorzugsrecht des Kapitals genießen, für andere Rückstände aber kein Anspruch auf abgesonderte Befriedigung erhoben werden könne.

Haftet der Schuldner für die Post nicht persönlich, ist der Gläubiger also nur einfacher Absonderungsgläubiger, so fragt es sich, ob das Absonderungsrecht auch rücksichtlich der Zinsen und Kosten nur ein einfaches oder ob es ein qualifizirtes ist. Vom Obertrib.[22]), in Koch's Kommentar zum A.L.R.[23]) und von Bahlmann[24]) ist diesem Gläubiger auch an den Zinsen und Kosten nur ein einfaches Absonderungsrecht zugesprochen. Die Konventionalzinsen sind nach §§ 803, 855 A.L.R. I 11 das Entgelt für den Gebrauch eines Kapitals, die Verzugszinsen sind als Entgelt für die Vorenthaltung des Kapitals anzusehen, und der Eigenthümer, der das Kapital nicht zum Gebrauch erhalten hat oder der dasselbe dem Gläubiger nicht vorenthält, kann daher auch nicht persönlich für die Zinsen haftbar sein. Nach dem Erwerb des Pfandobjektes und nachdem die Pfandforderung fällig geworden ist, hat freilich der Eigenthümer die Verpflichtung, den Gläubiger aus der Pfandsache zu befriedigen; thut er dies nicht, so versäumt oder verzögert er die Erfüllung seiner Verpflichtung, die auf sein Grundstück eingetragene Forderung aus dem Grundstücke zu befriedigen, und „wer in Zahlung einer Geldsumme säumig ist", muß nach § 64 A.L.R. I 16 „Verzugszinsen zahlen". Aber die Verpflichtung zur Befriedigung aus dem Grundstücke ist nur eine negative, der dingliche Schuldner muß sich gefallen lassen, daß der Gläubiger seine Befriedigung aus dem Grundstücke erlangt, und muß auf dessen Verlangen alles thun, was für diesen erforderlich ist, um seine Befriedigung durchzuführen. Er ist daher verpflichtet, auf Verlangen einen vollstreckbaren Schuldtitel auszustellen, auf Grund dessen der Gläubiger die Zwangsvollstreckung betreiben kann; er ist verpflichtet, sich aller unbegründeten Einreden sowohl gegen die Erlangung des Schuldtitels, wie gegen die Zwangsvollstreckung zu enthalten. Handelt er diesen Verpflichtungen zuwider, so haftet er für die Zinsen persönlich, soweit sie durch den infolge seines Verhaltens entstehenden Verzug erwachsen, andernfalls kann er für Zinsen persönlich nicht haftbar sein.[25]) Von diesem Gesichtspunkte aus muß

[22]) Präj. Sammlung S. 111 Nr. 1478.

[23]) II S. 734 Anm. 82.

[24]) S. 125 Anm. c.

[25]) Das Reichsgericht in Gruchots Beiträgen Bd. 24 S. 1012 ff. hat

auch die Frage beantwortet werden, ob der nur dinglich verhaftete Schuldner für die Kosten der Klage und Beitreibung persönlich haftet. Da er nur die Verpflichtung hat, sich die Beitreibung gefallen zu lassen, haftet er für deren Kosten nur insoweit persönlich, als dieselben durch seine unbegründeten Einwendungen entstehen. Ebenso haftet er auch für die Kosten der Klage nur soweit persönlich, als dieselbe durch sein Verschulden erhoben ist bezw. als die Kosten durch seine unbegründeten Einwendungen entstanden sind. Weigerte er sich z. B., dem Gläubiger einen Vollstreckungstitel auszustellen, ohne welchen dieser die Zwangsvollstreckung nicht vornehmen konnte, so muß er die durch Erhebung der Klage erwachsenen Mehrkosten persönlich tragen.[26])

Das Absonderungsrecht wird durch die Befriedigung des gesammten Absonderungsanspruches mit den Nebenforderungen desselben erledigt und der Gläubiger ist verpflichtet, diese Erledigung durch Bewilligung der Löschung anzuerkennen. Uebersteigt die persönliche Forderung des Gläubigers den eingetragenen Anspruch, sei es, daß nur ein Theil der Hauptforderung, sei es, daß diese ohne die vereinbarten Zinsen ingrossirt ist, sei es, daß die Zinsen zu einem geringeren Zinsfuße eingetragen sind, als verabredet war, so wird das Absonderungsrecht erledigt und der Gläubiger zur Bewilligung der Löschung verpflichtet, wenn nur das, was eingetragen steht, bezahlt ist. Turnau[27]) behauptet dagegen unter Berufung auf Entscheidungen des Obertr.[28]) und Reichsgerichts[29]): „Der Schuldner müsse zahlen, was er nach Vertrag, Gesetz oder Urtheil schuldig sei, ohne Rücksicht darauf, wie weit die bestellte Hypothek hafte; erst wenn er ganz befriedigt habe, habe der Gläubiger Quittung zu leisten und das Pfand

---

den Satz aufgestellt, daß der Eigenthümer eines mit einer Reallast beschwerten Grundstückes für die während seiner Besitzzeit fällig werdenden Leistungen dieser Reallast persönlich hafte. Wäre dies richtig, so würde man auch die Haftung des nur dinglichen Schuldners für die Zinsen annehmen müssen. Man wird die Ansicht des Reichsgerichtes aber als irrig ansehen müssen, da die einzelnen, aus der Reallast entspringenden Leistungen nur Theile der ganzen Reallast sind und der Eigenthümer für die Theile ebensowenig, wie für das Ganze persönlich haftbar sein kann.

[26]) Vgl. Krech-Fischer Anm. 8 zu § 84 Z.V.G. und S. 133 ff.; Ziebarth, die Reform des Grundbuchrechtes.

[27]) Anm. II zu § 30 E.E.G.

[28]) Entsch. 50 S. 205; Striethorsts Archiv 51 S. 121.

[29]) Entsch. 5 Nr. 87.

zu enthaften; für das Verhältniß zwischen dem persönlichen Schuldner einer Hypothekenforderung und seinem Gläubiger sei es ohne Einfluß, ob neben dem Kapital noch Zinsen und Kosten eingetragen seien oder wie weit das Pfandgrundstück dafür hafte." Aber die Berufung auf die Entscheidung des Reichsgerichtes ist irrig und das Obertr. hat in dem bezogenen Urtheile den richtigen Satz aufgestellt, der Hypothekengläubiger sei nicht verpflichtet, das für ihn eingetragene Kapital ohne die nicht eingetragenen Verzugszinsen, zu deren Zahlung der Hypothekenschuldner verpflichtet sei, anzunehmen. Anzunehmen braucht der Gläubiger, abgesehen von den gesetzlichen Ausnahmen, eine Theilzahlung nicht, aber eine andere Frage ist es, ob die eingetragene Post zu löschen ist, nachdem für sie die Zahlung ohne Rücksicht auf die weitergehende, nicht eingetragene Mehrforderung angenommen ist. Wollte man dem Hypothekengläubiger, der alles erhalten hat, wofür das Immobile haftet, das Recht geben, die Löschung zu weigern, weil er noch andere Forderungen oder Nebenforderungen hat, für welche das Pfand nicht haftet, so würde man ihm ein dem Gordianischen ähnliches Privileg gewähren und den Absonderungsgegenstand für einen Anspruch haften lassen, für den er nicht haftet; man würde den Gläubiger, der eine Forderung von 1000 Mark gegen den Schuldner hat, von welcher nur ein Theil in Höhe von 100 Mark eingetragen ist, nach Bezahlung dieser 100 Mark berechtigen, die Löschung bis zur Zahlung des Restes abzulehnen. Auch der Vollstreckungsgläubiger, dem das Löschungsrecht des Eigenthümers zusteht, würde dann auf Grund des § 5 Z.V.G. die ihm vorgehende bezahlte Post nicht zur Löschung bringen können, wenn der Eigenthümer dem eingetragenen Kreditor mehr verschuldet, als eingetragen ist.

Hiernach hat man keine Veranlassung, eine Ausnahme von dem Grundsatze zu machen, daß das Grundstück nicht über die Eintragung hinaus der Pfandhaftung unterliegt. Keine Ausnahme von diesem Grundsatze liegt in der Annahme, daß das Grundstück, so lange es im Eigenthum des persönlichen Schuldners steht, unter Umständen weiter haftet, als im Eigenthum eines Dritten: Es ist schon oben[30]) darauf hingewiesen, daß die vor dem 1. Oktober 1872 eingetragene Hypothek auch die nicht eingetragenen Konventionalzinsen mit umfaßt, daß diese Pfandhaftung aber, wenn die Zinsen nicht nacheingetragen werden, zwar Dritten gegenüber, aber nicht im Verhältniß des Gläu-

[30]) S. oben Anm. 15.

bigers zum Schuldner aufhört. In diesem Falle haftet das Grundstück aber in Wirklichkeit für die nicht eingetragenen Konventionalzinsen, ebenso wie es im Verhältniß zwischen dem Gläubiger und dem persönlichen Schuldner nach § 12 Abs. 1 E.E.G. auch für die dinglichen, nicht eingetragenen Rechte haftet, welche „gegen Dritte nur durch Eintragung Wirksamkeit erlangen."

§ 58. c. Der Umfang der Immobiliarmasse.

Den Umfang der Immobiliarmasse läßt der § 39 K.O. durch die Reichs- und Landesgesetze bestimmen.[1])

Für Preußen gehören nach § 1 Z.V.G. zur Immobiliarmasse

„1) Grundstücke;

2) verliehene Bergwerke, unbewegliche Bergwerksantheile und die selbstständigen Kohlenabbaugerechtigkeiten in den vormals Sächsischen Landestheilen (Bergwerkseigenthum);

3) solche Schiffsmühlen und selbstständige Gerechtigkeiten, welche die Eigenschaft unbeweglicher Sachen haben, außer den unter Nr. 2 bezeichneten;

4) Kauffahrteischiffe und nach Maßgabe des in den einzelnen Landestheilen geltenden Rechtes andere zur Frachtschifffahrt bestimmte Schiffsgefäße.

Zur Immobiliarmasse gehören auch diejenigen beweglichen Gegenstände, auf welche das bezüglich eines unbeweglichen Gegenstandes bestehende Pfand- oder Vorzugsrecht kraft Gesetzes sich miterstreckt."

Zu 1. Grundstücke sind Theile des Grund und Bodens. Die mit letzterem in Zusammenhang gebrachten Sachen gehören nur dann zum Grundstück, wenn sie die Eigenschaft eines Zubehörstückes oder Substanztheiles haben. Hierzu wird vor allem vorausgesetzt,[2]) daß sie dem Eigenthümer des Grund und Bodens gehören,[3]) wie auch

---

[1]) Vgl. § 757 Abs. 2 C.P.O.: „Nach den Landesgesetzen bestimmt sich insbesondere auch, welche Sachen und Rechte in Ansehung der Zwangsvollstreckung zu dem unbeweglichen Vermögen gehören."

[2]) § 108 A.L.R. I 2.

[3]) Ein Gebäude, eine Bude, ein Brunnen, eine Mühle sind daher, wenn sie dem Eigenthümer nicht gehören, auch dann keine unbeweglichen Sachen, wenn sie durch Mauerwerk mit dem Erdboden fest verbunden sind. Jäckel Anm. 2 zu § 1 Z.V.G.; Reichsgericht in der juristischen Wochenschrift 81 S. 35; Turnau I S. 732. Nach einer Entsch. des Reichsgerichts (Bolze 2 Nr. 1308) soll „eine Straßenbahn, welche unter Bewilligung der Eigenthümer über fremde Grundstücke geführt ist, weder Bestandtheil der Depotgrundstücke, noch deren unbewegliches Zubehör, noch Zubehör der fremden Straße sein, sie soll zwar unbeweg-

nach § 30 E.E.G. nur die auf dem Grundstücke stehenden Gebäude, welche dem Eigenthümer des erstern gehören, der Pfandverbindlichkeit desselben unterworfen sind.

Die Inädifikation kann eine Aenderung des Eigenthums zur Folge haben. Hat Jemand ein für sich bestehendes Gebäude auf fremdem Grund und Boden ohne Vorwissen des Grundeigenthümers errichtet, so hängt es nach §§ 327 ff. A.L.R. I 9 von dem Eigenthümer des Grund und Bodens ab, ob er das Gebäude ohne Entschädigung des Bauenden in Höhe des Werthes des Gebäudes für sich behalten oder es mit dem Grund und Boden, auf dem es steht, dem Bauenden gegen Entschädigung des Werthes des Grund und Bodens überlassen oder auf Abbrechung und Wegschaffung des Gebäudes dringen will. Hat er den Bau wissentlich errichten lassen, so ist er verpflichtet, den Grund und Boden dem Bauenden gegen Entschädigung zu überlassen. Und hat Jemand einen Bau an der Grenze errichtet und dabei unter Ueberschreitung derselben aus Zufall, geringem oder mäßigem Versehen das Grundstück des Nachbars bebaut, so ist der letztere verpflichtet, ihm den bebauten Grund und Boden gegen Entschädigung zu belassen. Es ist streitig, ob der Eigenthümer des Grund und Bodens zunächst das Eigenthum des Baues erwirbt und dann, wenn er den Grund und Boden dem Bauenden überläßt, verpflichtet ist, ihm denselben aufzulassen, oder ob der Bauende zunächst das Eigenthum des Baues behält und durch die Erklärung des Grundeigenthümers entweder das Gebäude verliert oder den Grund und Boden erwirbt.[4]) Wäre die erstere

liche Sache und ein Bauwerk auf fremdem Grund und Boden, aber weder ein Grundstück, noch eine Gerechtigkeit" sein. Der Schienenstrang ist allerdings nicht Zubehör des Grundstückes, auf welchem er liegt, wenn der Schienenstrang und dieses Grundstück im Eigenthum verschiedener Personen stehen; mit dem Depotgebäude ist er aber in eine fortwährende Verbindung gebracht und, da die Schienen als bewegliche Sachen, mit einer unbeweglichen Sache in Verbindung gebracht, nach § 42 A.L.R. I 2 der letztern folgen, so bildet der Schienenstrang ein Zubehör der unbeweglichen Sache und unterliegt daher mit dieser der Immobiliarzwangsvollstreckung.

[4]) Koch, Kommentar Anm. 70 zu § 327 A.L.R. I 9, Gruchots Beiträge 7 S. 285, Jakobi, Nützliche Verwendung S. 95 ff. und namentlich eingehend Koffka in Gruchots Beiträgen Bd. 27 S. 87 ff., anscheinend auch Eccius III § 176 Anm. 35 sprechen sich für die erstere Ansicht aus. Das Obertrib. Entsch. 30 S. 35, 38 S. 61, 80 S. 51 und in Striethorsts Archiv 99 S. 113, sowie das Reichsgericht in Gruchots Beiträgen 24 S. 967 sprechen sich für die zweite, für das Preuß. Recht hier angenommene, Ansicht aus.

Ansicht richtig, so würde der Bau sofort ein Theil des Grund und Bodens werden, mit diesem der Immobiliarzwangsvollstreckung unterliegen und von den Pfandverbindlichkeiten desselben ergriffen werden. Die letztere Ansicht führt dagegen zu der Konsequenz, daß bis zur Ausübung des Wahlrechtes der Bau eine rechtlich bestehende Sondersache und von den Pfandverbindlichkeiten des Grund und Bodens noch nicht ergriffen ist, daß aber der Gläubiger, der ein Absonderungsrecht an dem bebauten Grund und Boden hat, das Wahlrecht, welches dem Grundeigenthümer als solchem zusteht, welches also ein Zubehör des Grundstückes ist und deshalb dem Absonderungsrecht unterworfen ist, mit dem Grundstück zugleich zum Gegenstand seiner Befriedigung machen kann. Für das gemeine Recht gilt der Satz superficies cedit solo, nach welchem der Bau ohne weiteres in das Eigenthum des Grundeigenthümers übergeht. Das Preußische Recht hat diesen Grundsatz nicht unbedingt acceptirt, erkennt vielmehr im § 108 A.L.R. I 2 die Sonderexistenz eines Bauwerkes neben dem Grund und Boden an, zwingt durch die schwankenden Ausdrücke „erhalten", „behalten", „zueignen", „überlassen", welche in den §§ 327 ff. A.L.R. I 9 gebraucht werden, nicht zur Annahme des Römischen Prinzips von der rechtlichen Zugehörigkeit des Baues zu dem Grund und Boden, und beläßt daher zunächst dem Bauenden das Eigenthum an dem Gebäude.

Ein Zwang zur Eigenthumsänderung besteht nicht, wenn das Gebäude auf Grund eines besonderen Vertragsverhältnisses, vom Nießbraucher, vom Pächter oder vom Superfiziar errichtet ist.[5]) Der Grundeigenthümer kann in diesen Fällen weder das Eigenthum des Baues beanspruchen, noch den bebauten Grund und Boden dem Nutzungsberechtigten aufdrängen, und weil in diesem Falle der Boden und der Bau nicht im Eigenthum derselben Personen stehen, wird das Gebäude auch nicht von der Pfandhaftung des Bodens ergriffen. Ist das Gebäude mit dem Boden in der Subhastation mitversteigert, weil der Eigenthümer des erstern sein Recht an demselben nicht geltend gemacht hat, so ist der Gebäudeeigenthümer doch berechtigt,[6]) den auf das Gebäude fallenden Theil des Kaufgeldes für sich in Anspruch zu nehmen. Der Pfandgläubiger kann von dem Nutzungsberechtigten die Wegnahme des Gebäudes, auch des erst nach der Konstituirung des

[5]) Turnau Anm. II 2 zu § 30 E.G.G.; Förster-Eccius III § 199; Motive zu § 30 E.G.G.

[6]) Reichsgericht in der jur. Wochenschr. 1887 S. 484 Nr. 36.

Pfandrechtes errichteten Baues, nicht verlangen. Da aber das Prinzip des § 473 A.L.R. I 20[7]) durch die Grundbuchgesetzgebung nicht beseitigt ist, so muß der Pfandgläubiger, dessen Recht dem Baurecht des Nutzungsgläubigers vorgeht, und der bei Begründung seines Absonderungsrechtes das Bebauungsrecht nicht kannte, für befugt erachtet werden, zur Befriedigung seines Absonderungsrechtes von dem Bebauenden denjenigen Betrag zu beanspruchen, welcher dem Werthe des bebauten Grund und Bodens entspricht.

Mit dem Grundstücke haften für dessen Pfandverbindlichkeiten auch „alle seine zur Zeit der Eintragung nicht abgeschriebenen Theile (Parzellen, Trennstücke)“.[8]) Diese Mithaftung hat zur Voraussetzung, daß die Zubehörstücke zur Zeit der Begründung des Absonderungsrechtes auf dem Folium des Verpfänders eingetragen sind, wobei es indessen nicht darauf ankommt, ob sie einzeln im Grundbuche verzeichnet sind oder ob dort nur das Grundstück als Ganzes aufgeführt ist,[9]) auch nicht in Betracht kommt, ob das Zubehörstück vor der Eintragung bereits an einen Dritten verkauft ist,[10]) es sei denn, daß der Verkauf sich, z. B. durch eine Vormerkung, aus dem Grundbuche ergiebt. (Im letztern Falle würde die kostenfreie Abschreibung des Zubehörs gefordert werden können.) Unerheblich ist es schließlich auch, ob das im Grundbuche als Zubehör bezeichnete Grundstück zur Zeit der Verpfändung thatsächlich nicht als Zubehör des Hauptgrundstückes benutzt wurde, sondern z. B. einem Dritten verpachtet war.[11]) — Selbst Zubehörstücke, die erst nach der Verpfändung dem Grundstücke zugeschrieben werden, haften für die Pfandforderung.[12])

Das Grundstück kann nicht nur als Ganzes, sondern auch sowohl zu einem reellen,[13]) wie zu einem ideellen Theile verpfändet werden.

---

[7]) § 472 A.L.R. I 20: „Ist jemandem ausdrücklich nur Grund und Boden zur Hypothek verschrieben, und hat ein Dritter, außer dem Eigenthümer des Grundes, Gebäude darauf errichtet, so sind diese zum Nachtheile des Erbauers für mitverpfändet zwar nicht zu achten.“

§ 473: „Doch muß der Eigenthümer der Gebäude den auf Grund und Boden versicherten Gläubigern bis auf den ganzen Werth des Bodens nach der höchsten Taxe gerecht werden.“

[8]) § 30 E.E.G.

[9]) Reichsgericht in der jur. Wochenschr. 86 S. 484.

[10]) Obertrib. Entsch. 30 S. 1, Just.Min.Bl. 1855 S. 179.

[11]) Reichsgericht in der jur. Wochenschr. 1886 S. 454, Turnau zu § 30 E.E.G.

[12]) § 32 E.E.G.

[13]) l. 6 § 1 D. 8, 4: non est pars fundi, sed fundus.

Die Verpfändung des ideellen Antheiles setzt aber voraus, daß der Verpfänder Eigenthümer dieses Antheiles ist: gehört ein Grundstück zu einer noch ungetheilten Erbschaft, an welcher der Verpfänder als Miterbe betheiligt ist, so steht nach Preuß. Rechtsauffassung noch nicht fest, ob der Miterbe Miteigenthümer des verpfändeten Grundstückes ist, da er ein Miteigenthum nur an dem ganzen Nachlasse, nicht an einzelnen Nachlaßsachen hat.[14]) Die Erbschaftstheilung ergiebt daher erst, ob und wie weit das auf einen Antheil an einem Grundstücke eingetragene Pfandrecht von Wirksamkeit ist.

Zu 2. Das Bergwerkseigenthum entsteht durch die Aushändigung der Verleihungsurkunde an den Muther.[15]) Antheile (Kuxe) an denjenigen Bergwerken, welche nach dem Inkrafttreten des Berggesetzes vom 24. Juni 1865 entstanden sind, gehören zu den beweglichen Sachen,[16]) wogegen die vorher entstandenen Kuxe, wenn sie nicht in das neue Verfahren übergeleitet sind,[17]) die Eigenschaft der unbeweglichen Sachen haben. Da die Kuxe nur das Antheilsrecht der einzelnen Gewerke an dem Vermögen der Gewerkschaft darstellen, so gehören sie nicht zu dem Bergwerkseigenthum; wer an dem letzteren ein Absonderungsrecht erlangt, hat daher ein solches nicht auch an den Kuxen erworben. Deshalb gehört auch ein Kux, der infolge des gültigen Verzichtes eines Gewerken Eigenthum der Gewerkschaft wird,[18]) zwar zum Vermögen der Gewerkschaft, nicht aber zum Bergwerkseigenthum.

Wegen der selbstständigen Kohlenabbaugerechtigkeiten in den ehemals Sächsischen Landestheilen siehe das Gesetz vom 22. Februar 1869.

Zu 3. a. **Schiffsmühlen** sind die in einem öffentlichen Flusse auf Grund vom Staate ertheilter Privilegien errichteten Mühlen.[19])

---

[14]) Plenarbeschl. des Obertrib. vom 16. März 1857 (Just.Min.Bl S. 162), Entsch. Bd. 35 S. 352, Reichsgericht in **Gruchots** Beiträgen 24 S. 454 und 1011, Bd. 26 S. 438 und Entsch. 9 S. 272.

[15]) § 50 des Preuß. Bergges. vom 24. Juni 1865.

[16]) § 101 desselben Ges.

[17]) § 228 Abs. 2 dess. Ges., § 235ᵃ des Ges. vom 9. April 1873.

[18]) § 133 des Bergges.

[19]) §§ 229 ff. A.L.R. II 15; vgl. die Entsch des Obertrib in **Striethorsts** Archiv Bd. 34 S. 440. Die Natur der in einer res communis, dem Flusse, stehenden Schiffsmühle erfordert nicht, daß letztere mit einer bestimmten Stelle des Ufers in Verbindung steht. Vgl. **Krech-Fischer** Anm. 17ᵃ zu § 1 Z.V.G. und die dort Citirten.

Die Schiffsmühle unterliegt der Immobiliarzwangsvollstreckung nur, wenn sie die Eigenschaft einer unbeweglichen Sache hat, nach § 6 A.L.R. I 2 also nur dann, wenn sie unbeschadet ihrer Substanz nicht von einer Stelle zu einer andern gebracht werden kann, was aus ihrer Bauart und den sonstigen Verhältnissen ihrer Anlage festzustellen ist.[20]) Gegenstand der Immobiliarzwangsvollstreckung ist die Mühlenanlage einschließlich der Mühlengerechtigkeit[21]) im Gegensatz zu den übrigen selbstständigen Gerechtigkeiten, welche auch ohne Rücksicht auf die zu ihrer Ausübung gehörigen Anlagen der Immobiliarzwangsvollstreckung unterliegen. Würde die Schiffsmühlengerechtigkeit, das Mühlenprivileg, allein zur Subhastation gezogen, was nicht unzulässig ist, so würde sie nur als „selbstständige Gerechtigkeit" im Sinne des § 1³ Z.V.G. in Betracht kommen.

Diejenigen Mühlen, welche an einem öffentlichen Flusse auf dem Grund und Boden entweder des Eigenthümers der Mühle oder einer andern Person stehen, sind nicht Schiffsmühlen im Sinne des § 1 Z.V.G., sondern gehören, wenn sie auf dem Boden des Mühleneigenthümers stehen, zu diesem Grund und Boden, unterliegen daher auch einschließlich der Mühlengerechtigkeit der Subhastation, und gelten, wenn sie auf dem Boden einer andern Person mit deren Bewilligung erbaut sind, als Superfizies (siehe über die Exekution in die Superfizies unten S. 332 ff.).

b. Die selbstständigen Gerechtigkeiten. Das Landrecht — §§ 7—9 I 2 — zählt die Rechte im Allgemeinen zu den beweglichen Sachen, nur wenn die Befugniß zur Ausübung eines Rechtes mit dem Besitz einer unbeweglichen Sache verbunden ist, wie dies z. B. bei den Prädialservituten der Fall, ist das Recht selbst als eine unbewegliche Sache anzusehen. Rechte dieser Art sind aber nicht subhastationsfähig, weil sie nur durch den Besitz des Eigenthümers eines Immobiles als Pertinenzien des letztern die Immobiliarqualität haben, also nur als Pertinenzien in Betracht kommen und daher zwar Gerechtigkeiten, aber keine selbstständigen Gerechtigkeiten sind. Außerdem aber läßt das Landrecht im § 9 I 2 die Immobiliarqualität denjenigen Gerechtigkeiten zu Theil werden, welchen dieselbe

---

[20]) Bei dem gegenwärtigen Stande der Technik können zwar auch Häuser bewegt werden; der § 6 A.L.R. I 2 muß jedoch mit Rücksicht auf die Zeit des Erlasses dieser Vorschrift dahin verstanden werden, daß die Fortbewegung ohne verhältnißmäßige Mühe und Kosten erfolgen kann.

[21]) Krech-Fischer Anm. 17ᵃ zu § 1 Z.V.G.

durch besondere Gesetze ausdrücklich beigelegt ist. Zu diesen Gerechtigkeiten mit selbstständiger Existenz gehört auch das Bergwerkseigenthum,[22]) wie auch die in den §§ 2, 3 des Ges. vom 22. Februar 1869 bezeichneten Kohlenabbaugerechtigkeiten; aber diese Rechte, welche schon nach § 1² des Z.V.G. der Subhastation unterliegen, sind ihrem Gegenstande nach umfangreicher, als die übrigen selbständigen Gerechtigkeiten, denn sie umfassen gleichzeitig die zu ihrer Ausübung gehörige Lokalität. Die selbstständigen Gerechtigkeiten, deren Eintragung im § 14 der Hypothekenordnung von 1783 I und im § 395 A.L.R. I 20 vorgeschrieben war, brauchen jetzt nicht eingetragen zu werden, sie dürfen[23]) aber nach § 3 G.O. in das Grundbuch eingetragen werden: „Die für die Grundstücke gegebenen Vorschriften dieses Ges. gelten auch für Bergwerke und Gerechtigkeiten, sofern nicht ein anderes ausdrücklich bestimmt ist.“ [24]) Nur wenn eine solche Gerechtigkeit eingetragen ist, richtet sich die freiwillige Veräußerung, ihre Belastung und Verpfändung nach den Vorschriften des E.E.G.[24]) Aber die Frage der Subhastationsfähigkeit ist von der Thatsache der Eintragung unabhängig.

---

[22]) §§ 50, 52 des Berggeſ.

[23]) Nur für das Herzogthum Westfalen, das Fürstenthum Siegen, die Aemter Burbach, Neuenkirchen und die Herrschaften Wittgenstein und Wittgenstein-Bernburg ist durch die Verordnung vom 31. März 1834 (Ges.S. S. 47) angeordnet, daß nur Grundstücke, nicht aber selbstständige Gerechtigkeiten ein Folium erhalten sollen. Diese Vorschrift hat nach § 3 G.O. auch noch jetzt Gültigkeit.

[24]) Die Meinung Försters, Preußisches Grundbuchrecht S. 34, daß nur die über selbstständige Gerechtigkeiten bereits angelegten Grundbuchfolien weiter geführt werden sollten, neue Folien aber auf Grund des für das Herzogthum Westfalen gegebenen Verbots (siehe oben Anm. 23), welches allgemeine Anwendung habe erhalten sollen, nicht mehr angelegt werden dürften, steht im Widerspruch mit dem § 3 G.O., wie mit den Motiven zu denselben („es empfiehlt sich jedoch nicht, dieses Verbot des § 3 der G.O. vom 31. März 1834 zu verallgemeinern, um nicht einem etwa hervortretenden Bedürfnisse die Befriedigung zu entziehen.“ Die Kommission des Herrenhauses war allerdings der Ansicht Försters (vgl. Werner, Materialien II S 63), und hat auch in der Litteratur keinen Anklang gefunden. Turnau Anm. 2 zu § 3 G.O.; Bahlmann S. 242; Achilles S. 332; Jäckel Anm. 4 zu § 1 Z.V.G.; Dernburg Pr. Pr.R. I § 193 Anm. 14; Dernburg-Hinrichs I S. 152 Anm. 5; Mathis S. 86; Willenbücher Grundbuchordnung S. 131 Anm. 4; Förster-Eccius III § 198 Anm. 3.

[24]) § 69 E.E.G.: „Wenn für selbstständige Gerechtigkeiten Grundbuchblätter eingerichtet sind, so wird die Veräußerung und der Erwerb des Eigenthums an ihnen, ihre Belastung und Verpfändung nach den Vorschriften dieses Ges. beurtheilt.“

Zu den selbstständigen Gerechtigkeiten mit Immobiliarqualität gehören:

α. die ältern vor dem Gewerbesteueredikte vom 2. November 1810 ertheilten Apothekerprivilegien in denjenigen preußischen Landestheilen, die nicht zeitweise unter französischer, westfälischer oder bergischer Herrschaft gestanden haben;[25])

β. die Fähr- und Fischereigerechtigkeiten;[26])

γ. die alten Erbstollgerechtigkeiten;[27])

δ. sowie die in der Provinz Westfalen und in den Kreisen Rees und Duisburg etwa noch vorhandenen Realgerechtigkeiten des Ges. vom 10. April 1841;[28])

ε. streitig ist, ob auch die Superfizies subhastationsfähig ist. Jäckel a. a. O. meint: auch wenn sie nicht als Grundgerechtigkeit, sondern als persönliches Gebrauchsrecht konstituirt sei, zähle sie nicht

---

[25]) Vgl. die revidirte Apothekerordnung vom 11. Oktober 1801 in Rabe, Sammlung Preußischer Ges. und V.O. Bd. 6 S. 611, das Gewerbesteueredikt vom 2. November 1810, § 64 der Gewerbeordnung vom 17. Januar 1845, § 10 der revidirten Reichsgewerbeordnung vom 1. Juli 1883 („Realgewerbeberechtigungen dürfen fortan nicht mehr begründet werden"). Beilage zum Reskript vom 19. März 1840 (Just Min.Bl S. 113); Entsch. des Obertrib. Bd. 4 S. 226, Bd. 18 S. 457 und in der jur. Zeitung 1877 S. 779; Reskripte vom 27. Dezember 1823; 18. September 1824, 2. Januar 1837 (v. Kamptz Annalen Bd. 7 S. 992, Bd. 8 S. 923, Bd. 21 S. 255); Gruchots Beiträge I S. 37; v. Rönne, Staatsrecht IV § 315; Turnau Anm. 2 zu § 3 G.O.; Jäckel Anm. 4 zu § 1 Z.V.O.

[26]) Jäckel a. a. O.; Krech-Fischer Anm. 17c zu § 1 Z.V.O.; Johow, Jahrbuch 7 S. 301; Bahlmann S. 242. Vgl. §§ 51, 88, 90, 73—75 A.L.R. II 15, § 170 ff. A.L.R. I 9. Fischereigesetz vom 30. Mai 1874.

[27]) Jäckel a. a. O., Achilles S. 319, Rudorff Anm. 11 zu § 1 Z.V.G., § 223 des Bergges.

[28]) Vgl. Kurlbaum, die Preußische Subhastationsordnung S. 6, 7. Die Kommentatoren des Z.V.G. rechnen diese Realgerechtigkeiten zu den selbstständigen Gerechtigkeiten, die der Subhastation fähig sind. Nur Rudorff Anm. 11 zu § 1 meint, daß diese Rechte, soweit sie noch nicht abgelöst sind, der Mobiliarzwangsvollstreckung unterliegen, weil das Z.V.G. einen Vorbehalt bezüglich dieser Rechte nicht in gleicher Weise, wie die Subhastationsordnung im § 117 Abs. 2 gemacht habe. Das Ges. vom 10. April 1841 betrifft alle Realberechtigungen, „ohne Unterschied, ob sie Geldrenten oder Naturalleistungen zum Gegenstand haben", mit Ausnahme derjenigen, welche nach der Ablösungsordnung vom 13. Juli 1829 §§ 3 und 5[5] von der Ablösung ausgeschlossen sind. Indem das Gesetz bestimmt, daß diese Realrechte subhastirt werden können („die nothwendige Subhastation soll künftig auch bei Realberechtigungen gestattet sein"), betrachtet es sie rücksichtlich der Exekution als Immobilien.

hierher. Auch das Obertribunal erkennt an superfiziarischen Gebäuden die Immobiliarqualität nicht an.[29]) Derselben Ansicht ist Förster-Eccius[30]) für das Preuß. Recht, während er für das gemeine Recht die Superfizies als ein selbstständig einzutragendes Recht ansieht, das zu den Immobilien gehöre. Dagegen unterwerfen Knorr,[31]) Dernburg[32]) und Krech-Fischer[33]) die Superfizies der Subhastation, letztere mit der Beschränkung: „sofern sie nicht an ein herrschendes Grundstück gebunden, sondern als subjektiv persönliches Recht begründet ist“ und mit der Begründung: das allgem. Landrecht erwähne sie zwar nur als eine Grundgerechtigkeit — § 243 I 22 —, dadurch sei indessen die Begründung derselben als eines persönlichen Nutzungsrechtes nicht ausgeschlossen. Dernburg[34]) geht noch weiter, indem er behauptet, daß sogar ein Recht, eine ungemauerte Marktbude oder eine Windmühle auf fremdem Boden zu haben, Immobiliarqualität besitze. Es wird zu unterscheiden sein, ob es sich lediglich um das Recht, ein Gebäude auf fremdem Grund und Boden zu haben, oder ob es sich zugleich auch um dieses Gebäude selbst handelt. Nach §§ 7—9 A.L.R. I 2 sind Rechte als unbewegliche Sachen anzusehen, wenn die Befugniß zu ihrer Ausübung mit dem Besitz einer unbeweglichen Sache verbunden ist oder wenn dem Rechte durch ein besonderes Gesetz die Eigenschaft einer unbeweglichen Sache beigelegt ist. Die Ausübung der Superfizies erfolgt zwar an einer unbeweglichen Sache, aber die Befugniß zur Ausübung des superfiziarischen Rechtes ist mit dem Besitz einer unbeweglichen Sache so wenig verbunden, daß der Berechtigte überhaupt nicht der Eigenthümer des Grundstückes zu sein braucht; auch gesetzlich ist dem superfiziarischen Rechte die Immobiliarqualität nicht ausdrücklich beigelegt — folglich ist das eigentliche superfiziarische Recht nach preußischer Rechtsanschauung nur eine bewegliche Sache. Der Bau aber, welcher auf Grund des superfiziarischen Rechtes errichtet worden, ist eine unbewegliche Sache, wenn er nicht von einer Stelle zur andern gebracht werden kann.[35]) Ist ein solcher Bau errichtet, so hat das super-

---

[29]) Striethorst Archiv 84 S. 88.

[30]) III § 21 S. 113 Anm. 31, S. 107 Anm. 9.

[31]) Anm. 4a zu § 1.

[32]) Kommentar zum Z.V.G. S. 6 Anm. 5b zu § 1.

[33]) Anm. 17c zu § 1.

[34]) I § 289 Anm. 11.

[35]) § 6 A.L.R. I 2.

fiziarische Recht keine selbstständige Bedeutung mehr, denn es bedeutet nichts anderes, als daß das bereits errichtete Gebäude auf dem Grund und Boden stehen bleiben darf, das superfiziarische Recht kann daher von dem Gebäude selbst nicht getrennt werden. Dieses ist eine unbewegliche Sache und das superfiziarische Recht, welches in dem Eigenthum am Gebäude aufgeht, folgt den Rechten des letztern und hat als Pertinenz eines Immobiles die Eigenschaft der unbeweglichen Sache.

Zu 4. Gegenstände des Immobiliarabsonderungsrechtes sind ferner „Kauffahrteischiffe und nach Maßgabe des in den einzelnen Landestheilen geltenden Rechtes andere zur Frachtschifffahrt bestimmte Schiffsgefäße."[36]) Kauffahrteischiffe sind die zum Erwerb durch die Seefahrt bestimmten Schiffe,[37]) welchen nach § 2 der Vorschriften vom 13. November 1873 über die Registrirung und Bezeichnung der Kauffahrteischiffe auch die zur großen Seefischerei bestimmten Schiffe und die zum Schleppen anderer Schiffe bestimmten Fahrzeuge, welche Seefahrt betreiben, gleichstehen.[38])

Außerdem unterliegen nach Preuß. Rechte[39]) der Immobiliarzwangsvollstreckung auch die übrigen zur Frachtschifffahrt bestimmten Schiffsgefäße.

Da die Schiffe begriffsmäßig bewegliche Sachen sind und nur, soweit sie der Subhastation fähig, als Gegenstände des Immobiliarabsonderungsrechtes anzusehen sind, so sind alle nicht zu den Kauffahrteischiffen und den andern zur Frachtschifffahrt bestimmten Schiffsgefäßen gehörige Fahrzeuge nicht zu den unbeweglichen Sachen zu rechnen, also namentlich nicht die zur kleinen Fischerei, die nur zur Personenbeförderung dienenden Flußschiffe, die zu Vergnügungsfahrten ohne Erwerbszweck bestimmten Fahrzeuge. Zu den beweglichen Sachen auch rücksichtlich der Zwangsvollstreckung gehört ferner das ideelle Theileigenthum an einem subhastationsfähigen Schiffe: denn während das ideelle Miteigenthum an einem Grundstück ebenso wie das gesammte Grundstück der Subhastation unterliegt, erfolgt die Zwangsvollstreckung in Schiffsparten nach den Regeln der Mobiliar-

---

[36]) Siehe oben S. 308 ff.

[37]) Art. 432 H.G.B.; § 1 des Ges. vom 25. Oktober 1867.

[38]) Ueber den Begriff der „Seefahrt" vgl. § 1 der Vorschriften vom 13. November 1873 (R.Ges.Bl. S. 367).

[39]) 7. Abschn. der Preuß. Konkursordnung vom 8. Mai 1855 und Art. 16 des Einf.Ges. zu derselben.

exekution;[40]) die Schiffsparten sind daher auch in Bezug auf das Absonderungsrecht als bewegliche Gegenstände anzusehen, eine gesetzliche Bestimmung, die auf der Erwägung beruht, daß durch die Zwangsvollstreckung in den ideellen Antheil eines Schiffes die Pfandrechte der Gläubiger des ganzen Schiffes nach Art. 769 H.G.B. unberührt bleiben und die Zwangsvollstreckung nur den Erfolg hat,[41]) daß der Antheil des Miteigenthümers, belastet mit den auf dem ganzen Schiffe ruhenden Pfandrechten, in das Eigenthum eines andern übergeht und nur die auf der Schiffspart besonders ruhenden Pfandrechte dem Einflusse der Zwangsvollstreckung unterliegen.

§ 59. Fortsetzung: Die beweglichen, zur Immobiliarmasse gehörigen Gegenstände.

„Zur Immobiliarmasse gehören" — nach § 1 Abs. 2 Z.V.G. — „auch diejenigen beweglichen Gegenstände, auf welche das bezüg-

[40]) § 179 Z.V.G: „Für die Zwangsvollstreckung in eine Schiffspart ist das Gericht des Heimathshafens zuständig.

Die Zwangsvollstreckung erfolgt nach den Vorschriften der C.P.O. über die Zwangsvollstreckung in das bewegliche Vermögen unter Anwendung des § 754 derselben.

Die Pfändung wird durch Zustellung des Gerichtsbeschlusses an den Schuldner oder an den Korrespondentrheder bewirkt. Erfolgt die Zustellung zuerst an den Schuldner, so hat der Gerichtsvollzieher unter entsprechender Anwendung des § 730 Abs. 2 C.P.O. auch die Zustellung an den Korrespondentrheder zu bewirken.

Mit dem Antrage auf Anordnung des Verkaufes ist ein in der letzten Woche vor dem Antrag ertheilter Auszug aus dem Schiffsregister (§ 164 Nr. 2) vorzulegen. Mit der Bekanntmachung des Versteigerungstermines (§ 717 Abs. 3 C.P.O.) sind diejenigen, welche außer den Schiffsgläubigern Pfandrechte an dem Schiffe oder an der Schiffspart haben, zur Wahrnehmung ihrer Rechte aufzufordern.

Ergiebt der Auszug aus dem Schiffsregister, daß auf der Schiffspart außer dem Pfandrechte des betreibenden Gläubigers Pfandrechte ruhen, so ist die Hinterlegung des Erlöses anzuordnen. Die Vertheilung des Erlöses erfolgt alsdann nach den Vorschriften der §§ 759—768 C.P.O. unter Zuziehung der im Schiffsregister eingetragenen Gläubiger. Diese sind nach der Vorschrift des § 759 C.P.O. zur Einreichung einer Berechnung aufzufordern. In Ermangelung einer solchen Berechnung sind deren Forderungen in dem durch § 35 bestimmten Umfange in den Vertheilungsplan von amtswegen aufzunehmen.

Andere Pfandgläubiger haben ihren Anspruch auf das Kaufgeld nach den Vorschriften der C.P.O. zu verfolgen."

[41]) Neben der Zwangsvollstreckung in eine Schiffspart kann auch die Zwangsvollstreckung in das ganze Schiff erfolgen. Motive zum Z.V.G. S 132. Vgl. Goldammer, Kommentar zur Preuß. Konkursordnung S. 173 Anm 3 zu § 64.

lich eines unbeweglichen Gegenstandes bestehende Pfand- oder Vorzugsrecht kraft Gesetzes sich mit erstreckt."

(Ueber die Unvollkommenheit dieses Absonderungsrechtes siehe oben § 9.)

I. Außer dem **Grundstücke** mit allen seinen zur Zeit der Eintragung nicht abgeschriebenen Theilen, den auf dem Grundstücke befindlichen oder nachträglich darauf errichteten, dem Eigenthümer gehörenden Gebäuden und den zugeschriebenen unbeweglichen Zubehörstücken und Gerechtigkeiten haften dem Immobiliarpfandgläubiger nach § 30 E.E.G.:

1) die natürlichen An- und Zuwüchse, die stehenden und hängenden Früchte, sowie die auf dem Grundstücke noch vorhandenen abgesonderten, dem Eigenthümer gehörenden Früchte;

2) die Mieths- und Pachtzinsen und sonstigen Hebungen;

3) das bewegliche, dem Eigenthümer gehörende Zubehör, so lange bis dasselbe veräußert und von dem Grundstücke räumlich getrennt ist;

4) die Versicherungsgelder.

Zu 1. Die Früchte sind nach § 220 A.L.R. I 9 die Nutzungen einer Sache, welche nach dem Laufe der Natur mit oder ohne hinzukommende Bearbeitung aus ihr selbst entstehen.[1]) Das Gesetz unterscheidet zwischen stehenden und hängenden Früchten einerseits und zwischen den abgesonderten Früchten andererseits und in letzterer Beziehung wieder zwischen den auf dem Grundstücke noch vorhandenen und den darauf nicht mehr vorhandenen Erzeugnissen. Die stehenden

[1]) Deshalb gehören auch die zufällig auf einem Grundstücke wachsenden Pflanzen und Bäume, gehören auch die durch Aussaat oder Pflanzen entstandenen Gewächse, die Anpflanzungen, die Baumstämme eines Waldes zu den Früchten. Durch die Verpflanzung einer solchen Frucht von einem Grundstück auf das andere, Implantation, kann sich nur das Eigenthumsrecht an der Frucht, nicht aber ihre Eigenschaft als Frucht ändern Die Früchte und Bäume, die auf dem verpfändeten Grundstücke stehen, unterliegen daher der Pfandhaftung des Grundstückes, gleichgültig, ob sie darauf gewachsen oder von einem andern Grundstück dorthin verpflanzt sind. Durch die Verarbeitung einer Frucht wird diese ihre Eigenschaft an sich noch nicht geändert, die Frucht wird aber regelmäßig durch diese Verarbeitung aus einer stehenden oder hängenden zu einer abgesonderten. Ueber diese bestrittenen Sätze vgl. **Turnau** Anm III zu § 30 E.E.G., **Dernburg** 1 § 329, **Förster-Eccius** III § 199 Anm. 16a, Obertrib. Entsch. 39 S 122, Bd. 72 S. 228, **Striethorst**, Archiv 30 S. 184, Bd. 91 S. 229, juristische Ztg 2 S. 381, **Gruchots** Beiträge 22 S. 733, Reichsgericht in **Gruchots** Beiträgen 31 S. 934 und Entsch. 5 S. 177.

und hängenden Früchte werden vom Pfandnexus stets ergriffen,[2]) gleichgültig ob sie dem Eigenthümer gehören oder nicht, die abgesonderten, auf dem Grundstücke nicht mehr vorhandenen Früchte unterliegen der Pfandhaftung, auch wenn sie dem Eigenthümer noch gehören oder[3]) wenn die Entfernung auf eine Disposition desselben zurückzuführen ist, dagegen bleiben die auf dem Grundstücke noch vorhandenen Früchte nur dann dem Pfandgläubiger verhaftet, wenn und solange sie dem Eigenthümer gehören. Durch die Einräumung eines persönlichen oder dinglichen Nutzungsrechtes hat sich der Eigenthümer des Rechtes der Fruchtziehung begeben, der Pfandgläubiger kann daher ein Recht an Gegenständen nicht geltend machen, die dem ihm allein verpflichteten Eigenthümer des Grundstückes nicht gehören. So lange die Früchte aber unabgesondert hängen oder stehen, haben sie noch keine rechtliche Existenz. Trotzdem bestimmt der § 221 A.L.R. I 9, daß sie dem Nutzungsberechtigten „gleich bei ihrem Entstehen" gehören, wogegen das gem. Recht dem Pächter und Nießbraucher das Eigenthum an den Früchten erst nach der Perzeption gewährt.[4]) Da dem Pfandgläubiger nach § 30 E.E.G. die stehenden und hängenden Früchte mitverhaftet sind, ohne daß das Gesetz den Fall ausnimmt, daß ein Nutzungsrecht an ihnen besteht, so muß die Pfandhaftung der unabgesonderten Früchte trotz des § 221 cit. anerkannt werden. Da aber andererseits zur Trennung der Früchte sogar der Eigenthümer ungeachtet ihrer Pfandhaftung berechtigt ist, so kann ein gleiches Recht auch dem Nutzungsberechtigten nicht versagt werden. Für den Fall der Verpachtung des Grundstückes ist für die gemeinrechtlichen Preußischen Landestheile die besondere Ausnahme statuirt:[5]) „Die dem Pächter zuwachsenden oder ihm gehörigen, auf dem Grundstücke noch vorhandenen Früchte haften nicht den am Grundstück dinglich Berechtigten." Bei dem Bestehen eines Nutzungsrechtes, welches dem Pfandrechte nicht vorgeht, gestaltet sich daher das Rechtsverhältniß folgender Gestalt: die stehenden und hängenden Früchte sind dem Pfandrechte unterworfen, ohne

---

[2]) Vgl. auch § 475 A.L.R. I 20.

[3]) Reichsgericht Entsch. Bd. 22 S. 274, 275.

[4]) Windscheid I § 186.

[5]) § 15 des Einführ.Ges. für Neuvorpommern und Rügen vom 26. Mai 1873, § 38 des Einführ.Ges. für Schleswig-Holstein vom 27. Mai 1873, § 19 des Einführ.Ges. für Hannover vom 28. Mai 1873, § 18 des Einführ.Ges. für Cassel vom 29. Mai 1873, § 7 des Einführ.Ges. für Ehrenbreitstein vom 30. Mai 1873 und § 6 des Einführ.Ges. für die Hohenzollernschen Lande vom 31. Mai 1873.

Unterschied ob sie dem Eigenthümer gehören oder nicht; nur in den gemeinrechtlichen Landestheilen des Preuß. Staates haften sie dem Pfandgläubiger nicht, wenn das Grundstück verpachtet ist, wohl aber wenn ein anderes Nutzungsrecht daran besteht. Die auf dem Grundstücke noch vorhandenen, abgesonderten Früchte gehören nach Preuß. Rechte dem Nutzungsberechtigten und unterliegen der Pfandhaftung nicht, wogegen sie nach gemeinem Rechte der Pfandhaftung bis zur Perzeption seitens des Pächters oder Nießbrauchers unterworfen bleiben. Geht aber das Nutzungsrecht dem Pfandrechte vor, sei es, daß es vor diesem im Grundbuche eingetragen ist, sei es, daß es, wie das Pacht- und Miethsrecht, auch ohne Eintragung durch seine frühere Konstituirung den Vorrang hat, so kann der Pfandgläubiger seine Befriedigung aus den ihm verhafteten Früchten nicht vor dem ihm vorgehenden Nutzungsberechtigten suchen.[6])

Zu 2. Dem Immobiliarpfandgläubiger haften ferner die Miethsund Pachtzinsen und sonstigen Hebungen.[7]) Da das Pfandrecht an diesen Civilfrüchten nur ein unvollkommenes ist,[8]) so behält der Eigenthümer bis zur Beschlagnahme der Früchte das Recht der Disposition über dieselben.[9]) Soweit er darüber verfügt, hört — abgesehen von der Ausnahme des § 31 E.E.G. — das Pfandrecht auf. Eine solche Disposition liegt in der Empfangnahme des Miethszinses, der auch die Deposition seitens des Miethers oder Pächters gleichsteht, auch wenn diese Deposition in Folge eines Arrestschlages erfolgt,[10]) sie liegt auch in der Kompensation seitens

[6]) Vgl. Turnau Anm. V [1] zu § 30 E.E.G., Jäckel Anm. 4 B zu § 16 Z.V.G.

[7]) Zu den sonstigen Hebungen gehören die regelmäßig wiederkehrenden Vergütungen für die Ueberlassung eines Grundstückes, z B. der Kanon, das periodisch zu zahlende Entgelt des Nießbrauchers oder eines andern Servitutberechtigten. Besteht der Gegenstand des Nießbrauches oder der sonstigen Servitut neben dem verpfändeten Grundstücke aus noch andern Gegenständen, so unterliegt der Pfandhaftung der dem Werthe nach auf das Grundstück fallende Antheil Der Reingewinn aus dem Betriebe einer Fabrik, einer Gärtnerei u. s. w. gehört nicht zu den Civilfrüchten, weil er die Nutzung des Gewerbebetriebes, nicht des Grundstückes darstellt. Reichsgericht, Entsch. 2 S. 244.

[8]) S. oben § 9.

[9]) § 476 A.L.R. I 20: „Solange der Hypothekengläubiger die von der Substanz abgesonderten Früchte und Nutzungen oder die an deren Stelle tretenden Pacht- oder Miethsgelder noch nicht in gerichtlichen Beschlag genommen hat, solange kann der Eigenthümer gültig darüber verfügen.“

[10]) Obertrib. in Gruchots Beiträgen 22 S. 762, Striethorsts Archiv 98 S. 76, 99, 240, Turnau Anm. VI [1] zu § 30 E.E.G

des Miethers oder Pächters,[11]) in der Verpfändung und der Cession seitens des Eigenthümers. So lange aber eine derartige Disposition nicht getroffen ist, bleiben die Miethszinsen u. s. w. dem Pfandgläubiger verhaftet. Diese Haftung beginnt mit der Begründung des Pfandrechtes, die vorher fälligen Zinsen und Hebungen kann der Pfandgläubiger nicht zum Gegenstand seiner Befriedigung machen.[12])

Zu 3. Ein unvollkommenes Pfandrecht hat der Immobiliarpfandgläubiger ferner an dem „beweglichen, dem Eigenthümer gehörigen Zubehör, solange bis dasselbe veräußert und von dem Grundstücke räumlich getrennt ist".

Zum Begriff der Pertinenz gehört einerseits die dauernde Verbindung der Nebensache mit der Hauptsache, andererseits die selbstständige Existenz der Nebensache[13]) und weiter die Koinzidenz des

---

[11]) Turnau a a O.

[12]) Die in die Zeit nach dem Zuschlag fallenden Miethszinsen und sonstigen Civilfrüchte gehören nach § 97 Z.V.G und § 106 A.L R. I 11 dem Ersteher, nicht dem Pfandgläubiger, — Reichsgericht in der jur. Wochenschr. 1877 S 77 — jedoch nur soweit, als sie für die Zeit nach dem Zuschlage laufen, so daß die erst nachher fälligen Zinsen nach Verhältniß der Zeit getheilt werden: Soweit sie nach dem Zuschlage laufen, gehören sie dem Ersteher, soweit sie für die Zeit vor dem Zuschlage zu zahlen sind, unterliegen sie dem Pfandrechte.

[13]) Das Erforderniß der selbstständigen Existenz bezeichnet den Unterschied zwischen den Pertinenzien und den Bestandtheilen der Hauptsache. Letztere, dauernd mit der Hauptsache verbunden, haben in Folge dieser dauernden Verbindung ihre selbstständige Existenz verloren (z. B Fenster, Hausthüren, befestigte Thürschlösser) Während der Verbindung gehören die Substanztheile zum Grundstücke, mit dem Aufhören der Verbindung hört auch ihre Zugehörigkeit zu dem Grundstücke auf, doch können sie, weil sie nunmehr ihre selbstständige Existenz wieder erlangt haben, unter Umständen als Pertinenzien angesehen werden. So werden nach § 89 A.L.R. I 2 die Materialien, die von einem eingefallenen oder eingerissenen Gebäude noch vorhanden sind, zum Zubehör des Grundstückes gerechnet. Diese in dem Wesen des Pertinenzbegriffes beruhenden Sätze, wie sie sich im gem. Rechte darstellen, sind auch in das A.L.R. übernommen, haben darin jedoch manche Aenderungen erlitten So werden im § 82 I 2 befestigte Schlösser als Zubehörstücke des Gebäudes bezeichnet, obgleich sie Substanztheile sind. Noch mehr weicht aber das A.L.R. von dem im § 42 I 2 selbst aufgestellten Satze: „Eine Sache, welche zwar für sich selbst bestehen kann, die aber mit einer andern Sache in eine fortwährende Verbindung gesetzt worden, wird ein Zubehör- oder Pertinenzstück derselben genannt", bei der Frage ab, was Zubehör eines Landgutes ist; aber auch das gem. Recht geht in dieser Beziehung über den Begriff des Zubehörs hinaus, indem es — l. 17 § 2, D. 19, 1; l. 2 § 1 D. 33, 7; l. 14 D. 33, 10 — Heu, Stroh und Dünger zu den Pertinenzien des Landgutes rechnet. Das A.L.R. — §§ 59 ff. I 2 — zählt dazu im Wesentlichen alles Feld-, Vieh-

Eigenthumes der Haupt- und Nebensache.[14]) Da das Pfandrecht an dem Zubehörstück nur ein unvollkommenes ist, so verbleibt dem Eigenthümer die Disposition über die Nebensache; er kann sie daher von der Hauptsache dauernd trennen und das Eigenthum an ihr einem Andern übertragen, in Folge einer jeden solchen Disposition hört das Pfandrecht auf; erst die Beschlagnahme setzt diesem Verfügungsrechte des Eigenthümers eine Schranke. Im Einklang mit diesen Sätzen stehen die gesetzlichen Bestimmungen: Nachdem durch den § 444 A.L.R. I 20 auch die Pertinenzstücke dem Pfandrechte der Hauptsache unterworfen worden, bestimmt der § 445: „Insofern jedoch bewegliche Pertinenzstücke in der Zwischenzeit von der Eintragung bis zur wirklichen Vollstreckung der richterlichen Exekution von der Hauptsache getrennt werden, geht die darauf gehaftete dingliche Verpflichtung auf den dritten Besitzer nicht mit über," statuirt damit die Unvollkommenheit des Pfandrechtes an dem beweglichen Zubehör und läßt es mit dem Aufhören der Pertinenzqualität der Nebensache an dieser sein Ende erreichen. Dieser Satz wurde in das E.E.G. durch die Vorschrift übernommen, daß für die Hypothek und Grundschuld auch „das bewegliche, dem Eigenthümer gehörige Zubehör, solange bis dasselbe veräußert und von dem Grundstücke räumlich getrennt worden ist", zu haften hat. Das Obertr.[15]) legte aber den Satz des § 445 A.L.R. I 20 dahin aus, daß nicht schon eine Trennung in rechtlicher Beziehung, daß nicht schon eine Veränderung des Eigenthums genüge, sondern ein wirkliches Fortschaffen oder Wegnehmen des Pertinenzstückes von der Hauptsache erforderlich sei, um die Nebensache der Pfandhaftung zu entziehen, und verlangte demnach beide Momente: die Trennung von der Hauptsache und den Uebergang des Eigenthums auf einen Dritten, obgleich jedes dieser Momente schon allein hinreicht, der Pertinenz diese ihre Eigenschaft zu entziehen.[16]) Da in den Motiven zum E.E.G.[17]) zu der angeführten,

---

und Wirthschaftsinventar. Im § 15 des Einführ.Ges. für Neuvorpommern und Rügen vom 26. Mai 1873 § 38, für Schleswig-Holstein vom 27. Mai 1873 ist ebenfalls bestimmt: „Zum beweglichen Zubehör, welches nach den Bestimmungen des § 30 E.E.G. für die Hypothek oder Grundschulden haftet, wird bei ländlichen Grundstücken auch das Vieh-, Feld- und Wirthschaftsinventar gerechnet."

[14]) §§ 60, 108 A L.R. I 2.

[15]) Entsch. Bd. 2 S. 283 ff.

[16]) Das Obertr. hat seine Ansicht auch in spätern Entsch. aufrecht erhalten. So in Striethorsts Archiv 13 S. 96 erkannt, daß das auf einem Landgute geschlagene, an einen Dritten veräußerte und demselben übergebene Holz, solange

die Haftung der beweglichen Zubehörstücke betreffenden Vorschrift behauptet ist, daß „dieser Satz dem § 445 A.L.R. I 20 und der Praxis (Entsch. Bd. 2 S. 283 Plenarbeschl.) entspreche", so ist auch für das jetzige Recht angenommen, daß nur beide Momente zusammen, die Eigenthumsübertragung und die räumliche Trennung, das Zubehörstück dem Pfandrechte der Hauptsache entziehen.[18]) Das Gesetz unterwirft dem Pfandrechte aber nur das dem Eigenthümer gehörende Zubehör und schließt damit von der Pfandhaftung jedes bewegliche Pertinenzstück aus, welches dem Eigenthümer nicht gehört. Durch die Veräußerung und Uebergabe geht das Eigenthum einer beweglichen Sache auf den neuen Erwerber über und tritt damit aus dem Eigenthum des Grundstückseigenthümers. Das Zubehörstück, welches nach § 30 E.E.G. nur dann dem Pfandgläubiger haftet, wenn es dem Grundstückseigenthümer gehört, kann daher nach dem klaren Wortlaut des Ges. nicht mehr Gegenstand der Pfandhaftung sein, wenn ein Dritter das Eigenthum desselben erworben hat. Man könnte die Worte „das dem Eigenthümer gehörige Zubehör", insbesondere mit Rücksicht auf die weiter erwähnte Veräußerung, dahin auffassen, daß nur die zur Zeit der Verpfändung als Pertinenzen vorhandenen Mobilien dem Pfandschuldner gehören müßten, daß also nur das dem Grundstückseigenthümer zur Zeit der Verpfändung gehörende Zubehör gemeint wäre. Das Ges. giebt seiner Vorschrift aber diese Beschränkung nicht, will sie ihr auch nicht geben, zumal sogar die nach der Verpfändung hinzutretenden, unbeweglichen Zubehörstücke durch den § 33 E.E.G. der Pfandhaftung unterworfen sind. Auch aus dem Zusatz „solange bis dasselbe veräußert und von dem Grundstücke räumlich getrennt worden ist", darf nicht deduzirt werden, daß ein in das Eigenthum eines Dritten übergegangenes Pertinenzstück erst durch die räumliche Trennung der Verpfändung entzogen wird: Die Veräußerung einer beweglichen Sache allein bewirkt nicht den Uebergang des Eigenthumes, solange nicht die Tradition hinzukommt, sie allein ohne die Tradition soll daher die Entpfändung nicht zur Folge haben; wenn die Tradition fehlt, gehört das Pertinenzstück noch dem Eigenthümer, verliert daher seinen Charakter als solches

---

es von dem Gute nicht räumlich getrennt worden, dem dinglichen Rechte der Hypothekengläubiger nicht entzogen sei; ebenso Entsch. Bd. 72 S. 233.

[17]) Werner Materialien S. 31.

[18]) Turnau Anm. VII 1 u. 3 zu § 30 E.E.G.; Reichsgericht in Gruchots Beiträgen 27 S 743; vgl. auch Reichsgericht in der Zeitschr. für Pr. Recht I S. 314.

nicht, und es muß daher ein anderer Akt zur Entpfändung noch hinzukommen, die räumliche Trennung. Diese ist auch nicht identisch mit der Tradition; denn auch der Eigenthümer oder ein Dritter kann für den ersten die räumliche Trennung vornehmen, ohne daß von einer Tradition die Rede zu sein braucht. Wollte man aber doch dabei bleiben, daß die Veräußerung und Trennung allein zwar den Uebergang des Eigenthumes auf den neuen Erwerber, aber nicht die Entpfändung der tradirten Sache bewirke, so würde auch eine dem Eigenthümer nicht gehörende Mobilie als mitverpfändet gelten, obgleich das Gesetz nur das dem Eigenthümer gehörende Zubehör dem Pfandrechte unterwirft. Aus dem Sinn und Wortlaut des Ges. folgt daher nur: Das bewegliche Zubehörstück ist dem auf dem Grundstücke lastenden Pfandrechte mitunterworfen, es wird aber entpfändet, wenn es nicht mehr Zubehörstück ist, sei es, daß es in das Eigenthum eines Dritten übergegangen, sei es, daß ihm durch die dauernde Trennung von der Hauptsache die Pertinenzqualität entzogen ist.

Aus den angeführten Gründen muß dasselbe Resultat auch dann gelten, wenn das Grundstück ohne das bewegliche Zubehör veräußert ist, obgleich in diesem Falle eine Veräußerung des Pertinenzstückes, das den Eigenthümer nicht wechselt, nicht vorliegt, und muß man auch zu demselben Resultate gelangen, wenn in Folge der Ausführung eines Testamentes das Grundstück und das Zubehör in das Eigenthum verschiedener Personen fällt: in beiden Fällen hört die Pfandhaftung der beweglichen Sache auf, weil diese nicht mehr ein Zubehörstück ist und nicht mehr dem Eigenthümer des Grundstücks gehört.

Die Mobiliarverpfändung des Zubehörstücks enthält zwar eine Entäußerung von Rechten an der Sache selbst, sie ist aber nicht eine Veräußerung der Sache selbst, das verpfändete Pertinenzstück bleibt dem Hypothekenrechte so lange unterworfen, bis es durch dauernde räumliche Trennung von der Hauptsache aufhört, Pertinenzstück zu sein; diese dauernde räumliche Trennung tritt aber erst durch den Verkauf ein.[19]) Das an dem Zubehör entstandene Pfändungspfandrecht kann übrigens der eingetragene Gläubiger durch seinen einfachen Widerspruch beseitigen; vgl. darüber oben § 37.

Zu 4: Der § 30 E.E.G. unterwirft dem Pfandrechte des eingetragenen Gläubigers auch „die dem Eigenthümer zufallenden Ver-

[19]) Reichsgericht in Gruchots Beiträgen 31 S. 432, 433; Turnau a. a. O.

ſicherungsgelder für Früchte, bewegliches Zubehör und abgebrannte oder durch Brand beſchädigte Gebäude, wenn dieſe Gelder nicht ſtatutenmäßig zur Wiederherſtellung der Gebäude verwendet werden müſſen oder verwendet worden ſind." Daß aber dem Pfandgläubiger nicht blos die Feuerverſicherungsgelder für durch Brand beſchädigte Gebäude,[20]) ſondern auch die Verſicherungsbeträge für Beſchädigungen durch andere Ereigniſſe, als durch Feuer zu haften haben, iſt oben § 43 darzuthun verſucht. —

Nach § 31 E.E.G. iſt „die Abtretung und Verpfändung der Anſprüche auf Verſicherungsgelder,[21]) die Abtretung und Verpfändung von Pacht= und Miethszinſen auf mehr als ein Vierteljahr[22]) und

[20]) Die Verſicherungsgelder für Früchte und bewegliches Zubehör werden auch durch den § 30 nicht auf den Fall des Feuerſchadens beſchränkt.

[21]) Dieſe Beſtimmung bezieht ſich nur auf die im § 30 bezeichneten Verſicherungsgelder, alſo in Betreff der Gebäude nur auf die Feuerverſicherungsgelder. Haften, wie hier angenommen wird, auch die Forderungen aus andern Immobiliarverſicherungen dem Pfandgläubiger, ſo werden dieſe Anſprüche doch nicht durch den § 31 geſchützt.

[22]) Das Quartal, welches der § 480 A.L.R. I 20 und der § 31 E.E.G. meinen, iſt das laufende Quartal, in welchem die Beſchlagnahme erfolgt (Obertr. Entſch. Bd. 2 S. 318; Striethorſt 14 S. 127; 86 S. 269; Turnau a. a. O.). Die Miethe, welche für die Zeit vom 1. Januar bis 1. April 1893 zu zahlen iſt, kann daher vom 1 Januar 1893 an bis zur Beſchlagnahme an den Vermiether entrichtet werden, ohne daß der Hypothekengläubiger, für den die Beſchlagnahme erfolgt, eine ſolche Zahlung angreifen kann. Hat aber der Miether den Miethszins für die Zeit vom 1. Januar bis 1. Juli 1893 vorausbezahlt, ſo braucht der Hypothekengläubiger, wenn die Beſchlagnahme vor dem 1. April, z. B am 1. März erfolgt, die Zahlung der vom 1. April an laufenden Miethsrate nicht gegen ſich gelten zu laſſen

Als Quartal iſt nicht das Kalenderquartal, ſondern das Miethsquartal anzuſehen. Turnau a. a. O.; Förſter=Eccius III § 199 Anm. 19; a. M. Heidenfeld in Gruchots Beiträgen 27 S. 603.

Von Vorauszahlung wird man aber nur in Betreff derjenigen Zahlung ſprechen können, zu welcher eine Verpflichtung nicht vorliegt. Iſt einjährige Vorauszahlung verabredet, ſo zahlt der Pächter, ſofern die Vorauszahlung nicht als fraudulös angefochten werden kann, auch dem Pfandgläubiger gegenüber wirkſam, wenn er dem Vertrage gemäß erfüllt, zahlt er dagegen früher, als er nach dem Vertrage zu zahlen hat, ſo iſt die ein Vierteljahr überſteigende Zahlung durch § 31 anfechtbar, wenn die Beſchlagnahme vor dem Zahlungstermine erfolgt. Zahlt er z. B. die vertragsmäßig vorauszuzahlende einjährige Miethe für das Jahr 1893, welche am 1. Januar 1893 zu entrichten iſt, ſchon am 20. Dezember 1892, ſo iſt die Zahlung für ³/₄ Jahre dem Pfandgläubiger gegenüber unwirkſam, wenn die Beſchlagnahme am 30. Dezember 1892, nicht aber, wenn die Be=

die Veräußerung stehender und hängender Früchte,[23]) soweit sie zum Nachtheil der eingetragenen Gläubiger gereicht, ohne Wirksamkeit." [24])

Der im § 31 bezeichneten Cession und Verpfändung steht die Beschlagnahme und gerichtliche Ueberweisung gleich, welche, da sie demjenigen, auf dessen Antrag sie erfolgt, kein größeres Recht gewährt, als der Schuldner selbst hat, nur soweit wirksam sein kann, als der Schuldner selbst durch Cession und Verpfändung gültig disponiren konnte.[25])

Die Anfechtung steht nur den eingetragenen Gläubigern, nicht auch den übrigen nicht eingetragenen Realinteressenten, zu und jenen auch nur dann, wenn ihnen durch die Disposition ein Nachtheil erwächst. Dem Eigenthümer, dem Ersteher, dem Zwangsverwalter und dem Konkursverwalter[26]) gebührt das Anfechtungsrecht auf Grund des § 31 nicht; diese Personen können die Verfügung nur angreifen, sofern und soweit ihnen die paulianische Klage zusteht. Liegen die Voraussetzungen der letztern vor, so können der Konkursverwalter auf Grund der §§ 22 ff. K.O. und der Pfandgläubiger auf Grund des § 31 E.E.G. gleichzeitig klagen; jeder von ihnen kann sich auch dem von dem andern angestellten Prozesse als Intervenient anschließen, ohne daß jedoch diese Intervention zur Streitgenossenschaft

schlagnahme am 2. Januar 1893 erfolgt. Vgl. hierüber Turnau a. a. O.; Reichsgericht im Just.Min.Bl. 1881 S. 187; Gruchots Beiträge 25 S. 1012.

[23]) Der anfechtende Gläubiger hat zu beweisen, daß die Disposition zu seinem Nachtheil gereicht. Obertrib. in Gruchots Beiträgen 23 S. 467.

[24]) Das Gesetz reproduzirt im Wesentlichen die Bestimmungen der §§ 475 bis 480 A.L.R. I 20, beseitigt jedoch den Unterschied, den die §§ 480, 481 in Betreff der Vorauserhebung der Pacht- (und Mieths-) Zinsen zwischen dem vor und dem nach der Vorauserhebung eingetragenen Gläubiger machten: Nach diesen Bestimmungen des A.L.R. brauchte derjenige Gläubiger sich die Vorauserhebung auf mehr als ein Vierteljahr nicht gefallen zu lassen, welcher zur Zeit der Zahlung schon eingetragen war, und in dieselbe nicht gewilligt hatte, gegen den später eingetragenen Gläubiger konnte sich der Pächter dagegen „damit nur alsdann schützen, wenn er die geleistete Vorausbezahlung im Hypothekenbuche hatte vermerken lassen". Der § 31 gestattet „ohne jede Unterscheidung zwischen gegenwärtigen und späteren Gläubigern die Vorauserhebung auf ein Vierteljahr, sieht aber die Vorauserhebung darüber hinaus, sofern daraus für die Hypothekengläubiger Nachtheil erwächst, für unwirksam an". Motive bei Werner, Materialien II S. 32.

[25]) Reichsgericht in der Zeitschr. für Pr. R. II S. 94.

[26]) Obertrib. in Striethorsts Archiv 39 S. 227, 325, Entsch. 26 S. 42; Motive zum Z.V.G. S. 125 und Bericht der Kommiss. des H.H. S. 38.

führen kann, weil in diesem Falle die Rechtskraft der im Hauptprozesse erlassenen Entscheidung auf das Rechtsverhältniß des Intervenienten nicht von Wirksamkeit ist.[27]) Dagegen können der Verwalter und der Pfandgläubiger zusammen klagen, auch kann das Prozeßgericht die von beiden getrennt angestellten Klagen auf Grund des § 138 C.P.O. verbinden, da beide Anfechtungsansprüche zwar auf verschiedener Grundlage beruhen, jedoch in rechtlichem Zusammenhange stehen. Liegen die Voraussetzungen der Anfechtung nach §§ 22 ff. K.O. nicht vor, so ist der Verwalter lediglich berechtigt, sich dem vom Absonderungsgläubiger angestellten Prozesse als Intervenient anzuschließen: er tritt dem Absonderungsgläubiger bei, wenn dieser ein qualifizirtes Absonderungsrecht hat oder wenn für sein einfaches Absonderungsrecht noch andere Konkursgegenstände haften. Denn unter diesen Bedingungen hat der Verwalter ein Interesse daran, daß der Pfandgläubiger siegt, weil dieser dann zu dem der Höhe der angefochtenen Zahlung entsprechenden Theile seiner Forderung von der Masse bezw. von dem anderweit verpflichteten Absonderungsgegenstande ausgeschlossen wird. Fehlen diese Bedingungen, so kann der Verwalter nur dem Gegner des Pfandgläubigers beitreten, weil diesen der Sieg von der Masse ausschließt, gegen welche er sonst, sei es als Masse-, sei es als Konkursgläubiger, Ersatz für die erfolgreich angefochtene Zahlung verlangen kann.

Es ist streitig, ob der eingetragene Gläubiger gegen den Pächter, Miether, Versicherer und den Käufer stehender oder hängender Früchte direkt die hypothekarische Klage anstellen kann oder ob er den Anspruch des Eigenthümers sich zunächst gerichtlich überweisen lassen muß. Das Obertrib.[28]) entschied, daß der Realgläubiger ohne Ueberweisung klagen könne, Heidenfeld[29]) läßt die Anfechtungsklage gegen den Miether und Pächter ohne Ueberweisung, die Klage auf Zahlung aber erst auf Grund der Ueberweisung zu, Turnau[30]) ist im Wesentlichen derselben Ansicht, Eccius[31]) hält den Hypothekengläubiger nur auf Grund der Ueberweisung zur Klage gegen den Zinsschuldner für legitimirt, meint aber, daß gegen einen

---

[27]) § 66 C.P.O.

[28]) Striethorst Archiv 39 S. 227, 325, Bd. 41 S. 91, Bd. 86 S. 270, Bd. 98 S. 74.

[29]) in Gruchot's Beiträgen 26 S. 512 ff.

[30]) Anm. 5 zu § 31 E.E.G.

[31]) Eccius-Förster III § 199.

Cessionar oder Pfandgläubiger die Legitimation von dieser Ueberweisung nicht abhängig sei, und daß „nur die hypothekarische Klage gegen den Schuldner des verpfändeten Nomen nach Preußischem Rechte Anweisung oder Ueberweisung voraussetze, gegen dritte Verletzer des Rechts aber ohne solche geltend gemacht werden könne".[32]) Das Obertribunal motivirt seine Ansicht durch die Deduktion: das Recht der Anfechtung stehe dem Hypothekargläubiger als solchem zu, als Exekutionsakt würde die Ueberweisung, wenn der Eigenthümer nicht persönlicher Schuldner des Hypothekargläubigers sei, nicht statthaft sein, weil das fragliche Recht des Gläubigers gerade ein Ausfluß des dinglichen Hypothekarrechts sei, überdies der bezahlte Schuldner keine Forderung an den dritten Erwerber habe. Man wird die Richtigkeit dieser Gründe anerkennen, gleichwohl aber für das Preuß. Recht der Ansicht Heidenfelds sein müssen: den Anfechtungsanspruch hat nicht der Eigenthümer oder Schuldner, sondern der eingetragene Gläubiger als solcher; dieser greift die vorgenommene Rechtshandlung aus eigenem Rechte mit der actio hypothecaria an, eine Ueberweisung ist daher für die Anfechtung weder zulässig, noch erforderlich. Insoweit muß man mit den Entscheidungen des Obertrib. gehen. Aber nachdem durch den Anfechtungsprozeß festgestellt ist, daß die Zahlung an den Eigenthümer dem Pfandgläubiger gegenüber unwirksam ist, hat der eingetragene Gläubiger nunmehr keine andere Rechtsstellung, als wenn die Cession, Vorausbezahlung u. s. w. überhaupt nicht erfolgt wäre: es steht jetzt fest, daß die Pacht-, Miethsforderung u. s. w. der Zahlung ungeachtet noch existirt und dem Pfandrechte des eingetragenen Gläubigers unterworfen ist. Der Gläubiger eines pignus nominis darf aber die ihm verpfändete Forderung nicht ohne Weiteres einziehen, denn der Drittschuldner hat nicht an ihn, sondern an seinen unmittelbaren Gläubiger, den Pfandschuldner, zu zahlen, der Pfandgläubiger kann vielmehr nach § 289 A.L.R. I 20 nur „auf die Einziehung der ihm verpfändeten Aktivforderung unter eben den Umständen antragen, unter welchen er die Veräußerung des Pfandes zu suchen berechtigt ist", und „wie dabei zu verfahren sei, bestimmt" — nach § 199 A.L.R. I, 20 — „die Prozeßordnung" (siehe oben § 31). Die Einziehung der Forderung kann daher nur auf Grund der Ueberweisung erfolgen. Freilich war die Forderung durch die Zahlung an den Pfandschuldner

[32]) Vgl. auch Dernburg I § 329 und Bendix, das Preuß. Ges. über den Eigenthumserwerb S. 75 Anm. 5.

bereits getilgt, aber infolge der erfolgreichen Anfechtung wird im Verhältniß der Forderungsinteressenten zu den Pfandgläubigern fingirt, daß die Zahlung unwirksam, die Forderung also nicht getilgt sei.[33])

Das gemeine Recht dagegen giebt dem Pfandgläubiger eine actio utilis auf unmittelbare Einziehung der Forderung gegen den Drittschuldner (vgl. oben § 31), nach gemeinem Recht ist daher die Ueberweisung weder zur Anfechtung, noch zur Einziehung der Pfandforderung nöthig. —

Es ist nicht zweifellos, welche Rechte der Pächter u. s. w., dessen Zahlung von dem eingetragenen Gläubiger mit Erfolg angefochten ist, gegen die Masse hat, ob er einfacher Konkursgläubiger ist oder ob er dieselben Rechte hat, wie derjenige, dessen Zahlung auf Grund des paulianischen Anfechtungsrechtes seitens des Verwalters angegriffen ist, und der nach § 31 K.O. die Gegenleistung als Masseforderung insoweit geltend machen kann, als sie sich in der Masse befindet oder als diese bereichert ist. Der Pächter ꝛc. hat gezahlt, um seiner kontraktlichen Verpflichtung nachzukommen, er hat gezahlt, um die Forderung des Eigenthümers zu tilgen. Tritt dieser Zweck nicht ein, so hat er nach § 200 A.L.R. I 16 das Recht, die Zahlung zurückzufordern. Durch die wirkungslose Zahlung ist der Eigenthümer bereichert, wenn er die gezahlte Summe nicht zurückgiebt. Aber eine Bereicherung des Gemeinschuldners fällt nicht immer mit der Bereicherung der Masse zusammen. Für den Bestand der letztern ist der Zeitpunkt der Konkurseröffnung entscheidend: Was zu dieser Zeit zur Masse gehört, dient ohne Rücksicht auf den Grund, aus welchem es sich in der Masse befindet, zur Befriedigung der Konkursgläubiger. Deshalb hat der Anfechtungsgegner, wenn die von ihm geleistete Zahlung vor der Konkurseröffnung rechtskräftig angefochten ist, gegen die Masse nur eine Konkursforderung. Ist aber die Anfechtung erst nach der Konkurseröffnung erfolgt oder das Anfechtungsurtheil erst nach diesem Zeitpunkte rechtskräftig geworden, so kann eine Bereicherung der Masse eintreten; denn durch die erfolgreich durchgeführte Anfechtung erwirbt der anfechtende Pfandgläubiger das Recht, sich aus einem zur Masse bisher nicht gehörigen Objekt zu befriedigen, während er, wenn das Anfechtungsurtheil vor der Konkurseröffnung rechtskräftig ist, sich aus einem Gegenstande befriedigt, welcher zur Masse gehört. Soweit er durch die Befriedi-

[33]) Vgl. Entsch. des Obertrib. 8 S. 279.

gung aus dem neuen zur Masse bisher nicht gehörigen Gegenstande von der Konkursmasse ausgeschlossen wird oder soweit durch seine Befriedigung aus diesem neuen Objekt ein mit demselben Absonderungsrechte belasteter Konkursgegenstand zum Vortheile der Konkursgläubiger entlastet wird, tritt eine Bereicherung der Masse ein, und insoweit hat daher der Anfechtungsgegner (Pächter 2c.) eine Masseforderung. War der Pfandgläubiger nur einfacher Absonderungsgläubiger, kann daher von einem Ausschluß seiner Forderung von der Masse infolge seiner Befriedigung keine Rede sein, so kann für den Anfechtungsgegner eine Masseforderung nur insoweit bestehen, als durch die Befriedigung des Absonderungsgläubigers ein anderer mit demselben Absonderungsrechte belasteter Massegegenstand frei wird. Soweit dies nicht der Fall ist, besteht für ihn nur eine Konkursforderung. Waren zur Anfechtung auch die Voraussetzungen der paulianischen Klage nach §§ 23 ff. K.O. oder nach dem Anfechtungsgesetze vom 21. Juli 1879 gegeben, so daß die Zahlung insbesondere auch vom Verwalter als unwirksam angegriffen werden konnte, so verändert dieser Umstand das Recht des Anfechtungsgegners nicht, weil dieses dadurch nicht vergrößert werden kann, daß die angefochtene Rechtshandlung gleichzeitig auch das Recht der Konkursgläubiger verletzt. Anders aber, wenn die Anfechtung vom Verwalter thatsächlich erfolgt und durchgeführt ist: in diesem Falle hat der Pächter 2c. das im § 31 K.O. für den Anfechtungsgegner bestimmte Recht (vgl. darüber oben § 52), weil die Voraussetzungen dieses § 31 K.O. vorliegen.

II. Der Umfang der Schiffsimmobiliarmasse ist verschieden, je nachdem es sich um eigentliche Schiffsgläubiger oder um andere Pfandgläubiger und je nachdem es sich um Kauffahrteischiffe oder um andere Frachtschiffe handelt:

Kommt ein Frachtschiff in Betracht, welches nicht zu den zum Erwerb durch die Seefahrt bestimmten oder zu den diesen gleichgestellten[34]) Fahrzeugen gehört, so läßt das Preuß. Recht, wie es in den §§ 64 ff. der Konkursordnung vom 8. Mai 1855 festgestellt ist, jedem Pfandgläubiger ohne Unterschied, ob er eigentlicher Schiffsgläubiger ist oder nicht, das Schiff nebst Zubehör,[35]) sowie die für

[34]) Siehe oben § 58, § 1 der Vorschriften vom 13. November 1873.

[35]) Das A.L.R. rechnet im § 91 I 2 zum Zubehör eines Schiffes „alle dabei befindlichen und zu dessen Gebrauch bestimmten Anker, Masten, Taue und andere Geräthschaften, ingleichen Kanonen, nicht aber anderes Gewehr und noch weniger Munition oder Kriegsbedürfnisse", und im § 1398 II 8 werden auch die Boote als Pertinenzstücke des Schiffes bezeichnet.

das Schiff gezeichnete Versicherung und die verdienten Frachtgelder haften.[36])

Die Kauffahrtei- und die ihnen gleichgestellten[36]) Schiffe haften ihren sämmtlichen Pfandgläubigern, den eigentlichen und uneigentlichen Schiffsgläubigern, mit ihrem Zubehör,[37]) diesen Gläubigern haftet außerdem die Versicherungsforderung,[38]) weil diese, wie oben § 34 angenommen ist, an Stelle des Schiffes und seines Zubehörs tritt. Für die eigentlichen Schiffsgläubiger, nicht für die sonstigen Pfandgläubiger, tritt aber noch eine weitere Vergrößerung der Immobiliarmasse ein:

a. Ihr gesetzliches Pfandrecht erstreckt sich nach Art. 759 H.G.B. auch auf die Bruttofracht derjenigen Reise, aus welcher ihre Forderungen entstanden sind.[39])

b. Den Personen der Schiffsbesatzung, welche rücksichtlich ihrer Forderungen aus den Dienst- und Heuerverträgen Schiffsgläubiger sind,[40]) steht nach Art. 761 H.G.B. wegen der aus einer späteren Reise entstandenen Heuerforderung ein gesetzliches Pfandrecht zugleich an der Fracht der früheren Reisen zu, sofern die verschiedenen Reisen unter denselben Dienst- und Heuervertrag fallen.

2. Die Mobiliarabsonderungsberechtigten.

a. Die Faustpfandgläubiger.

§ 60. α. Im Allgemeinen.

Der § 40 K.O. gewährt ein Absonderungsrecht denjenigen Gläubigern, welche an einer beweglichen körperlichen Sache, welche an einer Forderung und welche an einem andern Vermögensrecht des Gemeinschuldners ein Faustpfandrecht haben, und giebt ihnen die Befugniß, „aus den ihnen verpfändeten Gegenständen abgesonderte Befriedigung wegen ihrer Pfandforderung zu erlangen", gleichzeitig die Rangordnung für Forderung und Nebenforderung

---

[36]) § 64 der Preuß. K.O.

[37]) Unter Zubehör eines Seeschiffes sind nach Art. 443 H.G.B. alle Sachen begriffen, welche zum bleibenden Gebrauch des Schiffes bei der Seefahrt bestimmt sind, insbesondere auch die Schiffsboote, und werden im Zweifel diejenigen Gegenstände gerechnet, die in das Schiffsregister eingetragen sind.

[38]) In Betreff der eigentlichen Schiffsgläubiger Art. 778 Abs. 1 und 2 H.G.B.

[39]) Vgl. über die Einzelheiten Art. 774, 775, 776 H.G.B. und über die persönliche Verpflichtung des Rheders Art. 777 H.G.B.

[40]) Art. 757[4] H.G.B.

dahin bestimmend, daß die Befriedigung „zunächst wegen der Kosten, dann wegen der Zinsen und zuletzt wegen des Kapitals" erfolgt.

Die Voraussetzungen des Faustpfandes, welche zur Geltendmachung des Absonderungsrechtes im Konkurse erforderlich sind, sind in den §§ 14—16 E.G.[1]) festgesetzt: darnach wird für das Faustpfand an beweglichen körperlichen Sachen — abgesehen von bestimmten Ausnahmen — der Gewahrsam des Gläubigers, für das Faustpfand an Forderungen und andern Rechten entweder die Benachrichtigung des Drittschuldners von der Verpfändung oder der Gewahrsam der körperlichen Sache, die den Gegenstand des Forderungsrechtes bildet oder der Gewahrsam der über die Forderung bezw. das sonstige Vermögensrecht ausgestellten Urkunde oder endlich die Eintragung in das Grund- oder Hypothekenbuch gefordert. Die Vorschriften der Landesgesetze, welche für den Erwerb von Faustpfandrechten mehrere dieser Erfordernisse oder noch weitere Erfordernisse festsetzen, sollen nach § 16 E.G. unberührt bleiben.

Hiernach gestaltet sich das Verhältniß der Bestimmungen der K.O. über das Faustpfand zu denjenigen der Landesgesetze in folgender Weise: Als Absonderungsrecht gilt nur ein solches Faustpfand, welches auch nach Civilrecht gültig ist, aber nicht jedes nach Civilrecht gültige Faustpfand gewährt ein Absonderungsrecht, sondern nur ein solches, welches den Erfordernissen der §§ 14, 15 E.G. entspricht.[2]) Als Absonderungsrecht muß das Faustpfand daher sowohl den Erfordernissen der K.O., als auch denjenigen des Civilrechtes entsprechen. Das Civilrecht entscheidet über Form, Inhalt, Rangordnung und Umfang des Faustpfandes, sofern nicht die §§ 40 K.O., 14, 15 E.G. entgegenstehende Vorschriften enthalten.[3])

§ 61. β. Oertliche Rechtskollision.

Eine örtliche Kollision der Rechte kann sowohl hinsichtlich der Frage der Entstehung, wie auch des Umfanges des Faustpfand-

[1]) Diese Vorschriften sind in das E.G. verwiesen, „weil sie das Verhältniß der K.O. zum bestehenden Civilrecht regeln und auch nur transitorischer Natur sind, da sie mit Einführung eines gemeinsamen Civilgesetzes in Wegfall kommen würden." Prot. S. 138.

[2]) Reichsgericht Entsch. 19 S. 27, 28

[3]) Wenn das bürgerliche Recht ein Faustpfand nur mit der Beschränkung zuläßt, daß es nur außerhalb des Konkurses gelten solle, so ist diese Beschränkung durch den § 4 E.G. aufgehoben. „Für die Pfandforderung muß der Gläubiger dieselbe Befriedigung im Konkurse, wie außerhalb desselben haben." Motive S. 207.

rechtes eintreten. Es ist nicht zweifellos, wie diese Kollision zu entscheiden ist. Nach der herrschenden[1]) Ansicht sollen für das Faustpfand an körperlichen Sachen die Gesetze des Ortes maßgebend sein, wo sich die Sache zur Zeit der Pfanderwerbung befindet, für das Faustpfand an Forderungen die Gesetze des Ortes, wo zur Zeit der Pfandbestellung der Drittschuldner seinen Wohnsitz hatte, und wenn für die Forderung eine Sache haftet — also namentlich bei Verpfändung von Hypothekenforderungen — die Gesetze des Ortes der belegenen Sache.[2])

Eine gesetzliche Regelung hatte diese Frage für das Konkursrecht theilweise durch den § 15 des Bundesges. vom 21. Juni 1869 betreffend die Gewährung der Rechtshülfe erfahren: „Insoweit nach den Gesetzen des Staats- oder Rechtsgebietes, in welchem sich abzulieferndes Vermögen (§ 14) befindet, gewisse Personen für den Fall eines daselbst eröffneten Konkurses berechtigt sind:

„ihre abgesonderte Befriedigung aus diesem Vermögen oder aus einzelnen Theilen desselben zu erlangen oder

auf Grund eines auf bestimmte Gegenstände dieses Vermögens beschränkten dinglichen oder persönlichen Rechtes aus diesen Gegenständen ihre vorzugsweise Befriedigung zu beanspruchen, stehen ihnen diese Rechte in derselben Weise zu, als wenn der Konkurs in diesem Staats- oder Rechtsgebiete eröffnet wäre."

Diese Vorschriften sind aber durch den § 3 E.G. aufgehoben. Die Entscheidung der Kollisionsfrage ist daher den Landesgesetzgebungen überlassen und ist auch im gemeinen Rechte eine andere, als im Preuß. Rechte:

Im gemeinen Rechte wird angenommen, daß für die Rechtsverhältnisse an beweglichen körperlichen Gegenständen die Gesetze desjenigen Rechtsgebietes maßgebend sind, in welchem sich die Sache zur Zeit des Vertragsabschlusses befindet, daß aber durch Versetzung der Sache in ein anderes Rechtsgebiet die Gesetze des letztern allein oder

---

[1]) Reichsgericht Entsch. 8 S. 113 (diese Entsch. verhält sich aber nur über das gemeine Recht); v. Wilmowski Anm. 1 zu § 40; Willenbücher Anm. 4 zu § 40 K.O.; Stieglitz Anm. IX; v. Sarwey Anm. 5 I zu § 40 und Fitting § 19 Anm. 8 und 9. Vgl. Obertrib. in Striethorsts Archiv 73 S. 72 und Reichsoberhandelsgericht Entsch. 6 S. 80.

[2]) Eichhorn, Deutsches Privatrecht § 36; v. Savigny, System 8 S. 169 ff; Wächter, Archiv 25 S. 199, 200, 383 ff.; Windscheid I § 35; L. Bar, das internationale Privat- und Strafrecht S. 188 ff.; Seuffert, Archiv Bd. 16 Nr. 1, Bd. 27 Nr. 111, Bd. 22 Nr. 205.

wenigstens auch maßgebend werden,[3]) wogegen sich die obligatorischen Verhältnisse nach den Gesetzen des Wohnsitzes des Gläubigers oder Schuldners richten, je nachdem das Gericht des Wohnsitzes des einen oder des andern angerufen wird.[4]) Was die Form der Rechtsgeschäfte angeht, so wird von v. Savigny,[4]) Bar und Windscheid, sowie bei Wächter[5]) bezeugt, daß, abgesehen von den Rechtsverhältnissen an unbeweglichen Sachen, ein allgemeines Deutsches Gewohnheitsrecht anerkannt ist, wonach sowohl die Form desjenigen Ortes genügt, für welchen das Rechtsgeschäft zu wirken bestimmt, als auch desjenigen Ortes, wo es vorgenommen ist.

Diese Grundsätze entstammen der modernen Entwickelung des gemeinen Rechtes, wie sie sich auf Grund der Ausführungen von Eichhorn und v. Savigny gebildet hat. Vorher galt seit der Zeit der Glossatoren allgemein der Satz: mobilia sequuntur personam.[6]) Dieser Satz liegt auch den Bestimmungen des A.L.R. zu Grunde, welches sich den bei seinem Erlaß maßgebenden gemeinrechtlichen Anschauungen im Wesentlichen angeschlossen hat. In der Einleitung zum A.L.R. ist demnach vorgeschrieben:

§ 28: „Das bewegliche Vermögen eines Menschen wird ohne Rücksicht seines gewöhnlichen Aufenthaltes nach den Gesetzen der ordentlichen Gerichtsbarkeit desselben beurtheilt.“

§ 29: „Bei einer doppelten Gerichtsbarkeit haben die Rechte des Ortes, wo sich die Sache befindet, den Vorzug.“

§ 30: „Ist aber in einem solchen Falle (§ 29) das Mobiliarvermögen zur Zeit der sich darauf beziehenden Handlung an einem dritten Orte, so finden die Gesetze desjenigen Ortes Anwendung, welche dem gemeinen Rechte der Preußischen Staaten am nächsten kommen.“

§ 31: „Das bewegliche Vermögen eines Menschen, der keinen bestimmten Wohnsitz hat, wird nach den Gesetzen seines gewöhnlichen Aufenthaltes . . . beurtheilt.“

§ 33: „Provinzialgesetze und Statuten, welche die äußere Feierlichkeit einer Handlung bestimmen, gelten nur bei Handlungen,

---

[3]) Windscheid a. a. O.

[4]) a. a. O. S. 348 ff.

[5]) Bd. 25 S. 368 ff., 405 ff. Vgl. auch Seuffert, Archiv Bd. 2 Nr. 5, Bd. 10 Nr. 220, Bd. 12 Nr. 89, Bd. 18 Nr. 204.

[6]) Vgl. darüber die von v. Holzschuher I S. 69 Frage 16 G citirten Schriftsteller.

die unter der Gerichtsbarkeit, für welche das Gesetz gegeben ist, von den ihr unterworfenen Personen vorgenommen wird."

Eccius[7]) meint, daß der § 28 sich nur auf das gesammte bewegliche Vermögen eines Menschen, nicht aber auf Rechtsgeschäfte über einzelne Sachen beziehe, und daß, wenn man die das „bewegliche Vermögen" betreffende Bestimmung dieses Paragraphen von den einzelnen Stücken des beweglichen Vermögens deute, im Landrecht der Satz der älteren Praxis „mobilia ossibus inhaerent" anerkannt wäre, ein Satz, dem gegenwärtig die Wissenschaft maßgebende Bedeutung nicht mehr zuspreche; über die Frage, welchem Gesetze die einzelnen Sachen unterworfen seien, sofern sie als besondere Objekte, nicht als zugehörig zu einem Vermögen, in Betracht kommen, schweige das Landrecht; die Sachen seien an sich dem Rechte unterworfen, in dessen Gebiet sie sich befinden, es könnten daher auch nur nach diesem Rechte sachenrechtliche Befugnisse, Besitz, Eigenthum, dingliche Rechte an ihnen begründet werden; das einmal entstandene dingliche Recht bestehe fort, auch wenn die Sache in ein anderes Rechtsgebiet gelange, es sei denn, daß das Ges. dieses andern Gebietes unter den obwaltenden Umständen ein dingliches Recht überhaupt nicht annehme.

Förster[7]) war dagegen der Ansicht, daß der § 28 die Rechtsverhältnisse der einzelnen beweglichen Sachen entscheide, daß demnach dem Rechte des Wohnsitzes des Berechtigten die einzelnen Sachen selbst unterworfen seien und nur bei einem doppelten Wohnsitze desselben das Recht des Ortes, wo sich die Sache befindet, entscheidend sei.

Hier wird die Ansicht Försters für richtig gehalten. Ein besonderer Rechtsbegriff für das gesammte bewegliche Vermögen einer Person besteht nach dem Landrecht nicht, und wo von dem beweglichen Vermögen gesprochen wird, sind nur einzelne Sachen im Gegensatz zu den Immobilien gemeint.[8]) Das Marginale zu § 28 der Einl. spricht auch nicht von beweglichem Vermögen, sondern „bei beweglichen Sachen", und der § 29, dessen Inhalt einen Gegensatz zu § 28 oder eine Ausnahme von dem dort aufgestellten Grundsatze insofern bildet, als er das besondere Rechtsverhältniß behandelt, welches durch das Vorhandensein eines doppelten Wohnsitzes entsteht, spricht von

[7]) Förster-Eccius I § 11.

[8]) Das ist auch der Sinn des § 10 A.L.R. I 2, welcher unter Mobiliar- oder beweglichem Vermögen alle beweglichen Sachen verstehen will, insofern dieselben nicht als Pertinenzstücke zu einer unbeweglichen Sache gehören.

dem Rechte des Ortes, wo sich „die Sache" befindet und zeigt damit, daß bei dem Vorhandensein nur eines Wohnsitzes das Rechtsverhältniß jeder beweglichen Sache sich nach dem Ges. dieses Wohnsitzes, bei dem Vorhandensein mehrerer Wohnsitze aber nach dem Rechte des Ortes der belegenen Sache richtet. Auch das „unbewegliche Vermögen" ist im § 32 zum Gegenstand der Erörterung über die Frage der örtlichen Kollision gemacht, und doch ist es wohl nicht zweifelhaft, daß unter diesem „unbeweglichen Vermögen" jedes einzelne Immobile gemeint ist. Daß der ältere, dem gegenwärtigen Stande der gemeinrechtlichem Theorie nicht mehr entsprechende Satz mobilia ossibus haerent bei dieser Auslegung im § 28 Einl. anerkannt ist, kann nicht als ein Grund gegen, sondern muß als Grund für diese Interpretation angesehen werden, weil, wie schon hervorgehoben, das A.L.R. sich nicht auf die heutigen gemeinrechtlichen Anschauungen, sondern auf die bei seiner Abfassung maßgebenden Ansichten gründet.

Ueber die Form der die einzelnen Sachen betreffenden Verträge sind in den §§ 111—115 A.L.R. I 5 besondere Vorschriften erlassen, wonach das Gesetz desjenigen Ortes maßgebend ist, in welchem der Vertrag geschlossen ist, bezw. als geschlossen gilt, und hinsichtlich des Erfordernisses der Schriftlichkeit bestimmt der § 148 A.L.R. I 5, daß, „wenn über bewegliche Sachen außerhalb Landes an einem Orte, wo mündliche Verträge ohne Unterschied gültig sind, dergleichen Verträge geschlossen werden, der Mangel der schriftlichen Abfassung auch in den hiesigen Gerichten nicht vorgeschützt werden kann."

Ob die Grundsätze des gem. oder des Preuß. Rechtes anzuwenden sind, hängt davon ab, welches dieser Rechte im Bezirk des erkennenden Gerichtes gilt.

Was das Pfandrecht an Forderungen und andern unkörperlichen Vermögensrechten betrifft, so ist im gem. Rechte[9]) anzunehmen, daß dieselben zum beweglichen oder unbeweglichen Vermögen gehören, je nachdem ihr mittelbarer Gegenstand eine bewegliche oder unbewegliche Sache ist, es kommen daher die oben angegebenen gemeinrechtlichen Prinzipien auch hier mit der Maßgabe zur Anwendung, daß, wenn es sich um ein Pfandrecht an einer eingetragenen Forderung oder einem andern eingetragenen Rechte oder einer zu den Immobilien gehörigen selbstständigen Gerechtigkeit handelt, das Gesetz des Ortes entscheidet, an welchem die mit der eingetragenen Forderung bezw. dem sonstigen eingetragenen Rechte belastete, unbewegliche Sache sich

[9]) Windscheid I § 139 Anm. 5.

befindet. Für das Preuß. Recht gilt der § 7 A.L.R. I 2: „Rechte werden als bewegliche Sachen betrachtet", derart, daß auch das Pfandrecht an einer Hypothek oder einem andern eingetragenen Rechte zu den beweglichen Sachen zu rechnen ist, so daß für das Pfandrecht an Forderungen und andern unkörperlichen Vermögensrechten rücksichtlich der Frage der Gesetzeskollision die oben für bewegliche körperliche Sachen angegebenen Grundsätze des A.L.R. zur Anwendung kommen, sofern es sich nicht um ein Absonderungsrecht an einer oben im § 58 aufgeführten, zu den Immobilien gehörigen selbstständigen Gerechtigkeit handelt.

§ 62. γ. Die Rangordnung.

Es wird nur selten vorkommen können, daß an demselben Gegenstande mehrere Kreditoren, die nicht Korrealgläubiger sind, gleichzeitig ein Faustpfandrecht haben, weil in der Regel der körperliche Besitz die Gültigkeit des Pfandrechtes bedingt.[1]) Soweit aber derselbe Gegenstand mehreren Pfandrechten unterworfen ist, wird in der Regel die Priorität der Zeit für die Rangordnung entscheidend sein. Nur wenn ein Faustpfandrecht, dessen Gegenstand körperlich übertragen ist, mit einem gleichen Rechte kollidirt, dessen Gegenstand nur symbolisch tradirt ist, geht das erstere dem letztern auch dann vor, wenn das letztere älter ist.[2])

Rücksichtlich der einzelnen Forderungstheile ist die Rangordnung durch den § 40 K.O. geregelt: Die Kosten gehen den Zinsen und diese dem Kapital vor.[3]) Unter den Kosten sind nicht nur[4]) die durch die Verwerthung der Pfandsache verursachten, sondern alle dem Pfandgläubiger entstandenen Kosten zu verstehen, für welche das

---

[1]) Dagegen ist es nicht ungewöhnlich, daß mehrere Quasifaustpfandrechte an derselben Sache bestehen, z. B. dasjenige des Miethers und das des Pfändungspfandgläubigers.

[2]) l. 10 pr. D. 20, 1; l. 14 D. 20, 4; §§ 275 ff., 333 ff, 387 A L R. I 20; § 74 A.L.R. I 7.

[3]) Diese Vorschrift hat nach den Motiven S. 207 ihren Grund in der Erwägung, daß die Realgläubiger ihre Forderungen aus der Masse nur in geringerem Umfange als aus dem Pfande verfolgen können, aus der Konkursmasse würden die laufenden Zinsen nicht berichtigt (§ 56[1]), „außerdem könne eine Kollision mehrerer Realgläubiger in der Befriedigung aus dem Pfandstücke eintreten."

[4]) Wie v. Völderndorff Anm. h zu § 40 meint.

Pfand nach Civilrecht haftet,[5]) z. B. die Kosten der Einklagung, der Beitreibung der Pfandforderung, die zur Erlangung der Pfandsache aufgewendeten, die zur Erhaltung und Verbesserung derselben gemachten Kosten. Unter Zinsen sind sowohl die Verzugs-, wie auch die Konventionalzinsen gemeint, sofern das Pfand nach Civilrecht für dieselben haftet.

§ 63. δ. Die Accessionen der Faustpfandforderung.

Nach Preuß. Recht haftet das Faustpfand auch für die zur Erhaltung und Verbesserung der Sache nothwendig oder nützlich aufgewendeten Kosten, soweit der Verwahrer fremder Sachen Ersatz dafür fordern kann, sowie für den Schaden, der dem Pfandgläubiger durch den Empfang einer fehlerhaften Sache entsteht, deren Mangel der Schuldner dem Gläubiger nicht angezeigt hat, und für die Kosten der Einklagung und Beitreibung der Pfandforderung. Alle diese Nebenforderungen fallen unter den Begriff der Kosten im Sinne des § 40 K.O.[1])

Das Faustpfand haftet nach Preuß. Rechte auch für die Verzugs- und die Konventionalzinsen[2]) und für die Konventionalstrafe.[3]) (Ueber die Pfandhaftung bei Veränderung und Novation des Pfandanspruchs siehe oben § 44.)

Diese Grundsätze des Preuß. Rechtes entsprechen im Wesentlichen denjenigen des gem. Rechtes.[4])

---

[5]) v. Wilmowski Anm. 7 zu § 40.

[1]) §§ 164, 166, 167, 169 A.L.R. I 20.

[2]) Die Haftung des Faustpfandes für die Zinsen ist im § 164 A.A.L. I 20 ausdrücklich anerkannt: „Zu dieser vollständigen Erfüllung der (Pfandverbindlichkeit) gehört auch die Entrichtung der aus dem Hauptgeschäfte schuldig gewordenen Zinsen und Kosten," ohne daß zwischen Verzugs- und Vertragszinsen unterschieden ist.

[3]) Förster-Eccius III § 196 S. 503.

[4]) l. 6 C. 8, 14; l. 8 § 5 D. 13, 7; l. 18, 20 D. 20, 4; l. 4 C. 4, 32; vgl. Windscheid I § 226; Arndts § 369; Puchta, Vorlesungen zu § 204 hält die Konventionalstrafe und den Anspruch auf vertragsmäßige Zinsen nach gemeinem Rechte durch das Faustpfand nur dann für gesichert, wenn die Pfandbestellung ausdrücklich auch auf diese Nebenforderungen ausgedehnt ist. Die l. 13 § 6 D. 20, 1 spricht nur scheinbar für diese Ansicht. Wenn in derselben gesagt ist, „propter usuras quoque si obligata sit hypotheca, usurae solvi debent, idem et in poena dicimus", so ist damit zwar bestimmt, daß das Pfand auch für Zinsen und Konventionalstrafe hafte, wenn diese Haftung vereinbart ist, aber es ist nicht gesagt, daß diese Haftung nicht eintrete, wenn sie nicht ausdrücklich ver-

§ 64. ε. Der Umfang der Immobiliarmasse.

Das Pfandrecht erstreckt sich nach Preuß.,[1]) wie nach gemeinem Rechte[2]) auch auf das Zubehör und die Früchte der Pfandsache, auf letztere jedoch nur, wenn sie in das Eigenthum des Verpfänders fallen. Die Zinsen einer verpfändeten Forderung unterliegen der Pfandverbindlichkeit im Preuß. Rechte nur, wenn dies besonders vereinbart ist.[3])

Es macht keinen Unterschied, ob die Pertinenzien, Früchte u. s. w. schon zur Zeit der Verpfändung vorhanden waren oder erst später hinzugekommen sind.

Aber die Nebensache haftet im Konkurs für die Absonderungsforderung nur dann, wenn der Gläubiger auch an ihr denjenigen Gewahrsam hat, den er als Absonderungsgläubiger an der Hauptsache haben muß (vgl. unten § 65).

---

abredet ist. Ueberdies ist in der l. 8 § 5 D. 13, 7 ausdrücklich vorgeschrieben, daß der Verkauf der Pfandsache zur Befriedigung des Gläubigers nicht blos wegen des Kapitals, sondern auch wegen der Nebenforderungen „sed ob cetera quoque“, „veluti usurae et quae in id impensa sunt“ erfolgen dürfe.

[1]) § 21 A.L.R. I 20: „Mit der Sache selbst sind in der Regel auch die Pertinenzstücke, Zuwüchse und Früchte für verpfändet zu erachten.“ § 157 cit. „An- und Zuwüchse verpfändeter beweglicher Sachen, sie mögen durch Natur oder Kunst entstehen, sind im Mangel besonderer Verabredungen für mitverpfändet zu achten.“ Zu den An- u. Zuwüchsen werden im 6. Abschn. A.L.R. I 9 in erster Linie die Früchte gerechnet. Eccius III S. 432 meint, es hänge von der Auslegung des Verpfändungswillens ab, ob das Zubehör als mitverpfändet anzusehen sei; nach den angeführten Vorschriften muß das Zubehör aber als mitverpfändet gelten, wenn es nicht ausdrücklich vertragsmäßig von der Pfandhaftung ausgeschlossen ist.

[2]) l. 18 § 1 D. 13, 7; l. 1 C. 8, 28; Windscheid I § 226a; v. Vangerow I § 370. Im gem. Rechte ist übrigens die Frage, ob auch die Früchte als mitverpfändet gelten, streitig.

[3]) Die Frage ist streitig. Das Obertrib. hat in Striethorsts Archiv 36 S. 235 die Pfandhaftung für die Zinsen verneint, in den Entsch. Bd. I S. 240, Bd. III S. 183 aber bejaht; von Förster III § 196 und in Kochs Kommentar zu § 220 A.L.R. I 9 ist sie bejaht, während Eccius III § 196 Anm. 12 die Entscheidung der Frage von der Interpretation der Verpfändungserklärung abhängig macht. Es kommt darauf an, ob man im Preuß. Rechte die Zinsen so, wie im gem. Rechte, als Civilfrüchte ansieht. Das A.L.R. — § 803 I 11 — faßt sie aber weniger als Früchte, denn als Entgelt, als Gegenleistung desjenigen auf, der das Kapital eines Andern besitzt oder der einem Andern ein diesem zustehendes Kapital vorenthält. Ueberdies scheint auch in den §§ 283, 284 A.L.R. I 20 nach der Fassung dieser Vorschriften der Gesetzgeber davon ausgegangen zu sein,

ζ. Das Faustpfandrecht an beweglichen körperlichen Gegenständen.

§ 65. aa. Mit Gewahrsam.

Das Faustpfand an beweglichen körperlichen Sachen ist als Absonderungsrecht im Konkurse nur unter der besonderen Voraussetzung anerkannt, daß der Gläubiger den Gewahrsam der Pfandsache hat. Im Interesse des Verkehrs, welcher die Erkennbarkeit der Absonderungsrechte erheischt, bestimmt der § 14 Abs. 1 E.G.:

> „Faustpfandrechte im Sinne des § 40 K.O. bestehen an beweglichen körperlichen Sachen nur, wenn der Pfandgläubiger oder ein Dritter für ihn den Gewahrsam der Sache erlangt und behalten hat."

Es genügt nicht ein Besitz, der nach Civilrecht ohne Gewahrsam fortdauert, auch nicht ein Besitz, der außerhalb des Konkurses ohne Verleihung der thatsächlichen Herrschaft über die Sache durch symbolische Uebergabe begründet wird. Andererseits ist aber auch nicht erforderlich, daß die zu verpfändende Sache von Hand zu Hand übergeben wird, es genügt auch eine symbolische Uebergabe, wenn durch sie der Gewahrsam, die thatsächliche Herrschaft über die Sache erlangt wird. „Körperlich ist die Sache übergeben," ist in den Motiven [1]) gesagt, „sobald der Gläubiger in den Stand gesetzt ist, augenblicklich und unmittelbar auf die Sache in eigener Person oder durch einen Stellvertreter nach eigenem Belieben einzuwirken und eine Einwirkung des Schuldners auszuschließen; ob und durch welchen äußeren Vorgang dieses Ergebniß herbeigeführt worden, ist eine Thatfrage, und wenn nicht dieses Ergebniß erzielt, wenn namentlich nicht die Obhut der Sache dem Schuldner entzogen wird, genügt kein äußeres Zeichen, kein Symbol, um ein wirksames Pfandrecht zu begründen." Hiernach ist es eine Thatfrage, ob die symbolische Uebergabe im einzelnen Falle genügt oder nicht, ob z. B. die Uebergabe eines Schlüssels zu Räumen, in denen das Pfandobjekt sich befindet, ob die Bestellung eines Wächters zur Erlangung des Gewahrsams ausreicht: Die Uebergabe eines Schlüssels [2]) wird dann genügen, wenn der Gläubiger durch den Besitz desselben die thatsächtiche und alleinige Herrschaft über die

---

daß die Pfandhaftung der Zinsen eines Kapitals nur auf Grund besonderer Vereinbarung entsteht.

[1]) S. 200.

[2]) Vgl. Reichsgericht Bd. 19 S. 28, 29.

Sache erlangt und diese Herrschaft dem Schuldner entzogen wird, also regelmäßig dann, wenn ein ordnungsmäßiger Schlüssel eines ordnungsmäßigen, den Raum bewahrenden, Schlosses dem Gläubiger übergeben ist, dann aber nicht, wenn der Schuldner mit oder ohne Wissen des Gläubigers einen zweiten Schlüssel für sich behält oder sich einen ordnungsmäßigen Zugang zu dem Pfandobjekt auf andere Weise zu verschaffen im Stande ist. Die Erlangung des Gewahrsams seitens des Gläubigers liegt darin, daß die Möglichkeit der thatsächlichen Herrschaft über die Sache dem Schuldner entzogen und dem Gläubiger oder einem Vertreter desselben gewährt wird.

Den Gewahrsam braucht der Gläubiger nicht selbst zu haben, auch ein Dritter kann den Gewahrsam für den Gläubiger erlangen und ausüben. Das Kriterium des Dritten ergiebt sich in jedem einzelnen Falle aus der Beantwortung der Frage: Kann der Schuldner die Pfandsache vor ihrer wirklichen Aushändigung an den Gläubiger von dem Dritten zurückverlangen oder nicht? Kann er sie zurückverlangen, hängt also die Ausübung der thatsächlichen Herrschaft von seinem Belieben ab, so hat er den Gewahrsam nicht aufgegeben und der Gläubiger hat ihn nicht erlangt; kann er sie aber nicht zurückverlangen, so hat er den Gewahrsam verloren und der Gläubiger hat ihn mit oder ohne Willen durch den Dritten erlangt.[3]) Der Dritte[4]) muß den Gewahrsam in der Absicht erlangt haben, ihn

[3]) Hiernach ist der von v. Völdernd orff Anm. c zu § 14 E.G konstruirte Fall zu entscheiden: Der Schuldner verpfändet dem Gläubiger eine Bankaktie, hat sie ihm aber noch nicht übergeben, er bringt sie demnächst nach dem Hause des Gläubigers, wo er aber nicht diesen, sondern einen Mitbewohner desselben trifft. Diesem übergiebt er sie mit dem Bemerken, er solle sie dem Gläubiger gelegentlich zustellen, derselbe wisse, um was es sich handle; aber vor der Aushändigung an den Gläubiger wird der Konkurs über das Vermögen des Schuldners eröffnet. v. Völderndorff meint, der Gläubiger habe ein Absonderungsrecht erworben, denn das Gesetz habe nicht verlangt, daß der Gewahrsam von einem Stellvertreter des Gläubigers, sondern überhaupt von einem Dritten erlangt sei Die Frage ist aber zu verneinen: Der Mitbewohner ist nicht Beauftragter, auch nicht negotiorum gestor des Gläubigers, sondern lediglich Beauftragter oder Bote des Schuldners, und der letztere kann von ihm die Aktie zurückverlangen, so lange dieselbe dem Gläubiger nicht ausgehändigt ist.

[4]) In ähnlicher Weise drückt sich der § 36 K.O. aus, welcher dem Käufer oder Einkaufskommissionär das Recht zur Aussonderung von Waaren, die von einem andern Orte an den Gemeinschuldner abgesandt und von diesem noch nicht vollständig bezahlt sind, dann versagt, wenn die Waare schon vor der Eröffnung des Verfahrens an dem Orte der Ablieferung angekommen und in den Gewahrsam des Gemeinschuldners oder einer andern Person für ihn gelangt sind.

für den Gläubiger zu erwerben. Er kann Beauftragter oder gesetzlicher Vertreter des Gläubigers sein, er braucht aber diese Rechtsstellung nicht zu haben,[5]) es genügt, wenn er negotiorum gestor des Gläubigers ist, denn auch als solcher erlangt er den Gewahrsam für den Geschäftsherrn, ohne daß der Schuldner zur Rückforderung der Sache befugt ist. Der Gläubiger erlangt im Falle der neg. gestio den Gewahrsam nicht erst durch seine Ratihabition; wäre dies der Fall, so wäre er nicht absonderungsberechtigt, wenn der Konkurs nach der Aushändigung der Sache an den Dritten, aber vor der Zustellung an den Gläubiger ausbricht (vgl. oben § 25). Das Gesetz bestimmt, daß der Gläubiger das Faustpfandrecht schon dadurch erwirbt, daß ein Dritter für ihn den Gewahrsam erlangt und behält; der Gläubiger erwirbt den Gewahrsam daher selbst ohne Kenntniß von der Handlung des neg. gestor, sobald dieser den Gewahrsam erlangt.

Als Dritter, welcher den Gewahrsam für den Gläubiger ausübt, ist auch die Hinterlegungsstelle unter den oben § 11 angegebenen Voraussetzungen anzusehen.

Die Frage, ob ein Faustpfandgläubiger für einen Nachfaustpfandgläubiger den Gewahrsam ausüben kann, ist mehrfach bejaht,[6]) sie ist aber zu verneinen. Denn der Faustpfandgläubiger besitzt nur für sich selbst, nur zur Sicherung einer ihm gehörigen Forderung, seinen Besitz mag sich der Eigenthümer zum Zweck der Ersitzung zurechnen, aber mit dem Nachfaustpfandgläubiger steht der besitzende Faustpfandgläubiger in keinem rechtlichen Verhältnisse. Aus seinem Besitze kann daher nicht gleichzeitig der Gewahrsam für den Nachfaustpfandgläubiger abgeleitet werden. Wohl kann er den Gewahrsam für den Nachfaustpfandgläubiger ausüben, wenn er nach dem Erlöschen seines eigenen Pfandanspruches die Sache zurückbehält, um sie dem nachstehenden Gläubiger auszuhändigen;[7]) in diesem Falle besitzt er für jenen nicht

[5]) A. M. Endemann § 64 S. 391, 392, der nur den Beauftragten oder gesetzlichen Vertreter des Gläubigers zum Erwerb des Gewahrsams für letztere als fähig anzusehen scheint.

[6]) v. Wilmowski Anm. 2; Willenbücher Anm. 2; v. Völderndorff Anm. f zu § 14 E G. Auch durch einen gemeinschaftlichen Stellvertreter können mehrere Gläubiger das Faustpfandrecht nicht haben, weil in diesem Falle keiner die thatsächliche Herrschaft über den Gegenstand ausüben kann. Förster-Eccius III § 196 Anm. 6a.

[7]) Nur dieser Fall ist es, welcher der, übrigens nach französischem Rechte ergangenen, Entscheidung des Reichsgerichts Bd. I S. 203, 204 zu Grunde liegt.

als Faustpfandgläubiger, sondern lediglich als neg. gestor, bezw. als Mandatar des nachstehenden Gläubigers.[8]) Dagegen besitzt derjenige Nachfaustpfandgläubiger, an welchen der erste Pfandgläubiger die Sache mit Einwilligung des ersten Pfandschuldners bezw. des Eigenthümers weiter verpfändet hat,[9]) zugleich für seinen Pfandschuldner, d. h. für den ersten Pfandgläubiger in derselben Weise, wie dieser für den Eigenthümer; der zweite Pfandgläubiger ist daher insoweit als ein Dritter anzusehen, welcher für den ersten Pfandgläubiger den Gewahrsam ausübt.

Auf welche Weise der Gläubiger den Gewahrsam erlangt, ist an sich gleichgültig, er kann ihn auch durch brevi manu traditio erwerben;[10]) nur die Besitzübertragung durch constitutum possessorium, durch welches die Sache dem Gewahrsam des Schuldners nicht entzogen wird, kann zur Erwerbung des Absonderungsrechtes nicht ausreichen.[11])

Die Erlangung des Gewahrsams muß fehlerfrei sein. Dies ist sie auch dann, wenn der Gläubiger die ihm verpfändete Sache ohne die ausdrückliche, aber durch die Verpfändung erklärte Einwilligung des Schuldners in Besitz nimmt, oder sie von einem Dritten, der sie besitzt, abholt; dagegen ist der Erwerb des Gewahrsams fehlerhaft, wenn er heimlich oder durch Gewalt erfolgt, und in einem solchen Falle muß der Besitzer nach §§ 146, 147 A.L.R. I 17 die Sache trotz seines Rechtes auf dieselbe dem bisherigen Inhaber zurückgeben. Doch genügt zum Erwerb des Absonderungsrechtes die gewaltsame Besitzerlangung durch Selbsthülfe dann, wenn die Hülfe des Staates zur Abwendung eines unwiederbringlichen Schadens zu

---

Diese Entscheidung kann daher nicht für die Behauptung angerufen werden, daß der erste Faustpfandgläubiger, so lange sein Pfandrecht besteht, für den zweiten und dritten Gläubiger den Gewahrsam ausüben könne.

[8]) Unrichtig ist auch die Behauptung v. Völderndorffs Anm. g zu § 14 E.G., daß derjenige, an welchen der Pfandgläubiger die Pfandsache unzulässiger Weise verkauft habe, für den Gläubiger besitze, daß dieser also trotz des Verkaufes ein Absonderungsrecht behalte. Der neue gut- oder schlechtgläubige Erwerber beabsichtigt nicht für den Pfandgläubiger, sondern nur für sich zu besitzen.

[9]) § 127 A.L.R. I 20.

[10]) v. Sarwey Anm. 5 II zu § 14 E.G.; Willenbücher Anm. 3 zu § 40 K.O.; Endemann § 64 Anm. 25.

[11]) v. Wilmowski Anm. 2; v. Völderndorff Anm. f zu § 14 E.G.; Endemann a. a. O.

spät kommen würde,[12]) und ein solcher Fall liegt dann vor, wenn der Schuldner widerrechtlich die Herausgabe weigert, aber im Begriff ist, in Konkurs zu verfallen.

Das Absonderungsrecht besteht an der verpfändeten Sache nur soweit, als diese von dem Gewahrsam ergriffen wird. Befindet sich nur ein Theil derselben im Besitz des Gläubigers, bezw. des für ihn detinirenden Dritten, so beschränkt sich das Absonderungsrecht nur auf diesen Theil. Auch Zubehörungen und Früchte der verpfändeten Sache unterliegen dem Absonderungsrechte nur soweit, als diese sich im Gewahrsam des Gläubigers bezw. des Dritten befinden. Dieser Grundsatz wird in den Motiven[13]) mit Recht auch auf die Coupons verpfändeter Werthpapiere bezogen, welche im Konkurse dem Absonderungsrechte nur unterworfen sind, wenn der Gläubiger bezw. der Dritte sie im Gewahrsam hat.

Der Pfandgläubiger muß den Gewahrsam nicht nur erlangt, er muß ihn auch behalten haben. Aber er braucht ihn nicht ununterbrochen von der ersten Besitzerlangung an bis zur Geltendmachung des Absonderungsrechtes zu behalten, es genügt, wenn er ihn nur in einem Augenblicke vor der Konkurseröffnung bis zur Geltendmachung hat. Hat er ihn, nachdem er ihn erlangt, wieder verloren, dann aber wieder erlangt, so hat er ihn von der letzten Wiedererlangung bis zur Geltendmachung „behalten". Hat er ihn aber zur Zeit der Konkurseröffnung noch nicht wiedererlangt, so kann ihm ein späterer Rückerwerb den Konkursgläubigern gegenüber nichts nützen,[14]) denn nach der Konkurseröffnung kann nach § 12 K.O. ein Pfandrecht mit verbindlicher Kraft gegen die Konkursgläubiger nicht erworben werden (vgl. oben § 25). Selbst wenn ihm der Gewahrsam durch Gewalt oder Diebstahl eines Dritten oder des Schuldners selbst entzogen wird und er den Gewahrsam vor der Eröffnung des Konkurses nicht wiedererworben hat, so hat er das Absonderungsrecht verloren, und zwar von der Zeit an, in welcher ihm thatsächlich die Einwirkung auf die Sache entzogen ist, nicht erst von dem Augenblicke der Kenntnißnahme von der Besitzentziehung an. Denn wenn er auch nach Civilrecht in einem solchen Falle den Besitz nicht verlöre, so hat er doch nicht mehr die thatsächliche Herrschaft über den verpfändeten Gegenstand, also nicht

[12]) § 78 Einl. zum A.L.R.; l. 10 § 16. D. 42, 8.

[13]) S. 206. Fitting § 19 Anm. 12.

[14]) v. Wilmowski Anm. 2 zu § 14 E.G.

mehr den Gewahrsam, sondern nur einen Anspruch auf Wiedererlangung desselben; wie denn auch der § 112 A.L.R. I 7 durch die Bestimmung: „Aus dem Verlust des Gewahrsams folgt noch nicht der Verlust des Besitzes" zu erkennen giebt, daß die Fortdauer des Besitzes mit der Fortdauer des Gewahrsams nicht zusammenfällt.[15]) Der unfreiwillige Verlust des Gewahrsams schadet dem Gläubiger aber dann nicht, wenn er erst nach der Konkurseröffnung eintritt, der Gewahrsam aber zur Zeit der Geltendmachung wiedererlangt ist (vgl. oben § 26), wogegen der freiwillige Verlust des Gewahrsams auch nach der Konkurseröffnung das Absonderungsrecht beseitigt.

Den Gewahrsam verliert der Pfandgläubiger auch dann, wenn er die Pfandsache von dem Gerichtsvollzieher abholen läßt, welcher sie für einen andern Gläubiger gepfändet hat. Läßt er die Fortschaffung aber nur unter dem, auch nur mündlich erklärten, Vorbehalt seines Pfandrechtes geschehen, so tritt der Erlös der vom Gerichtsvollzieher versteigerten Sache an die Stelle des Pfandgegenstandes; denn, da der Pfandgläubiger sich selbst wegen seines Absonderungsanspruches durch gerichtlichen Verkauf befriedigen kann, darf er auch die von einem andern Gläubiger betriebene Zwangsvollstreckung, welcher er sich durch seinen Vorbehalt gleichsam anschließt, zu seiner Befriedigung benutzen.[16])

---

[15]) Vgl. v. Wilmowski a. a. O.; Reichsgericht Entsch. 8 S. 99ff. A. M. v. Sarwey Anm. 5 IV; Stieglitz Anm. III 1 zu § 40 K.O.; Fitting § 19 Anm. 12; Willenbücher Anm. 2 zu § 14 E.G. Wenn diese Schriftsteller meinen, der Gegensatz von „behalten" sei nur ein freiwilliges Aufgeben des Gewahrsams, nicht aber ein Verlieren desselben, so muß entgegnet werden, daß die thatsächliche Gewalt über eine Sache eben so unfreiwillig, wie freiwillig verloren gehen kann. In den ähnlichen Fällen des § 41[3] und [4] K.O. („sofern die Sachen... sich noch auf dem Grundstücke befinden") zweifelt man auch nicht daran, daß auch der unfreiwillige Verlust des Gewahrsams das Absonderungsrecht beseitigt.

[16]) Vgl. §§ 562—564 A.L.R. I 20: „Wird die Sache dem Inhaber (dem Retentionsgläubiger) von den Gerichten abgefordert, so bleibt ihm sein Recht solange vorbehalten, als dieselbe oder ihr Werth in gerichtlicher Verwahrung sich befindet. Geschieht aber die gerichtliche Abforderung der Sache zu dem Ende, damit dieselbe einem andern zum Besitz übergeben werde, so kann der Inhaber sein Zurückbehaltungsrecht daran nur durch eine Protestation decken.

Diese Protestation muß spätestens binnen 8 Tagen nach geschehener Ablieferung bei den Gerichten selbst eingelegt werden.

Durch eine solche Protestation erhält sich der Berechtigte die Befugniß, auf Wiedereinräumung des Besitzes der Sache oder auf Niederlegung in gerichtlichen Gewahrsam anzutragen."

Das Pfandrecht an beweglichen körperlichen Gegenständen setzt außer dem Erwerbe des Gewahrsams einen rechtsgültigen Pfandvertrag voraus. Eine besondere Form ist für denselben im gem. Rechte nicht vorgeschrieben, Schriftlichkeit ist daher zu seiner Rechtsgültigkeit nicht erforderlich.[17]) Auch das Preuß. Recht setzt zur Gültigkeit des vollzogenen[18]) Pfandvertrages Schriftlichkeit nicht voraus.[19]) Nur dann, wenn die Uebergabe rechtsgültig blos symbolisch erfolgt, wird Schriftlichkeit des Vertrages gefordert;[20]) dieselbe Form ist auch für die Einwilligung des Eigenthümers des Pfandgegenstandes in die Verpfändung vorgeschrieben, welche ein Dritter daran vornimmt. Aber auch in diesen Fällen tritt für das Handelsrecht eine Aenderung durch den Art. 309 H.G.B. ein, nach welchem die zur Bestellung eines Faustpfandes im bürgerlichen Rechte vorgeschriebenen Förmlichkeiten nicht erforderlich sind, wenn unter Kaufleuten für eine Forderung aus beiderseitigen Handelsgeschäften ein Faustpfand an beweglichen Sachen . . . bestellt wird; „in diesem Falle genügt neben der einfachen Vereinbarung über die Verpfändung bei beweglichen Sachen und Inhaberpapieren die Uebertragung des Besitzes auf den Gläubiger, wie solcher nach den Bestimmungen des bürgerlichen Rechtes für das Faustpfand erfordert wird." Ist unter den angegebenen Voraussetzungen der handelsrechtliche Pfandvertrag gleichwohl schriftlich geschlossen, so gewährt diese Thatsache dem Gläubiger nach Art. 310 im Falle des Verzuges des Schuldners besondere, sein Befriedigungsrecht erleichternde Befugnisse; vgl. darüber oben § 31.

§ 66. bb. Ohne Gewahrsam.

Nach § 14 Abs. 2 E.G. besteht das Absonderungsrecht an beweglichen Sachen ohne Uebergabe,

[17]) Das Hannoversche Ges. vom 12. Dezember 1864 verlangt im § 63, daß der Verpfänder dem Gläubiger eine schriftliche Urkunde ausstellt, welche den Tag ihrer Ausstellung, den Gläubiger, den Pfandgegenstand und den Betrag der durch das Pfand zu sichernden Forderung angiebt.

[18]) Ist aber die Uebergabe der Pfandsache noch nicht erfolgt, so kommen die allgemeinen Grundsätze zur Anwendung, nach welchen aus einem Vertrage, dessen Werth die Summe von 150 Mark übersteigt, nicht geklagt werden kann, wenn er nicht schriftlich abgefaßt ist. Förster-Eccius III § 193.

[19]) § 94 A.L.R. I 20: „Zur Einräumung des Pfandrechtes selbst ist bei beweglichen Sachen die bloße Uebergabe ohne weitere besondere Form hinreichend."

[20]) § 273 A.L.R. I 20.

1) sofern nach den Reichs- oder den Landesgesetzen die Uebergabe von Konnossementen und ähnlichen Papieren über Waaren oder andere bewegliche Sachen der Uebergabe derselben, oder die Eintragung der Verpfändung in das Schiffsregister oder die Uebergabe der mit einem beglaubigten Vermerke der Verpfändung versehenen Schiffsurkunde oder einer beglaubigten Abschrift derselben der Uebergabe des verpfändeten Schiffes gleichsteht;

2) sofern über eine Verbodmung nach Vorschrift des H.G.B. ein Bodmereibrief ausgestellt ist.

Die Verpfändung ohne Gewahrsam beruht nach dieser Vorschrift entweder auf symbolischer Uebergabe oder auf der Eintragung in das Schiffsregister.

a. die symbolische Uebergabe, wie sie der Abs. 2 des § 14 meint, ist von derjenigen symbolischen Tradition, wie sie — vgl. den vorigen Paragraphen — unter Umständen auch im Sinne des Abs. 1 zum Erwerb des Gewahrsams ausreichend ist, dadurch zu unterscheiden, daß sie zur Begründung des Pfandrechtes auch dann genügt, wenn der Gläubiger durch sie zwar das Recht zum Gewahrsam über die Sache, die thatsächliche Herrschaft über dieselbe aber nicht erlangt; wogegen durch die symbolische Uebergabe nach Abs. 1 des § 14 das Pfandrecht an körperlichen Sachen nur begründet wird, wenn der Gläubiger durch sie auch die thatsächliche Herrschaft über die zu verpfändende Sache erlangt.

Die symbolische Tradition im Sinne des Abs. 2 muß aber den Naturalgewahrsam des Konnossements bezw. der demselben gleichgestellten Papiere zur Folge haben, und der Gewahrsam an diesen Urkunden muß in gleicher Weise erlangt und behalten werden, wie der Gewahrsam körperlicher Sachen; in dieser Beziehung kommen daher die Grundsätze des vorigen Paragraphen zur Anwendung.

Die Tradition im Sinne des Abs. 2 muß in der Uebergabe des Konnossements oder solcher Papiere bestehen, an deren Uebergabe das Reichs- oder Landesgesetz die Fiktion der Naturalübergabe der in ihnen bezeichneten körperlichen Sachen knüpft. Dabei kommt es nicht darauf an, ob die Urkunde nur des Beweises wegen ausgestellt ist.[1])

Zu den Urkunden dieser Art gehören nach Reichsrecht die an

---

[1]) Endemann § 64 Anm. 37; a. M. v. Völderndorff Anm. i zu § 14 E.G.

Ordre lautenden [2]) Konnossemente, Ladescheine oder Lagerscheine des H.G.B., [3]) sowie die Lagerscheine über die den Darlehnskassen für ein Darlehn verpfändeten Waaren; [4]) nach Preußischem Rechte [5]) die Lagerscheine über Kaufmannswaaren; und für die gemeinrechtlichen Preußischen Landestheile bestimmt der § 5 des Ges. vom 6. März 1879, daß „bei Verpfändung von aufgespeicherten oder niedergelegten Waaren, Fabrikaten, Boden- oder Bergwerkserzeugnissen, sowie auf dem Transport befindlichen Gütern die Uebergabe des auf den Gläubiger übertragenen Konnossementes, Ladescheines, Lagerscheines oder ähnlichen Papieres der Uebergabe der Sache gleichsteht, sofern der Gläubiger mittels des Papieres in der Lage ist, über den Gegenstand der Verpfändung zu verfügen."

Der Frachtbrief, dem eine gleiche Wirkung nicht beigelegt ist, und aus gleichem Grunde die über den Seefrachtvertrag ausgestellte Urkunde gehören zu den Papieren der § 14 Abs. 2 E.G. nicht. [6])

2. Die Mobiliarverpfändung im Sinne des § 14 Abs. 2 durch Eintragung in das Schiffsregister, durch Uebergabe der Schiffsurkunden oder einer Abschrift derselben und durch Ausstellung des Bodmereibriefes kann nach Preuß. Rechte nur an solchen Schiffen stattfinden, die nicht zu den Frachtschiffen gehören, da die letztern — vgl. oben § 58 — im Konkurse bezüglich des Absonderungsrechtes als unbewegliche Sachen anzusehen sind und daher nicht mit einem Mobiliar-, sondern nur mit einem Immobiliarpfandrechte belastet werden können. Aber die Schiffsparten, auch diejenigen der Seeschiffe, gelten — vgl. oben § 58 — auch im Konkurse als Mobilien, und die Gläubiger, die ein Pfandrecht an denselben haben, als Mobiliarabsonderungsberechtigte. Für die Verpfändung von

---

[2]) Nicht auch die nicht an Ordre lautenden Papiere. Reichsoberhandelsgericht Entsch. Bd. 11 S. 415; Endemann § 64; v. Wilmowski Anm. 3 zu § 14 E.G.

[3]) Art. 305, 374, 416, 649 H.G.B.

[4]) § 6 des Ges. vom 21. Juli 1870: „Bei Waaren, Boden- und Bergwerkserzeugnissen und Fabrikaten, welche nach ihrer Natur oder nach der in Handelsstädten üblichen Art der Aufbewahrung oder weil sie sich nicht in Gewahrsam des Verpfänders befinden, entweder gar nicht oder doch nicht ohne Schwierigkeiten und Kosten dem Pfandschuldner körperlich übergeben werden können, darf ausnahmsweise ohne Rücksicht auf etwa entgegenstehende Bestimmungen der Landesgesetze die Verpfändung durch symbolische Uebergabe bewirkt werden."

[5]) §§ 349, 360, 366, 367 ff. A.L.R. I 20.

[6]) Endemann § 64 Anm. 37; v. Völderndorff Anm. i zu § 14 E.G. Die Motivirung des letzteren, daß diese Papiere nur Beweisurkunden seien, ist aber unrichtig. Vgl. oben Anm. 1.

Schiffsparten und solchen Schiffsgefäßen, die bezüglich des Absonderungsrechtes nicht zu den Immobilien gerechnet werden,[7]) sind für das Preuß. Recht die durch den Art. 59 der Einf.Ges. zum H.G.B. vom 24. Juni 1861 nicht aufgehobenen Vorschriften der §§ 300 ff. A.L.R. I 20 maßgebend, nach welchen die Verpfändung dadurch erfolgt, daß der Verpfänder „den Beilbrief, den Kaufbrief oder das Certifikat und diejenigen andern Urkunden, worauf sein Eigenthum sich gründet, dem Gerichte oder Notar im Original vorlegt, daß unter diese Urkunden die Verpfändung verzeichnet wird, und daß der Verpfänder eine beglaubigte Abschrift dieser Urkunden und des unter den Originalien befindlichen Vermerkes erhält, in welchem zugleich ausdrücklich erwähnt sein muß, daß eine solche Abschrift ertheilt worden"; „durch die Uebergabe dieser beglaubigten Abschrift wird die Verpfändung selbst vollzogen." Da diese Verpfändung durch symbolische Uebergabe erfolgt,[8]) bedarf der Pfandvertrag, dessen Inhalt vom Gerichte oder Notar unter den Urkunden „verzeichnet" wird, zu seiner Gültigkeit nach §§ 273 A.L.R. I 20 einer schriftlichen Erklärung des Schuldners.

η. Das Faustpfandrecht an unkörperlichen Gegenständen.

§ 67. aa. Im Allgemeinen.

An Forderungen und andern unkörperlichen Vermögensrechten können nach § 15 E.G. Absonderungsrechte im Konkurse nur geltend gemacht werden, wenn

1) entweder der Drittschuldner von der Verpfändung benachrichtigt ist,

2) oder der Pfandgläubiger oder ein Dritter für ihn den Gewahrsam der körperlichen Sache, welche den Gegenstand des Rechtes bildet oder den Gewahrsam der über die Forderung oder das sonstige Vermögensrecht ausgestellten Urkunden erlangt und behalten hat,

3) oder wenn die Verpfändung im Grund- oder Hypothekenbuche eingetragen ist.

Das Gesetz verlangt eins dieser drei Erfordernisse als das Minimum für jedes Absonderungsrecht an einer unkörperlichen Sache, damit „ein Dritter das Pfandrecht des Gläubigers und die Beschränkung des Verpfänders in der Disposition über die Forderung

---

[7]) Vgl. oben § 58.

[8]) § 300 A.L.R. I 20.

ersehen kann."[1]) Ist eins dieser Erfordernisse gegeben, so liegt ein Absonderungsrecht aber nur dann vor, wenn auch den Voraussetzungen genügt ist, welche das Civilrecht an die Begründung des Pfandrechtes stellt.[2])

Läßt das Civilrecht die Gültigkeit des Pfandrechtes an einem unkörperlichen Gegenstande von dem Gewahrsam der den Gegenstand des Rechtes bildenden Sache oder Urkunde allein abhängen, so kann ein mehrfaches Pfandrecht an dem unkörperlichen Gegenstande nicht anders, wie bei beweglichen körperlichen Sachen bestehen. (Vgl. oben § 65.) Sofern ein solcher Gewahrsam aber nicht gefordert wird, können mehrere Gläubiger hintereinander Pfandrechte an der unkörperlichen Sache erwerben. Wenn das Civilrecht es zuläßt, kann ein Pfandrecht an unkörperlichen Sachen von mehreren Personen in verschiedener Art erworben werden, von der einen durch Uebergabe der Urkunde, von der andern durch Benachrichtigung, von der dritten durch Eintragung. In Ermangelung anderer Bestimmungen wird die Rangordnung im Prinzip nach der zeitlichen Priorität bestimmt.

1) Die Benachrichtigung. Das Konkursrecht läßt die Frage, von wem und in welcher Weise die Benachrichtigung des Drittschuldners zu erfolgen hat, unentschieden. Setzt das Civilrecht eine bestimmte Art der Benachrichtigung zur Bedingung der Gültigkeit der Verpfändung oder bezeichnet es denjenigen, von welchem die Benachrichtigung auszugehen hat, so sind diese Vorschriften für das Konkursabsonderungsrecht maßgebend. Den Nachweis der Benachrichtigung hat selbstverständlich der sein Recht verfolgende Pfandgläubiger zu führen, dieser Nachweis kann durch die Zustellungsurkunde des Gerichtsvollziehers erbracht werden, aber daß die Zustellung des Benachrichtigungsschreibens durch den Gerichtsvollzieher nothwendig sei, kann mit v. Völderndorff[3]) nicht angenommen werden,[4]) da der § 730 Abs. 2 C.P.O., welchen v. Völderndorff analog anwenden will, sich auf die durch das Vollstreckungsgericht im Wege der Zwangsvollstreckung vorgenommene Pfändung einer Forderung bezieht, eine

---

[1]) Motive S. 205.

[2]) § 16 E.G.: „Die Vorschriften der Landesgesetze, welche für den Erwerb von Faustpfandrechten mehrere der in den §§ 14, 15 bezeichneten Erfordernisse oder weitere Erfordernisse festsetzen, bleiben unberührt."

[3]) Anm. 4 zu § 15.

[4]) v. Wilmowski Anm. 2 § 15 E.G.

solche prozessuale Vorschrift aber auf außerprozessuale Handlungen anzuwenden kein Grund vorliegt, umsoweniger, als die Benachrichtigung einer außerprozessualen Verpfändung auch mündlich erfolgen kann.

Das Landrecht fordert, wenn über die zu verpfändende Forderung eine Urkunde nicht ausgestellt ist, zur Gültigkeit der Verpfändung die Benachrichtigung des Schuldners; ist dagegen eine Urkunde ausgestellt, so wird die Benachrichtigung des Schuldners nur für die gleichzeitige Mitverpfändung der Zinsen verlangt.[5]) Die Verpfändung einer Forderung, über welche eine Urkunde nicht ausgestellt, ist perfekt, wenn nach dem Abschluß des Pfandvertrages die Benachrichtigung erfolgt ist. Die Verpfändung einer unverbrieften Forderung ist von der Benachrichtigung nicht abhängig, erfolgt nicht durch diese Benachrichtigung, sondern nur durch die Aushändigung der Schuldurkunde,[6]) und selbst die Mitverpfändung der Zinsen einer verbrieften Forderung ist nicht schon durch die Benachrichtigung, sondern erst durch die Aushändigung der Schuldurkunde bewirkt, da die Zinsen als Accessorien nur als verpfändet gelten, wenn die Hauptforderung selbst verpfändet ist. — Die Benachrichtigung muß in allen Fällen, in denen sie erforderlich ist, von dem Pfandschuldner ausgehen, für den Fall der Mitverpfändung der Zinsen eines verbrieften Kapitals ist dies ausdrücklich durch die Vorschrift des § 284 A.L.R. I 20 bestimmt, nach welcher der Pfandgläubiger „dafür sorgen" muß, „daß die geschehene Verpfändung dem Schuldner von dem Pfandgeber ausdrücklich bekannt gemacht werde"; ein Gleiches muß, namentlich mit Rücksicht auf die Analogie der Cession[7]) auch für den Fall der Mitverpfändung von Zinsen eines unverbrieften Kapitals gelten. Doch wird mit v. Wilmowski[8]) anzunehmen sein, daß auch die Benachrichtigung seitens des Pfandgläubigers genügt, wenn dieser dem Drittschuldner den Nachweis der Verpfändung führt.[9])

Nach gemeinem Recht ist die Verpfändung auch ohne Benachrichtigung gültig,[10]) doch tritt die Wirksamkeit der Verpfändung dem Drittschuldner gegenüber erst durch die Benachrichtigung seitens des Pfandgläubigers ein; bis dahin kann der Drittschuldner an den

---

[5]) §§ 284, 288 A.L.R. I 20; § 2 der Verordnung vom 9. Dezember 1809.

[6]) § 281 A.L.R. I 20.

[7]) § 414 A.L.R. I 11.

[8]) Anm. 2 zu § 15 E.G.

[9]) § 415 A.L.R. I 11; § 1 der Verordnung vom 9. Dezember 1809.

[10]) Vgl. Motive S. 205.

Pfandschuldner gültig zahlen. Durch die Benachrichtigung wird aber nur das schon durch die mündliche Vereinbarung perfekte Pfandrecht dem Dritten gegenüber maßgebend, die Verpfändung wird daher ohne die Benachrichtigung gültig vollzogen, sie kann aber, wenn ein anderes der Erfordernisse des § 15 E.G. nicht vorliegt, als Konkursabsonderungsrecht nur nach der vom Pfandgläubiger bewirkten Benachrichtigung an den Drittschuldner angesehen werden.

2) Die Uebergabe. Das Konkursrecht läßt ein Pfandrecht auch dann als Absonderungsrecht gelten, wenn der sichtbare Gegenstand der Forderung im Gewahrsam des Pfandgläubigers sich befindet. Dieser sichtbare Gegenstand kann die über die Forderung oder das sonstige Vermögensrecht ausgestellte Urkunde sein, mag dieselbe lediglich eine Beweisurkunde sein oder den Gegenstand eines Formalkontraktes darstellen,[11]) wie dies beim Wechsel und dem indossablen Papier der Fall ist. Der Gegenstand der Forderung kann aber auch die körperliche Sache sein, rücksichtlich welcher der Schuldner durch die Forderung ein Recht zur Sache hat: ein solches Recht zur Sache kann ein beweglicher Gegenstand sein,[12]) der Schuldner kann z. B. aus einem Kaufvertrage das Recht zur Lieferung eines Ringes gegen den Verkäufer, den Drittschuldner, haben, es kann unter gleichen Voraussetzungen auch ein unbeweglicher Gegenstand sein.[13])

Den Gewahrsam des sichtbaren Gegenstandes muß der Pfandgläubiger oder ein Dritter für ihn erlangt und behalten haben. In dieser Beziehung kommen die über den Gewahrsam körperlicher Sachen oben § 65 gemachten Erörterungen auch hier in Betracht.

3) Die Eintragung der Verpfändung in das Grund- und Hypothekenbuch setzt ein dort in Abtheilung II oder III bereits ingrossirtes Recht, eine Hypothek oder Grundschuld oder ein anderes dingliches Recht voraus, welches Gegenstand der Pfandforderung ist. Die Eintragung der Verpfändung des Grundstückes selbst begründet ein Immobiliarabsonderungsrecht. Ein Mobiliarabsonderungsrecht wird nicht durch die Eintragung der Verpfändung des Grundstückes, sondern durch die Eintragung eines bereits bestehenden Rechtes am Grundstück erworben.

---

[11]) l. 18 pr. D. 13, 7; l. 20. D. 20, 1; l. 7. C. 4, 39.

[12]) Vgl. § 746 C.P.O.

[13]) Vgl. § 17 des Ausf.Ges. vom 24. Dezember 1879 zur C.P.O.: Bei Pfändung eines Anspruches, welcher die Uebertragung des Eigenthums einer unbeweglichen Sache zum Gegenstande hat . . . ." § 747 C.P.O.

§ 68. bb. Das Pfandrecht an Forderungen.

Jede Forderung, welche durch Cession veräußert werden kann, kann auch verpfändet werden.[1])

Die Art und Weise der Verpfändung ist nach den einzelnen Civilrechten verschieden:

1) Nach gemeinem Rechte erfolgt, wie schon im vorigen Paragraphen hervorgehoben, die Verpfändung von Forderungen durch mündlichen Vertrag, ohne daß die Besitzübertragung des Forderungsdokumentes oder eine Benachrichtigung erforderlich ist.[2]) Nur die Verpflichtung des Drittschuldners, sich dem Pfandvertrage zu fügen, wird erst durch die von dem Pfandgläubiger an ihn geschehene Benachrichtigung bewirkt. Auch für die Verpfändung von Inhaberpapieren genügt im gemeinen Rechte der mündliche Vertrag.

Für den Konkurs ist aber die Benachrichtigung des Drittschuldners auch für die Entstehung und Anerkennung des Absonderungsrechtes im Verhältniß zwischen dem Pfandgläubiger und dem Pfandschuldner (Kridar) erheblich. Nur wenn die Benachrichtigung erfolgt ist, entsteht auch für das gemeine Recht ein solches Absonderungsrecht, welches im Konkurs Anerkennung findet, und nur das Vorhandensein eines der beiden andern Erfordernisse des § 15 E.G. macht in dieser Beziehung die Benachrichtigung unnöthig.

2) Das Landrecht unterscheidet in den §§ 281 ff. A.L.R. I 20 zwischen Forderungen, über welche eine Urkunde „auf einen gewissen Inhaber" ausgestellt ist und solchen Forderungen,[3]) „über welche kein Instrument vorhanden ist". Eine Forderung der ersten Art

---

[1]) Quod emtionem venditionemque recipit, etiam pignerationem recipere potest. l 9 § 1. D. 20, 1. Förster-Eccius III § 192[a] S. 447.

[2]) Nach § 50 des Hannoverschen Ges. vom 14. Dezember 1864 ist zur Gültigkeit der Verpfändung einer Forderung die Ausstellung einer Urkunde, welche den Tag ihrer Ausstellung, den Gläubiger, den Betrag der durch das Pfand zu sichernden Forderung und die zu verpfändende Forderung angiebt, sowie die Uebergabe der Schuldurkunde an den Pfandgläubiger oder für diesen an einen Dritten gefordert. Nach Abs. 4 dieses Paragraphen erlischt das Pfandrecht, sobald die Schuldurkunde mit Zustimmung des Gläubigers in den natürlichen Besitz des Verpfänders zurückgelangt. Diese Vorschriften sind in der Provinz Hannover auch für das Konkursrecht maßgebend, doch geht das Absonderungsrecht auch dann verloren, wenn die Schuldurkunde ohne Zustimmung des Gläubigers aus dem Besitz des Pfandgläubigers in denjenigen des Verpfänders oder eines Dritten gelangt. Vgl. darüber oben § 66.

[3]) § 288 A.L.R. I 20.

kann nur dadurch verpfändet werden, daß das Dokument übergeben [4]) und der Pfandvertrag ohne Rücksicht auf die Höhe der zu sichernden oder der zu verpfändenden Forderung schriftlich abgefaßt ist; [5]) eine Forderung der zweiten Art wird nach § 288 A.L.R. I 20 nur durch die Benachrichtigung der Verpfändung an den Drittschuldner (vgl. den vorigen Paragraph) auf Grund einer schriftlichen [6]) Erklärung verpfändet. Die Inhaber- und indossablen Papiere berechtigen zu einer Forderung, über welche eine Urkunde, aber keine auf einen gewissen Inhaber lautende Urkunde, ausgestellt ist. Sie können nur durch Uebergabe des Papieres verpfändet werden, [7]) ohne

[4]) § 281 A.L.R. I 20.

[5]) Das A.L.R. forderte die schriftliche Abfassung in diesem Falle nicht, aber der § 1 der V.O. vom 9. Dezember 1809 schreibt vor: „Die auf einen bestimmten Inhaber lautenden Verschreibungen und Urkunden können nur auf eben die Weise verpfändet werden, wie sie nach Vorschrift das A.L.R. §§ 394–417 I 11 abgetreten werden müssen," und der § 394 A.L.R. I 11: „Wird die Schuldforderung, worüber briefliche Urkunden vorhanden sind, cedirt, so muß auch die Cession allemal ohne Unterschied der Summe schriftlich erfolgen."

[6]) Ist das Dokument ohne schriftliche Verpfändungserklärung dem Gläubiger übergeben, so kann kein Pfandrecht entstehen, der Gläubiger erwirbt daher weder das Verkaufs-, noch das Absonderungsrecht, aber wenn die Urkunde redlicher Weise in seinen Besitz gelangt ist, hat er bis zur Befriedigung seines Anspruches ein Retentionsrecht, zwar nicht an der Forderung selbst, wohl aber an der Urkunde. (Obertr. Entsch. 63 S. 79; Striethorst 77 S. 242; Reichsoberhandelsgericht Entsch. Bd. 3 S. 153, Bd. 6 S. 195, Bd. 7 S. 124, Bd. 9 S. 242, Bd. 18 S. 21; Reichsgericht Entsch. Bd. 3 S. 152, Bd. 15 S. 55, Bd. 16 S. 169, in der jur. Woch.Schr. 86 S. 450, in Gruchots Beiträgen 30 S. 1032; Turnau Anm. 8 zu § 122 G.B.O.) Denn das Retentionsrecht setzt eine besondere Förmlichkeit nicht voraus. (§ 536 A.L.R. I 20). Aber dieses Retentionsrecht kann er im Konkurse nur dann geltend machen, wenn er nur einfacher Absonderungsberechtigter, nicht auch, wenn er gleichzeitig Konkursgläubiger ist. (Vgl oben § 6.)

Zur Einräumung des Pfandrechtes ist zwar nach § 94 A.L.R. I 20 neben der bloßen Uebergabe eine besondere Form nicht erforderlich, die Uebergabe einer Forderung aber, wenn sie durch die Benachrichtigung ersetzt wird, hat die Natur der symbolischen Tradition, und deshalb wird nach § 273 A.L.R. I 20 und § 49 Einl. die Schriftlichkeit der Verpfändungserklärung gefordert werden müssen.

[7]) Aus dem § 286 A.L.R. I 20, welcher von „Banknoten, Pfandbriefen und andern auf jeden Inhaber lautenden Instrumenten" bestimmt, daß sie „an sich durch körperliche Uebergabe gültig verpfändet werden können," ist zwar nur die Gestattung dieser Art der Verpfändung zu entnehmen, ohne daß aus dieser Vorschrift hervorgeht, daß die Tradition des Papiers der einzige Weg zur Verpfändung sei. Aber im § 287 ist die Dauer des dinglichen Rechtes des Pfandgläubers von dem Gewahrsam des, nicht außer Kours gesetzten (und deshalb dem Verkehr und der Verpfändung nicht entzogenen) Papiers abhängig gemacht, und überdies

daß Schriftlichkeit erfordert wird.[8]) Zu den Inhaber- und indossablen Papieren gehören insbesondere auch die Wechsel, nicht[9]) aber Sparkassenbücher und Versicherungspolizen.

Soll nur ein Theil einer Forderung verpfändet werden, so ist bei solchen Forderungen, über welche eine auf einen bestimmten Inhaber lautende Urkunde nicht gebildet ist, die Benachrichtigung an den Drittschuldner zur Begründung des Pfandrechtes ausreichend, bei Forderungen mit Urkunden, welche auf einen bestimmten Inhaber lauten, muß das Dokument über die ganze Forderung oder muß ein Theildokument dem Pfandgläubiger ausgehändigt werden.[10])

Auf die Verpfändung von Hypotheken und Grundschulden finden nach § 515 A.L.R. I 20 die allgemeinen Vorschriften über die Verpfändung ausstehender Forderungen Anwendung. Eine Grundschuld und Hypothek, wie überhaupt jedes eingetragene Recht an einer fremden Sache, ist stets eine solche Forderung, über welche ein Dokument auf einen bestimmten Inhaber lautet. Denn die Eintragung kann nur auf Grund einer schriftlich eingereichten oder protokollarisch abgegebenen und unterschriebenen Erklärung erfolgen.[11]) Die Verpfändung eingetragener Rechte setzt daher stets die Uebergabe dieser Urkunde oder der ihr gleichstehenden,[12]) notariell oder gerichtlich beglaubigten Abschrift oder Ausfertigung auf Grund einer schriftlichen[13]) Verpfändungserklärung voraus.[14])

---

enthält das Landrecht keine Bestimmung, wie Inhaberpapiere anders als durch den Uebergang des Gewahrsams verpfändet werden können, so daß die Tradition des Papiers als die einzig zulässige Art der Verpfändung angesehen werden muß. Auch Förster-Eccius III § 192[a] und v. Wilmowski Anm. 3 zu § 15 E.G. lassen nur durch diese Tradition des Inhaberpapieres das Pfandrecht an demselben entstehen.

[8]) § 94 A.L.R. I 20. Der § 1 der V.O. vom 9. Dezember 1809 spricht nur von Urkunden, die auf einen bestimmten Inhaber lauten.

[9]) Reichsoberhandelsgericht Entsch. 9 S. 242.

[10]) § 399 A.L.R. I 11, § 1 der V.O. vom 9. Dezember 1809, Kabinetsordre vom 6. November 1834, § 83 G.B.O.

[11]) §§ 31, 32 G.B.O.

[12]) Kabinetsordre vom 6. November 1843, betreffend die Fidemation der Urkunden und die Abzweigung der Schuldokumente. § 122 G.B.O.

[13]) Es wird angenommen, daß „das Erforderniß der Schriftlichkeit schon dadurch erfüllt sei, daß der Verpfänder nach Vereinbarung der Verpfändung der Forderung dem Pfandnehmer das Dokument mit seiner zum Zeichen der Verpfändung darunter gesetzten Namensunterschrift übergiebt" Turnau a. a. O.; Obertrib. Entsch. Bd. 16 S. 142; Striethorst 36 S. 139, Bd. 37 S. 288; Reichsgericht Entsch. 14 S. 300, 301, Bd. 15 S. 60—62. Man wird dies jedoch

Die Gültigkeit der Verpfändung einer Hypothek oder Grundschuld,[15]) wie überhaupt eines eingetragenen Rechtes hängt von der Thatsache der Eintragung nicht ab; die Eintragung begründet dieses Pfandrecht nicht, sondern beurkundet es nur. Daher ist das schriftlich bestellte Pfandrecht auch nach der Eintragung noch nicht gültig und wird erst durch die Aushändigung des Hypothekenbriefes bezw. der über das verpfändete Recht ausgestellten Urkunde wirksam.[16]) Die Anweisung des Verpfänders an das Grundbuchamt, die Urkunde dem Pfandgläubiger auszuhändigen, genügt zur Uebertragung des Gewahrsams nur dann, wenn diese Anweisung sich auf einen mit dem Schuldner geschlossenen Vertrag stützt, nach welchem dem Gläubiger der Brief vom Gericht auszuhändigen ist; denn ohne einen solchen, dem Grundbuchamt bekannt gegebenen Vertrag würde letzteres eine anderweitige Disposition des Schuldners zu beachten haben, welcher bis zur Aushändigung des Briefes an den Gläubiger den Antrag auf Ausantwortung zurücknehmen kann. Ist das Grundbuchamt verpflichtet, trotz einer späteren entgegenstehenden Verfügung des Schuldners den Brief dem Gläubiger auszuhändigen, so hat der Schuldner das Verfügungsrecht und damit den Gewahrsam verloren und der Gläubiger sie erlangt. In diesem Falle ist das Grundbuchamt daher als Dritter im Sinne des § 15² E.G. anzusehen. (Vgl. oben § 65.) Die Anweisung an das Grundbuchamt auf Grund eines mit dem Gläubiger geschlossenen Vertrages ersetzt aber die thatsächliche Aushändigung des Briefes an den Gläubiger nicht vor dem Augenblick, in welchem die auszuantwortende Urkunde gebildet ist, denn von einem Gewahrsam kann erst die Rede sein, wenn der Gegenstand des Gewahrsams zur Existenz gelangt ist. Ist z. B. eine Hypothek, über welche ein Hypothekenbrief bisher nicht gebildet war,[17]) verpfändet,

wie auch in der Entsch. des Reichsgerichtes Bd. 14 S. 300 angedeutet zu sein scheint, nur dann für ausreichend halten können, wenn das Blankett ausgefüllt ist, denn eine bloße Unterschrift ist keine Urkunde, sondern nur eine Unterschrift. Die Verpfändung beginnt daher erst mit dem Augenblick der vollendeten, dem Pfandvertrage entsprechenden Ausfüllung des Blanketts und ist nach § 12 K.O. den Konkursgläubigern gegenüber nicht wirksam, wenn die Ausfüllung nicht vor der Konkurseröffnung geschieht.

[14]) Obertr. Entsch. 49 S. 339; Striethorst Bd. 38 S. 44, Bd. 42 S. 4, Bd. 47 S. 141; Reichsgericht in der jur. Woch.Schr. 80 S. 114; Turnau a. a. O.

[15]) § 54 E.E.G.

[16]) Obertr. Entsch. 8 S. 215; Striethorst 38 S. 44; Reichsgericht Entsch. Bd. 3 S. 261 und in der Jur.Z. 8 S. 73; Turnau a. a. O.

[17]) § 122 G.B.O.

so kann diese Verpfändung nicht eher wirksam werden, als bis der nach § 129 Abs. 2 G.B.O. zu bildende Hypothekenbrief ausgefertigt ist. Diese Sätze sind im Konkurse wegen der Vorschrift des § 12 K.O. von besonderer Wichtigkeit: Den Konkursgläubigern gegenüber ist die Verpfändung einer eingetragenen Post unwirksam, wenn der Konkurs vor der Aushändigung der Urkunde an den Gläubiger, welcher vorher den Gewahrsam nicht gehabt hat,[18]) eröffnet wird; hat der Schuldner dem Grundbuchamte die vertragsmäßige Anweisung ertheilt, die Urkunde dem Gläubiger auszuantworten, so ist die Verpfändung den Konkursgläubigern gegenüber unwirksam, wenn der Konkurs eröffnet ist, bevor der Schuldner die Urkunde dem Grundbuchamt übergeben hat, oder bevor die Urkunde gebildet ist.

Ist die Eintragung der Verpfändung auch für die Begründung des Pfandrechtes an sich ohne Wirksamkeit, so ist sie doch für den Konkurs nicht ohne Bedeutung. Denn da der § 14 E.G. ein Absonderungsrecht an einer Forderung schon dann zuläßt, wenn die nach Civilrecht gültige Verpfändung im Grundbuche vermerkt ist, so bleibt, nachdem diese Eintragung erfolgt und der Hypothekenbrief dem Gläubiger ausgehändigt ist, das Absonderungsrecht bestehen, wenn der Gläubiger den nach Civilrecht erforderlichen Gewahrsam zwar nach den Grundsätzen des Civilrechtes, nicht aber nach denjenigen des Konkursrechtes behält: Nach den Prinzipien des Landrechtes[19]) verliert der Pfandgläubiger den Pfandbesitz noch nicht, wenn ihm derselbe durch Gewalt oder List entzogen ist oder wenn die Pfandsache verloren geht; in diesen Fällen hat er aber, wie oben § 65 angenommen ist, den vom Konkursrecht verlangten Gewahrsam verloren; ist nun die Verpfändung auch im Grundbuche eingetragen, so bleibt das Absonderungsrecht bestehen, auch wenn der Gläubiger den konkursrechtlichen Gewahrsam unfreiwillig verloren hat, weil das Civilrecht den Pfandbesitz in Folge des unfreiwilligen Verlustes nicht als verloren ansieht, und dieses nach Civilrecht gültige Pfandrecht im Konkurs zwar nicht auf Grund einer Fiktion der Fortdauer des Besitzes, wohl aber wegen seiner Eintragung aufrecht erhalten wird.

---

[18]) Ist dem Gläubiger der Hypothekenbrief ausgehändigt und der Gläubiger überreicht die Urkunde dem Grundbuchamte mit dem Antrage auf Eintragung der Verpfändung, so hat er selbstverständlich den Gewahrsam schon erlangt, und das Grundbuchamt, das verpflichtet ist, ihm den Brief zurückzugeben, besitzt für ihn.

[19]) §§ 253 A.L.R. I 20.

3) Nach Art. 309 H.G.B. sind die zur Bestellung eines Faustpfandes im bürgerlichen Rechte vorgeschriebenen Förmlichkeiten nicht erforderlich, wenn unter Kaufleuten für eine Forderung aus beiderseitigen Handelsgeschäften ein Faustpfand an beweglichen Sachen, an Papieren auf den Inhaber oder an indossablen Papieren bestellt wird. Werden die Forderungen auch im Allgemeinen zu den Mobilien gerechnet, so versteht doch das H.G.B. im Art. 309 unter den beweglichen Sachen nur die körperlichen Gegenstände, an denen eine thatsächliche Besitzübertragung möglich ist, denn diese Besitzübertragung wird in Nr. 1 des Art. 309 als Requisit der Verpfändung dieser Sachen gefordert. Hier kommen daher nur die Forderungen aus Inhaber- und indossablen Papieren in Betracht. Zur Verpfändung der Inhaberpapiere genügt die Uebertragung des Besitzes auf den Gläubiger, wie sie nach den Bestimmungen des bürgerlichen Rechtes für das Faustpfand erfordert wird. Zur Verpfändung indossabler Papiere genügt die Uebergabe des indossirten Papieres. Von den oben erörterten Bestimmungen des Preuß. Rechtes weicht das H.G.B. in dieser Beziehung also nicht ab.

Ueber die Verpfändung anderer Forderungen spricht sich das H.G.B. nicht aus, überläßt sie daher der Regelung der Landesgesetze. Sofern und soweit daher das Landesgesetz zur Gültigkeit der Verpfändung einer Forderung eine Besitzübertragung verlangt, ist dieses Erforderniß durch das H.G.B. nicht beseitigt. Nur die Form des Pfandvertrages, wenn dieser selbst ein Handelsgeschäft ist, wird von dem Artikel 317 H.G.B. betroffen: „Bei Handelsgeschäften ist die Gültigkeit der Verträge durch schriftliche Abfassung oder andere Förmlichkeiten nicht bedingt." Daher ist zur Gültigkeit der Verpfändung einer Forderung auch nach Preuß. Rechte die Schriftlichkeit des Pfandvertrages oder der Verpfändungserklärung nicht erforderlich, wenn die Verpfändung ein Handelsgeschäft ist. Gleichwohl verlangt die herrschende Ansicht,[20] die auch vom Reichsgericht[21]) ohne weitere Motivirung gebilligt ist, die Schriftlichkeit der Verpfändungserklärung, weil dieselbe als Akt der Besitzübertragung anzusehen sei und weil deshalb „an diesem Erfordernisse des Pfandvertrages durch das H.G.B. nichts geändert sei". Aber die gesetzlichen Be-

[20]) Behrend, Handelsrecht S. 146 Nr. 8; Turnau Anm. 3 zu § 54 E.E.G.; Obertr. bei Striethorst 77 S. 242; Reichsoberhandelsgericht Entsch. 3 S. 153 ff., 157.

[21]) Reichsgericht Entsch. 14 S. 299, 300.

stimmungen, welche die schriftliche Erklärung als Erforderniß der Verpfändung von Forderungen verlangen, fordern sie nur zur Gültigkeit des Pfandvertrages, nicht auch zur Gültigkeit der Tradition, durch welche der Vertrag ausgeführt wird: Der § 1 der V.O. vom 9. Dezember 1809 läßt die Verpfändung der auf einen bestimmten Inhaber lautenden Verschreibungen und Urkunden nur auf dieselbe Weise zu, wie solche Verschreibungen und Urkunden nach Vorschrift der §§ 394—417 A.L.R. I 11 abgetreten werden müssen, dehnt also das im § 394 A.L.R. I 11 für die Cession, für den Cessionsvertrag, verlangte Erforderniß der Schriftlichkeit auch auf den Pfandvertrag aus; und der § 273 A.L.R. I 20, welcher für den Fall der symbolischen Tradition eine schriftliche Verpfändungserklärung erfordert, und der auf die Verpfändung von Forderungen nur deshalb zur Anwendung kommt, weil bei dieser die Tradition nur eine symbolische sein kann, schreibt vor, daß nicht nur eine schriftliche Erklärung des Schuldners, den Besitz dem Gläubiger übertragen zu wollen, entweder im Pfandvertrage selbst oder in einer eigenen Urkunde vorhanden sein, sondern auch eine symbolische Uebergabe hinzukommen müsse, läßt also der Verpfändungserklärung die symbolische Uebergabe noch „hinzukommen" und drückt damit zur Genüge aus, daß die Verpfändungserklärung nicht ein Theil oder Akt der noch hinzukommenden symbolischen Uebergabe ist.

4) Das Preuß. Ges., betr. das Staatsschuldbuch vom 20. Juli 1883[22]) bestimmt für die Buchgläubiger im § 7 Abs. 3, und das Reichsges., betr. das Reichsschuldbuch vom 31. Mai 1891 bestimmt ebenfalls im § 7 Abs. 3, daß „Verfügungen über eingetragene Forderungen, wie Abtretungen, Verpfändungen dem Staate (bezw. Reiche) gegenüber nur durch die Eintragung Wirksamkeit erlangen".

Durch diese Eintragung, die auf schriftlichen, von einem Gericht oder Notar oder einem Reichskonsul aufgenommenen oder beglaubigten[23]) Antrag des eingetragenen Gläubigers erfolgt, wird die Verpfändung dem Staate (bezw. Reiche), also nicht auch dem Pfandgläubiger gegenüber für wirksam angenommen. Im Verhältniß zum Pfandgläubiger und dritten Personen muß die Verpfändung die

---

[22]) Ausgedehnt durch Ges. vom 12. April 1886 auf Schuldverschreibung der $3^1/_2$ prozentigen konsolidirten Preuß Staatsanleihe. Die Ausführungsbestimmung zu dem Gesetz vom 20. Juli 1883 ist im Just.Min Bl. 1884 S. 154 ff. abgedruckt.

[23]) § 10.

landesgesetzlich geforderten Voraussetzungen haben, deren Prüfung der Staat (bezw. das Reich)[24]) nicht vorzunehmen hat. Die Buchforderung ist nicht als eine solche Forderung anzusehen, über welche eine Urkunde auf einen bestimmten Inhaber ausgestellt ist, sondern als eine Forderung, über welche „kein Instrument vorhanden ist". Denn die Benachrichtigung, welche dem Gläubiger über die Eintragung zu ertheilen ist,[25]) soll nach ausdrücklicher Vorschrift[26]) „nicht als eine über die Forderung ausgestellte Verschreibung gelten." Nach Preuß. Recht ist daher zur Verpfändung einer solchen eingetragenen Forderung außer dem Pfandvertrage die Benachrichtigung des Drittschuldners von der Verpfändung erforderlich und ausreichend. Da aber der Drittschuldner — der Staat bezw. das Reich — von der Verpfändung durch den auf Eintragung derselben gerichteten Antrag benachrichtigt ist, so ist durch den Eingang dieses Antrages bei der Buchbehörde, nicht erst durch die Eintragung, dem Pfandgläubiger gegenüber die Verpfändung bewirkt. Die Benachrichtigung an die Buchbehörde genügt, auch ohne daß die Eintragung der Verpfändung erfolgt oder beantragt wird, zur Begründung des Pfandrechtes. Nach gem. Rechte ist im Verhältniß zwischen dem Pfandgläubiger und Schuldner und dritten Personen die mündlich erfolgte Verpfändung auch ohne Benachrichtigung des Drittschuldners genügend.

Hiernach bestimmt sich auch der Erwerb des Absonderungsrechtes im Konkurse: Wenn der Antrag auf Eintragung der Verpfändung oder nur die Benachrichtigung bei der Buchbehörde vor Eröffnung des Konkurses eingegangen ist, so besteht das Absonderungsrecht nach Preuß. Rechte; ist der Konkurs vorher eröffnet, so ist das Absonderungsrecht den Konkursgläubigern gegenüber nicht wirksam; während nach gemeinem Rechte das Absonderungsrecht auch ohne jene Benachrichtigung oder ohne den Antrag auf Eintragung wirksam ist, wenn der Pfandvertrag vor Eröffnung des Konkurses gültig geschlossen ist.

§ 69. cc. Das Pfandrecht an anderen unkörperlichen Gegenständen.

Die Frage, welche Vermögensrechte, die weder zu den unbeweglichen, noch zu den beweglichen körperlichen Sachen, noch zu den

[24]) § 7 Abs. 5.

[25]) § 14 Abs. 1 des Reichsges., § 15 Abs. 1 des Preuß. Ges.

[26]) § 14 Abs. 2 des Reichsges., § 15 Abs. 2 des Preuß. Ges.

Forderungen gehören, Gegenstand eines Pfandrechtes sein können, beantwortet sich auch hier durch den Satz der l. 9 § 1. D. 20, 1: Was Gegenstand eines Kaufes sein kann, kann auch verpfändet werden.[1])

1) Die dinglichen Rechte an fremder Sache können daher in denselben Fällen verpfändet werden, in denen sie verkauft werden können. Vom Eigenthümer können sie freilich pfandweise bestellt werden, selbst wenn sie nicht veräußert werden können. Es kann z. B. eine Prädialservitut einem andern pfandweise eingeräumt werden, obgleich der Servitutberechtigte eine solche Grundgerechtigkeit nicht verkaufen kann. Indessen wird durch die pfandweise Einräumung eines dinglichen Rechtes seitens des Eigenthümers zwar ein dingliches Recht, aber nicht ein dingliches Recht an einem jus in re aliena begründet, weil dem Verpfänder nicht eine res aliena, sondern eine res propria gehört. Der Gläubiger, welchem vom Eigenthümer eine Servitut pfandweise eingeräumt wird, erlangt daher nicht ein Pfandrecht an einer Servitut, nicht ein Pfandrecht an einer unkörperlichen Sache, um welches es sich hier handelt, sondern ein Pfandrecht am Eigenthum des Schuldners, sein Recht ist das jedes andern Servitutberechtigten, nur zeitlich, wie jedes Pfandrecht, beschränkt.[2])

Das Preuß. Recht erwähnt die Verpfändung dinglicher Rechte ausdrücklich nur im § 74 A.L.R. I 20. Indem dort bestimmt ist: „Sind fremde Sachen ohne Einwilligung des Eigenthümers zum Pfande gegeben worden, so kann sie der Eigenthümer von dem Pfandinhaber zurückfordern, aber dem Pfandgläubiger haftet alsdann das dingliche Recht, welches der Verpfänder auf die Sache hatte, zu seiner Sicherheit", wird ein Pfandrecht an dinglichen Rechten anerkannt.[3]) Andererseits darf aber aus der Vorschrift des § 74 nicht abgeleitet werden, daß unter den Voraussetzungen desselben auch ein solches Recht an der Sache der Pfandhaftung unterliegt, welches

[1]) Vgl. Huschke in der Zeitschr. für Civ.R. u. Pr 20 S. 181.

[2]) Diese Ansicht ist im gem. Rechte zwar auch vertheidigt — Gesterding, Pfandrecht II (2. Aufl.) S. 67 ff, Hepp im jur. Arch. Bd. 13 S. 343 ff. und Bd. 15 S. 79 ff. —, aber von den meisten Schriftstellern — v. Vangerow II § 367 II und den dort Citirten — wird auch die Bestellung eines Pfandrechtes an einer Servitut seitens des Eigenthümers für zulässig gehalten.

[3]) Förster-Eccius III § 192a meinen, die Frage, ob ein dingliches Recht auch für sich allein, nicht blos in Folge ungültiger Sachverpfändung, Gegenstand der Verpfändung sein könne, sei im Landrecht unbeantwortet gelassen.

sonst nicht verpfändet werden kann; sonst würde z. B. eine Prädialservitut an der verpfändeten fremden Sache, welche dem Verpfänder an dieser zustand, zum Gegenstande des Pfandrechtes werden; da der Gläubiger sich aus einer solchen Servitut nicht befriedigen, dieselbe auch ohne Willen des Grundstückseigenthümers nicht an Stelle des Schuldners ausüben kann, so würde sie ihm keine Sicherheit bieten können; die Möglichkeit, Sicherheit zu bieten, ist aber nach § 1 A.L.R. I 20 eine wesentliche Voraussetzung des Pfandrechtes.

Die Personalservituten können, soweit sie veräußert werden können, auch Gegenstand des Pfandrechtes sein. Im gem. Recht ist die Veräußerung und deshalb auch die Verpfändung des Nießbrauches seiner Ausübung nach zulässig.[4]) Die Zulässigkeit der Verpfändung des usus wird von v. Vangerow[5]) mit Recht bestritten, die der habitatio von ihm behauptet, aber von Sintenis[6]) mit Recht geleugnet. Nach Preuß. Recht können sowohl der Nießbrauch, als auch der usus der Ausübung nach veräußert und demnach auch verpfändet werden. Das im A.L.R. besonders gestaltete „Gebrauchsrecht nach Nothdurft"[7]) kann nicht veräußert und demnach auch nicht verpfändet werden. Andere Gebrauchsrechte, die „nicht zur Nothdurft einer bestimmten Person" konstituirt sind, unterliegen der Veräußerung[8]) und demnach auch der Verpfändung.[9]) Nach Preuß. Rechte werden der Nießbrauch, der usus und die servitus fructus zu den Immobilien gerechnet, falls ihre Ausübung mit dem Besitz einer unbeweglichen Sache verbunden ist.[10]) Das Pfandrecht an ihnen gehört jedoch gleichwohl zu den Mobiliarabsonderungsrechten, weil diese Rechte keine selbstständigen Gerechtigkeiten im Sinne des § 1[3] Z.V.G. sind (vgl. oben § 58). Zu ihrer Begründung gehört aber außer der Tradition noch die Eintragung in das Grundbuch,[11]) während die Verpfändung solcher Rechte, wenn und soweit sie nur mit dem Besitz beweglicher Sachen verbunden sind, nichts anderes als die Uebergabe der beweglichen Sachen erfordert, welche Gegenstand der Personal-

[4]) l. 11 § 2, l. 15 D. 20, 1. l. 8. pr. D. 20, 6.

[5]) I § 367 I.

[6]) Pfandrecht S. 132 ff.

[7]) §§ 22, 24, 26 A.L.R. I 20.

[8]) § 23 cit.

[9]) Förster III § 192.

[10]) § 8 A.L.R. I 2.

[11]) §§ 99, 100 A.L.R. I 20. Vgl. oben § 58.

servitut sind.[12]) Da jedoch die Tradition von Personalservituten immer nur eine symbolische Uebergabe ist, so muß derselben nach § 273 A.L.R. I 20 die schriftliche Verpfändungserklärung hinzukommen.

Auch das superfiziarische Recht kann Gegenstand des Mobiliarpfandes sein, jedoch nur soweit es durch Aufführung des Baues noch nicht ausgeführt ist, denn, ist letzteres geschehen, so ist die Superfizies einschließlich des dinglichen Rechtes nur Gegenstand der Immobiliarzwangsvollstreckung und somit auch des Immobiliarabsonderungsrechtes (siehe darüber oben § 58).

Ein dingliches Recht an einer fremden Sache ist auch das Pfandrecht, es fragt sich daher, ob an einem Pfandrecht selbst ein Pfandrecht bestehen kann. Durch die Annahme eines solchen Rechtes würde man mit der accessorischen Natur des Pfandrechtes in Widerspruch gerathen, welches, zur Sicherung für eine Forderung bestellt, von derselben, ohne unterzugehen, nicht getrennt werden kann. Wie soll man sich aus einem zur Sicherung einer fremden Forderung dienenden Rechte für eine andere Forderung befriedigen? Das Gesetz kann zwar einen so prinzipwidrigen Begriff statuiren, ohne ein Gesetz kann ein solcher Begriff nicht deduzirt werden; es fragt sich daher nur, ob das Gesetz ein Pfandrecht am Pfandrechte zuläßt. Im gem. Recht ist die Frage streitig: Nach der früher seit der Glosse[13]) herrschenden Ansicht wurde ein Pfandrecht am Pfandrechte für zulässig gehalten. Diese Ansicht ist auch von der Mehrzahl der neueren gemeinrechtlichen Juristen, auch v. Windscheid,[14]) vertheidigt, andere[15]) meinen, daß in dem subpignus nur die Verpfändung der Pfandsache, andere, daß darin die Verpfändung der Pfandforderung liege. Es ist mit v. Vangerow anzunehmen, daß ein Pfandrecht am Pfandrechte im gem. Recht nicht zulässig ist, denn die für die Zulässigkeit desselben angeführten Gesetzesstellen[16]) sprechen lediglich von der Weiterverpfändung einer verpfändeten Sache, es besteht daher kein Gesetz, welches die Begriffswidrigkeit des Pfandrechtes am Pfandrechte statuirt.

---

[12]) § 94 cit. Vgl. § 77 A.L.R. I 7: „Rechte, welche mit dem Besitz der Sache verbunden sind, werden mit der Sache zugleich übergeben."

[13]) Glosse ad tit C VIII, 24; Donellus, de pign. et hyp. c. 8; Negusantius, de pign. et hyp. pr. II m. 3 n. 19.

[14]) I § 239 Anm. 14.

[15]) Siehe die Litteratur bei v. Vangerow I Anm. 2 zu § 368.

[16]) l. 1 C. 8, 23; l 2 eod.; l. 13 § 2 D. 20, 1; l. 14 § 3 D. 44, 3.

Ob in der Vereinbarung der Verpfändung eines Pfandrechtes die Weiterverpfändung der Pfandsache oder die Verpfändung der Pfandforderung oder die unzulässige Verpfändung des bloßen Pfandrechtes liegt, ist eine Interpretationsfrage, die in jedem konkreten Falle aus dem Willen der Kontrahenten zu beantworten ist.

Im Preuß. Recht hat man die Pfandhaftung des Pfandrechtes aus dem schon oben erwähnten § 74 A.L.R. I 20 abzuleiten gesucht: Verpfändet jemand eine ihm nicht gehörende Sache ohne Einwilligung des Eigenthümers derselben, so braucht dieser die Pfandhaftung der Sache nicht anzuerkennen, er kann die Sache — nach § 73 cit. — „von dem Pfandinhaber zurückfordern",[17]) aber nach § 74 „haftet dem Gläubiger das dingliche Recht, welches der Verpfänder auf die Sache hatte, zu seiner Sicherheit". War der Verpfänder selbst Pfandgläubiger, so bestand sein dingliches Recht an der Sache in einem Faustpfandrechte, dieses Faustpfandrecht würde demnach dem zweiten Pfandgläubiger zu haften haben. Und der § 132, welcher von der Weiterverpfändung einer Pfandsache durch den ersten Pfandgläubiger handelt, bezieht die §§ 73 ff. ausdrücklich. Gleichwohl folgt hieraus noch nicht, daß das Gesetz die Prinzipwidrigkeit eines Pfandrechtes am bloßen Pfandrecht habe statuiren und den im § 1 A.L.R. I 20 aufgestellten Grundsatz von der accessorischen Natur des Pfandrechtes, welches lediglich „zur Sicherheit einer Forderung eingeräumt" werden kann, durchbrechen wollen. Will man die §§ 74, 132 mit dem § 1 cit. in Einklang bringen, so muß man annehmen, daß mit dem Pfandrecht die Pfandforderung selbst Gegenstand des neuen Pfandrechtes ist. Für die Richtigkeit dieser Annahme läßt sich ein Grund auch aus dem § 75 cit. herleiten, wonach „die Dauer und Wirkung dieser Sicherheit" — zu welcher dem zweiten Pfandgläubiger das dingliche Recht seines Pfandschuldners haftet — „sich nicht weiter erstrecken, als das Recht des Verpfänders selbst." Gesetzt, A hätte dem B für ein von letzterm erhaltenes Darlehn von 10 Mark einen Ring verpfändet, und B verpfändet denselben Ring ohne Einwilligung des A dem C für ein von diesem in Höhe von 20 Mark empfangenes Darlehn, so haftet der Ring dem C im Verhältniß zu A nur in Höhe von 10 Mark; sobald A diese 10 Mark gezahlt hat,

[17]) War der zweite Pfandgläubiger in gutem Glauben, d. h. in Unkenntniß von dem Eigenthumsrecht des Dritten, so ist er nach § 80 A L.R. I 20 zur Ausantwortung der Pfandsache an den Eigenthümer nur gegen Entrichtung dessen verpflichtet, „was er dem Schuldner darauf wirklich gegeben hat".

ist auch das Pfandrecht des C erloschen; die erste Pfandforderung, also die des B gegen A, ist es, für welche die im Besitz des C befindliche Pfandsache haftet; so lange diese Forderung nicht getilgt ist, darf C die Pfandsache dem A nicht zurückgeben;[18]) sobald die erste Pfandforderung aber getilgt ist, hört das zweite Pfandrecht auf und darf der Eigenthümer die Sache vom zweiten Pfandgläubiger — unbeschadet der Bestimmung des § 80 cit. — zurückfordern. Anders liegt aber das Rechtsverhältniß, wenn dem C nicht nur das Pfandrecht des B, sondern auch dessen Pfandforderung gegen A als mitverpfändet anzusehen ist: in diesem Falle kann C die Pfandforderung des B zu seiner Befriedigung verwenden und kann A nicht mit Rechtswirkung an B zahlen. Bei so bewandten Umständen würde die Verpfändung des Pfandrechtes allein ohne gleichzeitige Mitverpfändung der Pfandforderung dem zweiten Pfandgläubiger keinen Vortheil gewähren, da der erste Pfandgläubiger nicht gehindert wäre, seine dem zweiten Pfandgläubiger nicht haftende Forderung einzuziehen und dadurch das Pfandrecht, welches der zweite Gläubiger am Pfandrechte des ersten Gläubigers hatte, zum Erlöschen zu bringen. „Zu seiner Sicherheit", wie es der § 74 will, haftet das Pfandrecht daher dem zweiten Pfandgläubiger nur, wenn gleichzeitig die Forderung seines Schuldners als mitverpfändet gilt. Sonst würde auch das wesentliche Recht des Pfandgläubigers, das Recht auf Befriedigung aus dem Pfande, für ihn illusorisch sein: Das ihm verpfändete bloße Pfandrecht könnte er zu seiner Befriedigung nicht verwenden, weil es getrennt von dem Hauptrechte nicht veräußert werden kann. Es muß daher angenommen werden, daß, wenn der Schuldner eine ihm verpfändete Sache weiter zum Pfande giebt, nicht nur sein Pfandrecht, sondern auch seine Pfandforderung, von welcher das erstere nicht zu trennen ist, dem zweiten Pfandgläubiger haftet und zwar, wie aus der Untheilbarkeit des Pfandrechtes zu folgern ist, auch dann, wenn für die erste Pfandforderung noch andere Gegenstände haften, welche dem zweiten Gläubiger nicht mitverpfändet sind. Freilich können verbriefte Forderungen, wie im vorigen Paragraph erörtert, nur durch Aushändigung der auf den ersten Pfandgläubiger lautenden Schuldurkunden und unverbriefte Forderungen nicht anders, als durch Be-

---

[18]) § 133 cit.: „Solange der erste Pfandinhaber noch nicht befriedigt worden, ist der zweite nicht befugt, das Pfand, auch gegen Erstattung dessen, was er selbst darauf zu fordern hat, dem ersten Verpfänder ohne die Einwilligung des ersten Pfandinhabers zurückzugeben."

nachrichtigung an den Drittschuldner verpfändet werden, und diese Vorschriften der §§ 281, 288 A.L.R. I 20 müssen als Spezialgesetze auch der allgemeinen Regel des § 74 gegenüber zur Anwendung kommen. Daraus folgt, daß vor der Uebergabe der Schuldurkunde bezw. vor der Notifikation an den Drittschuldner der Gläubiger auch im Falle des § 74, wenn ihm vom Schuldner eine diesem verpfändete Sache weiter verpfändet wird, ein Pfandrecht noch nicht erwirbt, daß er aber andererseits ein Recht auf das Forderungspfandrecht hat und befugt ist, im Prozeßwege die Aushändigung der Urkunde bezw. die Benachrichtigung des ersten Pfandschuldners zu fordern. Tritt aber vor der Aushändigung der Urkunde bezw. vor der Benachrichtigung des Drittschuldners — welche letztere er übrigens auch in der oben § 68 angegebenen Weise vornehmen darf — die Eröffnung des Konkurses gegen seinen Schuldner ein, so kann er den Konkursgläubigern gegenüber ein Pfandrecht an der Pfandforderung mit Rechtswirksamkeit nicht mehr erwerben und ist daher, da er ohne die Pfandforderung auch am Pfandrechte seines Schuldners kein Pfandrecht haben kann, als Absonderungsgläubiger nicht anzuerkennen.[19])

Auch die Verpfändung eines bloßen Hypothekenrechtes ohne die Hypothekenforderung läßt sich nach Landrecht nicht anerkennen; denn wenn auch im § 136 I 20 gesagt ist, das im Hypothekenbuche eingetragene Pfandrecht auf eine unbewegliche Sache könne, „gleich einer eingetragenen Hypothek, auch ohne besondere Einwilligung des Schuldners weiter verpfändet oder veräußert werden", so ist auch hier nicht, wie Förster annahm,[19]) ein leeres Hypothekenrecht als Gegenstand der Verpfändung, sondern es ist, im Gegensatz zu der

---

[19]) Förster III § 192 und Eccius III § 192a meinen, daß nach den §§ 131—135 I 20 nur das Pfandrecht Gegenstand der weitern Verpfändung sei. Aber hinsichtlich der Verpfändung einer Hypothek, von welcher beide Schriftsteller sagen, durch den § 136 werde die Verpfändung einer eingetragenen Hypothek oder eines eingetragenen Besitzpfandes klarer Weise bezeichnet, behauptet Eccius, daß das Pfandrecht an einer Hypothek, welche im Falle der Cession oder Verpfändung nicht von der ihr zu Grunde liegenden persönlichen Forderung zu trennen sei, nur das Pfandrecht an einer durch Hypothek gesicherten Forderung sei, und fügt — Anm. 30 — hinzu: „Wenn ein Pfandrecht nur als accessorium einer Forderung gedacht werden kann, so ist es nach Ansicht des Herausgebers begriffswidrig, eine wirksame Cession oder Verpfändung des Pfandrechtes ohne die Forderung anzunehmen." Dieser Grund paßt aber eben so gut auch für das Faustpfandrecht, da dieses auch nur ein accessorisches Recht ist.

eigentlichen Hypothek, das in den §§ 99, 100 I 20 besprochene Besitzpfand eines Immobiles, also namentlich die Antichrese gemeint, welches zu seiner Gültigkeit der Eintragung in das Grundbuch bedarf.[20]) Daß dieses Pfandrecht nicht ohne die Pfandforderung Gegenstand einer weitern Verpfändung sein kann, dürfte aus den obigen Erörterungen über das Mobiliarfaustpfand folgen, und wenn dies richtig ist, so ist auch mit der Verpfändung einer Hypothek, welcher im § 136 die Verpfändung des Immobiliarbesitzpfandes gleichgestellt ist, die Pfandhaftung der Hypothekenforderung verbunden.

2) Rechte an einer Gemeinschaft, an einer Erbschaft, einer Handelsgesellschaft können veräußert werden. Ebenso wie sie Gegenstand des Pfändungspfandrechtes sein können,[21]) können sie auch, selbst wenn sie nicht dauernde Rechte sind, nach den ausdrücklichen Bestimmungen der §§ 69 ff. A.L.R. I 17[22]) verpfändet werden.[23]) Besteht das Antheilsrecht an einer unbeweglichen oder dieser hinsichtlich des Absonderungsrechtes gleichzuachtenden Sache,[24]) so ist die Verpfändung nach den Regeln des Immobiliarpfandrechtes, besteht es an einer beweglichen körperlichen Sache oder an Schiffsparten,[24]) so ist es nach den Grundsätzen über die Mobiliarverpfändung zu beurtheilen. Ist aber nicht eine einzelne Sache oder eine Mehrheit einzelner Sachen, sondern die Quote einer Vermögensgesammtheit, z. B. einer Erbschaft, einer Handelsgesellschaft der Gegenstand des Antheilsrechtes, so ist es lediglich ein Recht, welches Gegenstand der Verpfändung sein kann. Der Besitz eines solchen Rechtes kann nach § 78 A.L.R. I 7 „nur durch die Ausübung desselben erlangt werden", zum gültigen Erwerb des Pfandrechtes muß dieser die Tradition darstellenden Ausübung, welche durch die Erklärung des Theilnehmers den übrigen Theilnehmern gegenüber erfolgen kann, daß er seinen Antheil in Anspruch nehme und daß er ihn verpfändet habe, die schriftliche Verpfändungserklärung hinzukommen, denn eine solche Uebertragung des Pfandbesitzes ist nur eine symbolische Tra-

---

[20]) Vgl. § 138 cit.

[21]) § 754 C.P.O.

[22]) § 69: „Insofern als ein Theilhaber" (an einer Gemeinschaft) „sein Anrecht an einen Fremden zu veräußern befugt ist, kann er es auch demselben verpfänden."

[23]) Förster-Eccius III § 182.

[24]) Siehe oben § 58.

dition, durch welche das Pfandrecht nur auf Grund einer schriftlichen Verpfändungserklärung des Schuldners erworben werden kann.[25])

Aber zur Begründung des Konkursabsonderungsrechtes genügt der schriftliche Vertrag und die symbolische Uebergabe noch nicht, diesen Momenten muß eines der Erfordernisse des § 15 E.G. hinzukommen. Besteht dieses Moment in der Benachrichtigung an den Drittschuldner (und dieses Moment wird, wenn über das Antheilsrecht eine Urkunde nicht gebildet ist, in der Regel das einzige sein, welches von den Erfordernissen des § 15 E.G. möglich ist), so fragt es sich, wer der Drittschuldner ist, an welchen die Benachrichtigung erfolgen kann. Als Drittschuldner ist derjenige anzusehen, von welchem der Pfandschuldner das verpfändete Recht zu fordern hat, der Kommunionsinteressent ist der einzige, gegen den der Gemeinschaftstheilhaber Rechte beanspruchen kann, er ist daher als der Drittschuldner anzusehen, welchem die Verpfändung zum Zweck der Begründung des Absonderungsrechts mitgetheilt werden kann.

Ist das Antheilsrecht an eine Urkunde, als die Trägerin desselben, gebunden, so erfolgt die Verpfändung durch die auch zur Begründung des Konkursabsonderungsrechtes hinreichende Uebergabe dieser Urkunde, wie die Verpfändung beweglicher körperlicher Sachen, und zwar, wenn es sich nicht um indossable oder Inhaberpapiere handelt,[26]) auf Grund eines schriftlichen Vertrages.[27])

Wie das ganze Antheilsrecht, kann auch ein Antheil am Antheilrechte veräußert und verpfändet werden.[28])

3) Absolute Rechte: Das Urheberrecht an Schriftwerken, Abbildungen, Kompositionen und dramatischen Werken, an Werken der bildenden Künste, an Photographieen, an Mustern und Modellen, das Verlagsrecht, der Anspruch auf Ertheilung eines Patentes und

---

[25]) § 273 I 20.

[26]) Vgl. oben § 68.

[27]) Für die Verpfändung von Mobiliarkuxen bestimmt der § 108 des Berggeſ. vom 24. Juni 1865: „Die Verpfändung der Kuxe geschieht durch Uebergabe des Kuxscheines auf Grund eines schriftlichen Vertrages." Ueber die Verpfändung der landschaftlichen Pfandbriefe vgl. Kabinetsordre vom 9. August 1769; Schlesische Ediktsammlung XI S. 254.

[28]) Vgl. Förster-Eccius a. a. O.; Roloff in der Anw.Ztg. 1863 Nr. 7, 8, 9; Göppert, Beiträge zur Lehre vom Eigenthum nach Preuß. A.L.R. S. 77 ff.; vgl. aber dagegen das Gutachten des Obertrib. im Just.Min.Bl. 1840 S. 370 ff. und Entsch. Bd 22 S. 254.

das Recht aus einem Patente können veräußert[29]) und demnach auch verpfändet werden.[30]) Das Patronatsrecht ist nach § 602 A.L.R. II 11 nicht veräußerlich, kann daher auch nicht verpfändet werden. Das Recht auf einen Kirchenstuhl kann zwar nach § 682 cit. auf Andere eigenthümlich nicht übertragen werden, nach § 681 kann es aber, wenn es gewissen Personen oder Familien erblich verliehen ist, an Andere vermiethet und zum Gebrauch eingeräumt werden; da es sonach seiner Ausübung nach übertragbar ist, kann es auch insoweit verpfändet werden.

Die Besitzübertragung dieser absoluten Rechte erfolgt in gleicher Weise, wie diejenige der Gemeinschaftsrechte (oben unter 2) und, wie bei diesen, ist zur Gültigkeit der Verpfändung außer der Tradition ein schriftlicher Vertrag erforderlich. Um als Konkursabsonderungsrecht zu gelten, muß das Pfandrecht eines der Erfordernisse des § 15 E.G. haben: Von einer Eintragung in das Grundbuch kann hier keine Rede sein, die Benachrichtigung des Drittschuldners ist nur denkbar, wenn das absolute Recht des Verpfänders diesem von einem Dritten vorenthalten wird; es wird daher in der Regel nur die Tradition der über das Recht lautenden Urkunde oder der dasselbe enthaltenden körperlichen Sache in Betracht kommen können und es wird daher der Regel nach ein Absonderungsrecht an solchen absoluten Rechten, über welche weder eine Urkunde, noch eine körperliche Sache existirt, im Konkurse nicht anerkannt werden können. Eine solche Urkunde, welche sich zum Gegenstand der Tradition eignet, kann über das Verlagsrecht, über das Kirchenstuhlrecht bestehen, sie besteht über das Patentrecht in dem Patent.[31]) Die körperliche Sache, welche den Gegenstand des Rechtes bildet, ist bei dem Urheberrecht an Schriftwerken, Abbildungen, musikalischen Kompositionen und dramatischen

---

[29]) § 3 des R.Ges. vom 11. Juni 1870, § 2 des R.Ges. vom 9. Jan. 1876, § 7 des R.Ges. vom 10. Januar 1876, § 3 des R.Ges. vom 11. Januar 1876, § 6 des Patentges. vom 7. April 1891.

[30]) Vgl. Daude, Lehrbuch des Deutschen Urheberrechtes S. 33, 111, 189; Förster III § 192 ließ ebenfalls ein Pfandrecht am Verlagsrechte zu und meinte, daß die Besitzübertragung durch Uebergabe des Werkes oder Manuskriptes erfolgen könne; ebenso Dernburg, Pfandrecht I § 409 ff.; Eccius III § 192a bestreitet dagegen die Zulässigkeit der Verpfändung eines Urheberrechtes oder Patentrechtes, weil die Möglichkeit eines Besitzpfandes nicht vorliege. Diese Möglichkeit liegt hier aber ebenso vor, wie bei der ausdrücklich durch das Gesetz zugelassenen Verpfändung eines Gemeinschaftsrechtes.

[31]) § 10 R.Ges. vom 25. Mai 1877.

Werken das Manuskript. Aber das Manuskript verkörpert das Urheberrecht nur bis zur Veröffentlichung, nach der Publikation sind an seine Stelle die vervielfältigten Exemplare getreten, nach der Publikation kann daher das Absonderungsrecht nicht mehr durch Uebergabe des werthlos gewordenen Manuskriptes begründet werden. An Werken der bildenden Künste würde das hergestellte Kunstwerk an sich die körperliche Sache sein, welche den Gegenstand des Urheberrechtes bildet, da aber die Uebertragung eines solchen Kunstwerkes auf einen Andern nach der Vorschrift des § 8 des R.Ges. vom 9. Januar 1876 die Uebertragung des Nachbildungsrechtes nur dann enthält, wenn das Kunstwerk ein Portrait oder eine Portraitbüste ist, so kann auch nur ein Portrait und eine Portraitbüste, nicht aber ein anderes Kunstwerk als die den Gegenstand des absoluten Rechtes bildende körperliche Sache angesehen werden. In gleicher Weise ist das Urheberrecht an Photographieen nur „bei photographischen Bildnissen (Portraits)“ [32]) durch die Photographie verkörpert. Das Urheberrecht an Mustern und Modellen wird durch ein einzelnes Muster oder Modell nicht körperlich dargestellt.

4) Ein Pfandrecht der Inhaber von Prioritätsobligationen und ähnlichen Papieren an dem Eigenthum der Korporation oder Gesellschaft, welche sie ausgegeben hat, besteht nicht, auch wenn ein solches Pfandrecht in dem genehmigten Statut zugesichert ist.[33])

b. Die gesetzlichen Pfandrechte.

§ 70. α. Im Allgemeinen.

1) Dem Faustpfandgläubiger sind die im § 41 1–9 bezeichneten Gläubiger gleichgestellt. In Folge dieser Gleichstellung haben die gesetzlichen Pfandgläubiger im Konkurse alle Rechte und Pflichten der Faustpfandgläubiger, sie haben wie diese das Recht der Selbstverwerthung, die Pflicht zur Anzeige (siehe darüber oben § 36) u. s. w. Die Gleichstellung bezieht sich aber nur auf die Wirkung des Pfandrechtes, nicht auf die Voraussetzungen desselben. Ist auch die wesentlichste Voraussetzung des Absonderungsrechtes, die Zugehörigkeit des Pfandobjektes zur Masse, bei den gesetzlichen Pfandrechten dieselbe,

---

[32]) § 7 des R.Ges. vom 10. Januar 1876.

[33]) Förster-Eccius III § 192a; v. Wilmowski Anm. 1 zu § 17 E.G. Der § 17 E.G. überläßt die Regelung dieser Materie der Landesgesetzgebung; in Preußen ist von dieser Erlaubniß bisher kein Gebrauch gemacht.

wie bei den Faustpfand-, wie überhaupt bei allen Absonderungsrechten, so sind doch die besondern Voraussetzungen durch die Bestimmungen des § 41 K.O. speziell geregelt; insbesondere ist das Erforderniß des Gewahrsams auf die gesetzlichen Pfandrechte nicht so zu beziehen, wie es für das Faustpfandrecht gilt.

2) Während die Immobiliarabsonderungs-, die Faustpfandgläubiger, sowie die Nachlaß-, Lehn-, Fideikommiß- und Stammgutgläubiger ein Absonderungsrecht im Konkurse nur haben, wenn es ihnen nach dem bürgerlichen Rechte auch außerhalb des Konkurses zustehen würde, so sind die gesetzlichen Pfandgläubiger durch ein Absonderungsrecht im Konkurse auch dann gesichert, wenn es ihnen außerhalb des Konkurses nicht gewährt ist.[1] Das Absonderungsrecht des § 41 K.O. besteht so unabhängig vom Civilrecht, auch vom Reichsrecht, daß selbst solche Umstände, die nach sonstigem Rechte den Verlust des Pfandrechtes zur Folge haben, den Bestand des gesetzlichen Absonderungsrechtes im Konkurse nicht berühren, solange die Voraussetzungen des § 41 vorhanden sind: So dienen nach § 41⁴ die eingebrachten Sachen dem Vermiether zur pfandrechtlichen Sicherheit, solange sie sich noch auf dem Grundstücke befinden; gehören hierzu Waaren, welche unter den Voraussetzungen der Art. 306, 307 H.G.B. einem Dritten verpfändet und übergeben sind, so würde nach diesen Vorschriften des H.G.B. das früher begründete Pfandrecht des Vermiethers erlöschen; sein Absonderungsrecht erlischt aber nicht, wenn diese Waaren dem Dritten zwar verpfändet und übergeben sind, sich aber noch auf dem Grundstücke befinden, weil dann die Voraussetzungen des § 41⁴ K.O. vorhanden sind und diese Vorschrift als jüngeres und spezielles Gesetz der allgemeinen Vorschrift der Art. 306, 309 H.G.B. vorgeht.

3) Entsteht das gesetzliche Pfandrecht auch thatsächlich ohne den ausdrücklich auf seine Begründung gerichteten Willen des Schuldners, so ist doch in denjenigen Fällen, in denen es als Ausfluß eines Vertrages geltend gemacht wird, also in den Fällen der Nr. 2, 3, 4, 5, 6, 8 des § 41 die Entstehung des Pfandrechtes rechtlich als auf gegenseitiger Einwilligung der Kontrahenten beruhend anzunehmen. Der Miether weiß — denn die Kenntniß der Gesetze wird präsumirt —, daß durch den Miethsvertrag ein Pfandrecht entsteht; indem er miethet, willigt er daher ein, daß an den Sachen, die er einbringt, der Vermiether ein Pfandrecht erlangt; will er die Entstehung dieses

[1] Siehe oben § 4.

Pfandrechtes nicht, so muß er entweder diese Folge des Miethsvertrages in Uebereinstimmung mit dem Vermiether vertragsmäßig ausschließen oder den Miethszins für die ganze Miethszeit im Voraus bezahlen. Die Annahme eines stillschweigenden Vertrages ist auch in der l. 4 D. 2, 14 ausgesprochen,[2]) in welcher das Pfandrecht des Vermiethers dadurch motivirt wird, daß „Verträge auch stillschweigend in gültiger Weise errichtet werden können".[3]) Aus der Annahme eines stillschweigenden Pfandvertrages folgt, daß das gesetzliche Pfandrecht nur entsteht, wenn der Schuldner die Fähigkeit zum Abschluß eines Pfandvertrages hat und nur an denjenigen Sachen, die er zu verpfänden berechtigt ist. Daß der Vermiether ein Absonderungsrecht an den Illaten nicht hat, wenn derjenige, mit dem der Mieths-, Pacht-, Gastaufnahmevertrag geschlossen ist, minderjährig[4]) oder sonst geschäftsunfähig ist, ergiebt sich schon aus der Erwägung, daß ein gültiger Vertrag nicht vorliegt;[5]) daß ein Pfandrecht aber an Sachen nicht entsteht, die ein Geschäftsunfähiger, welcher Erbe eines dispositionsfähigen Miethers u. s. w. geworden ist, nach dem Erbanfall in die Wohnung einbringt, muß aus der Annahme des stillschweigenden

---

[2]) Vgl. auch l. 4 D. 20, 2: „Eo jure utimur, ut quae in praedia urbana inducta illata sunt, pignori esse credantur, quasi id tacite conveniret," und l. 6 D. 20, 2.

[3]) A. M. v. Wilmowski wenigstens in Betreff des Pfandrechtes des Vermiethers und Verpächters Anm. 4 zu § 41 K.O.: „Die römisch-rechtliche Fiktion eines stillschweigenden Vertrages hier anzunehmen, ist im Ges. kein Grund gegeben." Vgl. dagegen bezüglich des durch § 41[8] zum Absonderungsrechte gesteigerten handelsrechtlichen Retentionsrechtes das Prot. der Kommission zur Berathung eines allgem. D.H.G.B.s, herausgegeben von Lutz, S. 461 und 1340.

[4]) Der Minderjährige schließt aber einen Vertrag mit der Wirkung gültig ab, daß seine eingebrachten u. s. w. Sachen dem gesetzlichen Pfandrecht unterliegen, wenn der Abschluß des Vertrages zu denjenigen Rechtsgeschäften gehört, die der selbstständige Betrieb eines Erwerbsgeschäftes mit sich bringt, zu welchem der Vater oder unter Genehmigung des Vormundschaftsgerichts der Vormund seine Einwilligung ertheilt hat, § 5 des Ges. vom 12. Juli 1875.

[5]) Auch wenn in Veranlassung des ungültigen Vertragsabschlusses dem Vermiether u. s. w. ein Schadensanspruch zusteht (z. B. nach § 33 A.L.R. I 5 oder nach § 7 des Ges. vom 12 Juli 1875: „Hat sich ein Minderjähriger fälschlich für geschäftsfähig ausgegeben und einen Andern ohne dessen Verschulden zur Vornahme eines Rechtsgeschäftes verleitet, so kann letzterer den Ersatz des hierdurch ihm zugefügten Schadens aus dem Vermögen des Minderjährigen verlangen") wird ein Pfandrecht nicht begründet, weil ein Vertragsverhältniß, wie es der § 41 K.O. fordert, nicht dem Schadensanspruch zu Grunde liegt.

Pfandvertrages abgeleitet werden, welchen der Geschäftsunfähige nicht wirksam abschließen kann.

Folgt aus der Annahme des fingirten Pfandvertrages, wie oben erwähnt, daß das gesetzliche Pfandrecht nur an denjenigen Sachen begründet werden kann, welche der Schuldner zum Gegenstande eines Konventionalpfandes machen kann, so beschränkt sich das Pfandrecht nur auf die eigenen Sachen des Schuldners und auf diejenigen fremden Sachen, welche er zu verpfänden berechtigt ist,[6]) erstreckt sich auf die eigenen Sachen aber auch nur, soweit ihm wegen ihrer Verkehrsunfähigkeit oder in Folge einer gültigen Privatdisposition die Befugniß zur Verpfändung nicht entzogen ist. Fraglich könnte es sein, ob die bona fides des Gläubigers oder des Schuldners eine Aenderung dieser Sätze bewirkt: Das durch eine Privatverfügung dem Schuldner auferlegte Veräußerungs- oder Verpfändungsverbot an seiner eigenen Sache hat nach §§ 15—19 A.L.R. I 4 Dritten gegenüber, welche ohne Verschulden sich in Unkenntniß von diesem Verbot befinden, keine Wirkung, und der gutgläubige Erwerber eines Konventionalpfandes erwirbt an der dem Schuldner nicht gehörenden und seiner Verpfändungsbefugniß nicht unterliegenden Sache nach § 80 A.L.R. I 20 ein Retentionsrecht, „für das, was er dem Schuldner darauf gegeben hat“. Die einfache analoge Anwendung dieser Sätze auf das gesetzliche Pfandrecht ergiebt sich aus der Annahme des fingirten Pfandvertrages nicht, würde ihr sogar in den meisten Fällen widersprechen. Denn es kann nicht fingirt werden, daß der Schuldner oder der Gläubiger sich strafbar zu machen oder jedenfalls gesetzwidrig zu handeln beabsichtigt. Strafbar handelt aber der Schuldner, der eine fremde Sache verpfändet, von der er weiß, daß er sie nicht verpfänden darf,[7]) strafbar handelt der Gläubiger, der von dem gutgläubigen Schuldner eine fremde Sache zum Pfande nimmt, von der er weiß, daß der Schuldner sie nicht verpfänden darf[8]) oder der von dem böswilligen Schuldner eine diesem nicht gehörende Sache in

[6]) Das Pfandrecht des Vermiethers erstreckt sich daher auch auf die in die Wohnung des Mannes inferirten, von der Frau in die Ehe eingebrachten Sachen, § 2 des Ges. vom 7. April 1838, Obertrib. Präjud. 1734 und Rechtsfälle Bd. 2 S. 125; Förster-Eccius II § 136, nicht aber ohne besondere Einwilligung der Frau auf die zu ihrem vorbehaltenen Vermögen gehörigen Sachen, §§ 249, 250 A.L.R. II 1; Förster-Eccius a. a. O.; a. M. Obertr. in Striethorsts Archiv Bd. 19 S. 94, welches auch diese Sachen als mitverpfändet gelten läßt.

[7]) § 89 A.L.R. I 20; § 246 des Strafgesetzbuchs.

[8]) § 263 des Strafgesetzbuchs.

Kenntniß dieser Thatsache als Pfand annimmt.[9]) Gesetzwidrig handeln Schuldner und Gläubiger, wenn die Verpfändung einer Sache, die nicht verpfändet werden durfte, durch ihr Verschulden erfolgt. Befand sich der Schuldner aber aus einem entschuldbaren thatsächlichen Irrthum in dem guten Glauben, daß ein privates[10]) Veräußerungsverbot bezüglich seiner Sache nicht bestehe oder daß die fremde Sache ihm gehöre, so kann ihm eine Gesetzwidrigkeit nicht zur Last fallen, wenn er die Sache verpfändet. Ein Pfandrecht kann aber auch in diesem Falle nur entstehen, wenn auch der Gläubiger sich in demselben guten Glauben befand. Bei dem Vorhandensein der bona fides auf beiden Seiten, nicht blos auf einer Seite, ist auch das gesetzliche Pfandrecht begründet. Denn von der Fiktion ausgehend, daß der Schuldner alle eingebrachten Sachen, die er ohne Verstoß gegen ein Gesetz mit Rechtswirkung[11]) verpfänden kann, dem Absonderungsrechte des Gläubigers hat unterwerfen und daß letzterer dieselben Sachen hat zum Pfande nehmen wollen, muß man annehmen, daß die Kontrahenten auch diejenigen Sachen zum Gegenstande des Pfandrechtes haben machen wollen, zu deren Verpfändung beide Theile aus thatsächlichem, entschuldbarem Irrthum den Schuldner für berechtigt hielten. Hat die Verpfändung einer fremden Sache an den gutgläubigen Pfandbesitzer nach § 80 A.L.R. I 20 auch nur ein Retentions-, nicht ein eigentliches Pfandrecht zur Folge, so wird dieses Retentionsrecht doch für den Konkurs durch § 41 K.O. zu einem Absonderungsrecht gesteigert. Selbstverständlich kann das Absonderungsrecht an einer fremden Sache nicht im Konkurse des Schuldners in Betracht kommen, weil eine dem Kridar nicht gehörende Sache weder zur Konkursmasse gehört, noch Gegenstand des Konkursabsonderungsrechtes sein kann, es kann vielmehr als solches nur im Konkurse des Eigenthümers der Sache in Frage kommen. Demnach sind dem gesetzlichen Absonderungsrechte, welches durch die Fiktion eines stillschweigenden Pfändungsvertrages begründet ist, die eigenen und fremden Sachen, welche der Schuldner inferirt u. s. w. hat, unter der Voraussetzung unterworfen, daß er diese Sachen verpfänden darf oder aber, daß er sowohl wie der Gläubiger sich aus entschuldbarem thatsächlichem Irrthum in gutem Glauben befand. Daß andere

[9]) § 259 des Strafgesetzbuchs; § 90 A.L.R. I 20.

[10]) Ein anderes Veräußerungsverbot hindert die Gültigkeit der Verpfändung auch bei dem Vorhandensein der bona fides.

[11]) §§ 15—19 A.L.R. I 4; § 80 A.L.R. I 20.

Sachen dem gesetzlichen Pfandrechte nicht unterliegen, ergiebt sich für das Verhältniß des Miethers und Pächters auch aus der Preuß. Deklaration vom 21. Juli 1846, wonach die dem Vermiether und Verpächter im § 395 A.L.R. I 21 beigelegten Rechte eines Pfandgläubigers sich nur auf solche Sachen und Effekten erstrecken, welche dem Miether oder Pächter selbst gehören, oder welche derselbe ohne Einwilligung des Eigenthümers zu verpfänden befugt ist.[12]) Diese Verordnung bezeichnet sich selbst als Deklaration und giebt damit zu erkennen, daß sie das bestehende Recht nur authentisch interpretirt, und daß daher auch nach dem bisherigen Rechte die in ihr enthaltenen Beschränkungen des gesetzlichen Pfandrechtes sich aus dem Wesen desselben ergeben. Im Einklang mit ihr bestimmte der § 33⁴) der Preuß. Konkursordnung, daß das gesetzliche Pfandrecht des Vermiethers und Verpächters, und der § 33⁵, daß das gesetzliche Pfandrecht des Gastwirthes sich nur auf die eingebrachten u. s. w. Sachen erstrecke, welche dem Schuldner „selbst gehören oder welche er ohne Einwilligung des Eigenthümers zu verpfänden befugt ist". Weil diese Worte in die Deutsche K.O. nicht aufgenommen sind, nimmt v. Wilmowski[13]) an, daß im Falle des Konkurses des Eigenthümers der vom Miether eingebrachten Sachen das Pfandrecht der Preuß. Konkursordnung und der Deklaration vom 21. Juli 1846 nicht aufrecht erhalten sei, zumal der § 41² und ⁴ nur von den Sachen des Vermiethers oder Verpächters des Gemeinschuldners zu verstehen sei. Die K.O. spricht aber nicht blos von dem Absonderungsrecht, welches der Vermiether oder Verpächter des Gemeinschuldners, sondern ohne Beschränkung von dem Absonderungsrecht, welches der Vermiether im Fall eines Konkurses an den auf sein Grundstück eingebrachten Sachen hat, ohne sich auf die eingebrachten Sachen des Miethers oder Pächters zu beschränken; und aus dem Umstande, daß einzelne Bestimmungen eines Partikularrechtes, wenn dasselbe als Grundlage für die neue Gesetzgebung auch noch so wichtig war, in die K.O. nicht aufgenommen sind, läßt sich nicht deduziren, daß die K.O. sich für das Gegentheil dieser nicht aufgenommenen Bestimmungen habe aussprechen wollen: die K.O. hat derartige Bestimmungen weg-

[12]) Diese Deklaration bezieht sich nur auf das Pfandrecht des Vermiethers (Verp.), nicht auch auf das durch die bona fides begründete Retentionsrecht und steht diesem daher, obgleich dasselbe nach der jetzigen K.O. zum gesetzlichen Absonderungsrechte gesteigert ist, nicht entgegen.

[13]) Anm. 4 zu § 41.

gelassen, weil ihre Erwähnung für überflüssig gehalten wurde oder weil man in das Detail nicht hat eingreifen wollen.[14]) Im vorliegenden Falle haben die Motive[15]) die Fassung der K.O. mit der Behauptung begründet, daß eine nähere Bestimmung, welche eingebrachten Sachen dem Absonderungsrechte unterworfen seien, sich nach dem bürgerlichen Rechte bestimme und außerhalb des Konkursrechtes liege. Diese Begründung ist zwar insofern irrthümlich, als die Frage, welche Illaten verpfändet sind, als nicht zum Konkursrechte gehörend angesehen ist,[16]) ein Irrthum, der sich durch die Erwägung erklärt, daß der Verfasser der Motive an den Fall des Konkurses über das Vermögen eines mit dem Vermiether u. s. w. nicht identischen Eigenthümers einer eingebrachten Sache nicht gedacht hat, aber jedenfalls ergiebt sich aus der Erörterung der Motive, daß die Frage, ob ein Absonderungsrecht an den dem Schuldner nicht gehörenden Illaten besteht oder nicht, weder hat verneint, noch bejaht werden sollen. — Diese sich auf die Grundsätze des Preußischen Rechtes gründenden Erörterungen treffen auch für das gemeine Recht zu. Auch nach diesem Recht sind nur diejenigen Illaten dem gesetzlichen Pfandrechte unterworfen, welche der Schuldner verpfänden darf. Nur bezüglich der Wirkung der bona fides äußert sich das gemeine Recht anders, als das Preußische. Der gutgläubige Pfandgläubiger erwirbt zwar nach Römischem Recht ein Pfandrecht, aber nur im Verhältniß zum Verpfänder und zu Dritten, nicht aber, worauf es hier ankommt, dem wirklichen Eigenthümer gegenüber. Gegen jene nimmt er die Stellung des bonae fidei possessor ein, dem wahren Eigenthümer muß er weichen.[17]) An fremden Illaten, welche der Schuldner nicht verpfänden darf, wird daher nach Röm. Rechte ohne Rücksicht auf das Vorhandensein der bona fides das gesetzliche Pfandrecht nicht begründet. An den eigenen Sachen des Schuldners, deren Verpfändung ihm durch eine Privatdisposition verboten ist, entsteht dagegen bei dem Vorhandensein der bona fides des Schuldners und Vermiethers das gesetzliche Pfandrecht, es sei denn, daß dem testamentarischen Veräußerungsverbote die Verfügung hinzugefügt ist, daß der Gegen-

[14]) Die Behauptung von Eccius II S. 208, daß die Aufnahme der Fassung der Preuß. Konkursordnung bei der Berathung der K.O. abgelehnt sei, ist wohl irrig.

[15]) S. 210.

[16]) v. Sarwey Anm. 12 zu § 41.

[17]) Arndts § 371. l. 18, l. 21 § 1. D. 20, 1; l. 14 D. 20, 4.

stand desselben im Fall der Veräußerung einem Dritten zufallen solle.[18]) — Die Frage, welche Illaten, die der Schuldner nicht verpfänden darf, dem gesetzlichen Pfandrecht unterliegen, ist übrigens bestritten.[19])

In den übrigen Fällen des § 41, in welchen dem gesetzlichen Pfandrecht nicht ein stillschweigender Vertrag zu Grunde gelegt werden kann (Nr. 1, 7) kommt es darauf an, ob das Pfandrecht durch eine Thätigkeit des Schuldners begründet wird und ob diese Thätigkeit in einer Rechtshandlung desselben besteht. Das Pfandrecht wegen versio in rem setzt eine solche Thätigkeit nicht voraus und kann daher auch gegen einen Geschäftsunfähigen begründet werden, das Pfandrecht der Nr. 1 des § 41 setzt eine Rechtshandlung des Schuldners dann voraus, wenn ein Eingangs- oder Ausfuhrzoll in Frage steht: Hat ein Geschäftsunfähiger eine Sache eingeführt, welche zollpflichtig ist und deshalb von der Zollbehörde retinirt wird, so kann die Sache, deren Einführung der Vorgesetzte des Geschäftsunfähigen (Vater, Vormund) nicht anerkennen will, zurückgefordert werden, aber sofern der Geschäftsunfähige wegen Zolldefraudation für die Zollstrafe haftet und wenn für die Zollstrafe ein gesetzliches Pfandrecht an der zollpflichtigen Sache besteht, bleibt dieses Pfand-

---

[18]) Arndts § 132; Windscheid I § 172a.

[19]) Förster-Eccius II S. 208 § 136 nimmt an, daß das Pfandrecht des Vermiethers und Verpächters sich auf die dem Schuldner gehörenden und diejenigen Illaten beziehe, die derselbe verpfänden dürfe. v. Wilmowski a. a. O., v. Sarwey Anm. 12 zu § 41; Stieglitz S. 289 bestreiten dagegen ein gesetzliches Pfandrecht an Illaten, die dem Schuldner nicht gehören, auch wenn er sie verpfänden darf, v. Sarwey läßt aber in diesem Falle ein Retentionsrecht zu. Diese Ansicht beruht auf der unrichtigen Annahme, daß das Gesetz nur den Fall des Konkurses über das Vermögen des Miethers behandle. v. Völderndorff unterwirft alle Illaten dem Pfandrechte ohne Unterschied, wem sie gehören, und meint, „die Schranke liege nicht in dem rechtlichen Momente, sondern in dem thatsächlichen „Eingebrachtsein“.“ Als eingebracht könne dasjenige nicht angesehen werden, was von vornherein als fremdes Gut auch dem Verpächter gegenüber erscheine. Dem Vermiether steht aber deshalb, weil er inferirte Sachen des Miethers als diesem gehörend ansehen konnte, ein Retentionsrecht nicht zu, Entsch. des Obertr. 83 S. 23; Förster-Eccius a. a. O., wenn der Miether nicht auch glaubte, daß die Sachen ihm gehören. Petersen Anm. II 2c meint, daß der dritte Eigenthümer ein Aussonderungsrecht habe. Dies ist zwar richtig, entscheidet aber die Streitfrage nicht. Es fragt sich, ob der Vindikation des Aussonderungsberechtigten die auf ein Pfandrecht des Vermiethers sich gründende exc. doli entgegen steht. Uebrigens kann als der dritte Eigenthümer hier nur die Konkursmasse, der die vom Miether eingebrachte Sache gehört, in Betracht kommen.

recht gegen denjenigen Geschäftsunfähigen aufrecht erhalten, welcher wegen Zuwiderhandelns gegen die Strafgesetze für die Strafe verantwortlich gemacht werden kann.[20])

4) Gegenstand des gesetzlichen Pfandrechtes kann nur eine bewegliche Sache sein. Denn die Gegenstände, an welchen ein Immobiliarabsonderungsrecht zulässig ist, sind im § 39 K.O. behandelt, und die im § 41 aufgeführten gesetzlichen Absonderungsrechte, welche den Faustpfandgläubigern gleichstehen sollen, sind den Faustpfandgläubigern des § 40 gleichgestellt, welcher nur das Faustpfandrecht an beweglichen Sachen regelt. Die Frage, ob ein gesetzliches Pfandrecht auch an unkörperlichen Sachen zulässig ist, ist nach der Verschiedenheit der Fälle des § 41 verschieden zu beantworten. Wie schon früher erwähnt,[21]) unterscheidet die K.O. zwischen Gegenständen und Sachen und rechnet zu den erstern sowohl die körperlichen, wie die unkörperlichen, zu den letztern nur die körperlichen Sachen. Nach dieser Terminologie ist ein Pfandrecht in den Fällen der Nr. 8 und 9 an körperlichen und unkörperlichen, in den übrigen Fällen nur an körperlichen Gegenständen zulässig.[22])

Ob zu den körperlichen Sachen, welche dem gesetzlichen Pfandrechte unterworfen werden können, auch Urkunden über Rechte — Hypotheken-, Grundschuldbriefe, Versicherungspapiere, Sparkassenbücher, Wechsel, indossable, Inhaberpapiere — gehören, ist streitig.[23]) Mit

---

[20]) Vgl. §§ 56, 57 Strafgesetzbuch.

[21]) Siehe oben § 7.

[22]) Hiernach beantwortet sich auch die von v. Völderndorff I S. 507, 508 aufgeworfene Frage, ob der Gastwirth auch an dem Erbrecht, der Hypothek und der Wechselforderung des Kridars ein Pfandrecht habe, wenn dieser ein Testament, eine Hypothekenurkunde, einen Wechsel in das Gasthaus einbringt? Er bejaht diese Frage, sie ist aber in Betreff des Erbrechtes und der Hypothek zu verneinen, weil das Pfandrecht aus dem Gastaufnahmevertrage nur an Sachen, also nur an körperlichen Gegenständen zulässig ist, zu diesen körperlichen Sachen aber das Erb- und Hypothekenrecht nicht gehören.

[23]) Förster-Eccius II § 136 S. 207 und Anm. 244 rechnet Schuldbokumente und indossable Papiere nicht zu den eingebrachten Sachen im Sinne des § 41[4] K.O., weil nicht sie, sondern nur die Forderungen verpfändet werden könnten; Lenz, Studien und Kritiken S. 141 läßt Schuldbokumente als mitverpfändet gelten. Dernburg betrachtet in seinem Pfandrecht I S. 302 die Inhaberpapiere nicht als mitverpfändet, hat diese Ansicht aber im Pr. Pr.R. I § 364 Anm. 10 zurückgenommen und es für unzweifelhaft erklärt, daß sich das Pfandrecht auf diese Papiere mit erstrecke; Endemann § 65 hält Werthpapiere, „die auch hier ihre Sacheigenschaft bewahren", nicht aber Beweisurkunden als

der Erörterung dieser Frage kann zweckmäßig die Beantwortung der weitern Frage verbunden werden, ob auch Briefe dritter Personen, sonstige Skripturen, Manuskripte, Stammbäume, Adelsdiplome u. s. w. Gegenstand des gesetzlichen Pfandrechtes sein können. Man wird, namentlich wenn man von der Annahme eines stillschweigenden Pfandvertrages ausgeht, als Prinzip aufzustellen haben, daß dem Pfandrecht nur das unterworfen ist,

a. was verkauft werden kann, und was

b. fähig ist, eine pfandrechtliche Sicherheit zu bieten.[24])

Verkauft werden kann jeder verkaufsfähige Gegenstand, der Verkauf ist aber nicht zulässig, wenn er den guten Sitten entgegensteht,

---

dem Pfandrecht unterworfen; Makower, Kommentar zum H.G.B. Anm. 54 zu Art. 313 erkennt die Zulässigkeit des Pfandrechtes an Beweis- und Legitimationspapieren an; Exner, Pfandrechtsbegriff S. 27 ff. und Skonietzki in Gruchots Beiträgen Bd. 27 S. 519 verneinen sie, das Obertr. Entsch. Bd. 63 S. 79 und das Reichsoberhandelsgericht Bd. 3 S. 159, Bd. 6 S. 198, Bd. 9 S 243, Bd. 18 S. 12 haben sie anerkannt. Die verneinende Ansicht wird darauf gestützt, „daß Papiere, welche blos zum Beweis einer Forderung dienen, nicht aber zugleich wie die Inhaberpapiere, Träger der Forderung selbst sind, zwar immerhin für die betheiligten Personen von Werth und Wichtigkeit seien, jedoch keinerlei selbstständigen Vermögens- und Verkaufswerth besäßen, und aus diesem Grunde der Fähigkeit ermangelten, im Wege des dem Pfandgläubiger als wesentlichster Inhalt seines Pfandrechtes zustehenden Verkaufsrechtes zu einer Befriedigung desselben zu führen." Deshalb hat auch das Reichsgericht Bd. 3 S. 153, Bd. 10 S. 40, Bd. 17 S. 18 die Zulässigkeit eines Pfandrechtes an Beweis- und Legitimationspapieren verneint. Ein Retentionsrecht hat dasselbe zwar Bd. 16 S. 172, 173 und Bd. 20 S. 218 ff. an solchen Papieren zugelassen, aber dem entgegen Bd. 20 S. 135 ff. erkannt, daß „Papiere, welche nicht selbstständig Träger einer Obligation seien, sondern nur zum Beweis einer Forderung dienen, namentlich also auch Hypothekeninstrumente, für sich allein, wie das Reichsgericht wiederholt ausgesprochen habe, wegen Mangels eines realisirbaren Vermögenswerthes ebensowenig Gegenstand eines Faustpfandrechtes, wie Gegenstand eines kaufmännischen Retentionsrechtes im Sinne der Art. 313—315 H.G B. sein könnten." Ueber das Pfandrecht an einem Grundschuldbrief hat das Reichsgericht Bd. 15 S. 59 erkannt, daß von einem auf Grund des Art. 313 H.G.B. retinirten Grundschuldbriefe, obgleich derselbe „im gewissen Sinne der Träger der Forderung sei", doch, weil „mit seinem Besitze nicht ohne Weiteres ein Recht auf die in demselben verbriefte Grundschuldforderung verbunden" sei, „lediglich aus dem Rechte zur Zurückbehaltung des Grundschuldbriefes noch nicht das Recht des Besitzers desselben zur Befriedigung aus der Grundschuldforderung abgeleitet werden könne, folgeweise auch nicht im Konkurse auf abgesonderte Befriedigung aus der Grundschuld."

[24]) § 1 A.L.R. I 20.

wenn durch ihn, wie der § 7 A.L.R. I 4 sich ausdrückt, „die Ehrbarkeit beleidigt“ wird.

Eine Sicherheit zu bieten, ist jede verkehrsfähige Sache geeignet, wenn sie einen Vermögenswerth hat, der durch Veräußerung realisirt werden kann. Eine Sicherheit kann zwar schon durch die bloße Retention begründet sein; der Retinent, welcher eine Beweisurkunde, einen Brief über interne Familiengeheimnisse seinem Schuldner vorenthält, übt durch diese Zurückbehaltung einen Zwang auf den Schuldner aus, der geeignet ist, diesen zur Zahlung zu veranlassen, um wieder in den Besitz des Papieres zu gelangen. Eine solche Sicherheit ist aber keine pfandrechtliche Sicherheit, diese muß in dem Verkaufswerthe des Pfandes, nicht in einem persönlichen Druck auf den Schuldner bestehen.

Von diesen Gesichtspunkten aus muß die Zulässigkeit der Pfandhaftung von Inhaber- und sonstigen Werthpapieren, welche Träger von Forderungen sind, auch wenn dieselben auf Namen lauten, zu denen auch die Wechsel und indossablen Papiere gehören, anerkannt werden, da diese Papiere einen Vermögenswerth repräsentiren und zum Gegenstande des Verkaufes und sogar der Zwangsvollstreckung[25]) gemacht werden können. Dagegen können Legitimations- und Beweisurkunden dem gesetzlichen Pfandrechte nicht unterliegen, weil sie ohne die nicht mitverpfändeten Forderungen, zu denen sie als Nebensachen gehören, objektiv nur einen Makulaturwerth haben, und es den guten Sitten widersprechen würde, ohne einen eigenen Vermögensvortheil zu erlangen, dem Schuldner eine Beweis- oder Legitimationsurkunde zu entziehen und ohne die Veräußerung der Forderung selbst bewirken zu können, derartige Urkunden als Jedermann zugänglich auszubieten, obgleich diese Urkunden über Vermögensverhältnisse dritter Personen lauten, die für die Kenntniß des kaufenden Publikums nicht bestimmt sind. Der letzte Grund, der Verstoß gegen die guten Sitten, verhindert auch die Verkäuflichkeit und demnach die Pfandhaftung von Briefen dritter Personen über Geschäftsangelegenheiten, Familienverhältnisse, Liebesbriefe u. s. w., deren Kenntnißnahme nicht für das Publikum bestimmt ist. Der erste Grund steht der Pfandhaftung von Adelsdiplomen, Stammbäumen, Manuskripten entgegen. Die die Pfandhaftung hindernden Gründe können aber unter Umständen ausgeschlossen sein. Eine Legitimationsurkunde, ein Brief, eine sonstige Skriptur kann wegen ihrer

[25]) §§ 722—724 C.P.O.

historischen Bedeutung oder wegen ihrer Beziehung zu einer berühmt gewordenen Persönlichkeit einen objektiven Vermögenswerth haben, sie kann z. B., weil die durch ihren Inhalt betroffenen Personen längst verstorben sind, ohne jeden Verstoß gegen die guten Sitten veröffentlicht oder verkauft werden. In Fällen dieser Art ist das Papier Gegenstand der Pfandhaftung. Ob ein solcher Fall vorliegt, ist eine Thatfrage.

Auch die sog. Kompetenzgegenstände (Milchkuh, Bett u. s. w.), die der Zwangsvollstreckung nicht unterliegen, sind von der Pfandhaftung nicht ausgeschlossen.[26]) Aber ein Konkursabsonderungsrecht hat der Gläubiger an den von der Zwangsvollstreckung eximirten Gegenständen an sich nicht, weil ein Absonderungsrecht nur an einem zur Konkursmasse gehörigen Gegenstande bestehen kann, die von der Zwangsvollstreckung ausgeschlossenen Sachen des Kridars aber nach § 1 Abs. 1 K.O. zur Konkursmasse nicht gehören. Ist eine solche Sache aber mit dem Willen des Kridars oder aus andern Gründen zur Konkursmasse gezogen, so besteht das an ihr begründete gesetzliche Pfandrecht auch als Konkursabsonderungsrecht.[27])

5) Der Gewahrsam ist für das gesetzliche Pfandrecht des § 41 nicht so, wie für das Konventionalpfand, ein wesentliches Erforderniß. Nur in denjenigen Fällen, in welchen es sich um „zurückbehaltene" Sachen handelt, wird ein Gewahrsam, wie bei dem Faustpfandrecht, erforderlich. In diesen Fällen treten die über den Gewahrsam oben erörterten Grundsätze aber auch mit der Modifikation hier ein, daß der Gewahrsam durch einen Dritten ausgeübt werden kann.

6) An dem Gegenstande des gesetzlichen Pfandrechtes können mehrere Absonderungsrechte begründet werden. Es kann daher eine Kollision der Pfandrechte eintreten. Die K.O. hat es absichtlich vermieden, diese Kollision zu regeln.[28]) Es entscheidet deshalb über die

---

[26]) An diesen Sachen kann der Pfandgläubiger auch das Verkaufsrecht ausüben. Denn wenn auch der Pfandverkauf nach Maßgabe der Vorschriften der C.P.O. auszuführen ist, so handelt es sich hier doch nicht um eine Zwangsvollstreckung, sondern nur um einen in den Formen der Zwangsvollstreckung auszuführenden Pfandverkauf; vgl. Reichsgericht Entsch. Bd. 18 S. 429.

[27]) A. M. v. Völderndorff I S. 507, 508; v. Sarwey Anm. 12 zu § 41 und Willenbücher Anm. 1c zu § 41 K.O.; vgl. die oben Anm. 26 angeführte Entsch. des Reichsgerichtes.

[28]) Motive S. 219: „Das geltende Recht regelt die Kollision der verschiedenen Pfandrechte theils nach allgemeinen Grundsätzen — entweder entscheidet der körperliche Besitz der Sache (l. 10 pr. D. 20, 1; l. 14. D. 20, 4; §§ 275, 336 ff., 387

Rangordnung nicht die Reihenfolge des § 41 K.O., sondern das Civilrecht, nach welchem in der Regel die Priorität des Alters maßgebend ist. Das Preuß. Ausf.Ges. vom 6. März 1879 hat in dieser Beziehung nur eine besondere Bestimmung im § 6 getroffen: „Das im § 41 Nr. 1 der Deutschen K.O. bestimmte Absonderungsrecht wegen öffentlicher Abgaben geht den übrigen im § 41 der Deutschen K.O. bestimmten Absonderungsrechten vor." Bei den einzelnen gesetzlichen Pfandrechten wird die Rangordnung besonders erörtert werden.

β. Die einzelnen gesetzlichen Absonderungsrechte.

§ 71. aa. Das Absonderungsrecht wegen öffentlicher Abgaben.

Den Faustpfandgläubigern stehen gleich:

1) Die Reichskasse, die Staatskassen und die Gemeinden, sowie die Amts-, Kreis- und Provinzialverbände wegen öffentlicher Abgaben in Ansehung der zurückgehaltenen oder in Beschlag genommenen zoll- und steuerpflichtigen Sachen.

1) Dieses Absonderungsrecht steht sowohl den Deutschen, wie außerdeutschen Staaten,[1]) soweit nicht die Ausnahme des § 4 Abs. 2 K.O. zur Anwendung kommt, aber nicht auch andern Korporationen zu, die zwar einen öffentlichen Charakter haben, die aber nicht zu den staatlichen Verbänden[2]) gehören.

Daher hat eine Deich- oder Uferschutzgenossenschaft, wenn ihr auch ein Besteuerungsrecht an gewissen Sachen zusteht, das Absonderungsrecht nicht,[3]) ebensowenig haben es die Kirchengemeinden,[4]) auch wenn sie staatlich anerkannt sind.

Eine Privatperson oder eine nicht zu den staatlichen Verbänden

---

I 20; § 74, I 7; H.G.B Art. 306, 409, 624, 650, 697, 727, 733 u. s. w.) — oder die nützliche Verwendung (l. 6, 5 pr. D. 20, 4) oder das Alter giebt den Ausschlag (H.G.B. Art. 651; § 302, 313 I 20; Preuß. Einf.Ges. zum H G.B. Art. 59 Abs 3; Preuß. Berggeſ. § 236; C.P.O. § 709), theils hat für gewisse Klassen von Pfandrechten das H.G.B. besondere Rangordnungen aufgestellt, die auf jenen allgemeinen Rechtsgrundsätzen beruhen (Art 411, 771 ff., 779, 781). Der Entwurf hat keine Veranlassung, in die eine oder andere einzugreifen."

[1]) Ueber den Reichsfiskus vgl. Gruchots Beiträge Bd. 23 S. 481. Auch der Kongostaat gehört als souveräner Staat zu den politischen Staatsverbänden des § 41[1]; vgl. den Staatsvertrag vom 25. Juli 1890 (R.Ges.Bl. 1891 S. 91 ff.).

[2]) Zu den staatlichen Verbänden gehören auch die Schutzgebiete, wie auch die von Gesellschaften selbstständig beherrschten Gebiete.

[3]) A. M. v. Völderndorff I S. 513.

gehörende Korporation, die z. B. als Pächter eines Zolles zur Beschlagnahme von zollpflichtigen Sachen befugt ist, hat das Absonderungsrecht nicht, und sofern ihr außerhalb des Konkurses ein Retentionsrecht zusteht, ist ihr dieses Recht nach der Eröffnung des Konkurses versagt, wenn die Sache zur Masse gehört und der Kridar der Abgabepflichtige ist.[5])

2) Das Objekt des Absonderungsrechtes kann nur eine bewegliche körperliche Sache[6]) sein. An andern Sachen, z. B. an den zu den Immobilien gezählten Frachtschiffen, kann ein Absonderungsrecht nach § 41[1] K.O. im Konkurse nicht bestehen. Läßt das Landesgesetz eine Beschlagnahme oder Retention an Schiffen zu, die zu den Immobilien zu rechnen sind, so würde ein solches Immobiliarabsonderungsrecht im Konkurse nicht anzuerkennen sein, weil nur der § 41, nicht auch der § 39 das Retentionsrecht zum Absonderungsrechte steigert; das Retentionsrecht als solches würde im Konkurse nur dann zur Geltung gebracht werden können, wenn der Gläubiger nicht gleichzeitig Konkursgläubiger ist;[7]) das landesgesetzliche Pfandrecht an dem Schiffe wegen der Zoll- oder Steuerpflicht würde dagegen als Immobiliarabsonderungsrecht anzuerkennen sein.

Das Absonderungsrecht besteht auch an solchen Sachen, welche nicht dem Zoll- oder Steuerpflichtigen gehören, soweit nicht die Erörterungen im vorigen Paragraphen in Betracht kommen. Der § 14 des Vereinszollgesetzes vom 1. Juli 1869 bestimmt auch ausdrücklich: „Die zollpflichtigen Gegenstände haften ohne Rücksicht auf die Rechte eines Dritten an denselben für den darauf ruhenden Zoll und können,

---

[4]) A. M. Endemann § 65 S. 401, welcher staatlich anerkannten Kirchengemeinden, nicht aber Schulverbänden, Stiftungen u. s. w. das Absonderungsrecht zuspricht. Wenn unter Gemeinden die Gemeinden jeder Art zu verstehen wären, so würden darunter nicht nur Kirchengemeinden, sondern auch Schul- und sogar die Realgemeinden fallen. Das Gesetz versteht aber, wie aus der Nebeneinanderstellung der Gemeinden im § 54[2] K.O. neben den Kirchen- und Schulverbänden im § 54[3] hervorgeht, unter Gemeinden nur die politischen, wie auch die Motive S. 208 nur von dem Rechte der Kassen des Reiches, der Bundesstaaten, sowie der Gemeinden und anderer staatlicher Verbände sprechen und daher unter Gemeinden nur staatliche Verbände verstehen wollen.

[5]) Gehört die Sache zwar zur Masse, aber der Kridar ist nicht der Abgabepflichtige, so hat der Gläubiger keine Konkursforderung, behält dafür aber das Retentionsrecht (siehe oben § 6).

[6]) Siehe den vorigen Paragraphen.

[7]) Siehe oben § 6.

so lange dessen Entrichtung nicht erfolgt ist, von der Zollbehörde zurückbehalten oder mit Beschlag belegt werden."

Ein Konkursabsonderungsrecht besteht an der dem Zollpflichtigen nicht gehörenden Sache dann, wenn über das Vermögen des Eigenthümers dieser Sache der Konkurs eröffnet ist.

3) Da der Gegenstand des Absonderungsrechtes im Sinne des § 41[1] eine bestimmte bewegliche körperliche Sache sein muß, so kann sich der § 41[1] nur über die indirekten Abgaben[8]) verhalten, wogegen ein zur Einziehung einer direkten Abgabe erworbenes Pfandrecht unter den § 41[9] K.O. fällt.

4) Die den Gegenstand des Absonderungsrechtes bildende Sache muß zurückbehalten oder in Beschlag genommen sein. Zurückbehalten ist sie, wenn die Zoll- oder Steuerbehörde den Gewahrsam[9]) selbst oder durch einen Dritten ausübt. In Beschlag genommen ist die Sache, wenn die hierzu gesetzlich etwa vorgeschriebenen Förmlichkeiten gewahrt sind, ohne daß der Gewahrsam seitens der Behörde verlangt wird. So bestimmt der § 14 des Zollvereinsges. vom 16. Juli 1869: „Das an den Inhaber des zollpflichtigen Gegenstandes von einem Zollbeamten ergangene Verbot, über den fraglichen Gegenstand weiter zu verfügen, hat die volle Wirkung der Beschlagnahme."

5) Im Falle der Kollision mit andern gesetzlichen Absonderungsrechten des § 41 geht das Pfandrecht des § 41[1] nach Preuß. Recht[9]) allen andern vor. Die Kollision mit sonstigen Absonderungs-, namentlich mit Faustpfandrechten, regelt sich nach den allgemeinen Grundsätzen, nach denen, wenn die Beschlagnahme nur durch ein Verbot

---

[8]) Zu den indirekten Abgaben gehören auch die Postgefälle. Vgl. § 6 des Ges. über das Posttaxwesen vom 28. Oktober 1871: „Die Postanstalten dürfen Briefe, Scheine, Sachen u. s. w. an die Adressaten erst dann aushändigen, wenn die Zahlung der Postgefälle erfolgt ist, es sei denn, daß eine terminweise Abrechnung darüber zwischen der Postanstalt und dem Adressaten verabredet ist." Dieses Zurückbehaltungsrecht ist durch § 41[1] K.O. zum Absonderungsrecht gesteigert, als solches aber nur zuzulassen, soweit die zurückbehaltene Sache als Pfandsache anzusehen ist (siehe oben § 70); ist dies nicht der Fall, und bei einfachen Briefen wird es in der Regel nicht der Fall sein, so besteht das Recht der Post als einfaches Retentionsrecht. Dieses wird weder von dem Konkurse des Absenders, noch demjenigen des Adressaten getroffen, weil eine Sache, die dem Pfandrechte nicht unterliegt, auch nicht zur Konkursmasse gehören kann.

Wegen der indirekten Abgaben vgl. auch die §§ 2, 3, 10, 11 des Spielkartenstempelges. vom 3. Juli 1878.

[9]) Siehe den vorigen Paragraphen.

erfolgt, der körperliche Besitz,[10]) in andern Fällen regelmäßig die zeitliche Priorität entscheidet.

6) Wird auf Grund gesetzlicher Bestimmung der zoll- oder steuerpflichtige Gegenstand konfiszirt, so besteht für den staatlichen Verband kein Ab-, sondern ein Aussonderungsrecht.

§ 72. bb. Das Absonderungsrecht des Vermiethers und Verpächters.

Den Faustpfandgläubigern stehen gleich:

2) Verpächter wegen des laufenden und rückständigen Zinses, sowie wegen anderer Forderungen aus dem Pachtverhältnisse, in Ansehung der Früchte des Grundstückes und der eingebrachten Sachen, sofern die Früchte oder Sachen sich noch auf dem Grundstücke befinden;

4) Vermiether wegen des laufenden und des für das letzte Jahr vor der Eröffnung des Verfahrens rückständigen Zinses, sowie wegen anderer Forderungen aus dem Miethsverhältnisse, in Ansehung der eingebrachten Sachen, sofern die Sachen sich noch auf dem Grundstücke befinden.

Die Nebeneinanderstellung dieser beiden Bestimmungen des § 41 K.O. zeigt, daß das Absonderungsrecht des Verpächters und dasjenige des Vermiethers im Wesentlichen dieselben Voraussetzungen und denselben Umfang haben, daß sie sich aber in zwei Beziehungen von einander unterscheiden:

a. Der Verpächter, nicht der Vermiether, hat ein Absonderungsrecht auch an den Früchten des Grundstückes;

b. der Verpächter hat ein Absonderungsrecht unbeschränkt für den laufenden und den rückständigen, der Vermiether nur für den laufenden und den für das letzte Jahr vor der Eröffnung des Verfahrens rückständigen Zins.

1) Mit Rücksicht auf diesen verschiedenen Umfang des Absonderungsrechtes ist zunächst festzustellen, wann ein Vertrag als Miethe und wann als Pacht anzusehen ist. Das Römische Recht unterscheidet zwischen beiden Rechtsverhältnissen nicht, bezeichnet beide als locatio conductio, wenn es auch den Pächter zuweilen colonus, den Miether inquilinus nennt. Das gemeine Recht stimmt im Wesentlichen mit den Bestimmungen des Preuß. Landrechtes überein. Nach

[10]) § 74 A.L.R. I 7; l. 10 pr. D. 20 1; l. 14 D. 20 4.

diesem liegt ein Miethsvertrag vor, wenn [1]) ein bestimmter Preis für den Gebrauch einer Sache verabredet ist, wenn also der Gegenstand des Vertrages in dem Gebrauch einer Sache besteht, ein Pachtvertrag ist dagegen als geschlossen anzunehmen, wenn [2]) eine Sache gegen Zahlung eines bestimmten Zinses nicht nur zum Gebrauch, sondern auch zur Nutzung überlassen ist. Darnach kennzeichnet der Gebrauch ohne Fruchtziehung die Miethe, der Gebrauch mit Fruchtziehung die Pacht. „Ist eine fruchttragende mit einer andern Sache, die nur durch den Gebrauch genutzt werden kann, zugleich und in einem Kontrakt [3]) eingeräumt, so giebt bei der Bestimmung, ob das Geschäft nach den Regeln des Pacht- oder Miethskontraktes zu beurtheilen ist, die Beschaffenheit der Hauptsache den Ausschlag;" [4]) und „im zweifelhaften Falle wird bei städtischen Grundstücken ein Miethsvertrag, bei Landgütern aber eine Pacht angenommen." [5])

2) Gegenstand des Miethsund Pachtvertrages können an sich zwar bewegliche, wie unbewegliche, körperliche wie unkörperliche [6]) Sachen sein. Das Absonderungsrecht des Vermiethers und Verpächters wird aber nicht durch jede zulässige, sondern nur durch die ein Grundstück betreffende Verpachtung oder Vermiethung begründet. Diese Beschränkung folgt aus der gesetzlichen Bedingung, von welcher die Existenz des Absonderungsrechtes abhängig gemacht ist: „sofern die Früchte — bezw. die Früchte oder Sachen — sich noch auf dem Grundstücke befinden." [7]) Der ein Grundstück betreffende Vertrag

---

[1]) § 258 A.L.R. I 21.

[2]) § 259 cit.

[3]) Es ist also der Preis für die fruchttragende und die nichtfruchttragende Sache nicht getrennt festgesetzt. Ist der Preis getrennt bestimmt, so liegt ein kombinirter Miethsund Pachtkontrakt vor.

[4]) § 260 cit.

[5]) § 261 cit.; Simons, Rechtssprüche Bd. 3 S. 357 ff.

[6]) Z. B. der Nießbrauch, das Recht auf periodische Leistungen, ein Zollprivileg. l. 12 § 2, l. 38 D. 7, 1; l. 16 D. 50, 16. Windscheid II § 399; Förster-Eccius II § 136.

[7]) Dasselbe meint auch v. Völderndorff Anm. a zu § 41[4], in demselben Zusammenhange spricht er aber auch von dem Theaterabonnement, als einer Vermiethung oder Miethe und behauptet, „daß für die rückständigen Abonnementsgelder das Perspektiv, der Fußschemmel und was sonst etwa in die Loge gebracht ist, hafte." Dem Theaterabonnement liegt überhaupt kein Miethsvertrag, sondern ein Vertrag über Handlungen (ein römischrechtlicher Innominatkontrakt), jedenfalls aber kein solcher Miethsvertrag zu Grunde, dessen Gegenstand ein Grundstück ist und aus welchem sich ein Absonderungsrecht ableiten ließe.

braucht jedoch nicht unmittelbar über die Benutzung dieses Grundstückes geschlossen zu sein, das Absonderungsrecht läßt sich vielmehr aus jedem Vertrage begründen, durch welchen der Miether (Pächter) auch nur mittelbar ein Grundstück zur Benutzung erhält, mithin auch aus einem Vertrage über einen Nießbrauch, wenn dieser sich auf ein Grundstück bezieht oder ein solches mit umfaßt. Denn die „auf dem Grundstücke" vorhandenen Früchte und Sachen können auch auf einem nur mittelbar verpachteten oder vermietheten Grundstücke vorhanden sein. Betrifft der über einen Nießbrauch geschlossene Vertrag auch die Benutzung anderer zu den unbeweglichen nicht gehörigen Sachen, ist z. B. die Ausübung des Nießbrauches an einem ganzen Vermögen vermiethet oder verpachtet, so bezieht sich das Absonderungsrecht nur auf die Illaten und Früchte, welche sich auf den zu dem Vermögen gehörenden Grundstücken befinden, und in diesem Falle ist nicht der ganze Zins, der für die Ausübung des Nießbrauches gezahlt werden muß, sondern nur der verhältnißmäßige Theil desselben, welcher für die Benutzung der Grundstücke zu berechnen ist, als Absonderungsanspruch anzusehen.[8])

3) Das Pfandrecht des Vermiethers und Verpächters ist seiner rechtlichen Natur nach dem Pfandrecht des Immobiliargläubigers am beweglichen Zubehör des verpfändeten Immobiles gleich, es ist wie dieses ein unvollkommenes Pfandrecht.[9]) Der Gläubiger hat keinen Besitz[10]) an den Früchten und Illaten, der Pächter (Miether) vertritt ihn zwar im Besitz des Grundstückes, aber nicht im Besitz der Früchte und Illaten, diese stehen vielmehr im vollständigen Besitz und Gewahrsam des Schuldners, nicht des Gläubigers. Trotz seines Pfandrechtes hat dieser nicht die Befugniß, den Schuldner in der

---

[8]) Hat der Eigenthümer eines Grundstückes dasselbe ganz oder theilweise gemiethet oder gepachtet, so ist er als Miether (Pächter) anzusehen, wenn dem Vermiether (Verpächter) der Nießbrauch oder die Superfizies an dem Grundstück zusteht (Arndts § 310), nicht aber auch dann, wenn der Vermiether (Verpächter) selbst Miether (Pächter) des Eigenthümers ist: im letztern Fall liegt eine Afterverpachtung nicht vor, der ursprüngliche Vertrag gilt vielmehr in Betreff der Benutzung und Fruchtziehung als rückgängig gemacht bezw. bei Verschiedenheit der Höhe des Zinses als novirt. l. 45 pr. D. 50, 17.

[9]) Siehe darüber oben § 9.

[10]) Förster-Eccius II § 136 Anm. 251; v. Wilmowski Anm. 5 zu § 41 K.O. A. M. Cretschmar im Archiv für civ. Pr. Bd. 64 S. 308, welcher behauptet, daß die eingebrachten Sachen im Gewahrsam und Besitz des Vermiethers seien.

Verfügung über den Pfandgegenstand zu beschränken. Dieser darf die stehenden und hängenden Früchte absondern, er darf sie verwerthen, er darf eingebrachte Sachen von dem Grundstücke fortschaffen, verkaufen, verschenken und dadurch der Pfandhaftung des Vermiethers (Verpächters) entziehen. Deshalb wurde vielfach angenommen, daß der Vermiether (Verpächter) nur einen Titel zum Pfandrecht habe,[11]) eine Annahme, welche jedenfalls nach der Fassung des § 41 K.O. nicht mehr anerkannt werden kann.

Das Pfandrecht entsteht mit der Illation der Sachen bezw. der Existenz der Früchte und mit dem Beginn des Mieths(Pacht)vertrages. Von diesem Augenblicke an besteht das Pfandrecht mit voller Wirkung gegen jeden Dritten, denn — wie oben § 9 erörtert — ist das unvollkommene Pfandrecht dem Dritten gegenüber ein vollkommenes. Kann auch der Vermiether (Verpächter) dem Miether (Pächter) gegenüber, so lange die Miethsforderung noch nicht fällig ist, sein schon vorher begründetes Pfandrecht nicht zum Zweck der Verwerthung geltend machen,[12]) so kann sich der Dritte doch auf diese Unvollkommenheit des Pfandrechtes nicht berufen, auch wenn seine Forderung fällig, die des Vermiethers (Verpächters) aber noch nicht fällig ist.[13]) Dem Miether (Pächter) gegenüber kann das Pfandrecht dagegen als ein unvollkommenes erst durch die Geltendmachung zu einem vollkommenen werden, welche, wie gesagt, nicht vor der Fälligkeit des Absonderungsanspruches erfolgen kann. Geschützt wird es durch das Retentions- und Perklusionsrecht. Das Retentionsrecht steht dem Vermiether (Verpächter) nach der Fälligkeit der Forderung und der Beendigung des Vertrages zu. Denn nunmehr hat der Schuldner das Grundstück zu verlassen, auf welchem sich die eingebrachten Sachen und Früchte befinden, der Gewahrsam derselben geht auf den Gläubiger über, der das Grundstück und den Inhalt desselben

[11]) Vgl. Gärtner bei Gans, Beiträge I S. 485 ff.; Korte im Arnsberger Archiv Bd. 5 S. 104; Jakobi in der jur. Woch.Schr. 1836 S. 239, 1840 S. 344, 1843 S. 152; Lenz, Studien und Kritiken 1847 S. 115 ff. Das Obertr. Entsch. Bd. 1 S. 27, Bd. 6 S. 92, Bd. 42 S. 174, Bd. 72 S. 207, Striethorst Bd. 7 S. 253, das Reichsoberhandelsgericht Bd. 6 S. 252, das Reichsgericht in Gruchots Beiträgen 25 S. 460 und Entsch. in Strafsachen 3 Bd. 58, sowie Bornemann, Civilrecht Bd. 4 S. 328, Koch, Kommentar zu § 395 A.L.R. I 21 Anm. 5 und Förster-Eccius I § 136 nehmen dagegen mit Recht ein unmittelbares Pfandrecht an.

[12]) Obertr. Entsch. Bd. 6 S. 100.

[13]) Vgl. § 710 C.P.O.

jetzt beherrscht.[14]) Dieses Retentionsrecht ist zwar ein Ausfluß des Pfandrechtes, aber es unterscheidet sich nicht von andern Zurückbehaltungsrechten und darf sich daher schon nach allgemeinen Grundsätzen[15]) nur soweit erstrecken, als zur Deckung des dem Gläubiger zustehenden Anspruches erforderlich ist, wie denn auch der Anh. § 302 zu § 60 A.G.O. I 44 bestimmt: „Ueberhaupt ist keinem Miether von den eingebrachten Effekten ein Mehreres zurückzubehalten, als zur Bezahlung der schuldigen Miethe nöthig ist.“ [16]) Zur Sicherheit des Retentions- und damit des Pfandrechtes steht dem Vermiether (Verpächter), wie nicht bestritten ist, das Recht der Perklusion zu, welches in der Befugniß zum Verbot und zur Verhinderung der Fortschaffung der eingebrachten Sachen und Früchte besteht und dessen Ausübung ein Akt der erlaubten Selbsthülfe ist. Da der Gläubiger das Retentionsrecht nicht weiter ausdehnen darf, als zur Sicherung seiner Pfandforderung erforderlich ist, so kann auch das zur Konservirung des Retentionsrechtes dienende Perklusionsrecht nur in diesem Umfange geltend gemacht werden.

Das Perklusions-, Retentions- und Pfandrecht sind nicht Rechte, welche selbstständig nebeneinander bestehen, das Retentions- und Perklusionsrecht sind Ausflüsse des Pfandrechtes und hängen von der Existenz desselben ab. Das Pfandrecht hängt aber nicht von der Ausübung des Perklusions- oder Retentionsrechtes ab und besteht daher im Konkurse auch dann, wenn jene Rechte nicht ausgeübt sind.[17])

---

[14]) Vgl. §§ 56—58 A.G.O. I 14; Tit. D. 43, 31.

[15]) §§ 552, 553 A.L.R I 20; § 88 Einl. zum A.L.R.

[16]) Vgl. auch Förster-Eccius II § 136. VI i. f.

[17]) Der § 33[4] der Preuß. Konkursordnung ließ das Absonderungsrecht des Vermiethers und Verpächters nur zu, „soweit der Vermiether oder Verpächter das ihm zustehende Zurückbehaltungsrecht an den eingebrachten Sachen ausübt.“ Die K.O. „vermeidet“, sagen die Motive S. 211, „die Fassung der Preuß. Konkursordnung, welche dem Vermiether oder Verpächter die Rechte der Faustpfandgläubiger giebt, soweit dieser das ihm zustehende Zurückbehaltungsrecht an den Illaten ausübt. Diese Fassung läßt Raum für den Zweifel, ob zur Entstehung und Wirksamkeit des Pfandrechtes gemäß § 12 des Entwurfes es nothwendig sei, daß der Gläubiger schon vor der Konkurseröffnung den Besitz der Illaten ergriffen, die Perklusion ausgeübt habe (dies würde aus der, besonders von Lenz verfochtenen Retentionstheorie folgen); das verlangt weder das Preußische, noch das Römische, noch das Französische Recht. Es kann nicht verlangt werden, ohne das Absonderungsrecht des Vermiethers und Verpächters illusorisch zu machen. Die durch die Illation der Sache u. s. w. begründete Dinglichkeit besteht solange, als jene thatsächliche Möglichkeit der sofortigen Besitzergreifung besteht, solange als die

Dem Umfange nach sind das Perklusions- und das Retentionsrecht beschränkter als das Pfandrecht: sie umfassen nur die zur Deckung des schuldigen Zinses nöthigen Gegenstände, wogegen das Pfandrecht alle eingebrachten Sachen und Früchte, ohne Rücksicht darauf, ob ihr Werth die Höhe des zu sichernden Anspruches übersteigt, umfaßt und unbeschränkt an jeder einzelnen Sache bezw. Frucht Dritten gegenüber geltend gemacht werden kann; der Dritte kann sich dem Vermiether (Verpächter) gegenüber nicht auf die Einrede berufen, welche dem Schuldner gegen die übermäßige Ausdehnung des Retentionsrechtes zustehen würde. Aber durch die thatsächliche Ausübung des Perklusions- und Retentionsrechtes wird das Pfandrecht auch Dritten gegenüber begrenzt, denn an den nicht retinirten Gegenständen ist auch das Pfandrecht nicht nur dem Schuldner gegenüber, sondern überhaupt verloren, sobald dieselben von dem Grundstücke fortgeschafft sind, wogegen die auf dem Grundstücke verbliebenen Sachen und Früchte für das Pfandrecht zur Sicherung einer spätern Miethsforderung oder auch an Stelle retinirter Sachen oder Früchte in Anspruch genommen werden können.

4) Die wesentlichen Voraussetzungen des Absonderungsrechtes sind

a. das Einbringen der Sache auf das Grundstück bezw. die Existenz der Früchte;[18])

b. der Beginn eines gültigen Mieths(Pacht)vertrages;[18]) denn ein Vertrag äußert seine Wirkung erst von der Zeit an, in welcher er nach der Vereinbarung der Kontrahenten in Kraft treten soll;

c. die Konnexität des Einbringens der Sache resp. der Fruchtziehung mit dem Mieths(Pacht)vertrage; denn dem Vermiether (Verpächter) steht nur als solchem das Absonderungsrecht an den Illaten und Früchten zu.

Aus diesen Grundsätzen ergeben sich folgende Konsequenzen:

a. Entsteht ein Absonderungsrecht nicht schon mit dem Abschluß des Vertrages, entsteht es nicht vor dem Zeitpunkte, in welchem der Vertrag in Geltung tritt, so kann auch an den vor diesem Zeitpunkte inferirten Sachen ein Pfandrecht nicht vor dem Inkrafttreten des Ver-

---

Sache und die Früchte sich noch auf dem Grundstück oder in den Räumen desselben befinden."

[18]) Obertr. Striethorst Bd. 7 S. 253; Präjudiz 740 (Sammlung Bd. 1 S. 253); Entsch. Bd. 1 S. 27, Bd. 6 S 92, Bd. 42 S. 174, Bd. 72 S. 207; Reichsoberhandelsgericht Bd. 6 S. 282; Reichsgericht in Gruchots Beiträgen Bd. 25 S. 460 und Entsch. in Straff. Bd. 3 S. 58.

trages begründet werden. Daher besteht ein Pfandrecht an den vor diesem Zeitpunkte inferirten Sachen nicht, wenn der Konkurs nach der Illation, aber vor dem Inkrafttreten des Vertrages eröffnet wird, und zwar auch dann nicht, wenn der Miethsvertrag nach der Eröffnung des Verfahrens in Geltung tritt; denn ein vor der Eröffnung noch nicht entstandenes Pfandrecht kann der ausdrücklichen Vorschrift des § 12 K.O. zufolge nicht nach der Eröffnung mit Wirksamkeit gegen die Konkursgläubiger begründet werden. Hierbei ist es gleichgültig, ob mit der Illation der Sachen gleichzeitig der Einzug des Miethers in die gemiethete Wohnung mit oder ohne Einwilligung des Vermiethers vor der Geltung des Vertrages erfolgt.

Kann das Absonderungsrecht des Lokators nicht vor der Geltung des Vertrages entstehen, so kann auch sein Rang andern Absonderungsgläubigern gegenüber erst von diesem Zeitpunkte an gerechnet werden, und es muß daher demjenigen Absonderungsrechte nachstehen, welches zwar nach der Illation, aber vor der Geltung des Vertrages entstanden ist.

b. Das Absonderungsrecht kann aber andererseits nach dem Eintritt der Geltung des Vertrages auch nicht vor der Illation oder vor der Entstehung der Früchte begründet sein. Bricht der Konkurs vor der Illation aus, so besteht das Pfandrecht an den erst nachher inferirten Sachen nach § 12 K.O. mit Wirksamkeit gegen die Konkursgläubiger nicht, auch wenn der Vertrag vor der Eröffnung des Konkurses in Kraft getreten war. Erfolgt die Konkurseröffnung während der Illation, so sind dem Absonderungsrechte nur diejenigen Sachen unterworfen, welche thatsächlich schon vor der Eröffnung auf das Grundstück gebracht waren. Der Zeitpunkt der Illation bezw. der Entstehung des Pfandrechtes ist auch für die Rangordnung der Pfandrechte entscheidend: Das Absonderungsrecht des Vermiethers (Verpächters) rangirt nicht nur hinter denjenigen Pfandrechten, welche vor dem Inkrafttreten des Mieths(Pacht)vertrages, sondern auch hinter denjenigen, welche vor der Illation entstanden sind, selbst wenn die letztere erst nach dem Inkrafttreten des Mieths(Pacht)vertrages erfolgt.

c. Aus der Konnexität der Illation mit dem Mieths(Pacht)vertrage ist für das Absonderungsrecht das Erforderniß abzuleiten, daß die Sachen von dem Miether (Pächter) oder für ihn eingebracht sein müssen. Denn die Illation ohne diese Beziehung zum Miether ist auch ohne Beziehung zu dem Abschluß des Mieths(Pacht)vertrages. Die von einem Fremden ohne Willen oder ohne Wissen des Miethers in die Wohnung eingebrachte und vom Miether nicht wissentlich darin belassene Sache wird daher vom Pfandrechte nicht ergriffen, auch wenn sie dem Miether gehört.

d. Wegen dieser Konnexität haften die Illaten und Früchte auch nur für diejenigen Zinsforderungen, welche der Miether oder Pächter selbst zu zahlen hat. Sind die Sachen von demjenigen oder für denjenigen eingebracht, welcher das Grundstück bezw. die Wohnung benutzt, ohne zur Zahlung des Zinses verpflichtet zu sein, so haften sie dem Gläubiger nicht, weil die Sachen des Benutzenden nur für diejenigen Schulden haften, die dieser selbst zu zahlen hat.[19] Nur wenn die eingebrachten Sachen dem eigentlichen Miether oder Pächter gehören oder dieser sie verpfänden darf, und wenn sie von ihm oder mit seiner Einwilligung inferirt sind, sind sie dem Absonderungsrechte unterworfen.

e. Die Illation muß in Beziehung zu demjenigen Vertrage stehen, aus welchem die Absonderungsforderung erwächst. Ist der Miether aus einem früheren Miethsvertrage den Zins schuldig geblieben, hat er aber gleichwohl seine Sachen von dem Grundstücke weggeschafft, so erstreckt sich das Pfandrecht, welches für eine Zinsschuld aus einem späteren Miethsvertrage entsteht, auf den früheren Miethszins nicht. Waren die Sachen dagegen nicht inzwischen fortgeschafft, so dauert die Haftung aus dem früheren Vertrage fort. Andererseits ist dagegen in Beziehung auf den Miethsvertrag jede Sache inferirt, welche während der Dauer dieses Vertrages oder einer bloßen Fortsetzung desselben in die Wohnung mitgebracht ist, eine solche Sache haftet daher auch — unbeschadet des Vorranges der vor der Illation begründeten sonstigen Pfandrechte — auch für

---

19) Z. B. A miethet auf seine Kosten für B, der zur Zahlung des Miethszinses nicht verpflichtet ist, eine Wohnung, in welche B seine eigenen Sachen einbringt. Die Sachen des B unterliegen der Pfandhaftung nicht. Sie werden dagegen von der Pfandhaftung ergriffen, wenn B durch den Vertrag Miether und als solcher zur Zahlung des Miethszinses verpflichtet ist, mag in diesem Falle A als Neben- oder Solidarschuldner mit verpflichtet sein oder nicht. — Hat A, welcher für B eine Wohnung miethet und für den Zins allein haftet, in demselben Hause ebenfalls eine Wohnung bezogen, so sind seine in diese Wohnung inferirten Sachen nur dem Absonderungsrechte unterworfen, welches für den Miethszins dieser Wohnung besteht, können aber nicht zu Gegenständen eines Pfandrechtes für diejenige Miethsschuld gemacht werden, zu deren Zahlung A für die von B benutzte Wohnung verpflichtet ist.

denjenigen Miethszins oder für denjenigen Theil desselben, welcher für die vor der Illation abgelaufene Miethszeit zu entrichten ist. (Reichsgericht Entsch. 9 S. 253. A. M. Köhler S. 160 Anm. 3.) Folgt aber zwischen denselben Personen ein neuer Miethsvertrag dem alten, ohne daß eine bloße Fortsetzung des alten Vertrages anzunehmen ist, so wird die erst während der Dauer des neuen Vertrages inferirte Sache für die aus dem alten Vertrage noch rückständige Miethsforderung nicht für haftbar angesehen werden können, weil ihre Illation nur in Beziehung zu dem neuen, nicht auch zu dem alten Vertrage steht.

5) Gegenstand des Absonderungsrechtes sind die in das Mieths- oder Pachtgrundstück eingebrachten Sachen und die Früchte des Pachtgrundstückes.

a. Was zunächst die eingebrachten Sachen betrifft, so gehört es zum Wesen der Illation, daß dieselbe von dem Miether (Pächter) oder für ihn geschieht. Es dürfen aber nicht alle von demselben oder für ihn inferirten Sachen als dem Absonderungsrechte unterworfen angesehen werden. Denn da sich das gesetzliche Pfandrecht des Vermiethers (Verpächters) auf einen stillschweigenden oder fingirten Pfandvertrag stützt,[20]) so können nur diejenigen Sachen als verpfändet gelten, welche der Miether oder Pächter verpfänden darf, wie dies im § 70 erörtert ist. Deshalb sind die vom Aftermiether (-Pächter) eingebrachten Sachen wohl dem Pfandrechte des Aftervermiethers (-Verpächters), nicht aber auch dem Pfandrechte des ersten Vermiethers oder Verpächters unterworfen. Denn 1) gehören diese Sachen nicht dem ersten Miether, dieser ist auch nicht berechtigt, sie für den Miethszins, den er schuldet, zu verpfänden, und 2) fehlt die Konnexität zwischen der Illation und dem von dem ersten Vermiether geschlossenen Vertrage. Eine Pfandhaftung der von dem Aftermiether (-Pächter) oder für ihn eingebrachten Sachen[21]) ist daher weder nach gemeinem,[22]) noch nach Preuß.[23]) Rechte, noch nach der K.O.[24]) anzuerkennen.

---

[20]) Siehe oben § 70.

[21]) Für den Fall, daß diese Sachen dem ersten Miether gehören, siehe oben Anm. 19.

[22]) l. 24. § 1. D. 19, 2. Vgl. auch Windscheid II § 400 Anm. 23 und Seuffert, Archiv III Nr. 48. A. M. v. Völderndorff Anm. 42 zu § 41, welcher behauptet, daß das dem ersten Verpächter zustehende gesetzliche Pfandrecht an den Illaten des Afterpächters sich bis zur Höhe des von letzterm zu zahlenden Zinses erstrecke. Er beruft sich auf l. 11 § 5 D. 13, 7, berücksichtigt aber die

Die Pfandhaftung der Illaten des zweiten Miethers (Pächters) für die Zinsschuld des ersten Miethers u. s. w. läßt sich der Regel nach auch dann nicht anerkennen, wenn der erste Vermiether dem zweiten Miethsvertrage beigetreten ist oder ihn genehmigt hat. Denn durch die Genehmigung der Aftervermiethung tritt der erste Vermiether nicht in ein Miethsverhältniß zu dem zweiten Miether; sein Beitritt oder seine Genehmigung ist erforderlich, um den Mangel der Befugniß des ersten Miethers zur Aftermiethung zu beseitigen, der Vertrag ist trotz dieser Genehmigung oder trotz dieses Beitritts nur ein zwischen dem ersten und zweiten Miether geschlossener, und es ist dem zweiten Miether gegenüber nur der erste Miether als Vermiether anzusehen. Nur soweit sich aus den Vereinbarungen der Parteien ergiebt, daß der erste Vermiether als wirklicher Vermiether dem zweiten Miether gegenüber anzusehen ist, insoweit tritt ein unmittelbares Rechtsverhältniß zwischen dem ersten Vermiether und dem zweiten Miether und ein Pfandrecht des erstern an den Illaten des letztern ein, insoweit besteht aber auch keine Aftervermiethung, sondern eine Vermiethung, und zwar soweit erforderlich,

---

l. 24 § 1. D. 19, 2 nicht, welche ausdrücklich die Frage nach der Pfandhaftung der Sachen des Afterpächters für den Miethszins, den der erste Pächter schuldet, verneint. Ueber die l. 11 § 5 D. 13, 5 vgl. Windscheid II § 342 Anm. 42 und v. Vangerow III § 582 Anm. 1. v. Vangerow I § 376 meint, daß der erste Vermiether ein subpignus an den dem zweiten Vermiether verpfändeten Sachen habe, und daß diese also bis zum Belauf des Aftermiethszinses haften. Dieses subpignus wird von Trotsche, das Verpfändungsrecht des Pfandgläubigers S. 25 ff. und Huß in der Gießener Zeitschr. Bd. 17, 12 bestritten. Vgl. außerdem Mühlenbruch, Cession S 321, 322 Anm. 167; Sintenis, pfandrechtliche Streitfragen S. 46 ff.; Dernburg, Pfandrecht I S. 106; Sohm, die Lehre vom subpignus 1864 S. 97 ff. und Bekker in der Krit. Viertelj.-Schr. 6 S. 487 ff. Ueber die Frage, ob der erste Vermiether ein Pfandrecht am Pfandrechte im Konkurs haben kann, vgl. die folgende Anm.

[23]) Motive S. 210. Obertrib Entsch. 8 S. 292; v. Wilmowski Anm. 4; Willenbücher Anm. 5[b]; v Sarwey Anm 12 zu § 41; Lenz, Studien und Kritiken S. 159. Koch im Komment Anm. zu § 395 A.L.R. I 21 wollte dem ersten Verpächter auf Grund des § 74 A.L R. I 20 ein Pfandrecht wenigstens am Pfandrecht des ersten Pächters (Miethers) einräumen. Nach der K.O., deren Vorschrift in dieser Beziehung nach § 7 des Preuß Ges. vom 6. März 1879 (vgl. oben § 4) auch für das Recht außerhalb des Konkurses maßgebend ist, besteht aber ein gesetzliches Pfandrecht des Vermiethers und Verpächters nur an Sachen, d h. (siehe oben § 7) nur an körperlichen, nicht auch an unkörperlichen Gegenständen. Außerdem giebt es kein Pfandrecht am Pfandrechte; siehe darüber oben § 69.

[24]) Vgl. Reichsgericht Entsch. 13 S. 40, 41.

mit Genehmigung des ersten Miethers. Nichts anderes folgt aus der Vorschrift des § 322 A.L.R. I 22: „Ist der Verpächter oder Vermiether einem zwischen diesen (dem Miether oder Pächter und dem Untermiether oder Unterpächter) auf längere Zeit geschlossenen Vertrage ausdrücklich beigetreten, so tritt mit Ablauf der Zeit des Hauptpächters oder -Miethers der Unterpächter oder Untermiether in Ansehung des Verpächters oder Vermiethers an die Stelle des erstern." Diese Bestimmung läßt deutlich erkennen, daß infolge des Beitritts des ersten Vermiethers der zweite Miethsvertrag gleichwohl nur als zwischen dem ersten und dem zweiten Miether geschlossen gilt, und daß dann, wenn das Recht des ersten Miethers aufhört, nunmehr auch das Aftermiethsverhältniß sein Ende erreicht, daß dann aber der Aftermiether nicht auszuziehen braucht, sondern auf Grund des Beitritts des ersten Vermiethers wohnen bleiben darf, weil jetzt nicht mehr ein Aftermiethsverhältniß, sondern ein direktes, unmittelbares Verhältniß zwischen dem zweiten Miether und dem ersten Vermiether besteht. Hat der erste Miether auf drei Jahre gemiethet, er vermiethet aber einem Dritten unter Beitritt des ersten Vermiethers die Wohnung oder einen Theil derselben auf fünf Jahre, so bleibt der zweite Miether drei Jahre hindurch Aftermiether des ersten Miethers, nach Ablauf dieser drei Jahre hört dieses Verhältniß auf, der zweite Miether tritt nunmehr mit Ausschluß des ersten Miethers an dessen Stelle. Ist er nunmehr Miether des ersten Vermiethers, so sind auch seine Illaten dem letztern pfandrechtlich verhaftet, aber sie haften demselben nur für denjenigen Miethszins, welchen er dem ersten, nicht auch für denjenigen, welchen er dem zweiten Vermiether verschuldet, sie haften dem ersten Vermiether also nur für denjenigen Zins, der nach obigem Beispiel seit dem Ablauf der ersten drei Jahre für die ferneren zwei Jahre zu entrichten ist. Für die ersten drei Jahre haften sie dem zweiten Vermiether, dessen Pfandrecht demjenigen des ersten Vermiethers vorgeht. Der § 322 A.L.R. I 20 statuirt somit keine Ausnahme von der Regel, daß die Illaten des Aftermiethers dem ersten Vermiether nicht haften, er giebt nur eine Interpretationsregel, nach welcher die Genehmigung oder der Beitritt des ersten Vermiethers zu einem die Dauer des ersten Miethsverhältnisses überschreitenden Miethsvertrage des ersten Miethers dahin auszulegen ist, daß für die die Zeit des ersten Miethsvertrages überdauernde Zeit der erste Vermiether als unmittelbarer Vertragsgenosse des zweiten Miethers gilt.[25])

[25]) Vgl. v. Wilmowski a. a. O. und Willenbücher a. a. O., welche zu-

b. Während die Illaten des Afterpächters der Pfandhaftung des ersten Verpächters nicht unterliegen, sind derselben die Früchte des verafterpachteten Grundstückes unterworfen. Im Römischen Rechte ist dieser Grundsatz ausdrücklich in der l. 24 § 1 D. 19, 2 ausgesprochen: „Wenn ein Pächter das von ihm gepachtete Landgut verafterpachtet, so werden die Sachen des Afterpächters dem Eigenthümer nicht verpfändet, dagegen behalten die Früchte ihre Eigenschaft als Pfänder, wie es der Fall sein würde, wenn sie dem ersten Pächter zuwüchsen."[26]) Dieser Satz gilt auch für das Preußische Recht, weil er auf allgemeiner Rechtsgrundlage beruht: die dem Afterpächter gehörenden Illaten haften dem ersten Verpächter nicht, weil der Pächter sie nicht verpfänden darf, die Früchte des Grundstückes dagegen gehen in das Eigenthum des Afterpächters überhaupt nur beschwert mit dem Rechte des ersten Verpächters auf das gesetzliche Pfandrecht über.[27]) Nach § 221 A.L.R. I 9 sind die Früchte gleich bei ihrem Entstehen Eigenthum desjenigen, welcher das Nutzungsrecht der Sache hat. Dieses Nutzungsrecht hat der Afterpächter und deshalb gehen die Früchte sofort in sein Eigenthum über. Aber er hat das Nutzungsrecht von dem ersten Pächter erworben, und dieser konnte es ihm nicht anders übertragen, als wie er es selbst hatte.[28]) Da der erste Pächter dieses Nutzungsrecht nur beschwert mit dem Rechte des ersten Verpächters besaß, das Pfandrecht von der Zeit der Existenz der Früchte an zu erwerben und zwar für seine Forderung gegen den ersten Pächter, so ist das Nutzungsrecht nur mit diesem Rechte des ersten Verpächters belastet auf den Afterpächter übergegangen.

Aber auch dem Pächter steht an den Früchten ein Pfandrecht für den Zins zu, welchen ihm der Afterpächter schuldet.[29]) Die Früchte sind daher mit zwei Pfandrechten belastet, von denen aber

---

treffend behaupten, daß die Sachen des Aftermiethers dem ersten Verpächter dann pfandrechtlich haften, „wenn durch den Beitritt des letztern zu der Afterverpachtung ein unmittelbares Verhältniß zwischen ihm und dem Afterpächter hergestellt ist." Obertr. in Striethorsts Archiv Bd. 52 S. 1.

[26]) Vgl. 1 53 D. 19, 2.

[27]) Förster-Eccius II § 136 Anm. 250; Obertr. Entsch. 6 S. 92; Striethorst 15 S. 303.

[28]) § 101 Einl. zum A.L.R.

[29]) Förster-Eccius a. a. O.; (im gem. Rechte bestritten vgl. v. Vangerow I § 376 Anm. 1 b; a. M. Seuffert, Pand. I S. 271 Anm. 5).

dasjenige des ersten Verpächters dem Pfandrechte des zweiten Pächters vorgeht, weil dieser ein Pfandrecht nur an einer solchen Sache erwirbt, welche er als Gegenstand eines seinem Verpächter zustehenden Pfandrechtes anerkennen muß.

5) Eingebracht sind diejenigen Sachen, welche sich in der Wohnung bezw. auf dem verpachteten Grundstücke befinden, auch wenn sie, ohne von außen auf das Grundstück gebracht zu sein, aus eingebrachten Sachen (z. B. Thierjunge) entstehen oder aus dem Grundstücke dem Nutzungsberechtigten zuwachsen.[30]) Zweifelhaft ist es, ob der Begriff der Illation das dauernde Verbleiben der inferirten Sachen auf dem Grundstücke verlangt. Das Römische Recht betrachtet als eingebracht nur die zu dauerndem, nicht auch die zu vorübergehendem Verbleiben bestimmten Gegenstände.[31]) Darnach würden Sachen, die der Miether oder Pächter am Körper trägt — Wäsche, Kleider, Brille — oder deren Abgang bestimmungsgemäß ist — wie Geld und zum Verkauf bestimmte Waaren — dem gesetzlichen Pfandrechte nicht unterliegen. Das Preuß. Recht enthält in dieser Beziehung keine besondere Vorschrift, die Praxis, der die Litteratur gefolgt ist, hat sich aber an das Römische Recht nicht gebunden, sondern als eingebracht und demnach auch als mitverpfändet alle Sachen angesehen, deren Aufenthalt in der Wohnung auch nur ein vorübergehender ist.[32]) Nur die Kleidungsstücke will Dernburg[33]) nicht als mitverpfändet ansehen. Man wird ihm insoweit beizutreten haben, als diejenigen Kleider und sonstigen Gegenstände, welche der Miether oder Pächter gerade trägt, und zu welchen auch z. B. die Brille und künstliche Glieder gehören, nicht als dem gesetzlichen Pfandrechte unterliegend anzusehen sind, weil dieselben weniger als in die Wohnung eingebracht, als am Körper des Miethers angebracht anzusehen sind.

---

[30]) l. 1 D. 43, 32: „Quae in eam habitationem, qua de agitur, introducta, importata, ibi nata factave essent.“ Ebenso l. 32 D. 20, 1.

[31]) l. 7 § 1 D. 20, 2; l. 32 D. 20, 1; vgl. übrigens l. 34 pr. D. 20, 1 und über diese Stelle Huschke in der Zeitschr. f. Civ.R. u. Pr. Bd. 20 S. 199. Kohler S. 160 definirt die Illaten als die zum ordnungsmäßigen Verbleib eingebrachten Sachen, zählt aber zu diesen auch die zum Verkauf bestimmten Waarenbestände.

[32]) Reichsoberhandelsgericht 6 S. 284, 21 S. 129; Obertr. Striethorst 95 S. 186; Förster-Eccius II § 136; Endemann S. 404 § 65.

[33]) Pfandrecht I S. 301, 302.

6) Früchte im Sinne des § 41 sind nur die Früchte des Grundstückes, nicht andere Erzeugnisse, daher nicht die Früchte von Topfgewächsen, nicht die Thierjungen.

Da, wie soeben hervorgehoben, auch die auf dem Grundstücke dem Eigenthümer zugewachsenen Sachen zu den Illaten gehören,[30]) so bleibt es dem Verpächter überlassen, von welchem rechtlichen Gesichtspunkte aus er die Erzeugnisse des Grund und Bodens in Bezug auf sein Pfandrecht ansehen, ob er sie als Früchte oder als Illaten betrachtet wissen will. Die Früchte, wenn sie als solche betrachtet werden, haften dem Verpächter stärker, als wenn sie als Illaten angesehen werden, weil sie als Früchte für jeden Zinsrückstand, nicht nur für den Rückstand des letzten Jahres Gegenstand des Pfandrechtes sind.

Aber die Früchte als solche haften nur dem Verpächter, nicht auch dem Vermiether. Deshalb kann der Gläubiger, wenn ein Garten nur als Nebensache eines vermietheten Hauses und ohne daß für die Benutzung jedes der beiden Immobilien ein gesonderter Preis vereinbart ist, wenn also nur ein Miethes-, nicht ein Pachtvertrag vorliegt, die Früchte des Gartens nur in ihrer Eigenschaft als Illaten als Gegenstände seines Pfandrechtes in Anspruch nehmen und ihre Haftung nicht für jeden Zinsrückstand, sondern nur für den Rückstand des letzten Jahres verlangen. Dagegen haften die Früchte, auch wenn sie nur als Illaten in Betracht kommen, dem Vermiether auch dann, wenn sie einem Nutzungsberechtigten zuwachsen, der sein Recht von dem Miether ableitet. Denn dieselben Gründe, aus denen die Pfandhaftung der dem Afterpächter zuwachsenden Früchte folgt, treffen für die Haftung aller Früchte zu, die irgend ein Nutzungsberechtigter erwirbt, welcher sein Recht nicht auf den ersten, sondern auf einen der folgenden Vermiether zurückführt.

7) Das Konkursabsonderungsrecht des Vermiethers und Verpächters setzt einen bestimmten thatsächlichen Zustand voraus, welcher Dritten die Pfandhaftung sichtbar macht. Diese Thatsache besteht in dem Vorhandensein der Früchte und Sachen auf dem Grundstücke und ist, wie der Gewahrsam des Faustpfandgläubigers, ein wesentliches Erforderniß des gesetzlichen Pfandrechtes. Zur Wahrung dieses Erfordernisses steht dem Gläubiger das Recht der Perklusion zu. Wird die Sache oder Frucht von dem Grundstücke fortgeschafft, so ist das Pfandrecht verloren. Partikularrechtliche Bestimmungen, welche unter besondern Umständen das Pfandrecht trotzdem fortbe-

stehen lassen, können im Konkurse keine Geltung beanspruchen.[34]) So ist die Bestimmung des § 561 A.L.R. I 20, wonach dem Retentionsgläubiger, welcher „durch Gewalt oder List des Besitzes entsetzt worden ist, sein Recht verbleibt", für den Konkurs ohne Wirkung. Zwar behält der Gläubiger in einem solchen Falle, wenn er den Gewahrsam wiedererlangt, Dritten gegenüber die Rangordnung, in welcher er vor der Besitzentsetzung gestanden hatte, hat er aber den Gewahrsam nicht schon vor der Konkurseröffnung zurückerlangt, so hat er den Konkursgläubigern gegenüber kein Pfandrecht und kann es gemäß § 12 K.O. ihnen gegenüber nicht wieder erwerben.[35]) Ueber die Fälle, wenn die Besitzentsetzung durch den Kridar selbst vor oder nach der Konkurseröffnung, wenn sie vom Verwalter erfolgt, wenn der Gläubiger die Sache dem Gerichtsvollzieher, wenn er sie dem Verwalter herausgiebt, siehe oben § 65.

Das Gesetz verlangt, daß die Sachen und Früchte sich noch auf dem Grundstücke befinden, bestimmt aber nicht, auf welchem Theile des Grundstückes sie sich befinden sollen. Es ist daher zur Erhaltung des Absonderungsrechtes genügend, wenn sich die Sachen entweder in den vermietheten oder in andern Räumen desselben Grundstückes befinden,[36]) sofern sie nur auf dem vermietheten Grundstücke sind und in der thatsächlichen Herrschaft des Schuldners oder Gläubigers stehen. In dieser Beziehung weicht das zur Begründung des Pfandrechtes verlangte Erforderniß der Illation von dem zur Konservirung des Pfandrechtes verlangten Erforderniß des Verbleibens der Sachen auf dem Grundstücke ab. Eingebracht müssen die Sachen in das Grundstück sein und, wenn dieses nur theilweise vermiethet oder verpachtet ist, auf den vermietheten (verpachteten) Grundstückstheil; an

[34]) Siehe oben § 70; a. M. Kohler S. 161, welcher meint, daß die vor dem Konkurse weggeschafften, nach der Eröffnung zurückgebrachten Sachen dem Pfandrechte unterliegen, weil ein unberechtigter Zustand hierdurch wieder aufgehoben werde.

[35]) In den Motiven S. 211 ist zwar behauptet, das Pfandrecht gehe nicht verloren, wenn die Sachen heimlich oder gewaltsam fortgeschafft seien. Aber diese Ansicht ist nicht zum Gesetz geworden und wird auch weder in der Praxis, noch in der Litteratur als richtig anerkannt Reichsgericht in Gruchots Beiträgen 25 S. 460, 462; Entsch 8 S. 99; Fitting § 19 Anm. 12; v. Sarwey Anm. 13; Stieglitz Anm. II 3; Willenbücher Anm. 5c; v. Wilmowski Anm. 5 zu § 41; v. Völderndorff I S. 522; Förster-Eccius II § 136 Anm. 230.

[36]) Entsch. des Reichsgerichtes vom 22. April 1884 in Wallm. Zeitschr. für Pr. R. Bd. 4 S. 271; v. Wilmowski Anm. 5 zu § 41.

solchen Sachen, die auf diesen Grundstückstheil nicht gebracht sind, entsteht das gesetzliche Pfandrecht nicht, weil dieser Theil, wie das Reichsgericht[37]) sagt „durch den Vertrag nicht betroffen wird", was übrigens nicht ausschließt, daß Sachen als inferirt gelten, welche ihre Stellung in einem Raume haben, dessen Benutzung dem Miether auf Widerruf gestattet ist,[38]) da dieser Raum, wenn seine Benutzung auch nur widerruflich gestattet ist, als zeitweiser Gegenstand des Miethsvertrages anzusehen ist. Ist die Sache gültig inferirt, so genügt zur Konservirung des Pfandrechtes das Verbleiben der Sache auf irgend einem Theile des Grundstückes, auch wenn dieser Theil nicht mitvermiethet ist. Zweifelhaft kann es sein, ob das Pfandrecht bestehen bleibt, wenn sich die Sache zwar auf dem Grundstücke, aber im Besitze eines Dritten befindet, der ein besonderes Retentionsrecht an ihr ausübt, und andererseits wenn sie nicht mehr auf dem Grundstücke, aber im Gewahrsam des Gläubigers ist. Klammert man sich an die Worte des Gesetzes, so müßte man die erste Frage bejahen, die zweite verneinen. Erwägt man aber, daß sowohl die Illation wie auch der Verbleib der Sache auf dem Grundstücke begrifflich die thatsächliche Möglichkeit der Einwirkung des Vermiethers auf die Sache und die Erkennbarkeit dieser möglichen Einwirkung für Dritte zur Voraussetzung hat, so muß man das Bestehen eines Absonderungsrechtes an einer Sache leugnen, die sich im Besitze eines Dritten befindet und dem Zugriff des Gläubigers, wie der Verfügung des Schuldners, entzogen ist. Andererseits muß man das Bestehen des Pfandrechtes an einer Sache behaupten, welche der Gläubiger zur Erhaltung seines Pfandrechtes zwar von dem Grundstücke, aber in seinen Besitz genommen hat, denn die thatsächliche Herrschaft des Gläubigers, die er durch die Besitznahme erlangt, ist stärker, als die Herrschaft, die ihm an der Sache zustehen würde, welche sich auf dem Grundstücke befindet, ohne in seinem Gewahrsam zu sein.

8) Der Umfang des Pfandrechtes des Verpächters ist von demjenigen des Vermiethers nur hinsichtlich des rückständigen Zinses verschieden:

a. Das Pfandrecht beider Gläubiger sichert den laufenden Zins, das Pfandrecht des Verpächters sichert den rückständigen Zins ohne

---

[37]) In Gruchots Beiträgen Bd. 26 S. 998, 999; Entsch. des Obertr. Bd. 4 S 4 ff.; Bornemann, System Bd. 4 S. 326 ff.

[38]) Z. B. wenn ein Schrank mit Erlaubniß des Vermiethers auf dem Flur aufgestellt wird, welcher nicht mitvermiethet ist.

Beschränkung, das des Vermiethers nur den Zins, welcher „für das letzte Jahr vor der Eröffnung des Verfahrens rückständig“ ist.[39]) Hat der Miether nach Partikularrecht wegen weiterer Rückstände ein Retentions- oder Pfandrecht,[40]) so kann er letzteres im Konkurse überhaupt nicht, ersteres nur dann geltend machen, wenn er nicht gleichzeitig Konkursgläubiger ist,[41]) also nur im Konkurse des Eigenthümers der Illaten, welcher nicht gleichzeitig Miether und nicht für den Miethszins persönlich verhaftet ist.

Was unter dem laufenden Zins zu verstehen ist, ist nicht mehr streitig. Derselbe wird von dem letzten Fälligkeitstermine vor der Konkurseröffnung an gerechnet und läuft über die Zeit der Konkurseröffnung hinaus bis zur Beendigung des Vertrages;[42]) wie auch der § 36 Z.V.G. für den Fall der Subhastation „die laufenden Abgaben, Lasten, Zinsen und andere Leistungen von dem letztverflossenen Fälligkeitstage vor der ersten Beschlagnahme ihren Anfang nehmen“ läßt. Der laufende Zins ist zeitlich nicht beschränkt, und es ist daher, wenn die Periode für die Zahlung dieses Zinses mehr als ein Jahr beträgt, nicht ausgeschlossen, daß durch das Absonderungsrecht auch die Zinsforderung einer mehr als einjährigen Zeitdauer vor der Konkurseröffnung gesichert wird: Ist der Zins alle drei Jahre zu zahlen und der letzte Zahlungstermin fiel auf den 1. Januar 1888, während der Konkurs am 1. August 1890 eröffnet ist, so ist der Zins für die

---

[39]) Diese Vergünstigung des Verpächters vor dem Vermiether wird in den Motiven S. 209 in folgender Weise erklärt: „Der Entwurf glaubt eine Beschränkung des Pachtzinses im eigenen Interesse der Pächter und deren Gläubiger ablehnen zu müssen, damit der Verpächter in der Lage bleibt, bei Mißernten, Ueberschwemmungen und sonstigen wirthschaftlichen Nothständen den Pachtzins angemessen zu stunden“

[40]) In Preußen hat er außerhalb des Konkurses nach § 7 Abs 2 des A.G. vom 6. März 1879 (vgl. oben § 4) weder ein weitergehendes Pfandrecht, noch nach § 397 A L R. I 21 ein weitergehendes Retentionsrecht.

[41]) Vgl. oben § 6.

[42]) Reichsgericht Entsch. Bd. 13 S. 253 ff.; Förster-Eccius I § 136 Anm. 229; Fitting § 19 Anm. 21, 26; v. Wilmowski 3. Aufl. Anm. 7 zu § 41 (in der 2. Aufl. hatte v. Wilmowski die Ansicht ausgesprochen, daß laufend nur der Zins für die Zeit nach der Eröffnung des Verfahrens, rückständig der Zins für das letzte Jahr vor dem Tage der Konkurseröffnung sei); v Völderndorff betrachtet den laufenden Zins ebenfalls als den vom letzten Fälligkeitstermine vor dem Konkurse laufenden, behauptet aber unrichtig, daß der laufende und der rückständige Zins nur zusammen den Zins eines Jahres ausmachen dürfe.

Zeit vom 1. Januar 1888 an laufend.[43]) An der laufenden Zinsforderung besteht das Absonderungsrecht auch dann, wenn dieselbe für die Zeit nach der Konkurseröffnung gleichzeitig als Masseforderung anzusehen ist.

Ueber die Bedeutung des „für das letzte Jahr vor der Konkurseröffnung rückständigen Zinses" gehen die Meinungen auseinander. Eccius, v. Wilmowski und Fitting rechnen den rückständigen Zins „auf das Jahr vor der laufenden Periode zurück" (v. Wilmowski sagt: „Nicht genau vom Moment der Konkurseröffnung zurück".) Endemann[44]) faßt den laufenden und den für das letzte Jahr rückständigen Zins als einen solchen auf, „der nach der Konkurseröffnung läuft und von dem letzten Jahre vor derselben rückständig ist", ohne Rücksicht darauf, wie der Zahlungstermin fällt. v. Völderndorff berechnet den rückständigen Zins[45]) „auf die Zeit eines Jahres von dem Tage der Konkurseröffnung an rückwärts gerechnet". Rückständig ist derjenige Zins, mit dessen Zahlung der Miether im Verzuge ist; im Verzuge kann der Miether nicht vor der Fälligkeit sein, rückständig ist daher derjenige Zins, welcher am letzten Fälligkeitstage vor der Konkurseröffnung zu zahlen war. So bestimmt auch der § 36 Abs. 2 Z.V.G. für den Fall der Subhastation: „Die Rückstände werden von demselben Zeitpunkte an (von dem letztverflossenen Fälligkeitstermine vor der ersten Beschlagnahme) zurückgerechnet". „Für das letzte Jahr vor der Eröffnung des Verfahrens" ist derjenige Zins fällig, welcher am letzten Fälligkeitstage zu zahlen war und der in das letzte Jahr fällt, welches vom Tage der Eröffnung an rückwärts gerechnet wird. Ist der jährlich zu zahlende Miethzins am 1. Januar postnumerando zu zahlen, am 1. Januar 1890 für die Zeit vom 1. Juli 1888 an, also für 1½ Jahre, rückständig geblieben und der Konkurs ist am 1. August 1890 eröffnet, so ist der Zins vom 1. Januar 1890 an der laufende, der Zins vom 1. Juli 1888 bis 1. Januar 1890 der rückständige und der Zins vom 1. August 1889 bis 1. Januar 1890 der „für

---

[43]) A. M. v. Völderndorff, siehe vorige Anm.

[44]) l. 2. D. 20, 2.

[45]) Der Anspruch des Vermiethers aus der in dem Miethsvertrage getroffenen Vereinbarung, dem Miether einer Fabrik auch die Dampfkraft zu beschaffen und zuzuleiten, ist, wie das Reichsgericht in Gruchots Beiträgen 26 S. 996, 997 mit Recht angenommen hat, kein Anspruch aus einem Miethsvertrage und durch das Pfandrecht nicht gesichert.

das letzte Jahr vor der Eröffnung des Verfahrens rückständige". Durch das Pfandrecht gesichert ist daher nur der Zins vom 1. August 1889 an, wogegen die herrschende Meinung auch den Zins vom 1. Januar 1889 an als pfandrechtlich gedeckt betrachtet. Wäre die herrschende Ansicht richtig, so müßte das Gesetz lauten: „wegen des laufenden und des vor der Eröffnung des Verfahrens für die Dauer eines Jahres rückständigen Zinses", es lautet aber „wegen des rückständigen und des für das letzte Jahr vor der Eröffnung des Verfahrens rückständigen Zinses".

b. Das Absonderungsrecht besteht außer wegen des Mieths- und Pachtzinses auch wegen „anderer Forderungen aus dem Mieths- (Pacht)verhältnisse". Hierher gehören die Ansprüche wegen Beschädigung und Verschlechterung des Mieths- oder Pachtobjekts,[44]) für die Benutzung der mit diesem Objekt im Zusammenhange stehenden oder ihm als Pertinenzien dienenden Einrichtungen, z. B. für die Benutzung einer Gas-, einer Wasserleitung, eines Brunnens.[45]) Für den Anspruch wegen Bedienung und Beköstigung des Miethers entsteht ein Absonderungsrecht des Vermiethers nicht,[46]) mag die Vergütung für Wohnung, Bedienung und Beköstigung ungetrennt oder getrennt festgesetzt sein; durch die ungesonderte Vereinbarung wird aber das Pfandrecht für den Miethszins nicht beeinträchtigt, dessen Höhe nach dem Verhältniß des Werthes festzustellen ist. Durch das Pfandrecht ist auch eine Forderung wegen vorzeitiger Aufhebung des Miethsverhältnisses nicht gesichert, weil ein solcher Anspruch nicht aus dem Mieths(Pacht)verhältnisse, sondern aus der einseitigen Aufhebung desselben entsteht.[47]) Auch für die bedungenermaßen dem Vermiether ganz oder theilweise zu erstattenden, von ihm ausgelegten Vertragskosten, insbesondere Stempelkosten, besteht das Pfandrecht nicht, weil ein solcher Anspruch nicht aus dem Miethsverhältnisse,

---

[46]) v. Sarwey S. 362; v. Wilmowski a. a. O.; Willenbücher a. a. O.; Seuffert, Pandekten Bd. I S. 271 Nr. 3a; Dernburg, Pfandrecht S. 299. A. M. v. Völdernborff.

[47]) Dagegen hat das Reichsgericht (Entsch. 7 S. 19), welchem v. Wilmowski und Willenbücher zustimmen, angenommen, daß der Entschädigungsanspruch des Vermiethers oder Verpächters, welchem der Konkursverwalter den vom Gemeinschuldner geschlossenen Vertrag vor dem vertragsmäßigen Ablauf desselben gekündigt hat, durch das gesetzliche Pfandrecht gesichert sei. Das Pfandrecht haftet auch nicht für eine Konventionalstrafe, die „für gewisse Eventualitäten festgesetzt ist". Kohler S. 160 Anm. 2.

sondern auf Grund einer besonderen Vereinbarung entsteht und lediglich den Charakter einer Auslage-, einer Darlehnsforderung hat.

9) Eine **Kollision** der Pfandrechte an den Illaten und Früchten kann zwischen dem Verpächter (Vermiether), dem Immobiliargläubiger und dem Pfändungspfandgläubiger vorkommen.[48]) In allen Fällen entscheidet das Alter des Pfandrechtes über den Vorrang. Das Pfandrecht des Vermiethers oder Verpächters ist ebenso, wie das des Immobiliargläubigers ein unvollkommenes, aber nur im Verhältniß zum Schuldner, nicht zu Dritten. Die Priorität richtet sich daher nicht nach der Zeit, in welcher das Absonderungsrecht ein vollkommenes wird, sondern schon nach der Zeit, in welcher es als unvollkommenes entsteht. Das Pfandrecht des eingetragenen Gläubigers ist mit der Eintragung der Forderung, das Absonderungsrecht des betreibenden Gläubigers in der Immobiliarzwangsvollstreckung mit der Zustellung des die Beschlagnahme anordnenden Beschlusses an den Eigenthümer (Schuldner) begründet und rangirt von diesem Zeitpunkte an auch hinsichtlich der erst später entstehenden Früchte.[49]) Das Pfandrecht des Pfändungspfandgläubigers entsteht mit der Pfändung und rangirt von diesem Zeitpunkte an; die Pfändung kann aber erst nach der Entstehung der Früchte[50]) erfolgen, dieselben gelten jedoch als mitverpfändet, wenn vor ihrer Entstehung diejenige Sache gepfändet ist, aus welcher sie entstehen, und das Pfandrecht an den Früchten rangirt in letzterm Falle schon mit der Pfändung der sie erzeugenden Sache, z. B. eines Baumes, an welchem sie erst nach der Pfändung wachsen. Das Pfandrecht des Verpächters — und wenn es sich um eine fruchttragende Immobilie handelt, die Gegenstand eines Miethsvertrages ist, des Vermiethers — kann nicht vor dem Inkrafttreten des Pacht(Mieths)vertrages, aber auch nicht vor der Entstehung der Frucht[51])

---

[48]) Ueber die Kollision des Immobiliargläubigers mit dem Nutzungsberechtigten siehe oben § 59 und des Immobiliargläubigers mit dem Pfändungspfandgläubiger oben § 37.

[49]) §§ 30, 34 E.E.G. Vgl. oben § 20.

[50]) § 714 C.P.O.

[51]) Denn „an eigenen Sachen kann", wie in den Motiven S. 210 gesagt wird, „der Verpächter ein Pfandrecht nicht haben". Der Verpächter, welcher Eigenthümer des Pachtgrundstückes ist, rangirt daher nicht, wie der Hypothekengläubiger, schon von der Zeit vor der Entstehung der Früchte, weil er ein Pfandrecht am Grundstück, dessen Accession die Früchte werden, nicht hat. Auch wenn er nicht Eigenthümer, sondern Unterpächter ist, hat er ein Pfandrecht am Grundstück nicht und demzufolge auch nicht an den Früchten vor deren Entstehung.

existent werden. Es fragt sich aber, ob es schon mit der Existenz der Frucht, so lange diese noch nicht getrennt ist, zur Entstehung gelangt. Nach Preuß. Rechte ist diese Frage zu bejahen, weil die Früchte nach § 221 A.L.R. I 9 von dem Nutzungsberechtigten erworben werden, auch wenn sie noch nicht vom Erdboden getrennt sind. Nach Römischem Rechte ist aber die stehende und hängende Frucht keine selbstständige Sache, die Gegenstand eines besonderen Pfandrechtes werden könnte, sondern lediglich ein Substanztheil des Grund und Bodens.[52]) Da nach der Vorschrift des § 714 C.P.O. Früchte „auch bevor sie vom Boden getrennt sind" gepfändet werden können, so kann nach gem. R. ein persönlicher Gläubiger dem Verpächter zuvorkommen, indem er pfänden läßt, bevor dieser ein Pfandrecht erwerben kann. Freilich hat der Pächter nach § 41⁴ der K.O. ein Pfandrecht an den Früchten, ohne daß zwischen stehenden und getrennten Früchten unterschieden wird, und hat demnach ein gesetzliches Pfandrecht an den nicht abgesonderten Bodenerzeugnissen, mag das Partikularrecht dies verbieten oder nicht. Aber da der § 41⁴ sich nur auf den Konkurs bezieht, so kann nach gem. Rechte ein solches an den stehenden Früchten nicht anerkanntes Pfandrecht erst vom Beginn der Konkurseröffnung an für den Verpächter erworben werden und muß daher hinter dem Rechte des Pfändungspfandgläubigers zurückstehen, welcher die Früchte vor der Konkurseröffnung, aber nach ihrer Entstehung hat pfänden lassen. Für die gemeinrechtlichen Theile des Preuß. Staates tritt aber in dieser Beziehung eine Aenderung durch den § 7 des Preuß. A.G. ein,[53]) nach welchem die Vorschriften des § 41 K.O. außerhalb des Konkurses auf das Verhältniß der durch den § 41 den Faustpfandgläubigern gleichgestellten Gläubiger des Schuldners entsprechende Anwendung finden sollen, nach welchem demnach der Verpächter auch außerhalb des Konkurses ein gesetzliches Pfandrecht, wie im Konkurse, Dritten gegenüber geltend machen kann, also ein Pfandrecht auch an den stehenden Früchten. Aber nur dem Verpächter ist ein gesetzliches

---

Vgl. Reichsgericht Entsch. Bd. 18 S. 368, 369. Ist er Nießbraucher oder antichretischer Pfandbesitzer, so hat er allerdings ein Absonderungsrecht an den Früchten, welches schon vor der Entstehung von der Begründung des Hauptrechtes an rangirt, aber er hat dieses Absonderungsrecht vor der Entstehung der Frucht nicht als Verpächter, sondern als Nießbraucher bezw. Pfandgläubiger.

[52]) l. 63 § 8 D. 47, 2. Reichsgericht Entsch. 18 S. 368, 369.

[53]) Siehe oben § 4.

Pfandrecht an den Früchten ohne Unterschied, ob sie abgesondert sind oder nicht, gegeben; der Vermiether, welcher die Früchte nur als Illaten zum Gegenstande seines Pfandrechtes machen kann, kann aus dem § 41⁴ K.O. keine Rechte herleiten; als Illaten können die Früchte aber im gemeinen Rechte erst nach ihrer Trennung angesehen werden, und deshalb rangirt der Vermiether hinsichtlich der stehenden Früchte hinter dem Pfändungspfandgläubiger, dessen Rechte vor der Trennung der Früchte entstanden sind. Hiernach ergiebt sich als Resultat: Nach Preuß. Rechte entsteht das Pfandrecht des Verpächters und des Vermiethers an den Früchten schon vor ihrer Trennung, nach gem. Rechte erst nach der Trennung und der Perzeption seitens des Pächters, nach dem im Preußischen Staate geltenden gem. Rechte entsteht das Pfandrecht des Verpächters mit der Entstehung, das des Vermiethers erst mit der Absonderung der Früchte.

Auf der Grundlage dieser die Möglichkeit der Entstehung des Pfandrechtes bestimmenden Feststellungen entscheidet die Zeit der Begründung der einzelnen Pfandrechte über den Vorrang.

Im Uebrigen bleibt hier nicht unerwähnt, daß dem Hypotheken- und Grundschuldgläubiger die abgesonderten Früchte des Pächters nur haften, wenn er sein Pfandrecht an ihnen vor ihrer Trennung geltend und zu einem vollkommenen gemacht hat, und daß in den gemeinrechtlichen Theilen des Preußischen Staates[54]) „die dem Pächter zuwachsenden oder ihm gehörenden, auf dem Grundstücke noch vorhandenen Früchte den am Grundstücke dinglich Berechtigten nicht haften".[55])

Abgesehen von dem Pfandrechte an den als Illaten geltenden Früchten, worüber eben gesprochen, kann an den Illaten eine Kollision der Pfandrechte in der Regel nur zwischen dem Verpächter (Vermiether) und dem Pfändungspfandgläubiger vorkommen. Denn das

---

[54]) Siehe oben § 59.

[55]) Im Wesentlichen übereinstimmend v. Wilmowski Anm. 3 zu § 41 K.O. Willenbücher zu § 41 K.O. meint mit v. Völdernborff: Kollisionen zwischen den Ansprüchen des Verpächters, des Hypothekengläubigers und desjenigen Gläubigers, welcher die Früchte nach § 714 C.P.O. mit Beschlag belegt habe, seien in der Weise zu ordnen, daß das Absonderungsrecht des Hypothekengläubigers als das primärste, welches, wie v. Völdernborff sich ausdrückt, die Früchte schon im latenten Zustande ergreife, allen übrigen vorgehe; hierauf folge das Absonderungsrecht des Verpächters (Vermiethers), welchem der Vorzug vor dem exequirenden Gläubiger gebühre, und zwar auch wegen nicht fälliger Pacht (Miethe). Diese Rangordnung ist aber mehr einfach als richtig.

Pfandrecht des Hypotheken- und Grundschuldgläubigers erstreckt sich auf das bewegliche Zubehör eines Grundstückes nur unter der Voraussetzung, daß dieses Zubehör dem Eigenthümer des Grundstückes gehört. Die Illaten des Pächters (Miethers) sind diesem Pfandrechte des eingetragenen Gläubigers daher nur dann unterworfen, wenn der Eigenthümer von seinem Nießbraucher[8]) sie gemiethet oder gepachtet hat. In jedem Falle der Kollision des Pfandrechtes an den Illaten regelt sich die Rangordnung nach dem Alter der Rechte. Da das Pfandrecht des Vermiethers und Verpächters nicht vor der Illation der Sachen an diesen bestehen kann, die Sachen aber nicht gleichzeitig eingebracht zu werden brauchen, so kann das Pfandrecht dieser Gläubiger an einzelnen Sachen demjenigen des Pfändungspfandgläubigers vorgehen, an andern demselben nachstehen, je nachdem die Pfändung vor oder nach der Illation erfolgt.

Die Kollision des Pfandrechtes des Vermiethers (Verpächters) und des Aftervermiethers (Afterverpächters) ist oben besprochen. — Die Gläubiger von Theilen derselben Mieths- oder Pachtforderung haben keinen Vorrang vor einander. Denn die Illaten und Früchte werden von dem Pfandrechte für den gesammten Anspruch des Gläubigers aus dem Vertrage gleichzeitig ergriffen, mag dieser Anspruch ganz oder theilweise fällig sein oder nicht, mag die Illation bezw. die Existenz der Früchte vor oder nach dem Inkrafttreten des Vertrages erfolgt sein. Die Theilgläubiger stehen daher auch dann im Range gleich, wenn dem einen der Pachtzins z. B. für das Jahr 1890 cedirt ist, dem andern dagegen der Zins für das Jahr 1891 zusteht.

Eine Theilung des Anspruches kann durch freiwillige Cession, durch Ueberweisung eines Theiles desselben auf Betreiben eines Gläubigers des Vermiethers, sowie auch dadurch eintreten, daß das verpachtete oder vermiethete Grundstück in das Eigenthum eines Dritten durch Subhastation oder auf andere Weise übergeht.[56]) Im Falle des Eigenthumsüberganges tritt, wenn nichts anderes vereinbart ist,

[56]) Denn der Käufer eines Grundstückes tritt in das Miethsbezw. Pachtverhältniß des bisherigen Eigenthümers ein, welcher das Grundstück vermiethet oder verpachtet hatte. Obertr. Entsch. 25 S. 427, 40 S. 149, 53 S. 141, 57 S. 103, 116, 63 S. 191, 72 S. 221; Striethorst 3 S. 193, 9 S. 349, 59 S. 304, 69 S. 6, 89 S. 269; Förster-Eccius II § 136 Anm. 76; a. M. Plathner, die Ansprüche aus dinglichen Rechtsverhältnissen, namentlich aus dem Miethsund Pachtverhältnisse in der Arnsberger Jur.Mon.Schr. I S. 643 ff.

oder wenn der spätere Miethszins nicht bereits vorher einem Dritten cedirt oder[57]) überwiesen war, eine Theilung des Zinses für die Zeit bis zum Eigenthumsübergang und von da bis zur Beendigung des Vertrages ein.

Wegen des Gewahrsams bei Theilung des Absonderungsanspruches siehe oben § 38.

§ 73. cc. Das Absonderungsrecht des Pächters.

Den Faustpfandgläubigern stehen nach § 41 K.O. gleich

3) Pächter in Ansehung des in ihrem Gewahrsam befindlichen Inventars wegen der Forderungen für dieses.[1])

Nur dem Pächter, nicht auch dem Miether, ist ein Absonderungsrecht gegeben; der Miether hat daher an den Pertinenzien der Wohnung, auch wenn dieselben den Charakter des Inventars haben, kein Pfandrecht wegen seiner Forderung für dieselben. Wann ein Miethsund wann ein Pachtvertrag vorliegt, entscheidet sich nach den im vorigen Paragraphen angegebenen Grundsätzen.

Wie das Pfandrecht des Verpächters, so gründet sich auch dasjenige des Pächters auf einen stillschweigenden Pfändungsvertrag, und wie jenes die Konnexität der Illation, so hat dieses die Konnexität der Ueberlassung des Inventars mit dem Vertragsabschlusse zur Voraussetzung. Inventarstücke des Verpächters, deren Besitz der Pächter nicht in Folge des Vertrages erworben hat, sind daher dem Absonderungsrechte nicht unterworfen.

Nur die Ansprüche des Pächters **für** das Inventar sind durch das Pfandrecht gesichert, dieses steht ihm daher wegen seiner Ansprüche für Unterhaltung, Erneuerung, Vermehrung und Verbesserung, nicht aber wegen Forderungen zu, welche nicht für das Inventar geltend zu machen sind, daher nicht wegen des Anspruches

---

[57]) Striethorst 3 S. 187, 41 S. 253; Förster-Eccius a. a. O.

[1]) Die Preuß Konkursordnung gab dem Pächter das Absonderungsrecht der Gemeinschaftsgläubiger, indem sie im § 36 Abs. 2 bestimmte: „Ebenso findet hinsichtlich der Ansprüche des Verpächters oder des Pächters wegen des dem letztern übergebenen Inventars, ingleichen zwischen dem Lehns- oder Fideikommißfolger und den Allodialerben des Gemeinschuldners zunächst abgesonderte Auseinandersetzung und Berechnung nach den darüber bestehenden Vorschriften statt.“ Dieser Auffassung ist die K.O. nicht beigetreten; die Motive S. 211 sagen: „Die Auseinandersetzung hat nicht den Charakter der Theilung einer gemeinsamen Sache.“

auf Rückgewähr einer Kaution,[2]) für Meliorationen des Grundstückes selbst, auf Entschädigung wegen unzeitiger Entsetzung oder nicht rechtzeitiger Uebergabe des Grundstückes oder wegen nicht rechtzeitiger Uebergabe des Inventars selbst.[3])

Seiner rechtlichen Natur nach charakterisirt sich das Inventar als die Mehrheit der Pertinenzien eines Pachtgrundstückes. „Der Inbegriff der zu einer Sache gehörenden beweglichen Pertinenzstücke wird" nach § 103 A.L.R. I 2 „das Inventarium derselben genannt"; das Inventar gilt, wie die Motive[4]) sagen, „als der Inbegriff, welcher trotz Vermehrung, Verringerung, Verschlechterung oder Verbesserung Eigenthum des Verpächters bleibt, wenn nicht das Gegentheil bedungen ist."[5]) Zu derselben Auffassung führt der Begriff des Gutsinventars, welches keine andere Bestimmung hat, als dauernd zur Bewirthschaftung des Grundstückes zu dienen, auch im gemeinen Rechte, obgleich das Römische Recht keine dem Landrechte entsprechende Bestimmung enthält.[6]) Die Inventarstücke sind daher Sachen, welche zwar für sich selbst bestehen können, die aber von dem Eigenthümer mit dem Pachtgrundstücke in eine fortdauernde Verbindung gebracht sind.[7]) Aus ihrer Pertinenzqualität folgt, daß solche Sachen, die zwar mit der Hauptsache in dauernde Verbindung gesetzt sind, die aber dem Eigenthümer nicht gehören, nicht zum Zubehör[8]) und demnach auch nicht zum Inventar zu zählen sind. Dem Pfandrechte des Pächters unterliegen daher nur diejenigen Inventarstücke, welche im Eigenthum des Grundstückseigenthümers stehen,[9]) und — was aus der Konnexität des Pachtvertrages mit dem Pfandrechte hervorgeht — welche von dem Verpächter dem Pächter als Inventarstücke übergeben sind. Und da auch hier von der Annahme eines stillschwei-

---

[2]) v. Wilmowski Anm. 6 zu § 41.

[3]) v. Völderndorff zu § 41.

[4]) S. 211.

[5]) Vgl. §§ 452 ff., 466 ff. A.L.R. I 21; Obertrib. Entsch. 47 S. 208; Striethorst 44 S. 315.

[6]) Zwar ist in l. 17 pr. D. 19, 1 gesagt: Zu einem Landgute gehöre nichts, als was der Erdboden enthalte, aber schon im § 2 desselben Fragments wird der Dünger und das Stroh als zum Landgute gehörig betrachtet.

[7]) §§ 42, 44 A L.R. I 2.

[8]) § 108 cit.

[9]) Daher besteht kein Absonderungsrecht, sondern ein Aussonderungsrecht für den Pächter, in dessen Eigenthum das Inventar auf Grund des Vertrages übergegangen ist.

genden Pfändungsvertrages auszugehen ist, unterliegen dem Pfandrechte auch diejenigen Sachen nicht, die zwar dem Eigenthümer gehören, die er aber nicht verpfänden darf, in derselben Weise und mit denselben Modifikationen, wie dies oben § 70 erörtert ist. Ist der Verpächter nicht Eigenthümer des Pachtgrundstückes, noch dessen Vertreter, auch nicht gutgläubiger Besitzer des Grundstückes,[10]) so sind zwei Fälle möglich:

1) das Inventar gehört dem Verpächter, nicht dem Grundstückseigenthümer;

2) das Inventar gehört dem Grundstückseigenthümer, nicht dem Verpächter.

Im erstern Falle besteht kein Absonderungsrecht des Pächters, weil die ihm als Inventar übergebenen Sachen kein Zubehör des Grundstückes und daher kein Inventar im gesetzlichen Sinne sind. Im zweiten Falle ist das Absonderungsrecht nur dann begründet, wenn der Verpächter auf Grund einer Vertretungsbefugniß oder einer allgemeinen oder ausdrücklichen Genehmigung des Eigenthümers dasselbe verpfänden darf.[11]) Diese Grundsätze kommen auch für die Beantwortung der Frage in Betracht, ob dem Afterpächter ein Pfandrecht am Grundstücksinventar zusteht.[12]) Es steht ihm nicht zu, wenn das Inventar dem Afterverpächter und nicht dem Grundstückseigenthümer gehört; es steht ihm zu, wenn es dem letztern gehört und der Afterverpächter es verpfänden darf. Gehört es dem Grundstückseigenthümer, so kann, wenn der erste Pächter dasselbe nicht verpfänden darf, nur dieser, nicht auch der zweite Pächter ein Pfandrecht daran erwerben. Aber der zweite Pächter übt den Pachtbesitz für den ersten Pächter aus, und dieselbe Inventarforderung, die dem zweiten Pächter gegen den ersten zusteht, steht letzterm gegen den Hauptverpächter zu. Diese Forderung des ersten Pächters ist davon abhängig, daß er den zweiten Pächter befriedigt, sie ist also dem ersten Verpächter gegenüber eine suspensivbedingte und für diese

---

[10]) v. Völderndorff, Willenbücher und v. Wilmowski lassen als Gegenstände des Absonderungsrechts nur die dem Verpächter gehörenden Inventarstücke gelten.

[11]) Siehe darüber oben § 70

[12]) v. Völderndorff Anm. 3ª zu § 41 meint, der Afterverpächter stehe dem Pächter gleich, denn er habe das Inventar Namens des ursprünglichen Pächters im Gewahrsam und seine Ansprüche für dasselbe seien Ansprüche Namens des ursprünglichen Pächters.

bedingte Forderung gebührt ihm das Pfandrecht an dem Inventar, welches der Unterpächter für ihn im Gewahrsam hat.[13]) Aber nur der erste, nicht auch der zweite Pächter hat dies Pfandrecht, letzterer hat es nur, wenn der Verpächter das Grundstücksinventar verpfänden durfte.[14]) Eine solche Befugniß ist in der Regel als gegeben anzusehen, wenn der Eigenthümer dem Pachtvertrage beitritt.

Der Pächter kann neben dem Inventarpfandrecht des § 41³ auch das Pfandrecht wegen nützlicher Verwendung aus § 41⁷ haben, es kann ihm das letztere auch dann zustehen, wenn er das erstere nicht hat. Zwischen beiden Pfandrechten besteht aber ein wesentlicher Unterschied: Das Inventar ist der Inbegriff einer Mehrheit von Sachen, diese Mehrheit hat als Gegenstand des Pfandrechtes einen einheitlichen Charakter: Für jede Konservirung, Erneuerung, Verbesserung eines einzelnen Inventarstückes haftet das gesammte Inventar. Dem Pfandrechte wegen nützlicher Verwendung unterliegt dagegen nur die einzelne Sache, auf welche die Verwendung geschehen ist. Ferner begründet die Neuanschaffung eines Inventarstückes kein Verwendungs-, wohl aber bei dem Vorhandensein der sonstigen Voraussetzungen ein Pfandrecht im Sinne des § 41³. Der Pächter, dem das Inventarpfandrecht des § 41³ nicht gebührt, kann daher wegen nützlicher Verwendung ein Pfandrecht nur an denjenigen Gegenständen in Anspruch nehmen, auf welche er etwas nützlich verwendet hat.

Das Retentionsrecht des Pächters, durch welches er sein Pfandrecht schützt, ist nicht anders gestaltet, als dasjenige des Verpächters[15]): er darf nicht das gesammte Inventar für eine unerhebliche Forderung retiniren, er darf nur soviel davon zurückbehalten, als zur Sicherung seines Anspruches erforderlich ist; soweit er dagegen ein Pfandrecht wegen nützlicher Verwendung hat, kommt das Verhältniß des Werthes der zurückbehaltenen Sache zur Höhe der Verwendungsforderung nicht in Betracht.

Das Absonderungsrecht des Pächters besteht nur so lange, als er die einzelnen Inventarstücke im Gewahrsam hat. Sein Pfandrecht konnte nicht so, wie dasjenige des Verpächters und Vermiethers, von der Thatsache abhängig gemacht werden, daß die Sachen sich noch auf dem Grundstücke befinden. Denn er verliert nach der Be-

---

[13]) Siehe über das Pfandrecht der bedingten Forderung oben § 11.

[14]) Uebrigens wird der erste Pächter auch dem Unterpächter seine bedingte Pfandforderung cediren können.

[15]) Siehe darüber oben § 73.

endigung der Pachtzeit die Herrschaft über das Grundstück und würde daher auch die Herrschaft über das Inventar verlieren, wenn dasselbe auf dem Grundstücke verbleiben müßte. Er ist daher berechtigt und, zur Wahrung seines Pfandrechtes genöthigt, nach Beendigung der Pachtzeit das Inventar von dem Grundstücke wegzunehmen und in seinem Gewahrsam zu behalten. Ueber diesen Gewahrsam gelten die allgemeinen Grundsätze, wie sie oben [16]) für den Gewahrsam des Faustpfandgläubigers entwickelt sind, dieser Gewahrsam muß, wie dort, auch für den Pächter als fortgesetzt gelten, wenn derselbe für ihn durch einen Dritten ausgeübt wird. Zur Ausübung des Gewahrsams am Inventar ist übrigens nicht der Besitz sämmtlicher Inventarstücke erforderlich, jedes Stück ist ein Theil des Inventars, und der Gewahrsam an jedem Stücke ist zur Wahrung des Pfandrechtes an diesem Stücke erforderlich und ausreichend. Diejenigen Stücke, welche sich nicht im Gewahrsam des Pächters befinden, sind seinem Pfandrechte nicht unterworfen.

Wie das Pfandrecht des Verpächters, so beginnt auch dasjenige des Pächters nicht vor dem Zeitpunkt, in welchem der Pachtvertrag in Wirksamkeit tritt,[17]) und wird durch die Besitznahme der einzelnen Inventarstücke auch für die erst später entstehende Forderung begründet. Diese Momente sind zur Regelung der Kollision maßgebend, welche zwischen den Pfandrechten des Pächters, des Immobiliar- und des Pfändungspfandgläubigers eintreten kann. Diese Kollision wird auch hier, wie beim Pfandrechte des Verpächters,[18]) lediglich durch das Alter geregelt: Dasjenige Pfandrecht geht vor, welches zuerst entstanden ist, es sei denn, daß der Pächter ein Absonderungsrecht wegen nützlicher Verwendung geltend macht, dessen Stellung zu konkurrirenden Pfandrechten unten [19]) besprochen wird.

Da der Pächter sich im Besitz der Inventarstücke befindet, braucht er sich nachstehenden Gläubigern gegenüber eine Pfändung nach §§ 712 Abs. 1, 713 C.P.O. nicht gefallen zu lassen; willigt er aber in eine solche Pfändung, so verliert er sein Pfandrecht nur dann, wenn die Sache vom Gerichtsvollzieher seinem Gewahrsam entzogen ist und er dies ohne Vorbehalt geschehen läßt. Durch den Vorbehalt seines vorgehenden Pfandrechtes tritt der Erlös der versteigerten Sache

[16]) § 65.
[17]) Siehe darüber oben § 72.
[18]) Siehe darüber oben § 73.
[19]) § 76.

an die Stelle des Pfandgegenstandes,[20]) denn da er sich selbst durch gerichtlichen Verkauf wegen seines Absonderungsrechtes befriedigen kann, so kann er den für einen andern Gläubiger betriebenen gerichtlichen Verkauf zur eigenen Befriedigung benutzen.

§ 74. dd. Das Absonderungsrecht des Gastwirthes.

Den Faustpfandgläubigern stehen ferner gleich

5) Gastwirthe wegen ihrer Forderungen für Wohnung und Bewirthung des Gastes in Ansehung der von demselben eingebrachten, von ihnen zurückbehaltenen Sachen.[1])

1) Der Gastaufnahmevertrag ist ein Vertrag gemischt aus Vermiethung und Verwahrung. Als Quasiverwahrer haftet der Gastwirth strenger, denn als ein gewöhnlicher Depositar,[2]) dafür hat er aber andererseits als Vermiether ein Absonderungsrecht an den eingebrachten Sachen des Gastes, welches weiter geht als dasjenige des gewöhnlichen Vermiethers, da das Pfandrecht des Gastwirthes, nicht aber dasjenige des Vermiethers, auch für die Forderung wegen Bewirthung gegeben ist. Aber der Zusammenhang des Pfandrechtes des Gastwirthes mit seiner strengeren Haftung ist nur eine Erwägung, welche legislatorisch oder zur Erklärung des Gesetzes von Bedeutung ist, im konkreten Falle wird die strengere Haftung nicht durch die Zulässigkeit des Pfandrechtes, noch dieses durch jene bedingt. Die strengere Haftung des Gastwirthes besteht vielmehr, auch wenn das Absonderungsrecht vertragsmäßig ausgeschlossen ist, und letzteres verliert er nicht durch die Vereinbarung, daß die strengere Haftung nicht stattfinden solle.

2) Gastwirth ist derjenige, welcher andern gewerbsmäßig Wohnung und Bewirthung gewährt. Es kommt nicht darauf an, ob ihm die erforderliche polizeiliche Konzession ertheilt ist, da diese nur sein Verhältniß zum Staat, nicht zu den Gästen regelt. Weil die Gastwirth-

---

[20]) Siehe oben § 65. A. M. v. Völdernndorff a. a. O.

[1]) Im § 33 [5] der Preuß. Konkursordnung war den Gastwirthen „wegen Forderungen für Wohnung und Bewirthung in Ansehung der eingebrachten und zurückbehaltenen Sachen des Gastes, welche diesem selbst gehören oder welche er ohne Einwilligung des Eigenthümers zu verpfänden befugt ist", ein gesetzliches Absonderungsrecht gewährt, nachdem schon der § 455 A.L.R. II 8 „dem Gastwirthe wegen seiner Bezahlung für Quartier und Bewirthung auf die eingebrachten Sachen eben die Rechte, wie einem Vermiether wegen des zu fordernden Miethsgeldes" zugesprochen hatte.

[2]) §§ 444 ff. A.L.R. II 8; Tit. Dig. 4, 9.

schaft zu dem doppelten Zweck: zur Gewährung von Wohnung und zur Gewährung der Bewirthung betrieben wird, so hat derjenige die Stellung eines Gastwirthes nicht, welcher die Aufnahme von Personen nur zu einem der beiden Zwecke betreibt,[3]) ohne daß es darauf ankommt, ob in einem besonderen Falle ein Gast die Bewirthung nicht verlangt oder nicht erhält.

Die Gewährung von Wohnung und Bewirthung kennzeichnet den Gastwirth aber nur, wenn er beides gewerbsmäßig betreibt. Ist nur die eine dieser Funktionen Gegenstand seines Gewerbes, so ist er nicht Gastwirth, wenn er die andere nur gelegentlich ausübt, wenn z. B. ein Schankwirth einen Gast ausnahmsweise beherbergt. Die Aufnahme des Gastes muß in Ausübung des Gewerbes geschehen, es genügt nicht, wenn sie von einem Gastwirthe außerhalb seines Gewerbebetriebes vorgenommen wird.[4]) Es ist dagegen nicht ein nothwendiges Erforderniß des Gastaufnahmevertrages, daß der Gewerbebetrieb ohne Zeitbeschränkung geführt, oder daß ein Haus mit allen gewöhnlich zu einem Gasthofe gehörigen Einrichtungen benutzt wird.

3) Der Gastaufnahmevertrag ist auf unbestimmte Zeit mit dem

---

[3]) Daher sind Speise-, Kaffee- und Schankwirthe, Bahnhofsrestaurateure als solche nicht Gastwirthe, weil sie nur bewirthen, nicht wohnen lassen. Harder in der Zeitschr. für Civilr. und Pr. 18 S. 228; Seuffert, Archiv II Nr. 293; Förster-Eccius II § 140 Anm. 18; v. Wilmowski Anm. 8 zu § 41; Fitting § 19 Anm. 30; Petersen S 218. A. M. v. Völderndorff Anm. 78, Willenbücher Anm. 7a, Meves S. 64, v. Sarwey S. 279, Stieglitz S. 291, welche auch Restaurateure und Schankwirthe zu den Gastwirthen zählen (v. Völderndorff giebt auch einem Schankwirth ein Pfandrecht an dem Ueberzieher seines Gastes, der seine Zeche nicht bezahlt; ein solches Pfandrecht würde ihm aber nur als Pfändungspfandrecht, erworben durch einen Akt der Selbsthülfe, zustehen, wenn er ohne diese Pfändung sein Recht verlieren würde, insbesondere wenn der Gast dem Wirth unbekannt ist, § 414 A.L.R. I 14, vgl darüber unten § 78). Der Inhaber eines Hôtel garni ist Gastwirth, wenn er Fremden gewerbsmäßig Wohnung und Verpflegung gewährt. Vgl. v. Völderndorff I S. 527; Willenbücher Anm. 7a zu § 41; Meves S. 64; v. Wilmowski Anm. 8 zu § 41; v. Sarwey S. 379 Anm. 14.

[4]) Wenn der Wirth z. B. einen Freund aufnimmt oder Militär bei ihm einquartiert wird, L 2 D. 4, 9. Einen Freund kann er unter Umständen aber auch als Wirth aufnehmen, namentlich wenn die Aufnahme nicht unentgeltlich erfolgt. In diesem Falle würde dem Wirthe das Pfandrecht zustehen. Im Uebrigen ist die Entgeltlichkeit der Aufnahme kein allein entscheidendes Kriterium des Gastaufnahmevertrages: wer, ohne aus der Aufnahme von Gästen ein Gewerbe zu machen, einen Fremden gegen Entgelt bei sich aufnimmt und ihn bewirthet, ist deshalb noch nicht Gastwirth.

Rechte beider Theile geschlossen, ihn jeder Zeit zu beendigen. Dieser Vertrag ist gleichzeitig ein Miethsvertrag, denn auch ein solcher kann auf unbestimmte Zeit und mit dem Rechte sofortiger Aufkündigung geschlossen werden. Daraus folgt aber nicht, daß jeder von einem Gastwirthe eingegangene Vertrag, nach welchem ein Fremder bei ihm wohnen darf, ein Gastaufnahmevertrag sein muß. Es kann eine solche Vereinbarung auf einen Mitvertrag beschränkt sein und dadurch das weitergehende Pfandrecht des Gastwirthes ausschließen.[5]) Ob nur ein Miethsvertrag vorliegt, ist stets nach den konkreten Thatsachen zu entscheiden, wobei die Zeitdauer[6]) und die Preisvereinbarung nicht ohne Bedeutung sein, aber nicht immer den Ausschlag geben wird; maßgebend ist in dieser Beziehung die Beantwortung der Frage, ob der Wirth den Vertrag in Ausübung seines Gewerbes geschlossen hat.[6])

Da das Rezeptum immer gleichzeitig ein Miethsvertrag ist, so entstehen aus ihm alle Rechte und Pflichten des Miethsvertrages, insbesondere auch das Absonderungsrecht des Vermiethers. Das Rezeptum gewährt dem Gastwirthe aber einerseits, wie schon hervorgehoben, ein größeres Recht, als der Miethsvertrag, weil es das Pfandrecht auch für die Bewirthung gewährt, andererseits ist das Pfandrecht, welches sich nur auf den Gastaufnahmevertrag stützt, geringer, als dasjenige des Vermiethers, weil es nicht schon mit der Illation, sondern erst mit der Zurückbehaltung der Illaten beginnt. Das Absonderungsrecht des Vermiethers besteht schon an den eingebrachten Sachen, es setzt nur das Einbringen derselben voraus,[7]) für das Rezeptum läßt aber der Gesetzgeber das Absonderungsrecht nicht schon an den eingebrachten, sondern nur an den eingebrachten **und zurückbehaltenen** Sachen begründet werden, das Gesetz sagt nicht, daß der Gastwirth ein Pfandrecht an den eingebrachten Sachen, sofern sich dieselben noch im Gasthause befinden, sondern daß er ein Absonderungsrecht an den eingebrachten, zurückbehaltenen, also an den eingebrachten Sachen erst hat, wenn er sie zurückbehalten hat. Ein unvollkommenes, schon vor der Retention begründetes Pfandrecht hat der Gastwirth daher als solcher nicht, wohl aber hat er ein solches als Vermiether. Daraus folgt, daß der Anspruch des Gastwirthes,

---

[5]) **Förster-Eccius** II § 140 Anm. 17; **Goldschmidt** in der Zeitschr. f. Handelsrecht 3 S. 61 ff.; v. **Wilmowski** a. a. O.; **Seuffert**, Archiv 18 Nr. 142.

[6]) l. 2 D. 4, 9; **Förster-Eccius** a. a. O.

[7]) §§ 552 ff. A.L.R. I 20.

den er als Vermiether hat, also der Anspruch für Gewährung der Wohnung, schon von der Illation, sein Anspruch, den er nicht auch als Vermiether hat, also der Anspruch für Bewirthung, erst von der Retention an durch ein gesetzliches Pfandrecht gesichert ist.

Hiernach ist auch die Kollision der Pfandrechte zu regeln: sein Pfandrecht geht den nach der Illation, aber vor der Retention begründeten anderweitigen Absonderungsrechten hinsichtlich seines Anspruches aus der Vermiethung vor, steht ihnen aber hinsichtlich seines Anspruches für Bewirthung nach. Weil das Gesetz dem Wirth, wenn er retinirt, sogar ein Pfandrecht gewährt, so gestattet es ihm diese Retention. Der Gastwirth hat daher von der Illation und der Entstehung seiner Forderung an das Recht der Retention und kann zum Schutze desselben die Wegschaffung der Sachen verbieten, er hat daher auch das Recht der Perklusion. Aber diese Rechte sind nicht, wie die gleichen Rechte des Vermiethers, Ausflüsse seines Pfandrechtes, weil er ein Pfandrecht vor der Retention nicht besitzt, sie sind es vielmehr, welche das Pfandrecht erst begründen. Der Gastwirth kann daher als solcher nicht, wie der Vermiether, das Retentionsrecht vor der Entstehung seines Anspruches geltend machen; wohl aber darf er dies in seiner Eigenschaft als Vermiether für seine Forderung für Logis. Als Gastwirth kann er aber nach der Entstehung seiner Forderung das Perklusionsrecht jeder Zeit ausüben, auch wenn er den Aufnahmevertrag noch fortsetzt. Durch die Geltendmachung desselben allein wird jedoch das Pfandrecht des § 41 [5] noch nicht begründet, dieses besteht daher noch nicht, wenn er die Sachen des Gastes in dessen Zimmer beläßt, es entsteht erst, wenn er die Sachen zurückbehält, wenn er sie also in seinen Gewahrsam genommen hat.

Setzt das Pfandrecht des Gastwirthes die Retention voraus, so kann es sich auch dem Umfange nach nur auf eine solche Quantität der Illaten erstrecken, „als zur Deckung des ihm zukommenden Anspruches erforderlich ist", da das Zurückbehaltungsrecht nur mit dieser Beschränkung ausgeübt werden darf.[7])

4) Das Pfandrecht aus dem Rezeptum beruht auf der Annahme eines stillschweigenden Pfändungsvertrages.[8]) Deshalb unterliegen dem Pfandrechte nur die Illaten, welche dem Gaste gehören oder die er nach den oben § 70 entwickelten Grundsätzen verpfänden darf,[9])

[8]) Oben § 70.

[9]) v. Wilmowski, Fitting, v. Sarwey wollen auch hier nur die

und von diesen mit Rücksicht auf das Erforderniß der Konnexität[10]) des Vertrages mit der Illation auch nur diejenigen Sachen, welche von dem Gaste oder mit seinem Wissen und Willen für ihn eingebracht sind.[11])

5) Als eingebracht gelten nicht nur diejenigen Sachen, welche sich im Gasthause befinden, sondern auch die, welche vor demselben auf einem zum Gasthause gehörigen Raum untergebracht oder gelagert sind;[12]) nicht aber auch die vor dem Hause, z. B. im Hotelwagen befindlichen Sachen, bevor sie im Gasthause oder einem dazu gehörigen Raum untergebracht sind.[13]) Eingebracht sind auch die dem Wirthe zur Verwahrung anvertrauten Sachen, wenn dieser sie im Gasthause, obgleich in seinem Privatzimmer, aufbewahrt oder sie sich wenigstens im Gasthause befunden haben.[14]) An solchen ihm zur Aufbewahrung übergebenen Sachen steht dem Wirthe das Pfandrecht des § 41[5] selbst unter einem Civilrecht zu, welches dem Depositar ein Retentionsrecht überhaupt nicht oder nur wegen der auf

---

eigenen Sachen des Gastes als verpfändet gelten lassen, während v. Völderndorff alle Sachen, die der Gast einbringt, ohne Rücksicht auf das Eigenthum eines Andern für verpfändet hält.

[10]) Wie oben § 72 Anm. 19.

[11]) v. Völderndorff wirft die Frage auf, ob der Wirth auch an der Leiche seines Gastes das Retentionsrecht hat und sagt: „ich glaube nicht". Die Frage ist zu verneinen. Die Leiche des Gastes ist nicht von ihm und nicht für ihn eingebracht. Auch die von dem Gaste mitgeführte Leiche — sofern sie nicht als Antiquität zum Vermögensobjekt geworden ist — kann nicht Gegenstand des Pfandrechtes sein, weil die Verpfändung einer Leiche als gegen die guten Sitten verstoßend — § 7 A L.R. I 4 — unzulässig ist.

[12]) Obertr. Entsch. 11 S. 367, 33 S. 107; Striethorst 21 S. 309, 55 S. 48; Reichsgericht Bd 1 S. 83.

[13]) Wenn der Gast dem Wirthe oder dessen Bediensteten einen Gepäckschein mit dem Auftrage übergiebt, auf Grund desselben seine Effekten aus der Transportanstalt abzuholen und in das Gasthaus zu bringen, so sind diese Sachen erst eingebracht, wenn sie sich im Gasthause befinden, nicht schon, wenn sie der Wirth oder sein Bediensteter in Besitz genommen hat; vgl. hierüber Obertr. Entsch. 11 S. 367. Das Reichsgericht Bd. 1 S. 83 geht mit der Annahme, daß das Gepäck eines Reisenden, welcher sich in einen zum Abholen der Reisenden vom Bahnhofe bestimmten Wagen gesetzt und den Kutscher mit der Besorgung des Gepäckes beauftragt hat, als inferirt anzusehen sei, viel zu weit. Denn der Wagen ist nicht ein Theil des Gasthauses.

[14]) Werden solche Sachen, die sich im Gasthause noch nicht befunden haben, außerhalb desselben übergeben und von ihm in einem andern, mit dem Gasthof in keiner Beziehung stehenden Hause aufbewahrt, so können sie nicht als eingebracht gelten.

die deponirte Sache gemachten Verwendungen gewährt.[15]) Denn die gesetzlichen Pfandrechte des § 41 sind unabhängig von der Anerkennung des Civilrechtes.[16])

Während die Illation immer in Beziehung zu dem Gasthause stehen muß, verlangt die Retention ein Verbleiben der Sachen in dem Gasthause nicht, setzt vielmehr nur voraus, daß sie sich, nachdem sie in das Gasthaus oder einen dazu gehörigen Raum gebracht, und ohne daß sie von dem Gaste oder einem Dritten aus demselben geschafft worden, sich im Besitze des Wirthes befinden, mag derselbe den Gewahrsam ausüben, wo er will. Ist der Aufenthalt der Sachen im Gasthause unterbrochen, weil der Gast oder ein Dritter sie hinausgeschafft hat, ohne daran vom Wirthe gehindert zu sein, so kann die spätere Besitznahme der Sachen durch den Wirth das Pfandrecht nicht begründen. Zurückbehalten sind die Illaten auch nicht, solange sie sich im Zimmer des Gastes in dessen Verwahrung befinden, sie sind dagegen nach Beendigung des Gastaufnahmevertrages, auch dann, wenn sie sich noch in dem Zimmer des bisherigen Gastes befinden, zurückbehalten, da mit dem Aufhören des Rezeptums der Wirth die ausschließliche thatsächliche Herrschaft über das Zimmer und die darin befindlichen Sachen hat. Auch wenn er das Zimmer einem andern Gaste überweist und die Sachen des früheren Gastes darin beläßt, hat er dem letztern gegenüber doch die thatsächliche Herrschaft über die zurückbehaltenen Sachen. An den ihm zur Aufbewahrung übergebenen Sachen erwirbt der Wirth das Pfandrecht vor und nach der Beendigung des Rezeptums im Augenblick der ausdrücklich erklärten Zurückbehaltung oder der absichtlich verweigerten oder verzögerten Rückgabe.

6) Da das Pfandrecht des Gastwirthes die Illation und die Retention zur Voraussetzung hat und nicht vor der Retention begründet ist, so besteht ein Absonderungsrecht den Konkursgläubigern gegenüber nach § 12 K.O. nicht, wenn der Konkurs zwar nach der Illation, aber vor der Retention eröffnet wird.[17]) Soweit der

[15]) Wegen der auf die Sache gemachten Verwendung giebt das Landrecht § 77 I 14 auch dem Verwahrer ein Retentionsrecht; ob ein solches Retentionsrecht wegen Verwendungen auch im gemeinen Rechte anzuerkennen ist, ist streitig; vgl. Seuffert, Pandekten § 316 Anm. 16, dagegen Puchta, Pandekten § 321 Anm. r. Für andere Forderungen gestattet weder das Landrecht — § 78 I 14 —, noch das gem. Recht — l. 11 C. 4, 34 — die Retention.

[16]) Siehe oben § 70 und § 4.

[17]) v. Sarwey Anm. 16 zu § 41; a. M. v. Völderndorff.

Wirth aber ein Absonderungsrecht als Vermiether hat, ist dasselbe schon mit der Illation existent geworden[18]) und wird durch die Konkurseröffnung nicht beeinträchtigt.

7) Der Absonderungsanspruch besteht aus den Forderungen für Wohnung und Bewirthung. Die Forderungen der ersten Art fallen mit den Ansprüchen des Vermiethers gegen den Miether, wie sie oben § 72 erörtert sind, zusammen. Unter Bewirthung sind diejenigen Leistungen des Wirthes zu verstehen, die er dem aufgenommenen Gaste zur Befriedigung seiner Nothdurft oder Bequemlichkeit gewährt, wobei auf die Nützlichkeit der Leistung nichts ankommt. Die Bewirthung besteht daher nicht blos in der Lieferung von Speisen und Getränken, sondern auch in der Gewährung von Bedienung und Beleuchtung, in dem Abholen des Reisenden und seines Gepäckes vom Bahnhofe, in der Lieferung und Besorgung von Wäsche und Kleidungsstücken, in der Lieferung von Seife, eines Bades im Hause u. s. w., in der Aufnahme und Fütterung des eingebrachten Viehes.[19]) Andere Forderungen, die sich weder auf das Logis, noch die Bewirthung im Gasthause beziehen, sind keine Ansprüche aus dem Rezeptum, für welche ein Pfandrecht bestände. Daß daher ein Darlehn, welches der Wirth dem Gaste giebt, des Absonderungsrechtes entbehrt, ist in den Motiven und von den Kommentatoren anerkannt. Dem Darlehn stehen aber gleich, jedenfalls sind es nicht Forderungen für Wohnung und Bewirthung im Gasthause, die Auslagen, welche der Wirth zwar in Veranlassung des Rezeptums, aber ohne Beziehung auf die Bewirthung des Fremden im Gasthause, macht.[20]) Ansprüche für Beschädigungen, welche der Gast an den Hotelutensilien und der Wohnung selbst verübt, sind als Forderungen aus dem Rezeptum anzusehen,[21]) wenn durch die Beschädigung Räume oder Sachen be-

[18]) Siehe oben § 72.

[19]) So auch v. Völderndorff, v. Wilmowski und Willenbücher zu § 41.

[20]) Z. B. für eine Aufenthaltskarte, für Visirung eines Passes, für Theater- oder Konzertbillets, für Briefmarken, ausgelegtes Briefporto, ausgelegte Telegraphengebühr, ausgelegte Droschkengelder. A. M v. Völderndorff (und ähnlich Willenbücher), der diese Auslagen, die nur Darlehne sind, unter die Bewirthung fallen läßt Die Lieferung von Spielkarten zum Spielen im Gasthause gehört dagegen zur Bewirthung. Kohler S. 162 Anm. 4 will unterscheiden, ob die Leistungen von Leuten des Wirthes gemacht sind oder nicht und im ersten Falle das Pfandrecht zulassen.

[21]) So auch v. Wilmowski und v. Völderndorff.

troffen werden, welche dem Gaste zu seiner Benutzung überwiesen sind, wie auch das Pfandrecht des Vermiethers dessen Ansprüche wegen derartiger Beschädigungen sichert.[22]) Für Beschädigungen anderer Räume oder Sachen, sowie für körperliche[23]) Beschädigungen, die der Gast gegen den Wirth oder dessen Bedienstete verübt, ist das Pfandrecht nicht gegeben.

8) Wegen der Konnexität der Illation mit dem Gastaufnahmevertrag gilt hinsichtlich des Absonderungsrechtes des Gastwirthes für Forderungen, die nicht gegen den Gast selbst begründet sind, dasselbe, was in dieser Beziehung oben im § 72 hinsichtlich des Absonderungsrechtes des Vermiethers angeführt ist.

§ 75. ee. Das Absonderungsrecht aus dem Arbeitsvertrage.

Nach § 41 stehen den Faustpfandgläubigern ferner gleich:[1])

6) Künstler, Werkmeister, Handwerker und Arbeiter wegen ihrer Forderungen für Arbeit und Auslagen in Ansehung der von ihnen gefertigten oder ausgebesserten, noch in ihrem Gewahrsam befindlichen Sachen.

1) Der Vertrag, auf welchen das Pfandrecht sich gründet, braucht nicht ein sog. Werkverdingungsvertrag zu sein, es genügt jeder auf Fertigung[2]) oder Ausbesserung einer Sache gerichtete Vertrag, welcher mit einer der genannten Personen geschlossen ist. Der Vertrag muß aber eine locatio conductio operis, nicht operarum, sein. Das Pfandrecht setzt die Konnexität des Vertrages sowohl mit der Herstellung oder Fertigung, als auch mit dem Gewahrsam der Sache voraus. Nur wenn der Künstler u. s. w. die Sache durch den Vertrag in Gewahrsam erhält, kann das Pfandrecht begründet werden, daher nicht, wenn er die gefertigte Sache dem Besteller übergiebt und dieser sie ihm zur Weiterbeförderung an einen Dritten, zum Zweck einer erst später erforderlich gewordenen Reparatur[3])

---

[22]) Vgl. oben § 72 S. 421.

[23]) So auch v. Völderndorff.

[1]) Der § 33 der Preußischen Konkursordnung gab unter Nr. 9 nur den Werkmeistern, Handwerkern und Arbeitern, nicht auch den Künstlern ein gesetzliches Pfandrecht, stimmte im Uebrigen aber mit der jetzigen Nr. 6 des § 41 K.O. wörtlich überein.

[2]) Unter Fertigung ist auch die Umwandlung einer Sache oder die Trennung von Substanztheilen derselben, z. B. das Dreschen und Mahlen von Getreide, das Zerkleinern von Holz zu verstehen.

[3]) In diesem Falle steht dem Arbeitenden das Pfandrecht nur für die Kosten

oder als Faustpfand für eine andere Forderung zurückgiebt, wohl aber wenn er die Sache dem Besteller nur vorläufig zur Prüfung der Arbeit übergiebt und er sie von ihm als ungenügend oder zur Fortsetzung der Arbeit zurückerhält.

Wegen der geforderten Konnexität des Pfandrechtes mit dem Arbeitsvertrage sind nur diejenigen Forderungen des Arbeitenden absonderungsberechtigt, welche diesem aus dem Arbeitsvertrage gegen den Besteller zustehen, daher nicht auch die Forderungen der Arbeiter, welche der Werkmeister u. s. w. zur Herstellung oder Verbesserung der Sache benutzt. Denn deren Ansprüche entspringen nicht aus dem mit dem Besteller, sondern aus dem mit dem Werkmeister geschlossenen Vertrage; gegen den Besteller haben sie daher keine Forderung und abgesehen von dem etwaigen Retentionsrechte wegen nützlicher Verwendung kein Pfandrecht. Ihnen gegenüber ist der Werkmeister u. s. w. der Besteller, der von demselben mit ihnen über die Anfertigung und Ausbesserung der Sache geschlossene Vertrag verleiht ihnen aber gegen den Werkmeister — abgesehen von dem Pfandrechte aus der nützlichen Verwendung — ein Absonderungsrecht nur dann, wenn dieser die Sache als eigene oder fremde zu verpfänden befugt ist. Dagegen haftet die Sache dem Werkmeister auch für die Forderungen seiner Arbeiter, deren Ansprüche für ihn dem Besteller gegenüber als Forderungen für Auslagen anzusehen sind.[4]) In letzterer Beziehung ist es gleichgültig, ob der von dem Werkmeister mit seinen Arbeitern geschlossene Vertrag eine locatio cond. operis oder operarum ist.

2) Pfandgläubiger ist der Künstler, Werkmeister, Handwerker oder Arbeiter ohne Unterschied, ob er ein solches Fach oder Gewerbe ständig betreibt oder nur in dem einzelnen Falle ausübt.

3) Die Pfandforderung muß für die Arbeit oder die Auslagen in Ansehung der gefertigten oder ausgebesserten Sachen entstanden sein. Mit der Anfertigung oder Verbesserung muß daher mindestens begonnen sein, wenn das Pfandrecht entstehen soll. Dieses rangirt daher nicht schon mit der Uebergabe der Sache zur Verbesserung oder Fertigung an den Arbeitenden, sondern erst nachdem der Vertrag geschlossen ist, die Uebergabe stattgefunden hat, und mit der Verbesserung oder Fertigung begonnen ist. Ohne den Anfang der Verbesserung oder Fertigung ist daher auch die Forderung des Arbeitenden

derjenigen Reparatur zu, für welche die Sache ihm wieder übergeben ist, nicht für die Kosten der früheren Herstellung oder früheren Reparatur.

[4]) Vgl. Reichsgericht 4 S. 423; 27 S. 227 und in Gruchot 24 S. 526.

für Auslagen, die er in Veranlassung des Vertrages gemacht hat, durch das Absonderungsrecht nicht geschützt. Die Auslagen z. B., welche der Tischler für das Abholen oder den Transport eines Tisches zum Zwecke der Reparatur gemacht hat, gehören zwar zu den Auslagen, welche an sich durch das Pfandrecht des § 41 6 geschützt werden, sie sind aber durch dasselbe nicht gesichert, wenn die Reparatur nicht begonnen hat, da der Transport den Anfang der Reparatur nicht darstellt.

Andererseits wird durch die Anfertigung und Reparatur das Pfandrecht auch dann begründet, wenn der Besteller durch diese Arbeit keinen Vortheil hat oder der vorhanden gewesene Vortheil zur Zeit der Konkurseröffnung nicht mehr vorhanden ist.

4) Der Gegenstand dieses Absonderungsrechtes kann nur eine bewegliche körperliche Sache sein.[5]) An unbeweglichen Sachen besteht dieses Absonderungsrecht nicht, an ihnen kann nur ein Retentionsrecht bestehen.[6])

Nur solche eigene oder fremde Sachen können bei der Annahme eines fingirten Pfandvertrages dem Pfandrechte aus dem Arbeitsvertrage unterliegen, welche der Besteller verpfänden darf; vgl. darüber oben § 70.[7]) Gehört die Sache dem Arbeitenden, der das Eigenthum erst durch die Uebergabe des fertigen Werkes an den Besteller aufgiebt, so kann er kein Pfandrecht an der eigenen Sache haben; gelangt eine solche, ihm noch gehörende Sache vor der Uebergabe in die Konkursmasse, so ist er Aus-, nicht Absonderungsberechtigter, und übergiebt er sie dem Kridar vor der Eröffnung des Verfahrens, so verliert er sein Eigenthumsrecht, ohne ein Absonderungsrecht zu erlangen.

5) Ueber den Gewahrsam, von dessen Konservirung das Absonderungsrecht abhängt, vgl. oben § 65. Hat der Besteller mehreren Personen auf Grund von Verträgen, die er mit Jedem von ihnen einzeln abgeschlossen hat, verschiedene Arbeiten an demselben Werke aufgetragen, so steht demjenigen das Absonderungsrecht zu, der die Sache im Besitz hat.[8]) Mehrere Arbeitende dagegen, die gemein-

---

[5]) Siehe oben § 70.

[6]) Siehe darüber oben § 6; vgl. § 971 A.L.R. I 11.

[7]) Gehört aber die Sache einem Dritten, den der Besteller nicht vertritt und dessen Sache er nicht verpfänden darf, oder darf er die eigene Sache nicht verpfänden, so kann dem Arbeitenden das Recht aus der nützlichen Verwendung zustehen; vgl. darüber den folgenden Paragraphen.

[8]) So auch v. Wilmowski und Willenbücher zu § 41[6] K.O.

schaftlich die Verbesserung oder Fertigung der Sache dem Besteller gegenüber übernehmen, vertreten sich gegenseitig im Gewahrsam, wenn auch über die Arbeitsleistung und die Vergütung eines jeden gesonderte Bestimmungen getroffen sind.

6) Die Kollision mit andern Pfandrechten entscheidet sich durch das Alter des Pfandrechtes, vgl. darüber oben unter 3, sofern es sich nicht gleichzeitig um das Absonderungsrecht aus der nützlichen Verwendung handelt.

§ 76. ff. Das Pfandrecht wegen nützlicher Verwendung.

Den Faustpfandgläubigern stehen ferner gleich:

7) Diejenigen, welche etwas zum Nutzen einer Sache verwendet haben, wegen des den noch vorhandenen Vortheil übersteigenden Betrages ihrer Forderung aus der Verwendung in Ansehung der zurückbehaltenen Sache.

1) Dieses Absonderungsrecht ist ohne Rücksicht darauf gegeben, ob nach Civilrecht ein Pfand- oder Retentionsrecht für die Verwendungsforderung besteht oder nicht, maßgebend ist aber, daß das Civilrecht aus der nützlichen Verwendung eine Forderung entstehen läßt.[1]) Denn der § 41⁷ gewährt das Absonderungsrecht nicht für die Verwendung, sondern nur für die Forderung wegen Verwendung, „wegen des Betrages der Forderung aus der Verwendung", also nur insofern, als dem Gläubiger eine Forderung aus der Verwendung nach Civilrecht zusteht.

Besteht eine solche Forderung, so ist in jedem Falle auch das Absonderungsrecht im Konkurse[2]) und für das Preuß. Recht[3]) im Verhältniß zu Dritten auch außerhalb des Konkurses begründet. Besteht eine solche Forderung nach dem Civilrechte nicht, so ist auch ein Absonderungsrecht nicht anzuerkennen.

---

[1]) So auch v. Wilmowski, v. Völderndorff und Willenbücher zu § 41⁷ K.O.

[2]) Die Preuß Konkursordnung gab im § 33¹⁰ das Pfandrecht „denjenigen, welchen das Zurückbehaltungsrecht an einer körperlichen beweglichen Sache auf Grund einer zum Nutzen der Sache geschehenen Verwendung zusteht, wegen ihrer Forderungen aus dieser Verwendung, soweit der Vortheil derselben noch wirklich vorhanden ist, in Ansehung der zurückbehaltenen Sache," setzte also zur Begründung des Absonderungsrechtes voraus, daß nach dem Rechte außerhalb des Konkurses nicht nur eine Forderung aus der nützlichen Verwendung, sondern auch ein Retentionsrecht für dieselbe besteht.

[3]) Siehe oben § 4.

Andererseits wird ein Absonderungsrecht nur zugelassen, soweit ein Vortheil aus der Sache noch vorhanden ist und die Sache sich noch im Gewahrsam des Gläubigers befindet, ohne Unterschied, ob nach Civilrecht die Verwendungsforderung den Betrag des noch vorhandenen Vortheils erreicht oder nicht, und ob es den Gewahrsam voraussetzt oder nicht.

2) Die Bereicherungsklage ist nach § 262 A.L.R. I 13 demjenigen gegeben, „aus dessen Vermögen etwas in den Nutzen eines Andern verwendet worden" ist, und dieser ist berechtigt, „dasselbe entweder in Natur zurück oder für den Werth Vergütung zu fordern." Das Absonderungsrecht des § 41⁷ besteht nicht in jedem Falle der Bereicherung, sondern nur in dem Falle, daß die Bereicherung sich auf eine bestimmte, körperliche, bewegliche[4]) Sache bezieht; es genügt daher nicht, daß „etwas in den Nutzen eines Andern", sondern es ist erforderlich, daß etwas zum Nutzen der Sache eines Andern verwendet ist: Der Mandatar, der für den Mandanten eine diesem gehörige Sache zurückerwirbt, hat dessen Vermögen verbessert, aber seine Auslagen, die er für den Rückerwerb gemacht hat, sind nicht zum Nutzen der Sache, die trotz derselben unverändert und nicht verbessert ist, sondern nur zum Nutzen des Vermögens des Mandanten gemacht; ihm steht daher ein Absonderungsrecht wegen dieser Auslagen nicht zu. Ein Retentionsrecht hat er zwar, er kann dasselbe aber, wenn er Konkursgläubiger ist, im Konkurse nicht geltend machen.[5])

Das Konkursrecht beschränkt aber andererseits die Verwendungsforderungen nicht auf solche Ansprüche, welche ohne einen zwischen den Parteien bestehenden Vertrag aus der bloßen Bereicherung entstehen,[6]) sondern versteht unter den durch das Pfandrecht gesicherten Ansprüchen die Forderungen für jede Verwendung, mag dieselbe auf Grund eines Vertrages oder ohne einen solchen gemacht sein, wenn

---

[4]) Siehe oben § 70. Die Verwendung zum Nutzen einer unbeweglichen Sache begründet kein Absonderungsrecht. Z. B. der Miether, welcher nothwendige Verwendungen an der Wohnung vorgenommen hat, die der Vermiether erstatten muß, hat weder ein Pfand- noch ein Retentionsrecht an der Wohnung. Ueber das Retentionsrecht des bonae fidei possessor wegen Verwendungen siehe oben § 6.

[5]) Siehe oben § 6.

[6]) Nur, „wenn kein rechtlicher Vertrag unter den Parteien vorhanden ist", läßt der § 277 A.L.R. I 13 die für die nützliche Verwendung in den §§ 262 ff. aufgestellten Grundsätze zur Anwendung kommen.

sie nach Civilrecht auch nicht aus dem Gesichtspunkte der Bereicherung, sondern auf einer andern rechtlichen Grundlage eine Forderung erzeugt.

Die Verwendung zum Nutzen einer Sache gewährt entweder nur ein Retentionsrecht oder auch eine klagbare Forderung. Wegen der Verwendung zum Nutzen einer beweglichen körperlichen Sache hat der Verwendende, der sich bona fide im Besitz der Sache befindet, das Retentionsrecht [7]) sowohl gegen denjenigen, von welchem er auf Grund eines Rechtsgeschäftes den Gewahrsam erlangt hat, als auch gegen den Eigenthümer der Sache, mit dem er im Uebrigen außer jedem rechtlichen Konnex steht.[8]) Auch das gemeine Recht giebt das Retentionsrecht gegen den Eigenthümer wegen nothwendiger und nützlicher Verwendungen dem bonae fidei possessor, und wegen der nothwendigen Verbesserungen sogar dem malae fidei possessor. Insoweit kann man sagen, daß das Recht aus der nützlichen Verwendung in rem wirkt. Aber dieses Recht ist nicht stets ein Anspruch, welcher im Wege der Klage geltend gemacht werden kann, es begründet an sich nur die exceptio doli gegen die Vindikation. Hat der Verwendende gegen den Eigenthümer der Sache lediglich die Befugniß zur Retention, nicht auch eine Forderung, so verbleibt ihm dieses Zurückbehaltungsrecht auch im Konkurse des Eigenthümers.[5]) Soweit er aber auch eine klagbare Forderung aus der Verwendung gegen den Eigenthümer hat, soweit ist er im Konkurse des letztern unter den Voraussetzungen des § 41[7] Absonderungsgläubiger; soweit aber diese klagbare Verwendungsforderung denjenigen Anspruch übersteigt, welcher nach dem § 41[7] K.O. durch das Pfandrecht gesichert ist, kann er im Konkurse des Eigenthümers weder ein Absonderungsrecht, noch ein Retentionsrecht[5]) geltend machen.[9])

---

[7]) § 537 A.L.R. I 20.

[8]) §§ 547—551 A.L.R. I 20; Endemann § 65 S. 408, 409.

[9]) Nur mit diesen Beschränkungen dürfen die Motive S. 214 verstanden werden: „Fließt mit der Verabfolgung der Sache zugleich zur Konkursmasse der Vortheil aus einer zum Nutzen der Sache geschehenen Verwendung, so würde die Absonderung ohne Vergütung dieses Vortheils dolos sein. Schon nach allgemeinen Grundsätzen wirkt der Anspruch aus der nützlichen Verwendung in rem und verleiht das Recht auf vorzugsweise Befriedigung; 1 5, l. 6 pr. D. 20, 4; Erkenntniß des Oberappellationsgerichts Oldenburg von 1868 in Seuffert, Archiv Bd. 23 Nr. 8; Sächsisches B.G.B. § 767; Preuß. A.L.R I 20 § 547; vgl. die Motive zum bürgerlichen Gesetzbuche für die Preußischen Staaten, Berlin 1840 S. 570, 571; Code civil 2102 Nr. 3 u. s. w."

Während das Retentionsrecht aus der Verwendung auch gegen jeden Dritten begründet ist, entsteht eine klagbare Forderung und somit ein Absonderungsrecht nur

a. gegen den Interessenten, der die Sache zu verpfänden berechtigt ist. Als Interessent ist hier derjenige zu verstehen, gegen welchen aus einem zwischen ihm und dem Verwendenden bestehenden Rechtsverhältnisse die Verwendung erfolgt, mag dieses Verhältniß ein Vertrag, ein Quasikontrakt, ein Delikt oder ein Quasidelikt [10]) sein. Gerade dasjenige Verhältniß, aus welchem die Kondiktion entspringt, ist die eigentliche Grundlage der Versionsklage des A.L.R., deshalb entsteht die Verwendungsforderung auch aus einem wegen mangelnder Form ungültigen, aus einem nichtigen, aus einem rückgängig gemachten Vertrag;

b. gegen den Dritten, welcher Eigenthümer der Sache ist, aber außer jedem Konnex mit dem Verwendenden steht, ist ein Verwendungsanspruch nur unter bestimmten Umständen begründet:

α. Wenn die Sache, für deren Verbesserung dem Verwendenden eine Forderung gegen den Interessenten zusteht, in das Eigenthum eines Dritten übergegangen ist, so richtet sich nach Preußischem Rechte der Anspruch des Verwendenden in Höhe des zur Zeit des Eigenthumsüberganges noch vorhandenen Vortheils auch gegen den neuen Eigenthümer, sofern dieser das Eigenthum unentgeltlich erworben hat,[11]) wogegen nur die Retention, nicht auch eine Verwendungsforderung, also kein Absonderungsrecht, gegen den neuen Eigenthümer geltend gemacht werden kann, wenn dieser das Eigenthum durch einen lästigen Vertrag erworben hat.[12])

Im gemeinen Rechte ist in diesem Falle gegen den dritten Erwerber nur ein Retentionsrecht, nicht auch ein Anspruch des Verwendenden anzuerkennen.

---

[10]) §§ 277—279 A.L.R. I 13.

[11]) Z. B. durch Legat oder Schenkung. Die im letzten Falle erforderliche Tradition kann, ohne daß dem Verwendenden der Gewahrsam entzogen wird, durch Anweisung (§ 66 A.L.R. I 7) ausgeführt werden.

[12]) §§ 275, 276 A.L.R. I 13: „Ist die verbesserte Sache nach der Verwendung in das Eigenthum eines Dritten durch einen lästigen Vertrag übergegangen, so ist dieser demjenigen, aus dessen Vermögen die Verwendung geschehen ist, nicht verhaftet. Hat aber der Dritte das Eigenthum der Sache unentgeltlich überkommen, so haftet er für die Verwendung soweit, als damals der dadurch bewerkstelligte Vortheil noch wirklich vorhanden war."

β. Abgesehen von dem Falle unter α ist es streitig, ob gegen den Dritten eine Forderung aus der Verwendung anzuerkennen ist. Das gemeine Recht läßt die Verwendungsklage nach der herrschenden Ansicht nur zu, wenn die Verwendung durch einen beauftragten oder nicht beauftragten Vertreter des Bereicherten (Eigenthümers), also in einer Weise erfolgt ist, daß der Bereicherte so verpflichtet wird, als wenn er mit dem Verwendenden in direkter Rechtsbeziehung steht, als wenn er Interessent ist.[13]) Im Preußischen Rechte beschränkte das Obertribunal[14]) die Zulassung der Bereicherungsklage in gleicher Weise auf den Fall, daß der Bereicherte zu dem Verwendenden in rechtlicher Beziehung stand, wogegen das Reichsoberhandelsgericht[15]) auch die durch eine zur Vertretung des Eigenthümers nicht berechtigte Zwischenperson erfolgte Bereicherung als Grund der Verwendungsforderung ansah. Der letztern Ansicht hat sich das Reichsgericht angeschlossen.[16]) Die Zulassung der Verwendungsklage gegen den, welcher durch eine als Vertreter des Eigenthümers nicht anzusehende Mittelsperson bereichert ist, wird auf den § 262 A.L.R. I 13 zurückgeführt, wonoch derjenige, „aus dessen Vermögen etwas in den Nutzen eines andern verwendet worden, berechtigt ist, dasselbe entweder in Natur zurück- oder für den Werth Vergütung zu forden;" aus dieser Vorschrift wird gefolgert, daß das A.L.R. die Bereicherung durch eine Zwischenperson nicht ausschließe. Mit Eccius,[17]) auf dessen zutreffende Widerlegung der Ansicht des Reichsgerichtes hier Bezug genommen wird, ist jedoch anzunehmen, daß der § 262 cit. das Gegentheil jener Meinung begründet, weil er nur von der Bereicherung handelt, welche aus dem Vermögen des Verwendenden in dasjenige des Eigenthümers gelangt, während im Falle der Bereicherung durch eine Zwischenperson nur die letztere aus dem Vermögen des Verwendenden und der Eigenthümer nur aus dem Vermögen der Zwischenperson die Bereicherung bezw. Verwendung erhält.[18])

---

[13]) Vgl. Förster-Eccius II § 148; Windscheid II § 483 und die von ihnen citirten Schriftsteller.

[14]) Entsch. 56 S. 115; Rehbein II S. 645; Striethorst 73 S. 194.

[15]) Bd. 3 S. 377; Bd. 11 S. 134.

[16]) Entsch. Bd. 1 S. 143, 159; Bd. 4 S. 238; J.M.Bl. 1880 S. 141. Ebenso Rocholl, Rechtsfälle aus der Praxis des Reichsgerichts I S. 83.

[17]) II § 148 S 435 ff.

[18]) Z. B. A hat dem B einen Ring geliehen, B verletzt den Ring schuldhafter Weise und beauftragt C, ihn zu repariren. Die Reparaturkosten kann C von B, der unpfändbar ist, nicht erhalten, darf er sie von A fordern? Nach der

Abgesehen von dem Falle unter α besteht daher gegen Dritte eine Verwendungsforderung nicht, und hat deshalb außer jenem Falle nicht die Verwendungsforderung, sondern nur das Retentionsrecht einen dinglichen Charakter.

2) Dieser dingliche Charakter, den — zwar nicht die Verwendungsforderung aber doch — das Retentionsrecht hat, ist entscheidend für die Regelung der Kollision des Vewendungspfandrechtes mit andern Absonderungsrechten. „Gegen einen Dritten, der die Räumung des Besitzes zu verlangen an sich befugt ist, kann das Zurückbehaltungsrecht" — nach § 546 A.L.R. I 20 — „in der Regel nicht ausgeübt werden." „Entspringt jedoch die Forderung des Inhabers aus einer zum Nutzen der Sache geschehenen Verwendung, so steht das Zurückbehaltungsrecht" — nach § 547 — „dem Inhaber gegen einen jeden zu, der mit dem Besitze der Sache zugleich den Vortheil aus dieser Verwendung überkommen würde." Außerhalb des Konkurses steht dem Verwendungsgläubiger daher ein Retentionsrecht gegen jeden zu, der mit dem Besitze der Sache zugleich den Vortheil aus der Verwendung erhalten würde, also auch gegen alle Pfandgläubiger, mag deren Recht vor oder nach der Verwendung vom Eigenthümer begründet sein. Durch den Konkurs des Eigenthümers verliert der Verwendungsgläubiger zwar sein Retentionsrecht, wenn er zugleich Absonderungsgläubiger ist, und ist nach § 117 K.O. verpflichtet, die Sache dem Verwalter zur Verwerthung herauszugeben. Aber er verliert dies Recht nur im Verhältniß zu den Konkursgläubigern, nicht auch im Verhältniß zu andern Pfandgläubigern. An Stelle der Sache tritt der Erlös als Gegenstand seines bisherigen Rechtes und an diesem Erlöse hat er dasselbe Recht auch andern Absonderungsgläubigern gegenüber, wie an der Sache selbst.[19]) Demnach geht nach A.L.R. im Falle der Kollision mehrerer Pfandrechte der Verwendungsgläubiger allen andern Pfandgläubigern vor, auch wenn deren Recht älter ist, als das seinige. Dasselbe Resultat ergiebt sich auch im gemeinen Rechte, für welches durch die l. 5, l. 6 pr. D. 20, 4 der Vorrang des Verwendungsgläubigers vor andern,

---

Ansicht des Reichsgerichtes würde er dazu berechtigt sein, würde A nicht einmal durch Verzicht auf den Ring sich der Verpflichtung entziehen können, die hohen Reparaturkosten zahlen zu müssen, würde A in eine Zwangslage versetzt werden, die er weder veranlaßt noch verschuldet hat. Nach der richtigen Ansicht hat C gegen A nur ein Retentionsrecht, keinen Verwendungsanspruch.

[19]) Siehe oben § 32.

auch der Zeit nach ältern, Pfandgläubigern ausdrücklich statuirt ist, weil „das aufgewendete Geld zur Konservirung des ganzen Pfandgegenstandes gedient hat". Für Preußen ist nur insoweit durch den § 6 A.G. vom 6. März 1879 sowohl für die land-, als die gemeinrechtlichen Gebietstheile eine Ausnahme getroffen, als das Absonderungsrecht des § 41¹ K.O. allen andern Absonderungsrechten des § 41, also auch demjenigen des Verwendungsgläubigers vorgeht.

3) Das Absonderungsrecht entsteht vom Augenblicke der Verwendung an und ist daher begründet, auch wenn der Gläubiger die Absicht der Retention der in seinem Gewahrsam befindlichen Sache vor der Konkurseröffnung nicht zu erkennen gegeben hat.[20])

4) Das Absonderungsrecht besteht aber nur soweit, als aus der Verwendung ein Vortheil noch vorhanden ist, es besteht nur „wegen des den noch vorhandenen Vortheil nicht übersteigenden Betrages". Ob das Vermögen des Verpflichteten vergrößert ist oder nicht, kommt nicht in Betracht, der Vortheil muß für die Sache vorhanden sein. Soweit der Werth der Sache durch die Leistung des Verwendenden höher ist, als er vor der Verwendung war, soweit ist „der Vortheil vorhanden".[21])

Der Zeitpunkt der Konkurseröffnung ist für die Konstituirung der Aktiv- und Passivmasse[22]) und daher auch für die Frage entscheidend, welche Forderungen und Rechte der Konkursmasse gegenüber bestehen. In allen Fällen, in denen für die Voraussetzung eines Rechtes gegenüber der Masse ein Zeitpunkt, in welchem dasselbe vorhanden sein muß, festzustellen ist, ist daher der Zeitpunkt der Konkurseröffnung entscheidend, sofern die K.O. nichts anderes bestimmt. Demnach ist auch bezüglich des Absonderungsrechtes aus der Verwendung anzunehmen, daß der Vortheil, dessen Vorhandensein eine Voraussetzung dieses Pfandrechtes ist, zur Zeit der Konkurseröffnung existent sein muß, und daß die zu dieser Zeit vorhandene Höhe des Vortheils für die Feststellung des Absonderungsrechtes maßgebend ist.[23]) Ist dies richtig, so besteht das Absonde-

---

[20]) Endemann a. a. O

[21]) Vgl. Jakobi, die Lehre von der nützlichen Verwendung nach allgem. Preuß. Landrecht 1861 S. 42; Förster-Eccius II § 148 Anm 36.

[22]) Siehe oben § 25.

[23]) v. Wilmowski Anm. zu § 41⁷. A. M. v. Völderndorff und Willenbücher zu § 41⁷, welche den Zeitpunkt der Geltendmachung des Absonderungsrechtes für maßgebend ansehen.

rungsrecht auch bezüglich desjenigen Theiles der Verwendung, dessen Vortheil nach der Konkurseröffnung wieder verloren geht, und besteht andererseits das Pfandrecht, wenn der durch die Verwendung geschaffene Vortheil sich nach der Konkurseröffnung, z. B. durch Preissteigerung erhöht, nur in Höhe des zur Zeit der Eröffnung des Verfahrens vorhandenen Vortheils.

Nach diesem Prinzip ist auch das Absonderungsrecht solcher Verwendungsforderungen, für welche gesetzlich besondere Zeitbestimmungen getroffen sind, zu begrenzen:

a. Nach § 273 A.L.R. I 13 „ist es, um die Verbindlichkeit zum Ersatz zu begründen, in der Regel hinreichend, daß die Verbesserung durch die geschehene Verwendung einmal bewerkstelligt worden, wenn sie gleich in der Folge wieder verloren gegangen ist". Die Forderung aus der Verwendung gegen den Kridar, deren Vortheil zur Zeit der Eröffnung des Konkurses wieder verloren ist, ist daher nur eine Konkursforderung und ist weder durch ein Absonderungs-, noch durch ein Retentionsrecht geschützt. Ist nur ein Theil des Vortheils vor der Eröffnung des Verfahrens wieder verloren gegangen, so besteht zwar die ganze Forderung als Konkursforderung, als Absonderungsanspruch aber nur soweit, als der Vortheil zur Zeit der Eröffnung noch vorhanden ist.

b. Nach § 276 A.L.R. I 13 haftet der Dritte, welcher das Eigenthum der Sache unentgeltlich überkommen, für die Verwendung soweit, als damals (also zur Zeit des Eigenthumsüberganges) „der dadurch bewerkstelligte Vortheil noch wirklich vorhanden war". Ist der Vortheil zur Zeit des Eigenthumsüberganges ein höherer, als zur Zeit der Konkurseröffnung, so gilt der Verwendungsanspruch als absonderungsberechtigt nur in derjenigen Höhe, in welcher der Vortheil zur Zeit der Eröffnung noch vorhanden ist, wogegen die Differenz nur als Konkursforderung anzusehen ist. Ist der Vortheil dagegen zur Zeit des Eigenthumsüberganges ein geringerer, als zur Zeit der Eröffnung des Verfahrens, so besteht das Absonderungsrecht nur in derjenigen Höhe, in welcher der Vortheil in dem erstern Zeitpunkte vorhanden war, wogegen die Differenz weder Gegenstand eines Pfandrechtes, noch einer Konkursforderung sein kann.

c. Nach § 274 A.L.R. I 13 kann „ein Unfähiger[24]) zum Ersatz nur insofern angehalten werden, als er sich zur Zeit des ge-

[24]) Der Unfähige ist der wegen Minderjährigkeit, Geisteskrankheit u. s. w. Geschäftsunfähige. Bei der gegenwärtigen Erörterung hat der Kridar die Stelle

rügten Anspruchs noch im Besitze des durch die Verwendung bewirkten Vortheils befindet". Hier kommt die Zeit der Konkurseröffnung und die Zeit der vor oder nach derselben erfolgten Geltendmachung des Verwendungsanspruches in Betracht.

Erfolgt die Geltendmachung vor der Konkurseröffnung, so ist in gleicher Weise, wie unter b zu entscheiden, indem an Stelle des dort in Betracht kommenden Eigenthumsüberganges hier die Geltendmachung der Forderung durch Zustellung der Klage[25]) tritt. Erfolgt die Geltendmachung nach der Konkurseröffnung gegen den Verwalter durch Klagerhebung oder sonstige Inanspruchnahme[26]) desselben, so kann, wenn der Vortheil zur Zeit der Geltendmachung geringer ist, als zur Zeit der Eröffnung des Verfahrens, nur dieser geringere Vortheil Gegenstand des Absonderungsrechtes sein, ohne daß für die Differenz eine Konkursforderung begründet wäre; ist er dagegen größer, als bei der Konkurseröffnung, so kann weder ein Absonderungsrecht, noch eine Konkursforderung zu einem höheren Betrage anerkannt werden, als zu welchem der Vortheil bei der Eröffnung des Verfahrens vorhanden war; denn auch die Konkursforderung kann sich nach diesem Zeitpunkte nicht vergrößern.

Den Beweis der Existenz und der Höhe des noch vorhandenen Vortheils hat der Absonderungsgläubiger zu führen, weil das von ihm in Anspruch genommene Recht das Vorhandensein des Vortheils zur Voraussetzung hat.

5) Die Leistung, durch welche eine Verwendung zum Nutzen einer Sache erfolgt, kann in der Hingabe eines Vermögensgegenstandes, sie kann aber auch in Handlungen bestehen,[27]) für deren Leistung eine Vergütung gezahlt zu werden pflegt;[28]) denn das Gesetz

---

dieses Geschäftsunfähigen, nicht weil er als solcher in der Verfügung beschränkt ist, sondern weil das Absonderungsrecht sich im Konkurse gegen ihn als Eigenthümer der Konkursmasse bezw. gegen diese richtet.

[25]) Koch Kommentar Anm. zu § 274 A.L.R. I 13.

[26]) Dem Verwalter gegenüber wird der Ersatzanspruch nicht nur durch Klagerhebung, sondern schon durch die bloße Einforderung „gerügt", wie auch die Anmeldung einer Konkursforderung im Wesentlichen die Wirkungen der Klagerhebung hat.

[27]) Vgl. § 232 A.L.R. I 13: „Für bereichert wird derjenige erachtet, dessen Vermögen durch den Aufwand eines Andern oder durch Handlungen, wofür derselbe bezahlt zu werden pflegt, erhalten, vermehrt oder verbessert worden."

[28]) Obertr. Entsch. 15 S. 206, 46 S. 248; Striethorst 14 S. 58, 41 S. 65; Eccius II § 148 Anm. 26.

bezeichnet den verwendeten Gegenstand nur als „etwas" und darunter können auch Handlungen verstanden werden. Die Verwendung kann durch die Herstellung einer Sache aus einer andern, durch die Ausbesserung, Verbesserung oder Vergrößerung, sie kann auch durch die den Untergang oder eine Beschädigung abwendende Erhaltung[29]) einer Sache vorgenommen werden; daher ist auch das erforderliche Füttern des Thieres eines Andern als eine zum Nutzen des Thieres gemachte Verwendung anzusehen.[30])

Eine solche Verwendung muß beabsichtigt sein, die Absicht des Verwendenden braucht aber nicht darauf gerichtet zu sein, eine bestimmte Person, den Vertragsgenossen, den Eigenthümer, zu verpflichten.[31]) Andererseits besteht aber weder eine Verwendungsforderung, noch ein Retentionsrecht, wenn die Verwendung in der Absicht gemacht ist, einen Anspruch aus der Verwendung nicht herleiten zu wollen,[32]) mag der Verwendende diese Absicht mit oder ohne Beziehung zu einer bestimmten Person gehegt haben. Hat er hierdurch unmittelbar eine Person beschenkt, die er nicht beschenken wollte, oder steht ihm wegen Undankbarkeit oder aus andern Gründen das Recht zur Rückforderung der Schenkung zu, so wird sein Anspruch auf Rückforderung wegen Irrthums, wegen Undankbarkeit u. s. w. durch den Umstand nicht beschränkt, daß die Schenkung in einer Verwendung bestand, aber das Rückforderungsrecht darf nicht aus dem Gesichtspunkte der Bereicherung, es darf nicht, wie der § 280 A.L.R. I 13 sich ausdrückt, unter dem Vorwande der geschehenen Bereicherung erfolgen, der Rückforderungsanspruch ist daher, weil er kein Verwendungsanspruch ist, weder durch Retentions-, noch du hncdas Pfandrecht gesichert, sondern stellt sich als einfache Konkursforderung dar.

6) Das Pfandrecht wegen nützlicher Verwendung setzt voraus, daß der Gläubiger den Gewahrsam der Sache zur Zeit der Konkurseröffnung hat, und daß die Erlangung des Gewahrsams in rechtlicher Beziehung zu der Verwendung steht. Ueber das erste Erforderniß kommen die oben § 65, über das letztere die oben § 72 erörterten Grundsätze zur Anwendung.

---

[29]) Obertr. Entsch. 40 S. 124, 46 S. 368 ff; Striethorst 41 S. 65, 50 S. 283.

[30]) Vgl. Obertr. Striethorst 21 S. 109.

[31]) Obertr. Entsch. 40 S. 119; Striethorst 18 S. 114, 33 S. 336; Seuffert 8 Nr. 257; Förster-Eccius II § 148 Anm. 32. A. M. Koch, Recht der Forderungen II S. 583.

[32]) § 280 A.L.R. I 13.

§ 77. gg. Das Absonderungsrecht der Handelsgläubiger.

Den Faustpfandgläubigern stehen ferner gleich:[1])

8) Diejenigen, denen nach dem Handelsgesetzbuche an gewissen Gegenständen ein Pfandrecht oder Zurückbehaltungsrecht zusteht, in Ansehung dieser Gegenstände.

Dieses Absonderungsrecht bezieht sich wie jedes andere Pfandrecht des § 41 nur auf bewegliche Sachen.[2]) Die Pfandrechte an Immobilien, insbesondere an Schiffen, soweit diese — vgl. oben § 58 — rücksichtlich des Absonderungsrechtes zu den unbeweglichen Sachen gehören, fallen daher nicht unter den § 41 ^{8}, und auf die Pfandrechte der Schiffsgläubiger bezieht sich der § 41 ^{8} nur rücksichtlich derjenigen Gegenstände, welche nicht Zubehör des Schiffes sind, also namentlich der Frachtgelder und der Ladung, oder welche ohne das Schiff — insbesondere wenn letzteres verloren gegangen ist — allein Gegenstand der Befriedigung sind, oder rücksichtlich solcher Schiffe und ihres Zubehörs, die nicht zu den Immobilien gerechnet werden.

Hier kommen auch die Konventionalpfandrechte der Kaufleute nicht in Betracht.[3]) Dieses, bereits oben § 65 besprochene, Kon-

---

[1]) Die Preußische Konkursordnung bestimmte im § 33 $^{6-8}$: „Mit den Faustpfandgläubigern haben gleiche Rechte:

6) Schiffer, Frachtfuhrleute, Post- und Eisenbahnanstalten wegen der Fracht- und Liegegelder, sowie der Zollgelder und anderer Auslagen, in Ansehung der beförderten Güter und Waaren, welche zurückbehalten, oder auf dem Packhofe oder Zollamte befindlich sind, oder seit deren Ablieferung noch nicht 3 Tage verflossen sind, sofern in diesem letzteren Falle die Güter und Waaren noch bei dem Gemeinschuldner oder bei einem Dritten sich befinden, welcher sie für den Gemeinschuldner besitzt;

7) diejenigen, welche Beiträge der Schiffsladung zur großen Havarei zu fordern haben, wegen dieser Beiträge, in Ansehung der Ladung unter den bei Nr. 6 bestimmten Voraussetzungen und Maaßgaben;

8) kaufmännische Kommissionaire und Spediteure in Ansehung der ihnen anvertrauten oder von ihnen angekauften oder besorgten Güter, Fonds und Effekten, wegen der auf dieselben verwendeten Kosten und gegebenen Vorschüsse oder Darlehne, ingleichen wegen aller Forderungen aus laufender Rechnung im Kommissionsgeschäft und Speditionsgeschäft, sofern der Kommissionair oder Spediteur die Güter, Fonds und Effekten noch in seiner Gewahrsam, oder die Konnossemente oder Lagerscheine darüber noch in Händen hat, oder sonst noch in der Lage ist, darüber verfügen zu können."

[2]) Siehe oben § 70. A. M. ohne Motivirung Endemann § 65 S. 410, 411.

[3]) Endemann § 65 S. 409, 410.

ventionalpfandrecht ist zwar im H.G.B. geregelt, aber es steht dem Gläubiger nicht nach dem H.G.B., sondern auf Grund der auf Entstehung desselben gerichteten Vereinbarung der Interessenten zu, während der § 41⁸ nur die gesetzlichen Pfandrechte meint, welche, zwar auf Grund einer fingirten Vereinbarung, aber ohne ausdrücklichen Vertrag nach den Vorschriften des H.G.B. entstehen.

Die Absonderungsrechte des § 41 ⁸ richten sich, wie alle andern gesetzlichen Pfandrechte, nach den Vorschriften der K.O., auf sie kommen daher auch die §§ 57, 109, 110, 117 u. s. w. zur Anwendung. In dieser Beziehung macht auch das handelsrechtliche, zum Konkursabsonderungsrechte erweiterte, Retentionsrecht keine Ausnahme, durch die Erweiterung zum Konkursabsonderungsrechte erzeugt es im Rahmen des Konkurses dieselben Rechte und Pflichten, wie jedes andere Absonderungsrecht.[4])

Nur die Voraussetzungen dieser Absonderungsrechte werden nach dem Civilrechte, also nach dem H.G.B. behandelt. Die K.O. stellt in dieser Beziehung keine besondern Erfordernisse auf, verlangt insbesondere auch nicht den Gewahrsam der Sache, sondern giebt jedem Gläubiger ein Absonderungsrecht, der nach dem H.G.B. ein Pfand- oder Retentionsrecht hat. Deshalb bleibt z. B. dem Frachtführer am Frachtgut im Konkurse das Pfandrecht „auch nach der Ablieferung an den Empfänger, wenn er es binnen drei Tagen nach der Ablieferung gerichtlich geltend macht und das Gut noch bei dem Empfänger oder bei einem Dritten sich befindet, welcher es für den Empfänger besitzt",[5]) obgleich er den Gewahrsam durch die Ablieferung aufgegeben hat; deshalb bleibt auch dem Seeverfrachter das Konkursabsonderungsrecht „nach der Ablieferung, sofern das Pfandrecht binnen 30 Tagen nach Beendigung derselben gerichtlich geltend gemacht wird", wenn „die Güter nicht vor der gerichtlichen Geltendmachung in den Gewahrsam eines Dritten gelangen, welcher sie für den Empfänger besitzt";[6]) deshalb bleibt auch dem Spediteur und den früheren Frachtführern das ihnen nach dem H.G.B. zustehende Pfandrecht als Konkursabsonderungsrecht solange, als das Pfandrecht des letzten

---

[4]) A. M. scheint Endemann § 65 zu sein, wenn er behauptet: „Das Retentionsrecht bestimmt sich ganz nach dem H.G.B."

[5]) Art. 409 H.G.B. Der Abs. 3 dieses Art. bestimmt übrigens auch: „Er hat dieses Recht auch gegenüber den übrigen Gläubigern und der Konkursmasse des Eigenthümers."

[6]) Art. 624 H.G.B. Motive S. 215.

Frachtführers besteht,[7]) welcher dasselbe, soweit es sich aus dem Frachtbrief ergiebt, für seine Vorgänger auszuüben verpflichtet ist.[8])

Diejenigen Absonderungsrechte des § 41[8], welche das H.G.B. als **Pfandrechte** bezeichnet, sind:

a. Das Pfandrecht des Kommissionärs am Kommissionsgute nach Art. 374 Abs. 1 H.G.B.;

b. des Spediteurs an dem Frachtgut nach Art. 382 H.G.B.;

c. des Frachtführers am Frachtgut nach Art. 409, 410 H.G.B. Zu den Frachtführern gehören auch die Eisenbahnanstalten,[9]) sowie die Postanstalten,[10]) und gehört demnach auch die Reichspost;

d. das Pfandrecht des Verfrachters im Seehandel gegenüber dem Empfänger,[11]) dem Befrachter[12]) und dem Reisenden.[13])

e. der Vergütungsberechtigten bei der großen Havarei nach Art. 727 H.G.B.

f. der Gläubiger wegen Bergungs- und Hülfskosten im Falle der Seenoth nach Art. 753 H.G.B.;

g. der sonstigen Schiffsgläubiger nach Art. 757 ff. H.G.B.,

in den Fällen e—g, sofern der Pfandgegenstand nicht zu den Immobilien gehört.

Diesen Pfandrechten tritt

h. dasjenige hinzu, welches nach §§ 20, 21 der Strandungsordnung vom 17. Mai 1874 wegen des Bergelohns außerhalb der Seenoth begründet ist. Auch in diesen Fällen haben die Berger „Anspruch auf Bergelohn nach den Vorschriften des allgemeinen Deutschen H.G.B. Buch V Tit. 9", haben also das Pfandrecht des Art. 753 H.G.B., welches auch im Falle des Konkurses nicht beseitigt ist. Denn, obgleich diese Vorschrift der Strandungsordnung im § 41 K.O. nicht ausdrücklich erwähnt ist, so ist sie als reichsgesetzliche Vorschrift doch durch § 3 Abs. 1 E.G. aufrecht erhalten.

---

[7]) Art. 410 Abs. 4 H.G.B.

[8]) Art. 410 Abs. 1 H.G.B.

[9]) Art. 421, 422 H.G.B.

[10]) Art. 421 Abs. 1 u. 2 H.G.B.: „Die Bestimmungen dieses Abschnitts (von dem Frachtgeschäft) finden auch Anwendung auf Frachtgeschäfte von Eisenbahnen und andern öffentlichen Transportanstalten. Sie gelten jedoch für die Postanstalten nur insoweit, als nicht durch besondere Gesetze oder Verordnungen für dieselben ein Anderes bestimmt ist." Vgl. §§ 6—15 des R.Ges. über das Postwesen des Deutschen Reiches vom 28. Oktober 1871.

[11]) Art. 624, 625 H.G.B.

[12]) Art. 629 H.G.B.

[13]) Art. 675 H.G.B.

Als Retentionsrechte, welche nach dem H.G.B. bestehen und durch § 41 K.O. zu Absonderungsrechten [14]) erweitert sind, sind folgende zu bezeichnen:

a. das Retentionsrecht des Kommissionärs, welches dieser nach Art. 374 Abs. 2 H.G.B. wegen der auf das Kommissionsgut verwendeten Kosten, wegen der Provision, wegen der rücksichtlich des Guts gegebenen Vorschüsse und Darlehne, wegen der rücksichtlich desselben gezeichneten Wechsel oder in anderer Weise eingegangenen Verbindlichkeiten, sowie wegen aller Forderungen aus laufender Rechnung in Kommissionsgeschäften gegen den Kommittenten an den durch das Kommissionsgeschäft begründeten und noch ausstehenden Forderungen hat.[15])

b. Das Retentionsrecht des See-Versicherungsnehmers, welches dieser wegen der gegen den Versicherten in Bezug auf den versicherten Gegenstand ihm zustehenden Ansprüche nach Art. 893 H.G.B. an der Polize, an der gegen den Versicherer begründeten Forderung und an den eingezogenen Versicherungsgeldern gegen den Versicherten hat.[16])

c. Das allgemeine Retentionsrecht, ein Ueberbleibsel des Gordianischen Zurückbehaltungsrechtes, ist durch die Artikel 313—315 H.G.B.[17]) begründet. „Nach Art. 313 hat ein Kaufmann wegen der fälligen Forderungen, die ihm gegen einen andern Kaufmann aus den zwischen ihnen geschlossenen beiderseitigen Handelsgeschäften zustehen, ein Zurückbehaltungsrecht an allen beweglichen Sachen und Werthpapieren des Schuldners, welche mit dessen Willen auf Grund von Handelsgeschäften in seinen Besitz gekommen sind, sofern er dieselben noch in seinem Gewahrsam hat, oder sonst, insbesondere vermittelst Konnossemente, Ladescheine oder Lagerscheine, noch in der Lage ist, darüber zu verfügen." „Dieses Recht tritt jedoch nicht ein, wenn die Zurückbehaltung der Gegenstände der von dem Schuldner vor oder bei der Uebergabe ertheilten Vorschrift oder der von dem Gläubiger übernommenen Verpflichtung, in einer bestimmten Weise mit den Gegenständen zu verfahren, wider-

---

[14]) Sie gelten nach § 7 des Preuß. R.G. vom 6. März 1879 im Verhältniß zu andern Gläubigern auch außerhalb des Konkurses zwar nicht als Pfand-, aber doch als Absonderungsrechte; s. oben § 4.

[15]) S. oben § 31.

[16]) S. oben § 31.

[17]) Ein solches Retentionsrecht ist auch das oben unter a bezeichnete Recht des Kommissionärs für alle Forderungen aus laufender Rechnung.

streiten würde." Das Retentionsrecht des Art. 313 besteht nach Art. 314 selbst wegen der nicht fälligen Forderungen, wenn

α. über das Vermögen des Schuldners der Konkurs eröffnet ist, oder der Schuldner auch nur seine Zahlungen eingestellt hat;

β. wenn eine Exekution in das Vermögen des Schuldners fruchtlos vollstreckt oder wider denselben wegen Nichterfüllung einer Zahlungsverbindlichkeit die Vollstreckung des Personalarrestes [18]) erwirkt ist.

In diesen Fällen soll auch die Vorschrift des Schuldners oder die Uebernahme der Verpflichtung, in einer bestimmten Weise mit den Gegenständen zu verfahren, dem Retentionsrecht nicht entgegenstehen, sofern die unter α und β bezeichneten Umstände erst nach Uebernahme der Gegenstände oder nach Uebernahme der Verpflichtung eingetreten oder dem Gläubiger bekannt geworden sind.

Die Voraussetzungen des gewöhnlichen kaufmännischen Retentionsrechtes sind hiernach für den Konkurs folgende:

a. der Gläubiger und der Schuldner müssen Kaufleute sein;

b. die Retentionsforderung muß aus den zwischen diesen Kaufleuten geschlossenen beiderseitigen Handelsgeschäften entstanden sein. Die vor [19]) der Konkurseröffnung erfolgte Cession der Forderung eines Dritten gegen den Schuldner (Kridar) begründet daher ein Retentionsrecht nur dann, wenn zwischen dem Retentionsgläubiger und Retentionsschuldner ein beiderseitiges Handelsgeschäft geschlossen ist, auf Grund dessen die fremde Forderung mit dem Willen beider Theile von dem Retentionsgläubiger erworben wird. Insoweit ist die Retention auch für eine cedirte Forderung zulässig.[20]) Denn das Re-

---

[18]) Der Personalarrest ist jetzt nur noch als persönlicher Sicherheitsarrest zulässig. § 798 C.P.O.

[19]) Nach der Konkurseröffnung verbietet der § 12 K.O. die Entstehung des Retentionsrechtes.

[20]) Bei der Berathung des H.G.B. wurde in der ersten und zweiten Lesung (Prot. S. 458, 1342) die Frage, ob das Retentionsrecht dem Kaufmann auch für die von ihm durch Cession erworbenen Forderungen bestehe, bejaht, bei der Feststellung des Entwurfs zweiter Lesung (Prot. S. 1422) schlug die Redaktionskommission die Fassung vor, in welcher der Art. 313 zum Gesetz wurde. Gegen diese Fassung wurde monirt, es müsse statt „aus den zwischen ihnen geschlossenen Geschäften" heißen „aus ihren beiderseitigen Handelsgeschäften", es genüge, daß die Forderung, um deren Sicherheit es sich handle, auf beiden Seiten auf einem Handelsgeschäft beruhe, wenn dieselbe auch erst durch Cession auf den nunmehrigen Gläubiger übergegangen sei und der Gläubiger wegen dieses Geschäfts mit dem Schuldner nicht in unmittelbarem kontraktlichem Verkehr gestanden hätte.

tentionsrecht gründet sich auf eine stillschweigende Einwilligung, auf einen stillschweigend auf Entstehung des Zurückbehaltungsrechtes abzielenden Vertrag,[21]) und ein solcher präsumtiver Wille des Retentionsschuldners liegt dann vor, wenn die Cession mit seinem Willen unter den Voraussetzungen des Art. 313 erfolgt, nicht aber, wenn die Forderung ohne Willen des Schuldners von dem Cessionar erworben und jenem nur notifizirt wird.[22]) Daher muß auch dann das Retentionsrecht zugelassen werden, wenn der Retentionsschuldner zum Zweck oder auf Grund, nicht blos in Veranlassung, eines beiderseitigen Handelsgeschäftes den Cessionar als seinen Gläubiger ausdrücklich anerkannt hat. In gleicher Weise erwirbt der Gläubiger durch den Erwerb eines Wechsels oder sonstigen indossablen Papiers das Retentionsrecht nur dann, wenn der Erwerb mit ausdrücklicher Genehmigung oder Anerkennung seitens des Schuldners zum Zweck oder auf Grund eines beiderseitigen Handelsgeschäftes erfolgt.

Hiergegen wurde geltend gemacht, es genüge nicht, wenn der Schuldner, indem er die Schuld kontrahirte, gleichviel mit welchem Gläubiger, ein Handelsgeschäft gemacht habe, und daß der Gläubiger beim Erwerb der Forderung ein Handelsgeschäft machte, selbst wenn nur die Cession, durch die er sie von dem frühern Gläubiger erworben hätte, als ein solches zu betrachten wäre; vielmehr sei erforderlich, daß das Geschäft, durch welches der Gläubiger eine Forderung gegen einen Schuldner erworben habe, auf Seiten beider ein unter ihnen geschlossenes Handelsgeschäft darstellen müsse Cedirte Forderungen seien hierdurch nicht gänzlich ausgeschlossen, es gehöre z. B. immer noch der Fall hierhin, wenn die Veranlassung zum Erwerb der cedirten Forderung ein zwischen dem Cessionar und dem Drittschuldner abgeschlossenes Handelsgeschäft sei. In dem zuletzt angegebenen Sinne wurde die Fassung der Redaktionskommission acceptirt

[21]) Prot. der Kommission S. 461, 1340.

[22]) Obertr. Entsch. 62 S. 198; Makower, das allgem. deutsche Handelsgesetzbuch Anm. 54b zu Art. 313; Auerbach, neues Handelsges. I S. 279; Puchelt, Kommentar zum H.G B. Anm. 6c zu Art. 313, der aber meint, daß eine Cession, die ihre Ursache in einem Handelsgeschäft zwischen dem Cessionar und Cessus haben, sich thatsächlich schwerlich konstruiren lasse. A. M. Reichs-Oberhandelsgericht Entsch. 5 S 305 ff, in beiläufiger Erwägung das Reichsgericht Bd. 18 S. 234, Anschütz und v Völderndorff, Kommentar zum H.G.B. III S. 195 zu Art. 313, v. Hahn, Kommentar zu Art. 313 § 5; Goldschmidt, Handelsrecht zu § 98 Anm 39 und 43; Laband in Goldschmidts Zeitung 9 S 489; Gareis und Fuchsberger, das allgemeine deutsche H G.B. Anm 281 zu Art. 313, die das Retentionsrecht aber im Falle der Delegation und der vertragsmäßigen Umwandlung der Forderung des bisherigen Gläubigers in eine Forderung des neuen Gläubigers mit Ausschluß des ersten Gläubigers zulassen wollen.

c. Der Retentionsgegenstand muß mit dem Willen des Schuldners auf Grund beiderseitiger zwischen den Parteien geschlossener Handelsgeschäfte in den Besitz des Gläubigers gelangt sein. Für diese gesetzlich geforderte Konnexität, welche die stillschweigend auf Begründung des Retentionsrechtes gerichtete Vereinbarung der Parteien zur Grundlage hat, genügt es aber, wenn das Retentionsobjekt ohne Rücksicht auf eine bestimmte Forderung aus den zwischen den Parteien geschlossenen beiderseitigen Handelsgeschäften mit dem Willen des Schuldners in den Gewahrsam des Gläubigers gelangt.

d. Der Gläubiger muß den Retentionsgegenstand zur Zeit der Konkurseröffnung noch im thatsächlichen Gewahrsam haben oder sonst insbesondere durch Konnossamente, Ladescheine oder Lagerscheine in der Lage sein, darüber zu verfügen. In dieser Beziehung kommen die Grundsätze des § 14 Abs. 1 und Abs. 2 [1] E.G. zur Anwendung, wie sie oben § 65 erörtert sind.

Weitere Voraussetzungen hat dieses Retentionsrecht als Absonderungsrecht im Konkurse nicht. Außerhalb des Konkursverfahrens ist es von zwei weitern Voraussetzungen abhängig gemacht:

a. die Retentionsforderung muß fällig sein,

b. die Retention darf der von dem Schuldner vor oder bei[23]) der Uebergabe ertheilten Vorschrift oder der von dem Gläubiger übernommenen Verpflichtung nicht widerstreiten, in einer bestimmten Weise mit den Gegenständen zu verfahren, z. B. sie an einen Dritten abzuliefern.

Diese beiden Erfordernisse fallen aber nach der ausdrücklichen Vorschrift des Art. 314 dann fort, wenn über das Vermögen des Schuldners der Konkurs eröffnet ist, wenn der Personalarrest gegen ihn vollstreckt, wenn eine andere Zwangsvollstreckung fruchtlos versucht ist oder der Schuldner seine Zahlungen eingestellt hat. Aber auch unter diesen Umständen soll das Retentionsrecht dann nicht bestehen, wenn die Ausübung desselben mit der Verfügung des Schuldners oder der vom Gläubiger übernommenen Verpflichtung, in einer bestimmten Weise mit den Gegenständen zu verfahren, in Widerspruch treten würde, und einer jener Umstände vor der Uebergabe der Gegenstände oder vor der Uebernahme der Verpflichtung eingetreten

---

[23]) Eine erst nach der Uebergabe der Waare einseitig getroffene und nicht vorbehaltene Disposition des Schuldners über die Sache hebt das einmal erworbene Retentionsrecht überhaupt nicht auf, wenn der Retentionsgläubiger nicht diese Disposition acceptirt oder sie durch ihre Befolgung anerkennt.

oder dem Gläubiger bekannt geworden war. Für den Fall der Konkurseröffnung ist diese Ausnahme durch die Grundsätze des Konkursrechtes schon an sich begründet. Durch die Uebergabe des Retentionsgegenstandes mit dem Willen des Schuldners kann nach der Konkurseröffnung ein Retentionsrecht mit Rechtswirkung gegen die Konkursgläubiger nicht mehr entstehen, weil nach dieser Zeit der Erwerb eines Retentionsrechtes durch § 12 K.O. verboten ist; und eine nach Eintritt der Konkurseröffnung erfolgte Disposition des Schuldners ist ohne Rechtswirksamkeit, weil der Kridar über die Massegegenstände nicht mehr disponiren kann. Jene Ausnahme des H.G.B. ist aber für den Fall von Bedeutung, wenn der Verwalter in die Geschäftsverbindung des Kridars eintritt und die Retentionsgegenstände mit seinem Willen in den Gewahrsam des Gläubigers gelangen, sie ist auch bezüglich solcher Sachen von Bedeutung, die von der Konkursmasse ausgeschlossen sind.

Bedenken könnte die Bestimmung erwecken, nach welcher wegen einer nicht fälligen Forderung, und nach welcher trotz der entgegenstehenden Disposition des Eigenthümers der Sache ein Zurückbehaltungsrecht gerade für den Fall des Konkurses begründet sein soll, denn der § 12 K.O. verbietet die Entstehung des Retentionsrechtes nach der Konkurseröffnung. Aber einerseits entsteht das Retentionsrecht, wie unten dargelegt werden wird, schon vor der Konkurseröffnung, andererseits würde die reichsgesetzliche Vorschrift sowohl nach § 3 Abs. 1 E.G., welcher die den Konkurs betreffenden Vorschriften der Reichsgesetze aufrecht erhält, als auch nach § 20 K.O. der Bestimmung des § 12 K.O. vorgehen, wenn diese mit ihr im Widerspruch stände.

Geht aus der obigen Darstellung hervor, daß für den Konkurs das kaufmännische Retentionsrecht in Fällen besteht, in denen es außerhalb des Konkurses nicht anerkannt ist, so darf doch nicht angenommen werden, daß in Folge der Bestimmung des § 7 des Preuß. A.G. vom 6. März 1879, welcher die Vorschriften des § 41 K.O. auch außerhalb des Konkurses auf das Verhältniß zu andern Gläubigern entsprechende Anwendung finden läßt, in Preußen der Handelsgläubiger auch außerhalb des Konkurses ein gleiches Absonderungsrecht in Folge der Retention hat, wie es ihm für den Fall des Konkurses zugesprochen ist. Zwar würde die Bestimmung des § 7 A.G. an sich, welche die völlige Gleichstellung der Absonderungsrechte des § 41 K.O. in und außerhalb des Verfahrens gegen Dritte statuirt, zu der Annahme führen, daß das kaufmännische Retentionsrecht in allen Fällen, in denen es im Konkurse begründet ist, auch außerhalb desselben besteht, aber der § 7 des Preuß. A.G. steht als partikularrechtliche Norm der durch § 3 Abs. 1 E.G. und § 20 K.O. aufrecht erhaltenen reichsgesetzlichen Vorschrift des Art. 314 H.G.B. nach und kann daher die verschiedene Behandlung des Retentionsrechtes in und außerhalb des Konkurses nicht für solche Fälle verwischen, in denen das H.G.B. sie gebietet.

2) Das kaufmännische Retentionsrecht ist zwar durch den § 41[8] K.O. zum Absonderungsrecht gesteigert und erzeugt daher, wie oben erwähnt, im Konkurse dieselben Rechte und Pflichten, wie jedes andere Absonderungsrecht, es ist aber deshalb nicht zu einem Pfandrechte geworden,[24]) ebensowenig als jedes Immobiliarrecht deshalb ein Pfandrecht ist, weil es ein Absonderungsrecht ist.[25]) Das kaufmännische Retentionsrecht ist zwar durch das H.G.B. selbst dem Pfandrechte genähert, indem der Art. 315 dem Retinirenden das Recht giebt, auf den Verkauf der Sache anzutragen und sich aus dem Erlöse zu befriedigen; im Entwurf des H.G.B. wurde das kaufmännische Retentionsrecht des Art. 313 auch ein Pfandrecht genannt. Da aber die Wirkungen des Pfandrechtes nach den verschiedenen Partikularrechten verschieden sind und auch gegen Dritte weiter gehen würden, als bei der Berathung des H.G.B. für nöthig gehalten wurde, hielt man es für genügend, diesen Rechten nur die Bezeichnung und den Charakter eines Retentionsrechtes zu geben.[26]) Aus der Verschiedenheit des Retentions- und des Pfandrechtes ergeben sich namentlich folgende Konsequenzen:

a. Das Retentionsrecht „erstreckt sich nur soweit, als es zur Deckung des dem Inhaber zukommenden Anspruches erforderlich ist"[27]) und kann daher als Absonderungsrecht auch gegen Dritte nur mit dieser Beschränkung geltend gemacht werden, während das Pfandrecht zwar, soweit es durch die Retention begründet wird, dem Schuldner gegenüber einer gleichen Beschränkung unterliegt, im Verhältniß zu

---

[24]) Reichsgericht Entsch 8 S 81 ff.

[25]) S. oben § 56.

[26]) Prot. S. 1348, 1352; vgl. Goldschmidt I S. 1028 ff., Makower Anm. 53 zu Art. 313, Reichsoberhandelsgericht Entsch. Bd. 2 S. 78, Bd. 5 S. 307.

[27]) § 552 A.L.R. I 21; Reichsoberhandelsgericht Entsch. 2 S. 283.

Dritten aber vor der Ausübung des Retentionsrechtes an jene Beschränkung nicht gebunden ist.[28])

b. Die mit der Uebergabe verbundene Veräußerung und Verpfändung von Waaren und andern beweglichen Sachen, welche von einem Kaufmann in seinem Handelsgeschäft vorgenommen wird, sowie die Veräußerung und Verpfändung von Inhaberpapieren hat zur Folge, daß ein früher begründetes Eigenthum, Pfandrecht und sonstiges dingliches Recht unter den Voraussetzungen der Art. 306, 307 H.G.B. erlischt. Wäre das Retentionsrecht zum Pfandrechte erweitert, so würde die Hingabe der Sache in den Gewahrsam des Retinirenden den Untergang des früheren Eigenthums, Pfand- und sonstigen Rechtes bewirken. Da das Retentionsrecht aber die Eigenschaft eines Pfandrechtes nicht erlangt, so entbehrt es dieser Wirkung.[29]) Zwar steht ein gegen den Schuldner früher begründetes Pfandrecht dem Retentionsgläubiger nach, weil dieser sich nach Art. 315 H.G.B. „aus dem Erlöse vor den andern Gläubigern des Schuldners befriedigen darf"; aber ein früher begründetes Pfandrecht geht doch in Folge der Zurückbehaltung nicht unter und steht dem jüngeren Retentionsrechte auch nur dann nach, wenn der Schuldner dem Pfandgläubiger für dessen Pfandrecht persönlich oder dinglich haftbar ist, also nicht, wenn er die mit dem Pfandrechte belastete Sache eines Dritten mit Einwilligung desselben dem Retentionsgläubiger übergiebt.

3) Das Retentionsrecht entsteht in dem Augenblick, in welchem der Besitz des Gegenstandes von dem Gläubiger erlangt ist,[30]) es entsteht nach der Uebergabe auch vor der Fälligkeit der Forderung, in dem Falle des Art. 313 aber vor der Fälligkeit nur dann, wenn der Konkurs oder die Zahlungseinstellung des Schuldners eingetreten, oder der Personalarrest gegen den Schuldner vollstreckt, oder die Realexekution vergeblich gegen ihn versucht ist. Ist der Gegenstand erst nach der Konkurseröffnung in den Gewahrsam des Gläubigers ge-

[28]) Vgl. oben § 72.

[29]) § 546 A.L.R. I 21; Reichsoberhandelsgericht Entsch. Bd. 10 S. 70 ff., Bd. 24 S. 348.

[30]) Vgl. Art 30 des E.G. zum H.G.B.: „Das nach Art. 313—315 H.G.B. begründete Zurückbehaltungsrecht kann im Konkurse über das Vermögen des Schuldners von der Gläubigerschaft, unter den Voraussetzungen und nach Maßgabe der Vorschriften der §§ 100 und 101 Ziffer 1 der Konkursordnung angefochten werden; die Ueberlassung des Besitzes, der Sache oder des Werthpapieres, durch welche das Zurückbehaltungsrecht begründet wird, steht hierbei der Bestellung eines Pfandes gleich."

langt, so kann nach § 12 K.O. ein Retentionsrecht an demselben nicht mehr zur Entstehung gelangen.

Die Ausübung des Retentionsrechtes, d. h. die Erklärung des Gläubigers, daß er retiniren wolle oder die Weigerung der Herausgabe ist zum Erwerb des Zurückbehaltungsrechtes nicht erforderlich. Die eigentliche Retention entsteht zwar erst durch die Ausübung des Zurückbehaltungsrechtes, aber das Retentions r e c h t, d. h. die Befugniß, die Sache zurückzubehalten, die Retention an ihr auszuüben, muß vor der Ausübung entstehen, weil diese nur ein Ausfluß des Zurückbehaltungs r e c h t e s ist.[31]) Das Absonderungsrecht ist daher für den Konkurs auch dann begründet, wenn vor der Eröffnung vom Gläubiger weder eine Erklärung, retiniren zu wollen, abgegeben, noch die Herausgabe der Sache geweigert oder verzögert ist.

Die Ausübung des Retentionsrechtes legt dem Gläubiger auch nur die besondere Verpflichtung auf, den Schuldner von dieser Ausübung „ohne Verzug zu benachrichtigen";[32]) die Unterlassung dieser Benachrichtigung hat jedoch nicht den Verlust des Retentions- und Absonderungsrechtes, sondern nur die Verbindlichkeit des Gläubigers zum Ersatz des dem Schuldner durch die Versäumniß etwa entstandenen Schadens zur Folge.[33])

4) Ueber die Art der Sachen, welche Gegenstände des Retentionsrechtes sein können, siehe oben § 70, und über das Recht, sich aus der zurückbehaltenen Sache zu befriedigen, siehe Art. 315 H.G.B.[34]) und oben § 31.

5) Soweit das Retentionsrecht schon durch die Hingabe des Gegenstandes an den Gläubiger entsteht, wird es durch den auf seine Entstehung gerichteten fiktiven Willen der Parteien begründet, die Hingabe ist daher eine Rechtshandlung des Schuldners, des späteren

[31]) Vgl. den Gegensatz zu dem Retentionsrechte des Gastwirthes (oben § 74), welches erst durch die Zurückbehaltung erworben wird.

[32]) Art. 315 H.G.B.

[33]) Reichsoberhandelsgericht Entsch. 10 S. 237; M a k o w e r Anm. 57 zu Art. 315 H.G.B.

[34]) „Der Gläubiger, welchem das Zurückbehaltungsrecht nach den Art. 313 oder 314 zusteht, ist verpflichtet, von der Ausübung desselben den Schuldner ohne Verzug zu benachrichtigen. Er ist befugt, wenn ihn dieser nicht rechtzeitig in anderer Weise sichert, im Wege der Klage bei dem für ihn selbst zuständigen Gerichte gegen den Schuldner den Verkauf der Gegenstände zu beantragen; er kann sich aus dem Erlöse vor den andern Gläubigern befriedigen. Der Gläubiger hat dieses Recht auch gegenüber der Konkursmasse des Schuldners."

Kridars, und unterliegt deshalb der Anfechtung nach §§ 22 ff. K.O.[30]) Soweit der Hingabe der Sache zum Erwerb des Retentionsrechtes noch die Fälligkeit der Forderung hinzutreten muß, ist es zwar auch die Hingabe, wie auch die Forderung, welche Gegenstand der Anfechtung sind, die Frist des § 34 K.O. läuft dann aber erst von dem Eintritt der Fälligkeit an, wogegen allerdings auch in diesen Fällen die Hingabe der Sache, wenn sie nicht während der in den §§ 23, 24 K.O. bestimmten Zeiten erfolgt, als solche nicht mehr angefochten werden kann.

6) Da das handelsrechtliche Pfand- und das handelsrechtliche Retentionsrecht auf dem fiktiv auf Begründung dieser Rechte gerichteten Willen der Parteien basirt, so können nur solche Sachen Gegenstand eines derartigen Rechtes sein, welche der Schuldner zu verpfänden befugt ist.[35])

7) Die Kollision der Pfand- und Retentionsrechte unter einander und mit andern Pfandrechten ist durch das H.G.B. geregelt. Wenn auf demselben Gute zwei oder mehrere Pfandrechte des Kommissionärs, des Spediteurs oder des Frachtführers lasten, so geht nach Art. 411 H.G.B. unter denjenigen Pfandrechten, die durch die Versendung oder den Transport des Gutes entstanden sind, das später entstandene dem früheren vor.[36]) Diese Pfandrechte haben sämmtlich den Vorrang vor allen Pfandrechten des Kommissionärs und vor dem für Vorschüsse begründeten Pfandrechte des Spediteurs; unter diesen Pfandrechten des Kommissionärs und Spediteurs geht das früher entstandene dem späteren vor. Das Pfandrecht des Verfrachters geht nach Art. 626 allen übrigen Pfandrechten vor. Die Reihenfolge der Pfandrechte der Schiffsgläubiger ist in den Art. 771 bis 773 eingehend geregelt. Das Retentionsrecht der Art. 313—315, des Art. 374 Abs. 2 und des Art. 893 geht allen andern Pfandrechten vor.

Für das Verhältniß zu andern Pfandgläubigern ist das Prinzip, daß das Alter den Vorzug hat, durch die Vorschrifen des H.G.B. fast gänzlich beseitigt. Das Pfandrecht des Kommissionärs (Art. 374 Abs. 2), des Spediteurs (Art. 382 Abs. 2), des Frachtführers (Art. 409 Abs. 3), des Verfrachters (Art. 626 Abs. 2), des Schiffsgläubigers

---

[35]) Siehe darüber oben § 70.

[36]) Der spätere Frachtführer ist durch Art. 410 verpflichtet, das frühere Pfandrecht des Spediteurs und Frachtführers, wenn deren Forderungen sich aus dem Frachtbrief ergeben, für diese auszuüben.

(Art. 779), das allgemeine Retentionsrecht (Art. 315), das Retentionsrecht des Kommissionärs (Art. 374 Abs. 2), des See-Versicherungsnehmers (Art. 893) gehen allen andern sonstigen Rechten an der Sache, namentlich den dinglichen und Pfandrechten, vor. Dagegen soll das Pfandrecht der Havareivergütungsberechtigten (Art. 727) und der Bergungsgläubiger (Art. 753 Abs. 2) dem Pfandrecht derjenigen Gläubiger nachstehen, welche nach der Auslieferung der Güter den Besitz in gutem Glauben, d. h. in entschuldbarer Unkenntniß von dem Pfandrechte erlangt haben. Diese Vorschriften des H.G.B. sind auch im Falle der Kollision der handelsrechtlichen Pfand- und Retentionsrechte mit dem Absonderungsrechte des § 41 [1] K.O. entscheidend. Denn der § 6 des Preuß. A.G., welcher diesem Absonderungsrechte wegen öffentlicher Abgaben den Vorrang vor allen übrigen Absonderungsrechten des § 41 K.O. gewährt, kann als landesrechtliche Norm dem Reichsgesetze gegenüber keine Gültigkeit in Anspruch nehmen.

Die Rangordnung des Pfandrechtes für dieselbe Forderung im Verhältniß des Hauptanspruchs zu den Nebenansprüchen ist für das Gebiet des A.L.R. durch Art. 28 E.G. zum H.G.B. dahin geregelt, daß in Betreff derjenigen Forderungen, denen in den Art. 374, 382, 409, 624, 629, 675 und rücksichtlich der Ladung des Schiffes in den Art. 680, 697, 727, 753, 781 H.G.B. ein Pfandrecht beigelegt ist, „die Pfandlosung zunächst auf die Kosten, sodann auf die laufenden Zinsen und demnächst auf die sämmtlichen noch nicht verjährten Zinsen in Anrechnung zu bringen ist“.

§ 78. hh. Das Absonderungsrecht der Pfändungsgläubiger.

Den Faustpfandgläubigern stehen ferner diejenigen gleich

9) welche durch Pfändung ein Pfandrecht erlangt haben, in Ansehung der verpfändeten Gegenstände.

Dieses Absonderungsrecht setzt einen gesetzlich als Pfändung bezeichneten Akt voraus, durch welchen ein Gegenstand zur Sicherung eines Anspruchs des Gläubigers durch eine gesetzlich berechtigte Person der Verfügungsgewalt des Schuldners entzogen wird. Ob der Pfändende eine öffentliche oder Privatperson, ist gleichgültig, wenn er nur im konkreten Falle zur Vollziehung dieses Aktes gesetzlich legitimirt ist.

1) Der regelmäßige Fall ist die Pfändung durch eine Amtsperson. Diese Pfändung, durch welche schon nach Römischem Rechte das pignus judiciale entstand, kann sowohl von den ordentlichen

Gerichten als auch von den Verwaltungsgerichten, Verwaltungs- und Auseinandersetzungsbehörden und von solchen Instituten oder Korporationen, denen die Befugniß zur Zwangsvollstreckung gesetzlich verliehen ist, z. B. einem Deichverbande, angeordnet und durch das Ausführungsorgan der Behörde bezw. des Instituts vorgenommen werden. Durch die auf Grund der C.P.O. erfolgte Pfändung erwirbt der Gläubiger nach § 709 C.P.O. ein Pfandrecht an dem gepfändeten Gegenstande. Dieselbe Wirkung ist auch der Pfändung, welche auf Anordnung der sonstigen, oben bezeichneten Behörden und Institute erfolgt, durch § 14 Abs. 1 des Preuß. Ges. vom 24. März 1879[1]) beigelegt.

a) Die Pfändung beweglicher körperlicher Sachen[2]) erfolgt durch den Gerichtsvollzieher bezw. den Exekutivbeamten der zuständigen Behörde.[3]) Diese Pfändung gewährt dem Gläubiger ein Pfandrecht, aber keinen Gewahrsam. Sie wird nach § 712 C.P.O. zwar dadurch bewirkt, daß der Gerichtsvollzieher die zu pfändende Sache in Besitz nimmt, er nimmt sie aber, wenn auch im Auftrage, doch nicht als Mandatar des Gläubigers in Besitz, denn sonst würde der

[1]) „Die Vorschriften der Deutschen C.P.O. über die Wirkung der Pfändung finden entsprechende Anwendung auf die auf Grund einer Entscheidung oder Anordnung der zuständigen Verwaltungsbehörde, eines Verwaltungsgerichts, einer Auseinandersetzungsbehörde oder eines solchen Instituts, dem die Befugniß zur Zwangsvollstreckung zusteht, bewirkten Pfändung." Der Zusatz „eines solchen Instituts, dem die Befugniß zur Zwangsvollstreckung zusteht", wurde von der Kommission des Herrenhauses gemacht, weil Zweifel darüber beständen, ob diese Institute Verwaltungsbehörden seien. (Struckmann und Koch, die Preuß. Ausführungsgesetze Anm 1 zu § 14 l. c.)

[2]) Auch Geld kann gepfändet werden. Denn der § 716 Abs. 2 C.P.O. bestimmt: „Gepfändetes Geld ist dem Gläubiger abzuliefern." Da aber „die Wegnahme des Geldes durch den Gerichtsvollzieher als Zahlung von Seiten des Schuldners gilt, wenn nicht dem Schuldner nachgelassen ist, durch Sicherheitsleistung oder durch Hinterlegung die Vollstreckung abzuwenden" (§ 716 Abs. 2 C.P.O.), so wird durch die Pfändung des Geldes ebensowenig wie durch die Empfangnahme des Auktionserlöses bei der Versteigerung anderer körperlicher Sachen seitens des Gerichtsvollziehers ein Pfandrecht erworben, sondern es wird durch die Pfändung des Geldes der Eigenthumsübergang auf den Gläubiger bewirkt (vgl. v. Wilmowski und Levy Anm. 1 zu. § 709 C.P.O.); nur dann entsteht durch die Pfändung von Geld ein Pfandrecht des betreibenden Gläubigers, wenn dem Schuldner nachgelassen ist, durch Sicherheitsleistung oder Hinterlegung die Zwangsvollstreckung abzuwenden.

[3]) §§ 5, 24 der Preuß. Verordnung vom 7. September 1879, betreffend das Verwaltungszwangsverfahren wegen Beitreibung von Geldbeträgen.

Gläubiger den Gewahrsam der Sache beanspruchen können, was ihm gesetzlich aber nicht gestattet ist. Es gehört auch nicht zum Wesen der Pfändung, daß der Schuldner des Gewahrsams der gepfändeten Sache vollständig beraubt wird: er setzt den angefangenen Ersitzungsbesitz gegen Dritte fort, er darf über die beschlagnahmte Sache verfügen, nur im Verhältniß zu dem betreibenden Gläubiger ist ihm die Verfügung über den Besitz und das Eigenthum der Sache entzogen.

„Im Gewahrsam des Schuldners sind die Sachen" — nach § 762 Abs. 2 C.P.O. — nur dann zu lassen, wenn der Gläubiger einwilligt oder wenn ein anderes Verfahren mit erheblichen Schwierigkeiten verbunden ist; in diesem Falle ist die Wirksamkeit der Pfändung dadurch bedingt, daß durch Anlegung von Siegeln oder auf sonstige Weise die Pfändung ersichtlich gemacht ist." Die Wirksamkeit der Pfändung setzt daher voraus, daß der Gerichtsvollzieher ꝛc. die Sache entweder selbst in Besitz nimmt und dem Schuldner den Gewahrsam der Sache entzieht, oder aber daß er die Pfändung durch Anlegung von Siegeln oder auf andere Weise ersichtlich macht. Verfährt er in der einen oder der anderen Weise, so entsteht das Pfandrecht. Zwar hängt es nicht von seinem Belieben ab, ob er die Pfändung in der einen oder der andern Weise vornimmt, er ist vielmehr zur Besitznahme der Sache verpflichtet und nur mit Einwilligung des Gläubigers oder mit Rücksicht auf die sonst entstehenden Schwierigkeiten berechtigt, die Sache vorläufig im Gewahrsam des Schuldners zu belassen. Aber, wenn er die eine Art der Pfändung wählte, während die Voraussetzungen der andern gegeben waren, so mag er zwar unter Umständen pflichtwidrig handeln, doch darf in einem solchen Falle der Pfändung die Gültigkeit nicht abgesprochen werden.[4]) Denn ob die Fortschaffung der Sache aus dem Gewahrsam des Schuldners mit erheblichen Schwierigkeiten verbunden ist, ist eine Frage thatsächlicher Natur, deren Entscheidung jedenfalls bei der Pfändung dem pflichtmäßigen Ermessen des pfändenden Beamten zusteht, und deshalb ist die Vorschrift des § 712 C.P.O., soweit sie die Wahl der beiden Pfändungsarten betrifft, zumal mit Rücksicht auf die Dehnbarkeit der Begriffe „Schwierigkeiten" und „erhebliche Schwierigkeiten", nur instruktioneller Natur. Das ergiebt sich auch aus der weitern Bedingung, welche von der Zustimmung des Gläubigers ab-

[4]) Hellmann, Lehrbuch des deutschen Civilprozeßrechts § 135 S. 860. A. M. v. Wilmowski und Levy Anm. 1 zu § 709 C.P.O.

hängt: eine ausdrückliche Zustimmung des Gläubigers verlangt das Gesetz nicht, der Gläubiger gilt als zustimmend, wenn er nach erhaltener Kenntniß von der Art der Pfändung nicht widerspricht und die Fortschaffung der Sache aus dem Gewahrsam des Schuldners nicht verlangt.

Das Pfandrecht kann nicht begründet werden, wenn eine der im §§ 691[1] und [3], 692 C.P.O. bezeichneten Urkunden vorgelegt wird, nach welchen die Zwangsvollstreckung einzustellen bezw. aufzuheben ist.[5]) Die Wirksamkeit der Pfändung hängt ferner von dem Vorhandensein der gesetzlichen Voraussetzungen des Vollstreckungstitels und der Vollstreckungsklausel und der Existenz der Vorbedingungen der §§ 671, 672 C.P.O. ab. Fehlen diese Voraussetzungen, so entsteht kein Pfändungspfandrecht, aber durch die nachträgliche Erfüllung wenigstens der Vorschriften der §§ 671, 672 C.P.O. konvalescirt die Pfändung und das Pfändungspfandrecht[6]) mit rückwirkender Kraft, jedoch ohne Aufhebung und Beschränkung der inzwischen erworbenen Rechte Dritter. Da der Erwerb des Pfandrechtes aber nicht vor der Erfüllung der gesetzlichen Vorschriften eintritt, so steht der § 12 K.O. der Entstehung des Pfändungspfandrechtes entgegen, wenn nach der Pfändung, aber vor der Erfüllung der gesetzlichen Vorschriften der §§ 671, 672 C.P.O. der Konkurs eröffnet wird.

Ein Verstoß gegen blos instruktionelle Vorschriften führt dagegen nicht zur Ungültigkeit der Pfändung. Sie ist daher wirksam und erzeugt ein Pfandrecht, wenn sie unter Verletzung des § 681 C.P.O. ohne Erlaubniß des Amtsrichters zur Nachtzeit oder an Sonn- oder allgemeinen Feiertagen vorgenommen ist,[7]) wenn ungeachtet der Vorschrift des § 682 C.P.O. über die Vollstreckungshandlung kein ordnungsmäßiges oder überhaupt kein Protokoll aufgenommen ist,[5]) wenn die im § 683 C.P.O. vorgeschriebenen Mittheilungen nicht gemacht sind,[5]) wenn sie vorgenommen ist,[5]) obgleich von der Verwerthung der gepfändeten Gegenstände ein Ueberschuß über die Exekutionskosten nicht zu erwarten war,[8]) wenn die für den Fall des

---

[5]) v. Wilmowski und Levy a. a. O.

[6]) Reichsgericht Entsch. 6 S. 388, 8 S. 429, 11 S. 402, 20 S. 433, 25 S. 370; in Gruchots Beiträgen 28 S. 845 und in der jur. Wochenschr. 1882 S. 116.

[7]) v. Wilmowski und Levy a. a O. meinen dagegen, daß die Pfändung in diesem Falle ungültig sei.

[8]) § 708 C.P.O.

Widerstandes oder der Abwesenheit des Schuldners im § 679 C.P.O. vorgeschriebene Förmlichkeit nicht beobachtet ist.[8]) Eine Pfändung, durch welche das Recht eines Dritten verletzt wird, berechtigt diesen zwar, die Redressirung des Exekutionsaktes zu verlangen, ist aber dem Schuldner und andern Personen gegenüber nicht unwirksam. Dies gilt namentlich von der Pfändung, die entgegen der Vorschrift der §§ 712 Abs. 1, 713 C.P.O. an einer dem Schuldner gehörenden Sache, welche sich im Besitz eines Dritten befindet, ohne die Einwilligung des letzteren vollzogen ist.

Ebenso wird ein Pfandrecht durch eine Pfändung erworben, welche unter Beobachtung der gesetzlichen Vorschriften an einer der Zwangsvollstreckung entzogenen Sache[9]) vorgenommen ist. Denn diese, wenn auch nicht blos aus Mitleid, sondern auch im öffentlichen Interesse vorgeschriebene Exemtion von der Zwangsvollstreckung betrifft doch nicht Sachen, die dem Verkehr entzogen sind, sondern Sachen, über welche der Schuldner durch Veräußerung, Verpfändung und in jeder andern Weise frei verfügen kann; kann der Schuldner diese Sachen verpfänden und veräußern, so kann er auch seine Einwilligung zur Begründung des Pfändungspfandrechtes und zur Veräußerung durch den Gerichtsvollzieher geben. Es hängt daher nur von ihm ab, ob er die Pfändung zulassen will oder nicht. Die ohne seinen Willen vollzogene Pfändung verletzt daher nur sein persönliches Privileg, sie ist aufzuheben, wenn er seinen Willen gegen die Pfändung zur Geltung bringt, sie besteht aber, wenn er die Aufhebung nicht verlangt und dadurch in die Pfändung einwilligt. Eine solche Pfändung schafft daher ein Pfändungspfandrecht, welches erst mit der Aufhebung der Pfändung verloren geht.[10]) Wäre dies nicht richtig, so würde wenigstens dann eine Konvalescenz des Pfandrechtes eintreten, wenn der Grund der Exekution in Wegfall kommt, wenn z. B. der Schuldner stirbt oder einen Beruf wählt, welcher die Benutzung der gepfändeten Sache nicht erfordert; dagegen würde bei Annahme der Unrichtigkeit der hier vertretenen Ansicht die Eröffnung des Konkurses auch an solchen Sachen eine Konvalescenz des Pfändungspfandrechtes nicht zur Folge haben, welche zwar der Einzelexekution entzogen, aber nach § 1 Abs. 3 K.O. und nach dem Ges. vom 3. Mai 1886 von der

---

[9]) § 715 C.P.O.; § 20 Ges. vom 28. Oktober 1871; Ges. vom 3. Mai 1886.

[10]) A. M. das Reichsgericht Entsch. 18 S. 393 ohne weitere Motivirung, welches aber die Frage, ob die Pfändung mit Zustimmung des Schuldners zulässig ist, absichtlich unerörtert läßt.

Konkursmasse nicht ausgeschlossen sind; denn ein vor der Eröffnung des Konkurses noch nicht entstandenes Pfandrecht würde nach der Konkurseröffnung nicht mehr entstehen können.[11])

Ueber die Verlustgründe des Pfandrechtes vgl. oben §§ 40 ff.; dasselbe fällt insbesondere fort, wenn der betreibende Gläubiger den Zwangsvollstreckungsantrag zurücknimmt, wenn er durch eine anderweitige Zwangsvollstreckung vollständig befriedigt ist, oder wenn die Zwangsvollstreckung auf Grund des § 692 Z.P.O. aufgehoben wird. Die Anordnung der bloßen Einstellung der Zwangvollstreckungsmaßregeln [12]) hat dagegen den Verlust des erworbenen Pfändungspfandrechtes nicht zur Folge. Dasselbe gilt von der Fristbewilligung des Gläubigers, selbst wenn in Folge derselben der Gerichtsvollzieher nach seiner Geschäftsanweisung [13]) die Zwangsvollstreckung nicht ohne weitern Antrag des Gläubigers fortsetzen darf.

Ist die Zwangsvollstreckung auf Grund der Zurücknahme des Antrages des Gläubigers oder durch anderweite Befriedigung desselben oder nach § 691[2, 4, 5] C.P.O. aufgehoben, so besteht das Pfändungspfandrecht auch dann nicht mehr, wenn die Sache im Besitz des Gerichtsvollziehers oder wenn dessen Siegel an der Sache bleiben, denn diese formellen Merkmale der Pfändung würden des wahren Inhalts entbehren. Andererseits geht aber das Pfandrecht dadurch nicht verloren, daß ohne Aufhebung des Zwangsvollstreckungsverfahrens durch eine spätere Thatsache die Erkennbarkeit der gültig erfolgten Pfändung aufhört, denn der § 712 C.P.O. macht die Wirksamkeit der Pfändung nur von der Voraussetzung abhängig, daß die Pfändung ersichtlich gemacht ist, nicht daß sie ersichtlich ist und ersichtlich bleibt, und die Perfektform „gemacht ist" hebt genugsam hervor, daß die Erkennbarkeit zur Zeit der Pfändung vorhanden sein, nicht aber daß sie bis zur Beendigung der Zwangsvollstreckung bestehen bleiben muß. Deshalb bleibt das Pfandrecht bestehen, wenn die gültig angelegten Siegel oder sonstigen Merkmale

---

[11]) § 12 K.O.

[12]) Nach § 691[4] und [5] C.P.O. und, wenn die Aufhebung der Zwangsvollstreckung nicht angeordnet ist, nach § 691[2] C.P.O.

[13]) § 60 der Preuß. Geschäftsanweisung für die Gerichtsvollzieher vom 24. Juli 1879: „Zur Wiederaufnahme der Zwangsvollstreckung hat der Gerichtsvollzieher auch im Falle der einstweiligen Einstellung, namentlich bei Stundungen, einen neuen Antrag des Gläubigers abzuwarten, sofern nicht von demselben ein bestimmter Termin bezeichnet ist, nach dessen Ablauf die Zwangsvollstreckung ohne Weiteres fortgesetzt werden soll."

unbefugt von dem Schuldner oder einem Dritten entfernt werden,[14]) wenn die Pfandsache dem Gerichtsvollzieher, der sie gültig in Besitz genommen, oder dem Dritten, dem er sie zur Verwahrung übergeben hat, widerrechtlich vom Schuldner oder einem Dritten entzogen wird.[15])

Durch die Versteigerung der gepfändeten Sache erlischt das Pfändungspfandrecht und geht das Eigenthum unbelastet auf den Ersteher über, wenn derselbe bis zu der in den Versteigerungsbedingungen[16]) bestimmten Zeit, und in Ermangelung einer solchen Zeitbestimmung vor dem Schluß des Versteigerungstermins die Ablieferung verlangt und den Kaufpreis zahlt.

b. Forderungen, auch die im Grundbuch eingetragenen Forderungen, werden durch Zustellung des Pfändungsbeschlusses ge-

---

[14]) Derselben Ansicht Hellmann a. a. O. § 135 S. 860, 861, wogegen v. Völdernbdorff Anm. II zu § 41[9] und Brettner in der jur. Wochenschr. 1884 S. 222 II in diesem Falle für den Verlust des Pfandrechtes stimmen. Die Motive zu § 712 C.P.O. sagen freilich: „Die Aufhebung der Erkennbarkeit würde der Aufhebung des von dem Gerichtsvollzieher ergriffenen Besitzes gleichstehen", aber diese Ansicht der Motive hat im Gesetz keinen Ausdruck gefunden. (Vgl. auch § 189 Abs. 3 C.P.O.: „Auf die Gültigkeit der Zustellung hat es keinen Einfluß, wenn das anzuheftende Schriftstück von dem Orte der Anheftung zu früh entfernt wird.")

[15]) Hellmann § 135.

[16]) In der Reichstagskommission wurde zwar ein Antrag, bei dem Einverständniß des Gläubigers und Schuldners über eine Stundung des Kaufgeldes die Lieferung der Sache zu bewilligen, abgelehnt. Da jedoch die Kaufbedingungen die Zeit der Zahlung bestimmen können und diese Kaufbedingungen auf Grund der Uebereinstimmung des Schuldners und Gläubigers festzusetzen sind, so ist eine Stundung in Gemäßheit solcher in Uebereinstimmung mit den beiden Parteien festgesetzten Kaufbedingungen nicht unzulässig und nicht wirkungslos. Uebrigens kann nach § 726 C.P.O. auch das Vollstreckungsgericht auf Antrag des Gläubigers oder Schuldners eine Abweichung vom § 718 C.P.O. und demnach auch anordnen, daß das Kaufgeld bis zu einem bestimmten Tage gestundet werden darf. Deshalb bestimmt der § 78 Abs. 3 der Geschäftsanweisung für die Gerichtsvollzieher: „Eine Abweichung von den im § 718 C.P.O. bestimmten Bedingungen ist nur zulässig, wenn dieselbe durch das Vollstreckungsgericht angeordnet oder zwischen dem Gläubiger und Schuldner vereinbart ist." v. Wilmowski und Levy Anm. 3 zu § 718 C.P.O. A. M. Seuffert Anm. 2 zu § 718, Kleiner zu § 718, Förster-Eccius II § 130 Anm. 34, welche eine Vereinbarung des Gläubigers und Schuldners für unzulässig halten. Ist eine solche Stundung aber zulässig, so geht auch das Pfändungspfandrecht verloren, wenn die versteigerte Sache dem Ersteher unter Stundung des Kaufpreises bis zu einer bestimmten Zeit übergeben ist.

pfändet. Durch diese Zustellung an den Drittschuldner ist die Pfändung nach § 730 Abs. 3 C.P.O. und wenn sie auf Grund der Verfügung einer nicht zu den ordentlichen Gerichten gehörenden Behörde erfolgt, nach § 42 Abs. 3 der Verordnung vom 7. September 1879[17]) als vollzogen und das Pfändungspfandrecht als erworben anzusehen, auch wenn die Zustellung an den Schuldner, welche sich der Zustellung an den Drittschuldner nach § 730 C.P.O. anschließen soll, noch nicht erfolgt ist,[18]) oder überhaupt nicht erfolgt.[19]) In analoger Weise ist die Pfändung von Ansprüchen auf Herausgabe oder Leistung körperlicher Sachen und eines Anspruches auszuführen, der eine bewegliche oder unbewegliche Sache betrifft.[20]) Die Pfändung von Forderungen aus Wechseln und andern indossablen Papieren wird durch die Besitznahme der Papiere seitens des Gerichtsvollziehers bewirkt.[21]) Nach § 754 C.P.O. und § 53 der Verordnung vom 7. September 1879 finden auf die Zwangsvollstreckung in andere Vermögensrechte, als die vorbezeichneten, sofern sie nicht Gegenstand der Immobiliarzwangsvollstreckung sind, die Bestimmungen über die Zwangsvollstreckung in Forderungen analoge Anwendung. Ist ein Drittschuldner nicht vorhanden, so ist die Pfändung in dem Zeitpunkt als bewirkt anzusehen, in welchem dem Schuldner das Gebot, sich jeder Verfügung über das Recht zu enthalten, zugestellt ist. Bei der Zwangsvollstreckung in solche Rechte, z. B. in einen Nießbrauch oder sonstige Nutzungsrechte, kann auch die Vollstreckungsbehörde besondere Anordnungen erlassen, sie kann insbesondere eine Sequestration anordnen. Auch durch diese Sequestration entsteht ein Pfandrecht an dem sequestrirten Rechte, soweit letzteres übertragbar ist. Denn „in diesem Falle wird" nach § 754 C.P.O. und § 53 der Verordnung vom 7. September 1879 „die Pfändung durch

---

17) „Mit der Zustellung der Verfügung an den Drittschuldner ist die Pfändung als bewirkt anzusehen. Von dieser Zustellung ist der Schuldner in Kenntniß zu setzen."

18) So auch Hellmann § 137.

19) Motive zu § 730 C.P.O.: „Die Erlassung des Gebots an den Schuldner, obwohl für den Gläubiger nach § 137 Strafgesetzbuchs nicht ohne Bedeutung, geht nebenher, sie kann aber umsoweniger als entscheidend für die Wirkung der Pfändung gelten, weil deren Ausführung, im Falle der Schuldner latitirt, bedenklich erschwert würde."

20) §§ 745—477 C.P.O., § 17 des Preuß. Ges. vom 24. März 1879, §§ 49, 50 der Verordnung vom 7. September 1879.

21) § 732 C.P.O.; § 43 der Verordnung vom 7. September 1879.

Uebergabe der zu benutzenden Sache an den Verwalter bewirkt, sofern sie nicht durch Zustellung des Beschlusses bereits vorher bewirkt ist".

Der Erwerb eines Pfändungspfandrechtes an Forderungen und andern unkörperlichen beweglichen Vermögensrechten kann auch durch die Thätigkeit des Gläubigers allein erfolgen. Nach § 744 C.P.O. „kann der Gläubiger schon vor der Pfändung auf Grund eines vollstreckbaren Schuldtitels dem Drittschuldner und dem Schuldner die Benachrichtigung, daß die Pfändung bevorstehe, mit der Aufforderung, an den Drittschuldner, nicht an den Schuldner zu zahlen und mit der Aufforderung an den Schuldner zustellen lassen, sich jeder Verfügung über die Forderung, insbesondere durch Einziehung derselben zu enthalten. Die Benachrichtigung an den Drittschuldner hat die Wirkung eines Arrestes, sofern die Pfändung der Forderung innerhalb dreier Wochen bewirkt wird. Die Frist beginnt mit dem Tage, an welchem die Benachrichtung zugestellt ist". Hiernach wird durch die Zustellung an den Drittschuldner ein Pfändungspfandrecht, wie durch den Arrest, also, wie oben § 18 auseinandergesetzt, ein resolutivbedingtes Pfandrecht erworben, welches seine Kraft verliert, wenn nicht innerhalb dreier Wochen nach dieser Zustellung der die Pfändung anordnende Gerichtsbeschluß dem Drittschuldner zugestellt wird. Deshalb hindert die Konkurseröffnung, welche nach der Zustellung der Pfändungsanzeige, aber vor Erlaß des gerichtlichen Pfändungsbeschlusses erfolgt ist, weder den Erlaß, noch die Zustellung des letztern. Freilich hat das Kammergericht, wie Küntzel in Gruchots Beiträgen 28 S. 278, 279 bezeugt, die Frage, ob der Pfandgläubiger, welcher vor der Eröffnung des Verfahrens die Pfändungsbenachrichtigung des § 744 hat zustellen lassen, nach der Konkurseröffnung noch die gerichtliche Pfändung erwirken könne, verneint, „weil die Wirkung der Benachrichtigung von der bevorstehenden Pfändung nur eintrete, sofern die demnächst erfolgende Pfändung eine gesetzliche sei, diese Voraussetzung aber nach § 11 K.O. fehle, wenn durch die Konkurseröffnung die Zulässigkeit der Zwangsvollstreckung einzelner Gläubiger ausgeschlossen werde." Wenn man aber auch der Begründung v. Völderndorffs,[22]) die Konkurseröffnung vertrete die Stelle der gerichtlichen Pfändung, nicht zustimmen kann, so kann man doch ebensowenig die Ansicht des Kammergerichtes, welcher auch v. Wilmowski-Levy[23]) beigetreten sind,

[22]) In der Zeitschr. für Deutsch. Civilpr. Bd. 6 S. 169 ff.

[23]) Anm. zu § 744 C.G.B.

für richtig halten. Wie schon oben § 18 ausgeführt, wird durch den Arrest ein resolutivbedingtes Absonderungsrecht geschaffen, und nach § 744 C.P.O. hat die Zustellung der Pfändungsnachricht an den Drittschuldner die Wirkung des Arrestes, die Wirkung dieser Pfändungsnachricht ist daher ein resolutivbedingtes Pfandrecht, nicht ein bloßes Provisorium. Das Reichsgericht[24]) sagt vielmehr: „Die Auffassung, daß die Benachrichtigung nur etwas Provisorisches, nur eine Handlung mit Suspensiveffekt sei, deren Wirkung durch die nachfolgende Pfändung bewirkt werde, daß also für den in Rede stehenden Rechtsverlust nur die wirkliche Pfändung, durch welche der Gläubiger sein Recht erst ausgeübt habe, in Betracht kommen könne, sei durchaus unzutreffend; § 744 habe vielmehr nach Wortlaut und Sinn offenbar die Bedeutung, daß, wenn die Bedingung der Pfändung innerhalb der gesetzten Frist erfüllt sei, in allen Fällen und nach jeder Richtung hin schon die in Gemäßheit des Abs. 1 desselben erfolgte Benachrichtigung die Wirkung des Arrestes und der Pfändung mit allen an die letztere geknüpften Wirkungen haben solle." Ist aber durch die Zustellung der Pfändungsbenachrichtigung ein Pfand- und Absonderungsrecht, ist durch sie zwar nur ein bedingtes, aber ein resolutivbedingtes Pfandrecht bereits erworben, so ist der Gläubiger schon vor der nach jener Zustellung eingetretenen Konkurseröffnung Pfandgläubiger und im Konkurse Absonderungsberechtigter. Der Erwerbung eines Vollstreckungstitels nach der Konkurseröffnung steht aber ein gesetzliches Hinderniß nicht im Wege. Der § 11 K.O. verbietet zwar die Zwangsvollstreckung in Gegenstände der Masse, und die gerichtliche Pfändung ist ein Akt der Zwangsvollstreckung, aber er verbietet nur die Zwangsvollstreckung „zu Gunsten einzelner Konkursgläubiger", der Absonderungsberechtigte ist aber als solcher kein Konkursgläubiger und ist deshalb nicht gehindert, den gerichtlichen Pfändungsbeschluß in die durch die Pfändungsbenachrichtigung bereits gepfändete Forderung zu erwirken. Nicht anders ist zu entscheiden, wenn der gerichtliche Beschluß nach der Zustellung der Pfändungsbenachrichtigung zwar vor der Eröffnung des Verfahrens, aber nach dem Erlaß des allgemeinen Veräußerungsverbotes des § 98 K.O. vom Gläubiger erstrebt wird, welches in Bezug auf Pfandrechte, die im Wege der Zwangsvollstreckung oder des Arrestes erworben werden, die Wirkung des § 12 K.O. zur Folge hat. Das Reichsgericht hat sich in einer spätern

[24]) Entsch. 17 S. 331.

Entscheidung[25]) der entgegenstehenden Ansicht angeschlossen, diese sogar für unzweifelhaft erklärt. Dasselbe erkennt zwar an, daß durch die Pfändungsnachricht ein Arrestpfandrecht entsteht, führt dann aber aus: „Mag man auch in andern Beziehungen sagen können, daß nach erwirkter gerichtlicher Pfändung das Arrestpfandrecht als schon mit der Zustellung der Benachrichtigung an den Drittschuldner erworben gelte, so ist doch der § 98 Abs. 1 bezw. der § 12 K.O. nicht in diesem Sinne aufzufassen. Die hier in Rede stehende Bestimmung" (der § 12) „will soviel als möglich verhindern, daß nach Veröffentlichung des Veräußerungsverbotes ein einzelner Gläubiger sich durch irgend eine Rechtshandlung noch einen Vorzug vor der Gesammtheit der Konkursgläubiger verschaffen könne, und es entspricht daher dem Sinne des Gesetzes, unter dem „Erwerb" von Pfandrechten, welcher den Konkursgläubigern gegenüber unwirksam sein soll, auch den hier fraglichen Fall, wo die Benachrichtigung nach Maßgabe des § 744 C.P.O. bereits stattgefunden hat, mitzuverstehen, obschon dies sonst immerhin ein Erwerb mit rückwirkender Kraft sein würde." Man kann mit Recht behaupten, daß diese Entscheidung des Reichsgerichtes mit der oben citirten Bd. 17 S. 331 im Widerspruch steht, denn während in der letztern ausgeführt wird, daß die Pfändungsnachricht nicht provisorischen Effekt, sondern die Wirkung der Pfändung mit allen an die letztere geknüpften Folgen habe, führt diese Entscheidung aus, daß das Pfandrecht erst durch den gerichtlichen Beschluß erworben werde. Wie unrichtig die Auffassung des Reichsgerichtes in der letzten Entscheidung ist, spricht sich auch aus dem letzten angeführten Satze aus, daß der Erwerb des Pfandrechtes „sonst immerhin ein Erwerb mit rückwirkender Kraft sein würde". Denn ist das Arrestpfandrecht ein resolutivbedingtes Pfandrecht, so hat nicht der Erwerb, sondern der Verlust desselben rückwirkende Kraft. Der einzige, vom Reichsgericht angeführte Grund, „nach der Veröffentlichung des Veräußerungsverbotes solle ein einzelner Gläubiger sich keinen Vorzug vor den übrigen Gläubigern verschaffen", ist nicht zutreffend, da der Gläubiger in Folge der Pfändungsnachricht das Pfandrecht, wie das Reichsgericht Bd. 17 S. 331 ausgeführt, schon erworben hat, also schon absonderungsberechtigt ist und durch den nachfolgenden Pfändungsbeschluß zwar einen Vollstreckungstitel, aber nicht mehr einen Vorzug vor den Kon-

---

[25]) Entsch. 26 S. 426 ff.; ebenso Kohler § 33 S. 159 Anm. 2.

kursgläubigern erwirbt, weil er einen Vorzug, den er schon hat, nicht mehr erwerben kann.

Die Pfändung von Forderungen und andern unkörperlichen Vermögensrechten muß ebenso, wie die Pfändung beweglicher körperlicher Sachen in gesetzlicher Weise vollzogen werden, wenn sie das Pfändungspfandrecht zur Folge haben soll. Was in dieser Beziehung für die Pfändung körperlicher Sachen, insbesondere in Beziehung auf die Unterscheidung zwischen instruktionellen und nothwendigen Vorschriften, und in Beziehung auf die Konvalescenz ungültiger Pfändungen gesagt ist, muß in entsprechender Weise auch für die Pfändung von Forderungen und andern unkörperlichen Vermögensrechten gelten. Aber bezüglich der Frage nach der Gültigkeit der Pfändung eines von der Zwangsvollstreckung eximirten Gegenstandes muß hier eine Abweichung registrirt werden. Nach dem auch hier geltenden Satze, daß die an diesen priviligirten Gegenständen vollzogene Pfändung bis zu ihrer auf die Erinnerung des Schuldners erfolgenden Aufhebung gültig ist und ein Pfändungspfandrecht erzeugt, weil der Schuldner selbst diese Gegenstände verpfänden und veräußern darf, muß hier die Pfändung an solchen Forderungen als unwirksam bezeichnet werden, welche der Schuldner nicht veräußern und nicht verpfänden darf. Er darf z. B. den nicht fälligen Arbeitslohn nach § 2 des Ges. vom 21. Juni 1869, die Alters- oder Invalidenrente nach § 40 des Ges. vom 22. Juni 1889, das Wittwen- und Waisengeld der Angehörigen des Reichsheeres und der Marine nach § 19 des Ges. vom 17. Juni 1887 u. s. w. nicht abtreten, noch verpfänden; eine in solche Forderungen vollzogene Pfändung erzeugt daher auch kein Pfandrecht, während die Pfändung solcher Forderungen, die der Schuldner verpfänden darf, z. B. die Pfändung von Stiftungsgeldern des § 759 [3] C.P.O., zwar auf seine Einwendung aufzuheben ist, aber bis dahin ein rechtswirksames Pfändungspfandrecht begründet.

Die oben §§ 40 ff. besprochenen Verlustgründe der Absonderungsrechte betreffen auch das Pfandrecht an Forderungen und unkörperlichen Rechten. Dieses geht insbesondere durch die Vorlegung der in dem § 691 [1] und [3], und wenn die Aufhebung der Pfändung angeordnet ist, in den im § 691 [2] C.P.O. bezeichneten Urkunden, durch Befriedigung des Gläubigers in Folge einer andern Zwangsvollstreckung, durch Ueberweisung der Forderung an Zahlungsstatt (nicht aber auch durch Ueberweisung zur Einziehung), ferner durch Zurücknahme der Pfändung seitens des betreibenden Gläubigers verloren. Die Zurücknahme erfolgt nach § 742 C.P.O. durch eine dem Schuldner zuzustellende Erklärung, welche „auch dem Drittschuldner zuzustellen ist", während die Pfändung durch die Zustellung des Pfändungsbeschlusses an den Drittschuldner vollzogen wird, der die Zustellung an den Schuldner sich anschließen soll. Ebenso hört, wenn nach § 754 C.P.O. eine Verwaltung zum Zweck der Zwangsvollstreckung in ein Nutzungsrecht angeordnet ist, das Pfandrecht durch die Zustellung der die Verwaltung anordnenden Verfügung oder des diese Verfügung aufhebenden Beschlusses an den Schuldner auf. Die Pfändung von Forderungen aus Wechseln oder andern indossabeln Papieren ist beendet, wenn diese Papiere von dem Gerichtsvollzieher dem Schuldner zurückgegeben sind.

Das Pfändungspfandrecht an beweglichen körperlichen und unkörperlichen Gegenständen muß einen definitiv oder einen vorläufig[26]) vollstreckbaren Titel zur Grundlage haben, es genügt aber auch ein Arrestbefehl, durch dessen Vollstreckung ein resolutivbedingtes Pfandrecht entsteht.[26]) Dagegen kann durch eine einstweilige Verfügung ein Mobiliarpfandrecht in der Regel nicht entstehen: Nach § 817 C.P.O. „bestimmt das Gericht, welche Anordnungen zur Erreichung des Zweckes" der einstweiligen Verfügung „erforderlich sind; die einstweilige Verfügung kann auch in einer Sequestration, sowie darin bestehen, daß dem Gegner eine Handlung geboten oder verboten, insbesondere die Veräußerung, Belastung oder Verpfändung eines Grundstückes untersagt wird." Die einstweilige Verfügung hat den Zweck,[27]) zu verhindern, daß durch die Veränderung des bestehenden Zustandes die Verwirklichung des Rechtes einer Partei vereitelt oder wesentlich erschwert wird, sie bezweckt also, dem Gläubiger ein Sicherungsmittel zu verschaffen, durch welches er sowohl gegen den Schuldner selbst, wie auch gegen Dritte geschützt wird, sie ist daher dem Arrest ähnlich. Aber wegen dieser Aehnlichkeit hat sie noch nicht dieselbe Wirkung, wie der Arrest; und weil sie ein dem Pfandrechte ähnliches Sicherungsmittel gewährt, erzeugt sie noch kein Pfandrecht, denn es giebt auch Sicherungsmittel, die keine Pfandrechte sind. Ein gesetzliches Pfandrecht kann aber nur auf Grund einer gesetzlichen Bestimmung entstehen und eine gesetzliche Bestimmung, die der Anordnung des Richters die Wirkung der Begründung des Pfandrechtes beilegt, ist nicht gegeben. Auch die Anordnung einer Sequestration hat die Entstehung eines Pfandrechtes

[26]) S. oben § 18.

[27]) § 814 C.P.O.

nicht zur Folge, denn eine solche Folge ist im § 754 C.P.O. nur für die zur Ausführung der Zwangsvollstreckung angeordnete Verwaltung bestimmt, welcher die zur Vollziehung eines Arrestes — § 810 C.P.O. — nicht aber die in Ausführung einer einstweiligen Verfügung verhängte Verwaltung gleich steht. Freilich findet nach §§ 18, 19 des A.G. vom 24. März 1879 „die nach dem E.E.G. zur Eintragung einer Vormerkung erforderliche Vermittlung des Prozeßrichters nur als Ausführung einer einstweiligen Verfügung nach den Vorschriften der C.P.O. statt" und die demgemäß eingetragene Vormerkung erzeugt ein resolutivbedingtes Pfandrecht,[28]) aber dieses Pfandrecht ist ein Immobiliarabsonderungsrecht, nicht ein Mobiliarabsonderungsrecht, um welches es sich hier handelt. Nur dann, wenn das Gericht die Vornahme der Pfändung zur Ausführung der einstweiligen Verfügung geradezu anordnet, würde ein Mobiliarpfändungspfandrecht begründet werden.

Im Verwaltungszwangsverfahren sind die Grundlagen der Zwangsvollstreckung durch die einzelnen Gesetze meistens besonders bestimmt; soweit dies nicht der Fall, vertritt der Auftrag der Behörde die Stelle des Vollstreckungstitels.

Im Strafverfahren wird durch die Beschlagnahme auf Grund der §§ 325, 326 der Strafprozeßordnung ein Absonderungsrecht des Fiskus begründet: Nach § 325 können, wenn der Beschuldigte abwesend ist, einzelne zum Vermögen desselben gehörige Gegenstände mit Beschlag belegt werden, insoweit es nach dem Ermessen des Richters zur Deckung der den Angeschuldigten möglicher Weise treffenden höchsten Geldstrafe und der Kosten des Verfahrens erforderlich ist; „auf diese Beschlagnahme finden die Bestimmungen der C.P.O. über die Vollziehung und die Wirkungen des dinglichen Arrestes entsprechende Anwendung; die Beschlagnahme ist aufzuheben, wenn der Grund derselben weggefallen ist." Und nach § 326 der Strafprozeßordnung kann, wenn gegen den abwesenden Angeschuldigten eine Deckung der höchsten zulässigen Geldstrafe und der Kosten in Gemäßheit des § 325 nicht ausführbar erscheint, „durch Beschluß des Gerichts das im Deutschen Reiche befindliche Vermögen" desselben „mit Beschlag belegt werden; der Beschluß ist durch den Deutschen Reichsanzeiger und nach Ermessen des Gerichts auch durch andere Blätter zu veröffentlichen; Verfügungen, welche der Angeschuldigte über sein mit Beschlag belegtes Vermögen nach der ersten durch den

[28]) S. oben § 18.

Deutschen Reichsanzeiger bewirkten Veröffentlichung des Beschlusses vornimmt, sind der Staatskasse gegenüber nichtig; die Beschlagnahme des Vermögens ist aufzuheben, sobald der Grund derselben weggefallen oder die Deckung der Staatskasse durch Beschlagnahme in Gemäßheit des § 325 bewirkt ist." [29]) Diese Beschlagnahmen begründen Absonderungsrechte des Fiskus, sie werden nicht vom Civilprozeßgericht, sondern vom Strafrichter angeordnet, zum Erlaß der Beschlagnahmeverfügung nach § 325 ist der Untersuchungsrichter und auf Requisition der Staatsanwaltschaft der Amtsrichter, zum Erlaß des Beschlagnahmebeschlusses nach § 326 ist das Strafgericht zuständig.[30]) Erfolgt dagegen die Beschlagnahme des Vermögens des Angeschuldigten zu einem andern Zwecke, als zur Sicherung des Fiskus für die Geldstrafe und die Kosten, so verliert zwar der Beschuldigte die Fähigkeit, unter Lebenden über sein Vermögen zu verfügen,[31]) aber die Beschlagnahme begründet kein Absonderungsrecht des Fiskus. Dies gilt für die Beschlagnahme des Vermögens, welche nach §§ 331—334 Str.Pr.Ordn. gegen den Angeschuldigten, dessen Abwesenheit sich erst nach der Eröffnung des Hauptverfahrens herausstellt, deshalb beschlossen wird, weil die Voraussetzungen eines Haftbefehls vorliegen, es gilt auch für die Beschlagnahme des gegenwärtigen und zukünftigen Vermögens, welches gegen den der Strafthaten der §§ 80, 81, 83, 84, 87—92 des Strafgesetzbuches (Hoch- und Landesverrath) Verdächtigen gemäß § 93 des Strafgesetzbuches beschlossen werden kann. Aber auch diese Beschlagnahmen haben doch insoweit, als sie zur Deckung der höchsten Geldstrafe und der Kosten erfolgen, die Wirkung der Beschlagnahme des § 326, und begründen insoweit auch ein Absonderungsrecht der Staatskasse. Ein Absonderungsrecht entsteht nicht durch die Beschlagnahme einzelner Sachen, wenn sie nach § 94 Str.Pr.Ordn. an Gegenständen deshalb geschieht, weil dieselben als Beweismittel für die Untersuchung von Bedeutung sein können oder der Einziehung unterliegen. Solche Gegenstände können in Verwahrung genommen oder in anderer Weise sichergestellt werden. Aber an Sachen, die nur als Beweismittel beschlagnahmt sind, erwirbt der Fiskus überhaupt kein

---

[29]) Die Aufhebung der Beschlagnahme ist durch dieselben Blätter bekannt zu machen, durch welche die Beschlagnahme veröffentlicht worden ist.

[30]) Diesen Unterschied in der Kompetenz drückt die Strafprozeßordnung durch die Ausdrücke „Richter" und „Gericht" aus.

[31]) § 334 Abs. 1 Str.Pr.Ordn.

Vermögensrecht, und an den der Einziehung unterliegenden Sachen erwirbt er kein Absonderungsrecht, die Gegenstände der letztern Art sind entweder dem Fiskus schon in Folge der Verübung der Strafthat verfallen — dann hat er ein Eigenthumsrecht, oder sie können oder müssen für verfallen erklärt werden, — dann hat er ein suspensivbedingtes Eigenthumsrecht an denselben.

Ueber das Pfandrecht an der zur Abwendung der Zwangsvollstreckung hinterlegten Sache oder Summe siehe oben § 11.

Ueber die Rangordnung der Pfändungspfandgläubiger und ihre Kollision mit andern Pfandgläubigern bestimmt der § 709 Abs. 2 und 3 C.P.O.:

„Das Pfandrecht gewährt dem Gläubiger im Verhältniß zu andern Gläubigern dieselben Rechte, wie ein durch Vertrag erworbenes Faustpfandrecht; es geht Pfand- und Vorzugsrechten vor, welche für den Fall eines Konkurses den Faustpfandrechten nicht gleichgestellt sind.

Das durch eine frühere Pfändung begründete Pfandrecht geht demjenigen vor, welches durch eine spätere Pfändung begründet wird."

Die Kollision mit andern gesetzlichen oder mit Konventionalpfandrechten entscheidet die Priorität der Zeit, soweit es sich nicht um das Absonderungsrecht des § 41 [1], [32]) um dasjenige aus der Verwendung [33]) und unter Umständen um dasjenige der Handelsgläubiger [34]) handelt.

Ueber die Kollision mit Immobiliarabsonderungsrechten siehe oben § 37.

2) Auch die von dem Verletzten selbst oder dessen Vertreter als Akt der Selbsthülfe ausgeführte Pfändung erzeugt ein Pfändungspfandrecht,[35]) wenn der Pfändende zu dieser Maßnahme gesetzlich berechtigt ist. Diese Pfändung wird im § 413 A.L.R. I 14 als die eigenmächtige Besitznahme einer fremden Sache bezeichnet, vorgenommen in der Absicht, sich dadurch den Ersatz eines zugefügten Schadens zu sichern oder künftige Schadenszufügungen und Beeinträchtigungen eines Rechtes abzuwenden. Sie ist nach § 414—419 cit. zulässig,

---

[32]) Siehe oben §§ 70, 71.

[33]) Siehe oben § 76.

[34]) Siehe oben § 77.

[35]) v. Völderndorff Anm. 119 zu § 141ª K.O.; Endemann § 65 S. 412.

wenn ohne sie der Zweck der Sicherstellung wegen eines schon erlittenen Schadens oder die Abwendung noch bevorstehender Beeinträchtigungen durch richterliche Hülfe nicht erlangt werden kann; sie darf aber nur vorgenommen werden, wenn der Beschädiger oder Störer unbekannt, unsicher oder ein Fremder ist, „der innerhalb der Provinz nicht belangt werden kann," oder wenn die Pfändung das einzige Mittel ist, sich des Beweises der Beeinträchtigung des Rechtes oder des erlittenen Schadens zu versichern. Sie darf nur auf frischer That nach der Beschädigung oder Störung, wegen Sicherung der Strafe darf sie nur vollzogen werden, wenn der Pfändende ein besonderes Interesse daran hat, daß durch die Vollstreckung der Strafe sein Recht gegen künftige Beeinträchtigungen gesichert werde. Eine Beschädigung oder Störung, wegen welcher gepfändet werden darf, liegt nicht nur dann vor, wenn die Störung oder Beeinträchtigung gegen das Eigenthum oder ein sonstiges Recht an einer einzelnen Sache, sondern auch wenn sie gegen das Vermögen gerichtet ist, wenn z. B. ein unbekannter Gast sich der Bezahlung der Zeche zu entziehen sucht.

Nur diejenige Pfändung, welcher diese Voraussetzungen zu Grunde liegen, begründet ein Pfandrecht. Die in Besitz genommene Sache haftet für den Anspruch des Pfändenden auf Schadensersatz, auf das gesetzlich oder verordnungsmäßig zulässige Pfandgeld und auf Erstattung der gerichtlichen und außergerichtlichen Kosten, welche durch die Pfändung und die aus dem Pfande gesuchte Befriedigung entstehen,[36]) und zu denen auch die Kosten des über die Rechtmäßigkeit der Pfändung entstandenen, zu Gunsten des Pfändenden entschiedenen Prozesses gehören.

Gegenstand der Pfändung sind in der Regel nur Vieh und andere bewegliche Sachen,[37]) welche der Schuldner verpfänden darf, denn die Selbsthülfe zur Befriedigung eines Anspruches kann nicht gegen das Eigenthum eines Dritten gerichtet werden, der diesen Anspruch nicht verschuldet.

Das Pfändungsrecht darf, wie das Retentionsrecht, nicht weiter ausgedehnt werden, als zur Deckung des Anspruches erforderlich ist;[38]) es ist „gegen die ordentlichen Posten, Extraposten, Couriere und

---

[36]) Vgl § 439 A.L.R. I, 14.

[37]) § 424 cit.

[38]) § 425.

Estafetten" nicht gestattet.[39]) Da nur für einen Anspruch aus einer Beschädigung oder Rechtsstörung gepfändet werden kann, so ist die Pfändung nur gegen denjenigen zulässig, welcher für eine solche Schädigung oder Störung rechtlich die Verantwortlichkeit trägt. Diese Fähigkeit, sich durch Beschädigung oder Störung zu verpflichten, haben nach A.L.R. aber auch die Geschäftsunfähigen,[40]) wenn auch nur in beschränktem Maße. Der Gepfändete ist berechtigt, das Pfand durch eine andere Sache auszutauschen, welche zur Deckung des Pfandanspruches ausreicht;[41]) er ist berechtigt, die Herausgabe des Pfandes auch ohne Umtausch, unbeschadet der Rechte des Pfändenden, zu verlangen, wenn er über die Rechtmäßigkeit der Pfändung den Rechtsweg mit dem Antrage beschreitet, zu erkennen, daß die Pfändung zu Unrecht erfolgt sei; diese Herausgabe an den Schuldner muß nach Anstellung der Klage auf seinen Antrag[42]) durch einstweilige Verfügung angeordnet werden.[42]) Ist die Pfändung nur zum Schutz gegen künftige Störungen vorgenommen, so muß die Herausgabe der Pfandstücke auch ohne Anstellung der Klage von dem „Richter des Orts", d. h. der Ortspolizeibehörde angeordnet, „dem Pfändenden muß aber auf sein Verlangen eine Rekognition über die erfolgte Pfändung und über die nur mit Vorbehalt seines Rechtes geschehene Rückgabe der Pfänder auf Kosten des Gepfändeten" ertheilt werden.[43]) In beiden Fällen darf die Herausgabe aber, wenn der Gepfändete Ausländer[44]) oder „nicht für hinreichend sicher zu erachten ist",[45]) nur gegen Bestellung einer annehmlichen Kaution für die Ansprüche des Pfandgläubigers angeordnet werden. Die Herausgabe ohne Kaution geschieht[46]) nur „mit Vorbehalt der Rechte des Pfänders", das Pfandrecht bleibt daher trotz der Verabfolgung der Pfandsache und trotzdem der Gläubiger den Gewahrsam verliert, sowohl außerhalb,

---

[39]) § 18 des Postgesetzes vom 28. Oktober 1871; § 418 A.L.R. I 14. Auch die auf andern Fracht- oder Reisewagen befindlichen Güter dürfen während der Reise „wider den Willen des Inhabers" nicht gepfändet werden; § 427.

[40]) §§ 41—44 A.L.R. I 6.

[41]) § 426.

[42]) Nach § 448 mußte die Herausgabe auch ohne besondern Antrag verfügt werden, nach dem jetzigen Prozeßrecht werden einstweilige Verfügungen nur auf Antrag erlassen.

[43]) §§ 452, 453.

[44]) §§ 449, 456.

[45]) §§ 449, 452.

[46]) §§ 449, 453.

wie innerhalb des Konkursverfahrens bestehen. Hat der Pfandschuldner die Herausgabe freiwillig[47]) oder nothgedrungen nur gegen Stellung einer Kaution erreicht, so tritt der Kautionsgegenstand an Stelle der gepfändeten Sache, indem das Pfandrecht auf denselben mit der bisherigen Priorität, allerdings unbeschadet der an dem Konkursgegenstande schon bestehenden Rechte Dritter, übergeht.[48])

Für die Verwerthung der Pfandstücke kommen die Grundsätze über die Verwerthung des Faustpfandes zur Anwendung.

Auch nach gemeinem Recht ist das Pfändungsrecht trotz des Verbotes der l. 19 § 2 D. 9, 2 in allen Fällen gestattet, „wo die Besitznahme eines Pfandes dazu dient, den Ersatz für erlittenen Beeinträchtigung oder deren Bestrafung oder auch nur deren Beweis zu sichern" [49]), doch wird man sie nur unter der Voraussetzung zulassen können, daß die Rechtsverfolgung ohne sie gefährdet erscheint.

In Preußen hat das Feld- und Forstpolizeigesetz vom 1. April 1880 für einzelne Fälle das Pfändungsrecht besonders geregelt, die vorerörterten allgemeinen Grundsätze aber aufrecht erhalten, soweit sie nicht durch die Bestimmungen des Gesetzes selbst eine Aenderung erfahren haben.[50]) Deshalb gilt auch für die Fälle dieses Gesetzes das Recht des Pfandschuldners, das Pfandstück umzutauschen und die Herausgabe desselben gegen Kautionsstellung unter den obigen Voraussetzungen zu fordern. Andererseits kommen die oben besprochenen beschränkenden Voraussetzungen des Pfändungsrechtes für die Fälle dieses Gesetzes in Wegfall, weil das Gesetz diese Voraussetzungen selbst bestimmt. Dasselbe behandelt in dem § 77 nur folgende Fälle:

α. „Wird Vieh[51]) auf einem Grundstück betroffen, auf welchem es nicht geweidet werden darf, so kann dasselbe auf der Stelle oder in unmittelbarer Verfolgung sowohl von dem Feld- oder Forsthüter, als auch von dem Beschädigten oder von solchen Personen gepfändet werden, welche die Aufsicht über das Grundstück führen oder zur Familie, zu den Dienstleuten oder zu den auf dem Grundstücke be-

---

[47]) § 426.

[48]) S. oben § 32.

[49]) v. Holzschuher I S. 84; Eichhorn, Deutsches Privatrecht § 123; Glück, Pandektenkommentar 10 § 697; Windscheid I § 123 i. f.

[50]) § 96: „In Kraft bleiben 2) die gesetzlichen Bestimmungen über Pfändungen, soweit sie nicht durch die Vorschriften dieses Gesetzes betroffen werden."

[51]) Unter Vieh sind jagdbare und wilde Thiere, so lange sie in der Freiheit leben, nicht zu verstehen.

schäftigten Arbeitsleuten des Beschädigten gehören."[52]) In diesen Fällen handeln die pfändenden Personen in Vertretung des Beschädigten, und dieser erwirbt durch deren Pfändung ein Pfandrecht. Dasselbe Recht, für den Eigenthümer die Pfändung vorzunehmen, muß auch für den sonst legitimirten Vertreter des Eigenthümers, z. B. den Generalbevollmächtigten, den Vormund, den Pfleger, Sequester, Konkursverwalter mit gleicher Wirkung in Anspruch genommen werden.

β. „In gleicher Weise[53]) ist bei Zuwiderhandlungen gegen den § 10 des Ges. („wer, abgesehen von den Fällen des § 368⁹ Strafgesetzbuchs, unbefugt über Grundstücke reitet, karrt, fährt, Vieh treibt, Holz schleift, den Pflug wendet oder über Aecker, deren Bestellung vorbereitet oder in Angriff genommen ist, geht") und bei Zuwiderhandlungen gegen den § 368⁹ Strafgesetzbuchs die Pfändung der Reit- oder Zugthiere oder des Viehs zulässig".[54])

Die Pfandforderung besteht nach § 78 in dem Anspruch auf Ersatz des entstandenen Schadens oder[55]) Zahlung des gesetzlich tarifirten Ersatzgeldes und auf Erstattung aller durch die Pfändung

[52]) § 77 Abs. 1.

[53]) § 77 Abs. 2.

[54]) Auch in denjenigen Fällen ist die Pfändung zulässig, in welchen die Zuwiderhandlung nach Abs. 2 des § 10 des Ges. straflos bleibt — wenn nämlich der Zuwiderhandelnde durch die schlechte Beschaffenheit eines an dem Grundstücke vorüberführenden oder zum gemeinen Gebrauch bestimmten Weges oder durch ein anderes auf dem Wege befindliches Hinderniß zur Uebertretung genöthigt worden ist. Denn wenn auch die Bestrafung wegen der besonderen Umstände durch das öffentliche Interesse nicht erheischt wird, so heben diese Milderungsgründe doch die Verletzung des Privatinteresses nicht auf, wie denn auch der § 77 Abs. 2 das Pfändungsrecht mit Rücksicht auf das Vorhandensein der Strafausschließungsgründe des § 10 Abs. 2 nicht eingeschränkt hat.

[55]) Der Beschädigte hat die Wahl, entweder Schadensersatz oder Ersatzgeld zu fordern. Hat er den Anspruch auf Ersatzgeld „geltend gemacht", so erlischt nach § 69 Abs. 3 der Anspruch auf Schadenserstattung. „Ist aber der Anspruch auf Schadenserstattung erhoben, so kann bis zur Verkündigung des Endurtheiles erster Instanz statt der Schadenserstattung das Ersatzgeld gefordert werden." Eccius I § 49 Anm. 23 hält die letztere Bestimmung gegenüber den reichsgesetzlichen Vorschriften über Klageänderung für nicht unbedenklich, indessen wird die Basis der Klage — das unbefugte Weiden oder Uebertreten durch bestimmte Thiere — durch die Aenderung der Wahl nicht geändert, sondern nur der Klageantrag in der nach § 240² C.P.O. zulässigen Weise erweitert oder beschränkt. Der Anspruch auf Ersatzgeld ist unabhängig von dem Nachweis eines „Schadens". § 69 Abs. 2.

und die Schadensfeststellung verursachten Kosten. Zu den letztern gehören auch die dem Beschädiger auferlegten Kosten eines zu Gunsten des Pfandgläubigers über die Rechtmäßigkeit der Pfändung entschiedenen Rechtsstreites, mag über denselben von dem ordentlichen Gerichte oder der Verwaltungsbehörde erkannt sein.[56])

Modifikationen treten in folgenden Fällen ein:

α. Der Gepfändete kann die gepfändete Sache durch Stellung einer Kaution oder durch Umtausch gegen eine andere Sache von der Pfandhaftung befreien, wogegen das Gesetz die Herausgabe ohne Kaution oder Umtausch nicht gestattet. Der Umtausch bezw. die Kautionsstellung erfolgt bei dem zuständigen Gemeinde- oder Gutsvorstand und bewirkt das Erlöschen des Pfandrechtes an dem gepfändeten Thier. Das Pfandrecht geht auf die hinterlegte Sache oder Summe mit der Priorität des bisherigen Rechtes über. Besteht jedoch an dem hinterlegten Gegenstande ein älteres Pfandrecht, z. B. ein Pfändungspfandrecht, so muß dieses dem Pfandrechte des Beschädigten vorgehen, selbst wenn das erstere nach der Zeit der Thierpfändung, aber vor der Hinterlegung entstanden ist. Da aber das Recht auf Herausgabe des gepfändeten Thieres nach § 78 Abs. 2 nur gegen Hinterlegung eines solchen Geldbetrages oder sonstigen Gegenstandes gewährt ist, „welcher den Forderungen des Beschädigten entspricht", so wird man, wenn der Werth des hinterlegten Gegenstandes durch das Bestehen eines vorgehenden Pfandrechtes den Forderungen des Beschädigten nicht entspricht, diesem den Anspruch auf Rückgabe des gepfändeten Thieres oder auf Ergänzung der Kaution nicht versagen können. Dieses Recht auf Sicherstellung ist aber bis zur Erlangung der anderweiten Sicherung nur ein persönliches, kann daher nach § 10 K.O., wenn der Konkurs inzwischen eröffnet ist, nur nach Maßgabe der Vorschriften der K.O. verfolgt werden und hat deshalb in einem solchen Falle für das Absonderungsrecht keinen Werth.

β. Der Pfändende hat von der geschehenen Pfändung binnen 24 Stunden dem Gemeinde-, Gutsvorsteher oder der Ortspolizeibehörde, in Städten der Ortspolizeibehörde, Anzeige zu machen.[58]) Ist

---

[56]) Denn die Prozeßkosten sind durch die Pfändung veranlaßt. Ueberdies bestimmt der § 86 Abs. 1, nachdem in den §§ 82—85 die Streitigkeiten über die Rechtmäßigkeit der Pfändung erörtert sind, daß „der Erlös aus der Versteigerung oder die eingezahlte Summe zur Deckung aller entstandenen Kosten .... dient"

[57]) § 78.

[58]) § 80.

die Anzeige unterlassen, so kann der Gepfändete die Rückgabe der Pfandstücke verlangen.[59]) Daß in Folge dessen das Pfandrecht verloren geht, bestimmt das Gesetz nicht, und läßt sich auch aus den allgemeinen, das Privatpfändungsrecht beherrschenden Grundsätzen nicht entnehmen, da das Gesetz trotz der ohne Kaution oder Umtausch erfolgten Rückgabe der gepfändeten Sache das Pfandrecht aufrecht erhält. Dagegen verliert der Pfändende in Folge der Unterlassung der Anzeige den Anspruch auf Erstattung der durch die Pfändung entstandenen Kosten,[59]) sodaß sein Recht sich auf den Schadens- oder Ersatzanspruch und auf Erstattung der durch die Schadensfeststellung verursachten Kosten beschränkt.

γ. Der Anspruch auf Ersatzgeld verjährt in vier Wochen,[60]) der Anspruch auf Schadensersatz nach § 54 A.L.R. I 6 und der Deklaration vom 31. März 1838 in drei Jahren, nach gem. Recht in dreißig Jahren. Das Pfandrecht wegen Schadensersatzes geht jedoch verloren, wenn der Anspruch nicht innerhalb dreier Monate nach der Pfändung geltend gemacht,[61]) d. h. nach § 67 im Prozeßwege verfolgt ist. Ist die Kontravention durch mehrere Thiere zugleich verübt, so haften sämmtliche Thiere dem Pfändenden für den Schadensanspruch und die Kosten solidarisch. Für das Ersatzgeld könnte man, weil dasselbe im § 71 für jedes Thier besonders tarifirt ist, annehmen, daß jedes Thier dafür besonders hafte. Da aber die Pfändung, wie aus der Anwendung des § 425 A.L.R. I 14 und des § 82 Abs. 2 Ges. sich ergiebt, nur soweit aufrecht zu erhalten ist, als es zur Deckung der Ansprüche des Pfändenden erforderlich erscheint, da andererseits auch der Umtausch von Pfandstücken mit der Wirkung des Ueberganges des Pfandrechtes auf die eingetauschten Stücke gestattet ist, so haften, nachdem die Ortspolizeibehörde in Gemäßheit des § 82 darüber Entscheidung getroffen hat, wie weit die Pfändung aufrecht zu erhalten ist, die nicht freigegebenen Stücke für sämmtliche Ansprüche des Pfändenden, auch für dessen Ersatzansprüche, solidarisch.

Die Vorschrift des § 425 A.L.R. I 14, welche die Pfändung nur in Höhe der Pfandforderung zuläßt, entscheidet auch über die

[59]) § 81.

[60]) § 70.

[61]) § 86 Abs. 1 und 2: „Der Erlös aus der Versteigerung oder die eingezahlte Summe dient zur Deckung aller entstandenen Kosten, sowie der Ersatzgelder. Zur Deckung des Schadensersatzes dient der Erlös oder die eingezahlte Summe nur, wenn der Anspruch darauf innerhalb dreier Monate nach der Pfändung geltend gemacht ist."

Höhe und den Werth des Geldbetrages oder sonstigen Gegenstandes, welcher nach § 78 Abs. 2 an Stelle des gepfändeten Thieres zum Zweck der Freigabe desselben zur Hinterlegung bei dem Gemeinde- oder Gutsvorstande angeboten wird. Dieser Werth hat nicht demjenigen des gepfändeten Thieres, sondern nur der voraussichtlichen Höhe der Ansprüche des Beschädigten zu entsprechen.

Ueber die Höhe der Kaution oder den Werth des zu hinterlegenden Gegenstandes entscheidet im Streitfalle, ebenso wie darüber, ob die Pfändung ganz oder theilweise aufrecht zu erhalten ist, die Ortspolizeibehörde,[62]) gegen deren Bescheid innerhalb einer Frist von zehn Tagen nach der Eröffnung jedem Theile die Klage bei dem Kreisausschusse bezw. bei dem Bezirksverwaltungsgerichte zusteht. Die Entscheidungen der zuletzt bezeichneten Behörden sind endgültig. „Macht der Gepfändete jedoch Thatsachen glaubhaft, aus welchen die Unrechtmäßigkeit der Pfändung hervorgeht, so ist dem Beschädigten zu überlassen, seinen Anspruch im Wege des Civilprozesses zu verfolgen; in diesem Falle hat die Polizeibehörde über die Verwerthung der gepfändeten Thiere oder über die Annahme und Verwahrung eines andern geeigneten Pfandes vorläufige Festsetzung zu treffen; gegen diese Entscheidung ist ein Rechtsmittel nicht zulässig.“[63])

Die Verwerthung der Sache erfolgt nicht durch gerichtlichen Verkauf, sondern durch Versteigerung seitens der Ortspolizeibehörde. „Ist durch eine rechtskräftige Entscheidung die Pfändung aufrecht erhalten, so läßt die Ortspolizeibehörde die gepfändeten oder in Pfand gegebenen Gegenstände nach ortsüblicher Bekanntmachung öffentlich versteigern; bis zum Zuschlage kann der Gepfändete gegen Zahlung eines von der Ortspolizeibehörde festgesetzten Geldbetrages, sowie der Versteigerungskosten die gepfändeten oder in Pfand gegebenen Gegenstände einlösen.“[64]) „Der Erlös aus der Versteigerung oder die eingezahlte Summe dient zur Deckung aller entstandenen Kosten, sowie der Ersatzgelder. Zur Deckung des Schadensersatzes dient der Erlös oder die eingezahlte Summe nur, wenn der Anspruch darauf innerhalb dreier Monate nach der Pfändung geltend gemacht ist. Der nach Deckung der zu zahlenden Beträge sich ergebende Rest wird dem Gepfändeten zurückgegeben. Ist dieser seiner Person oder seinem Aufenthalte nach unbekannt, so wird der Rest der Armenkasse

[62]) § 82.
[63]) § 83.
[64]) § 85.

des Ortes, in welchem die Pfändung geschehen ist, ausgezahlt; innerhalb dreier Monate nach der Auszahlung kann der Gepfändete den Rest zurückverlangen."[65])

Werden auf Grund des allgemeinen Pfändungsrechtes neben dem Vieh, den Reit- und Zugthieren noch andere Gegenstände gepfändet, so wird deren Verwerthung nach allgemeinen Grundsätzen vorgenommen. Bei der Bestimmung der Frage, wie weit die Pfändung stattfinden darf, bezw. von der Ortspolizeibehörde aufzuheben ist, kommt aber der Werth der Sachen beider Arten in Betracht.

Zu dem Vieh, den Zug- und Reitthieren, auf deren Pfändung das Feld- und Forstpolizeigesetz sich beschränkt, gehören wilde, insbesondere auch jagdbare Thiere nicht, solange sie in der Freiheit leben. Der Erwerb des gesetzlichen Pfandrechtes an diesen Thieren kann in Preußen in folgenden Fällen in Frage kommen:

a. Nach § 149 A.L.R. I 9 kann das Wild, welches in Gärten, Höfe oder andere an die Gebäude stoßende geschlossene Plätze eingedrungen ist, von jedem gefangen und getödtet werden, und nach § 151 ist der Jagdberechtigte schuldig, das gewöhnliche Schießgeld dafür zu bezahlen oder, wenn er dies nicht will, das Wild demjenigen zu überlassen, welcher es gefangen hat. Da der Jagdberechtigte hiernach nicht unbedingt verpflichtet ist, das Schießgeld zu zahlen, so besteht eine Forderung auf dasselbe nicht. Derjenige, welcher das Wild gefangen oder getödtet hat, hat daher an dem Thier kein Pfandrecht, weil ihm keine Forderung zusteht, die durch das Pfandrecht gesichert sein könnte, er hat nur ein Retentionsrecht, welches er auch im Konkurse geltend machen kann,[66]) und nach der Weigerung des Jagdberechtigten, das Schießgeld zu zahlen, hat er das Eigenthumsrecht an dem Thier.

b. Nach §§ 12, 13 des Wildschadensgesetzes vom 11. Juni 1891 muß, wenn während eines Kalenderjahres die Ortspolizeibehörde wiederholt durch Roth- oder Dammwild verursachten Wildschaden festgestellt hat, die Aufsichtsbehörde derselben auf Antrag des Ersatzpflichtigen oder der Jagdberechtigten sowohl für den betroffenen, als auch nach Bedürfniß für benachbarte Jagdbezirke die Schonzeit der schädigenden Wildgattung für einen bestimmten Zeitraum aufheben und die Jagdberechtigten zum Abschuß auffordern und anhalten. Genügen diese Maßregeln nicht, so hat die Aufsichtsbehörde den

---

[65]) § 86.

[66]) S. oben § 6.

Grundbesitzern und sonstigen Nutzungsberechtigten selbst nach Maßgabe der §§ 23, 24 des Ges. vom 7. März 1850 die Genehmigung zu ertheilen, das auf ihre Grundstücke übertretende Wild auf jede erlaubte Weise zu fangen, namentlich aber auch mit Anwendung des Schießgewehrs zu erlegen. An dem so gefangenen oder getödteten Wild wird, wenn es von dem Besitzer einer Waldenklave, auf der die Jagd nicht ausgeübt werden darf, erlegt oder ergriffen ist, das Eigenthum erworben,[67]) in allen andern Fällen muß das getödtete oder gefangene Wild „gegen Bezahlung des in der Gegend üblichen Schußgeldes dem Jagdpächter überlassen und die diesfallsige Anzeige binnen 24 Stunden erstattet werden".[68]) Ob in diesem Falle der Jagdpächter unbedingt verpflichtet ist, das Schußgeld zu bezahlen, oder ob er die Zahlung gegen Ueberlassung des Wildes an den Okkupanten verweigern kann, ist zwar im Gesetz nicht ausdrücklich entschieden, man wird aber auch hier in Ermangelung einer das Pfandrecht begründenden gesetzlichen Vorschrift und unter analoger Anwendung des § 149 A.L.R. I 9 dem Okkupanten nur ein, auch im Konkurse gültiges Retentionsrecht und bei der Weigerung des Jagdberechtigten, das Schußgeld zu zahlen, das Eigenthumsrecht an dem erlegten Thier zuerkennen müssen.

c. Dasselbe gilt für den Fall des § 16 des Ges. vom 11. Juli 1891, nach welchem die Aufsichtsbehörde die Besitzer von Obst-, Gemüse-, Blumen- und Baumschulanlagen ermächtigen kann, Vögel und Wild, welche in diesen Anlagen Schaden anrichten, zu jeder Zeit mittels Schußwaffen zu erlegen, der Jagdberechtigte aber verlangen darf, daß ihm die erlegten Thiere, soweit sie seinem Jagdrecht unterliegen, gegen das übliche Schußgeld überlassen werden.

Jagdhunde gehören zum Vieh, aber nicht zu demjenigen Vieh, welches geweidet zu werden pflegt, sie unterliegen daher der Pfändung des Feld- und Forstpolizeigesetzes wohl im Falle des § 77 Abs. 2, d. h. wenn sie über ein fremdes Grundstück getrieben werden, nicht aber im Falle des § 77 Abs. 1, d. h. wenn sie, ohne getrieben oder gejagt zu sein, auf ein Grundstück übertreten. Wenn aber Jagdhunde in ein fremdes Jagdrevier überlaufen, können sie nach § 67 A.L.R. II 16 „aufgefangen und müssen dem Eigenthümer gegen Entrichtung eines Pfandgeldes von 8 Groschen für das Stück zurückgegeben werden." Da hier ausdrücklich von einem Pfandgelde ge-

[67]) §§ 7, 24 Abs. 2 Ges. vom 3. März 1850.

[68]) § 23 Abs. 3 dess. Ges.

sprochen ist, so ist ein Pfandrecht und eine Pfandforderung gegen den Eigenthümer des Hundes begründet.

d. Ein Pfandrecht entsteht ferner im Fall des § 189 A.L.R. I 9, wonach der Fischereiberechtigte die auf seinem Gewässer betroffenen Enten pfänden darf.

B. Die allgemeinen Absonderungsrechte.

§ 79. 1. Das Absonderungsrecht der Nachlaßgläubiger und Legatare.

Hat der Gemeinschuldner vor der Eröffnung des Konkursverfahrens eine Erbschaft erworben, so können die Nachlaßgläubiger und Vermächtnißnehmer abgesonderte Befriedigung aus den bei der Eröffnung vorhandenen Nachlaßgegenständen verlangen, soweit ihnen ein Absonderungsanspruch nach den Bestimmungen der Landesgesetze zusteht. § 43 K.O.

1) Die K.O. begründet das Nachlaßseparationsrecht nicht, sie erkennt ein solches nur an, wenn und soweit die Landesgesetze es zulassen.[1]) Sie erkennt es aber nur an, wenn das Landesgesetz es als Absonderungsrecht, nicht wenn es dasselbe als ein anderes Recht, insbesondere als Vorzugsrecht zuläßt,[2]) sie erkennt aber auch nicht jedes landesgesetzlich zugelassene Nachlaßabsonderungsrecht an, sondern läßt im Konkurse nur dasjenige Absonderungsrecht zu, welches den Nachlaßgläubigern und Vermächtnißnehmern partikularrechtlich eingeräumt ist. Daher kann ein Separationsrecht nicht von dem Erben selbst, daher kann es auch nicht von den Gläubigern[3]) des Erben geltend gemacht werden.[4]) Durch die von dem Erben bezw. dem

[1]) Motive S. 221, 222.

[2]) Motive S. 222.

[3]) Das Preuß. Recht erkannte in den §§ 507 ff. A.L.R. I 16 ein Absonderungsrecht der Gläubiger des Erben, abweichend von dem gem. Recht (l. 1 § 2, 5, 8 D. 426) und dem Code civ. Art. 881, an.

[4]) Der Erbe bedarf ein Separationsrecht nicht, denn ihn schützt die Rechtswohlthat des Inventars, von welcher auch der Verwalter, wenn die gesetzlichen Voraussetzungen noch vorliegen, Gebrauch machen kann. Liegen diese Voraussetzungen aber nicht mehr vor, ist insbesondere die gesetzliche Frist fruchtlos verstrichen oder hat der Erbe, der Kridar, die Erbschaft vorbehaltlos angetreten, ohne daß dem Verwalter hiergegen ein Rechtsmittel zusteht, so können die Gläubiger des Erben, d. h hier die Konkursgläubiger, durch den Hinzutritt der Nachlaß-

Verwalter in Anspruch genommene Rechtswohlthat des Inventars wird eine Absonderung der Nachlaßmasse von dem Vermögen des Erben, wie dies von der ältern gemeinrechtlichen Theorie angenommen wurde,[5]) auf deren Boden auch das Preuß. Recht der allgem. Gerichtsordnung und das A.L.R. stand, von der sich aber das neuere Preuß. Recht emanzipirt hat,[6]) nicht begründet. Der Erbschaftsantritt mit der Rechtswohlthat des Inventars hat lediglich eine Beschränkung der Haftung des Erben bis zum Belauf des Nachlasses,[7]) aber keine Trennung zweier Vermögensmassen, auch keine Trennung einzelner Gegenstände von einer Vermögensmasse zur Folge. Im Preuß. Rechte kann eine solche Absonderung als Wirkung der Rechtswohlthat des Inventars umsoweniger angenommen werden, als dem Erben in einzelnen Fällen die Rechtswohlthat des Inventars auch dann zusteht, wenn ein Inventar nicht errichtet wird. So wird nach § 50 der Vormundschaftsordnung vom 5. Juli 1875 das Mündel der Rechtswohlthat des Nachlaßverzeichnisses durch Handlungen oder Unterlassungen des Vormundes nicht verlustig, so haften nach § 18 des Ges. vom 16. April 1860, betreffend das eheliche Güterrecht in der Provinz Westfalen, bei Aufhebung der fortgesetzten Gütergemeinschaft die Kinder, die „während der fortgesetzten Gütergemeinschaft von den Pflichten entbunden sind, welche andern Erben zur Erhaltung ihrer Eigenschaft als Benefizialerben ge-

---

gläubiger benachtheiligt werden Die Motive S. 223 meinen zwar, daß für ein Absonderungsrecht der Gläubiger des Erben ein Bedürfniß nicht vorliege, weil dieselben durch das benef. invent. und das Anfechtungsrecht des Verwalters genügend geschützt seien, die Motive ziehen aber nicht in Erwägung, daß die Voraussetzungen dieser Schutzmittel fehlen können.

[5]) Lauterbach, Coll. th. pr. Pand. tit de separat. § 37; Corrach, Differentiae jur. Rom. et Germ. in benef. sep. § 10; vgl. dagegen Holzschuher II 1 S. 749; Windscheid III § 607 Anm. 3; Fritz im Archiv für civ. Pr. 12 S. 240 ff., Arndts Rechtslexikon 4 S. 20 ff.; Sintenis, Pand. 3 § 1 86 Anm. 4.

[6]) Das A.L.R. giebt dem Benefizialerben nur „ein beschränktes Eigenthum des Nachlasses" § 443 A.L.R. I 9. In dem erbschaftlichen Liquidationsprozesse, zu dessen Anstellung der Erbe nach § 59 A.G.O. I 50 von amtswegen zu zwingen war, mußte er sich — § 93 A.G.O. I 51 — die Vertheilung des Erlöses unter die Gläubiger durch das Gericht nach den für die Vertheilung im Konkurse geltenden Grundsätzen gefallen lassen. Hierdurch wurde thatsächlich eine Separation der beiden Massen bewirkt Im neuern Preuß. Rechte ist die Theorie vom beschränkten Eigenthum des Benefizialerben fallen gelassen — vgl. die Verordnung vom 28. März 1840 — und der Zwang zum gerichtlichen Liquidationsverfahren aufgegeben.

[7]) § 422 A.L R. I 9.

setzlich obliegen", „den Erbschaftsgläubigern stets, auch wenn kein Inventar gelegt ist, nur mit dem Betrage des ihnen zugefallenen Antheils".

Den Gläubigern des Erben, denen das Separationsrecht durch die K.O. versagt ist, ist jedoch das Absonderungsrecht dann nicht zu versagen, wenn sie wegen derselben Forderung gleichzeitig Nachlaßgläubiger sind, auch wenn ihre Forderung, soweit der Nachlaß für sie haftet, nur bedingt oder betagt ist. Denn die Eigenschaft des Nachlaßgläubigers ist demjenigen nicht entzogen, dessen Anspruch auch gegen einen Andern geltend gemacht werden kann, und die Bedingtheit oder Befristung eines Anspruches steht, wie oben[8]) besprochen, der Geltendmachung des Absonderungsrechtes nicht entgegen.[9]) Deshalb hat der Gläubiger das Separationsrecht an dem Nachlasse des Bürgen, dessen Erbe der Schuldner geworden ist,[10]) und an dem Nachlasse des Hauptschuldners, wenn dieser vom Bürgen beerbt ist. Da in diesen Fällen jedoch derselbe Anspruch gegen zwei Personen besteht, von denen die eine die andere beerbt hat, so kann von der Forderung eines Nachlaßgläubigers nur dann die Rede sein, wenn die Forderung, soweit sie gegen den Nachlaß begründet ist, nicht durch Konfusion erloschen ist. Denn nach der Konfusion existirt keine Nachlaßforderung und demnach auch kein Absonderungsrecht mehr. Nach Preuß. Rechte tritt eine solche Konfusion nicht ein, denn nach § 494 A.L.R. I 16 „ändert sich nichts in den Rechten des Gläubigers, wenn der Bürge den Schuldner oder dieser jenen beerbt"; nach Preuß. Rechte hat daher der Gläubiger in diesen Fällen das Nachlaßseparationsrecht. Nach Römischem Rechte wird die Forderung gegen den Bürgen durch die Forderung gegen den Hauptschuldner, wenn dieser jenen beerbt hat, absorbirt, eine Nachlaßforderung und ein Separationsrecht besteht daher nach gem. Rechte im Konkurse wohl dann, wenn der Bürge den Hauptschuldner, nicht aber auch, wenn der Hauptschuldner den Bürgen beerbt hat.[11])

---

8) § 11.

9) l. 4 pr. D. 42 6.

10) l. 3 D. 42 6.

11) In der l. 3 pr. D. 42 6 ist zwar bezüglich des letztern Falles, der Beerbung des Bürgen durch den Hauptschuldner, gesagt: Obgleich die Verbindlichkeit aus der Bürgschaft erloschen sei, so werde gleichwohl das Separationsrecht bewilligt; denn der Geist des Rechtes, welcher das Bürgschaftsverhältniß wegen der Hauptverbindlichkeit ausschließe, die größer sei, dürfe dem Gläubiger, der sich sorgfältig vorgesehen habe, nicht schädlich werden. Diese Vorschrift kann aber der

2) Da die K.O. das Absonderungsrecht nach Maßgabe der landesgesetzlichen Vorschriften anerkennt, so sind die letztern auch für die materiellen Voraussetzungen des Separationsrechtes mit den oben unter 1 angegebenen Beschränkungen maßgebend.

Diese Voraussetzungen gestalten sich nach gem. und nach Preuß. Rechte verschieden:

a. Nach gem. Rechte haben sowohl die Nachlaßgläubiger, wie auch die Legatare das Nachlaßabsonderungsrecht, ohne Unterschied, ob der Erbe zahlungsfähig ist oder nicht,[12]) ohne Unterschied auch, ob der Konkurs über das Vermögen des Erben eröffnet ist oder nicht.

Das gem. Recht läßt die Absonderung im Konkurse und außerhalb desselben zu, gewährt sie aber nur

α. soweit der Nachlaß noch nicht veräußert oder mit dem Vermögen des Erben vermengt ist,[13])

β. soweit der Gläubiger sich mit dem Erben als seinem Schuldner noch nicht eingelassen hat: eine solche Einlassung wird schon in der Annahme von Zinsen, in der Annahme einer Bürgschaft oder eines Pfandes, in der Novation der Nachlaßforderung gefunden.[14]) In der Erhebung der Klage gegen den Erben ist selbstverständlich eine solche Einlassung nicht zu erblicken, da der Gläubiger sich zum Zweck seiner Befriedigung an keinen Andern, als den Erben halten kann,[15])

K.O. gegenüber keine Geltung mehr beanspruchen. Aus derselben folgt zwar, daß außerhalb des Konkurses der gemeinschaftliche Gläubiger das Separationsrecht aus der Bürgschaft, obgleich diese erloschen ist, an dem Nachlaß des vom Hauptschuldner beerbten Bürgen hat; im Konkurs kann aber in diesem Falle ein Separationsrecht jetzt nicht mehr zugelassen werden. Denn da die l. 3 pr. anerkennt und statuirt, daß die Forderung gegen den Bürgen erloschen ist, so besteht keine Forderung gegen den Nachlaß des Bürgen, und wenn das Römische Recht in diesem Falle gleichwohl dem Gläubiger des Erben ausnahmsweise ein Absonderungsrecht zugesteht, so kann dieses Recht dem § 43 K.O. gegenüber, welcher dasselbe jedem Gläubiger des Erben für den Konkurs ausnahmslos versagt, nicht mehr in Betracht kommen. Ueber die l. 3 vgl. Biedemann, de separationibus edicto praetoris haud concessis (Leipzig 1788) § 7.

[12]) Die l. 6 D. 42 6 gab das Separationsrecht den Legataren nur gegen den zahlungsunfähigen Erben; diese Beschränkung ist durch l. 1 C. 7 72 beseitigt. Ueber die Befugniß des Erben und Legatars, auf das Vermögen des Erben zurückzugreifen, wenn der Nachlaß unzureichend war, siehe oben § 33.

[13]) l. 1 § 12; l. 2 D. 42 6.

[14]) l. 1 § 10, 11, 15, 16; l. 7 D. 42 6.

[15]) l. 7 D. 42 6.

γ. nur innerhalb fünf Jahre vom Erbschaftsantritt an gerechnet.[16])

b. Das A.L.R. — §§ 500—506 I 16 — gewährte das Absonderungsrecht nur den Nachlaßgläubigern. Der Art. IX des E.G. zur Preuß. Konkursordnung vom 8. Mai 1855 dehnte es aber für den Konkurs auf die Legatare aus, und diese Bestimmung des Art. IX ist durch den § 11 A.G. vom 6. März 1879 auf die Theile der Provinz Hannover erstreckt, in denen das A.L.R. gilt.

Das A.L.R. gewährt das Nachlaßseparationsrecht abweichend vom gem. Rechte nur für den Fall des Konkurses,[17]) verkürzt die Frist zur Geltendmachung der Absonderung auf ein Jahr, welches nicht vom Erbschaftsantritte, sondern vom Tode des Erblassers an zu rechnen ist,[18]) läßt es auch dann zu, wenn der Gläubiger bezw. Legatar sich mit dem Erben eingelassen, und schließt es nur aus, wenn er mit diesem eine Novation der Forderung vorgenommen hat.[19])

Der Satz des A.L.R., daß das Separationsrecht nur für den Fall des Konkurses zulässig, daß dasselbe daher eine Wirkung des Konkurses ist, steht dem Prinzip des § 12 K.O. nicht entgegen, weil dieses, wie oben[20]) dargelegt, den ohne eine Rechtshandlung des Schuldners stattgefundenen Erwerb eines allgemeinen Absonderungsrechtes nicht verbietet, er würde aber auch, wenn der § 12 K.O. entgegenstehen könnte, nicht nur durch den Wortlaut und Sinn des § 43 K.O., sondern auch durch den § 20 K.O. aufrecht erhalten sein.

Die einjährige Frist zur Geltendmachung ist eine Verjährungsfrist: Der § 503 A.L.R. I 16 giebt das Recht, auf die Separation anzutragen, „nur denjenigen Gläubigern, welche vor Ablauf eines Jahres nach dem Tode des Erblassers ihre Befriedigung von dem Erben gerichtlich gefordert und die Exekution wider ihn bis zum eröffneten Konkurse fortgesetzt haben“. Ist aber diese Frist eine Verjährungsfrist,[21]) so steht die Unterlassung der ungesäumten Verfolgung des Anspruches durch Klage und Exekution der Zulassung der Absonderung nicht entgegen, wenn der Gläubiger gehindert war,

[16]) l. 1 § 13 D. 42 6.

[17]) § 500 A.L.R. I 16.

[18]) § 503 cit.

[19]) § 504 cit.

[20]) § 25.

[21]) „Wenn durch den Ablauf einer bestimmten Zeit wegen unterlassener Ausübung gewisser Rechte eine Veränderung an diesen Rechten vermöge der Gesetze entsteht, so ist eine Verjährung vorhanden.“ § 500 A.L.R. I 9.

sein Recht zu verfolgen,[22]) daher insbesondere nicht, wenn die Zeit zwischen dem Tode des Erblassers bezw. der Kenntnißnahme[23]) von demselben und zwischen der Konkurseröffnung bezw. der Kenntnißnahme von derselben so kurz ist, daß die Erhebung der Klage oder die Fortsetzung der schon gegen den Erblasser erhobenen Klage dem Gläubiger nicht zugemuthet werden kann.[24])

3) Die formellen Voraussetzungen der Geltendmachung des Absonderungsrechtes werden von den Bestimmungen der Landesgesetze, die nur bezüglich der materiellen Vorbedingungen des Rechtes auf Separation maßgebend sind, nicht getroffen. Liegen in materieller Beziehung die landesgesetzlichen Vorbedingungen des Absonderungsrechtes vor, so „können die Nachlaßgläubiger und Vermächtnißnehmer abgesonderte Befriedigung verlangen". Die Extrahirung einer richterlichen Verfügung zur Erlangung des Separationsrechtes, welche das Römische[25]) und gemeine Recht verlangt, ist daher für das Konkursverfahren nicht erforderlich, es genügt, daß das auch nur mündlich auf Absonderung gerichtete Verlangen an den Verwalter gestellt wird. Nur wenn die Absonderung verweigert wird, so entscheidet, wie über die Existenz jedes anderen Separationsrechtes,[26]) der Prozeßrichter.

Außer dem formlosen Antrage an den Verwalter setzt die Erlangung des Absonderungsrechtes weitere Erfordernisse, insbesondere, wie Rinteln meint,[27]) einen Vollstreckungstitel nicht voraus.

---

[22]) § 516 A.L.R. I 9.

[23]) § 512 A.L.R. I 9.

[24]) Einer fast gleichen Ausdrucksweise bedient sich die K.O. im § 54[5], wo das Vorrecht der Kinder und Pflegebefohlenen für ausgeschlossen erklärt ist, „wenn die Forderung nicht binnen 2 Jahren nach Beendigung der Vermögensverwaltung gerichtlich geltend gemacht und bis zur Eröffnung des Verfahrens verfolgt worden ist". v. Wilmowski Anm. 13 zu § 54 nennt diese zweijährige Frist des § 54[5] mit Recht eine wahre Verjährungsfrist.

[25]) l. 1 § 1; l. 6 pr. D. 42, 6.

[26]) S. oben § 34.

[27]) Rinteln § 19 S. 91 behauptet, daß das Verfahren zur Geltendmachung des Separationsrechtes einen vollstreckbaren Titel voraussetze, und „daß die Vorschriften über die Zwangsvollstreckung bei der Konkurrenz mehrerer Gläubiger auch gleichergestalt die über das Vertheilungsverfahren Anwendung" fänden, und begründet diese Behauptung mit der Thatsache, daß das Nachlaßabsonderungsrecht nicht an dem Vermögensinbegriff der Erbschaft, sondern nur an den bei der Konkurseröffnung vorhandenen, einzelnen Nachlaßgegenständen ausgeübt werden könne. Aber aus dieser Begründung kann sich jene Folgerung nicht ergeben.

4) Als Nachlaßgläubiger, welchen das Absonderungsrecht zusteht, sind nur solche Personen anzusehen, welche ihr Recht unmittelbar gegen den Erblasser erlangt haben. Das Absonderungsrecht besteht daher nicht, wie Endemann meint,[28]) für Forderungen, welche der Gläubiger mit dem Erben oder dem Nachlaßpfleger durch solche Rechtsgeschäfte erlangt hat, die das erbschaftliche Vermögen betreffen. Hat der Erbe oder der Nachlaßpfleger ein zum Nachlaß gehöriges Gebäude repariren lassen, so gehören die Reparaturkosten nicht zu den Nachlaßschulden, sie sind vielmehr Verwaltungskosten und, wenn sie durch den Konkursverwalter veranlaßt sind, Massekosten. Ein spezielles Absonderungs- oder ein Retentionsrecht können solche Gläubiger unter Umständen haben, ein allgemeines Absonderungsrecht haben sie ebensowenig wie derjenige, welcher dem Nachlaßpfleger als solchem eine Sache verkauft hat.

5) Das Separationsrecht kann, wie der § 43 besagt, im Konkurse desjenigen gefordert werden, welcher „eine Erbschaft erworben hat". Das Gesetz macht keinen Unterschied, ob die Erbschaft mit oder ohne die Rechtswohlthat des Inventars angetreten ist, in beiden Fällen ist daher die Absonderung zulässig. Das Gesetz verlangt auch nicht, daß der Kridar Erbe geworden ist, es genügt daher der Erwerb einer Erbschaft oder einer Quote derselben und es ist das Retentionsrecht deshalb auch im Konkurse des Erbschaftskäufers zulässig, der die Erbschaft erworben hat, ohne Erbe zu sein.[29]) Gegen den Erben selbst, welcher den Nachlaß verkauft hat, ist sie nach gemeinem Rechte ausgeschlossen,[30]) nach Preuß. Rechte dagegen an sich zulässig, zumal der Erbe sich durch den Verkauf seiner Verpflichtung gegen die Nachlaßgläubiger und Legatare nicht entziehen kann,[31]) sie ist aber nach Preuß. Rechte doch nur soweit zulässig, als zur Zeit der Eröffnung des Konkurses sich noch Gegenstände des Nachlasses in

Der Nachlaßgläubiger will und kann die Nachlaßstücke weder selbst verkaufen, noch von dem Gerichtsvollzieher verkaufen lassen, er verlangt lediglich von dem Verwalter, daß dieser die einzelnen Nachlaßstücke von der übrigen Konkursmasse trennt und daß der Verwalter ihn aus den getrennten Stücken getrennt befriedigt.

[28]) Endemann behauptet § 63: Nachlaßgläubiger seien die Gläubiger, die bereits gegen den Erblasser des Gemeinschuldners Forderungen besessen oder dem erbschaftlichen Vermögen, als Nachlaß, gegenüber erworben hätten.

[29]) Vgl. § 456 A.L.R. I 11: „Die Sache wird so angesehen, als wenn die Erbschaft sogleich dem Käufer und nicht dem Verkäufer angefallen wäre."

[30]) l. 2 D. 42, 6.

[31]) §§ 462 ff. A.L.R. I 11.

der Masse befinden, mag der Erbe dieselben von dem Verkaufe ausgeschlossen oder von dem Käufer oder dritten Personen wieder erworben haben. Soweit solche Sachen nicht mehr vorhanden sind, besteht freilich das Absonderungsrecht nicht mehr und sind die Nachlaßgläubiger und Legatare[32]) nur einfache Konkursgläubiger.

Da das Separationsrecht nur für den Fall des Erwerbes einer Erbschaft zugelassen ist, so tritt es nicht ein, wenn ein ganzes Vermögen vom Kridar aus andern Gründen, z. B. durch einen Vitalizien- oder Alimentenkontrakt, durch eine Schenkung[33]) erworben ist. Die Gläubiger solcher Vermögensmassen sind, wenn ihnen nicht ein Spezialabsonderungsrecht zusteht, nur Konkursgläubiger. Auch derjenige kann die Absonderung nicht verlangen, welchem ein Recht aus einer dem Kridar zugekommenen donatio mortis causa zusteht,[34]) denn die Schenkung von Todeswegen ist sowohl nach gemeinem, als nach Preußischem Rechte nicht als Erbschaft, sondern nur als ein besonders gestaltetes Legat anzusehen.[35])

Die Erbschaft, an deren Gegenständen ein Absonderungsrecht erlangt werden soll, muß „vor der Eröffnung des Konkursverfahrens" vom Gemeinschuldner erworben sein. Denn ist sie nachher erworben, so gehört sie überhaupt nicht zur Konkursmasse[36]) und kann daher für das Absonderungsrecht nicht in Betracht kommen.[37]) Erbschaftstheile, welche jedoch auf Grund eines vor der Konkurseröffnung erfolgten Erbschaftserwerbes durch Akkreszenzrecht erst nach der Eröffnung des Konkurses dem vorher erworbenen Erbtheile hinzutreten, sind nach den oben § 20 über das Absonderungsrecht an künftigen Sachen erörterten Grundsätzen als Bestandtheile der vor der Eröffnung erworbenen Erbschaft anzusehen, an den zu ihnen gehörigen Gegenständen kann daher das Absonderungsrecht geltend gemacht

---

[32]) Nach § 56⁴ K.O. sind nur die Forderungen aus einer Freigebigkeit des Gemeinschuldners unter Lebenden oder von Todeswegen von der Theilnahme an dem Konkurse ausgeschlossen, Legatare einer vom Kridar erworbenen Erbschaft sind aber nicht aus einer Freigebigkeit des Gemeinschuldners, sondern eines Dritten, des Erblassers, berechtigt.

[33]) Vgl. Anh. 19 zu § 646 A.L.R I 11.

[34]) Endemann § 63 S. 379. A. M. v. Völderndorff Anm. e zu § 43, welcher behauptet, es werde nicht zu bezweifeln sein, daß auch diesem Schenkungsberechtigten das Separationsrecht zustehe.

[35]) l. 4 C. 8, 57; § 1135 A.L.R. I 11.

[36]) § 1 Abs. 1 K.O.

[37]) S. oben § 7.

werden; ebenso nach Preuß. Rechte im Fall der Vulgarsubstitution, welche dem Substituten vor dem Anfall ein bedingtes Recht giebt, wenn er den Erblasser überlebt,[37a]) nicht aber nach gemeinem Rechte, nach welchem der Substitut den Eintritt der Bedingung erleben muß[38]) und daher vor dem Eintritt des Substitutionsfalles ein Recht noch nicht erworben hat; nach Preuß., nicht nach gem. Rechte, gehört daher die Erbschaft zur Konkursmasse, wenn der Substitutionsfall erst nach der Eröffnung eintritt, und unterliegt auch nach Preuß. nicht nach gem. Rechte der Separation. Durch die Pupillarsubstitution wird auch nach Römischem Rechte[39]) ein bedingtes Recht schon vor dem Eintritt der Bedingung erworben. Im Falle der fideikommissarischen Substitution hat der Fiduziar, solange er die Erbschaft an den Fideikommissar noch nicht abgeliefert hat, zwar dem Fideikommissar gegenüber im Preuß. Rechte die Stellung eines Nießbrauchers,[40]) dem Gläubiger gegenüber aber die Stellung des Erben.[41]) Er ist es daher und erst nach der Ablieferung der Erbschaft an den Fideikommissar ist es dieser, gegen welchen die Separation gefordert werden kann.

6) Das Objekt des Absonderungsrechtes ist nicht eine universitas juris, auch nicht eine universitas rerum, Objekte des Absonderungsrechtes sind vielmehr die einzelnen Nachlaßgegenstände. Unter Gegenständen sind nach der Ausdrucksweise der K.O.[42]) bewegliche, unbewegliche, körperliche und unkörperliche Objekte zu verstehen. Zu ihnen gehören daher auch die Erbschaftsforderungen und zwar auch die Forderungen des Nachlasses gegen den Erben selbst, mag dieser Benefizialerbe sein oder nicht. Denn eine Konfusion tritt nach Preuß. Rechte[43]) überhaupt nicht ein. Nur im gemeinen Rechte ist die Forderung des Erblassers gegen den Erben durch Konfusion erloschen und kann daher nicht Gegenstand des Nachlaßabsonderungsrechtes sein.

Die Nachlaßobjekte, an denen das Separationsrecht geltend gemacht wird, müssen zur Zeit der Konkurseröffnung noch vorhanden, d. h. in der Konkursmasse, zu der sie gehören, als selbstständige trenn-

37a) § 462 A.L.R. I, 12.
38) l. 81 D. 29, 2.
39) l. 8, 10 pr. D. 28, 6; § 7 J. 2, 16; l. 11 C. 6, 26.
40) § 466 A.L.R. I, 11.
41) Vgl Dernburg, Pr. Pr.R. III § 158.
42) S. oben § 7.
43) §§ 460, 486 A.L.R. I, 16

bare Vermögensbestandtheile vorhanden sein. Eine Sache, welche als Frucht eines Nachlaßgegenstandes anzusehen, oder vermöge eines Rechtsgeschäfts an Stelle eines Nachlaßgegenstandes getreten ist, unterliegt auch dem Nachlaßabsonderungsrechte, selbst wenn dieses vor dem Erwerb der neuen Sache noch nicht geltend gemacht ist oder noch nicht geltend gemacht werden konnte. Die neue Sache kann daher nach Preuß. Rechte, welches das Absonderungsrecht nur im Konkurse zuläßt, zum Objekt des Separationsrechtes auch dann werden, wenn der Erwerb vor der Konkurseröffnung stattgefunden hat. Eine solche neue Sache ist auch die Forderung, welche der Erbe für die Veräußerung einer Nachlaßsache gegen den Erwerber hat, sofern diese Forderung noch aussteht.[44]) Der Erlös einer Sache dagegen, welcher bereits mit dem übrigen Vermögen des Erben oder mit der Konkursmasse vermischt ist, tritt nur dann an Stelle des Absonderungsgegenstandes, wenn er nach der Geltendmachung des Absonderungsrechtes in die Konkursmasse gelangt ist;[45]) abgesehen davon kann die Veräußerung eines Nachlaßgegenstandes, zu welcher der Erbe bezw. der Verwalter an sich berechtigt ist, nur wenn die Voraussetzungen der Anfechtung vorliegen, vom Absonderungsgläubiger rückgängig gemacht werden. Ist die Veräußerung einer Nachlaßsache und die Vermischung des Erlöses mit dem Vermögen des Erben vor der Konkurseröffnung, aber nach der Geltendmachung des Absonderungsrechtes erfolgt (ein Fall der nur für das gemeine, nicht auch für das Preuß. Recht von Bedeutung sein kann, da letzteres die Separation vor dem Konkurse nicht zuläßt), so ist der Erbe, selbst wenn er Benefizialerbe ist, zwar

[44]) Vgl. oben § 38. So auch v. Sarwey S. 394 Anm. 2; a. M. v. Völderndorff I, S. 551, welcher behauptet, daß der § 43 „nur auf solche Sachen und Rechte sich erstrecke, welche noch in Natur aus der Erbschaft vorhanden sind", nicht aber auf den Ersatz von Nachlaßgegenständen. Die Motive S. 221 sagen: „Das Separationsrecht kann nur stattfinden an den bei der Eröffnung des Konkursverfahrens in der Konkursmasse noch vorhandenen, einzelnen Vermögensgegenständen, welche die Natur eines Nachlaßstückes erhalten haben. Ueber die Natur derselben mag das Civilrecht entscheiden. Wenn das Civilrecht für diesen Fall bestimmt, daß alles, was an Stelle einer Nachlaßsache getreten ist, die Natur derselben erhalte (vgl. z. B. das Weimarsche Ges. über das Vorzugsrecht vom 7. Mai 1839) oder wenigstens eine Forderung auf die Gegenleistung für einen veräußerten Nachlaßgegenstand als solchen gelte (vgl. z. B. § 2341 des Sächs. bürgerl. Ges. Buchs), so erleidet das vom Entwurf aufgestellte Prinzip keinen Abbruch."

[45]) S. oben § 32.

persönlich verpflichtet, eine gleich hohe Summe zur Befriedigung des Absonderungsgläubigers zu verwenden, aber diese Forderung des Absonderungsgläubigers gegen den Erben ist, weil nur eine persönliche, nach der Konkurseröffnung lediglich eine Konkursforderung, und der Separationsgläubiger hat daher insoweit weder ein Vorzugs-, noch ein Absonderungsrecht. Ist die Gegenleistung dagegen im Vermögen des Erben zur Zeit der Konkurseröffnung noch unterscheidbar vorhanden, so gehört sie zu den Gegenständen des Absonderungsrechtes.

7) Der Erbe bezw. Verwalter ist berechtigt, die Nachlaßgegenstände mit einem Pfandrechte oder auf andere Weise zu belasten. Geschieht dies nach der Eröffnung des Verfahrens und nach der Geltendmachung des Absonderungsrechtes, so ist die Gegenleistung, um welche der Absonderungsgegenstand durch die Belastung für den Gläubiger entwerthet ist, neben der übrig gebliebenen Sache selbst Objekt des Absonderungsrechtes, dem Gläubiger steht aber auch insoweit, als die Konkursmasse durch die Belastung bereichert ist, eine Masseforderung nach § 52³ K.O. zu. Hat die Belastung nach der Konkurseröffnung, aber vor der Geltendmachung des Absonderungsrechtes stattgefunden, so ist die Gegenleistung nur soweit dem Absonderungsrechte unterworfen, als sie zur Zeit der Geltendmachung des letztern noch von der Konkursmasse unterscheidbar vorhanden ist. Nur im gemeinen Rechte, nach welchem die Separation vor der Konkurseröffnung verlangt werden darf, kann die Frage über die Wirkung einer Belastung des Absonderungsgegenstandes entstehen, welche vor der Konkurseröffnung, aber nach der Geltendmachung des Absonderungsrechtes erfolgt ist; die Gegenleistung unterliegt dem Separationsrechte, soweit sie zur Zeit der Konkurseröffnung noch unterscheidbar von dem übrigen Vermögen vorhanden ist. Im Allgemeinen muß sich der Separatist die Verpfändung und Belastung der Nachlaßsache gefallen lassen, sofern nicht die Voraussetzungen der paulianischen Anfechtung vorliegen.[46]) Im gemeinen Rechte ist aber durch die l. 1 § 3. D. 42, 6 ausdrücklich bestimmt, daß der Pfandgläubiger, welcher sein Recht vom Erben ableitet, dem Nachlaßseparatisten nachsteht. Nach gemeinem, nicht nach Preuß. Rechte, welches eine gleiche Bestimmung nicht enthält, kann deshalb aber auch der Separatist, sofern und soweit er durch die Verpfändung nicht benachtheiligt ist, an der Gegenleistung, wenn sie ihm sonst auch haften würde, das Separationsrecht nicht geltend machen.

---

[46]) S. darüber oben §§ 47 ff.

Hat umgekehrt der Erbe vor der Konkurseröffnung dem Separatisten ein Pfandrecht an einer Nachlaßsache oder einer andern Sache bestellt, so ist der Verwalter, wenn er die Pfandbestellung nicht auf Grund der §§ 22 ff. K.O. anfechten kann, nicht berechtigt, deswegen einen Anspruch gegen den Gläubiger zu erheben.[47]) Den übrigen Nachlaßseparatisten entstehen dagegen durch eine solche Pfandbestellung, wenn sie an einer Nachlaßsache erfolgt, dieselben Rechte, wie durch die Verpfändung einer Sache zu Gunsten eines Dritten.

8) Die Entstehung des Absonderungsrechtes ist von der Geltendmachung desselben abhängig. Nur demjenigen Nachlaßgläubiger und Legatar steht es zu, der es geltend machen darf und der es geltend macht. Entsteht es durch die Geltendmachung, so bewirkt diese doch kein Vorrecht desjenigen, welcher die Absonderung zuerst fordert, vor demjenigen, der dasselbe Verlangen erst später stellt, bevor noch der erstere befriedigt ist. Dem Verlangen auf Separation kann sich jeder Gläubiger und Legatar anschließen, der das Recht dazu nicht aus den oben unter 2 angegebenen Gründen verloren hat. In dem Antrage auf Separation brauchen die einzelnen Nachlaßgegenstände nicht bezeichnet zu werden; der Verwalter hat vielmehr, sobald das Verlangen auf Separation von Seiten eines Gläubigers an ihn gestellt ist, alle Gegenstände, die nach den obigen Erörterungen dem Separationsrechte unterworfen sind, soweit erforderlich, zur Befriedigung des betreibenden Separatisten zu verwenden. Hat ein Gläubiger oder Legatar sein Separationsrecht geltend gemacht, so kann diese Thatsache die übrigen Nachlaßgläubiger und Vermächtnißnehmer, die ein gleiches Recht nicht geltend machen können oder die es geltend zu machen versäumen, nach Preuß. Rechte in dem Falle, daß der Kridar Benefizialerbe ist, derart benachtheiligen, daß dieselben schlechter gestellt werden, als die übrigen Konkursgläubiger. Befriedigung können sie nur bis zum Belauf der Erbschaft verlangen; aus den vorhandenen Nachlaßgegenständen werden die Separatisten befriedigt, welche an denselben ihr Absonderungsrecht geltend machen. Die übrigen Gläubiger können daher Befriedigung nur noch in Höhe des um die Summe der befriedigten Ansprüche verringerten Nachlasses fordern. Da bei nicht völlig ausreichendem Nachlasse die Separationsgläubiger und -Legatare durch den Ausschluß der übrigen Nachlaßgläubiger und Vermächtnißnehmer mehr erlangen, als ihnen aus dem Nachlasse zustehen würde, wenn derselbe ohne Aus-

[47]) Nach gemeinem Rechte geht das Separationsrecht aber infolge einer solchen Pfandbestellung verloren.

schluß jener Gläubiger nach Verhältniß der Größe der Forderungen gleichmäßig vertheilt würde, so muß sich der Anspruch der ausgeschlossenen Gläubiger um das verringern, was die Separationsgläubiger mehr erhalten haben. Was nach Befriedigung der Separatisten von den Absonderungsgegenständen bezw. deren Erlöse übrigbleibt, fällt in die Masse zurück[48]) und dient zur Befriedigung aller Konkursgläubiger. Aber hieran nimmt der von der Absonderung ausgeschlossene Nachlaßgläubiger nicht mit seiner ganzen, sondern nur mit seiner reduzirten Forderung Theil. Sind drei ausgeschlossene Gläubiger vorhanden, deren Forderungen je 100 Mark betragen, und bleibt nach Befriedigung der Absonderungsgläubiger von der Aktivmasse des ganzen[49]) Nachlasses ein Betrag von nur 150 Mark übrig, so reduzirt sich die Forderung jedes ausgeschlossenen Gläubigers, weil sie dem Benefizialerben gegenüber nur bis zum Belauf des Nachlasses geltend gemacht werden kann, auf 50 Mark; der Betrag von 150 Mark, welcher zur Masse zurückfließt, dient aber zur Befriedigung nicht blos der ausgeschlossenen Nachlaßgläubiger, sondern sämmtlicher Konkursgläubiger. Erhält jeder Konkursgläubiger eine Dividende von 50 Prozent, so erhält der ausgeschlossene Nachlaßgläubiger auf seine ganze Forderung nur 25 Mark, und erhalten die drei ausgeschlossenen Gläubiger zusammen nur 75 Mark, während der übrige Theil des Nachlaßrestes im Betrage von 75 Mark zur Befriedigung der übrigen Konkursgläubiger dient. Dasselbe Resultat ergiebt sich im Konkurse auch nach § 10 des Preuß. Ges. vom 28. März 1879, betreffend die Zwangsvollstreckung gegen Benefizialerben und das Aufgebot der Nachlaßgläubiger u. s. w.: „Gegen die Nachlaßgläubiger und Vermächtnißnehmer, welche ihre Ansprüche nicht anmelden, tritt der Rechtsnachtheil ein, daß sie gegen den Benefizialerben ihre Ansprüche nur noch insoweit geltend machen können, als der Nachlaß mit Ausschluß aller seit dem Tode des Erblassers aufgekommenen Nutzungen durch Befriedigung der angemeldeten Ansprüche nicht erschöpft wird." Die ausgeschlossenen Nachlaßgläubiger müssen aber nicht nur hinter den ihnen sonst gleichstehenden Nachlaßgläubigern zurücktreten, sondern sie verlieren den zur Absonderung zugelassenen Gläubigern gegenüber sogar das Vorrecht, welches ihnen vor denselben sonst zustehen würde.[50]) Und sogar die absonderungsberechtigten Le-

[48]) § 501 A.L.R. I 16.

[49]) Nicht blos des zur Separation gezogenen Nachlasses.

[50]) § 505 A.L.R. I 16: „Haben einige Erbschaftsgläubiger ihr Absonderungs-

gatare gehen jenen Gläubigern vor. Denn durch die Separation, die auch gegen einen nicht überschuldeten Nachlaß zulässig ist,[51]) werden nicht nur die Gläubiger, sondern auch die Legatare befriedigt, welche die Absonderung erlangt haben, und es kann daher ein an sich nicht überschuldeter Nachlaß nach Befriedigung jener Gläubiger und Legatare entweder ganz oder doch soweit erschöpft sein, daß die Forderungen der ausgeschlossenen Gläubiger in der angegebenen Weise reduzirt werden. Gegen diese Nachtheile kann der ausgeschlossene Gläubiger — nicht auch der Legatar — sich durch Erwirkung der Konkurseröffnung über den Nachlaß schützen, wenn dieser überschuldet ist, weil der Nachlaßkonkurs die Legatare ganz ausschließt und eine Absonderung einzelner Nachlaßgläubiger nicht zuläßt. Eine Ueberschuldung des Nachlasses, die Vorbedingung des Konkursverfahrens über denselben, liegt aber nur vor, wenn die Nachlaßaktiva zur Bezahlung der Nachlaßgläubiger nicht ausreichen, nicht auch dann, wenn die Aktiva zwar zur Befriedigung sämmtlicher Nachlaßgläubiger, nicht aber auch der Legatare hinreichen.

9) Die Verwerthung der Absonderungsgegenstände erfolgt nur durch den Verwalter, der Nachlaßseparatist hat als solcher kein Recht, die Verwerthung vorzunehmen. Die Verwerthung seitens des Verwalters erfolgt nach den allgemeinen Regeln — siehe oben § 32 — jedoch nicht mit der Wirkung des § 117 K.O. Er ist nicht, wie Rinteln[52]) und Endemann[53]) behaupten, bei der Konkurrenz mehrerer Nachlaßabsonderungsgläubiger verpflichtet, die Veräußerung nach den Vorschriften der Zwangsvollstreckung vornehmen zu lassen. Die §§ 116, 117 K.O. geben überhaupt nur die Berechtigung zur Veräußerung in der Form der Zwangsvollstreckung, ohne den Verwalter hierzu zu verpflichten, der § 117 K.O. berechtigt ihn zur Verwerthung in der Form und mit der Wirkung der Mobiliar-Zwangsvollstreckung, wenn der Gegenstand mit einem Faustpfand- oder einem diesem gleichstehenden Rechte, nicht aber, wenn der bewegliche Gegenstand mit einem andern, insbesondere einem allgemeinen

recht erhalten, andere aber selbiges obgedachtermaßen eingebüßt, so werden erstere aus dem abgesonderten Nachlasse, soweit derselbe zureicht, befriedigt, und letztere müssen ihnen als Gläubiger des Erben nachstehen, wenn sie gleich sonst nach der Qualität ihrer Forderungen einen Vorzug hätten verlangen können."

[51]) Motive S. 222.

[52]) § 19 S. 91.

[53]) § 63 S. 381.

Absonderungsrechte belastet ist, während der § 116 allerdings auch im letztern Falle dem Verwalter das Recht der Subhastation, nicht aber die Pflicht auferlegt, den unbeweglichen Gegenstand gerichtlich versteigern zu lassen.

10) Die Rangordnung der einzelnen Absonderungsgläubiger an den Absonderungsgegenständen richtet sich in Preußen gemäß § 8 A.G. nach der Rangordnung des § 54 K.O. Für die Bestimmung dieser Rangordnung ist das Verhältniß der Gläubiger maßgebend, in welchem sie zum Erblasser, nicht dasjenige, in welchem sie zum Erben standen. Ein Nachlaßgläubiger, welchem z. B. eine Arztforderung zusteht, kann den Vorrang, der ihm wegen der Qualität dieser Forderung nach § 54^4 K.O. und § 8 A.G. gebührt, als Absonderungsgläubiger den andern Nachlaßseparatisten gegenüber geltend machen. Das Verhältniß, in welchem der Gläubiger zu dem Erben — dem Kridar — stand, kommt dagegen an sich nicht in Betracht. Andererseits ist aber der Erbe in die Verbindlichkeiten des Erblassers derart eingetreten, daß die Verpflichtungen des letztern als seine eigenen Verbindlichkeiten gelten. Deshalb kann der bevorrechtigte Gläubiger des Erblassers sein Vorrecht auch dem Erben und dessen Gläubigern gegenüber zur Geltung bringen. Dies gilt unbedingt, wenn die Erbschaft ohne die Rechtswohlthat des Inventars angetreten ist. Der Benefizialerbe reduzirt dagegen die Nachlaßforderung auf den Belauf der Erbschaft, und deshalb kann der bevorrechtigte Nachlaßgläubiger aus der Konkursmasse nicht mehr verlangen, als in diese aus dem Nachlasse geflossen ist. Was aber aus dem Nachlasse in die Konkursmasse gelangt ist, unterliegt dem Vorrechte des Nachlaßgläubigers, welcher insoweit auch von einem in gleicher Weise bevorrechtigten Gläubiger des Erben nicht beeinträchtigt wird, wenn dieser aus der übrigen Konkursmasse befriedigt werden kann. War aber der bevorrechtigte Nachlaßgläubiger von der von andern Nachlaßgläubigern oder Legataren erwirkten Absonderung ausgeschlossen, so steht er zwar hinsichtlich der Absonderungsgegenstände jenen Separatisten nach, aber den übrigen Nachlaßgläubigern geht er bezüglich des nach Befriedigung der Separatisten verbleibenden Restes vor, welcher zur Konkursmasse zurückfließt. Sind nach dem oben unter 7 angenommenen Beispiel drei Gläubiger von der Absonderung ausgeschlossen, deren Forderungen je 100 Mark betrugen, und blieb nach Befriedigung der Separatisten von der ganzen Aktivmasse der Erbschaft ein Betrag von 150 Mark übrig, so reduzirt sich die

Forderung desjenigen der drei Gläubiger, welcher vor den andern bevorrechtigt ist, nicht. Der Vorzugsgläubiger behält vielmehr seinen Anspruch in Höhe von 100 Mark, während den übrigen Gläubigern die Forderungen auf je 25 Mark ermäßigt werden. Mit seiner Vorzugsforderung von 100 Mark nimmt er an dem Konkurse Theil und wird aus dem Nachlaßbestand von 150 Mark vollständig befriedigt. Betrug dagegen der Nachlaßbestand nur 50 Mark, so kann er nur in Höhe dieser Summe Befriedigung aus dem Konkurse fordern, ohne aber in dieser Beziehung auf eine Dividendenzahlung beschränkt zu sein.

Die Legatare, welche die Absonderung erwirkt haben, stehen den separationsberechtigten Gläubigern nach, da der Erblasser durch Freigebigkeit seine Gläubiger nicht benachtheiligen kann.[54])

Die speziellen Absonderungsrechte, welche an Nachlaßgegenständen bestehen, werden durch die Nachlaßseparation nicht verändert, die Spezialabsonderungsgläubiger bedürfen daher, wenn sie durch ihr besonderes Recht gesichert sind, der Nachlaßseparation nicht,[55]) aber es ist ihnen nicht versagt, wenn sie gegen den Erblasser eine persönliche Forderung hatten. Das spezielle Absonderungsrecht braucht dem Nachlaßseparationsrechte nicht zu weichen, mag es vom Erblasser, vom Erben oder vom Verwalter bestellt sein; nur im gemeinen Rechte steht, wie schon oben bemerkt, nach der ausdrücklichen Vorschrift der l. 1 § 3 D. 42, 6 das vom Erben konstituirte Pfandrecht dem Nachlaßseparationsrecht nach, und zu diesen Pfandrechten ist auch das im Wege der Zwangseintragung gegen den Erben erworbene Pfandrecht zu rechnen, wogegen auch nach gemeinem Rechte das Absonderungsrecht wegen nützlicher Verwendung und in Preußen das Absonderungsrecht aus § 41¹, sowie das handelsrechtliche Pfand- und Retentionsrecht und jedes im Konkurse zulässige Retentionsrecht dem allgemeinen Absonderungsrechte nicht zu weichen haben wird, da diese Rechte ihrer Natur nach vor jedem andern Rechte den Vorzug haben.

---

[54]) Der Legatar ist übrigens nur dann absonderungsberechtigt, wenn er einen persönlichen Anspruch durch die letztwillige Verfügung gegen den Erben erworben hat. Hat er durch diese Verfügung das Eigenthum oder ein anderes dingliches Recht erworben, ohne gleichzeitig oder weil die Sache nicht mehr vorhanden ist, einen persönlichen Anspruch zu erlangen, so kann er nicht ab-, wohl aber aussonderungsberechtigt sein. v. Völdernd orff Anm. d und e zu § 43; Endemann § 63 S. 379.

[55]) § 506 A.L.R. I 16.

Eine Kollision kann auch zwischen Gläubigern und Legataren mehrerer Nachlaßmassen vorkommen. Ist die Erbschaft des A von B erworben und dieser vererbt sie wieder, ohne die Nachlaßgläubiger und Legatare befriedigt zu haben, auf den späteren Kridar, so können die Gläubiger und Legatare des A ein Absonderungsrecht sowohl an den Nachlaßsachen des A, wie auch des B, die des B aber nur an den Nachlaßsachen des B geltend machen.[56]) Denn die letztern können am Nachlasse des A nur als Gläubiger des Erben angesehen werden, denen das Absonderungsrecht nicht gebührt. Die Kollision, welche hiernach nur an den Nachlaßgegenständen des B eintritt, kann nicht durch den Zeitpunkt der Geltendmachung des Absonderungsrechtes geregelt werden; die Gläubiger beider Erblasser stehen vielmehr, abgesehen von den nach § 54 K.O. und § 8 A.G. Bevorrechtigten, einander gleich.

11) Ueber den Verlust des Absonderungsrechtes siehe oben §§ 40 ff. Ein besonderer Verlust des Nachlaßseparationsrechtes besteht in der Eröffnung des Konkurses über den Nachlaß. Hierdurch wird die Nachlaßmasse von dem Vermögen des Erben rechtlich getrennt, eine Absonderung von Nachlaßgegenständen kann nicht mehr stattfinden, die bereits erfolgte Absonderung fällt fort und die Legatare des Erblassers werden ausgeschlossen.[57]) Gläubiger, d. h. nunmehr Konkursgläubiger, sind alle Nachlaßgläubiger, mit denen nur noch diejenigen konkurriren, welche gegen den Nachlaßpfleger oder den Erben als solchen Forderungen an dem Nachlasse erworben haben.

Die Eröffnung des Konkurses kann nicht nur dann erfolgen, wenn der Nachlaß von einem Erben nicht angetreten oder der Erbe unbekannt oder abwesend ist, sondern auch dann, wenn der Erbe mit oder ohne Vorbehalt des Inventars die Erbschaft angetreten hat. Die Motive und die Mehrzahl der Kommentatoren, sowie auch Rinteln[58]) und Endemann[59]) wollen über den vom Erben angetretenen Nachlaß den Konkurs nur unter der Voraussetzung eröffnen lassen, daß der Erbe Benefizialerbe ist. Die Motive[60]) sagen in dieser Beziehung: „Durch den vorbehaltlosen Erbschaftserwerb hat der Nachlaß den Charakter einer Vermögenseinheit verloren; ist der

---

[56]) l. 1 § 8 D. 42, 6.

[57]) § 56⁴ K.O.

[58]) § 19.

[59]) § 101.

[60]) S. 223.

Erbe Benefizialerbe, so kann die Insuffizienz des Nachlasses selbstverständlich zu einem Konkurse über den Nachlaß führen." Den Charakter einer Vermögenseinheit hat der Nachlaß aber auch dann verloren, wenn die Erbschaft mit dem benef. invent. angetreten ist, der Nachlaß bezw. die Nachlaßgegenstände sind durch den auch mit dieser Rechtswohlthat erfolgten Erbschaftserwerb in das unbeschränkte Eigenthum des Erben übergegangen, und der Unterschied der beiden Arten des Erbschaftsantrittes besteht nur in dem verschiedenen Maße der Haftung des Erben für die Nachlaßschulden und Legate. Auch thatsächlich besteht zwischen den beiden Erwerbsarten insofern kein Unterschied, als eine Vermischung des Nachlasses mit dem Vermögen des Erben nicht stattfinden dürfte, denn auch der Benefizialerbe disponirt über die Nachlaßsachen und kann sie mit seinem Vermögen untrennbar vereinigen. Zwar soll der Benefizialerbe den Nachlaß durch ein Inventar fixiren, aber die Inventarisirung hindert die Vermischung nicht, überdies sind oben gesetzliche Bestimmungen angeführt, nach welchen das benef. invent. unabhängig von der Errichtung des Inventars gewährt wird; andrerseits kann aber auch der vorbehaltlose Erbe ein Inventar errichten; er kann den Nachlaß auch ohne Inventar von seinem übrigen Vermögen völlig getrennt halten. Ein Unterschied zwischen beiden Erwerbsarten rücksichtlich der Frage nach der Zulässigkeit des Nachlaßkonkurses könnte daher nur anerkannt werden, wenn ein solcher Unterschied gesetzlich statuirt wäre. Das Gesetz macht in dieser Beziehung aber keinen Unterschied, sagt vielmehr im § 205 Abs. 1 K.O., daß j e d e r Erbe zum Antrag auf Eröffnung des Konkurses berechtigt ist, so daß dieses Recht nicht nur jedem von mehreren Erben, sondern auch jedem Erben zusteht, der beschränkt oder unbeschränkt aus der Erbschaft haftet. Die Unterscheidung zwischen dem vorbehaltlosen und Benefizialerben, wie sie in den Motiven gemacht ist, hat im Gesetz keinen Ausdruck gefunden.

Eine thatsächliche Schranke findet das Recht des Nachlaßgläubigers auf Eröffnung des Konkurses nur dann, wenn die Nachlaßmasse derart mit dem Vermögen des Erben vermengt ist, daß soviel Nachlaßgegenstände nicht mehr zu entwirren sind, als zur Deckung der Konkurskosten ausreichen; in diesem Falle, der aber ebensowohl bei dem mit dem Vorbehalt des Inventars erfolgten, als dem vorbehaltlosen Erbschaftserwerb eintreten kann, kann die Eröffnung des Verfahrens auf Grund des § 99 K.O. abgelehnt und der bereits eingeleitete Konkurs auf Grund des § 190 K.O. eingestellt werden.

12) Das Nachlaßabsonderungsrecht fällt im Preuß. Rechte auch durch die Beendigung des Konkurses fort. Das gem. Recht gewährt es auch außerhalb des Konkurses, das Preuß.[61]) nur, „wenn der Erbe in Konkurs verfällt". Nach A.L.R. ist dieses Separationsrecht daher von der Konkurseröffnung abhängig und muß deshalb, wenn diese Bedingung nicht mehr vorhanden ist, in gleicher Weise fortfallen, wie anerkannter Maßen das Anfechtungsrecht der §§ 22 ff. K.O. durch die Beseitigung des Konkurses derart aufhört, daß der während des Konkurses anhängig gemachte Anfechtungsprozeß in der Hauptsache nicht fortgesetzt werden kann. Man kann auch nicht von einem wohlerworbenen Rechte des Absonderungsgläubigers sprechen, denn dessen Recht ist nur für den Fall des Konkurses wohlerworben. Nur wenn der Konkurs durch Akkord beendigt wird, muß eine Ausnahme zugelassen werden, denn der Akkord äußert seine Wirkungen nur für und gegen die Konkursgläubiger, und der Nachlaßgläubiger und Legatar, der zur Zeit des Akkordes das Absonderungsrecht geltend gemacht hat, bleibt daher von dem Akkord unberührt.[62]) Sofern er aber das Separationsrecht noch nicht geltend gemacht hat, kann er dasselbe jetzt nicht mehr erwerben, weil er vor der Geltendmachung nicht Separatist ist und daher von dem Akkord ebenso betroffen wird, wie andere Konkursgläubiger.

§ 80. 2. Das Absonderungsrecht der Gemeinschaftsinteressenten und -Gläubiger.

Der § 14 K.O. bestimmt: „Befindet sich der Gemeinschuldner mit Dritten in einem Miteigenthume, in einer Gesellschaft oder in einer anderen Gemeinschaft, so erfolgt die Theilung oder sonstige Auseinandersetzung außerhalb des Konkursverfahrens."

Der § 44 K.O. bestimmt: „Wer sich mit dem Gemeinschuldner in einem Miteigenthume, in einer Gesellschaft oder in einer anderen Gemeinschaft befindet, kann wegen der auf ein solches Verhältniß sich gründenden Forderungen abgesonderte Befriedigung aus dem bei der Theilung oder sonstigen Auseinandersetzung ermittelten Antheile des Gemeinschuldners verlangen."

---

[61]) § 500 A.L.R. I 16.

[62]) Siehe oben § 55.

1. Durch diese Vorschriften, welche ein Absonderungsrecht gewähren, auch wenn ein solches landesgesetzlich nicht anerkannt ist, sind zwei Arten von Separationsrechten geschaffen, durch die erste Vorschrift ein Absonderungsrecht der Gemeinschaftsgläubiger, durch die zweite ein solches der Gemeinschaftstheilhaber, der Kommunionsinteressenten. Die erste Vorschrift bestimmt nicht ausdrücklich, daß dem Gemeinschaftsgläubiger ein Separationsrecht zustehen solle,[1]) dieses wird aber durch den Inhalt der Vorschrift selbst begründet, welche die Theilung oder sonstige Auseinandersetzung einer Gemeinschaft außerhalb des Konkurses stattfinden läßt und von diesem Theilungsverfahren die Bestimmungen der K.O. ausschließt. Zu dieser Auseinandersetzung gehört die Tilgung der die Gemeinschaft belastenden Schulden. Denn Gegenstand der Konkursmasse ist nur der Antheil des Kridars an der Gemeinschaft, und dieser Antheil besteht nur deducto aere alieno. So sagen auch die Motive:[2]) „Die Solidarhaft der Theilnehmer und das Separationsrecht der Gemeinschaftsgläubiger hat sich gegenwärtig aus zwingenden Gründen von der Ausnahme zur Regel entwickelt; soweit beides ausreicht, müssen aus denselben Gründen auch die Theilnehmer selbstständig gestellt werden; aber darüber hinaus rechtfertigt der überall gültige Rechtssatz: „omnia bona non intelliguntur nisi deducto aere alieno“ die Befugniß für die Theilnehmer, bei der *Theilung des Gemeinschaftsvermögens zunächst die gesammten Gemeinschaftsschulden zu verkürzen; .... nur der Nettoantheil des Kridars kann zur allgemeinen Konkursmasse desselben genommen werden,*“ und:[3]) „Mit der Theilung oder Versilberung des Gemeinschaftsobjektes und *der Befriedigung der Gesellschaftsgläubiger* ist der Antheil ermittelt, welcher zur Konkursmasse des Gemeinschuldners gehört.“ Sofern die Gemeinschaft nach Außen hin selbstständige Personenrechte hat, wie die offene Handelsgesellschaft, die Kommanditgesellschaft, die Aktien- und Kommanditaktiengesellschaft, die Genossenschaft, sind die Gesellschaftsgläu-

---

[1]) Deshalb behauptet v. *Wilmowski* Anm. 1 zu § 44, daß sie im Allgemeinen ein Absonderungsrecht im Konkurse der Theilnehmer nicht hätten, und verweist über ihre abgesonderte Befriedigung aus dem Vermögen der offenen Handelsgesellschaft und der Kommanditgesellschaft auf Aktien auf die §§ 198, 201 K.O.

[2]) S. 224.

[3]) S. 61.

biger dieser von der Persönlichkeit der einzelnen Theilhaber getrennt bestehenden Vermögenskomplexe, über welche der Konkurs selbstständig eröffnet werden kann, ohne daß derselbe das Vermögen der Kommunionsinteressenten ergreifen muß, ohnehin von den Gläubigern der einzelnen Gesellschafter separirt. Soweit eine solche selbstständige Persönlichkeit der Gemeinschaft aber nicht besteht, z. B. bei dem Miteigenthum, ergiebt sich das Separationsrecht der Kommunionsgläubiger aus der Thatsache, daß der ideelle Antheil der einzelnen Interessenten nur in dem Antheile an dem nach Abzug der Gemeinschulden verbleibenden Reste besteht.

Ist der Gemeinschaftsgläubiger aber als Separatist anzusehen, so hat er alle Rechte und Pflichten der Absonderungsgläubiger, insbesondere bezieht sich auch die Vorschrift des § 57 K.O. auf ihn.

2) Der Gegenstand des Absonderungsrechtes der Kommunionsgläubiger und der Kommunionsinteressenten ist verschieden: die erstern haben ein Separationsrecht an den Gegenständen der Gemeinschaft, die Theilhaber haben ein solches an dem „bei der Theilung oder sonstigen Auseinandersetzung ermittelten Antheil des Gemeinschuldners".

Die Theilung oder Veräußerung der Gemeinschaftsgegenstände wird durch das Absonderungsrecht der Kommunionsgläubiger und -Interessenten nicht gehindert.[4]) Aber an Stelle der veräußerten Gegenstände tritt der Erlös, aus welchem die Gläubiger zunächst zu befriedigen sind. Wird der Erlös vor der Konkurseröffnung ohne diese Befriedigung der Gläubiger, oder werden ohne diese Befriedigung die einzelnen Gegenstände unter die Interessenten vertheilt, so geht das Absonderungsrecht der Gläubiger verloren, es verbleibt ihnen zwar eine Forderung, diese aber kann im Konkurse eines Theilhabers nur als Konkursforderung geltend gemacht werden. Wird die Auseinandersetzung oder Theilung dagegen erst nach der Konkurseröffnung vorgenommen oder beendet, so tritt an Stelle der Absonderungsforderung insoweit eine Masseforderung, als in die Konkursmasse mehr gelangt ist, als in dieselbe hätte gelangen können, wenn die Gläubiger befriedigt worden wären. Denn zur Konkursmasse gehört nur der Kommunionsantheil des Kridars abzüglich der Gemeinschaftsschulden; was ohne Befriedigung der Gläubiger mehr als dieser Nettoantheil in die Masse geflossen ist, stellt eine Bereicherung derselben dar, welche rechtlos ist, weil ein Recht der Masse auf die-

[4]) S. oben § 32.

selbe nicht bestand, und welche zum Nachtheil der Konkursgläubiger erfolgt ist, weil diese nicht befriedigt sind.

Gegenstand des Absonderungsrechtes der Gemeinschaftstheilhaber ist dagegen der Nettoantheil, der nach Abzug der Gemeinschaftsschulden dem Kridar zufällt, mag dieser Antheil in einer Forderung gegen die übrigen oder gegen einen der übrigen Interessenten, mag er in körperlichen Sachen, in baarem Geld oder in unkörperlichen Gegenständen bestehen.

3) Das Absonderungsrecht des Kommunionsgläubigers ist von amtswegen zu berücksichtigen und gelangt nicht erst durch ein darauf gerichtetes Verlangen des Gläubigers zur Existenz.

Das Absonderungsrecht des Gemeinschaftstheilhabers entsteht dagegen nur nach Eröffnung des Konkurses und durch das an den Verwalter gerichtete Verlangen[5]) auf Absonderung.[6]) Solange es noch nicht geltend gemacht ist, nimmt der Verwalter die auf den Gemeinschaftsantheil des Kridars fallenden Gegenstände zur Konkursmasse, und der erst später die Absonderung verlangende Gemeinschaftstheilhaber kann den Ersatz der mit der Masse vermischten Gegenstände nicht als Massegläubiger fordern, denn, wenn auch die Masse durch die Einziehung des Vermögensantheils eine Bereicherung erhalten haben mag, so ist diese Bereicherung doch nicht rechtlos, da der Verwalter vor der Geltendmachung des Absonderungsrechtes berechtigt und verpflichtet war, den Kommunionsantheil zur Masse zu nehmen. Erst durch das Verlangen auf abgesonderte Befriedigung, durch welches das Separationsrecht des Kommunionsgläubigers entsteht, wird für den Verwalter die Verpflichtung zur Absonderung begründet. Was von dem Antheil des Kridars, von der Masse trennbar, noch existirt, wird nunmehr Gegenstand des Separationsrechtes, und wenn der Verwalter nach diesem Zeitpunkte noch Gegenstände, die zu dem Gemeinschaftsantheil des Kridars gehören, veräußert — wozu er auch jetzt noch berechtigt ist —, so wird der Erlös an Stelle des Absonderungsgegenstandes gesetzt, und wenn er den

[5]) Die Geltendmachung dieses Rechtes erfolgt in derselben Weise, wie die des Nachlaßabsonderungsrechtes, s. darüber oben § 79.

[6]) Der § 36 Abs. 1 der Preuß. Konkursordnung: „Die Theilnehmer an einer mit dem Gemeinschuldner bestehenden Gesellschaft oder anderen Gemeinschaft werden wegen ihrer Forderungen, welche aus diesem Verhältnisse entspringen, zunächst im Wege der Auseinandersetzung abgesondert befriedigt, soweit der Antheil des Gemeinschuldners reicht“ ließ auch das Recht der Kommunionsinteressenten von amtswegen berücksichtigen.

Erlös mit der Konkursmasse ununterscheidbar vermischt, so tritt eine Masseforderung an Stelle des Absonderungsanspruches. Geltend machen kann der Gemeinschaftstheilhaber sein Separationsrecht nach Eröffnung des Konkurses zu jeder Zeit, solange noch Gegenstände des Kommunionsantheils, von der Konkursmasse unterscheidbar, vorhanden sind.[7]) Er kann es auch sowohl vor, wie nach der Theilung oder Auseinandersetzung geltend machen.[8]) Denn aus dem Umstande, daß der Gegenstand der abgesonderten Befriedigung „der bei der Theilung ... ermittelte Antheil des Gemeinschuldners" ist, darf man den Schluß nicht ziehen, daß die Existenz des Absonderungsrechtes von der Ermittelung dieses Antheiles abhängig sei. Denn nur die abgesonderte Befriedigung ist es, von welcher das Gesetz bestimmt, daß sie erst erfolgen könne, wenn der Kommunionsantheil des Kridars festgestellt ist, ebenso wie die Befriedigung des Pfandgläubigers erst nach der Verwerthung des Pfandobjektes erfolgen kann; wogegen das Absonderungsrecht selbst entsteht, sobald es nach der Eröffnung des Konkurses geltend gemacht wird, ebenso wie das Absonderungsrecht des Pfandgläubigers schon vor der Verwerthung des Pfandgegenstandes vorhanden ist.

Wird der Antheil überhaupt nicht ermittelt, vom Verwalter

[7]) v. Wilmowski Anm. 1 zu § 44 sagt: die Gemeinschaft müsse zur Zeit der Konkurseröffnung noch bestehen, weil das Gesetz sage „befindet", und die Auseinandersetzung müsse gemäß § 14 während des Konkursverfahrens erfolgen; indessen genüge es, daß noch einzelne Vermögensstücke gemeinschaftlich seien, also eine Gemeinschaft, wenngleich nicht mehr im früheren Umfange, bestehe; sofern dies der Fall, sei es unerheblich, ob die Gemeinschaft (z. B. eine Handelsgesellschaft in Liquidation) schon vorher aufgelöst sei, wenn dadurch die Gemeinschaft eo ipso beseitigt werde. Ebenso Willenbücher Anm. 2 zu § 44, v. Sarwey S. 412, Petersen S. 226. v. Völderndorff meint, daß dies die wirkliche Absicht des Gesetzes nicht sei, denn, wenn auch dies Verhältniß sich schon vor dem Ausbruch des Konkurses gelöst habe, die Befriedigung der Theilhaber aber noch nicht stattgefunden habe und die Vermischung des Antheiles des Gemeinschuldners mit dessen sonstigem Vermögen noch nicht eingetreten sei, so müsse den Gemeinschaftsgläubigern das Recht des § 44 K.O. gleichfalls eingeräumt werden. Es scheinen jedoch die Ansichten dieser Schriftsteller weder untereinander, noch mit der hier vertretenen Meinung zu differiren: Ist der Erlös aus der vor der Konkurseröffnung erfolgten Auseinandersetzung zur Zeit der Eröffnung noch nicht vertheilt, so bildet dieser Erlös den Gegenstand der Gemeinschaft und bildet der Antheil des Kridars an demselben den Gegenstand der Absonderung.

[8]) A. M. v. Völderndorff zu § 43, welcher behauptet, daß die Geltendmachung des Absonderungsrechtes zugleich mit der Theilung oder Auseinandersetzung erfolgen müsse.

aber gleichwohl verwerthet, indem er z. B. das Miterbrecht des Kridars für eine bestimmte Summe veräußert, so tritt der für den Antheil erzielte Erlös an die Stelle des Antheils selbst und wird zum Gegenstand der abgesonderten Befriedigung. Eine solche Verwerthung wird insbesondere dann zu erfolgen haben, wenn die Theilung oder Auseinandersetzung während des Konkurses nicht zulässig ist. (So lange die Verwerthung oder Theilung nicht stattgefunden hat, bilden die Zinsen und sonstigen Nutzungserträgnisse den Gegenstand des Absonderungsrechtes.[9]) Läßt sich der Antheil weder durch Auseinandersetzung feststellen noch durch Veräußerung oder auf andere Weise verwerthen, so handelt es sich um ein „nicht verwerthbares Vermögensstück", und muß daher nach § 150 Abs. 1 K.O. die Gläubigerversammlung beschließen, in welcher Weise über diesen Gemeinschaftsantheil zu disponiren ist.[10])

4) Die Absonderungsforderung des Gemeinschaftsgenossen muß sich auf das Gemeinschaftsverhältniß beziehen, gleichviel ob sie dinglicher oder obligatorischer Natur ist,[11]) ob sie durch eine Thätigkeit oder Leistung des Gläubigers, z. B. durch Zahlung von Vorschüssen, durch Aufwendungen, durch Deckung der Ansprüche Dritter, oder durch die Handlung oder Versäumniß des Schuldners entstanden ist.

---

[9]) Endemann § 63 S. 388.

[10]) Endemann § 63 S. 388 meint, es bleibe, wenn die Theilung der Kommunion nicht während des Konkurses erfolgen könne, dem Absonderungsgläubiger unbenommen, die nicht erlangte Befriedigung aus dem Antheil auch nach Beendigung des Konkurses zu verfolgen. Dabei müsse, obwohl ein Absonderungsrecht im Sinne des Konkursrechtes nicht mehr zur Erscheinung komme, wenn ein Konkurs nicht mehr existire, doch der bei Ausübung des Befriedigungsrechtes sich etwa ergebende Ueberschuß an den Verwalter behufs Nachtragsvertheilung abgeliefert werden, insofern der Antheil mit seinem ganzen Inhalte zur Konkursmasse gehöre, und bezieht sich für diese Ansicht auf § 153 Abs. 2 K.O. Es kann aber weder anerkannt werden, daß das Absonderungsrecht — abgesehen von dem Falle des Akkordes — den Konkurs überbauert, noch daß in der Regel eine Nachtragsvertheilung über den Gemeinschaftsantheil zulässig ist. Der § 152 Abs. 2 spricht nur von der Ermittelung von Vermögensstücken nach der Schlußvertheilung, eine Ermittelung setzt aber — vgl oben S. 293 — voraus, daß der Gegenstand dem Verwalter bisher unbekannt war. Nur wenn letzteres der Fall ist, kann eine Nachtragsvertheilung vorgenommen werden, und da durch diese der Konkurs, wenn auch in beschränktem Umfang, wieder auflebt, so tritt auch die Berechtigung der Gemeinschaftsgläubiger, die Separation zu verlangen, wieder in Kraft.

[11]) v. Wilmowski Anm. 1 zu § 44; Obertrib. Entsch. 52 S. 431; Striethorst 52 S. 335.

Das Separationsrecht kann daher nur für solche Forderungen geltend gemacht werden, welche mit der actio pro socio verfolgt werden können, nicht auch für solche Ansprüche, die nicht mit Bezug auf das Gemeinschaftsverhältniß, nicht zum Zweck der Gesellschaft oder eines Gesellschafters als solchen, sondern nur in Veranlassung des Gemeinschaftsverhältnisses entstanden sind.[12])

5) Das Absonderungsrecht kann nur von einem Gemeinschaftsgenossen gegen den andern, nicht aber gegen die Gemeinschaft, sofern dieselbe selbstständige Persönlichkeit hat,[13]) noch von einer solchen Gemeinschaft geltend gemacht werden. Denn es steht nach § 44 K.O. nur demjenigen zu, welcher „sich mit dem Gemeinschuldner" in einer Vermögensgemeinschaft „befindet", die Gesellschaft als solche aber, welche eigne Persönlichkeit hat, befindet sich nicht mit dem einzelnen Theilnehmer in einer Gemeinschaft, sondern sie ist die Gemeinschaft, in welcher die einzelnen Theilnehmer sich befinden. Deshalb kann eine Aktiengesellschaft[14]) gegen den Kridar, der eine Aktie gezeichnet,

[12]) In der Kommission (Prot. S. 45, 46) wurde von dem Abg. Websky gefragt, ob es sich im folgenden Falle um eine auf das Gesellschaftsverhältniß sich gründende Forderung handle: „Ein Sozius, welcher sieht, daß sein Sozius in die Gefahr des Konkurses geräth, giebt demselben ein Darlehn, um ihm zu helfen und dadurch die im Konkursfalle eintretende Liquidation des gemeinsamen Geschäftes zu verhüten" Das Darlehn ist nicht dem Gesellschafter als solchem, sondern ist ihm für seine eigenen persönlichen Verhältnisse, nicht zum Zwecke der Gesellschaft gegeben; die Absicht, durch dasselbe indirekt die Gesellschaft aufrecht zu erhalten, ist nur der Beweggrund, die Darlehnsforderung ist daher durch das Absonderungsrecht nicht geschützt. So auch v. Völderndorff zu § 44. Ist das Darlehn dagegen zu Zwecken der Gemeinschaft, z. B. dem Miteigenthümer gegeben, damit dieser das gemeinschaftliche Haus repariren lasse, so ist die Gemeinschaftsklage und deshalb auch das Absonderungsrecht begründet.

[13]) Endemann § 63 S. 386.

[14]) Reichsgericht Entsch. 3 S. 287. Auch v. Wilmowski hält ein solches Absonderungsrecht der Aktiengesellschaft nicht für zulässig, weil ein Theilungsantheil des Gemeinschuldners am Gemeinschaftsvermögen sich nicht ermitteln lasse. Dieser Grund wird aber nicht richtig sein. Der einzelne Aktionär oder dessen Gläubiger können zwar die Auflösung der Aktiengesellschaft nicht verlangen, aber wenn die Gesellschaft aufgelöst wird, kann und muß das Antheilsverhältniß der einzelnen Aktionäre festgestellt werden, wie denn auch der Art. 245 Abs. 1 des R.Ges. vom 18. Juli 1884 bestimmt: „Das Vermögen einer aufgelösten Aktiengesellschaft wird nach Tilgung ihrer Schulden unter die Aktionäre nach Verhältniß ihrer Aktien vertheilt." Findet die Auflösung der Gesellschaft während des Konkurses statt, so kann also das Antheilsverhältniß der Aktionäre festgestellt werden. Endemann § 63 S. 384 begründet die Unzulässigkeit des Absonderungsrechtes der Aktiengesellschaft gegen den Aktionär mit der Behauptung, daß nur

aber noch nicht vollständig eingezahlt hat, für ihren Anspruch aus der Zeichnung ein Absonderungsrecht nicht geltend machen,[15]) deshalb kann eine Gewerkschaft des neuen Rechtes[16]) gegen die einzelnen Gewerken, z. B. wegen rückständiger Zubußen an ihren Kuxen, die Erwerbsgenossenschaft[17]) gegen den einzelnen Genossen wegen rückständiger Beiträge an seinem Guthaben,[15]) die Kommanditaktiengesellschaft rücksichtlich der Komplementäre[18]) wegen ihrer Ansprüche gegen dieselben, sowie rücksichtlich der Kommanditisten, deshalb kann auch eine politische Kirchen- oder Schulgemeinde gegen ihre Mitglieder wegen rückständiger Steuern oder Abgaben kein Absonderungsrecht in Anspruch nehmen.[19])

Stellt sich die Gesellschaft dagegen nur nach Außen als juristische Persönlichkeit dar, während sie nach Innen, also im Verhältniß der Gesellschafter unter einander, nur den Sozietätscharakter an sich trägt, wie die offene und Kommandit-Handelsgesellschaft, so kann zwar nicht die Gesellschaft als solche, aber es können die einzelnen Gesellschafter die Forderungen der Gesellschaft gegen einander geltend machen, und deshalb können die Gesellschafter gegen einander wegen ihrer Gesellschaftsforderungen das Separationsrecht in Anspruch nehmen.

---

die Aktie als Werthpapier Gegenstand der Absonderung im Konkurse sein könne, und „der Antheil des Aktionärs an dem Gesellschaftsvermögen in der Aktie verkörpert" werde. Dieser Grund würde aber der Zulässigkeit eines Absonderungsrechtes der Gesellschaft an dem Antheil, „den jeder Aktionär an dem Vermögen der Gesellschaft hat" — Art 216 Abs. 1 cit. — nicht entgegenstehen.

[15]) Die Gesellschaft kann sich aber unter Umständen durch Kompensation schützen.

[16]) Die Gewerkschaften des alten Rechtes hatten keine selbstständige Persönlichkeit, die Kuxinhaber waren die Miteigenthümer, welche die Gewerkschaft bildeten, vgl. aber Reichsgericht Entsch. 3 S 287.

[17]) Reichsgericht Entsch. 26 S. 112 ff. A. M. v. Wilmowski, Anm. 1 zu § 44, der der Erwerbsgenossenschaft ein Absonderungsrecht gegen den Genossen zuspricht, und Endemann S. 386.

[18]) Endemann S. 385 (auch hier aus andern Gründen).

[19]) Auch wenn eine solche Gesellschaft ihre Forderung gegen einen Gesellschafter an einen andern Gesellschafter oder einen Dritten cedirt, kann dieser das Absonderungsrecht nicht verlangen; denn für die durch das Absonderungsrecht nicht geschützte Forderung kann ebensowenig als für andere Forderungen durch Cession ein Vorrecht erlangt, und die Verpflichtung des Schuldners kann durch Cession nicht erschwert werden. §§ 405, 406 A.L.R. I 11. Deshalb kann auch ein Aktionär, welcher die Forderung der Gesellschaft befriedigt, die diese gegen einen Aktionär hat, und welcher deshalb nach § 46 A.L.R. I 16 die Forderung der Gesellschaft für sich erwirbt, die Absonderung für diesen Anspruch nicht fordern.

6) Die Grundlage des Absonderungsrechtes bildet jede Gemeinschaft, deren Gegenstand ein Vermögensrecht ist, „betreffe sie eine einzelne Sache, einen Sachinbegriff oder einen Rechtsinbegriff", beruhe sie auf Vertrag oder andern Gründen, bestehe sie mit dem Ehegatten oder mit andern Personen." Gegenstand der Gemeinschaft könnnen daher sowohl körperliche, wie unkörperliche Objekte, Forderungen und sonstige Rechte[20]) sein. Nur muß die Antheilsschaft eine ideelle sein, eine Gemeinschaft nach reellen Theilen begründet das Absonderungsrecht nicht.[21])

Zu den Gemeinschaften der §§ 14, 44 K.O. gehören insbesondere die römisch rechtlichen Sozietäten, die Gesellschaften und Vereine des A.L.R., die Vereinigung zu einzelnen Handelsgesellschaften,[22]) das gemeinschaftliche Eigenthum, das Verhältniß der Miterben, die Rhederei, die Gewerkschaft des ältern Rechtes,[16]) die eheliche und die fortgesetzte Gütergemeinschaft. Die stille Gesellschaft gehört insoweit nicht hierher, als es sich um die Einlage des stillen Gesellschafters handelt, denn für diese kann nach dem durch § 3 E.G. aufrecht erhaltenen Art. 258 H.G.B. im Konkurse des Geschäftsinhabers nur eine Konkursforderung, nicht ein Absonderungsanspruch geltend gemacht werden,[23]) sie gehört aber zu den Gemeinschaften des § 44 K.O.

---

[20]) Z. B. Servituten, Reallasten, das gemeinschaftliche Recht mehrerer Urheber am geistigen Eigenthum nach § 51 des Ges. vom 11. Juni 1870 ꝛc.

[21]) v. Völderndorff zu § 44; Obertr. in Striethorsts Archiv 52 S. 340. An einer mehreren Personen gehörenden Geldsumme besteht vor der Theilung für jede ein ideeller Antheil.

[22]) v. Völderndorff Anm. c zu § 43. A. M. Endemann S. 386, der sowohl die römische Sozietät, wie die Vereinigung zu einzelnen Handelsgesellschaften ausschließt. Er sagt: „Wo die Gesellschaft nichts darstellt, als ein Vertragsverhältniß, das den Betrieb von Geschäften auf gemeinsame Rechnung mit Beitragsleistung, Vertheilung von Gewinn und Verlust bewirkt, ohne daß ein gemeinsames Vermögen, ein organisirtes Etablissement als dessen Träger entsteht, kann die Absonderungsbefugniß nicht einschlagen." Ein organisirtes Etablissement wird vom Gesetz aber nicht verlangt, ein gemeinsames Vermögen ist zwar für jede Gesellschaft, aus welcher ein Absonderungsrecht begründet werden soll, erforderlich, weil ein Antheil nur an einem gemeinsamen Vermögen ermittelt werden kann. Aber eine solche gemeinsame Vermögensmasse kann aus jeder der bezeichneten Gemeinschaften entstehen, sobald die Theilnehmer mit der Eingehung von Rechtsgeschäften mit Dritten begonnen haben. (Schon Schmidt, von Separationen in geistlichen und weltlichen Sachen, behauptete für das gemeine Recht, daß die socii für ihre Gesellschaftsforderungen gegen einander das Separationsrecht hätten.)

[23]) Art. 258 H.G.B.: „Wenn der Inhaber des Handelsgewerbes in Konkurs

rücksichtlich aller andern Forderungen des stillen Gesellschafters gegen den Geschäftsinhaber und rücksichtlich aller Ansprüche dieses gegen jenen aus den Gesellschaftsverhältnissen.[24])

verfällt, so ist der stille Gesellschafter befugt, wegen seiner Einlage, soweit dieselbe den Betrag des auf ihn fallenden Antheils am Verlust übersteigt, eine Forderung als Konkursgläubiger geltend zu machen."

[24]) A. M. die Motive, v. Wilmowski Anm. 2 zu § 44, v. Völderndorff zu § 44, Endemann S. 384. Vgl. Reichsger. Entsch. vom 7. Juli und 27. September 1884 Wallm. D. Jur.Ztg. Bd. 10 S. 25 und 13 und Jur. Wochenschr. 1881 S. 270—272 „Der stille Gesellschafter", sagen die Motive S. 225, „ist in Beziehung zu den Gläubigern des Inhabers des Handelsgewerbes — Art. 256 H.G.B. — und auch in Beziehung zu diesen — Art. 252 Abs. 1 — nur Gläubiger des Inhabers und kann daher wegen seiner Einlage, soweit dieselbe den Betrag des auf ihn fallenden Antheils am Verluste übersteigt, seine Forderung lediglich als Konkursgläubiger geltend machen". Die stille Gesellschaft ist aber eine Gesellschaft, wenn auch anomalen Charakters, sie wird eine Gesellschaft auch vom H.G.B. genannt. Nach Art. 255 wird am Schluß eines jeden Geschäftsjahres der Gewinn und Verlust berechnet, und wird dem stillen Gesellschafter der ihm zustehende Gewinn ausgezahlt. Nach Auflösung der Gesellschaft muß sich der Inhaber des Handelsgewerbes mit dem stillen Gesellschafter auseinandersetzen und die Forderung desselben in Geld berechnen, Art. 254. Hieraus ergiebt sich, daß der stille Gesellschafter nicht blos Gläubiger des Inhabers des Gewerbes ist, sondern daß der Geschäftsgewinn gemeinschaftliches Eigenthum wird, welches nach Maßgabe des Art. 254 zu theilen ist. Sonst brauchte keine Auseinandersetzung stattzufinden, wie sie der Art. 254 vorschreibt, und brauchte der Gewinn und Verlust nicht festgesetzt zu werden. Dritten gegenüber gilt der Inhaber des Gewerbes als allein berechtigt und verpflichtet — Art. 256 —, aber im Verhältniß zu dem stillen Gesellschafter ist ein einfaches Forderungsrecht des Inhabers gegen den Gesellschafter nur bezüglich der Einlage des letztern vorhanden, während rücksichtlich der Geschäfte und Forderungen der Gesellschaft eine Gemeinschaft besteht, welche eine Auseinandersetzung erfordert. v. Wilmowski sagt übrigens Anm. 1 zu § 14 K.O. auch selbst, daß der stille Gesellschafter des Gemeinschuldners mit diesem in einer, wenngleich hinsichtlich seiner Verpflichtung beschränkten, Geschäftsgemeinschaft stehe, und sich daher mit dem Verwalter gemäß § 14 außerhalb des Konkurses auseinandersetzen könne. Gehört aber die stille Gesellschaft zu den Gemeinschaften des § 14, so muß sie auch zu den Gemeinschaften des in dieser Beziehung gleichlautenden § 44 gehören. An der Einlage des Gesellschafters besteht keine Gemeinschaft, diese Einlage geht nach Art. 252 Abs. 2 in das Eigenthum des Gewerbeinhabers über; ist die Einlage nicht Gegenstand der Gemeinschaft, so kann sie für den stillen Gesellschafter nicht die Grundlage für einen Gemeinschaftsanspruch abgeben, und deshalb ist die Bestimmung des Art. 258 Abs. 1, nach welcher der Anspruch auf Rückzahlung der Einlage nur eine Konkursforderung sein soll, als eine selbstverständliche Folge der Vorschrift des Art. 252 Abs. 2 sehr wohl begründet; aber für alle andern Ansprüche aus dem Gesellschaftsverhältniß besteht ein solcher Grund nicht und ist deshalb für sie eine dem Art. 258 ähnliche Bestimmung nicht ge-

7) Bei der Auseinandersetzung, welche außerhalb des Konkursverfahrens stattfindet, vertritt der Verwalter den Kridar, aber er vertritt ihn nur in vermögensrechtlicher Beziehung, da er nach § 5 Abs. 2 K.O. nur das Verwaltungs- und Verfügungsrecht des Gemeinschuldners auszuüben hat. Er kann daher den Eintritt in Vertrauensstellungen, die der Kridar bisher eingenommen hatte, z. B. in die Stellung eines Liquidators, nicht beanspruchen.[25]) Er hat den übrigen Interessenten gegenüber auch nicht mehr Rechte, als der Kridar hatte. Er ist daher nicht berechtigt, den Verkauf der Gemeinschaftsgegenstände nach Maßgabe des § 117 K.O. vornehmen zu lassen,[26]) wie ihm überhaupt eine ausschließliche Verfügung nicht an den einzelnen Gegenständen der Gemeinschaft, sondern bis zur Auseinandersetzung nur an dem Antheilsrechte des Kridars zusteht.

8) Eine **Kollision** der Gemeinschaftsinteressenten mit den Gemeinschaftsgläubigern, z. B. des Miterben mit den Nachlaßgläubigern, erledigt sich durch die Erwägung, daß der dem erstern haftende Vermögensantheil nur deducto aere alieno zu berechnen ist, die Gläubiger daher den Interessenten vorzugehen haben. Haftet an dem Gegenstande, welcher den Gemeinschaftsantheil ganz oder theilweise bildet, das Spezialabsonderungsrecht eines Gläubigers, so muß der Kom-

geben. Außer dem Anspruch auf Rückzahlung der Einlage können aber aus dem Gesellschaftsverhältniß Ansprüche entstehen: der Gewinn, welcher vom stillen Gesellschafter nicht erhoben wird, vermehrt in Ermangelung einer andern Verabredung seine Einlage nicht (Art. 255 Abs. 3), es kann daher ein Anspruch des Gesellschafters auf Auszahlung dieses Gewinnes bestehen, welcher durch das Absonderungsrecht an dem Gewinnantheil des Inhabers geschützt ist. Andererseits kann der Gesellschafter dem Inhaber nicht nur die nicht gezahlte Einlage oder einen Theil derselben verschulden, sondern ihm auch durch seine Schuld verantwortlich werden: ist z B. die Einlage eine fremde Sache, welche dem Inhaber evinzirt wird, oder eine fehlerhafte Sache, durch die ihm ein Schade zugefügt wird, so ist ihm der stille Gesellschafter für den ihm hierdurch entstehenden Schaden verantwortlich; für den Anspruch wegen dieses Schadens steht dem Inhaber des Geschäftes daher im Konkurs des stillen Gesellschafters ein Absonderungsrecht an dem Geschäftsantheil desselben zu. Besteht dieser Antheil in einer Forderung gegen den Inhaber, so steht dem letztern das Recht der Kompensation zu.

[25]) Er kann aber auf Abberufung des zum Liquidator bestellten Gemeinschuldners dringen. Diese Abberufung erfolgt z. B. im Falle des Art. 134 H.G.B. „aus wichtigen Gründen", und die Konkurseröffnung über das Vermögen eines Liquidators ist als ein solcher Grund anzusehen.

[26]) Auf Subhastation zum Zweck der Auseinandersetzung nach §§ 180, 185 Z.V.G. anzutragen ist der Verwalter ebenso berechtigt, wie es vor der Eröffnung des Konkurses der Gemeinschnldner war.

munionsinteressent dem letztern auch dann nachstehen, wenn jener nicht Kommunionsgläubiger ist. Dasselbe gilt, wenn auf dem ganzen Antheil das Spezialabsonderungsrecht eines Gläubigers des Kridars lastet, welches vor der Konkurseröffnung entstanden ist, insbesondere wenn ein Gläubiger den Vermögensantheil z. B. im Falle des § 64 des Ges. vom 1. Mai 1889, betreffend die Erwerbs- und Wirthschaftsgenossenschaften, hat pfänden lassen.

9) Das Absonderungsrecht der Kommunionsinteressenten besteht nur für den Konkurs und kann daher, mag der Interessent dieses Separationsrecht erlangt haben oder nicht, nach dem Abschluß des Konkurses weder geltend gemacht, noch verfolgt werden,[10]) ebenso wie das Nachlaßabsonderungsrecht des A.L.R. nur im Konkurse besteht.[27]) Aber auch hier tritt, wie dies für die Nachlaßseparation im vorigen Paragraphen behauptet ist, eine Ausnahme für das bereits erlangte Absonderungsrecht ein, wenn der Konkurs durch Akkord beendigt ist.[27])

Das Absonderungsrecht der Kommunionsgenossen geht ferner ebenso wie dasjenige der Nachlaßgläubiger verloren,[28]) wenn über die Gemeinschaft der Konkurs eröffnet ist. Der Konkurs kann aber nur über eine solche Gemeinschaft eröffnet werden, welche als solche eigenes Vermögen besitzen kann.[29]) Nachdem der Konkurs über eine solche Gemeinschaft erkannt ist, hört das Separationsrecht der Kommunionsinteressenten auf und steht derjenige Interessent, welcher vorher die Separation bereits erlangt hatte, demjenigen gleich, der sie nicht erlangt hatte.

§ 81. 3. Das Absonderungsrecht der Lehen-, Stammguts- und Familienfideikommiß-Gläubiger.

Nach § 45 K.O. erfolgt die Befriedigung der Lehen-, Stammguts- und Familienfideikommiß-Gläubiger abgesondert aus dem Lehen, Stammgute oder Familienfideikommisse nach den Vorschriften der Landesgesetze.

Für diese Rechtsverhältnisse hat die K.O. nicht nur die Beantwortung der Frage, ob und inwieweit den Gläubigern ein Absonderungsrecht zusteht, sondern auch die Regelung sämmtlicher Vorschriften,

[27]) Siehe oben § 79.

[28]) Siehe oben § 79.

[29]) Endemann S. 386; vgl. §§ 198 ff. K.O. über den Konkurs der Handelsgesellschaften und §§ 91 ff. des Ges. vom 1. Mai 1889, betreffend die Erwerbs- und Wirthschaftsgenossenschaften.

also auch derjenigen des Absonderungsrechtes den partikularrechtlichen Bestimmungen überlassen; denn nach § 5 Abs. 1 E.G. „bleiben die landesgesetzlichen Vorschriften unberührt, welche die Lehen, Stammgüter oder Familienfideikommisse betreffen." Deshalb sind die Landesgesetze nicht nur maßgebend, soweit es sich um die abgesonderte Befriedigung aus dem Lehen- u. s. w. Gute, sondern auch soweit es sich um die Frage handelt, ob die Lehens- u. s. w. Gläubiger das Allodialvermögen des Erben in Anspruch nehmen können. Soweit aber die Landesgesetze nicht ein anderes bestimmen, haben die Lehens- u. s. w. Gläubiger, wenn sie absonderungsberechtigt sind, die Pflichten, welche nach der K.O. den übrigen Separatisten obliegen, und gelten in Betreff ihrer Befugniß zur Geltendmachung ihrer Ansprüche gegen die Allodialmasse die Vorschriften der K.O. über die Theilnahme der Absonderungsgläubiger an der Konkursmasse.

Gegenstand des Separationsrechtes ist, wenn das Lehens- u. s. w. Gut veräußerlich ist, die Substanz, andernfalls sind es die Nutzungen. Ueber das subsidiäre Absonderungsrecht vgl. oben § 21.

1) Nach §§ 330 ff. A.G.O. I 50 können in Folge der Konkurseröffnung die Fideikommißinteressenten und Lehensfolger die Trennung des Fideikommiß- bezw. Lehensgutes von dem Allodialvermögen des Kridars „gegen Uebernahme der Berichtigung der aus dem Fideikommiß oder Lehen hauptsächlich zu berichtigenden Schulden" verlangen. Die Trennung erfolgt außerhalb des Konkursverfahrens nach den in den §§ 26 ff. A.G.O. I 46 vorgeschriebenen Grundsätzen.

Die Lehensgläubiger, welche das Recht haben, ihre Befriedigung aus der Substanz des Lehensgutes zu suchen,[1]) befriedigen sich aus dem Erlös des verkauften Lehens, ohne Rücksicht auf die übrigen Lehens- und Allodialgläubiger.[2]) Unter den Lehensforderungen gehen die eingetragenen den übrigen vor.[3]) Die Rangordnung der Lehensgläubiger unter sich und mit den Allodialgläubigern, die berechtigt sind, die Sequestration des nicht verkauften Lehens zu fordern,[4]) wird „nach den Grundsätzen der Konkursordnung bestimmt".[5]) Die Sequestration, bei welcher dem Kridar die Kompetenz zu gewähren

[1]) §§ 331, 332 A.L.R. I 18.

[2]) § 331 cit.

[3]) § 326 cit.

[4]) § 343 cit.

[5]) § 336 cit., d. h. der zur Zeit des Erlasses der A.G.O. geltenden Grundsätze.

ist,[6]) kann nicht länger dauern, als der Kridar lebt, weil mit seinem Tode das Lehen an die Lehensfolger fällt. Mit dem Tode des Lehensbesitzers tritt die Auseinandersetzung der Allodial- mit der Lehensmasse nach Maßgabe der §§ 580 ff., 506 ff. A.L.R. I 18 ein; bei dieser Auseinandersetzung können Forderungen beider Massen gegen einander geltend gemacht werden, sie haben aber nur den Charakter der Konkursforderungen.

2) Nach ähnlichen Grundsätzen regelt sich in Preußen das Verhältniß der Fideikommiß- zu den Allodialgläubigern auf Grund der §§ 105—114, 206 A.L.R. II 4.

3) Die im A.L.R. nicht erwähnten Stammgüter zerfallen in die Familienfideikommisse, die Erbgüter und die Stammgüter im engern Sinne.[7]) Die sogen. Erbgüter sind nach Gerber[8]) „unbewegliche Güter, welche an Blutsfreunde durch Erbgang, Zuwendungen auf den Todesfall oder auch wohl als Absonderungsgegenstände für Kinder erworben sind, im Gegensatz zu den wohlgewonnenen, d. h. neu erworbenen Gütern." Ihre wesentliche Bedeutung besteht nur darin, daß der Eigenthümer sie außer dem Falle der echten Noth nicht ohne Zustimmung der nächsten Intestaterben veräußern kann; zu den Fällen der echten Noth wird aber auch die Konkurseröffnung über das Vermögen des Eigenthümers gerechnet. Die Stammgüter im engern Sinne sind die Güter des hohen und niedern Adels,[9]) „bei denen sich nicht durch fideikommissarische Beliebung, sondern durch altes Herkommen das Recht der nächsten Erben in der Art erhalten hat, daß den Söhnen ein Revokationsrecht, den zur Zeit der Veräußerung lebenden Agnaten aber ein Retrakt eingeräumt ist."[9]) Doch dürfen auch diese Stammgüter im engern Sinne im Falle echter Noth, also auch nach Eröffnung des Konkurses über das Vermögen des Eigenthümers, veräußert werden.[10])

Die im § 45 K.O. nachgelassene Separation bezieht sich auf die Stammgüter im weitern und im engern Sinne.

Abgesehen von dem Familienfideikommiß ist dem Preußischen Rechte das Institut der Stammgüter unbekammt.

[6]) §§ 350 ff. cit.

[7]) C. W. Wolff, Lehrbuch des Deutschen Privatrechts § 137.

[8]) System des Deutschen Privatrechts § 82.

[9]) Vgl. Eichhorn, Einleitung in das Deutsche Privatrecht § 367 und Gerber a. a. O.

[10]) Eichhorn a. a. O. § 367 Note ff.

Sachregister.

(Die Zahlen bezeichnen die Seiten.)

A.

B.

H.

J.

K.

Q.

R.

S.

W.

Z.

Druck von Dobrzynski & Walter in Berlin.

FSC
www.fsc.org
MIX
Papier | Fördert
gute Waldnutzung
FSC® C083411

Kolibri 360 GmbH
Ferdinand-Jühlke-Straße 7
99095 Erfurt, Deutschland
produktsicherheit@kolibri360.de